# LES CENT-JOURS
## OU
## L'ESPRIT DE SACRIFICE

## DU MÊME AUTEUR

*Le Cri de la gargouille*, Paris, Albin Michel, 2002.

collection tempus

DOMINIQUE DE VILLEPIN

# LES CENT-JOURS
## OU
## L'ESPRIT DE SACRIFICE

Perrin
www.editions-perrin.fr

Les cartes figurant aux pages 415 et 431 sont extraites de :
Commandant Henry Lachouque, *Waterloo*, Stock.

© Perrin, 2001 et 2002 pour la présente édition.
ISBN : 2-262-01900-2
**tempus** est une collection des éditions Perrin.

« Quelle gloire nocturne que d'être grand, sans être rien ! [...] Que de Césars j'ai été ! »

Fernando PESSOA.

# INTRODUCTION

# LA DERNIÈRE CHEVAUCHÉE

> « Je n'ai qu'une passion, qu'une maîtresse, c'est la France... »
>
> NAPOLÉON.

Voilà bien des années que je poursuis les traces de l'aventure napoléonienne. A la course de l'enfant fasciné par l'illustre bicorne se sont ajoutés plus tard le sel des histoires vécues, l'interrogation sur le destin d'un homme, sur l'étrange alchimie de l'histoire et du mythe, sur les chemins et détours de la mémoire. Ces Cent-Jours constituent une « ouverture » en forme de fable, car cette période, trait d'union entre deux mondes, deux époques et deux légitimités, offre un saisissant raccourci de l'épopée. En un temps très court, se mêlent et s'affrontent les idéaux et les doctrines, les caractères et les passions, dans une sorte de laboratoire de la comédie humaine où s'esquisse le visage de la France moderne.

Cette quête, pourquoi le cacher, s'est beaucoup nourrie de l'intimité du pouvoir, car bien qu'elle ne se répète jamais, l'histoire se souvient. Et si les courtisans se pressent dans ses allées foisonnantes, des êtres rares se distinguent aussi qui honorent la politique et font croire en la France.

Mais il n'est pas de jour où, saisi des affres du doute, je n'aie médité les voix du passé, épié les grands modèles et le premier d'entre eux, l'homme de Toulon et de l'Italie, de l'Egypte et de l'Espagne, de la Russie et des îles qui dansent furieusement autour de lui.

Pas de jour où je n'aie ressenti l'impérieux besoin de mémoire pour ne pas céder face à l'indifférence, aux rires et quolibets, pour éclairer la réflexion et l'action, pour continuer sur ce difficile chemin défriché par de glorieux ou humbles pèlerins et avancer encore au service d'une ambition française.

Pas de jour où je n'aie humé le parfum de la discrète violette [1]...

\*

Au printemps 1814, derrière le roulement du tambour s'élève la plainte funèbre. L'ombre sinistre d'un chien de misère [2] envahit le songe. Comme il paraît loin le temps où Hegel, assistant à l'entrée de l'Empereur dans Iéna, croyait voir l'esprit du monde dressé sur son cheval. Pour la première fois depuis 1792, la France connaît les souffrances et les humiliations de l'invasion.

En dépit des succès éclatants de la campagne de France, Napoléon, replié à Fontainebleau, entouré de ses dernières légions, ne peut empêcher la cruelle épreuve du territoire violé, de la capitale occupée par les armées étrangères. Quand il se résout à abdiquer en faveur de son fils, les événements se précipitent. Marmont livre ses hommes à l'ennemi, privant la Grande Armée de toute capacité de riposte. Aussitôt les parlementaires appellent au trône Louis XVIII, le frère cadet de Louis XVI. Les couloirs de Fontainebleau se vident alors que l'Empereur, avec l'énergie du désespoir, veut s'accrocher encore à son étoile de Lodi [3]. Mais le 6 avril, il doit se résigner. Cet Aigle, hier si proche du soleil, le voilà qui gît à terre, les ailes froissées. Le 20, quand il s'éloigne, accom-

---

1. Fleur de « l'amour caché », la violette fut le symbole de la fidélité à Napoléon.
2. Il s'agit de la vision émue de Napoléon découvrant un chien pleurant son maître, mort sur le champ de bataille durant la première campagne d'Italie.
3. Comme l'Empereur le confessera à Sainte-Hélène, c'est la victoire de Lodi, en 1796, qui lui révèle son destin. Depuis lors, il croit avec superstition être protégé par « son étoile ».

pagné d'une poignée de fidèles, les Bourbons s'avancent déjà pour reprendre possession du trône. Chacun croit qu'une page est tournée.

Facétie ou cruauté de l'histoire, quinze mois plus tard, la scène se reproduit presque à l'identique : invasion de Paris, retour de Louis XVIII, nouvel exil de Napoléon. Dans l'intervalle, à la stupéfaction générale, l'Empereur resurgit pour une folle chevauchée de cent jours[1] où tout se croise, l'épique et le tragique, l'héroïque et le cynique, le burlesque et l'extravagant, pour filer une étonnante métaphore de notre histoire nationale.

Si la stature de Napoléon domine les Cent-Jours, si l'« Ogre » jette encore son ombre sur l'horizon rougi, cette fois, la scène tout entière s'anime autour de lui. Il doit non plus seulement composer avec les forces du destin pour régler ses comptes sur les champs de bataille avec les rois et les dieux, mais aussi descendre dans l'arène pour tenir tête aux hommes, petits et grands, crottés ou perruqués, bien décidés à lui donner la réplique, à l'instar de Talleyrand ou de Fouché. Tels des diables, ils n'en finissent pas, après des années d'éclipse, de sortir de leurs boîtes, compliquant le jeu, entravant sa marche de mille obstacles. Cette flamme impériale qui autrefois embrasait tout sur son passage, êtres et continents, ne luit plus maintenant qu'au-dedans, et le géant d'hier n'avance qu'à tâtons, abandonné des cieux, rendu à l'usurpation et à la misère des origines : pauvre « chien fécal de Brumaire[2] » empuantissant les allées du pouvoir. Alors se déchaînent les animaux des fables, renards et loups, méchants

---

1. Quel que soit le parti pris retenu, les Cent-Jours débordent le calendrier. Pour les bonapartistes, ils commencent et se terminent plus tôt que pour les royalistes : ils s'étendent du 1er mars au 22 juin 1815, soit un peu plus de cent dix jours entre le débarquement de Napoléon à Golfe-Juan et son abdication. Pour les royalistes, ils couvrent la période comprise entre le départ du roi de Paris, le 19 mars 1815, et son retour dans la capitale le 8 juillet suivant. Plutôt que d'arbitrer en limitant le champ de l'épopée, la conception la plus large possible a été retenue, quitte à déborder en amont comme en aval, afin de favoriser pour le lecteur la compréhension des nombreux enjeux.
2. Selon l'expression de Gilbert Lely, dans sa *Vie de Sade*.

et rusés, volailles de basse-cour ou fauves de haute lignée qui, libérés de leurs peurs, se ruent hors de leur cage. Et il faut à l'Empereur, menacé sur son aire, oublier le rêve évanoui de l'Empire d'Occident. Il lui faut réapprendre les hommes et leurs jeux ordinaires : se démener, calculer et épier, composer encore, anticiper toujours. Mais désormais il s'avance seul, homme de chair et de sang qui doit creuser son chemin de douleurs.

Napoléon a-t-il vraiment changé ? Peut-on parler de métamorphose, de grâce, pour cet homme touché par la défaite, ou ne s'agit-il que d'une comédie pour tromper le monde ? Curieusement, les Cent-Jours sont souvent négligés dans l'aventure impériale. Si tout a été dit sur le Napoléon aux nues de la puissance, l'inspirateur du Code civil, le stratège d'Austerlitz et de Friedland, le Grand Maître de l'Europe, si l'exil hélénien fascine historiens et essayistes, le Napoléon de l'entre-deux reste une énigme. Passé le vol de l'Aigle, que cache ce « dernier Empereur », ventripotent et assoupi, qui semble douter de lui et du destin ? Est-ce bien le César inflexible, cet empereur libéral qui s'échine à séduire les notables en promulguant sa « Benjamine [1] » ? Est-ce toujours le vainqueur d'Austerlitz, ce général en chef qui manque la destruction de Blücher à Ligny avant de s'épuiser face à Wellington ? Est-ce encore l'homme de Brumaire, ce personnage falot qui devant la fronde parlementaire dépose les armes sans combattre, hésitant entre l'exil américain et la soumission à l'Angleterre ? Le Napoléon des Cent-Jours doute, un Napoléon soudain fait homme, presque dépouillé de son si profond mystère. Ce revenant rappelle étrangement le Premier consul, encore affable, jamais rassasié de discussions et de connaissances. Ses contemporains surpris le voient descendre de son piédestal pour converser d'égal à égal avec Benjamin Constant ou chercher en vain à convaincre Molé d'accepter un ministère. A travers cette lumière blafarde de la fin, il nous

---

[1]. Acte additionnel aux Constitutions de l'Empire.

laisse, ici ou là, entrevoir quelques-uns de ses secrets. Privé des lauriers d'Alexandre, il n'arbore pas encore le masque du *Mémorial* qui instruira la légende.

Dans l'ombre de Napoléon, il faut encore scruter la France trop souvent oubliée, confrontée à l'une des crises les plus graves de son histoire. En 1815, comme en 1792, s'opère la douloureuse alchimie de l'invasion et de la guerre civile. La confrontation entre l'Aigle et le lys, au-delà de Napoléon et de Louis XVIII, oppose deux philosophies, deux mémoires et deux légitimités. Elle renouvelle le conflit entre Révolution et Contre-Révolution, bleus et blancs, tandis qu'émerge une nouvelle fracture entre le pouvoir et la société. Le mur du cens s'élève alors même que celui de la naissance se lézarde. Le fossé se creuse entre l'ère de la conquête et ce nouveau siècle bourgeois qui consacre l'individu sur les ruines des croyances anciennes et des grandes aventures collectives de la Révolution ou de l'Empire. Dans le chaudron de l'histoire, les personnalités se mêlent, générations et partis d'hier et de demain : républicains, royalistes, orléanistes et bonapartistes.

Les Cent-Jours offrent ainsi une lucarne idéale pour revisiter Napoléon et observer la naissance d'une France nouvelle, présentant à la fois le spectacle de manœuvres et de convulsions, d'une révolution des esprits qui nourrit le tragique d'un rythme endiablé.

Débarquant avec mille grognards à la conquête de son royaume perdu, l'Empereur semble prêt à trébucher à chaque pas. Bien vite l'aventure devient épopée. La marche sur Paris ne fait pas taire l'anxiété quotidienne du lendemain. Comment l'Empire libéral pourra-t-il survivre ? Napoléon restera-t-il sur son trône alors que l'Europe mobilise, que la Vendée s'agite et que les notables lui tournent ostensiblement le dos ? Alors qu'il a besoin de tous, la précarité de sa situation l'isole chaque jour un peu plus. La désillusion est d'autant plus forte, dès l'arrivée dans la capitale, que la froideur et l'attentisme contrastent avec le sacre populaire du Vol de l'Aigle. Cela irrite l'Empereur qui s'échine à répéter qu'il n'aspire plus qu'à jouer son nouveau rôle de roi constitutionnel et pacifique. Or, à part Constant et une poignée de libéraux, personne ne veut croire en sa conversion. Une large majorité le soupçonne même de vouloir restaurer la dictature une fois la victoire remportée. Au moment où il vient semer pour l'avenir, sauver la France et rassurer l'Europe, il lui faut expier son passé.

Les combats titanesques de la campagne de Belgique portent à l'incandescence la dimension tragique, tandis que le retour douloureux à Paris et les péripéties du départ vers l'exil entretiennent angoisse et suspense. Mais déjà la scène se déplace, la tragi-comédie du pouvoir se joue à Paris où Fouché multiplie les intrigues avant de marchander avec une habileté de maquignon son ralliement au monarque. Le temps est venu des incroyables retrouvailles avec Talleyrand alors que les coalisés envahissent à nouveau Paris, précédant de quelques heures le cortège de Louis XVIII, ultime tableau de ce ballet du pouvoir qui stupéfia les esprits de l'époque.

Le décor et la mise en scène impériale sont à la hauteur de cette chute où tout s'entrecroise dans les derniers soubresauts de la passion, sous l'œil apeuré des courtisans. Et puis il y a ces théâtres multiples de l'île d'Elbe à Sainte-Hélène, de Golfe-Juan à Paris, de Ligny à Waterloo, sans oublier la lointaine Vienne et ce Gand, si proche capitale d'un exil de carnaval où chacun se déchire. Il y a les haillons des faubourgs et les costumes des Tuileries, les uniformes d'apparat et les tenues de combat. Et surtout cette étrange silhouette, capote brune ou redingote grise, et ce curieux bicorne. Si Napoléon captive les regards, les seconds rôles atteignent l'exception : Louis XVIII, Talleyrand, Fouché, Ney, sans compter Chateaubriand, Blacas, Vitrolles ou Lamartine pour les royalistes ; La Bédoyère, Cambronne, Carnot, Davout pour les bonapartistes ; Benjamin Constant et La Fayette pour les libéraux. Derrière les frontières : Metternich, « le Rocher de l'ordre », Blücher le soudard, Castlereagh le diplomate, Wellington le stratège, le tsar Alexandre ou Pozzo di Borgo, le rival corse de Napoléon. Autant de vives figures sommées de choisir leur camp, de compter leur risque.

La palette est d'autant plus variée que ce temps offre une rare richesse de sources littéraires. Les proclamations de Golfe-Juan, les conversations du *Mémorial*, les réminiscences des *Mémoires d'outre-tombe*, les *Mémoires sur les Cent-Jours* de Constant constituent les pages les plus célèbres. Mais il faut citer aussi l'imposante production contemporaine de journaux, de mémoires, brochures, placards et affiches, pamphlets rarement médiocres, toutes tendances confondues. Deux grands textes nourrissent particulièrement la réflexion politique de cette période : le *Rapport au roi* de Chateaubriand répond aux *Principes de politique* publiés par Constant pour justifier son ralliement à Napoléon. Partout se dégagent un lyrisme et une franchise qui reflètent la vigueur des engagements et portent le témoignage d'un âge de feu où politique et littérature ne faisaient qu'un.

« C'est la politique qui doit être le grand ressort de la tragédie moderne », affirmait Napoléon à son état-major la veille d'Austerlitz. Moins de dix ans plus tard, en un dernier hommage, les tonnerres de la chute allaient une fois encore lui donner raison.

# ACTE I

# L'ENVOL

> « Je ne vois rien de grand à finir sa vie comme quelqu'un qui a perdu toute sa fortune au jeu. Il y a beaucoup plus de courage de survivre à son malheur non mérité. »
>
> Napoléon [1].

---

1. Propos tenus devant les commissaires alliés en avril 1814.

# ACTE I

## L'ENVOI

« ... Je ne veux rien demander à Dieu, si ce n'est qu'il fasse un de ces miracles pour lui. Il y a beaucoup plus de courage en sa vertu à son malheur qu'à sa gloire. »

NAPOLÉON[1].

---

[1]. Propos tenus devant E. Gourgaud à Sainte-Hélène, le 10 mars 1817.

# CHAPITRE I

# LE PÉNITENT

> « Son ambition était déçue, non éteinte ; l'infortune et la vengeance en ranimaient les flammes : quand le prince des ténèbres du bord de l'univers créé aperçut l'homme et le monde, il résolut de les perdre. »
>
> CHATEAUBRIAND, *Mémoires d'outre-tombe*.

## Le revenant

Si bref l'exil, pas même un an en son île de Méditerranée ! Preuve que le temps impérial ne cesse d'être celui d'une passion impétueuse, d'une légitimité conquise, fulgurante d'honneurs et de gloire, pétrie d'aventures et de fièvres. A peine noircis les premiers feuillets de la chronique elboise, et alors que résonne encore l'outrage des quolibets accompagnant la descente aux enfers, qui aurait imaginé le retour glorieux ? En 1814, tout conspire contre Napoléon, réduit à servir de cible aux pamphlétaires et aux caricaturistes. L'Europe déjà tourne la tête au moment où il débarque en son nouveau royaume de pacotille, sur cette île désolée, avec ses douze mille habitants et ses 211 kilomètres carrés.

Elbe occupe une place à part dans l'aventure napoléonienne. Dépossédé de son empire, notre héros surprend, intrigue, à l'aube de cette seconde chance, toujours présent là où on ne l'attend pas. On le croit abattu ; il se révèle vite débordant d'énergie. On l'imagine seul, errant à l'abandon ;

il renaît dans le silence et l'absence, se réchauffe à la flamme d'un trio de fidèles — Bertrand, Drouot, Cambronne —, de Pauline, sa sœur préférée, et de Madame Mère, venus partager sa destinée. Marie Walewska, l'« épouse polonaise », vient même le rejoindre pour quelques heures. Car il veut vivre et dévore à grands pas son maigre territoire, se redresse fièrement face à ce monde qui le conspue, à cette France qui le renie. En labourant l'île, il ranime le feu qui depuis toujours le brûle, pour opérer en secret sa dernière métamorphose.

. En cet instant où bascule le destin, qui est-il vraiment ce Napoléon, cet homme Protée ? Le général jacobin, le champion du Directoire, le consul pacificateur, l'Empereur de la conquête ou celui de la retraite ? Est-il toujours le fier, l'ardent, le conquérant ? Alors que le passé défile sous ses yeux, est-il encore l'étrange revenant ? Le revenant d'Italie qui menaçait hier la belle créole trop légère, Joséphine l'infidèle : « Je te conseille de te bien garder la nuit ; car une de ces prochaines tu entendras grand bruit[...] » ? Le revenant d'Egypte à bord du *Muiron*, ce bateau qui le ramène en France et qui porte le nom d'un fidèle compagnon mort à sa place au pont d'Arcole en lui faisant un rempart de son corps ? Le revenant de Russie, du cauchemar des nuits glacées ? Sous les masques, on entrevoit déjà le revenant d'Elbe qui interpellera à son tour l'ombre de Waterloo et le fantôme immortel de Sainte-Hélène : « Tel qu'en Lui-même enfin... »

Pour en saisir la respiration originale, il faut le suivre par les sentiers de traverse de l'exil, quand l'histoire fait mine de se dérober, de le trahir. D'où l'intérêt de cet entre-deux du destin pour ce héros lâché en pleine gloire par les hommes et les dieux. Après Vercingétorix, Saint Louis, Jeanne d'Arc, avant de Gaulle, Napoléon connaît « la torture de cet âpre monde[1] » et ne se résout à la descente aux Enfers que pour se soumettre au jugement de l'histoire. Nous retrouvons

---

1. Shakespeare, *Le Roi Lear*.

Napoléon battu sur les champs de bataille de l'Europe, s'ingéniant à nouer les fils de la fable, disposant le décor et choisissant la mise en scène comme il l'a toujours fait, du pont d'Arcole au cimetière d'Eylau. Presque tous les personnages sont en place à l'heure du lever de rideau final, jusqu'à la mère impériale, Letizia, qui avait déserté la loge d'honneur du sacre. Il organise la scène avec minutie, comme il dirigeait jadis les pinceaux du baron Gros, d'Ingres ou de David. Que de masques, que de saisons dans le regard fiévreux de cet homme tour à tour étudiant studieux, caporal courageux, général amoureux, jardinier, despote que le pape baptisera d'un bon mot : « commediante, tragediante ». Successivement Nabulione, Buonaparte, Bonaparte, Napoléon, Napoléon I$^{er}$. Il tient tous les rôles : à la fois auteur, acteur et propagandiste d'une épopée fantastique. Seule son ambition reste intangible : asseoir une légitimité, forger une dynastie, immortaliser son nom.

Car ce héros se veut d'abord exceptionnel par sa conviction qui jamais ne se renie d'incarner un destin. Il fait l'histoire et ne se contente pas de la regarder passer. Depuis ses premières armes à Toulon, il force la chance, bouscule l'ordre du monde sans trembler jusqu'à la campagne de Russie. Homme d'action, il est le chef de guerre qui entraîne ses troupes de victoire en victoire. Fils prodigue de la Révolution, il porte haut l'étendard, sur les traces d'Alexandre, d'Hannibal ou de César. Adulé par ses soldats, il se voit décerner son plus beau grade, celui de « petit caporal », fort de la proximité et de la légitimité du cœur, leur promettant dès 1796 : « De riches provinces, de grandes villes[...], honneur, gloire et richesses. Soldats d'Italie, manqueriez-vous de courage et de constance ? » Il s'inscrit dans la lignée des grands capitaines et des hommes d'Etat, preux chevalier autant que visionnaire, grand stratège et innovateur. Il se veut de son temps et de tous les temps, « homme de Plutarque[1] », de

---
1. Expression dont l'avait baptisé Paoli avant qu'ils se brouillent.

l'Ancien Régime et de la Révolution, de l'ancien comme du nouveau monde.

Mais cette action toujours recommencée ne suffit jamais : « La guerre est un singulier art, avoue-t-il au soir du Sacre, j'ai livré soixante batailles, eh bien, je n'ai rien appris que je ne savais dès la première. » De tout cela, a-t-il été jamais dupe ? Désireux de retenir l'attention des hommes, il sacrifie tout pour se hisser dans l'Olympe, jusqu'à s'inventer metteur en scène de sa propre destinée. A travers peintures, lettres, proclamations, journaux..., il compose une symphonie, attentif au moindre détail, des maréchaux aux seconds rôles, jusqu'au plus modeste tambour. Et même trahi, battu, abandonné dans son îlot d'opérette, à bientôt quarante-cinq ans, il veut encore forcer le destin. Il est un autre, il est le même.

## *Le chemin de croix*

Au soir de la campagne de France, l'Empereur déchu se laisse aller au désespoir : « Je méprisais les hommes comme de la boue. Eh bien, je ne les méprisais pas encore assez », confie-t-il à son aide de camp Anatole de Montesquiou[1]. Terrible épreuve que ce passage des feux du pouvoir à la solitude de l'ombre, de l'activité forcenée à l'inaction, alors que ses repères se brouillent dans le fracas brutal de la chute.

Ce « diable botté » assiste, impuissant, au spectacle de sa propre déchéance. Revenu précipitamment, il ne peut empêcher la prise de la capitale. Cantonné à Fontainebleau, il subit les trahisons successives de Talleyrand d'abord, qui fomente avec les alliés son expulsion du trône et la constitution d'un

---

[1]. « Je n'ai jamais estimé les hommes et je les ai toujours traités comme ils le méritent ; mais cependant les procédés des Français envers moi sont d'une si grande ingratitude, que je suis entièrement dégoûté de l'ambition de vouloir gouverner », surenchérit-il auprès des commissaires (le colonel Koller pour l'Autriche, le général Schouvaloff pour la Russie, le colonel Campbell pour l'Angleterre, le comte von Waldburg-Truchsess pour la Prusse) dépêchés par les alliés pour l'accompagner jusqu'à l'île d'Elbe.

gouvernement provisoire ; des parlementaires, Sénat puis Corps législatif ensuite, qui votent sa déchéance avant d'appeler Louis XVIII. Trahison encore des maréchaux — Ney en tête — qui viennent lui arracher une abdication en faveur de son fils, le 4 avril[1] ; trahison enfin de Marmont qui, on l'a dit, négocie la reddition de son corps d'armée, scellant son sort en le privant de toute capacité de riposte. Le 6 avril, il s'efface douloureusement, sans condition cette fois, avec, au fond du cœur, cette rage immense qui mûrira demain sa volonté de revanche.

Si la palinodie des courtisans ne le surprend guère, il découvre, meurtri, la désertion de ses proches. A l'exception de son ministre des Affaires étrangères, le loyal Caulaincourt, le premier cercle des intimes — l'indispensable Berthier[2], le valet Constant, le chirurgien Yvan, même le mamelouk Roustam, compagnon de tous les instants depuis la campagne d'Egypte — a lâchement fui pour ne plus revenir. Sa femme Marie-Louise entraîne son fils vers Vienne. Cette solitude à Fontainebleau dissipe ses dernières illusions sur la nature humaine. Comment croire aux hommes, à leurs promesses, à leurs serments ? Dans la dormeuse à six chevaux qui l'emporte vers l'exil, il peut faire le compte de ses compagnons de chevauchées disparus au milieu des étendards et des soleils tournoyants : Muiron, Desaix, Lannes et Duroc[3]. Il songe à Junot, saisi par la folie, ou encore à Joséphine, errant comme une âme en peine à Malmaison depuis son divorce, attendant

---

[1]. Le baron Fain, secrétaire et mémorialiste réputé, caractérise ainsi leurs motivations : « On frémissait à l'idée des malheurs particuliers qu'une seule marche pouvait attirer sur les hôtels où l'on avait laissé femmes, enfants, parents, amis, etc. [...] On tremblait aussi de perdre, par ce qu'on appelait un coup de tête, la fortune et le rang qu'on avait si péniblement acquis, et dont on n'avait pas encore pu jouir en repos. [...] L'abdication convient à bien du monde ; c'est un moyen qui s'offre de quitter Napoléon sans trop de honte, on se trouve ainsi dégagé par lui-même : on trouve commode d'en finir de cette façon. »

[2]. Chef d'état-major de la Grande Armée, maréchal, prince de Neuchâtel et de Wagram.

[3]. Muiron mort durant la première campagne d'Italie, Desaix à Marengo en 1800, Lannes dans ses bras à Essling en 1809, Duroc durant la campagne d'Allemagne de 1813.

la mort. Joséphine à qui il vient d'écrire ces quelques mots signés de larmes : « Ils m'ont trahi, oui, tous [1]. »

Dans la nuit du 12 au 13 avril, quand il apprend que les alliés ont choisi l'île d'Elbe [2] pour dernier théâtre de sa destinée et que le comte d'Artois vient d'entrer dans Paris, l'Empereur refuse l'inéluctable et, de ses propres mains, comme jadis lui-même se couronna, porte à ses lèvres la ciguë. « La vie m'est insupportable », confesse-t-il à Caulaincourt. Secoué par de violents vomissements, brûlé de fièvres, il s'accroche au duc de Vicence, mais la fiole de poison qu'il porte à son cou depuis la retraite de Russie est éventée. Il se résout alors à souffrir le sacrifice jusqu'au bout et à gagner l'exil : « Je vivrai, dit-il, puisque la mort ne veut pas plus de moi dans mon lit que sur le champ de bataille. Il y aura aussi du courage à supporter la vie après de tels événements. J'écrirai l'histoire des braves [3]. » Peut-être, en cet instant, pressent-il dans cette mort refusée l'appel du destin ? Dans l'immédiat, il faut tenter de faire face. Les derniers jours à Fontainebleau présentent le spectacle d'un homme brisé. Le colonel Campbell, commissaire anglais désigné par les puissances pour l'accompagner en exil, découvre « un petit homme à l'air actif qui arpentait rapidement son appartement, semblable à un animal sauvage dans sa cage ». Il le surprend mal habillé dans son vieil uni-

---

[1]. Joséphine meurt à Malmaison le 29 mai 1814. « Cette mort fut un deuil public. Cette princesse la vit approcher avec résignation et sans regrets. Elle me disait encore, peu d'heures avant d'expirer, qu'elle avait oublié l'abandon de l'Empereur, qu'elle ne se rappelait que les marques de son attachement et qu'elle ne pouvait plus tenir à la vie, quand elle le savait si malheureux, sans pouvoir aller le consoler » (Caulaincourt, *Mémoires*). Napoléon apprend la nouvelle à l'île d'Elbe et reste pendant deux jours dans la plus totale prostration.
[2]. L'île d'Elbe lui est conférée par le traité de Fontainebleau qui règle aussi le sort des autres membres de la famille.
[3]. Le suicide hante Napoléon depuis longtemps. Dans son roman de jeunesse *Clisson et Eugénie*, Clisson se suicide par amour en se jetant tête baissée avec un escadron contre des ennemis très supérieurs en nombre. Cependant, il l'a toujours condamné avec la dernière sévérité, comme en témoigne par exemple son célèbre ordre du jour du 12 mai 1802 : « Le Premier consul ordonne qu'il soit mis à l'ordre du jour de la Garde : Qu'un soldat doit savoir vaincre sa douleur et la mélancolie des passions ; qu'il y a autant de vrai courage à souffrir avec constance les peines de l'âme qu'à rester fixe sous la mitraille d'une batterie. S'abandonner au chagrin sans résister, se tuer pour s'y soustraire, c'est abandonner le champ de bataille avant d'avoir vaincu. »

forme vert, la barbe perçante et les cheveux mal peignés ; « le tabac à priser souillait sa lèvre supérieure et son gilet »[1].

La route d'Elbe ajoute encore à l'humiliation. Buvant le calice jusqu'à la lie, l'Empereur déchu découvre la haine populaire en Provence. Acclamé jusqu'à Lyon, on le hue à partir d'Orange. Cette vieille terre royaliste où l'amour des Bourbons s'est nourri des guerres de Religion et du sang versé durant la Révolution a particulièrement souffert de la décrépitude de ses ports, à la suite du blocus continental[2]. Pour Napoléon, le choc est d'autant plus brutal qu'il garde en mémoire la ferveur de ces Français qui l'acclamaient sur ce même chemin, quinze ans plus tôt, lors du glorieux retour d'Egypte[3]. Cette fois, l'« Ogre » est conspué de villes en villages ; se réveille alors sa vieille blessure de 1793 où, sous la vindicte du clan Paoli, il s'était vu chassé de Corse[4].

A Avignon, la foule assaille la voiture et couvre son occupant d'injures, comme le rapporte Waldburg-Truchsess, le commissaire prussien[5] : « Vive le roi ! Vivent les alliés ! A bas Nicolas ! A bas le tyran, le coquin, le mauvais gueux[6] ! » A Orgon, la colère atteint son paroxysme : « Devant l'auberge

---

[1]. *Journal* du colonel sir Neil Campbell qui transcrit ailleurs le témoignage de son homologue autrichien : « Koller monta à la galerie et le vit à ses dévotions. Il nous le décrivit ayant tous les signes de l'esprit le plus troublé, se frottant le front avec ses mains, puis se mettant les doigts dans la bouche et s'en mordant les extrémités de l'air le plus agité. » Le commissaire anglais rapporte que l'Empereur loue avec enthousiasme l'Angleterre : « Votre nation est la plus grande de toutes ; elle est plus estimée par moi que toutes les autres. J'ai été votre plus grand ennemi, franchement tel, mais je ne le suis plus. J'ai voulu élever la nation française, mais mes plans n'ont pas réussi. C'est le destin. » Selon le même témoin : « Ici, il s'arrêta, paraissant très ému : il avait les larmes aux yeux. »

[2]. Marseille est presque ruiné, tout comme Bordeaux et Nantes.

[3]. « Etre escorté en France par des commissaires anglais, russes, autrichiens et par des troupes autrichiennes sur cette même route que l'Empereur avait parcourue en revenant d'Egypte pour monter sur le trône de France ! » (Caulaincourt, *Mémoires*).

[4]. Alors maître de la Corse, Paoli avait été dénoncé auprès de la Convention comme contre-révolutionnaire par Lucien Bonaparte. D'où la vengeance de Paoli.

[5]. Friedrich von Waldburg-Truchsess, auteur d'une *Nouvelle Relation de l'itinéraire de Napoléon de Fontainebleau à l'île d'Elbe*, dont nous suivons le récit.

[6]. Nicolas était le prénom favori que la légende noire attribuait à l'Empereur. « Ce nom de Nicolas était dans le Midi un des pseudonymes insultants de Napoléon, et l'on sait qu'ailleurs que dans le Midi, c'est aussi un des pseudonymes de Satan l'empereur de l'enfer », précise sir Neil Campbell dans son *Journal*.

même où il devait s'arrêter, on avait élevé une potence à laquelle était suspendu un mannequin, couvert de sang, avec une inscription placée sur la poitrine et ainsi conçue : "Tel sera tôt ou tard le sort du tyran". Le peuple se cramponnait à la voiture de Napoléon et cherchait à le voir pour lui adresser les plus fortes injures. L'Empereur se cachait derrière le général Bertrand le plus qu'il pouvait ; il était pâle et défait, ne disait pas un mot. »

Pour éviter l'irréparable, le commissaire russe, le comte Schouvaloff, doit haranguer la foule : « N'avez-vous pas honte d'insulter un malheureux sans défense ? clame-t-il à la meute déchaînée. Il est assez humilié par la triste situation où il se trouve, lui qui s'imaginait donner des lois à l'univers et qui se voit aujourd'hui à la merci de votre générosité ! Abandonnez-le à lui-même ; regardez-le ; vous voyez que le mépris est la seule arme que vous devez employer contre cet homme qui a cessé d'être dangereux. »

L'épreuve est terrible, bien pire pour lui que la mort. Il doit faire face à l'insulte, mais aussi à la honte. Monstre de sang-froid à la guerre, poussant ses chevaux sous les boulets, indifférent aux balles, il révèle sa faiblesse devant la foule comme en Brumaire. Face à ces débordements, il blêmit, titube, contraint d'en appeler à la protection des alliés pour implorer la pitié de son peuple. Le traumatisme ne fait que renforcer sa répulsion instinctive envers la rue. A cet instant, l'assaillent les images du Paris populaire et jacobin de 1792, et ses meneurs affublant Louis XVI du bonnet phrygien. Cette fois, le roi moqué, c'est lui ; comme l'infortuné monarque, il doit courber l'échine, mettre un genou à terre devant la foule hostile.

Pour éviter le lynchage, Napoléon s'habille en civil — redingote bleue, chapeau rond flanqué d'une cocarde blanche ! — et emprunte un cheval qu'il pousse à l'avant du cortège, espérant passer incognito. Près de Saint-Canat, il engage sous ce déguisement le dialogue avec la patronne de l'auberge dans laquelle il est descendu :

« Eh, bien ! lui dit-elle, avez-vous rencontré Bonaparte ?
— Non, répond-il.
— Je suis curieuse, continue-t-elle, de voir s'il pourra se sauver ; je crois toujours que le peuple va le massacrer : aussi faut-il convenir qu'il l'a bien mérité, ce coquin-là ! Dites-moi donc, on va l'embarquer pour son île ?
— Mais, oui.
— On le noiera, n'est-ce pas ?
— Je l'espère bien ! lui réplique Napoléon. »

Le soir, Waldburg-Truchsess le surprend en pleurs dans sa chambre. Suprême humiliation, Napoléon se résout finalement à poursuivre le périple sous l'uniforme du commissaire autrichien Koller. Il a peur. Peur de cette foule qu'il ne maîtrise pas, peur d'être pendu ou lapidé comme un vulgaire Mandrin. L'angoisse, jusqu'au départ, ne l'abandonnera plus. Le 28 avril 1814 à Fréjus, il s'embarque enfin pour son nouveau royaume. Au lieu d'une frégate, le gouvernement a mis à sa disposition un simple brick. L'Empereur, à qui il ne reste que l'honneur, explose devant les commissaires alliés : « Si le gouvernement eût su ce qu'il se doit à lui-même, il m'aurait envoyé un bâtiment à trois ponts et non pas un vieux brick pourri, à bord duquel il serait au-dessous de ma dignité de monter. » Aussi choisit-il la frégate anglaise l'*Undaunted*[1], qui le conduit à l'île d'Elbe où il arrive le 3 mai.

Longtemps son désir de revanche se nourrira des épreuves de ce terrible mois d'avril. L'indignation perce déjà dans la violence de ses jugements qui n'épargnent personne, à commencer par les Provençaux. Le sous-préfet d'Aix, venu déjeuner avec lui à Saint-Maximin, en fait les frais : « Vous devez rougir de me voir en uniforme autrichien, j'ai dû le prendre pour me mettre à l'abri des insultes des Provençaux. J'arrivais avec pleine confiance au milieu de vous, tandis que j'aurais pu emmener avec moi six mille hommes de ma garde.

---

1. L'« Indomptée ». Elle est commandée par le capitaine Ussher avec lequel Napoléon entretient d'excellents rapports.

« Je ne trouve ici que des tas d'enragés qui menacent ma vie. C'est une méchante race que les Provençaux : ils ont commis toutes sortes d'horreurs et de crimes dans la Révolution et sont tout prêts à recommencer : mais quand il s'agit de se battre avec courage, alors ce sont des lâches : jamais la Provence ne m'a fourni un seul régiment dont j'aurais pu être content. »

Il s'emporte souvent depuis Fontainebleau contre la médiocrité des courtisans. La cause de sa chute, martèle-t-il, ne tient pas à une défaite mais à la trahison de l'oligarchie civile et militaire. Il n'est pas tombé tout seul, on l'a poussé dehors : « L'intérêt, la conservation des places, l'argent, l'ambition, voilà ce qui mène la plupart des hommes, confie-t-il avec mépris à Caulaincourt... C'est dans les hauts rangs de la société que se trouvent les traîtres. Ce sont ceux que j'ai le plus élevés qui m'abandonnent les premiers ! Les officiers, les soldats mourraient encore tous pour moi, les armes à la main. » Dans ce nid de félons, Napoléon distingue tout particulièrement les hommes du Sénat[1], ainsi que Talleyrand[2] et Marmont. Sans illusion sur la duplicité du prince de Bénévent, la défection du duc de Raguse, cet ami de toujours[3], excite plus particulièrement son ire : « Marmont, lâchera-t-il devant Fleury de Chaboulon, l'un de ses proches, est un misérable : il a perdu son pays et livré son prince... Tout son sang ne suffirait point pour expier le mal qu'il a fait à la France... Je vouerai son nom à l'exécration de la postérité[4]. »

---

1. Les sénateurs ont voté sa déchéance alors qu'il les avait nommés à ces postes, honorifiques et somptueusement dotés.
2. Il l'accuse notamment d'être responsable de la mort du duc d'Enghien et de la guerre d'Espagne. « Talleyrand, dit-il par exemple à Campbell, est un scélérat, un prêtre défroqué, un homme de révolution, bref l'assemblage de tout ce qu'il y a de pire... Il y a longtemps que je le savais mon ennemi et n'attendant que l'occasion pour me trahir. »
3. Napoléon le connaît depuis le siège de Toulon. Il l'a fait duc de Raguse en 1808 et l'a élevé au maréchalat l'année suivante. Sa nomination, attribuée à la faveur, a suscité de nombreux commentaires acerbes.
4. La prophétie s'accomplira : Marmont, duc de Raguse, traînera sa réputation de traître jusqu'à la fin de son existence et pour l'éternité. Raguser devient pour les soldats le synonyme de trahir. *Idem* pour la trahison qui s'intitule désormais ragusade. Le « Maréchal Judas », son surnom dans l'armée, aura le malheur de commander les

Cet acharnement à expliquer sa chute par la seule trahison, aussi pertinent soit-il, n'est pas innocent. Il lui permet d'épargner le peuple, las et fatigué, mais surtout de passer sous silence ses propres responsabilités : « Je n'ai pas de reproches à me faire, lançait-il déjà aux commissaires alliés venus le rencontrer à Fontainebleau ; je n'ai point été usurpateur, parce que je n'ai accepté la couronne que d'après le vœu unanime de toute la nation, tandis que Louis XVIII l'a usurpée, n'étant appelé au trône que par un vil Sénat, dont plus de dix membres ont voté la mort de Louis XVI. Je n'ai jamais été la cause de la perte de qui que ce soit ; quant à la guerre, c'est différent ; mais j'ai dû la faire parce que la nation voulait que j'agrandisse la France [1]. »

En multipliant les confidences, Napoléon ne cesse de vouloir se justifier pour dissiper le remords et les doutes qui l'assaillent. Fallait-il tuer le duc d'Enghien pour fonder l'Empire ? Fallait-il conquérir l'Espagne contre le vœu de son peuple ? Et pourquoi sa fuite en avant, le mariage avec Marie-Louise, la campagne de Russie, le refus de la paix à Prague puis à Francfort ? Certes, son étoile a pâli, mais il veut croire sa légitimité intacte, comme l'ont illustré l'enthousiasme de la foule jusqu'à Lyon ou encore la passion démonstrative des grognards.

Tout est perdu fors l'honneur. Napoléon a choisi d'abdiquer plutôt que d'avilir son nom en laissant la France plus petite

---

troupes royales durant les Trois Glorieuses en juillet 1830. Ecartelé entre son devoir et ses sentiments, il n'aura pas le cœur de trahir les Bourbons sans toutefois oser réprimer la révolution naissante avec l'énergie nécessaire. Discrédité auprès de ses troupes, il se verra publiquement accusé par le duc d'Angoulême de félonie.

1. Cette tentative de justification est à rapprocher de celle tenue devant Caulaincourt à la même époque : « Sans doute, on est las de la guerre, dit-il, et on me reproche de ne pas avoir fait la paix. On dit que j'aime la gloire ; peut-être a-t-on raison sous quelques rapports ; cependant toutes les guerres, avant celle de la Russie, n'ont été que pour nous défendre de l'agression de nos voisins, et cette dernière a été toute politique ; toutes n'ont été entreprises que dans l'intérêt bien réel de la France. On me rendra justice un jour. C'est le système de guerre perpétuelle adopté par l'Angleterre qui m'y a forcé. »

qu'il ne l'avait trouvée[1]. Il confie à Campbell avoir préféré sacrifier ses droits plutôt que de laisser ses soldats se faire tuer pour lui et déclencher la guerre civile : « Ce n'est pas pour l'amour d'une couronne que j'ai fait la guerre, mais pour la gloire de la France et pour réaliser des plans que je ne vois plus moyen de réaliser. J'aurais voulu faire de la France la première nation du monde ; mais c'est fini : j'ai abdiqué, je suis un homme mort. » Par ce sacrifice, il espère sortir la tête haute et, s'épargnant la honte d'une capitulation en rase campagne, ne point supporter la flétrissure de l'armistice. Ce sera au gouvernement royal d'assumer seul la responsabilité du rabaissement de la France. En renonçant au trône dans l'intérêt supérieur de la nation, il lègue à son successeur un cadeau empoisonné. Dix fois vainqueur durant la magnifique campagne de France, n'a-t-il pas, pour sa part, une nouvelle fois donné la preuve de son invincibilité ?

En 1814, les circonstances l'acculent au départ[2]. Nécessité fait loi. Mais le renoncement impérial n'est pas exempt de calculs et d'arrière-pensées. L'Empereur compte sur la volatilité de l'opinion et l'incapacité des Bourbons à gouverner[3]. Fort de son capital de gloire, confiant dans le destin, sûr de

---

[1]. « Je me dois à ma gloire, confiait-il à son ministre Molé en 1813. Si je la sacrifie, je ne suis plus rien. Je n'irai pas moi-même y faire une tache. [...] Je tiens la couronne de la nation et de mon épée ; je la porte sur ma tête, mais je suis et je serai toujours prêt à la rendre plutôt que de la laisser avilir. »

[2]. Jusqu'à la dernière minute, il hésite d'ailleurs à partir. Le 20 avril, il convoque Koller et lui dit : « Je suis décidé à ne pas partir. Les alliés ne sont pas fidèles aux engagements qu'ils ont pris avec moi ; je puis donc aussi révoquer mon abdication, qui n'est toujours que conditionnelle Plus de mille adresses me sont parvenues cette nuit : l'on m'y conjure de reprendre les rênes du gouvernement. Je n'avais renoncé à tous mes droits à la couronne que pour épargner à la France les horreurs d'une guerre civile, n'ayant jamais eu d'autre but que sa gloire et son bonheur ; mais, connaissant aujourd'hui le mécontentement qu'inspirent les mesures prises [...], je puis expliquer maintenant à mes gardes quels sont les motifs qui me font révoquer mon abdication, et je verrai comment on m'arrachera le cœur de mes vieux soldats. » Finalement l'Empereur se ravise par une formule lourde de menaces, presque prophétique : « Eh bien, je veux bien rester encore fidèle à ma promesse ; mais si j'ai de nouvelles raisons de me plaindre, je me verrai dégagé de tout ce que j'ai promis. »

[3]. Napoléon, avant de partir, émet sur l'avenir de la dynastie un jugement d'une rare acuité : « Six mois de ferveur de la part des Français, suivis de six mois de tiédeur, et après cela, de la répulsion, de la haine, chez ceux mêmes qui les avaient le mieux accueillis. »

son bon droit, il se prend à rêver sans rien laisser paraître : et si Elbe n'était qu'une simple base de repli ?

« Aujourd'hui, prophétise-t-il à Caulaincourt avant de partir, on est fatigué, on ne veut que la paix à tout prix. Avant un an, on sera honteux d'avoir cédé au lieu de combattre et d'avoir été livré aux Bourbons et aux Russes. Chacun accourra alors dans mon camp. »

Tous les commanditaires de son éviction se sont en effet mépris, aveuglés par leur triomphe. Soulagés de se débarrasser de lui, ils ont cru l'acheter en échange de la pitoyable souveraineté de l'île d'Elbe. Par mansuétude, comme le tsar Alexandre I[er][1], ou par arrogance, chacun s'est finalement résigné à le traiter sans méfiance, en homme du commun, oublieux de l'orgueil impérial : blessé par la défaite, il ne lui resterait, entretenu, gardé, affairé dans une île de cocagne, qu'à jouir en paix de sa retraite dorée. Isolé, sans hommes ni moyens, il ne saurait constituer encore un danger.

Fouché, le seul à avoir pénétré les arcanes de son ancien maître, va pourtant mettre en garde les vainqueurs contre la vanité de leurs illusions : et si, placé à la croisée de l'Italie et de la Corse, à trois jours de la France, Napoléon se révélait pour l'Europe « ce que le Vésuve est à côté de Naples » ? Le ménager, n'est-ce pas l'humilier davantage et même le provoquer, en lui montrant qu'il ne fait plus peur ? Napoléon serre les dents, convaincu que le destin jouera à nouveau en sa faveur. L'homme d'instinct, en perpétuel mouvement depuis dix-huit ans, redevient pour quelques mois le fauve silencieux, aux aguets, le stratège qui sait apprivoiser le temps, à l'affût de l'instant propice pour passer enfin à l'offensive.

---

1. Le tsar a imposé le compromis de Fontainebleau aux alliés et au gouvernement provisoire, tous très réticents à l'origine mais qui ont fini par s'incliner, trop heureux d'être débarrassés de l'« ogre de Corse ». Le geste du tsar témoigne de son admiration pour son ancien vainqueur d'Austerlitz (1805), Friedland (1807) et la Moskova (1812). Il doit aussi beaucoup à la ténacité déployée par Caulaincourt, ancien ambassadeur à Saint-Pétersbourg avec lequel le tsar entretient d'excellents rapports.

## *El desdichado*

A mi-chemin entre les deux berceaux de la famille Bonaparte, la Toscane et la Corse, Elbe n'est pas sans rappeler son île natale en miniature. On y retrouve la végétation dense, les paysages sauvages, la côte ciselée où s'égrène un chapelet de ports tranquilles, de villages perchés embrassant loin l'horizon jusqu'à cette « île de beauté » si proche et désormais si lointaine.

Sa situation stratégique lui vaut une histoire agitée. Elle a été conquise successivement par les Étrusques, les Carthaginois, les Romains, Pise, Gênes, Lucques, César Borgia, l'Espagne, Barberousse, Charles Quint et les Médicis. Naples enfin la cède à la France par le traité de Florence en mars 1801[1]. Elbe devient alors la sous-préfecture du département de la Méditerranée avec Livourne pour chef-lieu. Clin d'œil du destin, Napoléon reçoit donc en apanage l'une de ses rares conquêtes qui aient pu être sauvées de la débâcle.

Si l'île n'est point aussi petite que le conte la légende[2] — on peut en faire le tour en quelques heures à cheval —, la variété des paysages comme des promenades n'est cependant pas illimitée. La moitié des douze mille habitants[3], pour la

---

1. Sachant que l'Espagne et le prince de Piombino ont abandonné leurs droits sur Elbe à la France. L'île se trouvait depuis longtemps partagée et convoitée par plusieurs puissances. Le rattachement officiel à la République consulaire n'intervient qu'après la signature du traité d'Amiens.
2. Elle mesure tout de même 211 km$^2$ (29 km de long pour 18,5 de large), environ 85 km de pourtour.
3. Une notice de l'époque les présente ainsi : « Les Elbois sont naturellement doux, hospitaliers et attachés au lieu qui les a vus naître. La vie frugale qu'ils mènent contribue à les rendre sains et robustes. Ils sont d'une moyenne stature, bien pris dans leur taille, bruns de peau, ayant les cheveux noirs, le regard vif et pénétrant. Ils aiment la chasse, sont bons marins, et se livrent avec plaisir aux exercices pénibles. Si leur territoire est menacé de quelque invasion, on les voit tous se faire soldats. L'amour du travail et de la bravoure sont des qualités qui les distinguent ; et la probité, qui est ordinairement le partage de l'homme laborieux, se rencontre souvent chez eux. Ils ne se servent point du stylet comme les habitants de plusieurs autres contrées, mais ils sont généralement superstitieux et ignorants. [...] Les Elbois se livrent peu aux plaisirs bruyants, leur danse même offre peu de vivacité et de gaieté. Leur langage est un patois dérivé du toscan. »

# LES CENT-JOURS
OU
L'ESPRIT DE SACRIFICE

## DU MÊME AUTEUR

*Le Cri de la gargouille*, Paris, Albin Michel, 2002.

collection tempus

# DOMINIQUE DE VILLEPIN

# LES CENT-JOURS
## OU
## L'ESPRIT DE SACRIFICE

Perrin
www.editions-perrin.fr

Les cartes figurant aux pages 415 et 431 sont extraites de :
Commandant Henry Lachouque, *Waterloo*, Stock.

© Perrin, 2001 et 2002 pour la présente édition.
ISBN : 2-262-01900-2
**tempus** est une collection des éditions Perrin.

« Quelle gloire nocturne que d'être grand, sans être rien ! [...] Que de Césars j'ai été ! »

Fernando PESSOA.

# INTRODUCTION
# LA DERNIÈRE CHEVAUCHÉE

> « Je n'ai qu'une passion, qu'une maîtresse, c'est la France... »
>
> NAPOLÉON.

Voilà bien des années que je poursuis les traces de l'aventure napoléonienne. A la course de l'enfant fasciné par l'illustre bicorne se sont ajoutés plus tard le sel des histoires vécues, l'interrogation sur le destin d'un homme, sur l'étrange alchimie de l'histoire et du mythe, sur les chemins et détours de la mémoire. Ces Cent-Jours constituent une « ouverture » en forme de fable, car cette période, trait d'union entre deux mondes, deux époques et deux légitimités, offre un saisissant raccourci de l'épopée. En un temps très court, se mêlent et s'affrontent les idéaux et les doctrines, les caractères et les passions, dans une sorte de laboratoire de la comédie humaine où s'esquisse le visage de la France moderne.

Cette quête, pourquoi le cacher, s'est beaucoup nourrie de l'intimité du pouvoir, car bien qu'elle ne se répète jamais, l'histoire se souvient. Et si les courtisans se pressent dans ses allées foisonnantes, des êtres rares se distinguent aussi qui honorent la politique et font croire en la France.

Mais il n'est pas de jour où, saisi des affres du doute, je n'aie médité les voix du passé, épié les grands modèles et le premier d'entre eux, l'homme de Toulon et de l'Italie, de l'Egypte et de l'Espagne, de la Russie et des îles qui dansent furieusement autour de lui.

Pas de jour où je n'aie ressenti l'impérieux besoin de mémoire pour ne pas céder face à l'indifférence, aux rires et quolibets, pour éclairer la réflexion et l'action, pour continuer sur ce difficile chemin défriché par de glorieux ou humbles pèlerins et avancer encore au service d'une ambition française.

Pas de jour où je n'aie humé le parfum de la discrète violette[1]...

\*

Au printemps 1814, derrière le roulement du tambour s'élève la plainte funèbre. L'ombre sinistre d'un chien de misère[2] envahit le songe. Comme il paraît loin le temps où Hegel, assistant à l'entrée de l'Empereur dans Iéna, croyait voir l'esprit du monde dressé sur son cheval. Pour la première fois depuis 1792, la France connaît les souffrances et les humiliations de l'invasion.

En dépit des succès éclatants de la campagne de France, Napoléon, replié à Fontainebleau, entouré de ses dernières légions, ne peut empêcher la cruelle épreuve du territoire violé, de la capitale occupée par les armées étrangères. Quand il se résout à abdiquer en faveur de son fils, les événements se précipitent. Marmont livre ses hommes à l'ennemi, privant la Grande Armée de toute capacité de riposte. Aussitôt les parlementaires appellent au trône Louis XVIII, le frère cadet de Louis XVI. Les couloirs de Fontainebleau se vident alors que l'Empereur, avec l'énergie du désespoir, veut s'accrocher encore à son étoile de Lodi[3]. Mais le 6 avril, il doit se résigner. Cet Aigle, hier si proche du soleil, le voilà qui gît à terre, les ailes froissées. Le 20, quand il s'éloigne, accom-

---

1. Fleur de « l'amour caché », la violette fut le symbole de la fidélité à Napoléon.
2. Il s'agit de la vision émue de Napoléon découvrant un chien pleurant son maître, mort sur le champ de bataille durant la première campagne d'Italie.
3. Comme l'Empereur le confessera à Sainte-Hélène, c'est la victoire de Lodi, en 1796, qui lui révèle son destin. Depuis lors, il croit avec superstition être protégé par « son étoile ».

pagné d'une poignée de fidèles, les Bourbons s'avancent déjà pour reprendre possession du trône. Chacun croit qu'une page est tournée.

Facétie ou cruauté de l'histoire, quinze mois plus tard, la scène se reproduit presque à l'identique : invasion de Paris, retour de Louis XVIII, nouvel exil de Napoléon. Dans l'intervalle, à la stupéfaction générale, l'Empereur resurgit pour une folle chevauchée de cent jours [1] où tout se croise, l'épique et le tragique, l'héroïque et le cynique, le burlesque et l'extravagant, pour filer une étonnante métaphore de notre histoire nationale.

Si la stature de Napoléon domine les Cent-Jours, si l'« Ogre » jette encore son ombre sur l'horizon rougi, cette fois, la scène tout entière s'anime autour de lui. Il doit non plus seulement composer avec les forces du destin pour régler ses comptes sur les champs de bataille avec les rois et les dieux, mais aussi descendre dans l'arène pour tenir tête aux hommes, petits et grands, crottés ou perruqués, bien décidés à lui donner la réplique, à l'instar de Talleyrand ou de Fouché. Tels des diables, ils n'en finissent pas, après des années d'éclipse, de sortir de leurs boîtes, compliquant le jeu, entravant sa marche de mille obstacles. Cette flamme impériale qui autrefois embrasait tout sur son passage, êtres et continents, ne luit plus maintenant qu'au-dedans, et le géant d'hier n'avance qu'à tâtons, abandonné des cieux, rendu à l'usurpation et à la misère des origines : pauvre « chien fécal de Brumaire [2] » empuantissant les allées du pouvoir. Alors se déchaînent les animaux des fables, renards et loups, méchants

---

1. Quel que soit le parti pris retenu, les Cent-Jours débordent le calendrier. Pour les bonapartistes, ils commencent et se terminent plus tôt que pour les royalistes : ils s'étendent du 1er mars au 22 juin 1815, soit un peu plus de cent dix jours entre le débarquement de Napoléon à Golfe-Juan et son abdication. Pour les royalistes, ils couvrent la période comprise entre le départ du roi de Paris, le 19 mars 1815, et son retour dans la capitale le 8 juillet suivant. Plutôt que d'arbitrer en limitant le champ de l'épopée, la conception la plus large possible a été retenue, quitte à déborder en amont comme en aval, afin de favoriser pour le lecteur la compréhension des nombreux enjeux.
2. Selon l'expression de Gilbert Lely, dans sa *Vie de Sade*.

et rusés, volailles de basse-cour ou fauves de haute lignée qui, libérés de leurs peurs, se ruent hors de leur cage. Et il faut à l'Empereur, menacé sur son aire, oublier le rêve évanoui de l'Empire d'Occident. Il lui faut réapprendre les hommes et leurs jeux ordinaires : se démener, calculer et épier, composer encore, anticiper toujours. Mais désormais il s'avance seul, homme de chair et de sang qui doit creuser son chemin de douleurs.

Napoléon a-t-il vraiment changé ? Peut-on parler de métamorphose, de grâce, pour cet homme touché par la défaite, ou ne s'agit-il que d'une comédie pour tromper le monde ? Curieusement, les Cent-Jours sont souvent négligés dans l'aventure impériale. Si tout a été dit sur le Napoléon aux nues de la puissance, l'inspirateur du Code civil, le stratège d'Austerlitz et de Friedland, le Grand Maître de l'Europe, si l'exil hélénien fascine historiens et essayistes, le Napoléon de l'entre-deux reste une énigme. Passé le vol de l'Aigle, que cache ce « dernier Empereur », ventripotent et assoupi, qui semble douter de lui et du destin ? Est-ce bien le César inflexible, cet empereur libéral qui s'échine à séduire les notables en promulguant sa « Benjamine[1] » ? Est-ce toujours le vainqueur d'Austerlitz, ce général en chef qui manque la destruction de Blücher à Ligny avant de s'épuiser face à Wellington ? Est-ce encore l'homme de Brumaire, ce personnage falot qui devant la fronde parlementaire dépose les armes sans combattre, hésitant entre l'exil américain et la soumission à l'Angleterre ? Le Napoléon des Cent-Jours doute, un Napoléon soudain fait homme, presque dépouillé de son si profond mystère. Ce revenant rappelle étrangement le Premier consul, encore affable, jamais rassasié de discussions et de connaissances. Ses contemporains surpris le voient descendre de son piédestal pour converser d'égal à égal avec Benjamin Constant ou chercher en vain à convaincre Molé d'accepter un ministère. A travers cette lumière blafarde de la fin, il nous

---

1. Acte additionnel aux Constitutions de l'Empire.

laisse, ici ou là, entrevoir quelques-uns de ses secrets. Privé des lauriers d'Alexandre, il n'arbore pas encore le masque du *Mémorial* qui instruira la légende.

Dans l'ombre de Napoléon, il faut encore scruter la France trop souvent oubliée, confrontée à l'une des crises les plus graves de son histoire. En 1815, comme en 1792, s'opère la douloureuse alchimie de l'invasion et de la guerre civile. La confrontation entre l'Aigle et le lys, au-delà de Napoléon et de Louis XVIII, oppose deux philosophies, deux mémoires et deux légitimités. Elle renouvelle le conflit entre Révolution et Contre-Révolution, bleus et blancs, tandis qu'émerge une nouvelle fracture entre le pouvoir et la société. Le mur du cens s'élève alors même que celui de la naissance se lézarde. Le fossé se creuse entre l'ère de la conquête et ce nouveau siècle bourgeois qui consacre l'individu sur les ruines des croyances anciennes et des grandes aventures collectives de la Révolution ou de l'Empire. Dans le chaudron de l'histoire, les personnalités se mêlent, générations et partis d'hier et de demain : républicains, royalistes, orléanistes et bonapartistes.

Les Cent-Jours offrent ainsi une lucarne idéale pour revisiter Napoléon et observer la naissance d'une France nouvelle, présentant à la fois le spectacle de manœuvres et de convulsions, d'une révolution des esprits qui nourrit le tragique d'un rythme endiablé.

Débarquant avec mille grognards à la conquête de son royaume perdu, l'Empereur semble prêt à trébucher à chaque pas. Bien vite l'aventure devient épopée. La marche sur Paris ne fait pas taire l'anxiété quotidienne du lendemain. Comment l'Empire libéral pourra-t-il survivre ? Napoléon restera-t-il sur son trône alors que l'Europe mobilise, que la Vendée s'agite et que les notables lui tournent ostensiblement le dos ? Alors qu'il a besoin de tous, la précarité de sa situation l'isole chaque jour un peu plus. La désillusion est d'autant plus forte, dès l'arrivée dans la capitale, que la froideur et l'attentisme contrastent avec le sacre populaire du Vol de l'Aigle. Cela irrite l'Empereur qui s'échine à répéter qu'il n'aspire plus qu'à jouer son nouveau rôle de roi constitutionnel et pacifique. Or, à part Constant et une poignée de libéraux, personne ne veut croire en sa conversion. Une large majorité le soupçonne même de vouloir restaurer la dictature une fois la victoire remportée. Au moment où il vient semer pour l'avenir, sauver la France et rassurer l'Europe, il lui faut expier son passé.

Les combats titanesques de la campagne de Belgique portent à l'incandescence la dimension tragique, tandis que le retour douloureux à Paris et les péripéties du départ vers l'exil entretiennent angoisse et suspense. Mais déjà la scène se déplace, la tragi-comédie du pouvoir se joue à Paris où Fouché multiplie les intrigues avant de marchander avec une habileté de maquignon son ralliement au monarque. Le temps est venu des incroyables retrouvailles avec Talleyrand alors que les coalisés envahissent à nouveau Paris, précédant de quelques heures le cortège de Louis XVIII, ultime tableau de ce ballet du pouvoir qui stupéfia les esprits de l'époque.

Le décor et la mise en scène impériale sont à la hauteur de cette chute où tout s'entrecroise dans les derniers soubresauts de la passion, sous l'œil apeuré des courtisans. Et puis il y a ces théâtres multiples de l'île d'Elbe à Sainte-Hélène, de Golfe-Juan à Paris, de Ligny à Waterloo, sans oublier la lointaine Vienne et ce Gand, si proche capitale d'un exil de carnaval où chacun se déchire. Il y a les haillons des faubourgs et les costumes des Tuileries, les uniformes d'apparat et les tenues de combat. Et surtout cette étrange silhouette, capote brune ou redingote grise, et ce curieux bicorne. Si Napoléon captive les regards, les seconds rôles atteignent l'exception : Louis XVIII, Talleyrand, Fouché, Ney, sans compter Chateaubriand, Blacas, Vitrolles ou Lamartine pour les royalistes ; La Bédoyère, Cambronne, Carnot, Davout pour les bonapartistes ; Benjamin Constant et La Fayette pour les libéraux. Derrière les frontières : Metternich, « le Rocher de l'ordre », Blücher le soudard, Castlereagh le diplomate, Wellington le stratège, le tsar Alexandre ou Pozzo di Borgo, le rival corse de Napoléon. Autant de vives figures sommées de choisir leur camp, de compter leur risque.

La palette est d'autant plus variée que ce temps offre une rare richesse de sources littéraires. Les proclamations de Golfe-Juan, les conversations du *Mémorial*, les réminiscences des *Mémoires d'outre-tombe*, les *Mémoires sur les Cent-Jours* de Constant constituent les pages les plus célèbres. Mais il faut citer aussi l'imposante production contemporaine de journaux, de mémoires, brochures, placards et affiches, pamphlets rarement médiocres, toutes tendances confondues. Deux grands textes nourrissent particulièrement la réflexion politique de cette période : le *Rapport au roi* de Chateaubriand répond aux *Principes de politique* publiés par Constant pour justifier son ralliement à Napoléon. Partout se dégagent un lyrisme et une franchise qui reflètent la vigueur des engagements et portent le témoignage d'un âge de feu où politique et littérature ne faisaient qu'un.

« C'est la politique qui doit être le grand ressort de la tragédie moderne », affirmait Napoléon à son état-major la veille d'Austerlitz. Moins de dix ans plus tard, en un dernier hommage, les tonnerres de la chute allaient une fois encore lui donner raison.

# ACTE I

# L'ENVOL

« Je ne vois rien de grand à finir sa vie comme quelqu'un qui a perdu toute sa fortune au jeu. Il y a beaucoup plus de courage de survivre à son malheur non mérité. »

NAPOLÉON[1].

---

1. Propos tenus devant les commissaires alliés en avril 1814.

## ACTE I

## L'ENVOI

> Je ne vous lirai ne sçay j'amy si vous
> connois, onques ne sçeu je cela tant sa fomne
> m'estoit. Il was frustring plus accourue de van
> pas a son multivorbe mardi.
>
> TRADUCTION.

# CHAPITRE I

# LE PÉNITENT

> « Son ambition était déçue, non éteinte ; l'infortune et la vengeance en ranimaient les flammes : quand le prince des ténèbres du bord de l'univers créé aperçut l'homme et le monde, il résolut de les perdre. »
>
> CHATEAUBRIAND, *Mémoires d'outre-tombe*.

## Le revenant

Si bref l'exil, pas même un an en son île de Méditerranée ! Preuve que le temps impérial ne cesse d'être celui d'une passion impétueuse, d'une légitimité conquise, fulgurante d'honneurs et de gloire, pétrie d'aventures et de fièvres. A peine noircis les premiers feuillets de la chronique elboise, et alors que résonne encore l'outrage des quolibets accompagnant la descente aux enfers, qui aurait imaginé le retour glorieux ? En 1814, tout conspire contre Napoléon, réduit à servir de cible aux pamphlétaires et aux caricaturistes. L'Europe déjà tourne la tête au moment où il débarque en son nouveau royaume de pacotille, sur cette île désolée, avec ses douze mille habitants et ses 211 kilomètres carrés.

Elbe occupe une place à part dans l'aventure napoléonienne. Dépossédé de son empire, notre héros surprend, intrigue, à l'aube de cette seconde chance, toujours présent là où on ne l'attend pas. On le croit abattu ; il se révèle vite débordant d'énergie. On l'imagine seul, errant à l'abandon ;

il renaît dans le silence et l'absence, se réchauffe à la flamme d'un trio de fidèles — Bertrand, Drouot, Cambronne —, de Pauline, sa sœur préférée, et de Madame Mère, venus partager sa destinée. Marie Walewska, l'« épouse polonaise », vient même le rejoindre pour quelques heures. Car il veut vivre et dévore à grands pas son maigre territoire, se redresse fièrement face à ce monde qui le conspue, à cette France qui le renie. En labourant l'île, il ranime le feu qui depuis toujours le brûle, pour opérer en secret sa dernière métamorphose.

En cet instant où bascule le destin, qui est-il vraiment ce Napoléon, cet homme Protée ? Le général jacobin, le champion du Directoire, le consul pacificateur, l'Empereur de la conquête ou celui de la retraite ? Est-il toujours le fier, l'ardent, le conquérant ? Alors que le passé défile sous ses yeux, est-il encore l'étrange revenant ? Le revenant d'Italie qui menaçait hier la belle créole trop légère, Joséphine l'infidèle : « Je te conseille de te bien garder la nuit ; car une de ces prochaines tu entendras grand bruit[...] » ? Le revenant d'Egypte à bord du *Muiron*, ce bateau qui le ramène en France et qui porte le nom d'un fidèle compagnon mort à sa place au pont d'Arcole en lui faisant un rempart de son corps ? Le revenant de Russie, du cauchemar des nuits glacées ? Sous les masques, on entrevoit déjà le revenant d'Elbe qui interpellera à son tour l'ombre de Waterloo et le fantôme immortel de Sainte-Hélène : « Tel qu'en Lui-même enfin... »

Pour en saisir la respiration originale, il faut le suivre par les sentiers de traverse de l'exil, quand l'histoire fait mine de se dérober, de le trahir. D'où l'intérêt de cet entre-deux du destin pour ce héros lâché en pleine gloire par les hommes et les dieux. Après Vercingétorix, Saint Louis, Jeanne d'Arc, avant de Gaulle, Napoléon connaît « la torture de cet âpre monde[1] » et ne se résout à la descente aux Enfers que pour se soumettre au jugement de l'histoire. Nous retrouvons

---

1. Shakespeare, *Le Roi Lear*.

Napoléon battu sur les champs de bataille de l'Europe, s'ingéniant à nouer les fils de la fable, disposant le décor et choisissant la mise en scène comme il l'a toujours fait, du pont d'Arcole au cimetière d'Eylau. Presque tous les personnages sont en place à l'heure du lever de rideau final, jusqu'à la mère impériale, Letizia, qui avait déserté la loge d'honneur du sacre. Il organise la scène avec minutie, comme il dirigeait jadis les pinceaux du baron Gros, d'Ingres ou de David. Que de masques, que de saisons dans le regard fiévreux de cet homme tour à tour étudiant studieux, caporal courageux, général amoureux, jardinier, despote que le pape baptisera d'un bon mot : « commediante, tragediante ». Successivement Nabulione, Buonaparte, Bonaparte, Napoléon, Napoléon Ier. Il tient tous les rôles : à la fois auteur, acteur et propagandiste d'une épopée fantastique. Seule son ambition reste intangible : asseoir une légitimité, forger une dynastie, immortaliser son nom.

Car ce héros se veut d'abord exceptionnel par sa conviction qui jamais ne se renie d'incarner un destin. Il fait l'histoire et ne se contente pas de la regarder passer. Depuis ses premières armes à Toulon, il force la chance, bouscule l'ordre du monde sans trembler jusqu'à la campagne de Russie. Homme d'action, il est le chef de guerre qui entraîne ses troupes de victoire en victoire. Fils prodige de la Révolution, il porte haut l'étendard, sur les traces d'Alexandre, d'Hannibal ou de César. Adulé par ses soldats, il se voit décerner son plus beau grade, celui de « petit caporal », fort de la proximité et de la légitimité du cœur, leur promettant dès 1796 : « De riches provinces, de grandes villes[...], honneur, gloire et richesses. Soldats d'Italie, manqueriez-vous de courage et de constance ? » Il s'inscrit dans la lignée des grands capitaines et des hommes d'Etat, preux chevalier autant que visionnaire, grand stratège et innovateur. Il se veut de son temps et de tous les temps, « homme de Plutarque[1] », de

---

1. Expression dont l'avait baptisé Paoli avant qu'ils se brouillent.

l'Ancien Régime et de la Révolution, de l'ancien comme du nouveau monde.

Mais cette action toujours recommencée ne suffit jamais : « La guerre est un singulier art, avoue-t-il au soir du Sacre, j'ai livré soixante batailles, eh bien, je n'ai rien appris que je ne savais dès la première. » De tout cela, a-t-il été jamais dupe ? Désireux de retenir l'attention des hommes, il sacrifie tout pour se hisser dans l'Olympe, jusqu'à s'inventer metteur en scène de sa propre destinée. A travers peintures, lettres, proclamations, journaux..., il compose une symphonie, attentif au moindre détail, des maréchaux aux seconds rôles, jusqu'au plus modeste tambour. Et même trahi, battu, abandonné dans son îlot d'opérette, à bientôt quarante-cinq ans, il veut encore forcer le destin. Il est un autre, il est le même.

## *Le chemin de croix*

Au soir de la campagne de France, l'Empereur déchu se laisse aller au désespoir : « Je méprisais les hommes comme de la boue. Eh bien, je ne les méprisais pas encore assez », confie-t-il à son aide de camp Anatole de Montesquiou [1]. Terrible épreuve que ce passage des feux du pouvoir à la solitude de l'ombre, de l'activité forcenée à l'inaction, alors que ses repères se brouillent dans le fracas brutal de la chute.

Ce « diable botté » assiste, impuissant, au spectacle de sa propre déchéance. Revenu précipitamment, il ne peut empêcher la prise de la capitale. Cantonné à Fontainebleau, il subit les trahisons successives de Talleyrand d'abord, qui fomente avec les alliés son expulsion du trône et la constitution d'un

---

[1]. « Je n'ai jamais estimé les hommes et je les ai toujours traités comme ils le méritent ; mais cependant les procédés des Français envers moi sont d'une si grande ingratitude, que je suis entièrement dégoûté de l'ambition de vouloir gouverner », surenchérit-il auprès des commissaires (le colonel Koller pour l'Autriche, le général Schouvaloff pour la Russie, le colonel Campbell pour l'Angleterre, le comte von Waldburg-Truchsess pour la Prusse) dépêchés par les alliés pour l'accompagner jusqu'à l'île d'Elbe.

gouvernement provisoire ; des parlementaires, Sénat puis Corps législatif ensuite, qui votent sa déchéance avant d'appeler Louis XVIII. Trahison encore des maréchaux — Ney en tête — qui viennent lui arracher une abdication en faveur de son fils, le 4 avril[1] ; trahison enfin de Marmont qui, on l'a dit, négocie la reddition de son corps d'armée, scellant son sort en le privant de toute capacité de riposte. Le 6 avril, il s'efface douloureusement, sans condition cette fois, avec, au fond du cœur, cette rage immense qui mûrira demain sa volonté de revanche.

Si la palinodie des courtisans ne le surprend guère, il découvre, meurtri, la désertion de ses proches. A l'exception de son ministre des Affaires étrangères, le loyal Caulaincourt, le premier cercle des intimes — l'indispensable Berthier[2], le valet Constant, le chirurgien Yvan, même le mamelouk Roustam, compagnon de tous les instants depuis la campagne d'Egypte — a lâchement fui pour ne plus revenir. Sa femme Marie-Louise entraîne son fils vers Vienne. Cette solitude à Fontainebleau dissipe ses dernières illusions sur la nature humaine. Comment croire aux hommes, à leurs promesses, à leurs serments ? Dans la dormeuse à six chevaux qui l'emporte vers l'exil, il peut faire le compte de ses compagnons de chevauchées disparus au milieu des étendards et des soleils tournoyants : Muiron, Desaix, Lannes et Duroc[3]. Il songe à Junot, saisi par la folie, ou encore à Joséphine, errant comme une âme en peine à Malmaison depuis son divorce, attendant

---

1. Le baron Fain, secrétaire et mémorialiste réputé, caractérise ainsi leurs motivations : « On frémissait à l'idée des malheurs particuliers qu'une seule marche pouvait attirer sur les hôtels où l'on avait laissé femmes, enfants, parents, amis, etc. [...] On tremblait aussi de perdre, par ce qu'on appelait un coup de tête, la fortune et le rang qu'on avait si péniblement acquis, et dont on n'avait pas encore pu jouir en repos. [...] L'abdication convient à bien du monde ; c'est un moyen qui s'offre de quitter Napoléon sans trop de honte, on se trouve ainsi dégagé par lui-même : on trouve commode d'en finir de cette façon. »
2. Chef d'état-major de la Grande Armée, maréchal, prince de Neuchâtel et de Wagram.
3. Muiron mort durant la première campagne d'Italie, Desaix à Marengo en 1800, Lannes dans ses bras à Essling en 1809, Duroc durant la campagne d'Allemagne de 1813.

la mort. Joséphine à qui il vient d'écrire ces quelques mots signés de larmes : « Ils m'ont trahi, oui, tous [1]. »

Dans la nuit du 12 au 13 avril, quand il apprend que les alliés ont choisi l'île d'Elbe [2] pour dernier théâtre de sa destinée et que le comte d'Artois vient d'entrer dans Paris, l'Empereur refuse l'inéluctable et, de ses propres mains, comme jadis lui-même se couronna, porte à ses lèvres la ciguë. « La vie m'est insupportable », confesse-t-il à Caulaincourt. Secoué par de violents vomissements, brûlé de fièvres, il s'accroche au duc de Vicence, mais la fiole de poison qu'il porte à son cou depuis la retraite de Russie est éventée. Il se résout alors à souffrir le sacrifice jusqu'au bout et à gagner l'exil : « Je vivrai, dit-il, puisque la mort ne veut pas plus de moi dans mon lit que sur le champ de bataille. Il y aura aussi du courage à supporter la vie après de tels événements. J'écrirai l'histoire des braves [3]. » Peut-être, en cet instant, pressent-il dans cette mort refusée l'appel du destin ? Dans l'immédiat, il faut tenter de faire face. Les derniers jours à Fontainebleau présentent le spectacle d'un homme brisé. Le colonel Campbell, commissaire anglais désigné par les puissances pour l'accompagner en exil, découvre « un petit homme à l'air actif qui arpentait rapidement son appartement, semblable à un animal sauvage dans sa cage ». Il le surprend mal habillé dans son vieil uni-

---

1. Joséphine meurt à Malmaison le 29 mai 1814. « Cette mort fut un deuil public. Cette princesse la vit approcher avec résignation et sans regrets. Elle me disait encore, peu d'heures avant d'expirer, qu'elle avait oublié l'abandon de l'Empereur, qu'elle ne se rappelait que les marques de son attachement et qu'elle ne pouvait plus tenir à la vie, quand elle le savait si malheureux, sans pouvoir aller le consoler » (Caulaincourt, *Mémoires*). Napoléon apprend la nouvelle à l'île d'Elbe et reste pendant deux jours dans la plus totale prostration.
2. L'île d'Elbe lui est conférée par le traité de Fontainebleau qui règle aussi le sort des autres membres de la famille.
3. Le suicide hante Napoléon depuis longtemps. Dans son roman de jeunesse *Clisson et Eugénie*, Clisson se suicide par amour en se jetant tête baissée avec un escadron contre des ennemis très supérieurs en nombre. Cependant, il l'a toujours condamné avec la dernière sévérité, comme en témoigne par exemple son célèbre ordre du jour du 12 mai 1802 : « Le Premier consul ordonne qu'il soit mis à l'ordre du jour de la Garde : Qu'un soldat doit savoir vaincre sa douleur et la mélancolie des passions ; qu'il y a autant de vrai courage à souffrir avec constance les peines de l'âme qu'à rester fixe sous la mitraille d'une batterie. S'abandonner au chagrin sans résister, se tuer pour s'y soustraire, c'est abandonner le champ de bataille avant d'avoir vaincu. »

forme vert, la barbe perçante et les cheveux mal peignés ; « le tabac à priser souillait sa lèvre supérieure et son gilet »[1].

La route d'Elbe ajoute encore à l'humiliation. Buvant le calice jusqu'à la lie, l'Empereur déchu découvre la haine populaire en Provence. Acclamé jusqu'à Lyon, on le hue à partir d'Orange. Cette vieille terre royaliste où l'amour des Bourbons s'est nourri des guerres de Religion et du sang versé durant la Révolution a particulièrement souffert de la décrépitude de ses ports, à la suite du blocus continental[2]. Pour Napoléon, le choc est d'autant plus brutal qu'il garde en mémoire la ferveur de ces Français qui l'acclamaient sur ce même chemin, quinze ans plus tôt, lors du glorieux retour d'Egypte[3]. Cette fois, l'« Ogre » est conspué de villes en villages ; se réveille alors sa vieille blessure de 1793 où, sous la vindicte du clan Paoli, il s'était vu chassé de Corse[4].

A Avignon, la foule assaille la voiture et couvre son occupant d'injures, comme le rapporte Waldburg-Truchsess, le commissaire prussien[5] : « Vive le roi ! Vivent les alliés ! A bas Nicolas ! A bas le tyran, le coquin, le mauvais gueux[6] ! » A Orgon, la colère atteint son paroxysme · « Devant l'auberge

---

[1]. *Journal* du colonel sir Neil Campbell qui transcrit ailleurs le témoignage de son homologue autrichien : « Koller monta à la galerie et le vit à ses dévotions. Il nous le décrivit ayant tous les signes de l'esprit le plus troublé, se frottant le front avec ses mains, puis se mettant les doigts dans la bouche et s'en mordant les extrémités de l'air le plus agité. » Le commissaire anglais rapporte que l'Empereur loue avec enthousiasme l'Angleterre : « Votre nation est la plus grande de toutes ; elle est plus estimée par moi que toutes les autres. J'ai été votre plus grand ennemi, franchement tel, mais je ne le suis plus. J'ai voulu élever la nation française, mais mes plans n'ont pas réussi. C'est le destin. » Selon le même témoin : « Ici, il s'arrêta, paraissant très ému : il avait les larmes aux yeux. »
[2]. Marseille est presque ruiné, tout comme Bordeaux et Nantes.
[3]. « Etre escorté en France par des commissaires anglais, russes, autrichiens et par des troupes autrichiennes sur cette même route que l'Empereur avait parcourue en revenant d'Egypte pour monter sur le trône de France ! » (Caulaincourt, *Mémoires*).
[4]. Alors maître de la Corse, Paoli avait été dénoncé auprès de la Convention comme contre-révolutionnaire par Lucien Bonaparte. D'où la vengeance de Paoli.
[5]. Friedrich von Waldburg-Truchsess, auteur d'une *Nouvelle Relation de l'itinéraire de Napoléon de Fontainebleau à l'île d'Elbe*, dont nous suivons le récit.
[6]. Nicolas était le prénom favori que la légende noire attribuait à l'Empereur. « Ce nom de Nicolas était dans le Midi un des pseudonymes insultants de Napoléon, et l'on sait qu'ailleurs que dans le Midi, c'est aussi un des pseudonymes de Satan l'empereur de l'enfer », précise sir Neil Campbell dans son *Journal*.

même où il devait s'arrêter, on avait élevé une potence à laquelle était suspendu un mannequin, couvert de sang, avec une inscription placée sur la poitrine et ainsi conçue : "Tel sera tôt ou tard le sort du tyran". Le peuple se cramponnait à la voiture de Napoléon et cherchait à le voir pour lui adresser les plus fortes injures. L'Empereur se cachait derrière le général Bertrand le plus qu'il pouvait ; il était pâle et défait, ne disait pas un mot. »

Pour éviter l'irréparable, le commissaire russe, le comte Schouvaloff, doit haranguer la foule : « N'avez-vous pas honte d'insulter un malheureux sans défense ? clame-t-il à la meute déchaînée. Il est assez humilié par la triste situation où il se trouve, lui qui s'imaginait donner des lois à l'univers et qui se voit aujourd'hui à la merci de votre générosité ! Abandonnez-le à lui-même ; regardez-le ; vous voyez que le mépris est la seule arme que vous devez employer contre cet homme qui a cessé d'être dangereux. »

L'épreuve est terrible, bien pire pour lui que la mort. Il doit faire face à l'insulte, mais aussi à la honte. Monstre de sang-froid à la guerre, poussant ses chevaux sous les boulets, indifférent aux balles, il révèle sa faiblesse devant la foule comme en Brumaire. Face à ces débordements, il blêmit, titube, contraint d'en appeler à la protection des alliés pour implorer la pitié de son peuple. Le traumatisme ne fait que renforcer sa répulsion instinctive envers la rue. A cet instant, l'assaillent les images du Paris populaire et jacobin de 1792, et ses meneurs affublant Louis XVI du bonnet phrygien. Cette fois, le roi moqué, c'est lui ; comme l'infortuné monarque, il doit courber l'échine, mettre un genou à terre devant la foule hostile.

Pour éviter le lynchage, Napoléon s'habille en civil — redingote bleue, chapeau rond flanqué d'une cocarde blanche ! — et emprunte un cheval qu'il pousse à l'avant du cortège, espérant passer incognito. Près de Saint-Canat, il engage sous ce déguisement le dialogue avec la patronne de l'auberge dans laquelle il est descendu :

« Eh, bien ! lui dit-elle, avez-vous rencontré Bonaparte ?
— Non, répond-il.
— Je suis curieuse, continue-t-elle, de voir s'il pourra se sauver ; je crois toujours que le peuple va le massacrer : aussi faut-il convenir qu'il l'a bien mérité, ce coquin-là ! Dites-moi donc, on va l'embarquer pour son île ?
— Mais, oui.
— On le noiera, n'est-ce pas ?
— Je l'espère bien ! lui réplique Napoléon. »

Le soir, Waldburg-Truchsess le surprend en pleurs dans sa chambre. Suprême humiliation, Napoléon se résout finalement à poursuivre le périple sous l'uniforme du commissaire autrichien Koller. Il a peur. Peur de cette foule qu'il ne maîtrise pas, peur d'être pendu ou lapidé comme un vulgaire Mandrin. L'angoisse, jusqu'au départ, ne l'abandonnera plus. Le 28 avril 1814 à Fréjus, il s'embarque enfin pour son nouveau royaume. Au lieu d'une frégate, le gouvernement a mis à sa disposition un simple brick. L'Empereur, à qui il ne reste que l'honneur, explose devant les commissaires alliés : « Si le gouvernement eût su ce qu'il se doit à lui-même, il m'aurait envoyé un bâtiment à trois ponts et non pas un vieux brick pourri, à bord duquel il serait au-dessous de ma dignité de monter. » Aussi choisit-il la frégate anglaise l'*Undaunted*[1], qui le conduit à l'île d'Elbe où il arrive le 3 mai.

Longtemps son désir de revanche se nourrira des épreuves de ce terrible mois d'avril. L'indignation perce déjà dans la violence de ses jugements qui n'épargnent personne, à commencer par les Provençaux. Le sous-préfet d'Aix, venu déjeuner avec lui à Saint-Maximin, en fait les frais : « Vous devez rougir de me voir en uniforme autrichien, j'ai dû le prendre pour me mettre à l'abri des insultes des Provençaux. J'arrivais avec pleine confiance au milieu de vous, tandis que j'aurais pu emmener avec moi six mille hommes de ma garde.

---

1. L'« Indomptée ». Elle est commandée par le capitaine Ussher avec lequel Napoléon entretient d'excellents rapports.

« Je ne trouve ici que des tas d'enragés qui menacent ma vie. C'est une méchante race que les Provençaux : ils ont commis toutes sortes d'horreurs et de crimes dans la Révolution et sont tout prêts à recommencer : mais quand il s'agit de se battre avec courage, alors ce sont des lâches : jamais la Provence ne m'a fourni un seul régiment dont j'aurais pu être content. »

Il s'emporte souvent depuis Fontainebleau contre la médiocrité des courtisans. La cause de sa chute, martèle-t-il, ne tient pas à une défaite mais à la trahison de l'oligarchie civile et militaire. Il n'est pas tombé tout seul, on l'a poussé dehors : « L'intérêt, la conservation des places, l'argent, l'ambition, voilà ce qui mène la plupart des hommes, confie-t-il avec mépris à Caulaincourt... C'est dans les hauts rangs de la société que se trouvent les traîtres. Ce sont ceux que j'ai le plus élevés qui m'abandonnent les premiers ! Les officiers, les soldats mourraient encore tous pour moi, les armes à la main. » Dans ce nid de félons, Napoléon distingue tout particulièrement les hommes du Sénat[1], ainsi que Talleyrand[2] et Marmont. Sans illusion sur la duplicité du prince de Bénévent, la défection du duc de Raguse, cet ami de toujours[3], excite plus particulièrement son ire : « Marmont, lâchera-t-il devant Fleury de Chaboulon, l'un de ses proches, est un misérable : il a perdu son pays et livré son prince... Tout son sang ne suffirait point pour expier le mal qu'il a fait à la France... Je vouerai son nom à l'exécration de la postérité[4]. »

---

1. Les sénateurs ont voté sa déchéance alors qu'il les avait nommés à ces postes, honorifiques et somptueusement dotés.
2. Il l'accuse notamment d'être responsable de la mort du duc d'Enghien et de la guerre d'Espagne. « Talleyrand, dit-il par exemple à Campbell, est un scélérat, un prêtre défroqué, un homme de révolution, bref l'assemblage de tout ce qu'il y a de pire... Il y a longtemps que je le savais mon ennemi et n'attendant que l'occasion pour me trahir. »
3. Napoléon le connaît depuis le siège de Toulon. Il l'a fait duc de Raguse en 1808 et l'a élevé au maréchalat l'année suivante. Sa nomination, attribuée à la faveur, a suscité de nombreux commentaires acerbes.
4. La prophétie s'accomplira : Marmont, duc de Raguse, traînera sa réputation de traître jusqu'à la fin de son existence et pour l'éternité. Raguser devient pour les soldats le synonyme de trahir. *Idem* pour la trahison qui s'intitule désormais ragusade. Le « Maréchal Judas », son surnom dans l'armée, aura le malheur de commander les

Cet acharnement à expliquer sa chute par la seule trahison, aussi pertinent soit-il, n'est pas innocent. Il lui permet d'épargner le peuple, las et fatigué, mais surtout de passer sous silence ses propres responsabilités : « Je n'ai pas de reproches à me faire, lançait-il déjà aux commissaires alliés venus le rencontrer à Fontainebleau ; je n'ai point été usurpateur, parce que je n'ai accepté la couronne que d'après le vœu unanime de toute la nation, tandis que Louis XVIII l'a usurpée, n'étant appelé au trône que par un vil Sénat, dont plus de dix membres ont voté la mort de Louis XVI. Je n'ai jamais été la cause de la perte de qui que ce soit ; quant à la guerre, c'est différent ; mais j'ai dû la faire parce que la nation voulait que j'agrandisse la France [1]. »

En multipliant les confidences, Napoléon ne cesse de vouloir se justifier pour dissiper le remords et les doutes qui l'assaillent. Fallait-il tuer le duc d'Enghien pour fonder l'Empire ? Fallait-il conquérir l'Espagne contre le vœu de son peuple ? Et pourquoi sa fuite en avant, le mariage avec Marie-Louise, la campagne de Russie, le refus de la paix à Prague puis à Francfort ? Certes, son étoile a pâli, mais il veut croire sa légitimité intacte, comme l'ont illustré l'enthousiasme de la foule jusqu'à Lyon ou encore la passion démonstrative des grognards.

Tout est perdu fors l'honneur. Napoléon a choisi d'abdiquer plutôt que d'avilir son nom en laissant la France plus petite

---

troupes royales durant les Trois Glorieuses en juillet 1830. Ecartelé entre son devoir et ses sentiments, il n'aura pas le cœur de trahir les Bourbons sans toutefois oser réprimer la révolution naissante avec l'énergie nécessaire. Discrédité auprès de ses troupes, il se verra publiquement accusé par le duc d'Angoulême de félonie.
1. Cette tentative de justification est à rapprocher de celle tenue devant Caulaincourt à la même époque : « Sans doute, on est las de la guerre, dit-il, et on me reproche de ne pas avoir fait la paix. On dit que j'aime la gloire ; peut-être a-t-on raison sous quelques rapports ; cependant toutes les guerres, avant celle de la Russie, n'ont été que pour nous défendre de l'agression de nos voisins, et cette dernière a été toute politique ; toutes n'ont été entreprises que dans l'intérêt bien réel de la France. On me rendra justice un jour. C'est le système de guerre perpétuelle adopté par l'Angleterre qui m'y a forcé. »

qu'il ne l'avait trouvée[1]. Il confie à Campbell avoir préféré sacrifier ses droits plutôt que de laisser ses soldats se faire tuer pour lui et déclencher la guerre civile : « Ce n'est pas pour l'amour d'une couronne que j'ai fait la guerre, mais pour la gloire de la France et pour réaliser des plans que je ne vois plus moyen de réaliser. J'aurais voulu faire de la France la première nation du monde ; mais c'est fini : j'ai abdiqué, je suis un homme mort. » Par ce sacrifice, il espère sortir la tête haute et, s'épargnant la honte d'une capitulation en rase campagne, ne point supporter la flétrissure de l'armistice. Ce sera au gouvernement royal d'assumer seul la responsabilité du rabaissement de la France. En renonçant au trône dans l'intérêt supérieur de la nation, il lègue à son successeur un cadeau empoisonné. Dix fois vainqueur durant la magnifique campagne de France, n'a-t-il pas, pour sa part, une nouvelle fois donné la preuve de son invincibilité ?

En 1814, les circonstances l'acculent au départ[2]. Nécessité fait loi. Mais le renoncement impérial n'est pas exempt de calculs et d'arrière-pensées. L'Empereur compte sur la volatilité de l'opinion et l'incapacité des Bourbons à gouverner[3]. Fort de son capital de gloire, confiant dans le destin, sûr de

---

[1]. « Je me dois à ma gloire, confiait-il à son ministre Molé en 1813. Si je la sacrifie, je ne suis plus rien. Je n'irai pas moi-même y faire une tache. [...] Je tiens la couronne de la nation et de mon épée ; je la porte sur ma tête, mais je suis et je serai toujours prêt à la rendre plutôt que de la laisser avilir. »

[2]. Jusqu'à la dernière minute, il hésite d'ailleurs à partir. Le 20 avril, il convoque Koller et lui dit : « Je suis décidé à ne pas partir. Les alliés ne sont pas fidèles aux engagements qu'ils ont pris avec moi ; je puis donc aussi révoquer mon abdication, qui n'est toujours que conditionnelle Plus de mille adresses me sont parvenues cette nuit : l'on m'y conjure de reprendre les rênes du gouvernement. Je n'avais renoncé à tous mes droits à la couronne que pour épargner à la France les horreurs d'une guerre civile, n'ayant jamais eu d'autre but que sa gloire et son bonheur ; mais, connaissant aujourd'hui le mécontentement qu'inspirent les mesures prises [...], je puis expliquer maintenant à mes gardes quels sont les motifs qui me font révoquer mon abdication, et je verrai comment on m'arrachera le cœur de mes vieux soldats. » Finalement l'Empereur se ravise par une formule lourde de menaces, presque prophétique : « Eh bien, je veux bien rester encore fidèle à ma promesse ; mais si j'ai de nouvelles raisons de me plaindre, je me verrai dégagé de tout ce que j'ai promis. »

[3]. Napoléon, avant de partir, émet sur l'avenir de la dynastie un jugement d'une rare acuité : « Six mois de ferveur de la part des Français, suivis de six mois de tiédeur, et après cela, de la répulsion, de la haine, chez ceux mêmes qui les avaient le mieux accueillis. »

son bon droit, il se prend à rêver sans rien laisser paraître : et si Elbe n'était qu'une simple base de repli ?

« Aujourd'hui, prophétise-t-il à Caulaincourt avant de partir, on est fatigué, on ne veut que la paix à tout prix. Avant un an, on sera honteux d'avoir cédé au lieu de combattre et d'avoir été livré aux Bourbons et aux Russes. Chacun accourra alors dans mon camp. »

Tous les commanditaires de son éviction se sont en effet mépris, aveuglés par leur triomphe. Soulagés de se débarrasser de lui, ils ont cru l'acheter en échange de la pitoyable souveraineté de l'île d'Elbe. Par mansuétude, comme le tsar Alexandre I[er 1], ou par arrogance, chacun s'est finalement résigné à le traiter sans méfiance, en homme du commun, oublieux de l'orgueil impérial : blessé par la défaite, il ne lui resterait, entretenu, gardé, affairé dans une île de cocagne, qu'à jouir en paix de sa retraite dorée. Isolé, sans hommes ni moyens, il ne saurait constituer encore un danger.

Fouché, le seul à avoir pénétré les arcanes de son ancien maître, va pourtant mettre en garde les vainqueurs contre la vanité de leurs illusions : et si, placé à la croisée de l'Italie et de la Corse, à trois jours de la France, Napoléon se révélait pour l'Europe « ce que le Vésuve est à côté de Naples » ? Le ménager, n'est-ce pas l'humilier davantage et même le provoquer, en lui montrant qu'il ne fait plus peur ? Napoléon serre les dents, convaincu que le destin jouera à nouveau en sa faveur. L'homme d'instinct, en perpétuel mouvement depuis dix-huit ans, redevient pour quelques mois le fauve silencieux, aux aguets, le stratège qui sait apprivoiser le temps, à l'affût de l'instant propice pour passer enfin à l'offensive.

---

1. Le tsar a imposé le compromis de Fontainebleau aux alliés et au gouvernement provisoire, tous très réticents à l'origine mais qui ont fini par s'incliner, trop heureux d'être débarrassés de l'« ogre de Corse ». Le geste du tsar témoigne de son admiration pour son ancien vainqueur d'Austerlitz (1805), Friedland (1807) et la Moskova (1812). Il doit aussi beaucoup à la ténacité déployée par Caulaincourt, ancien ambassadeur à Saint-Pétersbourg avec lequel le tsar entretient d'excellents rapports.

## El desdichado

A mi-chemin entre les deux berceaux de la famille Bonaparte, la Toscane et la Corse, Elbe n'est pas sans rappeler son île natale en miniature. On y retrouve la végétation dense, les paysages sauvages, la côte ciselée où s'égrène un chapelet de ports tranquilles, de villages perchés embrassant loin l'horizon jusqu'à cette « île de beauté » si proche et désormais si lointaine.

Sa situation stratégique lui vaut une histoire agitée. Elle a été conquise successivement par les Étrusques, les Carthaginois, les Romains, Pise, Gênes, Lucques, César Borgia, l'Espagne, Barberousse, Charles Quint et les Médicis. Naples enfin la cède à la France par le traité de Florence en mars 1801 [1]. Elbe devient alors la sous-préfecture du département de la Méditerranée avec Livourne pour chef-lieu. Clin d'œil du destin, Napoléon reçoit donc en apanage l'une de ses rares conquêtes qui aient pu être sauvées de la débâcle.

Si l'île n'est point aussi petite que le conte la légende [2] — on peut en faire le tour en quelques heures à cheval —, la variété des paysages comme des promenades n'est cependant pas illimitée. La moitié des douze mille habitants [3], pour la

---

1. Sachant que l'Espagne et le prince de Piombino ont abandonné leurs droits sur Elbe à la France. L'île se trouvait depuis longtemps partagée et convoitée par plusieurs puissances. Le rattachement officiel à la République consulaire n'intervient qu'après la signature du traité d'Amiens.
2. Elle mesure tout de même 211 km² (29 km de long pour 18,5 de large), environ 85 km de pourtour.
3. Une notice de l'époque les présente ainsi : « Les Elbois sont naturellement doux, hospitaliers et attachés au lieu qui les a vus naître. La vie frugale qu'ils mènent contribue à les rendre sains et robustes. Ils sont d'une moyenne stature, bien pris dans leur taille, bruns de peau, ayant les cheveux noirs, le regard vif et pénétrant. Ils aiment la chasse, sont bons marins, et se livrent avec plaisir aux exercices pénibles. Si leur territoire est menacé de quelque invasion, on les voit tous se faire soldats. L'amour du travail et de la bravoure sont des qualités qui les distinguent ; et la probité, qui est ordinairement le partage de l'homme laborieux, se rencontre souvent chez eux. Ils ne se servent point du stylet comme les habitants de plusieurs autres contrées, mais ils sont généralement superstitieux et ignorants. [...] Les Elbois se livrent peu aux plaisirs bruyants, leur danse même offre peu de vivacité et de gaieté. Leur langage est un patois dérivé du toscan. »

plupart illettrés, vivent dans trois bourgades : Rio-Marine, Porto-Longone et surtout Porto-Ferrajo, la capitale portuaire fondée par Cosme de Médicis [1]. La principale richesse, hormis les carrières de marbre et les vignes [2], est constituée par des mines de fer que gère avec rigueur l'administrateur Pons, dit de l'Hérault, républicain intransigeant qui succombera au charme de l'Empereur [3].

En débarquant le 4 mai dans la matinée, Napoléon a déjà mis à profit ses derniers jours à Fontainebleau pour dévorer les publications relatives à l'île. Il l'administre avec la même énergie que celle consacrée hier à son Grand Empire, si bien que son règne de trois cents jours fait avancer Elbe de plus d'un siècle. Sa Garde, fixée à six cents hommes [4], qui le rejoint le 28 mai, se met d'emblée au travail. Napoléon ne se contente pas de bâtir ou d'aménager pour son compte cinq propriétés [5], mais fait restaurer casernes et dispensaires. Plus encore, à la tête de ses grognards, il se lance dans de gigantesques travaux. En quelques mois, il fortifie Porto-Ferrajo, tombé en décrépitude, aménage de toutes pièces un réseau routier [6], plante des oliviers et des mûriers, introduit la pomme de terre, érige un théâtre, un lazaret et un nouvel hôpital, dote chaque maison de latrines et améliore par la construction de

---

1. En 1548. Pour cette raison, Porto-Ferrajo s'est longtemps appelée Cosmopolis.
2. Ces vignobles donnent encore aujourd'hui d'excellents vins liquoreux. Napoléon baptise le rouge du nom de Côte de Rio, le blanc de celui de Monte-Jiac. D'après une notice contemporaine : « Le vin rouge surtout y est exquis ; il y en a de deux espèces, le vermout et l'aleatico. »
3. L'historien Paul Gruyer qualifie Pons de l'Hérault de « Caton à gros nez et à lunettes ». On lui doit un témoignage précieux sur le séjour elbois : *Souvenirs et anecdotes de l'île d'Elbe*, publié en 1897. L'île recèle également de l'étain et du plomb.
4. 607 hommes de la Vieille Garde. S'y ajoutent un détachement de 118 Polonais, un bataillon corse d'environ 400 hommes et un bataillon de miliciens elbois fort lui aussi d'à peu près 400 hommes. Enfin, 119 marins complètent les effectifs (chiffres donnés par Henry Houssaye).
5. Napoléon fait construire une demeure sur chacun des points stratégiques, à savoir Porto-Ferrajo, Porto-Longone, Rio-Marine, Marciana (La Marine) auxquelles il faut ajouter celle de San Martino, au centre de l'île. L'ensemble est aménagé avec une grande simplicité, les Mulini et San Martino évoquant irrésistiblement la demeure natale à Ajaccio, tout aussi sommaire et fonctionnelle.
6. Les nouvelles routes relient les principales places de l'île : Porto-Ferrajo, Marciana, Porto-Longone, San Martino.

citernes l'acheminement de l'eau potable en ville. L'économie n'échappe pas à l'acuité de son regard : l'administration des mines et des carrières est réformée pour obtenir un rendement supérieur tandis que le budget, aussi réduit soit-il, fait l'objet d'ordres réitérés et minutieux. L'île devient ainsi un champ de bataille civil, un Empire miniature où les directives ne cessent de claquer comme aux plus beaux jours alors que le chef multiplie les visites surprises pour s'assurer de la bonne avancée des travaux[1]. « Porto-Ferrajo ressemble à la Salante de Fénelon », écrit fièrement Pons de l'Hérault.

Les Mulini, bâtisse un peu fruste qui domine « la capitale », est aménagée pour abriter l'Empereur avant d'accueillir Pauline. Il occupe quelques pièces au rez-de-chaussée, goûte le promontoire où il se livre à la méditation en contemplant l'horizon[2]. L'autre demeure de prédilection, San Martino[3], fait office de résidence secondaire. Située à une lieue de la ville, jouissant d'une vue splendide, « le Saint-Cloud impérial[4] » se signale par une salle de bains ornée de fresques à décor égyptien. « Ce sera la maison d'un bon bourgeois riche de quinze mille livres de rente », dit l'Empereur à son trésorier Peyrusse qu'il s'obstine à appeler « Peyrousse », déformant les noms comme à son habitude. Pour meubler ses résidences, Napoléon n'hésite pas à saisir les meubles de sa sœur Elisa à Piombino et ceux de son beau-frère Borghèse, le mari de Pauline, dont la cargaison échoue à Porto-Ferrajo. Il les retient avec pour tout commentaire : « Cela ne sort pas de la famille. »

---

1. Parmi les thèmes des missives impériales : distribution de riz à la garde, construction des latrines de Porto-Ferrajo, concession du pavillon de l'île d'Elbe, etc.
2. Le mamelouk Saint-Denis dit Ali précise dans ses *Souvenirs* : « Le long de la maison, du côté du jardin, régnait un large promontoire garanti des rayons du soleil par une tente de même longueur. Le matin, quand le temps était beau, cette tente était déroulée pour que l'Empereur pût se promener à l'ombre et elle avait en même temps l'avantage de préserver durant la matinée, d'une trop grande chaleur, les chambres de Sa Majesté. Dans la partie Est du jardin, sur des pilastres qui servaient d'entrée à un petit parterre, il y avait deux vases d'albâtre d'une assez grande dimension dans lesquels, la nuit venue, on mettait des lampes ; cette lumière douce plaisait à l'Empereur. »
3. L'Empereur, qui vient souvent le matin à San Martino, en confie la garde à une certaine Mme Durgy, qu'il surnomme sa folle, précise Ali qui ajoute qu'elle compose des pièces de vers élégiaques sur le grand homme.
4. Les grognards surnomment ainsi San Martino.

Quand il ne bâtit pas, Napoléon, des heures entières, chevauche à travers sa principauté, épuisant son entourage : « Il semblait ne se délasser qu'en ajoutant à ses fatigues », note Pons de l'Hérault. S'il répond ainsi à un besoin vital, ce qu'il appelle sans rire « se défatiguer [1] », il veut surtout, en affichant la volonté et l'énergie d'un homme inflexible, se convaincre lui-même et persuader le monde qu'il est toujours cet Empereur de marbre que rien ne peut entamer. Son orgueil et sa rage de vivre contrastent avec la figure d'un Louis XVIII, sexagénaire obèse et presque impotent, cloué dans son fauteuil par la goutte. Ainsi par le jeu des images espère-t-il encore affirmer sa légitimité et, qui sait, préparer son retour dans les esprits.

S'il refuse d'arborer le titre de « souverain de l'île d'Elbe », qu'il juge ridicule comme il l'écrit à Drouot, Napoléon entend cependant en être le maître absolu comme il l'était à Paris. L'île, dotée d'un nouveau drapeau — « fond bleu traversé diagonalement par une bande rouge semée d'abeilles d'or » —, reproduit le Grand Empire défunt avec sa Cour, sa marine, son armée, sa cocarde et sa Garde [2]. Le territoire

---

1. C'est le terme qu'il emploie auprès du commissaire anglais Campbell qui précise dans son *Journal* : « On dirait que Napoléon veut réaliser le mouvement perpétuel. Il prend plaisir à fatiguer tous ceux qui l'accompagnent dans ses excursions. Je ne crois pas qu'il lui soit possible de s'asseoir pour écrire, tant que sa santé lui permettra les exercices du corps. Hier, après une promenade à pied par un soleil ardent, qui a duré de cinq heures du matin à trois heures de l'après-midi, et après avoir visité les frégates et les transports, il est monté à cheval pendant trois heures encore, pour se défatiguer, m'a-t-il dit ensuite. »
2. Une mystérieuse brochure, publiée à Turin en 1814, fait état d'une « constitution de l'île d'Elbe » en 44 articles et 9 titres. Anonyme et curieuse cette pièce peut paraître crédible lorsqu'elle annonce la division de l'île en deux départements ou affirme que Napoléon gouverne au moyen de deux chambres : communes renouvelées par tiers chaque année et élues par des assemblées primaires, chambre des patriciens composée d'une cinquantaine de notables insulaires nommés à vie par Napoléon. La « proclamation », qui ouvre cette plaquette est également troublante de véracité. Il s'agit en fait d'une supercherie, associant pastiche du style impérial (annonçant déjà une brochure célèbre : le *Manuscrit de Sainte-Hélène* paru durant sa captivité à Longwood et qui lui sera attribué à l'époque alors qu'elle a été écrite par le publiciste Lullin de Châteauvieux) et articles hilarants qui permettent, non sans mal, de discréditer le texte. Ainsi, Napoléon né en Corse le 5 février 1768 (au lieu du 15 août 1769) tolère toutes les religions sauf la catholique ou établit deux ordres poétiquement intitulés « du poisson » et de « la béquille » pour récompenser le mérite civil et militaire.

s'agrandit avec l'occupation de l'îlot de la Pianosa, à trois lieues de là. Dotée de batteries et d'une petite garnison, elle forme pour l'instant son terrain de chasse privilégié mais pourrait, en cas d'attaque, servir de base de repli [1]. Au « palais des Mulini », l'étiquette est calquée sur celle des Tuileries, « en diminutif » toutefois, comme le précise un témoin [2]. Il y a des préfets du palais, quatre chambellans, un chef sellier [3], dix palefreniers, sept officiers d'ordonnance et pas moins de vingt-quatre domestiques placés sous la direction des fidèles, Ali, premier chasseur, et Marchand, premier valet de chambre [4]. Celui-ci fournit dans ses *Mémoires* de précieux renseignements sur la vie quotidienne de l'Empereur : « Les mets

---

L'Empereur, à en croire le même texte, édicte un article sur les pensions pour les invalides qui se décline comme suit :

« Pour la perte d'un bras, attendu qu'on peut encore faire la guerre avec l'autre : rien.
— pour la perte d'une jambe, attendu qu'avec une jambe de bois on est propre au service de l'intérieur : rien.
— pour la perte de 2 bras : 400 francs.
— pour la perte de 2 jambes : 500 francs.
— 1 bras, 2 jambes : 600 francs.
— 2 bras, 1 jambe : même somme.
— 2 jambes, 2 bras : 1 000 francs.
— pour celle de la tête : rien. »

1. « L'Europe va m'accuser de recommencer mes conquêtes », s'esclaffe l'Empereur à ce sujet.
2. Il s'agit de Marchand qui précise : « On était admis dans cette petite cour, sur les présentations du grand maréchal ou d'un chambellan. Il y avait des entrées accordées. Tous les dimanches la messe avait lieu dans une des pièces de l'appartement de l'Empereur, celle qui précédait le salon ; elle était célébrée par le vicaire général l'abbé Arrighi ; l'Empereur y assistait très exactement, les autorités civiles et militaires y étaient invitées ; l'Empereur les recevait après la messe. Tous les dimanches, il y avait dîner de famille... Tous les soirs, il y avait cercle ; il était tenu par Madame et par la princesse. Toutes les personnes qui avaient les entrées du palais y étaient admises. Lorsque dix heures sonnaient, l'Empereur se retirait dans son intérieur. Le cercle finissait ordinairement à minuit. » Pons de l'Hérault ajoute : « Aussitôt qu'il fut installé, l'Empereur établit des règles d'étiquette, et il y eut moins de facilité pour l'approcher. Les demandes d'audience impériale étaient adressées au général Bertrand ou au général Drouot, qui prenaient les ordres de l'Empereur. L'Empereur indiquait le jour et l'heure de la réception. Il ne faisait jamais beaucoup attendre. Cette règle était sans exception, même pour les personnes du pays qui n'avaient pas des emplois. Quant au travail régulier de son empire en miniature, l'Empereur faisait appeler les employés avec lesquels il voulait travailler, et cela obligeait les employés à être constamment prêts à rendre compte et à payer de leur personne. »
3. Le sellier Vincent. Il a la main sur l'écurie et les voitures : six berlines, une dormeuse, deux calèches, un landau café au lait, deux chariots de poste, un cabriolet à fond jaune, quatre baroches et huit fourgons de campagne selon Paul Gruyer.
4. Constant, comme Roustam, avait déserté à Fontainebleau. En dépit des supplications de son oncle, il n'osa pas solliciter de Napoléon sa réintégration car il savait qu'il ne serait pas pardonné puisque « sa faute reposait sur un manque de cœur... Il resta chez

les plus simples étaient ceux qu'il préférait ; les lentilles, les haricots blancs, les verts qu'il aimait beaucoup, mais qu'il craignait de manger par la crainte d'y trouver des fils, qui, disait-il, lui faisaient l'effet de cheveux, et dont la seule pensée lui soulevait le cœur, la pomme de terre arrangée de toutes les façons lui plaisait beaucoup, même cuite à l'eau ou sous la cendre. Il faisait usage de chambertin à son ordinaire, qu'il trempait fortement d'eau ; jamais, ou bien rarement, il faisait usage de vins extra ou de liqueurs ; une tasse de café noir après son déjeuner atteste sa sobriété. Rentré dans son intérieur, il mettait une robe de chambre, passait dans son cabinet et y attendait l'heure du bain, qui habituellement, était de une à deux heures. A l'île d'Elbe, son bain était d'eau salée, il s'en trouvait très bien ; il y lisait, dictait quelquefois, mais rarement. »

Les journées de l'Empereur s'écoulent selon un modèle immuable : réveil le plus souvent en pleine nuit [1], dictée du courrier, sortie à l'aube, collation à sept heures, promenade, audience, déjeuner expéditif seul ou avec le général Drouot, lecture à l'heure chaude, inspection — généralement en canot — des petites garnisons qu'il a disséminées dans tous les coins de l'île. Servi à six heures, le dîner se poursuit avec une veillée animée par la conversation de l'Empereur jusqu'à ce que la pendule l'interrompe. « Lorsque neuf heures sonnaient, rapporte Pons de l'Hérault, il s'approchait du piano, et avec l'index il battait sur les touches les notes suivantes : *ut ut sol sol la la sol fa fa mi mi ré ré ut* [2]. » En cas de dispute, « l'Empereur s'approchait de la personne avec laquelle il avait querelle et lui passait amicalement la main sur l'épaule, il lui

---

lui, dévoré par la honte et le chagrin », précise Marchand qui suivra l'Empereur à Sainte-Hélène et restera à ses côtés jusqu'au dernier jour. Même fidélité chez Ali.

1. Marchand précise qu'il dormait peu : « Il se levait plusieurs fois dans la nuit. Telle était son organisation, qu'il pouvait dormir quand il voulait. Six heures de sommeil lui suffisaient, soit qu'il les prît de suite ou par intervalles. Son réveil était gai. "Ouvre les fenêtres, que je respire l'air que Dieu a fait", était souvent son premier mot. »
2. Il s'agit de l'air populaire « Ah ! vous dirais-je maman... », sur lequel Mozart a composé ses célèbres variations.

disait affectueusement : "Eh bien ! nous avons fait comme les amoureux, nous nous sommes fâchés ! Mais les amoureux se raccommodent, et raccommodés, ils s'en aiment davantage. Adieu, bonne nuit, sans rancune !" Et l'Empereur se retirait avec un contentement si expressif que tout le monde en était touché. L'Empereur ne prenait aucun masque, il se montrait tel quel. Il ne pouvait pas aller se coucher dans un état de brouillerie ; la brouillerie lui pesait comme un cauchemar. »

Pourtant au bout de quelques mois son ardeur piétine. Tous les grands travaux sont lancés. Son royaume, exploré jusque dans ses moindres recoins, n'offre plus guère de grain à moudre à la belle machine impériale. « Notre île d'Elbe est une bien petite bicoque », soupire l'Empereur dans un jour de dépit. Désœuvré, le souverain captif craint d'être réduit à la condition d'un animal de foire pour ces visiteurs étrangers qui, comme au cirque, se pressent pour apercevoir la légende vivante. Le 20 septembre 1814, le commissaire anglais Campbell note dans son *Journal* : « Napoléon semble avoir perdu toute habitude de travail et d'étude sédentaire. Il a quatre résidences dans diverses localités de l'île, et son unique occupation consiste à y faire des changements et des améliorations. Mais les agitations et les indécisions de son esprit ne lui permettent pas d'y porter le même intérêt quand la nouveauté a perdu de son charme ; il tombe alors dans un état d'inactivité qu'il n'avait jamais connu, et depuis quelque temps, il se retire dans sa chambre pour s'y livrer au repos pendant plusieurs heures de la journée. S'il sort pour prendre de l'exercice, ce n'est plus à cheval comme auparavant, mais en voiture. Sa santé néanmoins est excellente et il ne paraît nullement abattu. Je commence à croire qu'il est tout à fait résigné à sa retraite et qu'il se trouve passablement heureux, excepté quand, dans sa solitude, se réveille le souvenir de son ancienne grandeur, souvenir rendu plus amer par le besoin d'argent et la pensée qu'on retient loin de lui l'Impératrice et le roi de Rome. »

Marie-Louise justement, pour qui il a fait aménager avec soin des appartements, en vient à le décevoir. Volonté d'exorcisme ou preuve de confiance dans le retour de sa femme, il fait peindre en allégorie sur un plafond de San Martino « deux pigeons attachés au même lien dont le nœud se resserre à mesure qu'ils s'éloignent ». L'Aigle tarde à douter des intentions de sa « Bonne Louise » qui dans l'enfer de Fontainebleau demande à le rejoindre en des termes souvent pressants. Au bord de l'effondrement, il refuse alors : « N'insistez pas pour qu'elle me rejoigne, confie-t-il à Caulaincourt ; je l'aime mieux à Florence qu'à l'île d'Elbe, si elle y apportait un visage contrarié. Je n'ai plus de trône, il n'y a plus d'illusions. César peut se contenter d'être un citoyen ! Il peut en coûter à sa jeune épouse de ne plus être la femme de César ! A l'âge de l'impératrice, il faut encore des hochets[1]. »

Plus prosaïquement, il compte sur elle pour tenter de fléchir son père, François II d'Autriche. Mais le souverain se montre intransigeant : « Comme ma fille, tout ce que j'ai est à toi, même mon sang et ma vie ; comme souveraine, je ne te connais pas. » Elle se laisse alors entraîner vers Vienne où, insensiblement, elle apprend à l'oublier, pressée par une partie de son entourage français, notamment Corvisart, son médecin, et sa dame d'honneur, la duchesse de Montebello, qui déteste Napoléon et s'emploie à la convaincre de ses nombreuses infidélités[2]. Seuls le secrétaire Méneval et la comtesse de Montesquiou, gouvernante du roi de Rome, resteront fidèles à l'Empereur. A vingt-deux ans, Marie-Louise demeure une jeune fille soumise et sans grande personnalité. Autant dire qu'elle est bientôt perdue pour l'Empereur qui multiplie les courriers pour la persuader de venir, au moins le temps d'un séjour, partager son sort. Déjà, la correspondance s'espace[3],

---

1. « Ma place est auprès de l'Empereur dans un moment où il doit être si malheureux. Je veux le rejoindre, et me trouverai bien partout pourvu que je sois avec lui », confie de son côté Marie-Louise au colonel Galbois.
2. Le baron Bausset joue également un rôle non négligeable, toujours en défaveur de l'Empereur, auprès de l'Impératrice.
3. Napoléon, qui n'ose rien exiger, tente tout ce qui est possible pour la faire venir, vantant les lieux, annonçant à sa femme l'arrivée de la princesse Pauline et de Madame Mère qui pourront lui tenir compagnie. Il la réclame précisément depuis sa tentative de suicide manquée : « Je désire que tu viennes demain à Fontainebleau, enfin [sic]

tandis qu'à l'été Marie-Louise gagne les eaux d'Aix en compagnie de son nouveau chevalier servant, le comte de Neipperg qui reçoit pour mission de la divertir[1]. Homme élégant aux multiples talents, musicien, cavalier, chanteur, ce séducteur borgne est un diplomate hors pair[2]. Conjuguant ses efforts à ceux de l'entourage, il fait valoir à l'Impératrice que son sort dépend exclusivement de son père et parvient peu à peu à la détacher de son mari. Pour obtenir la souveraineté de Parme, elle accepte bientôt de ne plus écrire et livre les missives de Napoléon à Metternich, le chancelier autrichien, tandis qu'elle laisse l'Aiglon à Vienne en otage.

Napoléon, qui ignore encore tout de cette trahison[3], n'en devine pas moins l'abandon. Mais face au monde qui l'observe, il lui faut à tout prix, orgueil ou nécessité, garder secrètes les vraies raisons de cet éloignement : « Ma femme, s'indigne-t-il devant témoins, ne m'écrit plus. Mon fils m'est enlevé comme jadis les enfants des vaincus pour armer le triomphe des vainqueurs. On ne peut citer dans les temps modernes l'exemple d'une pareille barbarie. » Comme une insulte faite à son rang, cette séparation le renvoie à sa triste condition d'exilé, de parvenu couronné. Débarrassée de lui,

---

que nous puissions partir ensemble et chercher cette terre d'asile et de repos, où je serai heureux si tu peux te résoudre à l'être et oublier les grandeurs du monde. » Fontainebleau, 14 avril 1814.

« Je t'ai écrit souvent. Je suppose que tu as fait de même... Ton logement est prêt et t'attend dans le mois de septembre pour faire la vendange. Personne n'a le droit de s'opposer à ton voyage. Je t'ai écrit là-dessus. Viens donc. Je t'attends avec impatience. » Ile d'Elbe, 18 août.

La dernière lettre de l'Impératrice, datée du 1er janvier 1815, est d'une froideur désespérante : « J'espère que cette année sera plus heureuse pour toi. Tu seras au moins tranquille dans ton île et tu y vivras heureux, pour le bonheur de tous ceux qui t'aiment et qui te sont attachés comme moi. Ton fils t'embrasse et me charge de te souhaiter la bonne nouvelle année et de te dire qu'il t'aime de tout son cœur. »

1. Selon Méneval, il a pour mission « de faire oublier à l'Impératrice la France et par conséquent l'Empereur, en poussant les choses jusqu'où elles pourraient aller ». Ses instructions sont on ne peut plus explicites : « Le comte de Neipperg tâchera de détourner Mme la duchesse de Colorno [nom sous lequel voyage Marie-Louise] de toute idée d'un voyage à l'île d'Elbe. »

2. Neipperg a joué un rôle décisif dans les ralliements à la coalition de Bernadotte puis de Murat (1813-1814).

3. L'Empereur ne sera informé de la nouvelle qu'au printemps 1815 par la lecture d'une lettre de Méneval. Adressée à Lavalette, elle précise que Marie-Louise était livrée à Neipperg « qui était maître de son esprit autant que de sa personne ».

l'Autriche lui témoigne mépris et indifférence. Comme semble loin maintenant l'apothéose de Dresde où, deux ans plus tôt, il recevait l'Europe en maître, à commencer par son beau-père, à l'aube de l'invasion de la Russie. Le « neveu de Louis XVI », glosant sur les malheurs de son oncle, redevient ce vil Minotaure auquel, selon le mot cruel du prince de Ligne, on sacrifia une génisse pour sauver le trône des Habsbourg. Et pourtant, le traité de Fontainebleau ne lui a-t-il pas accordé la conservation de son titre d'Empereur avec tous les honneurs afférents ? Et l'Aiglon, face à tous ces souverains qui lui crachent au visage, n'est-il pas la preuve vivante de sa légitimité puisque leur sang est mêlé au sien pour l'éternité ?

Plus encore que l'absence de l'Impératrice à laquelle il demeure profondément attaché, c'est celle de l'Aiglon qui fait souffrir ce père de plus de quarante ans. S'il reste stoïque dans l'épreuve, le masque impérial parfois se fissure. Ainsi Pons de l'Hérault rapporte son émotion quand, par accident, il fait tomber une tabatière sur laquelle figure un portrait du roi de Rome : « L'Empereur n'était plus svelte, son embonpoint était déjà marqué, et l'action de ses mouvements n'était pas rapide. Cependant, il se plia comme un tout jeune homme pour ramasser ce bijou, et lorsqu'il se fut assuré que la peinture n'avait pas souffert, il en témoigna un plaisir indicible. Il répéta plusieurs fois qu'il aurait éprouvé beaucoup de chagrin si les traits de son pauvre petit chou avaient été victimes de sa maladresse. Après avoir fait l'éloge de son fils, il ajouta : "J'ai un peu de la tendresse des mères, j'en ai même beaucoup et je n'en rougis pas. Il me serait impossible de compter sur l'affection d'un père qui n'aimerait pas ses enfants." » Aussi, nulle part sur son île n'est-il vraiment en paix. Le cauchemar de ce fils détrôné toujours le hante. Et s'il ose songer au retour, à la reconquête de son royaume perdu, c'est encore avec l'espoir fou d'arracher son enfant aux griffes de Metternich et de le rétablir dans ses droits.

## Le réconfort

L'Empereur se replie sur les siens, sur son dernier carré de fidèles, quelques militaires et surtout ces deux femmes, Letizia et Pauline, qui ne l'ont jamais trahi. Leur présence constitue à cette heure son seul réconfort.

De l'entourage militaire émergent les nobles figures de Drouot, « le sage de la Grande Armée », de Bertrand le dévoué et de Cambronne, le nouveau Bayard. Né en 1774, l'année de l'avènement de Louis XVI, le général Antoine Drouot, aide de camp de l'Empereur, s'est notamment distingué en Espagne et lors des dernières campagnes d'Allemagne et de France. Méticuleux, d'une courtoisie qui tranche un peu avec les manières rudes de l'état-major impérial, il est artilleur comme Napoléon et partage avec lui le goût du travail bien fait. Nommé gouverneur militaire de l'île, Drouot a dignement refusé tout traitement. « C'était le seul compagnon de Napoléon qui eût fait cette réserve », souligne Pons de l'Hérault, qui poursuit : « Il y avait deux hommes dans le général Drouot : l'homme public et l'homme privé. L'homme privé était trop bon, l'homme public était trop sévère. » L'Empereur encourage son idylle avec une Elboise : « Mariez-vous ici, lui écrit-il, car, désirant vous conserver auprès de moi, je tiens à vous voir contracter des liens qui vous attachent pour toujours à l'île d'Elbe. »

Henri-Gatien, comte Bertrand, s'impose comme le fidèle d'entre les fidèles. Depuis 1797, date de leur première rencontre en Italie, toute sa carrière s'est déroulée dans l'ombre de Napoléon qui apprécie sa loyauté, sa discrétion et ses compétences. Excellent officier du génie[1], il a gravi un à un les échelons de la hiérarchie militaire : général en 1800, aide de camp de l'Empereur en 1805, gouverneur des Provinces

---

1. Bertrand a notamment construit le radeau de Tilsit en 1807 et le gigantesque pont sur le Danube qui a permis de remporter la victoire de Wagram en 1809.

Illyriennes en 1811, enfin grand maréchal du palais en novembre 1813, l'un des principaux postes de confiance au sein de l'armée impériale. Courageux et désintéressé, bon administrateur, il devient « ministre de l'Intérieur » avec pour charge essentielle de régenter la Cour.

A ce premier cercle s'ajoute le général Cambronne qui commande désormais à Porto-Ferrajo. Grand et mince, énergique et téméraire, il incarne l'officier modèle de cette Grande Armée qu'illustrent les images d'Epinal et les assiettes de faïence, avant d'en devenir la mémoire en cinq lettres. Engagé volontaire en 1792, il s'est notamment illustré à Austerlitz, Iéna et Wagram, et plus récemment lors des campagnes d'Allemagne et de France. Entraîneur d'hommes, d'une bravoure exceptionnelle au feu attestée par ses dix-sept blessures, c'est une tête brûlée doublée d'un sale caractère, promu général sur le tard en 1813, à la différence de Bertrand et Drouot. Apprenant l'exil de son maître, il réclame de l'accompagner d'une voix impérieuse : « On m'a toujours choisi pour aller au combat, on doit me choisir pour suivre mon souverain. Un refus serait pour moi la plus mortelle injure [1]. » Touché, Napoléon cède, convaincu de tenir en lui un gardien vigilant et respecté des grognards. Il le met toutefois en garde devant les excès de son tempérament, en particulier quand il s'adresse à ses compatriotes corses du bataillon de Longone : « Un jour l'Empereur, à qui il rendait compte de l'instruction du bataillon et à qui il rapportait les gaucheries de quelques-uns des soldats auxquels il avait donné des taloches ou qu'il avait frappés de son épée, soit sur le ventre, soit sur les épaules, lui dit : "Faites attention ; n'employez pas de tels moyens avec ces gens, car mal pourrait vous en arriver ; ils sont très vindicatifs et ne pardonnent jamais rien ; croyez-moi, ne vous y fiez pas." [2] »

---

1. Lettre de Cambronne à Drouot. Son biographe Louis Garros cite à son propos la célèbre phrase de Shakespeare : « Celui qui persiste à suivre avec fidélité un maître déchu est le vainqueur du vainqueur de son maître. »

2. Ali, *Souvenirs*.

Enfin, six cents braves de la Garde ont tenu contre vents et marées à rejoindre leur Empereur qui les accueille avec soulagement et reconnaissance. Avec eux, il se montre chaleureux, indulgent, allant même jusqu'à les laisser piller ses vignes[1]. Témoins de son ancienne gloire, ils le rassurent face à toute tentative de coup de main des corsaires barbaresques ou des alliés. Surtout, il pressent que ces gardiens du Temple pourraient constituer demain le bras armé de la reconquête.

Au milieu de cette nuée d'uniformes, aucun civil d'envergure ne peut prétendre à la vocation de confident privilégié. Pons de l'Hérault est trop sévère pour tenir la place d'un Talleyrand ou d'un Caulaincourt. L'Empereur, qui aime à s'entretenir des heures avec des compagnons choisis[2], souffre du manque d'échange. Bertrand tente déjà de tenir le dé de la conversation mais sans véritable brio. Reste le dialogue avec les visiteurs de passage, anglais pour la plupart[3], qui affluent dans l'île et qui, tout en le divertissant, lui fournissent nombre de renseignements sur l'évolution de la France et des alliés.

Privé d'amis, Napoléon peut du moins compter sur la sollicitude de deux femmes de la famille, tandis que la plupart des bonapartides le renient comme les Murat ou le délaissent

---

1. Pons de l'Hérault en témoigne : « Les soldats de la Garde avaient vendangé de très bonne heure les vignes de Sa Majesté. Quand ces braves voulaient entrer dans les propriétés impériales, ils avaient l'habitude de crier aux gardiens : "N'est-ce pas à papa ? — C'est à l'Empereur, leur répondait-on. — Eh bien, ajoutaient-ils, l'Empereur ou papa, c'est tout la même chose : ce qui est à lui est à nous." L'Empereur riait lorsqu'on lui répétait cela, et il disait : "Les grognards ont raison : ils me connaissent bien." »
2. Ce que confirme Pons de l'Hérault : « L'Empereur n'aimait pas les individus qui, suivant son expression, "viennent de suite vous manger dans la main", et avec ces individus, il prenait un air de supériorité qui avait la puissance de tout intimider. Il se plaisait avec les personnes qui parlaient librement des choses qu'elles savaient, et il ne cherchait pas à les interrompre. Il avait des attentions marquées pour ne pas augmenter l'état pénible de ceux qui étaient troublés en lui adressant la parole. Il était extrêmement satisfait lorsqu'il était sûr d'avoir une supériorité marquée dans une conversation. »
3. F. Kircheisen cite les plus connus dans sa biographie de Napoléon : lord Ebrington, lord John Russell, G.F. Vernon, cousin de lord Holland, Fazakerley, les colonels Lemoine et Douglas, les majors Vivian et Maxwell. « La majorité des Anglais qui ont observé Napoléon s'accordent pour dire qu'il était peu sympathique, et que rien en lui ne laissait soupçonner un grand homme. Mais qu'il parlât et qu'on pût comprendre ce qu'il disait, alors cette première impression défavorable faisait généralement place à l'admiration. »

comme Jérôme, Lucien ou Louis. Letizia et Pauline débarquent respectivement sur l'île les 2 août et 1er novembre 1814[1]. Chacune occupe une place à part dans le cœur de l'Empereur : mémoire, sagesse, bon sens, rigueur pour la mère ; grâce, gaieté, douceur, légèreté pour la sœur préférée.

Madame Mère a suffisamment payé son écot aux douleurs de l'existence pour savoir jauger avec le recul nécessaire la vanité et la précarité des choses : « Elle avait une grande finesse de jugement et de tact, affirme la duchesse d'Abrantès, veuve de Junot et mémorialiste fantasque. Aussitôt qu'on était devant elle, son coup d'œil vous avait deviné et, tout en ayant l'air de regarder d'un autre côté, elle savait à quoi s'en tenir avant qu'on fût sorti de la chambre. »
Combattante intrépide de l'indépendance corse parcourant la lande aux côtés de Paoli et de son mari, veuve à trente-six ans, mère de treize enfants dont cinq morts en bas âge, elle a été chassée de son île en 1793. De l'épreuve, elle garde la peur de manquer, qui explique son avarice sordide et légendaire[2]. Au fil des ans, elle a réussi à constituer une solide fortune qu'elle met à la disposition de ce fils dont elle admire en secret la fougue et l'audace. Jadis d'une grande beauté, elle garde à soixante-cinq ans une distinction racée. Entre l'Empereur et sa mère, les relations sont complexes. En dépit de froids passagers, l'affection reste profonde mais le respect le dispute à la pudeur et la fierté se mêle à la gêne. Napoléon, qui n'aime pas qu'on lui résiste, a dû apprendre à composer avec cette femme têtue et opiniâtre qui n'a jamais hésité à sortir de sa réserve pour défendre les cadets maltraités. Lucien, Louis et Jérôme. De même, Madame Mère mena contre Joséphine, veuve noire contre veuve joyeuse, une vendetta impitoyable, dressant contre la créole légère et ses deux

---

1. Pauline a accompli un bref premier séjour à Elbe au début de l'installation de l'Empereur.
2. « Quand ses enfants se permettaient de tourner en ridicule son extrême économie, elle leur disait : "Vous ne savez pas ce que vous faites ; le monde ne va pas toujours du même train et si jamais vous me retombez tous sur les bras, vous me saurez gré de tout ce que je fais aujourd'hui." », écrit la duchesse d'Abrantès.

enfants, Eugène et Hortense, l'ensemble du clan familial. Toujours corse de cœur et d'esprit[1], elle s'installe discrètement dans une petite maison proche des Mulini. Pour l'heure, l'Empereur déchu redevient pour « la madre » le sauvage Nabulione d'Ajaccio qu'elle gourmande pour mieux le protéger. Un soir, lors d'une partie de cartes, elle tance le tricheur impénitent d'une réprimande affectueuse : « Napoléon, vous vous trompez », tandis qu'il répond : « Madame, vous pouvez perdre ; moi qui suis pauvre, je dois gagner[2]. »

Quant à Pauline, dont la grâce fut immortalisée par le sculpteur Canova[3], sa beauté toujours éclatante à trente-cinq ans est rendue plus émouvante encore par ce don de l'exil accepté dans le renoncement. « Je n'ai pas aimé l'Empereur comme souverain ; je l'ai aimé comme mon frère, et je lui resterai fidèle jusqu'à la mort », écrit-elle après avoir appris son abdication. Metternich, dans ses *Mémoires*, souligne la force du lien qui l'attache à son frère : « Pauline était aussi belle qu'il est possible de l'être ; elle était amoureuse d'elle-même, et son occupation unique était le plaisir. D'un caractère affable, douée d'une extrême bienveillance, Napoléon lui vouait un sentiment différent de celui qu'il portait à ses autres parents. Il la citait comme un exemple unique dans la famille : "Pauline, m'a-t-il dit souvent, ne me demande jamais rien." La

---

1. Letizia parle mieux le dialecte natal et l'italien que le français. Son entourage comporte une majorité d'insulaires.

2. Le trésorier Peyrusse précise : « Sa Majesté se voyant découverte, passait la main sur la table, brouillait tout, prenait nos napoléons, rentrait dans son intérieur où nous ne pouvions le suivre et donnait notre argent à son valet de chambre Marchand, qui, le lendemain, le rendait aux volés. »

3. Un très bon portrait de la sœur préférée de l'Empereur dans les *Souvenirs* du mamelouk Ali : « Sa personne, suivant ce qui était apparent, avait toutes les belles proportions de la Vénus de Médicis. Il ne lui manquait alors qu'un peu de jeunesse, car la peau de sa figure commençait à se rider ; mais les quelques défectuosités résultant de l'âge disparaissaient sous une légère teinte de fard qui donnait plus d'animation à sa jolie physionomie. Elle avait des yeux charmants et fort éveillés ; la bouche était des mieux meublées, et les mains et les pieds du plus parfait modèle. Sa toilette était toujours très recherchée et sa mise était celle d'une jeune personne de dix-huit ans. Elle se disait toujours souffrante, malade ; quand il fallait qu'elle montât ou descendît un escalier, elle se faisait porter sur un carré de velours garni des deux côtés de roulettes à poignée, et cependant si elle était au bal, elle dansait comme une femme qui jouit d'une très bonne santé. »

princesse Borghèse avait de son côté l'habitude de dire : "Je n'aime pas les couronnes, si j'en avais voulu, j'en aurais eu ; mais j'en ai abandonné le goût à mes parents." Elle avait pour Napoléon une vénération qui approchait du culte. »

Bien sûr, elle n'a cessé de collectionner dettes et amants et tourbillonne, légère. « L'enfant gâtée de la famille » aime la fête, la vie facile et les « jolies inutilités ». Elle enchante l'île par sa présence, multipliant bals et spectacles où se presse sans distinction tout ce que ce petit royaume compte de « notables ». Napoléon, qui la surnomme affectueusement « Notre-Dame des colifichets », moque ses bouderies et se distrait de ses caprices.

La brève visite, du 1er au 3 septembre 1814, de Marie Walewska, joue un rôle non négligeable dans la convalescence de l'Empereur. Sa mémoire s'enflamme des souvenirs de leur première rencontre en 1807, à l'apogée de l'Empire, quand Marie, choisie à la hussarde par Murat pour distraire le souverain, s'était, par sa douceur et sa bonté, imposée comme une « seconde épouse [1] ». Cette relation passionnelle et complexe n'est pas sans rappeler celle que Napoléon entretint avec la tragique Pologne, qui comme Marie pouvait avoir le sentiment de lui avoir tout donné, s'il n'avait lui-même tout pris. Levés en masse par l'Empereur, les Polonais, qui attendaient en retour l'indépendance et la reconstruction de leur pays, ne reçurent qu'un lot de consolation : le grand-duché de Varsovie, portion congrue de leur ancien royaume trois fois démantelé au XVIIIe siècle [2], avant de passer pour longtemps sous l'influence russe. Le meilleur de leur noblesse fut massacré à l'exemple de leur chef, le prince maréchal Poniatowski, mort noyé à Leipzig alors qu'il essayait brave-

---

1. Marie Walewska était une femme particulièrement attirante si l'on en croit le portrait dressé par la comtesse Potocka : « Délicieusement jolie, elle réalisait les figures de Greuze ; ses yeux, sa bouche, ses dents étaient admirables. Son rire était si frais, son regard si doux, l'ensemble de sa figure si séduisant, qu'on ne pensait jamais à ce qui pouvait manquer à la régularité de ses traits. »
2. La Pologne a été détruite au profit de la Russie, de l'Autriche et de la Prusse. Le grand-duché, fondé en 1807 et agrandi en 1809, fut placé sous l'autorité du roi de Saxe, allié de Napoléon, et non sous celle d'un grand seigneur polonais.

ment de protéger la retraite de la Grande Armée. Et pourtant la Pologne reste fidèle, à l'image de ces nombreux soldats et officiers qui le rejoignent à l'île d'Elbe après avoir combattu de Madrid à Moscou, comme Marie qui, sans reculer devant le sacrifice, accourt à la rencontre de l'exilé pour lui prouver son amour [1]. Tandis que Napoléon n'avait pas hésité à forcer sa réserve pour s'éloigner ensuite, Marie s'était, elle, attachée au fil des jours. La passion avait changé de camp, comme cela avait été le cas avec Joséphine.

Néanmoins Napoléon se montre ému de retrouver sa maîtresse et surtout son jeune fils, Alexandre, né en 1810, qui devait devenir une quarantaine d'années plus tard ministre des Affaires étrangères de Napoléon III [2]. Ce « gentil garçon, déjà grandelet, la figure un peu pâle, selon le mamelouk Ali, [...] avait quelque chose des traits de l'Empereur. Il en avait le sérieux. Pendant tout le temps que dura le souper, l'Empereur fut d'une gaieté, d'une amabilité, d'une galanterie charmantes. Il était heureux ».

Dans leurs éphémères retrouvailles se mêlent la joie de la surprise et le tendre réconfort ; mais l'angoisse et le remords le tenaillent. Il sait que l'Europe épie ses moindres faits et gestes. Combien ils seraient heureux, tous ces vieux barbons de cour, de le prendre en faute. Une passade avec l'« épouse polonaise » comme la présence de son fils naturel sur l'île risquent de constituer contre lui des armes redoutables face à l'opinion et justifier la séparation, voire un divorce [3]. Napoléon, qui n'a pas eu le cœur de repousser Marie, l'accueille avec un luxe de discrétion dans un recoin désert de l'île, à l'ermitage de La Madona, sous une tente qu'il a fait dresser pour l'occasion. En dépit de ces précautions, dès le lendemain,

---

1. La fidélité de l'« épouse polonaise » s'avère d'autant plus méritoire qu'elle venait d'être éconduite à Fontainebleau. Elle vient cependant présenter à l'Empereur ses griefs contre Murat qui tente alors de lui retirer le fief dont elle jouissait à Naples.
2. Architecte du congrès de Paris de 1856 puis de l'indépendance italienne, Alexandre Walewski venge ainsi post mortem son père en signant l'arrêt de mort du primat russe et autrichien en Europe. Il meurt en 1868 d'une attaque d'apoplexie.
3. Déjà, Napoléon s'est abstenu de porter le deuil pour Joséphine afin de ne pas froisser Marie-Louise.

une rumeur terrible se répand. On croit à l'arrivée, tant de fois promise, de l'Impératrice et du roi de Rome. La confusion semble d'autant plus naturelle que Marie Walewska ressemble à Marie-Louise et que son fils est à peu près du même âge que l'Aiglon. Conscient des périls, Napoléon la presse délicatement de s'éloigner. Elle était venue lui offrir de rester ; embarrassé, il lui signifie son congé. Fière, le cœur blessé, elle s'embarque aussitôt, alors que la tempête fait rage, en dépit des prières de l'Empereur[1]. Elle manque trouver la mort sous ses yeux avant de pouvoir enfin gagner le large. Et quand la petite voile disparaît à l'horizon, la nuit le rend à une solitude plus grande encore.

## *La métamorphose*

Souvent traitée en parent pauvre de l'épopée impériale, Elbe fait figure de simple parenthèse sur le chemin de la chute, de répétition générale d'une plus grande malédiction. A l'heure de ce premier exil, celui qui, sur son morne rocher, deviendra l'intarissable conteur hélénien se tient encore silencieux. Avant que l'histoire impériale reprenne son cours endiablé, il met à profit la circonstance pour se livrer à la méditation et à la réconciliation avec lui-même. Peut-être ressasse-t-il ce passage de Fénelon, le directeur de conscience des rois, souligné par Pons de l'Hérault : « Je fus réduit à me réjouir de posséder avec un petit nombre de soldats et de compagnons qui avaient bien voulu me suivre dans mes malheurs, cette terre sauvage et d'en faire ma patrie, ne pou-

---

1. Napoléon lui dépêche un officier d'ordonnance nommé Pérez pour la sommer d'attendre la fin de la tempête mais ce dernier, « sot des sots » et « franc malotru » selon Pons de l'Hérault, préfère se mettre à l'abri et arrive trop tard. De toute façon, Marie Walewska n'aurait pas tenu compte de ses avis comme elle l'a avoué elle-même : « Il m'avait trop humiliée. Toutes ses précautions, son déménagement dès qu'il sut que j'allais venir, cette attente qu'il m'imposa dans le bateau jusqu'à la nuit, ce débarquement clandestin auquel il m'obligea — cela pourquoi ? — pour que l'impératrice n'apprît pas ma visite.

— Elle s'en moque bien, aurais-je été tentée de lui dire. C'est une mauvaise épouse et une mauvaise mère. Si elle n'était pas l'une et l'autre, elle serait ici. Je le pense comme je l'écris. »

vant plus jamais espérer de revoir cette île fortunée où les dieux m'avaient fait naître pour y régner... Ainsi tomberont tous les rois qui se livrent à leurs désirs et aux conseils des flatteurs. » Mais Elbe ne peut être qu'une halte avant la reconquête car l'Empereur ne se résigne pas. Il s'y montre absorbé par l'action, son pas attelé à l'horizon de chaque jour, ardent à gouverner cette île minuscule. Dans les replis d'Elbe, il prépare son retour. Face au désespoir, il veut invoquer le destin, faire mentir ceux qui l'ont abandonné, condamné à l'exil à quelques encablures des côtes, sous les regards moqueurs de la croisière anglaise. L'humiliation de Fontainebleau appelle le sursaut du Vol de l'Aigle. Après avoir douté de son génie, il se prépare à la renaissance dans l'ombre et à la force du poignet

La métamorphose n'est pas aisée à décrypter. D'abord on ne retrouve pas ici le ressort tragique de Sainte-Hélène qui égrène les repères : la force d'un huis clos infernal, les querelles d'entourage, la décrépitude et la souffrance, la surveillance mesquine d'Hudson Lowe, bref, tous les ingrédients subtils de la décomposition qui ont fasciné essayistes et historiens[1]. De plus, l'heure des confidences n'est pas venue. La page reste blanche, tandis qu'à Sainte-Hélène Napoléon substituera « la plume à l'épée », avant de succomber sous les coups de l'ennui et de l'oubli. Le grand maréchal Bertrand, chroniqueur méticuleux de la déchéance hélénienne, reste lui aussi muet[2]. A l'inverse de Sainte-Hélène qui résonne tout entière du puissant verbe impérial quand le *desdichado* part à l'assaut de la mémoire, Elbe vaut d'abord par ce que l'exilé ne dit pas. A défaut de l'entendre, en l'absence de témoignages, il faudrait pouvoir le regarder. Mais il n'existe aucun tableau d'après nature, aucun portrait de l'Empereur mis en scène en son nouveau royaume. Elbe reste noyée d'ombres. Qui plus

---

[1]. Il faut rendre hommage à l'ouvrage magnifique de Jean-Paul Kauffmann, *La Chambre noire de Longwood*, qui retrace l'atmosphère des dernières années de l'Empereur à Sainte-Hélène.
[2]. Bertrand ne prendra des notes qu'à partir de 1816.

est, comme l'affirment Michelet, l'historien, et Marchand, le serviteur, l'image peinte se révèle trompeuse. Le feu qui le brûle de l'intérieur permet difficilement de fixer l'expression de son visage toujours changeant. Les Napoléon peints par Gros, Isabey ou Gérard ne seraient que de pâles reflets. Seul David serait parvenu à restituer le mystère de ce si étrange regard, au cœur de la bataille ou en majesté. Sous le masque sévère de l'Empereur au lendemain de l'abdication, Delaroche, quant à lui, réussit à dévoiler sa douleur. D'imagination, le peintre dresse un tableau saisissant : l'épée délaissée, le chapeau au sol, les bottes souillées par la boue, le bras droit négligemment déjeté, l'Empereur semble avoir renoncé au combat. Son désespoir se lit dans l'œil absent et sur les lèvres serrées. Mais la vengeance et la rage percent dans le regard tandis que la main se crispe violemment sur la cuisse. Stupéfait par la chute, l'Empereur, saisi de courroux et d'indignation, cherche déjà en lui l'énergie du sursaut.

Très vite, son orgueil blessé se rebelle. Que fait-il donc sur cette scène de carnaval ? L'exil elbois semble comme étranger à sa destinée vouée à la gloire ou à la tragédie : Austerlitz ou Longwood, qui en sont les deux visages. Le chemin de croix — l'incendie de Moscou, le passage de la Bérézina, Leipzig, la campagne de France — ne répond-il pas dans une symétrie presque parfaite au chemin de gloire : le Sacre, Iéna, Tilsit et la Moskova ? La médiocrité, la banalité du quotidien n'y ont pas leur part. Dans ce tableau, la petite île d'Elbe fait tache, comme une touche de bonheur bourgeois qui ne lui sied guère et ternit le mythe. Pour échapper au ridicule et effacer l'insulte, l'Empereur ne se voit d'autre choix que la surenchère, l'audace d'un acte plus spectaculaire que tout ce qu'il a déjà accompli.

Elbe ne sera donc que l'« île du repos », comme l'a baptisée l'Empereur, le lieu idéal de la convalescence et non le théâtre de la fin. Dans le premier temps de l'exil, Napoléon se cherche, veut fuir le doute en épousant pleinement sa nouvelle terre. Cet homme du mouvement, ce génie en action, a toujours eu besoin de piliers stables pour sculpter son avenir. Comme tout angoissé, il se rassure en s'appuyant sur l'énergie et l'affection des autres. Non seulement Elbe rassemble les présences idoines mais elle offre le cadre idéal, presque familier. Elle rappelle l'enfance corse par sa végétation et ses odeurs méditerranéennes, par son climat propice, ses points de vue et ses rochers dressés sauvagement sur la mer, avec ses petits villages portuaires et ses paysans, si proches des Ajacciens. L'île d'Elbe est bien le versant lumineux de l'exil, l'anti-Sainte-Hélène, cette île noire « chiée par le diable », ce « catafalque de rochers » pourri d'humidité, selon Chateaubriand. Le contraste est saisissant avec cette Elbe de couleurs vives, verte comme l'Empire et son habit fétiche, bleue comme le drapeau et l'uniforme des grognards. Tout ici paraît gai et chaleureux. Pour l'Empereur si sensible au climat, aux paysages et aux senteurs [1], cet îlot fait l'effet d'un baume sur son âme meurtrie. Signe qui ne trompe pas, Napoléon s'y montre le plus souvent de fort bonne humeur. Espiègle, il ne cesse de tirer les oreilles des uns et des autres, triche aux cartes, chante faux et à tue-tête « Marat, du peuple le vengeur » ou « Oui, c'en est fait, je me marie », fait honneur à la bouillabaisse ou s'amuse encore aux dépens de Bertrand, sa tête de Turc habituelle. A ce moment, il goûte la vie à l'image de sa devise : « Napoléon ubicumque felix [2]. » Encore libre, il conserve cette santé de fer et cette vigueur qui épuisent son entourage. Il revit. Et pour preuve il renonce à écrire ses *Souvenirs* comme il en avait d'abord formé le projet [3].

En novembre, ses marques sont prises ; désormais commence la seconde phase de l'exil, celle de la renaissance proprement dite, qui durera jusqu'en février. « Ses occupations deviennent davantage intérieures », note Marchand

---

1. « Chez lui, l'odorat était extrêmement susceptible. Je l'ai vu s'éloigner de plus d'un serviteur qui était loin de soupçonner la secrète aversion qu'il avait encourue », écrit le baron Fain dans ses *Mémoires*.
2. « Napoléon est partout heureux [plutôt dans le sens de chanceux]. »
3. Selon Marchand, Napoléon aurait commencé l'écriture de ses *Mémoires* mais fit brûler tout ce qu'il avait fait, en compagnie de ses autres papiers, le jour de son départ pour la France.

dans ses *Mémoires*. Faute de confidences, il faut, pour suivre son cheminement, méditer les choix décisifs de paix et de liberté qu'il retiendra à son retour. Il se prépare en silence à renier en lui le despote guerrier qui, dans une autre vie, a soumis l'Europe entière à son joug de fer. Ignorant Washington, l'homme d'Etat selon le cœur des libéraux, il a puisé à pleines mains dans l'héritage de César et de Charlemagne. Cette métamorphose de l'exil le ramène insensiblement en arrière, aux sources du Consulat, à cette année 1801 où, par le Concordat et la paix, il a atteint l'apogée de sa popularité, réussissant à s'imposer comme l'homme de la paix sans cesser d'être celui de la liberté.

Ainsi Napoléon renoue-t-il avec Bonaparte pour se sauver de l'opprobre de la légende noire, colportée par les pamphlets et les journaux du continent. La chute de 1814 lui a ouvert les yeux : dans l'épreuve, avec ses soixante mille braves face à un ennemi dix fois supérieur, il a pris conscience de sa solitude et du désarroi de son peuple. Despote irascible, conquérant insatiable, enfermé dans son rêve, il s'est coupé de tous, à l'exemple de Marmont qui écrira dans ses *Mémoires* : « Tant qu'il a dit : tout pour la France, je l'ai servi avec enthousiasme. Quand il a dit : la France et moi, je l'ai servi avec zèle. Quand il a dit : moi et la France, je l'ai servi avec dévouement. Il n'y a que quand il a dit : Moi sans la France, que je me suis détaché de lui. » Ni son abdication, ni l'annonce du retour de Louis XVIII n'ont suscité de véritables mouvements en sa faveur, hormis celui de la Garde impériale. Et Paris va même jusqu'à acclamer les cosaques et à déboulonner sa statue de la colonne Vendôme. Devant tant d'ingratitude, l'Aigle se tait. N'est-il pas le premier responsable de ses malheurs ? N'a-t-il pas trahi la Révolution qui l'a porté sur le pavois ? Il fait face sans frémir à la cruelle vérité[1].

Pour oser et croire encore, Napoléon veut se convaincre qu'il reste l'aimé des Français. Seul un projet fou pourrait

---

1. « Le monde, écrira Benjamin Constant, a été puni de l'avoir corrompu ; il a été puni de s'être laissé corrompre. »

prouver au monde qu'il est le souverain légitime sacré par la volonté populaire, à la différence du frère de Louis XVI, imposé par l'étranger et une petite clique d'intrigants mais rejeté par la nation presque entière. Pour réussir son retour, l'Empereur déchu comprend qu'il devra gagner son rachat en renouant avec l'élan révolutionnaire trop longtemps délaissé. Pour retrouver la ferveur de 1789, il lui faudra redevenir Bonaparte, cet élu du peuple trois fois sanctifié par les plébiscites de 1800, 1802 et 1804, ce garant de l'égalité et du mérite, administrateur hors pair et général victorieux.

Dans la méditation de l'exil, Napoléon se penche sur son passé pour y trouver les clés de sa réussite et comprendre les raisons de sa chute soudaine. Après s'être laissé aller à établir l'empire héréditaire, à renier le dogme des frontières naturelles, n'a-t-il pas trompé la confiance des Français, trahi l'égalité en reconstituant une Cour de parvenus puis une noblesse en 1808, en bafouant la liberté, en brisant le pouvoir législatif et en muselant les contre-pouvoirs de la presse et de la magistrature ?

« Qu'avez-vous fait de cette France que j'avais laissée si brillante ? J'avais laissé la paix, j'ai retrouvé la guerre. J'avais laissé des victoires, j'ai retrouvé des revers. J'avais laissé les millions de l'Italie, j'ai retrouvé des lois spoliatrices et de la misère ? » En cet instant, il le sait bien, sa célèbre apostrophe adressée au Directoire quelques heures avant le 18-Brumaire pourrait lui être retournée. Dans quel état laisse-t-il la France après cette abdication ? Plus petite qu'il l'avait trouvée, endeuillée d'un million de morts, financièrement appauvrie par l'invasion et les conséquences du Blocus continental, contrainte par la police et la conscription, privée de toute liberté d'expression. Bilan catastrophique difficile à assumer. Bilan qui obsède son cœur et son esprit sans qu'il ose encore se l'avouer.

Après la suractivité des premiers mois, comme frappé de langueur au cœur de l'hiver, l'Empereur aspire au recueillement, au travers de longues promenades à contempler sa chère

Méditerranée ou dans la douceur voluptueuse d'un bain bouillant comme il les goûte. Il mûrit longuement sa réponse. Le bruit et la fièvre s'apaisent ; l'exilé de l'île d'Elbe sait qu'il doit attendre et compter sur les fautes de l'adversaire qui, chaque jour davantage, dessinent l'espoir du retour. Ce deuxième Empire, issu d'une nouvelle alliance entre l'Aigle et la Révolution, s'esquisse depuis ce jour de juin 1813 où le chancelier Metternich est venu le visiter à Dresde, au palais Marcolini, pour lui signifier que l'Autriche, déchirant le pacte de sang conclu en 1810, rejette finalement l'alliance française pour rejoindre la Prusse, l'Angleterre, la Suède et la Russie. Le gendre de François d'Autriche, neveu par alliance de Louis XVI, s'est vu alors renvoyé à cette image d'un Jacobin couronné, d'un parvenu botté, qu'il avait tant voulu gommer. Cuisant camouflet, qui déjà laissait augurer de son abandon et du ralliement de l'Europe à cette vieille dynastie des Bourbons édifiée par les siècles à coups de traités et de mariages consanguins. Mais cette Sainte Alliance des rois lui offre aussi une chance de sursaut, l'occasion d'un retour aux sources pour s'imposer comme le premier des patriotes.

# CHAPITRE II

# L'AVENTURIER

> « On n'a encore qu'un volume de ma vie, on aura bientôt le second[1]. »

## *La guerre des légitimités*

En exécutant Louis XVI, les révolutionnaires ont fait table rase d'un ordre monarchique millénaire et ouvert la boîte de Pandore de la légitimité. Désormais, sous l'œil de la nation déchirée se dressent l'un contre l'autre deux peuples, deux esprits, deux mémoires : drapeau blanc contre drapeau tricolore : « Il n'y a en France que deux choses, tranchera Napoléon à Sainte-Hélène : la Révolution et la Contre-Révolution, l'Ancien Régime et le Nouveau Régime, les privilégiés et le peuple, les armées étrangères de Condé, c'est-à-dire la Vendée, et les armées nationales. Voilà les deux partis. Les nuances ne sont rien. »

Ces deux partis se sont constamment heurtés depuis Brumaire. Et quand l'un chasse l'autre en 1814, quand le proscrit cède la place à l'exilé, Louis XVIII à Paris, Napoléon à Elbe, un nouveau duel s'engage.

Au nom de quels principes, à quels titres régner ? A ces questions, il n'est plus de réponses simples. Hier inviolable,

---
[1]. Paroles de Napoléon à Lyon devant les corps constitués en 1815.

protégé par la volonté divine ou la tradition[1], à l'abri des regards comme le soleil louis-quatorzien, le pouvoir est désormais livré aux vents. Si la légitimité ancienne semble dépouillée de son aura, la nouvelle paraît encore hors de portée : la Révolution a laissé dans son sillage le temple de la souveraineté populaire inachevé. Au milieu des ruines, Bonaparte a su rebâtir un pouvoir stable mais, drapé dans la pourpre impériale, il s'est usé. Pour survivre, les deux prétendants n'ont d'autre choix que de convaincre, pénétrer le cœur de la nation, en saisir les aspirations profondes dans la quête impossible d'une formule magique qui réconcilie la Révolution avec l'hérédité monarchique, la patrie avec l'émigration, l'ordre et le mouvement, les anciens et les modernes. Il leur faut s'ouvrir à l'esprit du temps sans renier leurs assises : Dieu et la tradition pour le roi, l'égalité et la gloire pour l'Empereur. La légitimité procède ainsi d'une alchimie toujours à réinventer, soumise à l'onction du présent face à l'avenir qui gronde.

En cet instant où leurs destins se croisent, mûris par l'épreuve de la défaite, de l'humiliation et de l'exil, ces deux hommes que tout oppose doivent faire face à une France profondément changée. Jadis avide d'ordre et de grandeur, désormais lasse des grands combats, elle aspire à secouer le joug au nom de cet idéal de liberté dont elle demeure éprise depuis 1789. Le temps n'est plus à l'absolutisme, quand on pouvait prétendre écraser passions et questions sous la botte de l'autorité ou l'escarpin de la majesté. L'Empereur déchu et le

---

1. Il n'existe plus d'accord sur la légitimité, non seulement entre Révolution et Contre-Révolution mais également au sein de chaque camp. Le camp révolutionnaire, déchiré par ses divisions, n'offre pas une réponse unanime une fois surmontée la sempiternelle référence à la souveraineté du peuple dont le vague autorise tous les détournements. La vertu chez Robespierre, l'ordre et la gloire chez Napoléon, la sacralité des libertés individuelles chez les libéraux, le mérite et l'intérêt général, autant d'idéaux souvent contradictoires quand ils ne sont pas antinomiques. Du côté royaliste, si la référence à la tradition, notamment défendue par Burke, rencontre encore un large écho, le « droit divin » n'est plus vanté que par les théocrates (Maistre, Bonald, le premier Lamennais). Le libéralisme aristocratique de Chateaubriand prône au contraire une vision moderne et libérale de la légitimité, abritée derrière la Charte et qui retourne la Révolution contre elle-même en l'accusant d'avoir trahi la liberté, liberté désormais incarnée par la dynastie depuis qu'elle s'est ralliée à la monarchie constitutionnelle.

monarque restauré pressentent la montée d'un nouvel élan libéral et pacifique capable d'ouvrir la voie à une monarchie constitutionnelle qui, par un savant équilibre des pouvoirs et le respect des libertés fondamentales, permettrait de réconcilier le gouvernement et la société. Chacun comprend qu'il doit se mettre en question s'il veut opérer la métamorphose et s'imposer, non plus comme simple roi des émigrés ou Empereur des soldats mais bien comme le chef de l'État respecté de tous les Français. Il leur faut avancer en partant de rives opposées : alors que le frère de Louis XVI est jugé irréconciliable avec la Révolution, Napoléon paraît lui condamné à la guerre avec l'Europe.

Rien ne prédispose Louis XVIII à jouer en 1814 les hommes providentiels. C'est peu dire qu'il manque de prestance et de charisme. Comme surgi d'un long sommeil, il n'a aucune expérience du pouvoir et ne connaît guère son pays que de loin. Il porte surtout la croix de l'identification de sa famille à l'Ancien Régime et à la Contre-Révolution, subit l'opprobre de la consanguinité des Bourbons avec la société d'ordres, le parti de la noblesse et de la Cour, qui cristallise la haine des Français. A sa suite se presse la cohorte des émigrés qui, s'ils n'ont pas tous pris les armes contre la France, n'en ont pas moins souvent servi les souverains étrangers de la coalition[1]. Leur conception de la patrie, identifiée au roi, à Dieu et à l'histoire, n'est plus celle de la France révolutionnaire, enracinée dans la nouvelle trinité « Liberté, Egalité, Fraternité », charnellement attachée au sol, à l'inviolabilité du territoire et à la cocarde tricolore. Le nouveau roi, s'il veut éviter de compromettre ses droits à la couronne, n'a donc pas d'autre choix que de chercher à se démarquer de ses partisans sans pour autant se trahir. Fort de la paix retrouvée avec l'Europe, il lui faut se présenter non en héritier d'une France défunte mais en incarnation d'une France éternelle, d'un roi père de ses sujets, pour relever le gant de la réconciliation intérieure.

---

1. A l'instar de Langeron, Rochechouart, Damas, ou du futur président du Conseil, Richelieu, qui rallièrent Alexandre Ier de Russie

Par la Charte il offre de conclure la paix entre l'Ancien Régime et la Révolution et d'établir un pacte entre sa dynastie et les notables qui, tout en ménageant l'ancienne France, sauvegarde la nouvelle[1]. Les biens nationaux sont garantis, la noblesse d'Empire est maintenue, comme l'égalité civile et les libertés fondamentales. L'oubli est promis aux anciens régicides. S'il se résigne à des concessions inévitables, le roi ne transige pas sur sa légitimité. Roi de France[2], il l'est par la grâce de Dieu depuis la mort de Louis XVII au Temple en 1795. Et ce ne sont pas les circonstances qui l'ont appelé au trône, mais les droits imprescriptibles à la couronne reçus en héritage. La longue chaîne qui le relie à Hugues Capet a pu être suspendue par la Révolution et l'Empire, mais rien ne saurait la briser. Lui seul peut donc octroyer la Charte, en date de la dix-neuvième année présumée de son règne. En la concédant ainsi, sans le concours d'une assemblée ni la ratification des Français, le roi veut remonter le cours de l'histoire pour détrôner la Révolution. Il mise sur la vieille légitimité des rois très chrétiens pour gommer la souveraineté du peuple et, par ce tour de passe-passe, fait en sorte que l'Ancien Régime reconnaisse la Révolution et non l'inverse.

C'est là que le bât blesse. Cette concession aux temps nouveaux reste pétrie de l'esprit ancien. Contrairement à Chénier, il fait des vers nouveaux sur des pensers antiques. La grande faute des Bourbons n'est-elle pas de raviver les plaies au lieu d'œuvrer à la réconciliation[3] ? En relevant le vieux

---

1. Position que Louis XVIII défend depuis l'émigration comme l'atteste cette lettre qu'il écrivait au tsar Paul Ier : « Deux choses me paraissent nécessaires : l'une de rassurer mes sujets sur les projets de vengeance que mes ennemis n'ont pas manqué de m'attribuer ; l'autre d'établir un ordre quelconque qui me donne le temps d'examiner ce qu'il sera possible de rétablir de l'Ancien Régime, et même de conserver du nouveau. »
2. Et non plus roi des Français comme Louis XVI en 1791.
3. « La Charte de Louis XVIII avait le défaut d'être une solution dualiste qui, au lieu d'apaiser le conflit, l'exaspère. Un conflit entre deux forces spirituelles ne peut être apaisé que par une solution unitaire, le retour à l'unité par la fusion ou l'extermination ; ou par une solution trinitaire, l'apparition d'une troisième force médiatrice. » Guglielmo Ferrero, *Pouvoir. Les génies invisibles de la cité*.

principe monarchique, il ressuscite le jacobinisme et les passions révolutionnaires. Aussitôt, une polémique virulente s'engage entre ces spectres de l'Ancien Régime revenus « dans les fourgons de l'étranger » et les anciens conventionnels qui, comme l'abbé Grégoire ou Carnot, n'entendent pas laisser bafouer la souveraineté du peuple. Les Français peuvent difficilement comprendre cet entêtement de Louis XVIII à se réclamer de la vieille tradition monarchique et redoutent que cette intransigeance ne prélude à quelque dessein inavouable, d'autant que les ultras multiplient les maladresses, encouragés par l'héritier du trône, le futur Charles X.

D'abord effrayés par la perspective du retour des Bourbons, les notables s'en accommodent pourtant dès lors que leur statut social se trouve garanti. A l'ère des opinions révolutionnaires se substitue celle des intérêts qui assure le triomphe de la bourgeoisie sur la noblesse, de la France moderne sur l'Ancien Régime. Depuis le Consulat, qui a largement ouvert la voie au retour des émigrés, de nombreux liens se sont tissés au sein de ces élites. Chacun applaudit à la paix retrouvée après vingt-cinq ans d'un conflit qui a coûté plus d'un million de morts. Ce soulagement s'exprime avec indécence lors de l'entrée des alliés à Paris, acclamés par le faubourg Saint-Germain. Entre émigrés rentrés dans les bagages des Bourbons et royalistes du lendemain, passés sans états d'âme apparents du Comité de salut public à la royauté du frère cadet de Louis XVI, personne ne veut plus entendre parler du César couronné, élevé sur le pavois quinze ans plus tôt.

Mais l'alliance de circonstance des notables et des émigrés dissimule mal les profondes rivalités que Balzac perce à jour en plusieurs épisodes saisissants de sa *Comédie humaine*. Dans *Une ténébreuse affaire*, il décrit le choc de ces deux univers : Malin[1], conseiller d'État, sénateur et comte de Gondreville, qui a acquis comme bien national le domaine du mar-

---

1. Anciennement Malin de l'Aube, conventionnel régicide. Petit-fils d'un maçon, il incarne la figure des nouvelles classes dirigeantes selon Balzac.

quis de Simeuse, doit faire face aux descendants de cette famille quand ils rentrent d'émigration avec l'intention de demander des comptes. Revenus pour la plupart sous le Consulat, les émigrés sont restés calmes sous l'Empire, contenant leur rage devant le spectacle de leurs biens confisqués. Mais le retour de Louis XVIII, escorté d'un second flot de revenants, leur donne des ailes et les pousse à se retourner contre les nouvelles élites. Ces ci-devant qui peuplent les salons comme celui du marquis d'Esgrignon, dans le *Cabinet des antiques*, relèvent la tête, découvrant « leurs visages flétris, leur teint de cire, leurs fronts ruinés[1] ». Tout un vieux monde ressuscite. Boucs émissaires de la première chute de la monarchie, les « restés émigrés[2] » ne songent qu'à la revanche. Ils partagent une vision intransigeante qui a été théorisée durant l'émigration par le comte de Maistre et le vicomte de Bonald, les deux maîtres à penser de l'ultracisme. S'ils défendent, comme Louis XVIII, une conception historique et religieuse de la légitimité, ils s'en séparent sur la politique à suivre car ils n'ont pas la même lecture de la Révolution.

A la vision conciliatrice du roi, ils opposent une radicalité extrême, refusant le moindre accommodement avec les hommes et les idées de la Constituante. Ils veulent défendre la noblesse, pilier politique d'une monarchie dont le catholicisme demeure le pilier spirituel. Selon eux, la Révolution commence par la réforme religieuse car elle a prétendu substituer la raison humaine à la volonté divine. Les émigrés dénoncent ce protestantisme qui, au nom du libre arbitre, s'en est naturellement pris à la noblesse en développant une conception utopique de l'égalité : « Qu'est-ce que le protestantisme ?

---

1. On peut aussi consulter *Ternove*, un des premiers romans d'Arthur de Gobineau, pour une large part consacré aux années 1814-1815. Le héros, Octave, dont les parents ont été tués sous la Terreur et les biens achetés par le meunier jacobin Bahurot (dont la fille est mariée avec Gérard de Ternove, l'oncle d'Octave), « nourrissait en son âme ce sentiment d'orgueil sauvage et secret qui est l'apanage des tribus persécutées par une nation victorieuse ».
2. Selon un mot de Talleyrand. Son ami Barante qualifie quant à lui les ultras de « Jacobins blancs ».

s'interroge Joseph de Maistre. C'est l'insurrection de la raison individuelle contre la raison générale, et par conséquent c'est tout ce qu'on peut imaginer de plus mauvais. » Leurs attaques se dirigent aussi contre les philosophes, ces Voltaire, La Mettrie et d'Holbach, zélés propagateurs de l'athéisme et d'une conception égalitaire de la société. Contre les fausses « Lumières », ils défendent une vision de l'homme soumis à la Providence, à un ordre naturel héréditaire voulu par le Très Haut et codifié par le Moyen Age chrétien en un triptyque célèbre : ceux qui prient (clergé), ceux qui combattent (noblesse), ou ceux qui travaillent (tiers état). « La volonté de l'homme en tant qu'être social ne peut être que la volonté du corps social dont il fait partie », résume Bonald[1] qui récuse d'un coup et le libre arbitre et l'égalité.

Dans leur exaltation, ces « ultras » ont la ferme conviction que la royauté ne joue plus son rôle. A les lire, le Roi-Soleil a préparé le triomphe de l'ennemi en cassant la noblesse après la Fronde et en domestiquant le clergé par le gallicanisme. Louis XV a persévéré dans l'erreur en protégeant la « secte » philosophique[2] et en aggravant l'esprit de cour au sein du second ordre, qui en est réduit à servir le bon plaisir royal. Enfin, Louis XVI, trop faible et trop jeune, a refusé de soutenir la réaction aristocratique pour s'abandonner à l'influence délétère de Turgot et de Necker, les deux fourriers de la Révolution. Dès lors, il a suffi que souffle le vent mauvais venu d'Amérique pour que l'édifice gangrené s'effondre sans résistance. Les révolutionnaires qui ont prétendu fonder un ordre nouveau ne seraient en somme, selon le jugement fameux de Joseph de Maistre dans ses *Considérations sur la France*, que de pitoyables pantins conduits par Dieu. Car pour lui la

---

1. Bonald, l'idéologue du parti, défend la conception d'un ordre naturel ternaire Pouvoir-Ministre-Sujet qui exclut l'idée même de contrat car il repose sur une conception pyramidale de l'autorité, valeur fondatrice de toute civilisation. Selon lui, cet ordre parfait se vérifie à tous les stades de la vie sociale : familiale (père, mère, enfants), politique (roi, noblesse, peuple), religieuse (Dieu, prêtres, fidèles).
2. Selon la formule d'Augustin Cochin dans son ouvrage *La Révolution française et les sociétés de pensée*.

volonté divine a conduit de bout en bout la Révolution : « La Révolution française mène les hommes plus que les hommes ne la mènent », affirme ce « prophète du passé[1] » qui poursuit : « On dit fort bien quand on dit qu'elle va toute seule », avant de conclure : « Jamais la Divinité ne s'était montrée d'une manière si claire dans aucun événement humain. Si elle emploie les instruments les plus vils, c'est qu'elle punit pour régénérer. »

La Révolution, encouragée par le déclin de l'aristocratie des Lumières, curiale et libertine, la décadence d'un clergé servile et la complicité d'une royauté oublieuse de ses valeurs, ne serait donc qu'un châtiment suprême, pour que la société des hommes expie sa prétention à s'ériger en puissance. L'épreuve deviendrait salvatrice si chacun reprenait le chemin de l'honneur et du devoir pour revenir à sa mission originelle. Alors le sang de Louis XVI n'aurait pas coulé en vain. Sa mort, renouvelant le supplice du Christ, préluderait à un renouveau chrétien ouvrant la voie à cette contre-révolution mystique que Maistre appelle de ses vœux. La Restauration serait ainsi le régime de la dernière chance. Or, avec la Charte, le nouvel Ancien Régime, ignorant les leçons du passé, débute par une faute mortelle : Louis XVIII, circonvenu par Talleyrand et une poignée de sénateurs, couronne la Révolution de ses propres mains. Et, non content d'en sauvegarder les principes sataniques et de garantir les biens nationaux, il maintient ses hommes en place comme en témoigne la nouvelle Chambre des pairs qui se compose en majorité d'anciens serviteurs de l'« Usurpateur »[2]. Enfin la Charte, à travers l'élection des députés, porte atteinte à l'hérédité, jugée seule en mesure d'assurer l'unité du pouvoir suprême et de ses médiateurs. Elle est décidément cette « œuvre de folies et de ténèbres » que dénonce Bonald.

---

1. Titre d'un ouvrage de Barbey d'Aurevilly qui contient un chapitre élogieux sur Maistre. L'influence de ce dernier fut grande puisqu'il inspira également Baudelaire, Tolstoï et, plus près de nous, Cioran.
2. La Chambre des députés étant composée, selon l'article 75 de la Charte, des membres du Corps législatif de l'Empire à titre transitoire.

Face à une telle réaction, le mécontentement gronde au sein de la France nouvelle. Bousculant les calculs et les combinaisons, le peuple a déjà montré qu'il disposait sur le pouvoir d'« une fenêtre ouverte... et quand la fenêtre ne suffisait pas, il ouvrait la porte et la rue entrait [1] ». L'Empire a apporté une augmentation sensible du niveau de vie et élevé les plus vaillants par la croix et la gloire. On craint que les Bourbons ne ramènent avec eux l'Ancien Régime honni et son cortège de servitudes. L'épouvantail de la féodalité ressurgit partout dans les campagnes, alarmées des rumeurs colportées de foires en veillées du rétablissement prochain des corvées, enflammées de ces histoires d'anciens seigneurs fraîchement débarqués d'exil pour revendiquer leurs biens confisqués. L'humiliation de la défaite et l'arrivée du nouveau régime dans les fourgons étrangers nourrissent enfin, dans l'armée, un sentiment de haine qu'avive la mise à pied de la moitié de ses effectifs. Fierté de la nation, la « Grande Armée » d'hier devient un boulet pour le pouvoir royal réconcilié avec l'Europe et soucieux de renvoyer dans leurs foyers ces « vieilles moustaches » qui continuent à fêter la Saint-Napoléon et préfèrent la musique de « Veillons au salut de l'Empire [2] » à celle de « Où peut-on être mieux qu'au sein de sa famille [3] ? ».

Précocement consommé, le divorce douloureux entre la royauté et le peuple se traduit par des bouffées d'exaspération populaire. Elles gagnent bientôt la noblesse impériale, souvent humiliée par l'entourage du roi. Déconsidérée par la Terreur et le « coup d'État permanent » du Directoire, l'idée républicaine reprend corps. Replié à l'île d'Elbe, Napoléon entrevoit alors, plus vite sans doute qu'il ne l'avait prévu, la chance d'un retour. Les alliés, débarrassés de leur bourreau, se répartissent

---

1. Victor Hugo, *Quatrevingt-treize*.
2. Tiré de l'opéra-comique *Renaud d'Ast* (1787) de Nicolas d'Alayrac. Les paroles, composées par le journaliste girondin Joseph-Marie Girey-Dupré (1769-1793) (« Empire » y est pris au sens ancien d'« État »), n'étaient jamais chantées, mais l'air était fréquemment joué par les musiques militaires impériales.
3. Tiré de l'opéra-comique *Lucile* (1769) de Grétry, sur un livret de Marmontel ; fréquemment joué dans les cérémonies où paraissait le roi.

les dépouilles de l'Empire au congrès de Vienne. Pendant ce temps, dans son royaume insulaire, il prend des décrets contre les chèvres qui franchissent les clôtures. Peut-il se résigner à ce que l'histoire ne retienne que la thèse vulgaire de l'usurpation, d'un Empereur battu par ses ennemis et chassé par son peuple ? Porté par les flots de l'histoire en marche, il veut encore pouvoir s'écrier en écho à sa déclaration de 1804 : « Je suis la Révolution française. »

Comme hier Louis XVIII, l'Empereur a médité dans l'exil son propre échec. Douloureuse expérience pour celui qui a rêvé de bâtir une France moderne sur les décombres de la Révolution ! Napoléon comprend qu'il doit moins solliciter les armes que les idées. Face à Louis XVIII, porteur d'une vision qui transcende les siècles, n'est-il pas condamné à « labourer la mer » ? Il ne peut se poser en héritier d'une lignée, ni s'appuyer sur un principe hors d'âge. Homme de la Révolution, il lui manque les profondeurs de l'histoire. Comme il l'avoue lui-même : « Nous sommes une monarchie de huit jours. » Il est contraint de prouver sans cesse sa légitimité et de la remettre en jeu au hasard des circonstances et des batailles : « Mon pouvoir tient à ma gloire, et ma gloire aux victoires que j'ai remportées. Ma puissance tomberait, si je ne lui donnais pour base encore de la gloire et des victoires nouvelles. La conquête m'a fait ce que je suis, la conquête seule peut me maintenir. » Quand le roi bénéficie du labeur de générations de juristes et de théologiens pour justifier ses droits à la couronne et qu'il prend place, par sa seule naissance, dans la longue litanie des rois qui ont fait la France, Napoléon a pour seul titre d'être le premier-né d'une nouvelle dynastie, tel Voltaire assenant au chevalier de Rohan : « Mon nom, je le commence, vous finissez le vôtre. »

C'est dire combien sa position reste fragile[1]. Le regard tourné vers l'horizon, du côté des terres de France, il peut

---

1. « Le fondateur de la quatrième dynastie n'a pas beaucoup d'illusions, sur la suite et sur la fin. Il a, il gardera jusqu'au bout, en le refoulant, le sentiment de vivre dans l'instable et dans le précaire », écrit Jacques Bainville dans sa biographie de Napoléon.

mesurer sa vanité. N'a-t-il pas voulu briguer par le Sacre cette légitimité des rois, plagier les autres dynasties européennes ? En s'arrogeant cette onction suprême, que cherchait-il, sinon à se soustraire à l'usure du temps, pour boire, avec sa descendance, aux fontaines d'immortalité ? Conscient de ses limites, il s'était jeté à corps perdu dans la conquête, dans l'espoir de détrôner les anciennes familles régnantes au profit de son clan[1]. Quel aveuglement l'a donc saisi après Tilsit ? Emporté par sa soif de reconnaissance, il a tourné le dos à Cromwell et Washington. A Erfurt, il a traité les souverains de l'Europe comme des laquais : « Roi de Saxe, à ma droite ! roi de Wurtemberg, approchez !... Taisez-vous roi de Bavière ! » Ils ne lui ont jamais pardonné. Après son mariage avec Marie-Louise, il a passé les bornes, croyant pouvoir effacer les frontières de la naissance. Il se flatte avec suffisance d'être le neveu par alliance de Louis XVI, maudit les régicides et privilégie l'ancienne noblesse. La première place dans l'empyrée des grands capitaines de guerre ne lui suffit plus. Il croit fonder une dynastie alliée aux plus puissantes couronnes de l'Europe. Sa tête, comme le vent, tourne, jusqu'à ce que le rêve se brise sur les débâcles de Russie et d'Allemagne. Mû par l'instinct de revanche, le voilà prêt à bondir pour reconquérir les cœurs et sa terre. Il n'imagine pas qu'un autre que lui puisse prétendre résoudre l'équation d'un gouvernement durable, populaire et respecté, dont ni Louis XVI, ni Danton ou Robespierre n'ont trouvé la clé.

Napoléon se sent béni des dieux à l'image de ces héros antiques, Alexandre ou César, maîtres de la foudre et du feu. Fort de cent victoires, il incarne les vertus d'honneur, de courage et d'exemple. Mais il s'impose aussi par un travail acharné, une connaissance des moindres détails, des techniques, du terrain, des hommes : « Il n'est rien à la guerre que je ne puisse faire par moi-même. S'il n'y a personne pour

---

[1]. « Bonaparte dans le cours de ses succès toujours croissants semblait appelé à changer les dynasties royales, à rendre la sienne la plus âgée de toutes », affirme Chateaubriand qui ajoute : « A sa voix, les rois entraient ou sortaient par les fenêtres. »

faire de la poudre à canon, je sais la fabriquer ; des affûts, je sais les construire aussi bien qu'un charron ; s'il faut fondre des canons, je les ferai fondre ; les détails de la manœuvre, s'il faut les enseigner, je les enseignerai. » Cette maîtrise l'a fait aimer et admirer par ses grognards. Il renoue avec les temps chevaleresques, quand le rang se déterminait par le service et le mérite. D'où son souci d'organiser la société sur le modèle et les valeurs de l'armée, d'où le culte du mouvement, la tension entretenue entre le rêve et la réalité, la conquête et l'ordre.

A cette légitimité des anciens, Napoléon a su très tôt adjoindre celle des modernes, de l'appel au peuple et du plébiscite. Il n'ignore pas que l'autorité du chef n'est rien sans l'onction populaire : « Je n'ai détrôné personne, j'ai trouvé la couronne dans le ruisseau et le peuple l'a mise sur ma tête : qu'on respecte ses actes. » Cette puissance nouvelle, il n'a de cesse de l'entretenir par de subtiles mises en scène, par le discours et l'image, comme autant de ponts jetés entre le présent et l'avenir pour cristalliser et mobiliser les énergies d'une nation en marche. « Je ne suis, dit-il à Volney, qu'un magistrat de la république. Je n'agis que sur les imaginations de la nation, lorsque ce moyen me manquera, je ne serai plus rien ; un autre me succédera. » Après le temps de la « cavalcade » du monarque au Moyen Age, des « fêtes et entrées » sous Charles VII pour honorer le roi et son peuple, Napoléon instaure le temps des spectacles, parades, grands travaux, cérémonies dans une vaste célébration de la nation victorieuse autour de sa personne.

Napoléon pressent qu'il faut aller plus loin, en réconciliant toutes les forces et en conjuguant l'esprit du temps avec celui de tous les temps. Il va donc s'efforcer de tirer le meilleur de chaque héritage, afin que chacun se retrouve au service d'un même idéal. A ces fondations, il ajoute son charisme personnel, celui d'un homme exceptionnel, général glorieux, travailleur de force, d'un chef d'Etat, juste et exigeant, placé d'emblée au-dessus des coteries.

Surtout, il apporte en dot une nouvelle flamme capable de

réconcilier royalistes et républicains, hérédité et égalité, dans un mariage du mérite et de la propriété. Le mérite ennoblit l'égalité tendue vers la libre concurrence des talents tandis que la propriété préserve l'hérédité en la cantonnant à la transmission des biens. Alchimie riche et puissante qui n'ignore pas non plus la force de l'idéal antique dans un pays nourri des lectures de Tacite, Platon et Thucydide. Napoléon se veut le passeur des deux âges, entre la vieille monarchie et la république encore à venir. Il déclare après Brumaire ; « Nous avons fini le roman de la Révolution ; il faut en commencer l'histoire, et voir ce qu'il y a de réel et de possible dans l'application des principes et non ce qu'il a de spéculatif et d'hypothétique. Suivre aujourd'hui une autre marche, ce serait philosopher et non gouverner. » Le Concordat, le Code civil, la Légion d'honneur jettent les bases de ce nouvel ordre social qu'il tente bientôt d'imposer au continent. Folle, magnifique, l'ambition reste prométhéenne. Son échec prévisible donne à l'épopée du Vol de l'Aigle sa grandeur tragique. La transfiguration de la chute finale semble inscrite d'emblée dans la démesure de l'enjeu.

L'île d'Elbe devient le lieu de la métamorphose de l'Empereur comme l'Angleterre a pu l'être pour ce Louis l'« indésirable »[1]. Mais la mue ne suffit pas. Il faut encore gagner le cœur du peuple, la confiance des notables et la bienveillance de l'Europe, autant de conditions nécessaires pour se maintenir au pouvoir. C'est tout l'enjeu du combat entre les deux hommes. De leur capacité à convaincre qu'ils ont changé dépend le succès de leur projet de réconciliation. En attendant, tous deux restent appuyés sur un noyau de fidèles : la majorité du clergé et de l'ancienne noblesse, les populations du Midi et de la Vendée pour Louis XVIII ; la Grande Armée, les Bourguignons, Dauphinois et habitants de l'Est pour Napoléon. L'alternance joue d'emblée contre le pouvoir en place.

---

1. Le prétendant deviendra Louis le Désiré en 1814. On en était loin sous le premier Empire puisque d'une part le parti royaliste était réduit à néant et que d'autre part l'Europe le repoussait (excepté l'Angleterre).

Napoléon tombé, c'est au tour de Louis XVIII de buter sur le casse-tête français.

## L'ambiguïté restaurée

Dès l'origine, entre la nation et la Restauration, la suspicion s'installe dès lors que les Français ne saisissent pas clairement la réponse de Louis XVIII à la question essentielle : s'agit-il d'une restauration ou d'une rénovation ? A cinquante-huit ans[1], lorsqu'il monte sur le trône après vingt-trois années d'exil, le monarque appréhende les retrouvailles. Depuis son départ en juin 1791, cette France, forgée par la Révolution et Napoléon, a eu beau jeu de l'oublier après ces années de guerre avec l'Europe, les saturnales de la Terreur, l'anarchie du Directoire et la gloire de l'Empire. « On ne pensait pas plus aux Bourbons qu'à Charlemagne », résume Stendhal.

Le contraste physique avec l'Empereur frappe les contemporains. Souvent cloué sur son fauteuil par de violentes attaques de goutte, le roi de France est d'une corpulence imposante, au point que le ministre anglais Grenville comparait ses déplacements chaloupés aux virages d'un navire[2]. Mais ce ridicule ne saurait occulter une personnalité forte et complexe, fidèlement restituée par Gérard qui le représente aux Tuileries, assis dans son cabinet devant la modeste table qui lui tient lieu de bureau et le suit depuis l'exil. Le corps obèse d'un impotent contredit la dignité du port, fier et autoritaire, le regard fin et pénétrant[3]. De tempérament secret, il s'est façonné par rapport à ses frères : l'aîné qu'il a jalousé pour

---

1. Le roi est né le 23 novembre 1755.
2. Beugnot, qui fut le ministre des deux souverains, précise : « Il semblait qu'on voulût nous apprivoiser doucement avec le tableau d'un souverain gisant dans son fauteuil, nous qui sortions à peine de celui qui enjambait le monde. »
3. Lamartine insiste sur la superbe du regard de Louis XVIII : « Ses yeux, couleur d'un ciel azuré et humide après l'orage, étaient les plus beaux que j'eusse jamais vus. Ils avaient la fierté douce d'une vie née dans la pourpre et le calme tranquille de la nature. On les eût dits de lapis-lazuli. Toutes les souverainetés qui avaient précédé la sienne s'y révélaient comme dans un miroir. » Stendhal, qui le déteste, décrit méchamment dans ses *Souvenirs d'égotisme* « le gros Louis XVIII avec ses yeux de bœuf, traîné lentement par ses six gros chevaux ».

avoir été roi avant lui, le benjamin qu'il méprise mais dont il envie la prestance et redoute la popularité auprès des émigrés. Après avoir conspiré contre le premier, il ne cessera de rabrouer le second. Tenir son rang, sauver les apparences, telles sont les obsessions dans l'exil de ce roi sans descendance, qui garde foi en son destin, oint par Dieu et par l'histoire : « Louis XVIII, remarque Chateaubriand, ne perdit jamais le souvenir de la prééminence de son berceau ; il était roi partout, comme Dieu est Dieu partout, dans une crèche ou dans un temple, sur un autel d'or ou d'argile. Jamais son infortune ne lui arracha la plus petite concession ; sa hauteur croissait en raison de son abaissement ; son diadème était son nom ; il avait l'air de dire : "Tuez-moi, vous ne tuerez pas les siècles écrits sur mon front." »

Et on connaît sa réponse à La Maisonfort, l'envoyé venu en Angleterre lui signifier sa restauration :

« Sire, vous êtes roi !

— Ai-je jamais cessé de l'être ? »

Son mariage malheureux[1], l'isolement au sein de sa famille[2], les moqueries des courtisans, le rejet par l'émigration, toutes ces épreuves n'ont fait que renforcer la détermination de l'ancien comte de Provence, qui a gardé de son éducation curiale une parfaite capacité de dissimulation[3]. Pour se consoler et satisfaire son besoin inassouvi de reconnaissance, il s'invente amour et amitié auprès de favoris. Après la pétulante Mme de Balbi et le fidèle d'Avaray[4], Blacas, grand maître de la garde-robe, tient à son tour le rôle en 1814.

---

1. Le roi ne s'entend pas avec sa femme Marie-Josèphe de Savoie, morte le 12 novembre 1810 à Hartwell. Son impuissance, souvent avancée, est étayée par Evelyne Lever dans sa biographie de Louis XVIII, qui s'appuie sur un rapport médical produit en annexe de son ouvrage. Il est en tout cas le seul des trois derniers rois à ne pas avoir eu d'enfants.
2. Marie-Antoinette surnommait son beau-frère Caïn alors qu'elle s'entendait à merveille avec le comte d'Artois.
3. Ses rivaux et adversaires l'accusent d'être faux, cynique, mesquin et lâche : « M. de Provence est un homme d'esprit, un philosophe, mais il est faux comme un jeton », disait de lui le prince de Condé.
4. Ce loyal courtisan a orchestré sa fuite en 1791 et l'a servi fidèlement durant l'émigration.

Durant sa longue absence, il n'a jamais abdiqué ses droits ni même cédé à l'abattement. Abandonné par l'Europe, ballotté de résidences en palais, de Mitau en Russie à Hartwell en Angleterre, il s'est drapé fièrement dans les rigueurs de l'étiquette. Alors que son univers s'effondre, elles lui confèrent ce respect si longtemps refusé, cette tranquille assurance d'être l'héritier des rois thaumaturges, le chef naturel d'une France qui reviendra un jour à lui. Ecarté du trône par la naissance puis par la Révolution, il ne peut manquer d'imputer son retour miraculeux à cette divine providence qui a appelé sa famille à gouverner la patrie depuis Hugues Capet[1] : « Si je suis un jour roi de fait, comme je le suis de droit, avait-il écrit, je veux l'être par la grâce de Dieu. »

Prince très chrétien, prince de cour, cultivé et lucide, il hait la Révolution mais ne peut oublier qu'elle l'a rapproché du trône, guillotinant Louis XVI avant de laisser périr Louis XVII au Temple. Mûri par l'exil, il se résout à faire des concessions pour préserver l'essentiel. Le malheur et la maladie le font aspirer au repos qui correspond si bien à son indolence naturelle[2].

Epuisée par la guerre, avide de calme et de liberté, la France partage pleinement cette soif de tranquillité. L'âge du monarque et son embonpoint rassurent, tout comme ses déclarations promettant le pardon et l'union. Aussi la paix tant attendue que le souverain apporte en guise de joyeux avènement fait-elle oublier qu'il revient par la faveur de l'étranger. Pacifique par goût, pondéré par nature, il sera consensuel par nécessité, ne disposant d'aucun moyen pour rétablir la monarchie absolue, ni l'énergie ni les hommes.

---

1. Louis XVIII demeure sur ce point le disciple fidèle de son ancien conseiller politique, Jacob-Nicolas Moreau, chantre du despotisme éclairé et chef de file de l'école antiphilosophique.
2. « Inflexible et intraitable dans ce qui avait trait à sa personne, à sa famille, à sa cour, à la dignité de sa couronne et aux relations avec l'Etranger, Louis XVIII ne portait aucun intérêt à la marche de sa politique », écrit Villèle, son dernier président du Conseil, qui dénonce également « une incurie, un abandon, une faiblesse envers ceux qui l'approchaient, une indifférence sur le fond des affaires les plus importantes, qui faisaient retomber sur les ministres tout le poids du gouvernement ».

Le pari de Louis XVIII est audacieux et ne manque pas de grandeur. Il veut fermer la parenthèse douloureuse de la Révolution pour sceller un nouveau pacte avec la France moderne. La première tentative d'alliance entre la monarchie et la nation, éclaboussée du sang du roi, n'avait-elle pas sombré dans la Terreur ? En dépit des importantes concessions de Louis XVI — cocarde tricolore et Constitution de 1791 — pour désarmer l'hostilité des révolutionnaires, la fuite à Varennes avait brisé la confiance et installé la monarchie dans un face-à-face haineux avec la Révolution. Sous la houlette des deux princes, les futurs Louis XVIII et Charles X, l'émigration avait cédé à la surenchère et refusé le moindre accommodement avec les hommes, les idées et les valeurs qui venaient de triompher en France. Elle appelait de ses vœux une Contre-Révolution appuyée sur les armées étrangères et les foyers encore ardents du royalisme populaire, en Vendée et dans le Midi. Poussés aux extrêmes, les Jacobins se retournèrent contre la noblesse et le clergé[1] puis contre le roi, détrôné par la journée révolutionnaire du 10 août 1792 avant d'être guillotiné le 21 janvier 1793. Depuis lors, toute réconciliation entre la royauté et la Révolution semble impossible. Et chacun des deux camps crie vengeance : à la Terreur robespierriste répondent la guerre de Vendée et l'armée de Condé ; aux discours du Comité de salut public, les anathèmes des émigrés contre ces monstres qui ensanglantent la France.

Pourtant, après Thermidor qui signe la fin des « terroristes » et brise la République jacobine, les deux France se rapprochent insensiblement l'une de l'autre. Bonaparte satisfait l'aspiration à l'ordre chère aux royalistes, portant l'autorité de l'Etat à un niveau jamais atteint sous l'Ancien Régime[2]. Par

---

1. On assiste dès la Législative (1791-1792) au durcissement de la législation contre les prêtres et les émigrés qui s'aggravera avec la Convention.
2. L'autorité de la monarchie était modérée par les libertés provinciales, les privilèges des corporations et la lenteur des communications. Elle fut paralysée, sur son déclin, par l'impécuniosité chronique du Trésor et la guerre sans relâche menée par les parlements et les philosophes.

le développement de l'appareil répressif, le Premier consul renforce considérablement l'autorité de l'exécutif tandis qu'il réduit à néant les contre-pouvoirs judiciaire et intellectuel. Surtout il rapproche chaque jour davantage l'Empire des monarchies traditionnelles par le Sacre, la restauration d'une noblesse, d'une étiquette et d'une Cour, enfin par son mariage avec Marie-Louise. Il fait le lit de Louis XVIII, s'enthousiasme Joseph de Maistre : « Laissez faire Napoléon, écrit-il dès 1804. Laissez-le frapper les Français avec sa verge de fer ; laissez-le emprisonner, fusiller, déporter tout ce qui lui fait ombrage ; laissez-le faire une Majesté et des Altesses Impériales, des maréchaux, des sénateurs héréditaires et bientôt, n'en doutez pas, des chevaliers de l'ordre, laissez-le graver des fleurs de lys sur son écusson vide[1]. »

De même, le comte de Provence a évolué durant son exil, jusqu'à donner l'image d'un prince modéré, voire réformateur. On se souvient qu'il s'était prononcé en faveur du doublement de la représentation du tiers état lors de l'Assemblée des notables, à la veille de la Révolution[2]. Contrairement à son bouillant cadet, émigré dès juillet 1789, il ne prend la route qu'en 1791, en même temps que Louis XVI. Ce départ tardif peut désormais passer pour une approbation muette des concessions faites avant Varennes. D'abord rallié à l'intransigeance de Coblentz et fulminant des proclamations vengeresses, le prince comprend tôt la vanité d'une telle attitude, qui ne peut manquer de le tenir durablement éloigné du pouvoir. Il se voit finissant ses jours en proscrit tandis que Bonaparte ouvre les portes de la France aux émigrés, rallie le clergé par le Concordat et domine l'Europe, l'obligeant à fuir toujours plus loin, toujours plus seul.

Chassé par le tsar après Tilsit, Louis XVIII s'est réfugié finalement en Angleterre. Durant sept ans, il peut constater

---

[1]. Et Maistre de conclure : « Rien ne pourra être plus utile que l'ascension passagère de Bonaparte qui hâtera sa propre chute et rétablira toutes les bases de la monarchie sans qu'il en coûte la moindre défaveur au prince légitime. »
[2]. Le bureau du comte de Provence, alors Monsieur, était même le seul à avoir voté en ce sens.

les avantages de ce modèle monarchique de séparation des pouvoirs[1] vanté par les libéraux : Montesquieu tout d'abord ; ensuite Necker et les monarchiens[2], emportés dans la tourmente de 1789 ; enfin leurs disciples, écartés un à un des responsabilités par Bonaparte, qu'il s'agisse du groupe de Coppet réuni autour de Mme de Staël et Benjamin Constant, de La Fayette « le héros des deux mondes », ou de l'austère Lanjuinais[3]. Le roi se résigne donc à s'appuyer sur eux, sans admettre toutefois un effacement complet du monarque qui serait à la fois contraire à la tradition française, colbertiste et catholique, et dangereux dans un pays rongé par le mal révolutionnaire. Va donc pour une constitution mais à condition qu'elle défende efficacement la prérogative royale !

Pour asseoir son influence, il se veut rassurant, soucieux d'amadouer le haut personnel politique de l'Empire, ces Talleyrand et ces Fouché d'abord guidés par l'intérêt et l'opportunisme. Au fil des années, les promesses se sont multipliées : non seulement il s'engage à maintenir les hommes et les institutions en place[4], mais encore il se dit prêt à oublier le passé[5]. Le roi peut s'enorgueillir d'avoir réduit en vingt ans le fossé séparant la Révolution des Bourbons ; pour preuve son souhait sincère de moderniser les institutions de la monarchie. Et il vise juste quand il dénonce les méfaits de la conquête impériale face à une opinion d'autant plus éprise de paix qu'elle découvre avec stupeur les affres de la défaite à

---

1. L'Angleterre incarne à l'époque le modèle d'un gouvernement autonome qui assume seul la responsabilité politique de ses actes devant un Parlement qui représente l'aristocratie (Chambre des lords) et la nation (Chambre des communes). Toutes les élites peuvent faire entendre leur voix sans que soient entamés la prérogative et le crédit du monarque, placé au-dessus et en dehors des luttes partisanes.
2. Mouvement politique favorable, au début de la Révolution, à l'instauration d'une monarchie constitutionnelle à l'anglaise ; parmi les monarchiens les plus célèbres : Malouet, Mounier ou Clermont-Tonnerre. Sur la défense du modèle anglais en France, on peut se référer notamment à Montesquieu dans *De l'esprit des lois* (1748) et aux principaux écrits politiques de Necker : *Du pouvoir exécutif* (1792), *De la Révolution française* (1796), *Dernières vues de politique et de finance* (1802).
3. Lanjuinais, quoique sénateur et comte, est tenu à l'écart par Napoléon en raison de son opposition au Consulat à vie puis à l'Empire.
4. On peut notamment consulter sa proclamation de 1804 qui infirme celle de 1795. Elle ne manquera pas de peser sur les choix de Talleyrand et du Sénat en 1814.
5. Ce qui revient à amnistier les régicides dont plusieurs occupent des postes clés dans le dispositif impérial à l'instar de Cambacérès ou Fouché.

partir de 1812. Il éveille même l'espoir en laissant son frère faire miroiter l'abolition de la conscription honnie et des droits réunis[1]. Dès lors, Louis XVIII, en homme de pardon et de paix, s'affirme comme le dernier recours, même si l'émigration fait toujours figure d'épouvantail.

Après son retour au pouvoir marqué par la fin des hostilités, la Charte, promulguée le 4 juin 1814, souhaite tranquilliser les nouvelles élites même si cette appellation, empruntée au Moyen Age et à l'histoire anglaise, lui donne un air mystérieux, presque gothique[2]. Comme promis, le monarque garantit les intérêts et entérine les principales conquêtes de la Constituante : les biens nationaux sont déclarés inaliénables ; l'égalité civile est reconnue comme le libre accès aux emplois ou la liberté religieuse et d'expression. Surtout, la Charte protège les régicides par l'article 11 qui interdit « toutes recherches des opinions et votes émis jusqu'à la Restauration[3] ». La volonté de concorde se manifeste également dans la recherche d'un certain équilibre des pouvoirs entre exécutif et législatif. Depuis 1789, le balancier a oscillé d'un despotisme à l'autre, du parlementarisme absolu de la Convention au césarisme impérial[4]. Cette fois, le pouvoir législatif, brisé par Napoléon, est officiellement partagé entre le monarque, qui propose et sanctionne, et deux chambres à l'anglaise — pairs nommés et députés élus — qui discutent et votent librement. Elles bénéficient même d'un embryon d'initiative

---

1. La Régie des droits réunis, fondée début 1804, rassemble l'ensemble des services gérant la fiscalité indirecte sur les biens de consommation. Les principaux impôts touchent le tabac, les voitures publiques, le sel et les boissons. Napoléon ne cesse d'augmenter leurs revenus, ce qui contribue largement à flétrir sa popularité durant les dernières années de son règne. Louis XVIII ne peut tenir la promesse du comte d'Artois et se contente de créer à la place une Direction générale des contributions indirectes.
2. Le mot charte qualifiait à l'origine l'affranchissement des villes par le monarque mais faisait aussi référence à la Grande Charte de 1215, acceptée par le roi d'Angleterre Jean sans Terre sous la pression de ses barons. Cette *Magna Carta* marque, par les bornes qu'elle impose au pouvoir royal, le premier acte fondateur de la monarchie constitutionnelle.
3. Le même oubli est commandé aux citoyens et aux tribunaux.
4. En passant par le Directoire qui, avec ses cinq directeurs et ses deux chambres, s'est rapidement abandonné au coup d'État permanent et le Consulat qui, quoique composé de trois membres, n'a jamais présenté un caractère collégial.

puisqu'elles peuvent « supplier le roi de proposer une loi sur quelque objet que ce soit et indiquer ce qui leur paraît convenable que la loi contienne ».

La Révolution est-elle pour autant achevée ? Le monarque a-t-il réussi à réconcilier les Français avec sa vieille dynastie ? Maladroitement, la Charte joue d'ambiguïtés dont la Contre-Révolution profite pour se réintroduire dans le jeu politique. S'il se montre compréhensif à l'égard des intérêts révolutionnaires, le roi demeure inflexible sur ses droits à la couronne. En témoigne la partie de bras de fer gagnée contre Talleyrand qui, tirant parti de la vacance du pouvoir en 1814, a voulu lui imposer un projet de constitution calqué sur celle de 1791[1]. Par la proclamation de Saint-Ouen édictée la veille de son entrée à Paris, le monarque refuse de devenir « roi par la grâce du Sénat ». Il ne veut devoir son trône qu'à son nom et à la divine Providence. Rencontrant l'ancien évêque d'Autun pour la première fois depuis 1791, il signifie sèchement sa prééminence : « Monsieur le prince de Bénévent, lui dit-il d'emblée, je suis bien aise de vous revoir. Il s'est passé bien des choses depuis que nous nous sommes quittés ; vous le voyez, nous avons été les plus habiles ; si c'eût été vous, vous me diriez : asseyons-nous et causons ; et moi je vous dis, asseyez-vous et causons. »

---

1. Le prince de Bénévent, entre l'abdication de l'Empereur et l'arrivée du roi, fait adopter par les sénateurs un projet constitutionnel qui abaisse volontairement Louis XVIII en le qualifiant de « roi des Français », titre qu'avait porté Louis XVI, et en l'obligeant comme son frère à prêter serment à la Constitution, ce qui signifie que sa légitimité est nulle en tant que telle. La seule qui compte reste celle conférée par le peuple, souverain depuis 1789. Par le truchement de ses représentants, il « appelle librement au trône Louis-Stanislas-Xavier de France, frère du dernier roi », et non Louis XVIII, oncle de Louis XVII, héritier de la couronne de France. Preuve que l'Ancien Régime est mort avec la Révolution, le drapeau tricolore — blanc de la royauté encadré des couleurs de Paris — est maintenu, obligeant les Bourbons à délaisser le panache blanc d'Henri IV, couleur ancestrale de leur maison, au profit des trois couleurs régicides. Louis XVI avait bien accepté de les porter. Mais sur tous ces points, qui n'en font qu'un, Louis XVIII n'est pas son aîné, et c'était justement sur ces questions qu'il avait rompu avec lui, l'accusant d'avoir dégradé la couronne en acceptant les termes flétrissants de la Constituante. Talleyrand va vite devoir comprendre. Son projet de constitution heurte l'opinion en consacrant, fait sans précédent, un article spécial à garantir le statut et les biens des sénateurs. L'indécence du procédé, alors que le territoire est envahi, provoque une vigoureuse campagne, articles et pamphlets, qui achève de le discréditer. Débarquant sur ces entrefaites, le monarque a beau jeu de repousser le texte

La Charte garantit donc l'essentiel des pouvoirs au monarque sans évoquer la légitimité proprement dite — droit des Bourbons au trône, ordre de succession — qui ne peut ressortir qu'aux lois fondamentales du royaume, supérieures au pacte écrit. Elle n'est pas plus soumise à l'acceptation du peuple qu'à celle des représentants. Préparée par une commission nommée par le monarque, elle est « concédée et octroyée de l'an de grâce 1814 », donc librement consentie par le roi à son peuple. Elle se distingue par là des constitutions antérieures puisqu'il n'y a pas contrat mais donation, ce qui nourrit les craintes de voir la dynastie, à tout moment et librement, reprendre sa parole pour rétablir l'Ancien Régime [1].

Son Préambule suscite davantage l'inquiétude. Si Louis XVIII est roi par droit de naissance, pourquoi n'est-il pas sur le trône depuis la mort de Louis XVII au Temple en juin 1795 ? « J'y étais », répond le souverain qui date le texte de la « dix-neuvième année de son règne » et remplace le drapeau tricolore par le blanc de la royauté retrouvée [2]. Ainsi la Charte vise-t-elle « à renouer la chaîne des temps que de funestes écarts avaient interrompue ». D'une pirouette, le monarque expédie sans ciller la Révolution et l'Empire dans les oubliettes de l'histoire.

Louis XVIII, roi de France, venge ainsi *post mortem* Louis XVI roi des Français, otage d'une assemblée unique qui concentrait tous les pouvoirs, cantonnant l'infortuné à un simple veto suspensif qu'elle n'avait d'ailleurs même pas respecté. En 1814, c'est le Parlement qui devient à son tour Monsieur Veto face à un monarque nommant à tous les emplois, prorogeant et convoquant les chambres dont il désigne les présidents, dirigeant l'armée, concluant les traités. Maître absolu

---

1. Même si le Préambule de la Charte affirme qu'elle est concédée « tant pour nous que pour nos successeurs, et à toujours ».
2. Beugnot, l'ancien ministre de Napoléon qui tient la plume, affirme à plusieurs reprises que l'autorité appartient exclusivement au roi et attribue son retour, « après une longue absence », à la seule divine providence. Il situe l'acte dans la lignée des grandes réformes accomplies par la royauté depuis Louis le Gros, ce qui prête naturellement à rire en raison de l'obésité du souverain.

de l'exécutif, le roi domine également le pouvoir législatif puisqu'il détient l'initiative et la sanction des lois, maîtrisant les points de départ et d'arrivée du processus parlementaire. En outre, il bénéficie du droit de dissolution et d'un article 14 menaçant qui lui laisse toute latitude pour « faire les lois et ordonnances nécessaires à la sûreté de l'Etat ». Enfin, le gouvernement n'est responsable que devant lui seul. Signe de sa prééminence, il n'y a pas de présidence du Conseil, au grand dam de Talleyrand, obligé de se contenter du portefeuille des Affaires étrangères.

## La nostalgie du sauveur

Avec le temps, l'ambiguïté ne cesse de grandir et ouvre la voie à une nouvelle guerre des deux France. Comme le ministère s'abîme dans l'inaction et la division, le roi ne parvient pas à imposer sa politique d'« union et d'oubli ». Les ultraroyalistes occupent sans désarmer le devant de la scène et exaspèrent les paysans et l'armée. Comme en 1789, ils cristallisent une vive hostilité à l'encontre de la noblesse et du clergé. Délaissant le monarque jugé trop timoré, ils s'appuient sur le comte d'Artois, roi de cœur d'une émigration résolue à sauver Louis XVIII malgré lui et qui proclamera bientôt : « Vive le roi quand même ». La mauvaise santé du roi conduit son héritier à se poser en successeur et en recours. Monsieur prend la tête d'un contre-gouvernement qui s'établit d'emblée dans son aile réservée des Tuileries, le pavillon de Marsan, et assoit sa domination sur la Cour grâce aux services d'une armada de conseillers, d'une police parallèle, de pamphlétaires et de journalistes de talent à sa dévotion. Tout ce bouillant petit monde, hanté par le cauchemar révolutionnaire, est convaincu de devoir agir avant qu'il ne soit trop tard.

L'histoire semble encore une fois se répéter : le monarque, comme Louis XVI avant lui, se trouve pris en otage, confronté à la même impossibilité de se démarquer des deux premiers ordres de l'Ancien Régime qui nourrissent les gros bataillons de l'ultracisme. Comment pourrait-il imaginer chasser son frère et ces émigrés qui, pour certains, ont abandonné leurs biens pour le servir plus de vingt ans en exil ? N'est-il pas le premier des nobles, le roi très chrétien ? S'il les condamne, ne se renie-t-il pas lui-même et toute son histoire ? Louis XVIII n'en a ni le cœur ni le courage, mais il ne veut pas pour autant les soutenir. Se compromettre avec eux déclencherait immanquablement une autre révolution qui bouterait une nouvelle fois la monarchie hors de France. Alors que faire, si ce n'est tenter, à l'appui de la Charte, de panser les plaies et de réconcilier ces deux France que la Révolution a jetées l'une contre l'autre [1] ?

La nation ne peut encore entendre cette voix de la tolérance tant les cicatrices, demeurées sensibles, se rouvrent et saignent à nouveau sous le choc des contraires. L'historien libéral Prosper Duvergier de Hauranne décrit cette fracture en quelques phrases puissantes : « Deux peuples, différents par leurs souvenirs, par leurs idées, par leurs habitudes, et qui ne pouvaient même plus se comprendre ; deux armées qui avaient combattu l'une contre l'autre, et dont l'une célébrait comme des victoires ce que l'autre déplorait comme des défaites ; enfin, deux propriétaires pour la même maison, pour le même champ : voilà la France telle que la maison de Bourbon la retrouvait en 1814, et telle qu'après l'avoir constituée elle devait la gouverner [2]. » Louis XVIII vit sous le poids d'une histoire qu'il ne peut oublier pour jouir en paix des douceurs de la royauté retrouvée. La vivacité des passions politiques ne lui en laisse pas le loisir. Les émigrés réclament leur dû face à cette France nouvelle qui leur oppose sa victoire et se dit prête, comme hier, à se dresser si on conteste ses droits. « Plus royalistes que le roi », les ultras exigent une politique de sou-

---

1. « Si j'ai adopté le système de modération, écrira le roi quelques années plus tard à son ministre et favori Decazes, ce n'est pas par paresse, ni même par goût personnel, mais par raison, mais parce que je crois que seul il peut empêcher la France de se déchirer de ses propres mains. »
2. Dans sa remarquable *Histoire du gouvernement parlementaire* dont les premiers volumes sont largement consacrés à l'Empire et aux Cent-Jours.

tien au clergé et la restitution des biens nationaux aux anciens propriétaires. De plus, ils réclament une large décentralisation appuyée par une loi électorale de circonstance qui donnerait à la grande propriété foncière l'influence que lui dispute scandaleusement la bourgeoisie urbaine. Enfin, ils attendent une purge de l'armée et de l'administration pour faire place à ces émigrés qui, comme les anciens de Vendée, s'estiment en droit d'être récompensés pour leur sacrifice et leur fidélité.

Dans ce climat d'ébullition et de fièvre, la première Restauration fait vite figure d'« anarchie paternelle », tiraillée entre des vents contraires, sans chef ni pilote pour la conduire au port de la réconciliation. A l'image de la France, le ministère se divise en deux clans : modérés contre ultras qui, de force presque égale, s'entredéchirent. Incapable de parler d'une seule voix, le gouvernement se contente de régler les affaires courantes[1]. Habitués à l'autoritarisme impérial, ministres et fonctionnaires n'osent plus prendre la moindre décision : tout le monde lève la tête vers Sa Majesté. Or Louis XVIII n'est pas Napoléon et pâtit d'avoir été si longtemps éloigné d'une France où se sont succédé plus de régimes en une génération que de rois en deux siècles[2]. Il lui faut du temps pour s'adapter à cette donne, comprendre les règles et les lois de la nouvelle société. Sans compter qu'il n'est pas, loin s'en faut, un travailleur acharné comme son prédécesseur. Le détail des affaires l'ennuie « souverainement » et il déteste arbitrer les querelles[3].

---

[1]. Les seules mesures notables adoptées sont le budget et une loi restreignant la liberté de la presse : « Il y a des ministres et pas de ministère », écrit Wellington à Castlereagh.

[2]. Six régimes : monarchie absolue, monarchie constitutionnelle (1789-92), Convention (1792-95), Directoire (1795-99), Consulat (1800-1804), Empire (1804-1814) pour cinq rois : Henri IV (1594-1610), Louis XIII (1610-1643), Louis XIV (1643-1715), Louis XV (1715-1774), Louis XVI (1774-1792).

[3]. « Louis XVIII, précise Guizot dans ses *Mémoires*, n'était nullement propre à gouverner ses ministres, il avait comme roi de grandes qualités négatives ou expectantes, peu de qualités actives et efficaces ; imposant, d'apparence judicieux, fin lettré, il savait contenir, arrêter, déjouer ; il était hors d'état d'inspirer, de diriger, de donner l'impulsion en tenant les rênes. Il avait peu d'idées et point de passion ; la forte application au travail ne lui convenait guère mieux que le mouvement. Il maintenait bien son rang, son droit, son pouvoir et se défendait assez bien des fautes ; mais sa

Avec le départ pour Vienne de Talleyrand à l'automne, les modérés perdent leur mentor. La menace ultra, jusqu'alors contenue, se dévoile au grand jour. Retranchés à la Cour, leur place forte traditionnelle, les contre-révolutionnaires mettent les premières semaines à profit pour nommer des fidèles aux postes clés et passer à l'offensive. La noblesse impériale devient la première victime des rancœurs et des quolibets des revenants. Aigris par l'exil, ces derniers répugnent à partager tabourets ou banquettes avec ces duchesses et ces maréchaux qui sentent la roture. Avec un cruel raffinement, les gloires de l'Empire sont flétries sous les bons mots, les sourires et les regards condescendants, perfides ou assassins, pires encore que les injures. Ainsi la maréchale Ney, duchesse d'Elchingen et princesse de la Moskova, redevient-elle « la petite Auguié », fille d'une ancienne femme de chambre de Marie-Antoinette, humiliée par la famille royale, moquée par la duchesse d'Angoulême. Et c'est à la rage de son époux, ce « brave des braves », qu'elle quitte en pleurs les audiences aux Tuileries. La guerre des noblesses prélude à celle des deux France.

Contagieux, la haine et le mépris se répandent vite hors de l'enceinte confinée de la Cour. Dans la presse et les pamphlets, on voit fleurir les premiers propos nostalgiques et vengeurs stigmatisant les régicides ou les propriétaires de biens nationaux. Ainsi le comte de Montlosier[1], dans un ouvrage intitulé *De la monarchie française*, attaque-t-il sans retenue les classes moyennes, vainqueurs autoproclamés de cette Révolution qu'il abomine : « Race d'affranchis, écrit-il à leur encontre, race d'esclaves arrachés de nos mains, peuple titulaire, peuple nouveau, licence vous fut octroyée d'être libres,

---

dignité et sa prudence une fois rassurées, il laissait aller et faire, trop peu énergique d'âme et de corps pour dominer les hommes et les faire concourir à l'accomplissement de ses volontés. »

1. Un des meilleurs écrivains politiques du temps. Ancien constituant, alors proche des monarchiens, Montlosier a été ensuite l'un des correspondants secrets de Napoléon, comme Joseph Fiévée ou Mme de Genlis. Il s'illustrera à la fin de la Restauration par une série de brochures dénonçant la mainmise de la Congrégation sur le ministère Villèle.

et non pas à nous d'être nobles ; pour nous, tout est de droit, pour vous tout est de grâce. Nous ne sommes point de votre communauté, nous sommes un tout par nous-mêmes. » Thibaudeau, ancien régicide, note vengeur après avoir lu l'ouvrage : « A cet excès d'insolence, le sang me bouillait dans les veines »

La politique religieuse devient naturellement le banc d'essai de l'ultracisme, car le succès y semble assuré en raison du lien unissant le Trône à l'Autel. En majorité acquis à la cause, le clergé, persécuté par la Révolution et déçu par l'Empire[1], conserve avec la royauté les liens du cœur forgés par une communauté d'histoire, du baptême de Clovis à la révocation de l'Edit de Nantes jusqu'aux récents tourments. L'épreuve révolutionnaire a forcé également le rapprochement des prêtres et des émigrés qui ont enduré côte à côte la proscription et l'exil, la pauvreté et la mort. Le comte d'Artois et Chateaubriand, pour citer les exemples les plus célèbres, sont ainsi revenus à la foi, abjurant, qui son passé libertin, qui sa fascination pour la philosophie des Lumières.

Le soutien au clergé figure donc en tête du programme des ultras qui veulent lui confier la direction de l'enseignement et lui rendre la tenue des registres d'état civil. Ils souhaitent enfin réviser le Concordat de 1801 qui a privé les ecclésiastiques de toute autonomie en les faisant financer par le pouvoir. Sur ces différents points, le gouvernement n'ose leur donner satisfaction, mais leur concède pourtant quelques mesures symboliques. Le 7 juin, le ministre de l'Intérieur Beugnot ordonne la fermeture des cafés le dimanche matin, pour favoriser la pratique religieuse en déclin. Quelques jours plus tard, les particuliers se voient contraints de tapisser le devant de leur maison sur le passage des processions. Enfin, le budget des cultes connaît une augmentation sensible. Emportés par la passion, les ultras ne comprennent pas que le clergé ne peut être influent qu'à proportion de son exemplarité

---

1. Le Concordat de 1801 ayant été aux yeux des catholiques violé par l'invasion de Rome en 1809 et la mise en résidence surveillée de Pie VII.

et de son indépendance. Autant la foi vécue, indissociable de la compassion, était sortie ravivée du martyre révolutionnaire, autant la foi imposée produit immanquablement l'anticléricalisme. On le voit bien le 17 janvier 1815, à l'occasion de l'enterrement de Mlle Raucourt qui manque de provoquer une véritable émeute : bien que la tragédienne ait fini sa vie dans la dévotion, le curé de Saint-Roch refuse de célébrer son service funèbre au nom d'un vieil interdit frappant les comédiens. Cinq à six mille Parisiens indignés forcent les portes de l'église et conduisent le cercueil en triomphe jusque dans le chœur. Il faut attendre qu'un prêtre soit « commis d'office » par les autorités pour que le calme se rétablisse.

Dans ce climat déjà délétère, le gouvernement organise le 21 janvier des cérémonies expiatoires en l'honneur de Louis XVI et de Marie-Antoinette, dont les corps sont exhumés et transportés en grande pompe à Saint-Denis. Le roi veut accomplir ce qu'il considère comme un devoir naturel de mémoire. Mais la foule, d'un avis général, se montre peu émue, presque hostile. Une grande partie de la population interprète la cérémonie comme un affront, jugeant que la Révolution n'a pas à mendier le pardon de l'Ancien Régime. Le ton vengeur de la plupart des homélies achève d'aigrir les esprits [1]. Un peu partout, en dépit de la presse muselée par la censure, se répand comme une traînée de poudre la fausse rumeur d'une Saint-Barthélemy des « votants [2] » qui conduit nombre de suspects à se barricader chez eux, quand ils ne fuient pas leur domicile. Devant la suspicion grandissante, cette célébration apparaît comme une faute car, en soufflant sur les braises de la Révolution, elle ravive des blessures anciennes. Elle est symptomatique de la « fuite en arrière » des élites traditionnelles confites entre pleurs et peurs, dans la nostalgie d'un âge d'or dont on commence à comprendre qu'il ne reviendra plus.

---

1. Le curé de Saint-Germain-l'Auxerrois désigne les régicides à la vindicte populaire : « Jurez de poursuivre sans relâche les scélérats qui ont commis ce crime », clame-t-il du haut de sa chaire.
2. Sous ce vocable on désigne ceux qui ont voté la mort du roi.

Six mois après son retour, le gouvernement royal est déjà très critiqué. Le maréchal Macdonald, pourtant sincèrement rallié au régime, le constate crûment dans ses *Mémoires* : « La Cour perdait chaque jour dans l'opinion ; il semblait qu'à l'envi les ministres et leurs agents feraient preuve de plus de sottise, et l'entourage du roi de plus de hauteur et de dédain. » De nouvelles erreurs vont achever d'aliéner cette opinion.

Pour Louis XVIII, la garantie des biens nationaux par la Charte revêt la même importance symbolique que jadis la messe pour Henri IV. Elle constitue la condition sine qua non de son accession pacifique au trône. Un million deux cent mille personnes, issues majoritairement de la bourgeoisie et de la paysannerie, ont en effet acheté souvent à bas prix les anciens biens de la noblesse et du clergé, bouleversant de fond en comble la nature et la répartition de la propriété. Aussi le retour de l'ancien seigneur sur sa terre d'antan ou à côté ne peut manquer d'inquiéter d'instinct la nouvelle nation de « paysans propriétaires » forgée par la Convention et enrichie par l'Empire[1]. « De pâles fantômes, rappelle Musset dans sa *Confession d'un enfant du siècle*, frappaient aux portes des maisons et, dès qu'on leur avait ouvert, ils tiraient de leurs poches de grands parchemins tout usés, avec lesquels ils chassaient les habitants. De tout côté, arrivaient des hommes encore tout tremblants de la peur qui les avait pris à leur départ, vingt ans auparavant, tous réclamaient, disputaient et criaient ; on s'étonnait qu'une seule mort pût appeler tant de corbeaux. »

Chaque jour, la rumeur fait enfler le spectre d'un retour à l'Ancien Régime. Elle grossit à la faveur des réclamations d'anciens propriétaires et des brochures de publicistes ultras, parmi lesquelles se distinguent pour leur virulence celles des sieurs Dard et Falconnet qui, à défaut d'une restitution globale et immédiate interdite par la Charte, réclament une large

---

1. La paysannerie, libérée des contraintes fiscales de l'Ancien Régime d'une part, profitant de la raréfaction de la main-d'œuvre résultant de la conscription d'autre part, a connu une hausse de ses revenus considérable entre 1789 et 1815.

indemnisation des spoliés. Les acquéreurs sont traités de « bandits » et l'Assemblée constituante qualifiée de « ramas de parjures et de scélérats, qui avaient eu l'audace de dicter des lois, au lieu de présenter des doléances ».

En septembre 1814, l'inquiétude grandit lorsqu'un projet de loi annonce l'intention du roi de restituer aux anciens propriétaires les biens non vendus. Sans qu'il s'agisse d'une violation flagrante de la Charte — les biens achetés ne sont pas visés —, on y voit une atteinte à l'esprit du texte. La rétrocession des invendus vient jeter un soupçon sur ces biens, présumés mal acquis. Lors de la discussion du projet de loi, le ministre Ferrand affirme que le roi regrette « de ne pouvoir donner à cet acte de justice toute l'extension qui est au fond de son cœur ». En outre, il n'hésite pas à distinguer les bons Français qui ont suivi la « ligne droite » de la fidélité à la royauté de ceux qui ont choisi la « ligne courbe » en épousant les méandres de la Révolution et de l'Empire. A l'entendre, la patrie était à Coblentz, la rébellion à Paris. Le monarque ne semble guère s'en offusquer puisqu'il confère, quelques jours plus tard, la couronne comtale à l'intéressé ! Mais le discours suscite un tollé parmi les libéraux et les bonapartistes qui, dans leurs journaux respectifs, *Le Censeur* et *Le Nain jaune*, s'indignent pour la première fois d'une même voix.

Le gouvernement royal va en sus s'attirer la haine de l'armée. Humiliée par la défaite, choquée par le rejet du drapeau tricolore[1], elle communie dans le culte de Napoléon, et prie pour son retour. C'est naturellement en son sein que la foi bonapartiste reste la plus forte ; elle est d'autant plus puissante que la cessation des hostilités condamne l'armée à rentrer dans le rang, suscitant chez les sans-grade et nombre d'officiers la nostalgie du passé et l'angoisse du lendemain. Les

---

1. « Cette réprobation d'un signe qui avait présidé à la destruction de la Bastille, et qui avait flotté sur les remparts de toutes les capitales conquises, avait profondément affligé l'armée ; et, ce qui était plus fâcheux pour la stabilité du gouvernement, il en était résulté que ces couleurs proscrites étaient en quelque sorte un talisman d'insurrection, dont le premier factieux pouvait s'emparer », résume Benjamin Constant dans ses *Mémoires sur les Cent-Jours*.

feux du champ de bataille s'éteignent, tandis que dansent, légers et narquois, les lumignons de la Cour avec son étiquette désuète, à l'image de cette cérémonie du « Grand Couvert » que Louis XVIII croit nécessaire de restaurer. Servie par les notables parisiens, la famille royale s'expose à la foule qui vient, le plus souvent avec stupeur, contempler le roi qui dévore d'un bel appétit[1]. Quel contraste, là encore, avec le petit caporal se nourrissant vite et peu pour retourner à ses cartes d'état-major[2] !

La conclusion rapide du traité de paix[3] achève de convaincre les grognards que l'Empereur a été victime d'un coup de poignard dans le dos. Comment expliquer, sinon par un complot unissant les émigrés, les traîtres et les alliés, cette hâte à se débarrasser de l'armée en la renvoyant dans ses foyers ? On comprend dès lors pourquoi les émigrés et la famille royale sont détestés par la troupe. Quant au roi, il n'est guère épargné. Son apparence lui vaut le doux sobriquet de « gros cochon » qui le poursuivra jusqu'à la fin de son règne.

Le gouvernement, malgré ce climat hostile, impose au lendemain de la paix une réduction des effectifs. Le délabrement des finances oblige à pratiquer l'amputation en urgence, sur la chair à vif. « De ce moment, l'armée fut perdue pour les Bourbons », constate sobrement Stendhal. Dès le 12 mai 1814, une ordonnance diminue les troupes de moitié pour les rame-

---

1. Le vicomte de Reiset en a laissé une description savoureuse dans ses *Souvenirs* : « On ne s'est point lassé d'admirer la façon dont Sa Majesté a fait honneur au dîner ; elle a absorbé à elle seule un plat presque entier de côtelettes qu'on avait placé devant elle ce qui ne l'a pas empêchée de manger plusieurs autres mets parmi les chefs-d'œuvre culinaires que l'on lui a présentés tour à tour. [...] Pendant deux grandes heures qu'a duré le repas, tous ces petits détails ont vivement intéressé la population qui n'a cessé de défiler derrière la balustrade dorée qui séparait la table de la salle. Comme à Versailles autrefois, il était permis à toute personne de voir le grand couvert, pourvu qu'elle eût une tenue propre et décente. Aussi plus de dix mille personnes se sont-elles succédé sur l'estrade qu'on avait pratiquée le long de la galerie de Diane. »
2. « Le Premier consul n'a aucune des habitudes stupides des Bourbons, il mange vite ; il aime la monotonie vestimentaire et les vieux chapeaux, il ne perd pas son temps en cérémonies de cour ; il travaille et il décide », remarque François Furet.
3. Le premier traité de Paris est signé le 30 mai 1814, soit une poignée de jours avant la promulgation de la Charte. Déjà, Talleyrand et le comte d'Artois ont bâclé une convention d'armistice qui a choqué l'opinion en livrant à l'ennemi de nombreuses places-fortes dotées d'un arsenal considérable.

ner à 201 140 hommes, officiers compris. Parmi les quelque 200 000 remerciés, 10 à 12 000 officiers écartés pour un temps indéterminé reçoivent, en « compensation », la moitié de leur solde. En les répudiant, le gouvernement transforme ces demi-solde en ennemis mortels. Aux quatre coins du pays, ils entretiennent la flamme impériale, racontent leurs exploits lors de longues veillées et annoncent le prochain retour de l'Empereur. La plupart, incapables de s'adapter à la vie civile, vivent souvent à plusieurs dans une même chambre, sans uniformes de rechange.

A cela s'ajoutent d'autres gestes malheureux. La nomination du général Dupont comme ministre de la Guerre est reçue par les grognards comme un camouflet. Désigner à ce poste un traître et un lâche, le premier général de l'Empire à avoir capitulé, devant les troupes du général espagnol Castaños à Baylen le 22 juillet 1808, ne peut tenir que de la provocation. Un immense grondement s'élève des rangs de l'armée à l'annonce de la nouvelle. Le ministre aggrave son cas en cédant aux moindres caprices du comte d'Artois, truffant le haut commandement d'anciens émigrés tandis que de nombreux braves sont mis à la retraite d'office. Il a, de plus, la maladresse de « restaurer » la Maison militaire du roi sur le modèle de l'Ancien Régime. Forte de six mille hommes, répartis en quinze compagnies, elle est peuplée aux trois quarts d'anciens émigrés et de Suisses, ce qui prouve le peu de confiance du régime en la défunte Grande Armée. Alors que tant d'anciens combattants sont précipités dans la misère, la nouvelle garde[1], grassement payée, parade dans de rutilants uniformes ; chaque soldat y a rang et salaire d'officier. Sur six compagnies de gardes du corps, deux seulement sont confiées à des maréchaux, choisis à dessein comme pour humilier davantage la troupe. Il s'agit de Berthier — le bras droit félon de l'Empe-

---

[1]. La Garde impériale se retrouve cantonnée dans l'Est, humiliée d'être rejetée par le roi. La Fayette rapporte l'anecdote suivante dans ses *Mémoires* : « Je tiens de l'excellent général Letort, des dragons de la garde, qu'ayant dit en leur nom à Monsieur : "Prenez-nous, Monseigneur, nous sommes de braves gens" — "La paix est faite", répondit-il, "nous n'avons pas besoin de braves". C'est ainsi que cette troupe intrépide fut à jamais aliénée d'eux. »

reur — qui l'a abandonné à Fontainebleau, et de Marmont qui est récompensé pour sa forfaiture ! Jamais à court d'un bon mot, la troupe surnomme la compagnie du duc de Raguse « compagnie de Judas » tandis que celle de Berthier s'intitule désormais « compagnie de Saint-Pierre ». Le roi a voulu et réclamé dès son retour la création de cette armée de luxe, étrangère au sein de l'armée. En croyant se garder de la révolution, il la ressuscite. Entre les deux troupes, la haine est féroce et les duels se multiplient. D'emblée, le fossé se creuse.

Pour couronner le tout, Dupont brade honteusement la Légion d'honneur qui n'était conférée par l'Empereur qu'avec parcimonie. En tournée dans les provinces, le comte d'Artois et ses fils la distribuent le plus souvent pour des motifs futiles, en privilégiant les contre-révolutionnaires. Le nombre des décorés atteint bientôt cinq mille en quelques mois, humiliant tous ceux qui l'ont reçue des mains de l'Aigle, en récompense de leur bravoure. Pour s'être rallié le premier aux Bourbons avec la complicité des Anglais, le maire de Bordeaux, Lynch, reçoit le grand cordon ! Par ailleurs, les nombreux avantages que Napoléon avait attachés à la croix — honneurs militaires, pension, droit de vote, aide aux orphelins — sont supprimés ou amoindris [1]. Outrés par tant d'infamie, le jeune colonel de La Bédoyère et son cousin refusent désormais de la porter en public.

En décembre 1814, accusé de toucher des pots-de-vin, Dupont se trouve soudainement remercié. Mais le maréchal Soult, qui le remplace, ne vaut guère mieux. Il incarne la figure du plus vil courtisan, qui croit pouvoir acheter son retour en grâce en redoublant de zèle auprès des nouveaux maîtres. Apre au gain, cassant avec ses subordonnés, le duc de Dalmatie n'a pas hésité à se prosterner auprès de l'entou-

---

[1]. Enfin, l'abbé de Pradt, archevêque de Malines et protégé de Talleyrand, est nommé grand chancelier de l'Ordre, ce qui est ressenti comme une insulte supplémentaire par les militaires. Nombre d'entre eux se souviennent que l'« aumônier du Dieu Mars » comme Pradt s'intitulait lui-même, a été un piteux ambassadeur dans le grand-duché de Varsovie en 1812. Napoléon l'avait disgracié sèchement, l'estimant en grande partie responsable du désastre car il s'était montré incapable d'exciter l'ardeur des Polonais.

rage du comte d'Artois pour obtenir la succession de Dupont. Rencontrant les anciens chefs royalistes des guerres de Vendée, il se livre à une pitoyable repentance : « Messieurs, leur dit-il, c'est nous qui nous sommes trompés ; vous ne devez pas venir dans nos rangs, c'est nous qui devons passer dans les vôtres. » Sa nomination est donc interprétée comme une nouvelle victoire des ultras. Dès son entrée en fonctions, Soult cède à la surenchère contre-révolutionnaire la plus effrénée, décidant l'expulsion de la capitale de tous les demi-soldes qui n'y ont pas domicile, persécutant le brave général Exelmans [1] et organisant une commission pour décerner des pensions aux « anciens combattants » des guerres de l'Ouest. Son impopularité rejoint rapidement celle de son prédécesseur [2]. Il aura donc suffi de quelques mois pour que la Restauration gâche ses chances, attise partout les haines. La mémoire glorieuse de l'ancienne Grande Armée est outragée : « Je détestais Bonaparte, conclut le général Chouart, mais les Bourbons me le font aimer. »

A l'instar de Louis XVIII, Chateaubriand persiste à croire à la réconciliation. L'auteur de *De Buonaparte et des Bourbons* rêve d'une monarchie libérale, appuyée sur une aristocratie puissante, ouverte aux talents et à l'esprit moderne. Comme il a célébré le *Génie du christianisme*, il veut placer la dynastie à la tête de son siècle, porteuse du flambeau libéral contre les Jacobins et les bonapartistes, défenseurs selon lui d'une même conception despotique de la souveraineté. Avec Napoléon, la tyrannie d'un seul a remplacé la tyrannie du nombre mais il s'agit bien de la même barbarie, ignorant l'individu, refusant toute supériorité au nom d'une conception niveleuse de l'égalité qui détruit la noblesse et guillotine les

---

1. Exelmans, pour avoir correspondu avec Murat, est expédié par Soult devant un conseil de guerre. Il sera triomphalement acquitté, ce qui en dit long sur le mécontentement des officiers supérieurs envers la Restauration début 1815.
2. Même Marmont s'indigne dans ses *Mémoires* : « Ainsi, écrit-il à propos de Soult, il abjurait les actions de toute sa vie et tout ce qui l'avait élevé au-dessus de la foule. Il oubliait la gloire de nos champs de bataille, le dévouement de notre jeunesse, et les temps héroïques qui nous donneront une place distinguée aux yeux de la postérité. Il reniait ses dieux pour se faire courtisan. »

rois plutôt que d'élever par la concurrence et l'émulation. Cet absolutisme égalitaire a brisé le grand élan émancipateur de 1789, noyé dans le sang de la Terreur[1]. Après vingt-cinq ans d'errements, vient enfin le temps de la réforme et de l'oubli du passé. Le libéralisme aristocratique qu'il appelle de ses vœux réunit la vieille dynastie qui a fait la France avec les aspirations de la Constituante à une société fondée sur le mérite, la propriété et le respect des droits de l'individu. Chateaubriand publie alors ses *Réflexions politiques sur quelques écrits du jour et sur les intérêts de tous les Français* dont le monarque aurait relu les épreuves. « La Charte, écrit-il notamment, est le résultat de nos mœurs présentes, c'est un traité de paix signé entre les deux partis qui ont divisé les Français[...] » Mais il revient vite de ses illusions. La paix n'est qu'une trêve, le prélude à de nouveaux combats. La fracture révolutionnaire, constatera-t-il dans les *Mémoires d'outre-tombe*, n'a pu être comblée : « La race légitime, étrangère à la nation pendant vingt-trois années, était au jour et à la place où la Révolution l'avait prise, tandis que la nation avait marché dans le temps et dans l'espace. De là l'impossibilité de s'entendre et de se rejoindre ; religion, idées, intérêts, langage, terre et ciel, tout était différent pour le peuple et pour le roi, parce qu'ils étaient séparés par un quart de siècle équivalant à des siècles. »

A vouloir contenter tout le monde sans fixer de cap, le gouvernement royal aboutit à l'effet inverse : frustrant ses amis, vexant les indécis et avivant les oppositions, il se retrouve gravement isolé. « Ces mots terribles : "Cela ne peut

---

[1]. Chateaubriand écrira avec force en 1819 : « Voici la vérité : ce n'est point la liberté, c'est l'égalité absolue qui a été le principe réel et qui forme encore le vrai caractère de la Révolution française. Pour s'en convaincre il suffit de remarquer que la liberté a toujours succombé dans nos troubles, qu'elle a subi le joug de Robespierre, du Directoire et de Buonaparte, tandis que l'égalité absolue s'est constamment maintenue. [...] Ce principe de l'égalité absolue existe encore aujourd'hui, et c'est le plus grand obstacle à l'établissement du gouvernement constitutionnel ; car l'égalité absolue s'accommode du despotisme, qui nivelle tout, mais ne peut s'arranger d'une monarchie, qui établit une distinction des pouvoirs. [...] Principe naturel de la démocratie et du despotisme, l'égalité absolue est d'autant plus dangereuse, quand son esprit domine chez un peuple, qu'elle ne peut être satisfaite qu'en régnant sur des tombeaux. »

plus durer" commençaient à circuler, note Duvergier de Hauranne. Dans les départements du Midi, l'opinion royaliste était encore dominante, mais l'Ouest était partagé, le Centre et le Nord mécontents ou indifférents, l'Est positivement hostile. »

De son côté, l'opposition commence à s'organiser. Elle se divise entre réformateurs libéraux et opposants irréductibles regroupant bonapartistes et Jacobins. Derrière La Fayette, Benjamin Constant et Mme de Staël, les libéraux acceptent loyalement la Charte et le retour de Louis XVIII[1]. Dégoûtés de la République par la Terreur et de l'Empire par l'Empereur, ils ne formulent pas de griefs particuliers contre le roi dont ils saluent l'esprit d'ouverture. L'exemple de l'Angleterre, leur modèle politique depuis Montesquieu, les convainc que la monarchie est compatible avec la liberté si le roi renonce à l'absolutisme pour se métamorphoser en arbitre capable de calmer les conflits et de favoriser l'accomplissement des réformes. Ils réclament cependant avec force une évolution rapide du régime vers le parlementarisme et la rupture ouverte avec les contre-révolutionnaires. Bénéficiant du soutien du *Censeur*[2], ils sont particulièrement influents à Paris où ils regroupent la plupart des notables. Cependant, ils souffrent cruellement du manque de base populaire. C'est un parti sans militants.

A l'inverse, les bonapartistes sont extrêmement populaires mais manquent de dirigeants. « Moines-soldats » habitués à obéir aveuglément à l'Empereur, ils ne peuvent et n'osent rien

---

[1]. Le « héros des deux mondes » dénonce cependant avec vigueur le fait que la Restauration se soit accomplie avec la complicité de l'étranger. Acceptant la dynastie, il n'en stigmatise pas moins la faiblesse et la nullité des royalistes : « La Restauration, tripotée par Talleyrand auprès du Sénat et de l'Empereur Alexandre, ne reçut d'appui des royalistes que par une parade de criailleries et de mouchoirs blancs sur les boulevards, lorsque l'armée russe en eût éloigné le péril, et par de lâches insultes aux images et aux enseignes de Napoléon où se firent remarquer d'anciens nobles échappés de son antichambre. Jamais parti n'a triomphé avec moins de gloire », écrit-il dans ses *Mémoires*.
[2]. Journal dirigé par Charles Comte et Dunoyer.

en son absence. On les retrouve notamment dans le salon de la reine Hortense tandis que Maret, duc de Bassano, entretient un réseau d'anciens administrateurs et d'officiers qui brûlent de passer à l'action. Ils s'appuient également sur *Le Nain jaune*, nouveau venu de la presse satirique que Louis XVIII parcourt avec soin quand il n'en alimente pas les colonnes. Nerveux et polémique, ce journal déchaîne l'hilarité, égratigne et ridiculise le gouvernement par ses épigrammes et ses caricatures, décerne des diplômes de « Chevaliers de l'Eteignoir » aux ultras, crée même un ordre de la Girouette avec Talleyrand pour principal dignitaire.

Depuis le Directoire, les anciens Jacobins forment certainement le mouvement politique le mieux structuré. A l'image de Fouché, ils se regroupent plus par nécessité — ce sont les plus menacés — que par conviction, la plupart d'entre eux ayant jeté leur républicanisme à la rivière dès l'avènement du Consulat. La commémoration du 21 janvier, les récentes épurations de la Cour de cassation et de l'Institut n'ont fait que renforcer leurs craintes : « Messieurs, proclame Fouché devant ses amis, nous sommes l'avant-garde : quand on l'aura défaite, on en viendra au corps de bataille... On prend d'abord les plus grosses cerises du panier ; quand on les a mangées, on mange les communes et tout le fretin. Attendez, attendez ! Vous verrez ! »

Le duc d'Otrante multiplie les intrigues et les complots[1]. Il tisse sa toile obscure dans toutes les directions, se rapproche de Talleyrand, mais aussi de Maret qui fait office de chef du parti bonapartiste. Il rencontre ce dernier en secret durant trois heures chez Thibaudeau, ancien préfet et ci-devant régi-

---

1. Fouché orchestre plusieurs embryons de complots, dont un (la conspiration du Nord), plus avancé que les autres, connaîtra un début d'exécution à l'aube du Vol de l'Aigle. Henry Houssaye, dans son *1815*, mentionne un autre complot ébauché avec des officiers et des anciens révolutionnaires. Si la conspiration du Nord semble avoir eu pour ambition d'établir Louis-Philippe sur le trône, on sait également que le duc d'Otrante étudie alors sérieusement la possibilité d'enlever le roi de Rome afin de le faire revenir en France.

cide[1]. S'il pense déjà à Louis-Philippe, ses préférences restent, comme en 1814, en faveur d'une régence de Marie-Louise. Toutefois, il ne dispose pas encore, en dehors des grandes villes, de réseaux suffisants, et surtout manque de chefs militaires pour prendre le risque de passer à l'action.

Pour l'heure, il doit partager son influence avec Carnot, l'ancien « organisateur de la victoire » qui vient encore de s'illustrer par sa défense d'Anvers durant la campagne de France. Très populaire, ce dernier publie un *Mémoire au roi* qui connaît un succès retentissant puisqu'il se vend à plus de cent mille exemplaires. Cette brochure, rédigée avec fougue, récapitule tous les griefs des anciens révolutionnaires contre le gouvernement royal. Elle oppose crûment la désillusion de l'opinion à l'état de grâce qui avait prévalu au retour du roi. A l'en croire, les royalistes n'ont pas changé. Comme en 1789, c'est toujours leur morgue qui sépare la nation du monarque[2] : « Si vous voulez aujourd'hui paraître à la Cour

---

1. Ancien ministre des Affaires étrangères de Napoléon, le duc de Bassano a surtout dirigé la secrétairerie d'État, le principal rouage gouvernemental de l'Empire. L'entrevue n'aboutit à rien, Maret défendant farouchement les droits de l'Empereur tandis que Fouché penche alors pour une régence au nom de l'Aiglon mais à l'exclusion de Napoléon.
2. « Ceux-là, écrit Carnot en désignant les ultras, sont donc bien coupables ou bien aveugles, qui ont commencé par détacher de la cause du Prince tout ce qui avait porté le nom de patriote, c'est-à-dire, les trois quarts et demi de la nation, et d'en avoir fait une population d'ennemis au milieu d'une autre à laquelle ils ont indiscrètement donné une préférence éclatante. » L'ancien régicide retourne la responsabilité de la mort de Louis XVI contre les émigrés, ce qui accuse implicitement Louis XVIII : « Louis XVI, dites-vous, fut le meilleur des rois, le père de ses sujets : eh bien ! Qu'avez-vous fait pour le sauver ce père, ce meilleur des rois ? Ne l'avez-vous pas lâchement abandonné, quand vous l'avez vu dans le péril où vous l'aviez précipité ? N'était-ce pas votre devoir de lui faire rempart de vos corps ? N'était-ce pas le serment que vous lui aviez fait de le défendre jusqu'à la dernière goutte de votre sang ? [...] N'était-ce pas pour satisfaire à votre rapacité qu'il s'était aliéné l'amour de ses autres enfants ! [...] Louis n'était déjà plus roi lorsqu'il fut jugé : sa perte était inévitable. Il ne pouvait plus régner, du moment que son sceptre était avili, il ne pouvait plus vivre, du moment qu'il n'y avait plus moyen de contenir les factions. Ainsi la mort de Louis doit être imputée, non à ceux qui ont prononcé sa condamnation comme on prononce celle d'un malade dont on désespère, mais à ceux qui, pouvant arrêter dans leur principe des mouvements désordonnés, ont trouvé plus expédient de quitter un poste si dangereux.
« Vous faites un tableau hideux de la Révolution : plus il est hideux, plus vous êtes criminels, car c'est votre ouvrage ; c'est vous qui êtes les auteurs de toutes les calamités.
« Expiez, vous ne pouvez faire mieux, expiez votre ingratitude envers Louis XVI par des prières publiques, par des services annuels dans les temples. Vous ne réclamez, dites-vous pieusement, que la punition des grands coupables, et c'est vous qui êtes

avec distinction, s'indigne-t-il, gardez-vous bien de dire que vous êtes un de ces vingt-cinq millions de citoyens qui ont défendu leur patrie... car on vous répondra que ces vingt-cinq millions de prétendus citoyens sont vingt-cinq millions de révoltés et que ces prétendus ennemis sont et furent toujours des amis. Mais il faut dire que vous avez eu le bonheur d'être Chouan, ou Vendéen, ou transfuge, ou cosaque, ou Anglais, ou enfin qu'étant resté en France, vous n'avez sollicité des places auprès des gouvernements éphémères qui ont précédé la Restauration, qu'afin de les mieux trahir et de les faire plus tôt succomber. Alors, votre fidélité sera portée aux nues ; vous recevrez de tendres félicitations, des décorations, des réponses affectueuses de toute la famille royale... Qui ne voit où l'on nous mène ainsi ? Qui ne voit qu'on nous prépare à l'avilissement de tout ce qui a pris part à la Révolution, à l'abolition de tout ce qui tient encore un peu aux idées libérales, à la remise des domaines nationaux, à la résurrection de tous les préjugés qui rendent les peuples imbéciles ? »

Sans aller jusqu'à brandir la menace d'une nouvelle révolution, Carnot met formellement en garde les émigrés contre toute atteinte aux biens nationaux. Il fait un vibrant éloge de l'armée, outragée par une paix honteuse et les vexations multiples qu'elle vient d'endurer. Ce grand patriote distingue enfin l'honneur et les honneurs, oppose l'esprit de service à l'esprit de cour, apanage honteux de l'émigration : « Les honneurs factices finissent par tuer le véritable honneur, pour produire l'avilissement et la démoralisation, [...] ils substituent la vanité à la grandeur ; la patrie n'est plus rien au milieu de ces hochets. » Autant dire que la politique menée est pleine de dangers : « Il n'y a que les grandes passions qui forment les grandes actions. Chez l'une, c'est la passion de la liberté ; chez une autre, c'est celle des conquêtes ; chez une autre encore, le fanatisme religieux ; chez nous, ce doit être l'amour

---

ces grands coupables. Les autres ont pu tomber dans l'erreur : c'est une question, mais votre trahison n'en est pas une. Vous qui étiez les premiers-nés de ce roi, vous qui teniez tout de sa faiblesse même, vous avez, vous aurez toujours à vous reprocher un parricide ; et Louis aurait pu vous adresser ces dernières paroles de César à Brutus : *tu quoque, fili mi !* [toi aussi, mon fils]. »

du sol qui nous a vu naître, c'est-à-dire, l'amour de la patrie. » L'amour sacré de la nation, de la révolution qui nous a émancipés, de la cocarde tricolore qui incarne ce nouvel ordre social, ancré depuis 1789 dans les esprits. Contre la Cour, les émigrés, les peureux, les comploteurs et les conservateurs, cet immense « parti de l'étranger » qui déshonore la France.

Ce patriotisme, qui a choisi depuis Danton les voies de la conquête et de la gloire, ne peut s'en remettre aujourd'hui qu'à Napoléon. Car l'opposition, divisée et faible, ne constitue pas un danger pour le gouvernement. Comme en 1799, l'Empereur demeure le seul catalyseur des mécontentements épars, le seul capable de galvaniser le peuple et l'armée[1]. Son quarante-cinquième anniversaire, le 15 août 1814, a été fêté bruyamment dans les casernes. Les manifestations en sa faveur se multiplient. Les chômeurs, qui se retrouvent quai de Gesvres, scandent son nom comme les paysans menacés par le retour des anciens seigneurs, comme les grognards, renvoyés dans leurs foyers ou cantonnés loin du roi qui préfère être gardé par des Suisses ou des émigrés. Celui qu'on fustige quotidiennement comme « usurpateur, despote, tyran, Néron, Attila, [...] s'était élevé de lui-même par son génie, il était sorti de nos rangs, nous lui avions donné nos suffrages, écrit Thibaudeau. S'il avait opprimé nos libertés, c'était une affaire entre lui et nous. Il ne nous avait pas été imposé par l'étranger, il était éminemment national. Les Bourbons ne l'étaient pas ; s'ils n'avaient eu pour eux que le parti royaliste, jamais ils ne seraient venus à Paris, jamais ils n'auraient osé franchir la frontière ».

---

[1]. « Dans ces deux classes, signale par exemple un rapport de police prophétique rédigé à Nancy le 24 juillet 1814, personne n'accuse Bonaparte : on le plaint comme un homme trahi, qui se serait tiré de tous les embarras, s'il n'avait point été trompé. Il semble que ses revers et ses fautes n'aient servi qu'à adoucir le jugement du public à son égard. Ses folies, ses fureurs et le côté ridicule de sa conduite n'ont que faiblement altéré la confiance aveugle que le peuple et les soldats avaient mise dans son savoir-faire. On ne conspire pas précisément pour lui, mais cet engouement stupide est une sorte de conspiration dont il faut se méfier parce qu'il peut songer à en profiter. » Le 25 mai, Beugnot reçoit le rapport suivant provenant d'un président de collège cantonal : « Au moins la moitié du peuple [...] est contraire au rétablissement des Bourbons et ne veut pas se détacher de Bonaparte. Elle ne veut pas croire à la réalité et encore moins à la stabilité de cette révolution. »

En déversant son fiel contre l'Empire grâce aux organes de la presse royaliste relayés par des centaines de pamphlets, la Restauration a fini par faire le jeu de l'Empereur. L'excès des attaques suscite indignation et compassion, tandis que son souvenir chaque jour agité rappelle à la nation que l'Aigle reste à une portée de fusil du territoire. « Un chef populaire, constate Mme de Staël, ne peut rien désirer de mieux qu'une persécution apparente, suivie d'un triomphe réel. » On s'arrache les gravures, bustes, cannes et objets de toute sorte à l'effigie de Napoléon, devenu « symbole, fétiche, dieu pénate [1] ». Les adeptes de l'Empereur se croisent dans les cafés, échangeant des mots de passe comme celui-ci, prémonitoire :

« Croyez-vous en Jésus-Christ ?
— Oui et en sa résurrection. »

## La révélation

Le fait que Napoléon ait voulu revenir pour venger l'humiliation de Fontainebleau et les crachats d'Orgon ne souffre guère de contestation. Quant à la manière dont sa conviction s'est forgée, l'histoire se brouille. S'agit-il d'une soudaine révélation ou d'une cristallisation progressive ? Napoléon apportera des réponses différentes, invoquant tour à tour le Préambule de la Charte, le discours de Ferrand ou l'émeute occasionnée par l'enterrement de Mlle Raucourt. Une impression domine : sa décision mûrit par étapes devant l'accumulation des fautes et maladresses de la Restauration. Il a prédit dès Fontainebleau l'échec de Louis XVIII auprès de Caulaincourt, le témoin privilégié de la chute : « Les Bourbons sont des gens pacifiques ; ils conviennent aux étrangers dont ils ne gêneront jamais la politique ; ils auront bien assez d'occupa-

---

1. Cette formule est de Henry Houssaye qui rapporte de multiples anecdotes sur la renaissance de la ferveur napoléonienne dans son *1815*.

tions en France, car la nation ne s'arrangera d'eux que s'ils éloignent leurs têtes à perruques et mettent de côté toutes les vieilles prétentions, mais c'est demander l'impossible. Au bout d'un an, on aura d'eux par-dessus la tête. [...] S'ils sont sages, les Bourbons, ils ne changeront que les draps de mon lit ; ils se serviront des hommes que j'ai formés. Ceux qui les entourent ne sont que des passions et des haines habillées. Avec ces gens-là, ils ne produiront que des réactions et ils se perdront. [...] Tout le monde raisonne en France [...] quoiqu'on soit léger, étourdi, on n'y oublie rien. Cette nation a besoin d'être gouvernée d'une main ferme. Il faut une volonté forte, mais cette force il faut la tirer de l'opinion et, pour cela, il faut rallier tous les esprits, maintenir l'union de tous les partis, afin de les intéresser tous aux succès du gouvernement qui les protège. »

Sur son île, l'Empereur aux aguets continue de vouloir sonder les cœurs. Le temps n'est plus où le moindre écho était porté à sa connaissance par d'innombrables rapports de préfets, états militaires, bulletins de police et statistiques. Aussi l'exilé s'abonne-t-il à de nombreux journaux, français et étrangers[1]. Il y découvre la philippique de Ferrand, la reconstitution de la Maison militaire du roi, la nomination de Dupont, s'indigne en parcourant ce Préambule de la Charte qui, d'un trait de plume, nie la Révolution et l'Empire[2]. Sur le continent, l'Empereur dispose d'un noyau d'informateurs fidèles, chapeautés par son maître d'hôtel Cipriani[3]. Orphelin

---

1. Notamment *Le Censeur*, *Le Nain jaune* et *Le Journal des débats*, sans oublier *Le Moniteur* et le *Morning Chronicle*. L'Aigle reçoit aussi des brochures qu'il fait classer en « pour » et « contre ».
2. Dans les notes qu'il a prises en regard des *Mémoires* de Fleury de Chaboulon, l'Empereur a écrit : « Napoléon prit la résolution de rentrer en France aussitôt que Louis XVIII fît connaître qu'il ne voulait pas exécuter le traité de Fontainebleau et qu'il regardait la république et la dynastie impériale comme des gouvernements usurpateurs et illégaux. »
3. Marchand en parle brièvement dans ses *Mémoires* : « Cipriani avait pour mission de savoir par des personnes qui lui étaient indiquées, ce qui se passait dans les cercles diplomatiques de cette capitale et dans le Congrès lui-même ; de surveiller le départ des souverains qui s'y trouvaient réunis, et d'en prévenir aussitôt l'Empereur ; d'établir à Gênes, avec ses amis, une correspondance qui chaque semaine ferait parvenir un bulletin des affaires de Vienne à l'Empereur. » Mort brutalement à Sainte-Hélène,

de naissance, ce mystérieux personnage est l'homme de confiance des Bonaparte depuis l'enfance. Intendant de l'ancien ministre de la Police de Naples, Salicetti, un autre fidèle du clan, il s'est à l'occasion opposé à un certain Hudson Lowe qu'il retrouvera à Sainte-Hélène. Ce Fouché corse dirige en secret le modeste réseau de renseignements en charge de connaître l'évolution du congrès de Vienne et de renouer avec Murat. Sans doute dispose-t-il aussi de quelques correspondants en France, particulièrement au sein de l'armée. Pour apprécier l'état d'esprit du peuple, Napoléon questionne également les multiples voyageurs, notamment des Anglais [1], qui passent par Porto-Ferrajo. Marins, marchands, officiers, négociants et curieux en tout genre le renseignent sur l'impopularité croissante des Bourbons [2]. Il dévore enfin le courrier reçu par ses hommes. L'une des lettres écrites par la mère d'un grognard l'émeut par sa franchise et sa naïveté : « Je t'aimons ben plus depuis que je te savons auprès de not' fidèle empereur. C'est comme ça que les honnêtes gens font. Je te croyons

---

peut-être empoisonné, Cipriani n'a pas laissé de Mémoires. Selon l'historien Guy Godlewski : « De fortes présomptions donnent à penser qu'il dirige la police secrète du premier exil. »

[1]. L'un d'entre eux, lord Ebrington, a rapporté sa conversation avec Napoléon qui a lieu le 6 décembre 1814 :

« — Vous venez de France, demande l'Empereur, répondez-moi sincèrement, est-on satisfait là-bas ?

« — Comme ci comme ça, répondis-je.

« — [...] Vous avez, reprend l'Empereur, laissé à la France tous les moyens de redevenir redoutable et vous avez en même temps blessé la vanité de tous les Français et excité des sentiments d'exaspération qui, s'ils ne trouvent pas un dérivatif dans une lutte extérieure quelconque, amèneront tôt ou tard une révolution ou la guerre civile. Je connais trop bien le caractère du Français, il n'est pas fier comme l'Anglais mais beaucoup plus vantard ; chez lui la vanité est la source de tout, sa vanité le rend capable de tout entreprendre. Les soldats m'étaient complètement dévoués, j'étais leur camarade ; j'ai remporté des succès avec eux, mais ils savaient aussi que je les récompensais bien : à présent ils sentent qu'ils ne sont plus rien. En France, il y a maintenant 700 000 hommes qui ont porté des armes [...] Ils rendent justice à la bravoure de vos troupes ; tout le reste il le méprise. [...] La France avait besoin d'une aristocratie. J'ai fait des princes, des ducs, et je leur ai donné de grandes fortunes, mais je ne pouvais pas avec eux faire une vraie noblesse à cause de la bassesse de leur origine. Pour y remédier, j'essayais de les unir par des mariages avec les anciennes familles. Le roi devrait suivre la même voie au lieu de favoriser exclusivement ceux qui se sont cachés à Londres pendant vingt ans. »

[2]. « Il arrivait de France, d'Italie, de Corse, des officiers, de simples voyageurs ou des négociateurs qui donnaient à Sa Majesté une idée exacte de la position de la France et du mécontentement général que causait le nouveau gouvernement. On montrait à l'Empereur des craintes pour sa personne » (Marchand, *Mémoires*).

bien qu'on vient des quatre coins de la ville pour lire ta lettre, et que chacun disiont que t'es un homme d'honneur. Les Bourbons ne sont pas au bout et nous n'aimons pas ces messieurs. Le Marmont a été tué en duel par un des nôtres, et la France l'a divorcé. Je n'avons rien à t'apprendre, sinon que je prions Dieu et que je faisons prier ta sœur pour l'Empereur et roi. » L'Empereur se fait relire le texte, coupant court aux sarcasmes de son entourage : « Cette lettre n'est pas risible, quoiqu'elle ne soit pas écrite en style d'académie, et elle m'en apprend plus que les journaux », tranche-t-il sévèrement.

Si les fautes commises par la Restauration justifient le retour, elles n'expliquent pas tout. D'autres motifs ont largement pesé dans la balance de l'Empereur, certains plus que d'autres. D'abord, son instinct aigu des rapports de force le convainc que Louis XVIII n'est décidément pas à la hauteur et que la France le regrette déjà. S'y ajoutent ensuite l'absence de sa femme et de son fils, la solitude et l'ennui, sans compter le non-paiement de son indemnité, les menaces de déportation et d'assassinat qui fortifient sa détermination.

Aveuglé par la haine et le mépris, le gouvernement royal prend en effet la décision de ne pas régler l'indemnité de deux millions garantie par le traité du 11 avril 1814[1]. Or le revenu annuel de l'île — environ 470 000 francs — ne couvre qu'un petit tiers du budget de l'Empereur, lourdement grevé par le millier de militaires dont il doit assumer la solde[2]. Pour combler ce déficit, Napoléon dispose au départ de Fontainebleau d'un reliquat de 3 980 000 francs qu'il a pu sauver de la liste civile. Un an plus tard, cette somme a déjà fondu de

---

[1]. Il en est pourtant, avec les alliés et Napoléon, l'un des cosignataires. En dépit des pressions des Russes et des Anglais, le gouvernement royal persiste dans son attitude. Il ne règle pas davantage les sommes promises aux membres de la famille impériale.
[2]. Il s'y ajoute le traitement des serviteurs. Comme l'écrit Madame Mère à Lucien le 19 septembre 1814, il faut rapidement refuser du monde : « Il n'y a pas une place à donner. Tous les jours, on renvoie des personnes qui viennent en demander. C'est une affluence de monde dont vous ne vous faites pas d'idée. Je crois que tous ceux qui ne savent pas où donner de la tête viennent ici dans l'espoir d'y vivre. »

moitié en dépit des économies draconiennes qu'il a ordonnées. Les soldes, par exemple, sont fortement diminuées, d'où d'inévitables remous, désertions et demandes de retour[1]. Napoléon, effaré, découvre qu'à ce rythme il sera ruiné dès la fin de l'année 1816, peut-être abandonné, seul ou presque devant l'Europe vengeresse. N'est-ce pas justement ce que le gouvernement royal escompte ? En tout cas, Blacas pavoise : « Quant à Bonaparte, déclare-t-il à Barras avec morgue, ce n'est plus qu'un cadavre sans influence, enseveli dans un petit recoin de la terre, séparé par un bras de mer. » Partout aux Tuileries, on se réjouit des malheurs de l'« Usurpateur ». Beugnot, directeur de la police, détaille avec minutie et délectation la précarité grandissante de l'exilé : « On remarque du reste par ces lettres des gens qui l'entourent combien est malheureuse et déjà ravalée cette famille naguère célèbre : la mère et le fils retombent comme de leur propre poids dans ces détails dont l'instinct ne se tire que de très bas. Bonaparte substitue l'huile à la bougie ; il ne veut pas qu'on use plus de cinq livres de bougies par semaine. Il rogne sur tout, même sur le blanchissage ; il poursuit des économies jusque dans les plus minces objets de consommation. »

Le manquement aux dispositions du traité de Fontainebleau justifie, selon Napoléon, son droit de reprendre et sa parole et sa liberté. L'encerclement, l'isolement et la privation qu'on lui inflige n'en font-ils pas une victime ? N'est-il pas fondé devant l'opinion à invoquer la légitime défense et appeler au sursaut ?

La manœuvre gouvernementale, accompagnée d'une surveillance accrue de l'île, aurait pu s'inscrire dans une stratégie de provocation cohérente. On aurait alors tendu un piège qui se serait refermé sur l'Empereur à peine sorti du bois. Mais au grand dam de quelques observateurs attentifs comme l'envoyé royaliste Hyde de Neuville[2], aucune mesure d'envergure n'est

---

1. Il reste précisément 1 863 000 francs au moment du départ pour la France.
2. Indigné par le manque de mesures préventives, Hyde de Neuville alerte le roi en septembre 1814 dans un rapport auquel il ne sera naturellement donné aucune

prévue. Le gouvernement se repose sur la nuée d'espions dépêchés sur place pour l'avertir des moindres mouvements suspects[1]. Pasquier, ancien préfet de police de l'Empereur[2], conclut sévèrement : « La conduite tenue à l'égard de Napoléon avait été souverainement malhabile et imprudente. [...] On avait jugé à propos de ne pas payer aucune des sommes annuellement dues à Napoléon et à sa famille, d'après le traité du 11 avril. Le roi de France l'avait cependant accepté. Si l'on méditait de changer sa résidence, de la transporter au loin, on devait s'appliquer à l'entretenir dans une complète sécurité et remplir scrupuleusement toutes les conditions du traité. »

En effet, les menaces de déportation, pour la plupart venues du congrès de Vienne, se font pressantes à la fin de 1814. Elles ajoutent aux griefs légitimes de Napoléon. Talleyrand y pousse ouvertement. A l'exception du tsar Alexandre, qui s'estime garant de la bonne application du traité de Fontainebleau[3], toutes les puissances se montrent favorables à l'éloignement de l'Empereur hors d'Europe, de préférence sur une île où la surveillance serait plus facile. Parmi les destinations sont évoquées tour à tour Sainte-Lucie, les Açores, la Trinité ou Botany Bay. En décembre, parcourant les journaux anglais

---

suite : « Que Bonaparte agissant ou n'agissant pas, est toujours redoutable, que son génie et les souvenirs qui se rattachent à sa gloire et à son étonnante fortune, ne peuvent cesser d'avoir une grande influence en Europe et surtout en France, et qu'on aurait tort de croire que ses vieux partisans, en acceptant d'autres drapeaux, ont abandonné de cœur l'homme qui avait sur eux un pouvoir magique. Ce pouvoir, il le conservera tant qu'il vivra, et tant qu'il sera peu éloigné de l'Italie ou de la France, il faut bien se persuader que l'intrigue, l'ambition, l'esprit de parti, l'enthousiasme s'agiteront en tout sens pour lui, même sans lui. Ainsi, qu'il conspire ou ne conspire point, qu'il soit effrayé ou non de sa position, il est et sera toujours un immense danger... Mort, il serait encore à craindre. »

1. Ces agents sont placés sous la direction de Mariotti, consul général de France à Livourne (port de Toscane d'où partent les bateaux pour la Corse et l'île d'Elbe).
2. Pasquier deviendra par la suite ministre de Louis XVIII puis présidera la Chambre des pairs sous Louis-Philippe. Les ultras le surnomment « le ministre à toute selle ». Il est notamment très lié avec Talleyrand.
3. Le tsar proteste à plusieurs reprises au congrès de Vienne contre le non-versement de l'indemnité. Début février, il prend vivement à partie Talleyrand à ce sujet : « Le traité n'est pas exécuté, nous devons en réclamer l'exécution, lui dit-il : c'est pour nous une affaire d'honneur ; nous ne saurions en aucune façon nous en départir. L'Empereur d'Autriche n'y tient pas moins que moi, et soyez sûr qu'il est blessé qu'on ne l'exécute pas. »

que lui fait parvenir sa grande amie lady Holland, Napoléon découvre avec stupéfaction qu'il est question de le déporter vers Sainte-Hélène [1]. De Vienne, il obtient confirmation de la rumeur par le canal de son ancien secrétaire Méneval, resté auprès de Marie-Louise et qui le renseigne au jour le jour sur l'évolution du congrès [2]. Napoléon s'indigne : « Je suis un soldat, qu'on m'assassine, j'ouvrirai ma poitrine, mais je ne veux pas être déporté », dit-il à Bertrand et Drouot.

Le propos fait écho aux menaces de meurtre qui prennent chaque jour elles aussi un peu plus de consistance. Mariotti, placé par Talleyrand au consulat de Livourne, ne vient-il pas exécuter le « contrat » confié en 1814 à l'aventurier Maubreuil [3] ? La présence de Bruslart, nommé commandant de la Corse par le général Dupont, inquiète davantage l'Empereur.

---

1. Napoléon dira également à Fleury de Chaboulon : « On y prétend aussi [en France] qu'on veut me transporter à Sainte-Hélène ou à Malte. Je ne leur conseille pas d'y essayer. J'ai des vivres pour me nourrir six mois, des canons et des braves pour me défendre ; je leur ferais payer cher la honteuse tentative. Moi, je ne puis croire que l'Europe veuille se déshonorer en s'armant contre un seul homme, qui ne veut point et ne peut plus lui faire de mal. L'empereur Alexandre aime trop la postérité pour consentir à un semblable attentat. » Le 8 novembre, le diplomate genevois Jean Gabriel Eynard rapporte : « Le roi de Bavière nous a dit hier soir en confidence qu'il avait été décidé qu'on enlèverait Bonaparte de l'île d'Elbe et qu'on le conduirait à Sainte-Hélène ; le roi a ajouté : "Au moment où je vous parle la chose doit être faite, et pour mon compte j'en suis bien charmé, car je n'étais pas tranquille tant que je savais ce diable d'homme si près du continent." »

2. L'historien Emile Le Gallo rapporte que l'Empereur bénéficie d'autres informateurs, notamment de deux officiers anglais qui viennent le retrouver à l'île d'Elbe, ainsi que d'un autre étranger, dont l'identité n'est pas connue, mais qui avait servi à ses côtés auparavant. Rappelons enfin que Cipriani faisait parvenir des informations complémentaires.

3. Maubreuil fut-il chargé d'assassiner Napoléon après l'abdication de Fontainebleau ? Il l'affirma, disant qu'il agissait sur l'ordre du prince de Bénévent qui avait échangé avec lui un signal convenu d'avance pour procéder à l'exécution. Talleyrand s'en est toujours défendu même si la détention par Napoléon de secrets compromettants, en particulier sur son rôle dans l'assassinat du duc d'Enghien et ses nombreuses prévarications, lui fournissait de puissants mobiles. D'autre part, Talleyrand n'était pas homme à reculer devant un tel acte. Le scandale fut étouffé, notamment après que le « diable boiteux » eut été souffleté en public par Maubreuil quelques années plus tard. Mariotti tenta vainement de faire enlever l'Empereur. Guy Godlewski publie la lettre détaillée qu'il adressa au ministre des Affaires étrangères le 28 septembre 1814. Il s'agissait de s'emparer de l'Empereur lorsqu'il se rendrait sur le petit îlot voisin de la Pianosa où il était peu gardé. L'historien rappelle que Taillade, commandant de L'Inconstant et complice probable de Mariotti, fut destitué par Napoléon en janvier suivant. La lettre de Mariotti fut interceptée par la police autrichienne : « Lorsque Metternich et l'empereur François en eurent connaissance, ils prirent fort mal les intentions du gouvernement français et s'opposèrent aux propositions de déportation formulées peu après par Talleyrand au congrès », rapporte l'historien dans son ouvrage sur l'épisode elbois intitulé Trois cents jours d'exil.

Ancien agent de Louis XVIII, il avait été le bras droit de Louis de Frotté, célèbre chef de la chouannerie normande exécuté sur ordre du Premier consul. Bruslart avait juré de le venger. L'Empereur, prévenu par l'entremise de Mme de Staël, ne doute pas qu'il vienne accomplir son forfait[1]. En conséquence, les mesures de sécurité sont considérablement renforcées dans l'île. Chaque navire est fouillé, chaque arrivant interrogé, tout suspect immédiatement expulsé[2].

Désormais, Napoléon vit dans l'angoisse quotidienne du lendemain, redoutant le poignard, l'enlèvement ou la captivité. Le grand conquérant n'a jamais supporté l'incertitude. Dans la gloire ou l'adversité, il s'est toujours voulu maître de son destin. C'est pourquoi il rayonne sur le champ de bataille mais tremble, comme en Brumaire ou à Orgon, devant une assemblée hostile, quand il lui faut subir et composer. Le fils de la Révolution en a gardé, comme marque indélébile, la hantise des complots qui ont perdu Louis XVI mais aussi les Girondins, Robespierre ou le Directoire. Grand organisateur du 18-Brumaire, il connaît ces conciliabules et ces basses manœuvres par lesquels on abat les régimes en discréditant leurs chefs. Depuis, il aime tout connaître pour mieux anticiper, décider, contrôler. Dépendre des autres lui est un supplice. Ne craignant ni sabre ni boulet, il s'effraie devant l'ennemi de l'ombre, la menace sournoise, mystérieuse, invisible.

La peur d'Elbe le renvoie au souvenir douloureux du complot de 1804. Orchestré par le Brutus chouan Georges Cadoudal avec la complicité du général Pichegru et de son

---

1. L'égérie du libéralisme reçoit la visite d'un général italien qui vient lui remettre une liste d'assassins recrutés par Bruslart. Elle en informe Joseph Bonaparte qui réside en Suisse à Prangins, près de Coppet. Joseph expédie derechef un de ses hommes de confiance, le général Boinod, à l'île d'Elbe pour avertir Napoléon. Mme de Staël a courageusement proposé de se rendre elle-même sur l'île.
2. « Cambronne reçut entre autres fonctions celle de veiller à tout ce qui était police et sûreté : il devait visiter, interroger, reconnaître tout nouveau venu et savoir le motif de son voyage. L'Empereur réorganisa la gendarmerie qu'il composa de trente hommes d'élite, tous connus de lui et investis par son approbation spéciale : les gendarmes devaient, dans ses sorties officielles, garder les routes. Il n'osa cependant pas se faire escorter par sa gendarmerie dans ses promenades. » Léon Pélissier, *Le Registre de l'île d'Elbe*.

rival Moreau, le vainqueur de Hohenlinden, il aurait pu l'abattre si la police n'avait pas démasqué la conspiration. Le Premier consul, d'un avis général, a perdu durant ces semaines noires le contrôle de ses nerfs [1]. La menace lui révèle ce qu'il ne peut, ni ne veut entendre : la précarité de son régime, la fragilité de son destin : « Suis-je donc un chien que l'on peut assommer dans la rue ? » s'exclame-t-il alors, avant d'assassiner le duc d'Enghien, répondant à la peur par la peur, s'élevant à l'Empire par un second régicide, compromettant sa légitimité par la violence et le recours au meurtre dans la lignée de la Terreur... et du coup d'Etat de l'an VIII. Son pouvoir, il le sait, repose sur la force et l'intimidation, sur la dictature et la guerre, chacune nourrissant l'autre. Sous les étendards de la gloire et de la grandeur, il a su occulter l'inavouable. Mais la source n'en demeure pas moins impure et sa légitimité viciée, à la différence de cette royauté qui a su s'élever à la hauteur du mythe par la foi et les siècles. Contrairement à Louis XVIII, il reste un homme, rien qu'un simple mortel. Voilà pourquoi il tremble à Elbe, comme il a pâli en 1804, comme il a craint tous ces autres complots qui ont jalonné son aventure [2]. Voilà pourquoi il doit revenir, avec l'ambition de forger à son tour et pour toujours un principe, une idéologie, un mythe. Pour créer le bonapartisme sur les décombres fumants du Grand Empire. Pour préparer le règne de son fils.

Accablé de mille frayeurs, l'Empereur ne peut se résoudre à l'attente ; l'instinct de survie le pousse à agir [3]. Les premiers

---

1. Bonaparte répugne alors à vivre dans l'angoisse quotidienne face à cet « ennemi qu'il ne pouvait devancer, envelopper, écraser ; dans le souci misérable des briseurs de serrure, des voleurs de papier, des assassins, écrit Albert Sorel. A la lecture des rapports de Police, il s'emportait hors de lui-même, battant les buissons, frappant à l'aveugle, furieux et honteux, autant de sa fureur même que de son impuissance ».
2. Tentatives pour lui trouver un successeur durant la campagne de 1800, manœuvres de Talleyrand et Fouché en faveur de Murat fin 1808, coup d'Etat du général Malet en 1812. Dans les trois cas, Napoléon alors en campagne rentre précipitamment à Paris dès qu'il a connaissance de la conspiration.
3. « Napoléon, résume George Blond dans son vivant ouvrage sur les Cent-Jours, était coincé entre la banqueroute, la déportation et l'assassinat. Mettez un tigre dans une cage mal fermée, menacez-le, harcelez-le, et en même temps, privez-le de nourriture, vous verrez bien ce qui arrivera. » Henry Houssaye précise quant à lui : « Il faut reconnaître que l'on a tout fait pour réveiller en lui le lion endormi. Louis XVIII le

indices suspects d'un changement d'attitude apparaissent en décembre. Campbell n'est plus reçu avec la même facilité qu'auparavant. A des grognards venus demander leur congé, le « Petit Caporal » rétorque énigmatique : « Patientez. Nous passerons ce peu de jours d'hiver le moins mal que nous pourrons. Puis nous songerons à passer le printemps d'une autre façon. » Sans doute sa décision est-elle déjà prise, mais il juge qu'il est trop tôt pour passer à l'action : « Il attendait dans le silence, précise son valet de chambre Marchand, le moment où l'esprit public en France arriverait au diapason de saluer son arrivée avec acclamation. »

Le signe lui parvient par l'un de ces messagers méconnus, qui pourra ensuite prétendre avoir bousculé la marche solennelle de l'histoire. Envoyé par le fidèle Maret, Fleury de Chaboulon débarque secrètement sur l'île le 12 ou le 13 février 1815, déguisé en matelot. Ancien employé aux Finances, il s'est hissé au rang d'auditeur au conseil d'État et de sous-préfet. A ce dernier titre, il a animé la résistance en Champagne durant la campagne de France, ce qui lui a valu de recevoir les éloges de Ney et la Légion d'honneur. Rien ne souligne mieux la décrépitude de l'Empereur que l'arrivée, comme « interlocuteur de marque », de ce modeste fonctionnaire. Seul à prendre le risque d'un tel déplacement, il n'en est pas moins à même de lui présenter un tableau loyal de son pays moins d'un an après son départ. Pas un maréchal ni un ancien ministre parmi tous les dignitaires comblés de richesses et d'honneurs par l'Empereur, n'a daigné faire le voyage, de crainte d'encourir les foudres de la disgrâce[1]. Fleury, lui, n'a

---

laisse sans argent, l'empereur d'Autriche séquestre son fils, Metternich livre sa femme à un ruffian de cour, Castlereagh veut le déporter, Talleyrand complote de le jeter dans une oubliette, d'autres songent à l'assassiner. »

1. Alors que rien ne leur interdisait de le faire, Napoléon ayant été reconnu souverain de l'île d'Elbe par le traité de Fontainebleau. A titre de comparaison, de nombreux députés et pairs de la monarchie de Juillet n'hésiteront pas à rendre visite au prétendant légitimiste, « Henri V », comte de Chambord à Londres alors qu'ils ont prêté serment à Louis-Philippe. Guizot fera voter une adresse flétrissant leur attitude, ce qui lui vaudra d'être hué et de se voir rappeler son voyage à Gand durant les Cent-Jours. L'anecdote révèle la force du légitimisme, plus de dix ans après sa chute. A la même époque, Louis Napoléon, le futur Napoléon III, croupit en prison et reste isolé comme son oncle à l'île d'Elbe.

plus rien à perdre puisqu'il a crânement démissionné dès le retour des Bourbons. Bel exemple de fidélité, d'autant plus méritoire que l'homme ne possède pas de fortune. Dans l'épreuve, la loyauté et l'esprit de service s'incarnent souvent dans les plus humbles. A peine arrivé, l'intrépide voyageur est reçu par l'Empereur. A la suite de plusieurs conversations retranscrites par Fleury dans ses *Mémoires*, Napoléon achève de prendre conscience de la dégradation de l'esprit public. Si l'ancien sous-préfet fanfaronne en s'attribuant le mérite d'avoir décidé seul l'Empereur, son intervention s'avère en tout cas décisive. Elle confirme tout ce que Napoléon pressent déjà des fautes du gouvernement royal, de l'exaspération de l'armée et des paysans, des complots ourdis en sous-main par Fouché pour établir une régence sans son concours. L'exilé comprend que l'heure est venue. Il doit agir, au risque de voir le duc d'Orléans ou un nouveau Directoire monter à sa place dans le coche de la destinée.

Une fois assuré de la bonne foi de son visiteur [1], l'Empereur, en confiance, cherche à roder le discours du retour. « Un mot, écrit joliment le baron Fain, lui faisait déployer ses ailes. » L'argumentaire épique, le ton révolutionnaire et prophétique, préfigurent celui du *Mémorial* [2] : « Je croyais aussi, lorsque j'abdiquai, que les Bourbons, instruits et corrigés par

---

1 Maret lui a confié un secret connu de lui seul et de l'Empereur. Dès que Fleury le révèle, Napoléon change de visage et se livre franchement.
2. Quoiqu'il cherche à tirer la couverture à lui, le récit de Fleury apparaît, en dépit des démentis de Napoléon, relativement véridique.
Les annotations impériales portées en marge de l'ouvrage et publiées par M. Cornet témoignent de ses réserves : « quelle bêtise », « quel verbiage de salon et d'artifice », « quelle rodomontade », « quelle platitude », « quelle puérile vanité ». Cette accumulation de critiques dédaigneuses ne doit pas masquer l'essentiel : Napoléon ne nie ni la mission, ni la visite. Il est logique qu'il se soit acharné contre Fleury car il ne voulait pas reconnaître qu'un simple auditeur au Conseil d'État ait pu l'influencer. Ainsi écrit-il : « Il y a eu plus de 100 officiers, qui pendant les neuf mois, sont arrivés à l'île d'Elbe, de France, de Corse, de l'Italie. » Certes, mais Fleury est le seul à être dépêché par Maret en qui Napoléon a toute confiance ; Napoléon écrit aussi : « Quelle confiance pour un homme qu'il connaît depuis 24 heures ! On dirait que Napoléon n'a jamais été trahi. » Or l'Empereur savait juger les hommes d'un simple coup d'œil et s'en remettait à son instinct. C'est ainsi qu'il choisit par exemple Las Cases, et de nombreux autres collaborateurs. La modestie du statut de Fleury constitue même une garantie supplémentaire. Il est trop peu connu pour être nocif. Enfin, Fleury sera promu secrétaire de l'Empereur après son retour, ce qui milite assez en sa faveur.

le malheur, ne retomberaient pas dans les fautes qui les avaient perdus en 1789. J'espérais que le roi vous gouvernerait en bon homme, c'était le seul moyen de se faire pardonner de vous avoir été donné par les étrangers. Mais depuis qu'ils ont remis les pieds en France, ils n'ont fait que des sottises[1]. »

A la coupable inconséquence et aux errements de la Restauration, il veut opposer l'esprit d'abnégation et de sacrifice qui l'a poussé à se résigner à l'exil : « Si j'avais voulu comme eux signer la ruine de la France, ils ne seraient point sur mon trône ; [avec force] j'aurais mieux aimé me trancher la main. J'ai préféré renoncer au trône, plutôt que de le conserver aux dépens de ma gloire et de l'honneur français [...] une couronne déshonorée est un horrible fardeau [...] mes ennemis ont publié partout que je m'étais refusé opiniâtrement à faire la paix ; ils m'ont représenté comme un misérable fou, avide de sang et de carnages[2]. Tout ce que j'ai fait a toujours été pour la France. C'est pour elle, et non pour moi, que j'aurais voulu la rendre la première nation de l'univers[3]. »

Après avoir fustigé les émigrés comme une « race antinationale », tour à tour dénoncé le « misérable » Marmont et Talleyrand, attaqué un gouvernement « bon pour les prêtres,

---

[1] « Leur traité du 23 avril, continua-t-il en élevant la voix, m'a profondément indigné ; d'un trait de plume, ils ont dépouillé la France de la Belgique et des possessions qu'elle avait acquises depuis la Révolution ; ils lui ont fait perdre les arsenaux, les flottes, les chantiers, l'artillerie et le matériel immense que j'avais entassés dans les forteresses et les ports qu'ils ont livrés. C'est Talleyrand qui leur a fait faire cette infamie. On lui aura donné de l'argent. La paix est facile avec de telles conditions. »

[2] « Ce langage leur convenait : quand on veut tuer son chien, il faut bien faire accroire qu'il est enragé ; mais l'Europe connaîtra la vérité. [...] Je démasquerai d'une main vigoureuse, les Anglais, les Russes et les Autrichiens. L'Europe prononcera. Elle dira de quel côté fut la fourbe et l'envie de verser du sang. Si j'avais été possédé de la rage de la guerre, j'aurais pu me retirer avec mon armée au-delà de la Loire, et savourer à mon aise la guerre des montagnes. Je ne l'ai point voulu, j'étais las de massacres. [...] Ils m'ont offert l'Italie pour prix de mon abdication, je l'ai refusée. Quand on a régné sur la France, on ne doit pas régner ailleurs. J'ai choisi l'île d'Elbe, ils ont été trop heureux de me la donner. Cette position me convenait. Je pouvais veiller sur la France et les Bourbons. »

[3] « Si je n'avais eu à songer qu'à ma personne, j'aurais voulu, en descendant du trône, rentrer dans la classe ordinaire de la vie ; mais j'ai dû garder le titre d'Empereur pour ma famille et pour mon fils... mon fils après la France est ce que j'ai de plus cher au monde. »

les nobles, les vieilles comtesses d'autrefois[1] », Napoléon en vient enfin au cœur du sujet :

« — Que feriez-vous, si vous chassiez les Bourbons, rétabliriez-vous la République ?

— La République, Sire ! On n'y songe point. Peut-être établirait-on une régence.

— [Avec véhémence et surprise] Une régence ! Et pour quoi faire, suis-je mort ?

— Mais Sire, votre absence...

— Mon absence n'y fait rien : en deux jours, je serais en France si la nation me rappelait... Croyez-vous que je ferais bien d'y revenir ?

« En disant ces mots, l'Empereur détourna les yeux, et il me fut facile de remarquer qu'il attachait à cette question plus d'importance qu'il ne voulait le laisser paraître et qu'il attendait ma réponse avec anxiété.

— Je n'ose point, Sire, résoudre personnellement une semblable question, mais...

— [Brusquement] Ce n'est point là ce que je vous demande. Répondez, oui ou non.

— Eh bien, oui, Sire.

— [Avec émotion] Vous le pensez ?

— Oui, Sire, j'en suis convaincu, ainsi que M. *** [Maret], que le peuple et l'armée vous recevraient en libérateur et embrasseraient votre cause avec enthousiasme. »

A cet instant, dans ces propos, Napoléon trouve la confirmation de ses propres intuitions. Il congédie rapidement son

---

[1]. L'Empereur attaque à nouveau la royauté restaurée : « La race des Bourbons n'est plus en état de gouverner. Son gouvernement est bon pour des prêtres, les nobles, les vieilles comtesses d'autrefois ; il ne vaut rien pour la génération actuelle. Le peuple a été habitué par la Révolution à compter dans l'Etat : il ne consentira jamais à retomber dans son ancienne nullité, et à redevenir le patient de la noblesse et de l'Eglise... L'armée ne sera jamais aux Bourbons. Nos victoires et nos malheurs ont établi entre elle et moi un lien indestructible : avec moi seul, elle peut retrouver la vengeance, la puissance et la gloire ; avec les Bourbons elle ne peut attraper que des injures et des coups : les rois ne se soutiennent que par l'amour de leurs peuples ou par la crainte. Les Bourbons ne sont ni craints ni aimés ; ils se jetteront d'eux-mêmes à bas du trône, mais ils peuvent s'y maintenir encore longtemps. Les Français ne savent pas conspirer. »

visiteur avant de lui annoncer le lendemain que sa décision est prise, tout en se gardant de préciser la date et les modalités de son départ. Il s'inquiète maintenant des réactions des alliés, fustigeant les palinodies de cette Europe des rois qui le vomit après s'être prosternée à ses pieds lorsqu'il tenait le sceptre et moissonnait la gloire : « Les souverains qui, après m'avoir envoyé respectueusement des ambassades solennelles, qui après avoir mis dans mon lit une fille de leur race, qui après m'avoir appelé leur frère, m'ont ensuite appelé usurpateur, se sont craché à la figure en voulant cracher sur moi. Ils ont avili la majesté des rois, ils l'ont couverte de boue. Qu'est-ce au surplus que le nom d'Empereur ? Un mot comme un autre. Si je n'avais d'autres titres que celui-là pour me présenter devant la postérité, elle me rirait au nez. Mes institutions, mes bienfaits, mes victoires : voilà mes véritables titres de gloire. Qu'on m'appelle Corse, caporal, usurpateur, peu m'importe... Je n'en serai pas moins l'objet de l'étonnement et peut-être de l'admiration des siècles futurs. Mon nom, tout neuf qu'il est, vivra d'âge en âge, tandis que celui de tous ces rois, de père en fils, sera oublié, avant que les vers n'aient le temps de digérer leurs cadavres[1]. »

## *L'envol*

L'opération fait l'objet d'une préparation minutieuse. La bonne étoile de Lodi veille au rendez-vous de cette mystérieuse aventure qui conjugue le hasard et le silence. Comme par miracle, le ciel se dégage, et s'entrouvre la porte de la cage. Le 16 février, la surveillance se relâche : Campbell quitte Elbe pour aller passer huit jours à Florence auprès de sa maîtresse. A peu près au même moment, l'Empereur a vent de la clôture en principe prochaine du congrès de Vienne par

---

1. Napoléon déjuge ici la transcription de Fleury. Elle est pourtant, si on se fie au ton des Mémoires reconnus (Roederer, Caulaincourt, Las Cases...), fort crédible, ce pourquoi elle est ici retenue. En revanche, toute la partie des *Mémoires* où Fleury écrit qu'il a seul déterminé l'Empereur peut paraître, comme l'Empereur l'en accuse, une pure forfanterie.

un émissaire de Murat. Il peut croire que les alliés, bientôt dispersés, ne disposeront plus de la capacité de riposte rapide et concertée qu'entraîne leur regroupement dans la capitale autrichienne. Les nuits, encore longues, favoriseront son échappée. Le moment ne saurait être plus propice. Napoléon donne donc ses premiers ordres en prévision du départ : réparation des bateaux, maquillage du brick *L'Inconstant* en navire marchand anglais[1], rassemblement de fonds, acheminement de vivres et autres problèmes classiques d'intendance.

Pour réunir toutes les chances de succès, le maintien d'un secret absolu est exigé. Napoléon masque les préparatifs en inventant des prétextes divers — transports de bois pour Porto-Ferrajo, aménagement de sa résidence d'été — et en cloisonnant les opérations entre ses différents services. Chacun se voit confier une tâche spécifique sans pouvoir rien soupçonner du grand projet en cours : « Un homme tel que l'Empereur ne pouvait pas laisser deviner les graves sujets de méditation qui devaient changer ou désarmer sa destinée : alors son âme était impénétrable, son cœur sans vibrations, ses traits sans mobilité, son regard sans feu et ses gestes sans énergie. Tout dans sa nature était soumis à la force de sa volonté. Au moral comme au physique, poursuit Pons de l'Hérault, il ne paraissait que ce qu'il voulait paraître. On ne savait rien de lui surtout lorsqu'on croyait en savoir quelque chose[2]. »

Drouot, dont l'Empereur apprécie la loyauté et la discrétion, sera le premier prévenu le 19 février[3]. Au contraire, le tréso-

---

1. *L'Inconstant* est peint en noir et blanc alors que ses précédentes couleurs étaient jaune et gris.
2. La citation de Pons de l'Hérault mérite d'être approfondie : « Mais lui n'ignorait aucune des pensées dont il était l'objet, car ces pensées, il les faisait naître, et il leur imprimait la direction dont il pouvait tirer le parti le plus avantageux. » Ce jugement enthousiaste est complété par celui de l'abbé de Pradt : « C'était le prince qui attachait le plus grand prix au secret, et souvent il lui arrivait de se répandre dans les plus étranges indiscrétions sur lui-même et sur ses projets : il était dans la discussion comme à la tête d'une armée : toujours en action, en avant et sur l'offensive. » Si ce n'est que les confidences, comme les colères de l'Empereur, sont parfaitement calculées pour satisfaire la vanité des interlocuteurs ou les obliger à se découvrir.
3. Drouot tente vainement de dissuader l'Empereur : « J'ai fait, dira-t-il à son procès, tout ce qui était humainement possible pour empêcher cette entreprise. »

rier Peyrusse et le fidèle Bertrand[1] ne seront mis au courant qu'à la dernière minute. Et s'il laisse dans l'ignorance Pauline, dont il redoute les crises de larmes, l'Empereur avertit tout de même sa mère le 23 au cours d'une promenade faite à dessein, seuls dans le jardin :

« — La France est malheureuse ; elle perd tous les jours tous les avantages que je lui avais assurés, dit l'Empereur. Que pensez-vous de mon projet, ma mère ? J'ai envie d'aller encore la délivrer.

— Ah ! Laissez-moi être mère un instant et je vous répondrai après Alors se remettant de sa vive émotion, elle lui dit avec véhémence :

— Oui, allez, remplissez votre destinée. Vous n'êtes pas fait pour mourir dans cette île abandonnée[2]. »

L'Empereur veut croire à un risque parfaitement calculé : « Mon entreprise a toutes les apparences d'un acte d'audace et elle n'est, en réalité, qu'un acte de raison. » Mais le Vol de l'Aigle n'en dessine pas moins le rêve solitaire d'un homme, le projet d'un illuminé ou d'un visionnaire, loin du vaste complot dont les ultras s'acharneront à accréditer la thèse. Une conspiration aurait exigé l'appui de réseaux souterrains entre Paris et Elbe, de concours nombreux et efficaces[3]. Espionné en permanence, encerclé par la croisière anglaise, Napoléon, pour mettre sur pied un réseau opérationnel en

---

1. Napoléon se méfie de Bertrand pour des raisons qu'il a lui-même expliquées : « Je comptais sur son dévouement, mais je connaissais son opinion. [...] Et puis je ne voulais pas que la princesse Pauline ou Mme Bertrand vinssent m'ennuyer de leurs inquiétudes de femmes. » Le 19 février, l'Empereur — ce qui en dit long sur sa défiance — lui écrit ce billet trompeur : « Monsieur le comte Bertrand, mon intention étant d'aller vers la mi-juin ou au commencement du mois de juillet à Marciana, il est nécessaire de commencer les travaux vers le mois d'avril. »
2. C'est déjà Madame Mère qui en 1793 l'a poussé à abandonner la Corse pour la France en ces termes : « La Corse n'est qu'un rocher stérile, un petit coin de terre imperceptible ; la France au contraire est grande, riche, bien peuplée. Elle est en feu : voilà mon fils un noble embrasement ; il mérite les risques de s'y griller. »
3. Un si vaste projet, comme Napoléon l'expliquera lui-même à Sainte-Hélène, aurait entraîné des mesures inutiles et dangereuses. « Inutiles, parce qu'il n'en est pas du peuple de France comme des peuples sans opinion et esprit public, qui suivent aveuglément l'exemple des autorités. [...] Dangereuses, parce que cette grande affaire, traitée comme un complot, donnera lieu à des indiscrétions, qui mettront le gouvernement sur ses gardes et enfin à des prétentions que pourraient avoir de soi-disant chefs de parti, qui en réalité ne sont rien en France quand la nation a une volonté prononcée. »

France, n'aurait pu se passer de la médiation d'hommes aussi habiles que Fouché. Or il n'accepte ni de se lier les mains, ni de souffrir quelque compromission avec des chefs parisiens, libéraux ou jacobins. Il ne peut surtout prendre le risque de voir s'épuiser le souffle épique de l'aventure d'un homme venu reconquérir son pouvoir à mains nues. A cet instant, l'audace, l'effet de surprise et la flamme restent ses meilleurs atouts. Point de calcul, donc, de jeux ni d'arrière-pensées[1].

Face à l'Europe, l'Empereur, avec son millier d'hommes et sa petite flottille, se dispose à jouer son va-tout avec la liberté de celui qui a tout à gagner et rien à perdre. S'il devait échouer, le sacrifice au moins couronnerait l'épopée en lui offrant une sortie à sa mesure. Plutôt faire le pari de la gloire que subir l'humiliation de cette retraite elboise où pèse l'ombre d'un bonheur médiocre, pire que l'oubli, pire encore que la mort, à l'opposé d'un destin qu'il a voulu sublime ou tragique, toujours tendu entre les extrêmes. Aussi ne se perd-il pas longtemps en conjectures et choisit-il de se jeter dans les flots impétueux du présent, au mépris des savantes hésitations des timorés et des poltrons : « Tout ce qu'il a fait de bien ou de mal, de mesquin ou de grandiose, selon le jugement, c'est en vue de la postérité qu'il l'a fait, résume son ancien secrétaire Bourrienne. C'était son idole favorite ; c'est le désir animé dans cette courte vie et qui a exalté son imagination ; c'était pour lui l'immortalité de son âme. »

Car Napoléon ne doute pas de sa réussite. Par son exploit inouï, il se voit prendre place parmi les plus nobles conquérants, au premier rang des gouvernants, aux confins des dieux. Déjà de plain-pied avec l'histoire, il veut se hisser vivant dans la légende.

On touche ici à cette essence particulière des grands

---

1. On ne peut cependant exclure quelques complicités individuelles, notamment celles de Maret et La Bédoyère. Toutefois, même dans leur cas, la préméditation n'a pu être formellement établie.

hommes[1], à ce qui distingue du commun Napoléon ou Alexandre, César ou de Gaulle. La démesure, l'exaltation, le goût du risque font leur génie. C'est pourquoi ils sont souvent mieux compris dans leurs élans par les écrivains et les poètes, habités par une même soif d'absolu, que par ceux qui s'en tiennent à la religion des faits. Alors que le politique traditionnellement suppute et soupèse, se laisse porter par le courant, par les palpitations de la puissance, les murmures des antichambres ou les remous de l'opinion, eux inventent l'histoire et bâtissent leur destin. Ils échappent à la règle, aux jugements ordinaires, aux limites de la mémoire humaine, aux jeux des transcriptions et des statistiques. Et ce n'est que par petites touches, dans l'exil ou l'envol, que l'on peut prétendre saisir d'un mouvement de la main ou à travers la lueur d'un regard le secret qui les brûle. La réflexion mise au service de l'action, ils sentent autant qu'ils pensent ; l'instinct les pousse, l'imagination les porte, la fièvre et la passion les habitent. Grâce à eux, l'histoire soudain prend sens et s'ouvre à l'épopée.

Aujourd'hui, avec le recul, le Vol de l'Aigle ne manque pas d'apparaître encore comme une folle entreprise, presque suicidaire, tel le geste d'un joueur désespéré en quête d'une dernière chance. Venir seul reconquérir son trône, défier un pouvoir qui dispose sur le papier de forces cent fois, mille fois supérieures, n'est certes guère raisonnable, pas plus que ne l'était Alexandre, le petit roi de Macédoine, quand il se jetait à la conquête de l'Empire perse. Mais c'est toujours le même combat, soutenu par d'ardentes visions, guidé par un

---

[1]. La vérité de ces « figures de proue » est toujours difficile à appréhender comme l'exprime Léon Bloy dans *L'Âme de Napoléon* : « L'histoire de Napoléon est certainement la plus ignorée de toutes les histoires... Plus on l'étudie, plus on découvre qu'il est l'homme à qui nul ne ressemble et c'est tout. » Léon Bloy développe ensuite une vision mystique, rapprochant Napoléon de Jésus sur un mode lyrique proche d'Elie Faure et qui transparaît notamment dans le *Napoléon* d'Abel Gance. Rival corse de Napoléon, Pozzo di Borgo, ambassadeur de Russie en France sous la Restauration, ne dit guère autre chose : « Napoléon n'est pas encore décrit ; il est destiné à rester dans une sublime et gigantesque obscurité. C'est une énigme profonde et presque impossible à expliquer. Jusqu'à présent, ses panégyristes se sont montrés inférieurs à leur sujet ; ses détracteurs sont encore descendus plus bas. Ces difficultés n'empêchent pas que beaucoup de monde ne tente de les vaincre. La plus grande louange de cet homme extraordinaire, c'est que tout le monde veut en parler, et que tous ceux qui en parlent n'importe comment croient s'agrandir. »

sentiment d'élection qui donne au geste son énergie, son élégance, sa précision. Une fois encore, Napoléon se sait mû par une nécessité impérieuse. Une fois encore, à la veille de s'embarquer, il remet son sort entre les mains du peuple de France.

Il sait ce défi à nul autre pareil. Il n'est plus l'Empereur gonflé d'importance de 1804, auréolé d'or et de gloire, bercé d'honneur et de cour. Il n'est plus le chef pétri d'arrogantes certitudes de 1812. En revenant en silence sur ses pas, Napoléon s'est réconcilié avec Bonaparte, a retrouvé l'élan et la ferveur du Premier consul. De la révélation il tire une grâce supérieure, la certitude qu'il est de son devoir de rentrer pour satisfaire à sa haute mission. Il se doit à son peuple, tel qu'il avait été choisi et aimé jadis, soulevant autour de lui l'enthousiasme, avant de céder à l'ivresse de la puissance. Sans jamais l'avouer publiquement, sous l'œil cruel de sa conscience, il s'est livré à l'autocritique de la dérive césarienne, a abjuré la conquête et la tyrannie. Il garde gravés dans sa chair l'insulte et le sarcasme. Et comment pourrait-il supporter qu'un Bourbon se prélasse sur son trône, avec les prêtres et les nobles vautrés sur les plus hautes marches, tandis que les notables frileusement se pressent à l'entour ? Cela suffit ! Il reviendra, porté par le souffle révolutionnaire de cette paysannerie inquiète et de l'armée humiliée. Oui, il reviendra sacré « père du peuple et du soldat » (Balzac). Comme hier en 1814, il chaussera ses bottes de 1793 et ceux qui l'ont trahi viendront alors mendier son pardon.

Mais pour marcher victorieusement, il lui faut encore l'onction d'un autre sacre. Face au peuple, à découvert, il doit apprendre à conjuguer les deux France pour arborer le sceau d'une nouvelle alliance. Il sait la voie étroite : la patrie se relève épuisée et les alliés unis semblent quasiment invincibles. Le temps de l'épopée militaire a passé. Il n'a d'autre choix aujourd'hui que la paix et la liberté. Il réussira pour peu qu'il parvienne à s'accommoder de ce clavier réformateur et pacifique dont les Bourbons n'ont tiré qu'une discordante cacophonie. Face à l'hostilité des puissances voisines, il doit prouver qu'il détient seul l'antidote de ce poison français qui gâte l'Europe depuis 1789.

L'heure est à la fébrilité des ultimes préparatifs. Napoléon fourbit ses dernières armes. Mais cette fois les sabres et fusils comptent moins que la surprise d'une main tendue, comme grappins et filets jetés loin devant. Aussi polit-il les mots, aiguise-t-il les images, pressentant que c'est avec eux et par eux qu'il saura vaincre. Car la guerre des légitimités reste d'abord une guerre du cœur et de l'esprit à travers la lettre et le geste, tous ces symboles destinés à émouvoir, convaincre et galvaniser. Le samedi 25 février, alors que l'île est mise sous embargo, Napoléon consacre son dernier jour à rédiger les trois proclamations qui devront faire mouche. Copiées durant la traversée, elles seront imprimées au fur et à mesure de la marche sur Paris[1]. L'enjeu est crucial puisque, annonçant sa venue, elles constitueront le premier lien avec le peuple qu'il s'agit à la fois de prendre à témoin et d'enthousiasmer. Dans cette France rurale et majoritairement illettrée, la presse reste encore l'apanage des notables[2]. La proclamation demeure ainsi l'unique moyen de toucher le plus grand nombre. Affichée dans tous les villages, immédiatement commentée et répercutée jusqu'aux chaumières les plus isolées, elle seule permet de retourner les foules. Napoléon, conscient de jouer là une partie décisive, soupèse chaque mot.

Dans la guerre de propagande qui va l'opposer aux Bourbons, Napoléon part avec l'avantage de l'expérience — acquise par la rédaction des bulletins de la Grande Armée et de nombreux articles pour le *Moniteur* — et d'un talent incomparable. Premier chef d'État à s'adresser directement

---

1. A Gap, Grenoble puis Paris. Selon Henry Houssaye, les premiers exemplaires ont été imprimés à Porto-Ferrajo.
2. L'Empereur, qui se méfie du quatrième pouvoir pour l'avoir vu à l'œuvre durant la Révolution, a progressivement absorbé l'expression de l'opinion. Les journaux, réduits en nombre et soumis à la direction d'un censeur, furent contraints de s'aligner sur le ton du *Moniteur*, le journal officiel depuis Brumaire. La propagande impériale pénétrait également le pays par les bulletins de la Grande Armée, le plus souvent rédigés par l'Empereur, et par l'imagerie : portraits et gravures retraçant les faits d'armes et les grands succès du régime.

à la nation, premier à comprendre la nouvelle puissance de l'opinion, il est l'inventeur de la communication moderne[1]. Plein d'ardeur et de fougue, dépouillé, direct, incisif, le style impérial réussit à la perfection « ce mélange de domination et de simplicité » (Mollien) qui subjugue ses lecteurs et dont le *Mémorial* est particulièrement imprégné. Nécessairement brèves, car elles risquent d'être arrachées par les autorités et ne doivent pas lasser, les proclamations napoléoniennes frappent vite et fort. Ponctuées de formules épiques dont il a le secret, elles privilégient deux ou trois idées-forces, jamais plus pour ne pas brouiller le propos. D'un même élan lyrique il embrasse l'ordinaire et l'extraordinaire, les mots et les images, le rêve et la vie : après « vous êtes nus, mal logés, mal nourris », « du haut de ces pyramides quarante siècles vous contemplent », « soldats, je suis content de vous »[2], voici venu le temps de l'immortelle promesse : « L'Aigle, de clocher en clocher, volera jusqu'aux tours de Notre-Dame. »

Pour son retour, l'Empereur choisit de rédiger trois manifestes : l'un « au peuple français », les deux autres à l'armée[3] : « Il dictait avec feu ; sur sa figure se peignait toute son âme ; en parlant de la patrie, des malheurs de la France, il était électrisé ; le génie était sur le trépied. *Deus, ecce Deus* ! J'ai vu l'Empereur dans diverses occasions, jamais je ne l'ai vu plus beau », rapporte Marchand dans ses *Mémoires*. Le pouvoir des mots s'élève à la hauteur de l'enjeu. Pour chacun de ses auditoires il rédige un message choisi. Auprès de l'armée, il fera vibrer la corde de l'honneur bafoué ; auprès du peuple, celle de la souveraineté nationale violée. Mais l'argumentaire

---

[1]. Obsédé par l'évolution de l'opinion, l'Empereur salariait plusieurs correspondants secrets (Fiévée, Mme de Genlis, Montlosier) qui lui adressaient des notes substantielles dont la sincérité était garantie par la confidentialité des auteurs. Seules celles de Fiévée ont été publiées.
[2]. Formules célèbres successivement employées durant la première campagne d'Italie, celle d'Egypte (1798) et à Austerlitz (1805). La première proclamation à l'armée d'Italie aurait été forgée à Sainte-Hélène par le montage de phrases authentiques.
[3]. La dernière proclamation est une supercherie puisque c'est l'Empereur qui tient la plume des vétérans de l'île d'Elbe censés s'adresser à leurs frères d'armes.

reste le même : opposition de sa légitimité — nationale et élective — à l'usurpation des Bourbons imposés par l'étranger, justification de son abdication de 1814 et de son retour par son seul attachement à la nation, dénonciation des traîtres et des émigrés, promesse de concorde, sublimation de son combat sous l'égide du drapeau tricolore et des aigles. Il sera à la fois le vengeur de la nation outragée et, comme en 1799, le sauveur de la révolution menacée.

La proclamation aux soldats enchaîne dénonciation et invocation. Elle s'ouvre sur le coup de poignard dans le dos d'Augereau[1] et Marmont en 1814 : « Soldats ! Nous n'avons pas été vaincus : deux hommes sortis de nos rangs ont trahi nos lauriers, leur pays, leur prince, leur bienfaiteur », pour dénoncer ensuite l'ancienneté de la collusion entre alliés et royalistes, et les méfaits depuis Coblentz de cette dynastie antinationale et contre-révolutionnaire des Bourbons. Mais à l'unisson de ses troupes, dont il partage l'exaspération, Napoléon concentre ses attaques contre les émigrés. Tout l'arsenal des humiliations subies depuis un an est décliné en quelques phrases cinglantes : « Ceux que nous avons vus, pendant vingt-cinq ans, parcourir toute l'Europe pour nous susciter des ennemis, qui ont passé leur vie à combattre contre nous dans le rang des armées étrangères, en maudissant notre belle France, prétendraient-ils commander et enchaîner nos aigles, eux qui n'ont jamais pu en soutenir le regard ? Souffririons-nous qu'ils héritent du fruit de nos glorieux travaux ; qu'ils s'emparent de nos honneurs, de nos biens ; qu'ils calomnient notre gloire ? Si leur règne durait, tout serait perdu, même le souvenir de ces immortelles journées ! Avec quel acharnement ils les dénaturent ! [...] Et s'il reste encore des défenseurs de notre gloire, c'est parmi ces mêmes ennemis que nous avons combattus sur le champ de bataille. »

---

1. Le maréchal Augereau, durant la campagne de France, n'a pas ou mal exécuté les ordres de l'Empereur qui lui ordonnait de culbuter les alliés devant Lyon avant de faire sa jonction avec lui. Il s'est ensuite déshonoré en rédigeant une proclamation honteuse contre Napoléon à l'annonce de son abdication. En outre, il fut soupçonné d'avoir été en pourparlers avec les alliés durant les opérations.

Aux élites royalistes, Napoléon oppose la force du peuple rassemblé autour des principes révolutionnaires et d'une même quête de gloire. Lui seul est légitime : « Soldats ! Dans mon exil j'ai entendu votre voix ! Je suis arrivé à travers tous les obstacles et tous les périls ! Votre général appelé au trône par le choix du peuple et élevé sur le pavois, vous est rendu, venez le joindre ! » La cocarde tricolore, scandaleusement abandonnée en 1814, demeure le symbole et le garant de leur passé fièrement revendiqué : « Arrachez ces couleurs que la nation a proscrites, et qui, pendant vingt-cinq ans, servirent de ralliement à tous les ennemis de la France ! Arborez cette cocarde tricolore ; vous la portiez dans nos grandes journées !

« Nous devons oublier que nous avons été les maîtres des nations ; mais nous ne devons point souffrir qu'aucune se mêle de nos affaires. Qui prétendrait être maître chez nous, qui en aurait le pouvoir ?

« Reprenez ces aigles que vous aviez à Ulm, à Austerlitz, à Eylau, à Friedland, à Tudela, à Eckmühl, à Essling, à Wagram, à Smolensk, à la Moskova, à Lützen, à Wurschen, à Montmirail ! Pensez-vous que cette poignée de Français si arrogants puisse en soutenir la vue ? Ils retourneront d'où ils viennent ; et là, s'ils le veulent, ils régneront comme ils prétendent avoir régné pendant dix-neuf ans[1]. »

Après ce dernier trait destiné au roi podagre, il entame sa harangue finale pour inviter chacun à le suivre dans cette nouvelle épopée : « Soldats, venez vous ranger sous les drapeaux de votre chef. Son existence ne se compose que de la vôtre ; ses droits ne sont que ceux du peuple et les vôtres ; son intérêt, son honneur et sa gloire ne sont autres que votre intérêt, votre honneur et votre gloire. La victoire marchera au pas de charge. L'Aigle, avec les couleurs nationales, volera de clocher en clocher jusqu'aux tours de Notre-Dame. Alors vous pourrez montrer avec honneur vos cicatrices. Alors vous pourrez vous

---

[1]. « C'était, estime Benjamin Constant, le langage de la Convention dans la bouche d'un prétorien. » Les victoires égrenées concernent uniquement l'Empire, d'Ulm (1805) à Montmirail (1814). Elles font référence à toutes les campagnes menées, y compris celle d'Espagne.

vanter de ce que vous aurez fait ; vous serez les libérateurs de la Patrie[1] ! » La proclamation, « des troupes aux troupes », répète les mêmes thèmes dans un style volontairement plus fruste[2].

Après ce morceau d'anthologie, la proclamation à la nation met en outre l'accent sur le caractère sacrificiel de l'exil : « Je ne consultai que l'intérêt de la patrie ; je m'exilai sur un rocher au milieu des mers. » Elle insiste sur la force de la légitimité impériale, seule fidèle à la Révolution car elle repose sur la souveraineté du peuple : « Élevé au trône par votre choix, tout ce qui a été fait sans vous est illégitime. Depuis vingt-cinq ans, la France a de nouveaux intérêts, de nouvelles institutions, une nouvelle gloire, qui ne peuvent être garantis que par un gouvernement national et par une dynastie née dans ces nouvelles circonstances. [...][3]

« Français ! Dans mon exil j'ai entendu vos plaintes et vos vœux ; vous réclamiez ce gouvernement de votre choix, qui seul est légitime ; vous accusiez mon long sommeil ; vous me reprochiez de sacrifier à mon repos les grands intérêts de la patrie. J'ai traversé les mers au milieu des périls de toute espèce ; j'arrive parmi vous reprendre mes droits, qui sont les vôtres. »

Enfin, la promesse d'une amnistie tente de rassurer les élites civiles et militaires. La restauration impériale ne sera pas une nouvelle Terreur.

---

1. Le texte se termine ainsi : « Dans votre vieillesse, entourés et considérés de vos concitoyens, ils vous entendront avec respect raconter vos hauts faits ; vous pourrez dire avec orgueil : Et moi aussi je faisais partie de cette Grande Armée qui est entrée deux fois dans les murs de Vienne, dans ceux de Rome, de Berlin, de Madrid, de Moscou, et qui a délivré Paris de la souillure que la trahison et la présence de l'ennemi y ont empreinte ! »
2. De manière à être crédible ; ainsi par exemple la question de la cocarde est ramenée à sa plus simple expression : « Foulez aux pieds la cocarde blanche, elle est le signe de la honte et du joug imposé par l'étranger et la trahison. »
3. « Un prince qui régnerait sur vous, qui serait assis sur son trône par la force des mêmes armées qui ont ravagé notre territoire, chercherait en vain à s'étayer des principes du droit féodal ; il ne pourrait assurer l'honneur et les droits que d'un petit nombre d'individus ennemis du peuple, qui, depuis vingt-cinq ans les a condamnés dans toutes nos assemblées nationales : votre tranquillité intérieure et votre considération extérieure seraient perdues à jamais. »

Le jour dit, dimanche 26 février, commence comme à l'accoutumée. Levé à six heures, Napoléon, après s'être rasé et avoir assisté à la messe, reçoit les principaux notables auxquels il annonce enfin la nouvelle de son départ. Il consacre la majeure partie de la journée à brûler ses papiers et à vérifier tous les détails de l'opération. L'embarquement du millier d'hommes, sur une flottille de sept navires, dure de cinq à sept heures du soir[1]. L'Empereur porte sa tenue légendaire : habit vert à parements rouges, redingote grise, large chapeau de castor noir. « Il n'y avait pas un soldat de l'armée qui ne l'eût vu mille fois dans ce costume », rappelle Savary, son dernier ministre de la Police. Après avoir embrassé sa mère et « Paulette[2] », l'Empereur quitte sa résidence des Mulini et descend en voiture vers le port. Sous les vivats émus des Elbois, qui ont illuminé la route pour son départ, il embarque après s'être écrié, comme César franchissant le Rubicon : « Le sort en est jeté[3]. »

Poussés hors de la rade par une brise légère, les navires se retrouvent bientôt, faute de vents favorables, immobilisés pendant cinq longues heures avec l'angoisse d'être interceptés par la croisière anglaise. A minuit, la petite armada vogue enfin vers la France promise. Les navires se séparent pour ne pas attirer l'attention[4]. A l'exception d'une brève rencontre

---

1. « La Garde tout entière était embarquée ; quelques Polonais en retard restaient dans l'île. Un mamelouk avait été confiné à la Pianosa, pour s'être battu en duel avec un canonnier auquel il avait coupé le poignet : il y fut oublié. J'arrivai sur le brick, il était encombré, on pouvait à peine s'y retourner. La Garde était répartie sur le brick, sur les avisos l'*Etoile* et la *Caroline*, et sur quatre bâtiments de transport : environ 1 000 hommes dont 600 de la Garde, 300 du bataillon corse, 60 ou 80 passagers et quelques Polonais. La flottille était commandée par le commandant Chautard ayant sous ses ordres le lieutenant Jarry » (*Mémoires* de Marchand).
2. Pauline en larmes remet à Marchand un collier de diamants. C'est la dernière fois qu'elle voit Napoléon.
3. L'Empereur prononce sur le quai un petit discours d'adieu : « Elbois, dit-il d'une voix forte, je rends hommage à votre conduite. Tandis qu'il était à l'ordre du jour de m'abreuver d'amertume, vous m'avez entouré de votre amour et de votre dévouement. Je vous en témoigne ma gratitude. Elbois ! Je ne sais pas être ingrat : comptez sur ma reconnaissance. Je vous confie ma mère et ma sœur. Votre souvenir me sera toujours cher. Adieu, Elbois !... Je vous aime, vous êtes les braves de la Toscane ! »
4. La flottille se réunira juste avant l'arrivée à Golfe-Juan.

avec le navire français le *Zéphyr*[1], les trois journées de traversée s'accomplissent sans encombre, ce qui tient du miracle quand on connaît le nombre de bateaux anglais croisant dans les parages. Comme à Marengo, l'étoile brille à nouveau après une longue éclipse. Pour stimuler les troupes, qui apprennent enfin avec émotion leur destination, l'Empereur fait copier ses proclamations et donne la Légion d'honneur à ceux qui ne l'ont pas encore reçue[2]. Le soir, il disserte d'abondance avec les hommes valides, certains comme Drouot étant confinés dans leur cabine en raison du mal de mer.

Le 1er mars en fin de matinée les côtes de France se dessinent à l'horizon. L'Empereur revêt alors la cocarde tricolore et fait hisser les trois couleurs. La troupe, galvanisée, l'imite en jetant à la mer les cocardes elboises : « Tous les vivats possibles étaient poussés à l'excès ; le battement des mains n'était pas moins extraordinaire, et le trépignement des pieds avait quelque chose de si étonnant, qu'il fallait presque craindre que le brick ne s'enfonçât dans la mer. Sa Majesté dit : "Cela vaut mieux que le plus beau discours que j'aurais pu faire. Quel bonheur, si la France entière pouvait être témoin de cet enthousiasme patriotique !" Aucun soldat n'eut besoin qu'on lui donnât une nouvelle cocarde ; tous, sans exception, avaient conservé la vieille », raconte avec émotion Pons de l'Hérault[3].

A une heure, la flottille mouille à Golfe-Juan. L'Anglais

---

[1]. L'Empereur fait ôter leur bonnet à poil à ses grognards et les fait coucher sur le pont alors que les deux navires se croisent. Le capitaine du *Zéphyr* engage le dialogue à l'aide d'un porte-voix : « Comment se porte le grand homme ? » « À merveille », répond lui-même Napoléon !

[2]. A condition toutefois de compter quatre ans de service dans sa Garde. Selon Henry Houssaye, Napoléon mystifie ses officiers en leur faisant signer des copies, tronquées des passages les plus violents, des originaux imprimés à Golfe-Juan de la proclamation « des troupes », cette dernière étant elle-même une supercherie puisque Napoléon l'a rédigée de bout en bout.

[3]. « Cette proclamation de la restauration de l'Empire au milieu de la Méditerranée excita le plus vif enthousiasme », écrira sobrement Napoléon dans la relation officielle qu'il rédigera de l'événement.

Hobhouse[1] rapporte d'après témoin la courte allocution que l'Empereur tient à ses mille justes avant leur débarquement : « Dans un cas comme celui-ci, il faut penser lentement et agir vite. J'ai longtemps pesé et considéré très mûrement ce projet. Il est inutile que je vous parle de la gloire et des avantages que nous recueillerons, si nous réussissons. Si nous échouons, pour des militaires habitués depuis l'enfance à contempler la mort sous toutes les formes, le sort qui nous attend n'est pas effrayant : nous y sommes familiers et nous la méprisons ; car plus de mille fois nous avons vu en face celle qu'un revers peut nous causer. » Vers quatre heures et demie, l'Empereur, qui est l'un des derniers à mettre pied à terre, « leva son chapeau, et dit avec majesté : "Puisse mon retour assurer la paix, le bonheur et la gloire de la patrie." » Le premier bivouac est établi sur une prairie bordée d'oliviers. Vers onze heures ou minuit, après un court repos[2], la colonne lève le camp et se dirige vers Cannes où elle a été précédée par l'avant-garde de Cambronne, chargée d'éclairer le chemin et d'acheter des vivres qui seront payés rubis sur l'ongle au maire royaliste.

L'aventure commence mal. Les premières populations, souvent curieuses, se montrent hésitantes ou hostiles. Le détachement envoyé par l'Empereur à Antibes est facilement capturé. Napoléon refuse d'aller le délivrer : « Les moments sont trop précieux, tranche-t-il. Le meilleur moyen de remédier au mauvais effet de cette affaire, c'est de marcher plus vite que la nouvelle. [...] Si la moitié de nos soldats se trouvaient prisonniers à Antibes, je les laisserais de même. S'ils y étaient tous, je marcherais seul. » Par hasard, Napoléon croise le duc de

---

1. Proche des whigs, Hobhouse est présent en France au moment des Cent-Jours avant de devenir l'avocat et l'un des meilleurs amis de Byron. On lui doit un témoignage de premier ordre sur la période, intitulé *Lettres écrites de Paris pendant le dernier règne de l'Empereur Napoléon*.
2. « Il était déjà tard lorsque l'Empereur, sentant le besoin de se reposer, s'enveloppa le corps d'un couvre-pied, d'un tricot de laine très léger, s'assit dans son fauteuil pliant, les jambes allongées sur une chaise, et couvert de son manteau, il chercha à dormir quelques heures. Jusqu'au moment fixé pour le départ, il resta dans la même position », rapporte Ali dans ses *Souvenirs*.

Valentinois, prince de Monaco, avec lequel il devise longuement :

« Venez-vous avec nous, Monaco ? demande l'Empereur en riant.

— Mais sire, je vais chez moi.

— Et moi aussi, répond Napoléon[1]. »

## L'invasion par un seul homme[2]

Instruit de l'hostilité des Provençaux et de l'état déplorable des routes, Napoléon veut au plus vite gagner Grenoble, où il sait trouver une population acquise à sa cause et une garnison qui ne l'est pas moins. Encore faut-il y parvenir ! « Cambronne, dit-il en débarquant, je vous confie l'avant-garde de ma plus belle campagne. Vous ne tirerez pas un seul coup de fusil. Songez que je veux reprendre ma couronne sans verser une seule goutte de sang[3]. » Avec le concours du peuple et de l'armée, il aspire à cette « restauration pacifique » qui seule légitimera son entreprise. Il doit surprendre, frapper fort et vite, jouer d'audace et de charisme, retrouver l'inspiration des grandes aventures d'Italie ou d'Egypte.

Frapper fort, c'est aujourd'hui impressionner les esprits car il ne peut prendre le risque de recourir aux armes. La dispro-

---

1. Napoléon s'indigne quand le prince de Monaco, étonné de voir la faiblesse de ses effectifs, lui dit qu'il doit sans doute attendre le soutien de contingents étrangers : « Je suis surpris de cette opinion, vous qui avez servi sous mes ordres ; croyez-vous que je vienne souiller le sol de la patrie avec des troupes étrangères ? » Le prince ne croit pas au succès. « Il me déclara qu'il doutait du succès de mon entreprise vu le peu de monde qu'j'avais avec moi. Il parlait d'après les salons, son courrier d'après le peuple. » Napoléon a en effet intercepté quelques heures plus tôt un courrier du prince, qui avait été au service de Joséphine et lui confirma l'hostilité de l'opinion envers les Bourbons et le bonapartisme ardent du Dauphiné.
Parmi les réactions hostiles, on peut citer celle du maire du Cannet qui dit à Napoléon : « Nous commencions à être heureux, vous allez tout troubler. » « Je ne saurais dire combien ce discours me pénétra et combien il me fit mal », dira Napoléon à Montholon.
2. Chateaubriand parle d'« invasion de la France par un seul homme » dans les *Mémoires d'outre-tombe*.
3. « Le même amour de la patrie qui me fit descendre du trône pour ne point faire la guerre civile est le garant que je ne la ferai point pour y remonter », précise l'Empereur à Pons de l'Hérault.

portion est telle qu'un seul coup de fusil échangé avec les troupes régulières envoyées à sa rencontre donnerait le signal d'un bain de sang et ruinerait à coup sûr ses chances. Il mise donc sur la force du mythe, sur la stupeur et l'émotion pour paralyser l'adversaire et rassembler ses fidèles. Au seuil de son aventure, les hommes qui l'accompagnent font moins figure de légion combattante que de garde d'honneur destinée, comme par enchantement, à grossir et à se multiplier jusqu'à la capitale de tous les régiments qu'il croisera au fur et à mesure de son avancée. Cette marche glorieuse montrera aux notables qu'il reste pour son peuple le seul souverain légitime. Il devine la force symbolique d'un retour sans violence sur l'imaginaire collectif et la postérité[1]. Une prise de pouvoir spectaculaire, par la simple magie de son apparition, fournira la preuve irréfutable de sa suprématie et de l'absence de soutien populaire à la dynastie restaurée. Il doit réussir seul là où les émigrés, bénéficiant de l'appui des armées alliées, ont échoué en 1792.

Comme il compte s'imposer aux notables, il entend persuader les alliés qu'il fait corps avec la nation et donc qu'il n'est pas imaginable de construire le nouvel ordre européen sans lui. Si, pour effrayer les puissances étrangères, il brandit le spectre d'une levée en masse et d'une guerre totale, il a en même temps à cœur de les rassurer. Il veut faire figure d'homme d'ordre et de paix, contenir la Révolution et renoncer à la conquête pour reprendre sa place au sommet du pouvoir. Convaincu que le plus grand danger vient de la coalition européenne, il plaide la paix pour préparer le règne de son fils. Seul un sursaut général dissuadera les alliés d'intervenir, alors qu'ils tiennent toujours congrès à Vienne comme il vient finalement de l'apprendre.

---

[1]. La comtesse de Boigne constate finement dans ses *Mémoires* : « Il était impossible de n'être pas frappé de la grandeur, de la décision, de l'audace dans la marche et de l'habileté prodigieuse déployée par l'Empereur, de Cannes, jusqu'à Paris. Il est peu étonnant que ses partisans en aient été électrisés et aient retrempé leurs ailes à ce foyer de génie. »

La rapidité est l'autre condition indispensable de l'exploit. « Il faut voler. Le succès de l'opération réside en grande partie dans la surprise », affirme-t-il à plusieurs reprises. A proximité de Grasse, où il rencontre enfin les premiers vivats[1], l'Aigle abandonne canons et voitures pour emprunter les pénibles routes de montagne, étroites et escarpées, qui vont le conduire jusqu'à Digne. Les conditions atmosphériques détestables n'arrêtent pas l'ardeur de la cohorte qui, de Golfe-Juan à Grenoble, parcourt des étapes quotidiennes allant de 42 à 63 kilomètres, rythme ahurissant pour l'époque. Appuyé sur son bâton comme durant la retraite de Russie, « Jean de l'Epée » et sa phalange dévorent les chemins et côtoient les précipices dans un froid sibérien : « Il n'y avait guère que l'avant-garde qui marchât avec quelque ordre, confesse le mamelouk Ali. Le corps de la petite armée était éparpillé sur la route, formant une quantité de petits pelotons plus ou moins faibles. [...] Pendant ces quatre [premiers] jours, nous eûmes beaucoup de peine : nous n'étions pas faits à la fatigue. Les deux premières journées nous coûtèrent le plus : à tout moment, c'étaient des montagnes dont il fallait atteindre la cime, ou des défilés assez étroits qu'il fallait passer ; tantôt de la neige, tantôt de la boue nous empêchait d'accélérer le pas autant que nous l'aurions voulu. Je me rappelle que, dans un défilé des plus étroits et des plus mauvais, il y eut un mulet qui roula dans un précipice[2]. »

La performance, toute proportion gardée, rappelle la marche héroïque de 1800. Napoléon, Premier consul, avait

---

[1]. « Un vieil officier aveugle, conduit par son épouse, se détache du groupe et demande à Napoléon la permission de lui baiser la main. Celui-ci le serre dans ses bras. La foule s'enthousiasme et pour la première fois retentissent les cris de "Vive l'Empereur !" », rapporte l'historien de la route Napoléon R. Reymond.

[2]. « On marchait au bord des précipices, par des sentiers escarpés et couverts de neige où un seul homme pouvait passer de front. [...] Les lanciers démontés avançaient avec une peine et une fatigue extrêmes, embarrassés par leurs pantalons basanés, les éperons, leurs grands sabres, leurs lances, et portant en outre selles et brides sur leurs épaules. Le petit nombre de cavaliers que l'on avait pu remonter à Cannes avec des chevaux réquisitionnés, et à Grasse avec les attelages de l'artillerie n'étaient guère plus enviables, car pendant tout ce périlleux trajet, ils devaient marcher à côté de leurs chevaux » (Henry Houssaye, *1815*). Le mulet transportait une partie du trésor de guerre dont on dit qu'il a fait la fortune d'un paysan nommé Réal.

alors repris le stratagème d'Hannibal en franchissant les Alpes avec son armée par le col du Grand Saint-Bernard. Parvenu par surprise sur les arrières de l'armée autrichienne, il avait bousculé d'entrée l'ennemi avant d'engranger les victoires. En 1815, par les cols enneigés et les routes de montagne, l'audace et le risque se révèlent une nouvelle fois payants et contribuent à nourrir la légende. Alors que les Français le croient à l'île d'Elbe, il surgit comme par miracle devant eux. A Barrême, l'hôtesse de l'Empereur, une certaine Mme Tartanson, s'évanouit lorsqu'elle apprend l'identité de son visiteur, qu'elle n'avait pas reconnu. Le 2 mars, entre Saint-Vallier et Séranon, Napoléon, transi de froid, s'arrête quelques minutes dans un chalet occupé par une vieille femme. Fidèle à son habitude, il la presse de questions :

« L'Empereur lui demanda si on avait des nouvelles de Paris ; elle répondit qu'elle ne savait rien.

— Vous ne savez donc pas ce que fait le roi ? reprit Napoléon.

— Le roi ! répondit la vieille femme, le roi ! Vous voulez dire l'Empereur, il est toujours là-bas.

« Napoléon regarda Drouot et lui dit :

— Eh bien ! Drouot, à quoi sert de troubler le monde pour le remplir de notre nom[1] ? »

Révélatrice de la vitalité du mythe impérial colporté par la rumeur et paré de mille couleurs, l'anecdote rappelle qu'en ce temps-là on ignorait le visage véritable des hommes illustres. Confrontés à la présence en chair vive de l'Empereur, à la « résurrection » déjà tant de fois annoncée, certains villageois craignent d'avoir affaire à un mystificateur. Pour le reconnaître, on s'aide d'anciennes pièces de monnaie qui le

---

1. Jacques-Pierre de Castel a multiplié, dans un ouvrage érudit qu'il a consacré au premier Vol de l'Aigle de Golfe-Juan à Grenoble, les anecdotes qui constituent autant de petites légendes à insérer dans la grande. A Digne, un paysan visiblement éméché harangue ainsi le « Petit Tondu » aux cris de « Vive l'Empereur. A bas Napoléon ». Autre anecdote rapportée par Sismondi qui la tient de M. de Beauvau : « Le général Drouot avait amené un singe avec lui de l'île d'Elbe, qui a fait cette marche jusqu'à Paris à pied ; mais lorsqu'il était fatigué il sautait sur les épaules des soldats, tantôt l'un, tantôt l'autre. Il sautait aussi sur celles de l'Empereur, mais c'était pour lui donner des soufflets. »

représentent de profil. On fait même venir des grognards retirés sur place pour procéder à l'identification [1].

L'avancée se poursuit au même rythme effréné. Le 3 mars, la colonne atteint Castellane et couche à Barrême ; le 4, Digne où l'accueil est enfin chaleureux. Le convoi emprunte alors une route meilleure qui le conduit le lendemain à Sisteron puis à Gap. Napoléon, dont la rancune vis-à-vis des Provençaux est tenace, laisse échapper son profond soulagement : « Enfin ! nous sommes vraiment en France », confie-t-il à Bertrand. Le plus dur est passé. L'Empereur s'éloigne des garnisons du Midi dirigées par Masséna qui, de Marseille, envoie vainement des troupes à sa poursuite. La première marche a été franchie victorieusement ; Napoléon pénètre dans le Dauphiné.

Depuis Golfe-Juan, l'homme semble avoir dépouillé le masque impérial et retrouvé la fièvre ardente de sa jeunesse. Partout c'est le général Vendémiaire, le vainqueur d'Italie ou le héros d'Egypte que l'on fête. Au fur et à mesure qu'il approche de Grenoble, les foules se font plus nombreuses et enthousiastes. De leurs montagnes, les paysans [2] rejoignent le cortège impérial, l'accompagnant bruyamment sur la route, hurlant leur haine contre le clergé et la noblesse venus endeuiller la gloire et piller leurs biens. Le flot montant de l'adhésion populaire n'a pas échappé un siècle et demi plus tard, à l'auteur de *La Semaine sainte*, Louis Aragon : « Les gens ne se souviennent plus que des drapeaux, des aigles, du soleil d'Austerlitz, ils accueillent cet homme presque seul comme la négation de tout ce qui leur est tombé dessus depuis 1814, de cette société débarquée d'exil, de ces châtelains qui ont ressurgi de l'ombre et passent avec des chasses à courre,

---

1. La route Napoléon est jalonnée de stèles, panneaux et monuments divers rappelant les moindres faits et gestes du grand homme. A Volonne, une plaque de pierre en provençal fut même dressée par un fanatique avec l'inscription : « Eichi lou 5 mars 1815 Napoléon Ier P & P [passa et pissa] ».
2. Le retour triomphal prouve, comme le note justement l'historien D.G. Sutherland, « que les paysans avaient assimilé Napoléon à la figure archaïque du roi juste qui protège le peuple des exactions de la noblesse ».

de cet énorme parasitisme à frimas, des sottes revanches et des humiliations à la pelle. » Oubliées la conscription, l'invasion et les dernières années de misère. Devant le retour menaçant de la féodalité, la France paysanne, plus des trois quarts du pays réel, fait corps autour du garant des biens nationaux. Elle salue l'auteur du Code civil et le restaurateur de l'ordre.

Napoléon touche également les dividendes du progrès économique dont il a été l'initiateur sous le Consulat et qui s'est traduit par une amélioration notable de la vie quotidienne : la viande et le vin accompagnent maintenant le pain, plus abondant que sous l'Ancien Régime et d'un prix plus stable ; on peut mettre des habits neufs le dimanche tandis que le mobilier s'est étoffé[1]. Tous ces progrès sont portés au crédit du héros dont la mémoire s'est répandue dans les campagnes grâce aux récits des colporteurs et des grognards rentrés dans leurs foyers. Aussi le serf d'antan, qui a fourni les gros bataillons de la Grande Armée, salue son bienfaiteur qui l'appelle une nouvelle fois à ses côtés. De retour, le César du peuple harangue la foule, galvanise et rassure comme dans cette proclamation délivrée aux habitants des Alpes : « Citoyens [...] Vous avez raison de m'appeler votre père ; je ne vis que pour

---

1. Des lits décents et des armoires solides remplacent le simple coffre d'antan. Antoine Caillot, auteur de mémoires sur les mœurs et usages des Français, décrit une évolution notable résultant de « l'aisance devenue générale par la division des propriétés ». Il précise : « Il est peu de maisons de cultivateurs et même de simples journaliers où l'on ne trouve un lit commode de noyer ou d'un autre bois, d'une élégante simplicité, une pendule plus ou moins riche, mais jolie, une paire de flambeaux et même un service de porcelaine. » Napoléon a toujours soigneusement veillé à maintenir le prix du blé dans des limites raisonnables. Les progrès dans l'alimentation sont notamment constatés par le statisticien Peuchet : « L'homme des campagnes, qui ne connaissait qu'une nourriture grossière, une boisson peu saine, a aujourd'hui de la viande, du pain, du vin, du bon cidre et de la bière. » Ceux dans l'habillement par un voyageur anglais nommé Thomas Holcroft : « On voit maintenant [sous le Consulat] le dimanche beaucoup de gens proprement habillés ; ils ont l'air satisfait et les symptômes d'aisance et de temps meilleurs ne peuvent tromper. » Jean Tulard précise dans sa *Vie quotidienne des Français sous Napoléon* : « Si la tenue de travail reste en toile ou en serge (habits grossiers) surtout pour les hommes, corset et jupe d'étamine pour les femmes, et si l'usage des sabots se généralise, sauf dans le Midi où les paysans vont pieds nus, c'est en effet le dimanche qu'apparaissent vestes, gilets, culottes et même souliers. » En conséquence, explique l'historien Albert Soboul : « Les conditions d'existence, alimentation, habillement, dans une moindre mesure habitation et mobilier, se sont améliorées, contribuant à la popularité du régime dans le monde rural, que les réquisitions et la conscription ne parviennent pas à saper. La légende napoléonienne ne fut pas seulement sur la gloire militaire : longtemps après sa chute, Napoléon incarne pour le paysan libération sociale et progrès matériel. »

l'honneur et le bonheur de la France. Mon retour dissipe toutes vos inquiétudes ; il garantit la conservation de toutes les propriétés. L'égalité entre toutes les classes et les droits dont vous jouissiez depuis vingt-cinq ans, et après lesquels nos pères ont tous soupiré, forment aujourd'hui une partie de votre existence[1]. »

Napoléon s'avoue stupéfié par la violente « rechute de jacobinisme » qui semble s'emparer des paysans. « Rien ne m'a plus étonné, confessera-t-il à Molé, que cette haine des prêtres et de la noblesse que je retrouve aussi universelle et aussi virulente qu'au commencement de la Révolution. » Emporté par l'élan, il se laisse aller à la surenchère, multipliant devant les foules les discours enflammés, proches de l'esprit de 93. Il agite l'épouvantail d'un rétablissement probable des droits féodaux et de la dîme car il connaît la « grande peur » d'un retour à l'Ancien Régime : « Les nobles voulaient nous atteler à la charrue, vous êtes notre sauveur », lui disent par exemple des paysans de la région de Sisteron.

Auprès des notables, l'Aigle devient renard. Il cherche à séduire tout en brandissant le spectre du jacobinisme pour rallier les plus récalcitrants. Tour à tour, il flatte et inquiète, conjugue l'intérêt et la peur. Seul à même de conjurer le chaos, seul détenteur des clés de leur avenir, il leur rappelle qu'il a réussi à imposer la paix sociale, à faire quadrupler la rente et à dompter l'hydre révolutionnaire. Si les élites refusent la main tendue, il n'hésitera pas à lâcher les ilotes et les prétoriens contre les patriciens du nouvel ordre social. Ce Napoléon du peuple que vous redoutez tant, leur affirme-t-il en substance, reste le meilleur garant de l'ordre bourgeois édifié par la sécurité et la propriété depuis 1800. Pas question de toucher à ces bases qui forment un de ses plus beaux titres de gloire. Ce sont les Bourbons et les émigrés qui les menacent par leur politique réactionnaire. Il revient, comme en 1799,

---

[1]. A Gap, le 6 au matin, il tient le discours suivant : « Un roi féodal ne peut plus convenir à la France, il lui faut un souverain sorti de la Révolution et ce souverain, c'est moi. »

pour rétablir l'entente cordiale entre le peuple et les notables, unis sous sa férule par la gloire et l'égalité civile. Après le « chacun selon sa naissance » de l'Ancien Régime, après le « chacun selon sa force », bréviaire de la Terreur, Napoléon a popularisé un « chacun selon ses talents » accepté par tous.

Devant ces mêmes notables, il se présente également comme débarrassé de la moindre tentation guerrière et velléité despotique. Le nouvel Empire, martèle-t-il, sera pacifique et libéral, assis sur une constitution respectant les libertés fondamentales. Pour dissiper leurs craintes, Napoléon, avec cette audace qui n'appartient qu'à lui, n'hésite pas à se prévaloir de la bénédiction préalable des puissances, de Naples, mais surtout de l'Autriche qui, selon ses dires, s'apprête à lui renvoyer sa femme et son fils. Il sait, pour avoir constaté le dramatique échec de la mobilisation de 1814 — soixante-trois mille présents sur trois cent mille appelés —, la France exsangue, incapable de supporter davantage le fardeau de la conscription. Le temps n'est plus au feu sacré et à l'enthousiasme de Valmy et d'Austerlitz.

Napoléon tente de concilier les aspirations contraires pour reconstituer la grande alliance de 1789 entre l'aristocratie libérale, la bourgeoisie et le peuple. L'Egalité, la Liberté, la Paix : tels sont les trois piliers de sa nouvelle campagne. Mais l'alchimiste se collette avec la résurrection des violences et des passions. La France de Brumaire était lasse, avide d'ordre, guettant un maître. Celle de 1815 bouillonne comme aux plus beaux jours de la Convention. Louis XVIII, en lui dérobant le rôle de protecteur des notables, le contraint à revêtir l'habit de « la plèbe ». La majeure partie de la nouvelle élite, fer de lance de la première Révolution, a rallié le camp royaliste. Le Napoléon de 1815 découvre avec effroi le fossé grandissant entre les traditions républicaine et libérale, l'égalité et la liberté. La Révolution les a finalement dressées l'une contre l'autre après avoir prétendu les unir. Cette fracture idéologique se superpose au divorce politique et social issu de la Révolution et rend encore plus complexe le gouvernement d'une nation qui s'affirme depuis toujours en s'opposant.

Cette cascade de haines provient, comme le soulignera Tocqueville, du cloisonnement rigide de l'Ancien Régime. Faute de pouvoir le réformer, la Révolution l'a fait voler en éclats en balayant les institutions [1], puis en décapitant les anciennes élites. Cette violence précoce a dramatiquement faussé l'idée égalitaire en la dépouillant de sa générosité initiale. Il ne s'agit plus d'élever mais de rabaisser en détruisant les maîtres d'hier. L'esprit jacobin se définit plus par ce qu'il dénonce — la noblesse et le clergé — que par ce qu'il propose. Il n'est pas libéral — « pas de liberté pour les ennemis de la liberté » — mais niveleur et suspicieux, répugnant à toute forme d'autorité qui ne procède pas de lui. L'égalité, après avoir suivi le triste chemin de la guillotine et de la Terreur, est davantage considérée comme une conquête que comme un droit. Toujours à vif [2], elle prend d'emblée une teinte agressive chez les acquéreurs de biens nationaux qui, pour en blanchir l'origine, ont obtenu qu'ils soient déclarés inviolables et sacrés. Paradoxalement, la révolution de la propriété consacre ainsi la violation de la propriété. La loi exprime le droit du plus fort et non la justice.

Face à la violence populaire des sans-culottes, les élites ont spontanément cherché à se prémunir dans un mouvement de protection et de défiance [3]. A la haine font écho la peur et le mépris pour la « canaille ». Certes, la Révolution et l'Empire ont entraîné une apparente redéfinition des rôles. Le notable se substitue au noble et, dans le nouveau sérail, l'ancien seigneur côtoie le militaire de haut rang et le haut fonctionnaire, une poignée d'industriels ou de banquiers. La classe dirigeante

---

1. Abolition des privilèges lors de la nuit du 4 août 1789, Déclaration des droits de l'homme, Constitution civile du clergé et Constitution de 1791.
2. Car la Révolution est menacée par les émigrés, les coalitions européennes, la guerre civile et les complots royalistes.
3. Une réaction se manifeste dès 1789 avec la création de la garde nationale et la distinction faite par Sieyès entre citoyens actifs, payant un impôt, et citoyens passifs. Elle s'accélère après la chute de Robespierre, fermant la République aux plus démunis par la disparition du suffrage universel direct, la limitation des clubs et l'absence de scolarité. Napoléon en s'appuyant sur les grands notables civils et militaires a assis leur puissance, réservant l'éligibilité aux plus imposés, garantissant la propriété par le Code civil.

n'en reste pas moins, sans jamais oser l'avouer, aussi fermée que l'ancienne, d'où, de l'Ancien Régime jusqu'à nos jours, de profondes permanences, tant sociologiques que culturelles. Ainsi le primat longtemps concédé à la terre sur toute autre richesse fait-il obstacle à la révolution industrielle. Dans ce contexte, le libéralisme anglo-saxon ne peut espérer s'implanter durablement en France tandis que le libéralisme politique, dont les trois valeurs déclarées sont l'humanisme, le mérite et la responsabilité, reste largement ignoré d'une nation qui, entre conquête et révolution, entre centralisation et terreur, s'est forgée par le pouvoir et par la force. La bourgeoisie triomphante est devenue caste à son tour, l'argent détrônant la naissance comme fondement de la position sociale.

Ces rivalités, passées et présentes, cette multitude de blocages liés à la peur et à l'instinct de conservation empêchent le brassage des talents au sein d'une société ouverte et dynamique fondée sur la capacité et l'émulation. Quand il reprend le flambeau révolutionnaire, le Napoléon de 1815 découvre ainsi l'ampleur des dégâts. Les « masses de granit », ces grands notables dont il a assis la puissance, sont passés à l'ennemi en 1814. Le clivage gauche-droite ne sépare plus seulement tiers état et noblesse, mais le peuple de l'oligarchie civile et militaire. En ressuscitant le jacobinisme, la Restauration a ramené la France à l'effervescence de 1792. L'Empereur mesure à quel point sa marge de manœuvre intérieure s'en trouve réduite alors même que l'hostilité des alliés exige qu'il réalise l'union sacrée pour espérer les contenir. A peine énoncé, l'objectif paraît déjà hors d'atteinte. Mais il s'en remet à son étoile, veut, une fois de plus, faire confiance à son instinct. Peut-être sent-il en lui monter une pointe de fatalisme. On verra bien demain à Paris.

*Le jour le plus long*

Pour l'Empereur, comme il l'expliquera plus tard à ses compagnons d'exil, tout se joue à Grenoble, dans cette ville de 25 000 habitants, bastion stratégique, siège de la 7e division militaire, située au cœur d'une région profondément attachée à la Révolution[1]. Napoléon connaît les bonnes dispositions de la population à son égard, que ce soit par Emery, le chirurgien de sa Garde, ou par le gantier Jean Dumoulin[2] qu'il a reçu longuement à l'île d'Elbe à l'automne précédent. Ces deux Grenoblois envoyés en éclaireurs[3] s'activent déjà en liaison avec un certain Camille Gauthier, colonel dans la garde nationale et haut dignitaire du Grand Orient qui a dirigé la propagande bonapartiste sur place durant la première Restauration. Les proclamations de l'Empereur qu'ils répandent partout en ville provoquent un vif émoi.

Dans cette journée décisive du 7 mars, les regards se tournent vers la garnison, qui porte tous les espoirs des royalistes. Forte de plus de cinq mille hommes[4], elle est très supérieure en nombre à la petite cohorte impériale qui, bien que grossie de paysans, n'a encore bénéficié d'aucune défection des

---

1. Grenoble, et plus précisément la petite ville voisine de Vizille, est le berceau de la Révolution française. « Les artisans et ouvriers qui composent la dernière classe de la ville étaient plus prononcés. Encouragés par une foule de militaires sortis de leur sein et renvoyés imprudemment dans leur foyer avec une demi-solde, ils dissimulaient peu leurs vœux pour le retour de Napoléon. Ils les communiquaient aux soldats de la garnison, réchauffant ainsi l'affection de ces derniers pour leur ancien général. » *Napoléon à Grenoble*, par Berriat Saint-Prix.
2. Jean Dumoulin est l'un de ces multiples inconnus de l'histoire qui méritent une réhabilitation. Selon l'historien Guy Godlewski, son rôle fut déterminant dans les événements. Fils d'un gantier grenoblois, bonapartiste farouche, il débarque, âgé alors de 28 ans, clandestinement à Porto-Ferrajo le 23 septembre 1814 avec la ferme intention de conspirer pour le compte de l'Empereur. Non content d'assurer à l'exilé les bonnes dispositions des Grenoblois à son égard, il aurait, cartes à l'appui, indiqué l'itinéraire à suivre pour atteindre dans les meilleures conditions la capitale du Dauphiné. Il adresse ensuite une correspondance suivie à Porto-Ferrajo en cachant ses missives dans les gants qu'il expédie officiellement à Gênes. Venu au galop à la rencontre de l'Empereur à Laffrey, il lui dit d'après Henry Houssaye : « Sire, je suis le gantier Jean Dumoulin. Je viens apporter à Votre Majesté cent mille francs et mon bras. ». Il reçoit le soir même la Légion d'honneur. La suite de sa vie est incroyablement romanesque. Blessé à Waterloo, il fait fortune à Londres avant de se ruiner à Paris. Comploteur impénitent durant la seconde Restauration, plusieurs fois emprisonné, il tente en vain de proclamer Napoléon II en 1830. En 1848, il est à nouveau à la pointe de la Révolution, plantant un gigantesque drapeau tricolore à la tribune de l'Assemblée. Battu aux législatives de juin de la même année, en Isère, il se retrouve finalement enfermé pour démence à la Conciergerie. Napoléon III, reconnaissant, lui accordera une pension.
3. Emery part le 3 mars de Castellane rejoindre Dumoulin à Grenoble.
4. Parmi les régiments alors présents à Grenoble, il faut signaler le 4e d'artillerie où l'Empereur avait servi comme lieutenant.

troupes régulières[1]. Mais l'annonce de l'arrivée du « Petit Tondu » bouleverse les esprits et ranime la flamme. En lisant l'ordre du jour du général Marchand, commandant la place, qui les somme de faire barrage à Napoléon, des soldats s'exclament : « Nous serions bien c... de faire du mal à un homme qui ne nous a fait que du bien. »

La journée bascule en trois temps : la rencontre de Laffrey, le ralliement de La Bédoyère, la chute de la ville.

Premier acte : en fin de matinée, la colonne impériale se retrouve bloquée à une quarantaine de kilomètres au sud de Grenoble par le bataillon du commandant Lessard[2]. Cinq cents hommes du 5e de ligne, postés en embuscade à proximité du village de La Mure, dans le défilé de Laffrey, attendent le passage de l'Aigle. Cette première rencontre sur le chemin du retour est déterminante car elle révèle l'état d'esprit de l'Empereur et celui de l'armée. Fouché l'avait pressenti quand il écrivait à Metternich quelques mois auparavant : « Tout dépendrait du premier régiment que l'on enverrait contre lui ; s'il passait de son côté, toute l'armée suivrait son exemple. »

Lessard[3], résolu à faire son devoir, renvoie sèchement les plénipotentiaires qui se présentent tandis que le doute s'empare des soldats, écartelés entre leur serment d'obéissance au roi et leur fidélité à l'Empereur. Ce dernier, qui observe la scène avec sa lunette, comprend le drame qui se noue et se décide à agir en personne. Instinct ou calcul, tout le pousse

---

1. « Du Golfe-Juan à la Durance, Napoléon fit seulement quatre recrues : deux soldats de la garnison d'Antibes, un tanneur de Grasse et un gendarme » (Henry Houssaye, *1815*).
2. « Ce bataillon était composé d'anciens militaires ; plusieurs avaient servi sous l'Empereur, mais il y avait longtemps. Le commandant avait été officier dans la garde et ses vœux pour son ancien général étaient connus ; mais on savait également qu'il était esclave de ses devoirs, d'une fermeté à toute épreuve, et capable de remplir un poste plus élevé ; qu'il avait plié ses soldats à la discipline, et, enfin qu'il y en avait parmi eux d'originaires de la Vendée ou des provinces voisines. Telles furent les notions qui déterminèrent les généraux à expédier ce bataillon, ce qui leur avait d'abord répugné. Pour le renforcer, on le fit suivre, une heure après, par une compagnie de mineurs du 1er bataillon de sapeurs et par une d'artilleurs » (Berriat Saint-Prix, *Napoléon à Grenoble*).
3. On trouve parfois son nom orthographié Delessart.

au plus grand risque, à mettre en jeu sa vie pour sortir de l'impasse et éviter le bain de sang qui, d'une seconde à l'autre, peut intervenir. Il sait que son charisme, comme celui des grands capitaines, se nourrit du courage et de l'exemple donné au mépris de sa propre personne. Du pont d'Arcole à la campagne de France, il n'a jamais hésité à braver le danger, avec toujours en mémoire les mots de Corneille : « Qui veut mourir ou vaincre est vaincu rarement [1]. »

Une fois encore, il décide de forcer le destin et signe la mise en scène du drame [2]. Son aide de camp, le capitaine Raoul, galope jusqu'à la tête du bataillon pour crier son message : « L'Empereur va marcher vers vous. Si vous faites feu, le premier coup de fusil sera pour lui. Vous en répondrez devant la France. » Un lourd silence alors s'installe. Lessard, face au spectacle de ses hommes submergés par l'émotion et le désarroi, enrage : « Comment engager le combat avec des hommes qui tremblent de tous leurs membres et qui sont pâles comme la mort ? » Redoutant la désertion, il se résigne à ordonner la marche arrière à sa troupe désemparée. Les lanciers polonais de l'Empereur lâchés à sa poursuite la rejoignent aussitôt. Les chevaux collent au dos des hommes. « Halte ! Face en tête ! » commande alors Lessard qui ne sait plus à quel saint se vouer. Devant les soldats ahuris, les lanciers s'écartent pour laisser entrevoir au loin les bonnets à poil de la Vieille Garde. Napoléon fait mettre bas les armes à ses grognards et s'avance seul devant les baïonnettes croisées.

On imagine la stupeur de ces hommes confrontés à l'apparition du revenant, revêtu de son habit de légende : « Les malheureux soldats étaient livides. Leurs jambes vacillaient, les fusils tremblaient dans leurs mains crispées [3]. » A portée de fusil se dresse face à eux ce « Petit Caporal » qui depuis tant

---

1. Corneille, *Horace*, acte II, scène I.
2. Voir la prenante représentation de la scène dans l'admirable film de Sergueï Bondartchouk, *Waterloo*.
3. Henry Houssaye, *1815*.

d'années partage leur vie et leurs rêves, toujours présent, au bivouac ou sur le champ de bataille. Il goûte leur soupe, boit dans leur verre, prend soin d'eux quand ils sont blessés, leur tire l'oreille quand il est content. Là, debout sur le sentier, il est encore ce chef tout à la fois familier et si mystérieux, frère et père qui les a conduits de victoire en victoire, de l'Italie à Moscou, toujours prêt à leur donner affection et immortalité, à les combler d'honneur et de gloire. A cet instant, il les fixe droit dans les yeux, d'un regard à la fois ferme et bienveillant, le menton haut, quand la bouche s'anime enfin : « Soldats du 5$^e$, reconnaissez-moi. » Puis il ouvre sa redingote et d'un pas en avant lance : « S'il est parmi vous un seul homme qui veuille tuer son Empereur, il peut le faire, me voilà. »

Une immense clameur jaillit aussitôt de toutes les poitrines : « Vive l'Empereur ! » D'un même élan, les hommes en larmes se précipitent vers lui. « Ils le regardaient, ils saisissaient ses mains et ses genoux, baisaient ses habits, voulaient au moins le toucher ; rien ne pouvait mettre un frein à leurs transports », rapporte Stendhal dans sa *Vie de Napoléon*.

Comme l'Empereur feint de s'étonner de leur hésitation, un vieux grenadier à qui il tire vivement la moustache lui tend son arme vide : « Regardez, voyez s'il est chargé, lui dit-il. Tous les soldats français ont la même opinion, ils ne portent de balle que contre les ennemis de la patrie. » Rapidement, de nombreux villageois venus lui témoigner leur affection se mêlent aux soldats. Devant eux, le revenant improvise un plaidoyer passionné. Après avoir osé le geste, il sait trouver les mots justes : « Je viens avec une poignée de braves parce que je compte sur le peuple et sur vous. Le trône des Bourbons est illégitime, puisqu'il n'a pas été élevé par la nation. Il est contraire à la volonté nationale puisqu'il est contraire aux intérêts de notre pays et qu'il n'existe que dans l'intérêt de quelques familles. Demandez à vos pères, interrogez tous ces habitants qui, des environs, arrivent ici ; vous apprendrez de leur propre bouche la véritable situation des choses ; ils sont menacés du retour des dîmes, des privilèges, des droits féodaux et de tous les abus dont vos succès les avaient délivrés. »

Il déchaîne aussitôt le fracas des vivats[1]. Il n'a donc pas rêvé à l'île d'Elbe. Son combat est bien celui de tout un pays et pas seulement le sien, celui de la nation entière qui veut reprendre en main son destin. Pour s'en convaincre, il lui suffit, tout au long de la route, de regarder autour de lui et de tendre l'oreille. Ainsi goûte-t-il avec un plaisir non dissimulé les envolées du maire de Vizille : « C'est ici qu'est née la Révolution, c'est ici qu'elle ressuscite ! »

Dans la même journée, se joue le deuxième acte avec le ralliement du colonel Charles de La Bédoyère et de son régiment. A moins de trente ans, « La Bédoyère, comme l'affirme son ami Flahaut, était une de ces natures rares chez lesquelles le courage grandit en proportion du danger : elles sont peu comprises ». Officier valeureux[2], toujours en première ligne, il est adulé de ses hommes et respecté par ses pairs. Proposé deux fois pour le grade de général durant la campagne de France, il figure alors parmi les plus grands espoirs de l'armée, d'autant que, marié avec une Chastellux, apparenté aux Duras et aux plus grandes familles de la Cour restaurée, tout le monde s'accorde à lui prévoir une carrière foudroyante : général, ministre, et qui sait maréchal. Mais le caractère du jeune héros lui fait dédaigner les calculs de l'ambition commune.

Né en 1786, il appartient à cette génération qui n'a pas connu l'Ancien Régime et dont l'existence se confond avec celle de l'Empire. « Républicain de caractère », comme il se définit lui-même[3], il condamne avec fermeté la dérive césarienne, manifeste dans la proscription de Mme de Staël ou le

---

1. « Oui, oui, répondent-ils en l'acclamant, on voulait nous arracher à la terre. Vous venez, comme l'ange du Seigneur, pour nous sauver. » « Tout est fini, dit alors Napoléon à Drouot et Bertrand ; dans dix jours, nous serons aux Tuileries. »
2. La Bédoyère s'est notamment illustré en Russie puis pendant la campagne de France.
3. « Je suis républicain par caractère ; mais toute la vieille république française est morte ou devenue la plus lâche partie de l'empire », déclare La Bédoyère à son amie Louise Cochelet, lectrice d'Hortense.

divorce avec Joséphine [1]. L'épreuve de la défaite le rapproche de Napoléon qu'il accompagne à Fontainebleau. A l'aune des trahisons et des abandons des derniers jours de l'Empire, il sent son dévouement grandir. Il comprend, l'un des premiers, que Napoléon s'est dépouillé de la morgue et de la pourpre pour revenir vers ce peuple que le bouillant aristocrate au regard de braise, trop jeune pour avoir connu les saturnales des sans-culottes, chérit car il l'a vu combattre à ses côtés.

La politique menée envers l'armée achève de le dégoûter, comme tant d'autres, du gouvernement royal. Fougueux et passionné, il ne cesse de se répandre en invectives publiques contre le régime dans le salon de la reine Hortense, en qui il voit le symbole de la gloire en exil et de la patrie endeuillée. Plein d'ardeur, le jeune colonel appartient à cette espèce rare d'hommes pour qui le rêve et l'action ne font qu'un. Comme en témoigne son amie Louise Cochelet, il n'avait pas son pareil pour faire chanter les mots ou foudroyer les courtisans [2]. En dépit des conseils de prudence prodigués avec affection par la maîtresse de maison, il loue dans Napoléon « le défenseur des droits du peuple » et de la patrie, dénonce « ces pauvres Bourbons », suppôts de l'étranger, foudroie « ces exagérés anti-français », ces émigrés qui « se croient les maîtres de la France » et « ne rêvent que de ravoir leurs biens seigneuriaux, et de remettre le peuple sous la glèbe » [3]. Il annonce

---

1. Voir les confessions du jeune colonel à Louise Cochelet : « Concevez-vous, me disait-il souvent, qu'on m'a élevé à être bourbonniste et que je détestais l'Empereur. Lorsque j'allais à Coppet et que je jouais la tragédie avec Madame de Staël, cela ne diminuait pas mon antipathie pour celui qui le tenait en exil. » Sa réaction sur le divorce est encore plus virulente : « J'en fus outré ; abandonner une si excellente femme pour épouser une archiduchesse d'Autriche !... Je crois que j'aurais tué l'Empereur de ma propre main, tant je me sentais de haine contre lui. »

2. « Il avait un talent remarquable pour la déclamation et disait les vers comme un ange », selon Louise Cochelet. La même rapporte : « Dans le salon, il parlait peu, il ne se mettait jamais en avant ; sa belle figure si expressive prenait seulement l'air du dédain, quand on disait quelque chose qui lui semblait puéril ou inconvenant ; fidèle au rôle d'observateur, il imposait à tout le monde ; car lorsqu'il voulait bien parler, c'était avec force, avec vivacité, et il frappait rudement ceux qui n'étaient pas dans ses bonnes grâces. »

3. Propos toujours tenus par La Bédoyère à Louise Cochelet auxquels on peut ajouter celui-ci : « Les peuples qui se rendent, qui n'ont pas la persévérance de se défendre, méritent de supporter toutes les conséquences de la défaite. Vous croyez donc qu'on vous a rendu les Bourbons pour le bonheur de la France ! Détrompez-

leur chute prochaine et son intention d'y prendre une part active. On le retrouve naturellement chez Maret où il côtoie les officiers opposants. Napoléon, sans doute averti par Fleury de Chaboulon, sait pouvoir compter sur lui en cas de besoin [1].

Quand, à Chambéry où il est cantonné avec son régiment, il apprend le retour de l'Empereur et reçoit l'ordre de venir renforcer la garnison de Grenoble, son sang ne fait qu'un tour : « Adieu, Madame, dit-il à son hôtesse, dans huit jours, je serai fusillé ou maréchal d'Empire [2]. » Nul mieux que lui n'incarne cette fronde des colonels qui pour la plupart vont rallier la « capote grise ». Encore jeunes, ils ont leur carrière à accomplir et une revanche à prendre contre ces officiers généraux qui, restés fidèles au roi pour jouir en paix de leur fortune, ont abandonné l'Empereur l'année précédente. La césure passe ainsi par l'âge et le grade, coupant le commandement en deux.

A peine arrivé, La Bédoyère harangue son régiment, brandissant son aigle fixée à une branche de saule [3]. Tout le 7e de ligne, qui arbore sans plus attendre la cocarde tricolore [4], quitte la ville au milieu de l'après-midi dans la plus vive exaltation, ses cris ponctués de « Vive l'Empereur » repris en chœur par les

---

vous ; les ennemis ne sont pas si bêtes ; ils vous ont donné un foyer de discordes pour des siècles ; et tout en vous leurrant de la liberté, vous reprendrez des chaînes. On vous rendra les dîmes ; les paysans n'apprendront plus à lire, de peur qu'ils n'aient l'audace de redevenir maréchaux de France ; cela leur paraît assez lourd à la cour, de supporter ceux qui y sont déjà, et qui sont assez bêtes, eux aussi, pour aller prêter à rire à de plus bêtes qu'eux. »

1. L'historien Emile Le Gallo, partisan du complot, affirme que le ralliement de La Bédoyère était prémédité. Mais il s'appuie sur des sources suspectes, que ce soit les *Mémoires* de Bourrienne, largement dus à des « teinturiers », ou la médiocre histoire des Cent-Jours par Capefigue. Il ressort plutôt des *Mémoires* de Louise Cochelet, généralement fiables, que La Bédoyère ignore au moins jusqu'à son départ pour Chambéry (février 1815) tout projet de retour de l'Empereur. En outre, il a été appelé à Grenoble avec son régiment en renfort et ne s'y est donc pas rendu de sa propre initiative ce qui accréditerait l'hypothèse du complot. En revanche, il est plus que probable que ses propos antibourboniens soient parvenus à l'oreille de l'Empereur, tant La Bédoyère s'exprimait sans retenue, son activisme compromettant d'ailleurs Hortense à la Cour.

2. Propos rapportés par la comtesse de Boigne dans ses *Mémoires*.

3. Le texte de sa harangue est cité par Louise Cochelet : « Messieurs, je viens de recevoir l'ordre de me porter en avant, et de m'opposer au retour de l'Empereur, qui vient de débarquer, en France ; marchons-nous contre lui, ou marchons-nous pour lui ? — Pour lui ! pour lui ! répondirent les officiers à l'unanimité, avec un enthousiasme difficile à décrire... »

4. Le même phénomène se reproduira pour chaque régiment. Chacun, en dépit des ordres du gouvernement royal, a conservé indemnes son aigle et la cocarde tricolore.

ouvriers des faubourgs. Napoléon accueille, radieux, ces nouveaux renforts qui, d'un coup, doublent ses effectifs et viennent grossir le cortège : « Colonel, lui dit-il en l'embrassant, je n'oublierai jamais ce que vous faites pour la France et pour moi. »

Sensible aux voies mystérieuses de la Providence, Napoléon ne peut qu'être touché à la vue de cet officier, le premier à le rejoindre, qui s'avance vers lui ; en effet il s'agit de l'ancien aide de camp de son fidèle Lannes, le « Bayard de la Grande Armée ». A Essling, sur le champ de bataille même où Lannes avait été mortellement atteint en 1809, La Bédoyère avait été blessé. De son chef, il a hérité la bravoure, le franc-parler et la rude franchise. Ralliant Napoléon pour l'honneur et la fidélité, il ne l'en interpelle pas moins sévèrement : « Plus d'ambitions, plus de despotisme ; nous voulons être libres et heureux. Il faut que Votre Majesté abjure le système de conquête et d'extrême puissance qui a fait le malheur de la France et le vôtre [1]. »

L'Empereur promet la liberté et, nuance significative, de faire tout son possible pour obtenir la paix [2].

Dans l'immédiat, et c'est le troisième acte, le général Marchand, commandant de Grenoble, ne parvient plus à tenir ses troupes : enhardies par l'exemple du jeune colonel, elles

---

1. La Bédoyère rédige une belle proclamation pour se justifier : « Les soldats du 7ᵉ de ligne à leurs frères d'armes.

« Soldats de tous les régiments, écoutez notre voix, elle exprime l'honneur de la Patrie. Reprenez vos Aigles, accourez tous vous joindre à nous. L'Empereur Napoléon marche à notre tête ; il nous a rendu notre cocarde ; ce signe de la liberté atteste que votre gloire ne sera plus oubliée. Camarades ! Vos faits d'armes étaient méprisés, des monuments devront apprendre aux siècles à venir vos victoires, ils étaient interrompus ! Votre Légion d'honneur, qu'était-elle devenue ? Le dernier ordre de l'État. L'Empereur Napoléon n'a pu supporter votre humiliation. Pour la seconde fois, il vient réorganiser notre belle patrie, il vient lui rendre sa gloire. Camarades ! Pourriez-vous l'avoir oublié ? Vous qu'il a si souvent conduits à la victoire ! Accourez tous ; que les enfants viennent se joindre à leur Père. Il connaît vos besoins ; il sait apprécier vos services. Soldats ! Avec lui vous trouverez tout, considération, honneur, gloire ; hâtez-vous, venez rejoindre des frères et que la grande famille se réunisse. »
2. La Bédoyère rapporte la réponse de Napoléon en ces termes auprès de Louise Cochelet : « Croyez-vous que les besoins et les désirs du peuple n'ont pas toujours été ma loi suprême ? Aurais-je fait tant de choses, si je n'avais pas été soutenu par lui ? S'il veut la liberté, moi seul je puis la lui donner, parce que moi seul je ne le crains pas. Quant à la paix, je ferai tout pour l'obtenir ; les traités humiliants n'ont pas été faits par moi, mais je saurai m'en contenter, si cela convient à la France. »

commencent à déserter en masse[1]. En vain fait-il porter à boire aux hommes qui, goguenards, aussitôt lèvent leur verre à la santé de l'Empereur. Pour arrêter l'hémorragie et éviter la débandade générale, il fait fermer les portes de la cité et prépare l'évacuation[2]. Mais, arrivé à la tombée de la nuit, Napoléon ne lui en laisse pas le temps.

Le spectacle est inouï : de chaque côté du mur d'enceinte, les deux troupes, flanquées d'une foule énorme, de paysans d'un côté et de citadins de l'autre, hurlent leur joie devant un Marchand médusé qui refuse de remettre les clefs de la ville. Comme à Lyon quelques jours plus tard, il ne trouve pas un homme pour ouvrir le feu sur le « Petit Tondu » et s'enfuit dépité avec son état-major. Les rares officiers royalistes restés sur place sont prévenus par leurs hommes qu'ils seront hachés sur place au moindre geste suspect. Au bout de deux heures d'efforts ponctués de palabres et de coups de bélier, de vociférations et d'ordres contradictoires, de hurlements de joie et de scènes de délire en tout genre, l'Empereur pénètre enfin dans la ville illuminée. Il est porté en triomphe jusqu'à l'hôtel des Trois-Dauphins, propriété d'un ancien de la guerre d'Italie nommé Labarre, où il a choisi de résider. « Napoléon fut continuellement perdu dans les bras du peuple », rapporte joliment Stendhal pour évoquer l'ambiance de ces retrouvailles. Se souvenant plus tard de toutes ces péripéties, Napoléon pourra dire, ne retenant que la magie de son apparition : « Je n'ai eu qu'à frapper à la poterne avec ma tabatière. » A peine a-t-il gagné sa chambre que déjà l'appellent au balcon les cris

---

1. « Suivant l'expression soldatesque d'un des brigadiers de Marchand, "elle pétait dans la main des chefs". Le gouverneur ordonne de fermer les portes de la ville pour empêcher la désertion générale ; mais des soldats, dit un témoin cité par l'historien Louis Madelin, "s'échappaient par toutes les brèches des murailles". »
2. Le récit du général Marchand, ainsi que celui de nombreux protagonistes de la journée, a été publié par Arthur Chuquet dans ses *Lettres de 1815*. « Nous entendîmes un bruit sourd et des cris qui ressemblaient à des hurlements. C'était la tête de la colonne de l'usurpateur, composée de plus de deux mille paysans munis de torches de paille allumée, criant tous Vive l'Empereur. A mesure qu'ils approchaient, nos soldats leur répondaient de dessus les remparts par les mêmes cris. Bientôt, ils arrivèrent à la porte, et dès lors ce ne fut plus qu'une explosion de cris du haut en bas des remparts. Ces cris ne discontinuèrent pas jusqu'à la fin. Un grand nombre de mes soldats se laissèrent glisser du haut en bas des fortifications pour aller se joindre aux rebelles. »

de la foule lui apportant en tribut les débris de la porte de Bonne : « Napoléon, nous n'avons pu t'offrir les clés de ta bonne ville de Grenoble ; mais en revanche voilà les portes. »

Solidement installé dans la capitale du Dauphiné et doté d'une armée de 7 500 hommes, l'Empereur se montre confiant · « Tout est décidé maintenant, dit-il à son entourage. Nous sommes sûrs d'aller à Paris. » Épuisé par une semaine harassante, il décide de faire une halte de trente-six heures. Le 8, comme si le fil de l'histoire ne s'était jamais rompu, il reçoit en souverain les autorités et les corps constitués puis passe en revue les troupes. Dans l'auberge qui fait office de palais, il tient salon, reçoit notables et magistrats, multiplie les dépêches à Marie-Louise et à son beau-père ; il y affirme sa volonté pacifique et son désir de retrouver les siens, soliloque longuement sur les fautes de Louis XVIII, affirme vouloir s'appuyer sur les modérés[1]. « Jusqu'à Grenoble, j'étais un

---

[1] Bérenger, avocat général à la cour de Grenoble, a laissé un récit détaillé de la réception impériale. Il est symptomatique de la manière dont Napoléon utilise la peur du peuple pour rallier les notables, mais il prouve également qu'il n'est pas encore résolu à de trop fortes concessions en faveur des libéraux : « J'ai fait des fautes, et qui n'en fait pas ? Le plus habile avocat se trompe dans ses consultations... J'en ai été puni. Quoiqu'on me croie très habile à la guerre, je ne le suis pas toujours. On me reproche d'avoir perdu beaucoup de monde ; où a-t-on vu [en riant] qu'on pût faire des omelettes sans casser des œufs ? [...] On parle de prison d'État où j'enfermerais mes victimes ; quels sont ceux que j'y retenais ? Des scélérats, des hommes que les tribunaux ne pouvaient convaincre, des conspirateurs. [...] Hum ! On m'accuse [en riant] d'avoir fait faire des exécutions par mes mamelouks. Hum ! [...] Mais je veux tout oublier, et libelles et réquisitoires, dont l'objet était d'égarer la nation [...] Je n'aurais jamais quitté mon île si j'avais cru que la France pût être heureuse. Mais aussitôt que j'ai vu Louis XVIII dater : an xix$^e$ de mon règne, j'ai dit : il est perdu. L'an XIX$^e$ de son règne ! Et moi, qu'ai-je donc été pendant tout ce temps ? Il se qualifie de roi légitime, c'est un roi donné par la force ; moi seul étais légitime parce que c'étaient les suffrages de la nation qui m'avaient mis sur le trône... Tout ce qui a été fait pendant l'année qui vient de s'écouler est illégal. — Le roi est un brave homme, c'est un bon prince, mais il est faible, il est mal conseillé ; il fallait qu'il se dégageât de ses vieilles idées, qu'il s'assît sur le trône, que je quittais, sans faire de changements, qu'il s'intitulât Louis I$^{er}$, datât de l'an I de son règne, qu'il formât une troisième dynastie, qu'au lieu de donner une charte en forme d'ordonnance royale qui pouvait ne pas être obligatoire pour ses successeurs, il fît un pacte avec la nation ; mais pour cela il fallait du courage, de la grandeur et beaucoup d'énergie. — Insensiblement, les anciennes institutions, les anciens abus, la féodalité allaient être rétablis... Il se préparait une réaction terrible ; le peuple, irrité, lassé, aurait voulu secouer le joug ; et, avant une année, la plupart d'entre vous, messieurs, auriez été pendus, oui pendus ! — Quand j'ai vu cela, je me suis décidé à revenir en France, sauver ce bon peuple qui ne mérite pas qu'on l'humilie ; ce n'est pas pour moi, je le répète, j'ai assez de

aventurier. A Grenoble, j'étais prince », dira-t-il fièrement à Sainte-Hélène. L'accueil triomphal du Dauphiné venge enfin les crachats d'Orgon[1].

---

gloire... Que me faut-Il d'ailleurs ? Je mange peu, je dors peu, je n'ai pas de plaisir. » Il attaque ensuite les émigrés et les nobles : « En France, le milieu et la queue de la nation sont ce qui vaut le mieux, la tête ne vaut rien. C'est le contraire de l'Angleterre, où toute la grandeur de la nation est dans la tête, tandis que le milieu et la queue valent moins... [Se mettant à rire] Vous ne m'attendiez pas sitôt [On rit]. Je ne serais pas venu sans les fautes de Louis XVIII. » Un magistrat l'invite ensuite à donner une constitution pétrie d'idées libérales : « — L'Empereur : Hum ! Ce sont des idées politiques qu'il faut. — Le même magistrat : Oui, Sire, elles sont nécessaires. Mais n'est-ce pas des premières que dérive la liberté des peuples. — Ici la figure de l'Empereur devint sérieuse et il fit signe à la cour de se retirer. »

1. Une chanson à succès de l'époque résume le sentiment populaire dominant, très hostile à l'encontre des prêtres et des émigrés :

Saute, saute, gros cotillon,
Rends la couronne au grand Napoléon. [...]
Crois-tu, Cagot, que c'est avec des messes
Que l'on gouverne aujourd'hui les Français ? (Refrain)
Le roi des fous, des émigrés, des prêtres,
Ne valait point un empereur chéri,
Et ne pouvait, appuyé par des traîtres,
Rester longtemps sur un trône pourri. (Refrain).

# CHAPITRE III

## LE PRINCE

> « L'Empereur s'était encore une fois confié à son étoile et elle lui avait été fidèle comme pour servir de flambeau à de plus immenses funérailles. »
>
> Mme de BOIGNE, *Mémoires*.

### *Le lys contre l'Aigle*

En une dizaine de jours, du 9 au 20 mars 1815, la Restauration s'écroule. Alors que Louis XVI avait mis trois ans pour descendre du trône, Louis XVIII ne résiste pas plus de trois semaines. Tardive et malhabile, la riposte de la royauté au défi lancé par Napoléon révèle au grand jour sa peur et ses faiblesses. Elle jette l'armée dans les bras de son bienfaiteur plutôt que de mobiliser ses propres fidèles et cède à la panique au lieu de prendre résolument l'opinion à témoin. On comprend donc que le jugement des contemporains soit unanimement sévère. « L'incurie à cette époque a été au-delà de ce que la crédulité de la postérité pourra consentir à se laisser persuader », accuse par exemple Mme de Boigne [1].

Dès l'origine, la Restauration accuse un temps de retard qui s'avérera lourd de conséquences. La nouvelle du débar-

---

[1]. Mme de Boigne donne fidèlement le point de vue des royalistes modérés. Ses *Récits d'une tante* sont souvent comparés aux *Mémoires* de Saint-Simon pour leur verve.

quement de l'Empereur n'est connue à la Cour que le dimanche 5 mars au soir, soit plus de quatre jours après les faits ! La déficience du télégraphe [1], souvent invoquée, n'explique pas tout. Le maréchal Masséna, commandant à Marseille, n'expédie lui-même la dépêche que le 3 dans la soirée [2]. Un premier rapport fautif s'était contenté de lui signaler le débarquement anodin d'une cinquantaine de grenadiers elbois venus pour rejoindre leur famille ! En réalité, c'est l'absence totale de mesures préventives et la faiblesse de la police royale, comparée à celle de Fouché, qu'il faut ici incriminer.

Confiant et insouciant, le ministère a agi comme si Napoléon n'existait plus. Aucune surveillance maritime d'envergure autour des côtes de la Méditerranée ! Aucune surveillance militaire près des principaux ports alors que quelques bataillons de volontaires royaux placés à proximité auraient peut-être suffi. Et surtout aucune surveillance policière efficace autour de Napoléon ! Supprimé en 1814, le ministère de la Police avait laissé place, libéralisme oblige, à une direction générale successivement confiée à un Beugnot indolent puis à un d'André [3] inexpérimenté, les deux passifs et découragés face à l'émergence de nombreuses polices parallèles, comme celles du comte d'Artois ou de Fouché [4].

---

1. Ce « moyen ingénieux d'écrire en l'air » a été mis au point en 1792. Les appareils — une poutrelle de quatre mètres de long avec deux barres d'un mètre chacune, qui, à l'aide des poulies, simule les lettres d'un mot — sont disposés tous les dix kilomètres. Le préposé observe les signaux émis à l'aide de lunettes et les répercute à son tour. La vitesse de transmission des nouvelles, jusqu'alors dévolue aux courriers, se trouve révolutionnée par l'invention. Par exemple, une dépêche de cent signaux ne mettait plus que deux heures et quart pour aller de Lyon à Paris. Mais, en 1815, le réseau reste fragmentaire — il s'arrête à Lyon — et sa fiabilité demeure fonction du climat, le mauvais temps brouillant considérablement la transcription.
2. Parvenue à Lyon, la dépêche est ensuite amenée par un courrier jusqu'à la capitale.
3. Ancien constituant royaliste, d'André a émigré à Londres après la chute de la monarchie.
4. Il en existe cinq ou six en tout, le moins folkloriques étant justement celle de Monsieur et les anciens réseaux du duc d'Otrante. Pasquier accuse lui aussi le gouvernement : « Jamais succès n'a accusé plus complètement l'incurie, le défaut de toutes précautions de la part de ceux qui auraient dû, sans cesse, avoir les yeux fixés sur le péril qui pouvait à tout moment s'avancer de ce côté. Ainsi, la police ne savait rien de ce qui se préparait dans l'île d'Elbe, elle n'avait pris aucune mesure pour en être informée. Le ministre de la Marine n'avait pas su organiser une croisière entre cette île et la côte française. Le ministre de la Guerre avait négligé de placer dans les villes des officiers généraux, choisis parmi ceux qui étaient le plus compromis

Vitrolles, mémorialiste talentueux de la débandade royale[1], raconte avec quel flegme Louis XVIII accueille la nouvelle. Après avoir lentement parcouru la dépêche, le monarque, sans trouble apparent, lève les yeux vers son interlocuteur :

« Vous ne savez pas ce que c'est ?

— Non Sire, je l'ignore.

— C'est, me dit-il d'un son de voix qui ne décelait aucune altération, c'est Bonaparte qui est débarqué sur les côtes de Provence. » Et d'ajouter, impassible : « Il faut porter cette dépêche au ministre de la Guerre, et il verra ce qu'il y aura à faire. »

Vitrolles, hors d'haleine, se dirige incontinent vers le ministère, rue Saint-Dominique. En chemin, il croise Soult qui se montre dubitatif : « Le débarquement, dit-il en substance, n'a aucune certitude. Il faudrait en attendre la confirmation. » Même insouciance chez Monsieur qui, au lieu de presser son départ, n'a rien trouvé de plus urgent que d'assister aux vêpres. On perd ainsi plusieurs heures précieuses.

La Cour, aussitôt informée par la rumeur, réagit avec légèreté, inconscience ou arrogance. A de rares exceptions près, la tentative de Napoléon est condamnée d'avance comme ridicule et suicidaire. Que peut faire le « bandit corse » flanqué d'un millier de « brigands » contre l'Etat et sa puissante administration, contre ses deux cent mille soldats auxquels s'ajoutent les « braves populations du Midi » qui rêvent d'en découdre avec l'« Usurpateur » ? Puisqu'il le veut, la France sera son tombeau. Pour le préfet Barante, royaliste libéral lié à Mme de Staël[2], « c'est tout bonnement un acte de désespéré.

---

avec Napoléon. Sous leurs ordres, il eût été facile de mettre des troupes choisies avec soin et pouvant inspirer confiance au gouvernement. Tout cela était si simple, si clairement indiqué, qu'on ne saurait comprendre l'excès d'insouciance qui avait fait négliger les plus simples précautions. Il faut croire que ceux auxquels il appartenait de les prendre n'avaient pas cru à la possibilité d'une tentative aussi désespérée. »

1. Alors secrétaire d'Etat du Conseil royal, Vitrolles hérite d'une partie des attributions de la secrétairerie d'Etat sous l'Empire, dont la direction du *Moniteur* et la rédaction des procès-verbaux du Conseil des ministres.

2. Il a même été son amant et l'un des membres les plus influents du groupe de Coppet. Préfet, pair et académicien, Barante sera également ambassadeur sous la monarchie de Juillet.

Il est dans les montagnes où on le prendra, ou desquelles il se sauvera déguisé ». Lamartine, alors jeune garde du corps [1], partage le même optimisme béat : « Bonaparte s'était trompé d'heure ; personne ne l'attendait ; personne ne le désirait ; il venait hors de propos ... Il vient achever, me dis-je, ce que le traité de Paris n'a pas eu le bon sens d'achever : le détrônement de sa gloire. » Talleyrand lui-même, de Vienne, tombe dans le piège : « Je suis persuadé, écrit-il à son ami Jaucourt [2], que l'entreprise de Bonaparte n'aura aucune suite fâcheuse, et qu'il ne sera point nécessaire de recourir aux puissances étrangères [3]. »

Une fois la nouvelle confirmée par plusieurs dépêches, le gouvernement se décide enfin à réagir. Le Conseil des ministres se réunit le 5 au soir puis à nouveau le lendemain matin pour arrêter des mesures militaires et politiques adaptées.

Le principal volet, approuvé dès le 5, orchestre la riposte armée. Soult, courtisan jusqu'au bout, proteste de la parfaite loyauté des troupes. Fort de cette assurance, que l'avenir devait cruellement démentir, le Conseil décide de prendre Napoléon en tenaille par un mouvement d'encerclement. Sous les ordres du comte d'Artois, un corps central occupera Lyon tandis que les deux ailes, commandées par ses fils, le duc

---

[1]. Dans la compagnie de Noailles commandée par le prince de Poix : « servir et défendre le roi, comme le guide spontané de la France était notre seule ambition », écrit Lamartine dans ses *Mémoires de jeunesse*.

[2]. Jaucourt assure alors l'intérim du prince de Bénévent aux Affaires étrangères. Ancien député à la Législative, membre du Tribunat puis du Sénat impérial, membre du gouvernement provisoire, ministre d'État et pair de France en 1814, il a déjà une riche carrière derrière lui.

[3]. Le 14 mars, ayant reçu entre-temps une lettre de Jaucourt, lui annonçant les premières mesures prises, Talleyrand écrit encore : « Les dépêches [que votre courrier] m'apporte me confirment dans l'opinion que cette tentative ne peut avoir aucune suite sérieuse, et ne serviront que pour dissiper le peu de craintes que quelques personnes avaient pu concevoir. Il me paraît même probable qu'en ce moment, tout doit être terminé. » Même les bonapartistes paraissent pessimistes, à l'image de Caulaincourt disant à Lavalette en apprenant la nouvelle : « Quelle extravagance ! Quoi ! Débarquer sans troupes ! [...] Il sera pris. Il ne fera pas deux lieues en France. Il est perdu ! » Seule Mme de Staël a du flair et s'inquiète immédiatement : « C'en est fait de la liberté si Bonaparte triomphe, et de l'indépendance nationale s'il est battu », déclare-t-elle au même Lavalette.

d'Angoulême, depuis Bordeaux, et le duc de Berry, par la Franche-Comté, se rabattront sur lui pour l'écraser. Comme si Napoléon était homme à se laisser enfermer dans une souricière ! Connaissant les sentiments peu amènes de la troupe envers les princes, Soult fait adjoindre un maréchal à chacun d'entre eux[1].

Dans l'attribution des commandements, se pose le problème particulier de la place à accorder au duc d'Orléans. Ancien général de l'armée révolutionnaire, ayant porté à ce titre la cocarde tricolore, le futur roi Louis-Philippe a notamment combattu à Valmy et à Jemmapes à l'automne 1792. Il dispose ainsi d'une expérience et d'une popularité nettement supérieures à celles de ses cousins. Autant de raisons pour que le roi souhaite écarter cet encombrant parent, dont il se méfie et qu'il déteste depuis longtemps : « Il n'avance pas mais je sens qu'il chemine », confiait-il à son propos.

Il n'entend pas pour autant le laisser à Paris où il risque de devenir le point de ralliement de tous les mécontents et, qui sait, une solution de rechange pour les notables. Ses condamnations discrètes mais répétées des fautes de la Restauration le placent déjà, bien avant 1830, en position de recours idéal. Il faut en conséquence le conduire à s'engager clairement en faveur de la dynastie sans lui confier de trop hautes responsabilités. Louis XVIII décide de l'adjoindre à Monsieur ; le libéral devient ainsi premier aide de camp de l'ultra. Louis-Philippe, humilié d'être traité en général de pacotille, conscient du piège tendu par le roi, ne peut refuser de peur de passer pour un traître comme son père Philippe-Egalité[2].

Ce plan de campagne, naturellement jugé génial par les courtisans, se révèle dès le départ irréaliste, car réunir plusieurs milliers d'hommes exige des délais considérables qui

---

[1]. Macdonald suivra Monsieur, Gouvion Saint-Cyr le duc d'Angoulême, Ney le duc de Berry.
[2]. Rappelons que Philippe-Egalité a joué un rôle important dans l'orchestration des premiers troubles révolutionnaires. Elu à la Convention, il a voté la mort de Louis XVI avant d'être exécuté durant la Terreur.

n'ont pas été pris en compte par les ministres. Le gouvernement doit envoyer les ordres par courrier à chaque corps d'armée, centraliser les régiments dans les dépôts pour enfin les faire converger au point de rassemblement indiqué[1]. L'opération devrait prendre au moins une semaine, une éternité au regard de la marche éclair de Napoléon ! Ainsi, arrivé à Lyon le 8 mars, le comte d'Artois se retrouve d'emblée en situation d'infériorité numérique face à l'« envahisseur », renforcé dans l'intervalle par la garnison de Grenoble.

Ensuite, et cela suffit à disqualifier le projet, le gouvernement méconnaît l'exaspération de l'armée qui appartient corps et âme à l'Empereur. Pour résister avec quelque chance de succès face à l'élan et à la passion, la Restauration aurait dû opposer une ferveur et une détermination identiques. Seule troupe sûre, la garde royale, avec ses six mille hommes, aurait dû être dépêchée à la rencontre de Napoléon, épaulée éventuellement par les populations locales, comme le duc d'Angoulême réussira à le faire dans le Sud. Mais pour commencer, il fallait regrouper les nombreux volontaires royalistes, tous croisés de la fidélité, éconduits avec arrogance durant les premiers jours, tant on pensait pouvoir se passer d'eux[2]. A défaut d'une victoire décisive, le sang aurait coulé, flétrissant le mythe impérial d'une France unie derrière son sauveur, tandis que l'Aigle immaculé bondissait de clocher en clocher.

Enfin, sans craindre le paradoxe, le dispositif est complété le 9 mars par la levée en masse de la garde nationale : le frère de Louis XVI appelle à son secours cette milice bourgeoise créée par La Fayette en juillet 1789 pour abattre la monarchie

---

1. Plus de trente mille hommes se rassemblent alors pour constituer un corps d'observation sur les Alpes, afin de surveiller Murat, mais la mobilisation est loin d'être terminée.
2. « Une double procession montait et descendait les escaliers du pavillon de Flore ; on s'enquérait de ce qu'on avait à faire : point de réponse. On s'adressait au capitaine des gardes ; on interrogeait les chapelains, les chantres, les aumôniers : rien. De vaines causeries, de vains débits de nouvelles. J'ai vu des jeunes gens pleurer de fureur en demandant inutilement des ordres et des armes ; j'ai vu des femmes se trouver mal de colère et de mépris. Parvenir au roi, impossible ; l'étiquette fermait la porte » (Chateaubriand). Le chef de la société secrète ultraroyaliste des chevaliers de la Foi, Ferdinand de Bertier, propose également ses services en vain.

absolue. Une telle mesure, là encore, s'avérera inutile en raison des inévitables délais d'exécution.

Au volet militaire, le Conseil ajoute le 6 mars la convocation de la Chambre des députés. L'ambition avouée est d'impressionner l'opinion en prouvant la force du lien unissant la représentation nationale à la royauté. Prorogée pour libéralisme outrancier trois mois auparavant, la députation se trouve alors dans l'attente de la prochaine session parlementaire. Faute d'élections, c'est toujours la Chambre désignée sous l'Empire, celle qui a blâmé Napoléon en janvier 1814 avant de voter sa destitution. La voilà de nouveau mise à contribution pour jeter l'anathème.

Séduisante en théorie, la décision se révèle décevante en pratique, du fait de la faible représentativité des parlementaires. En vertu de la Constitution impériale, qui se retourne ainsi contre la Restauration, les députés de l'Empire n'étaient pas élus mais nommés par le Sénat à l'issue d'une parodie complexe du suffrage universel, écrémant les élections par degrés censitaires successifs. Au bout du compte personne ou presque ne connaissait les noms des députés ni leur rôle. Méprisés pour leurs palinodies répétées, impopulaires, les représentants étaient bien mal placés pour soulever les masses. Par ailleurs, l'histoire prouve combien les délibérations parlementaires se révèlent souvent vaines en période de crise. L'Assemblée législative n'a rien pu faire contre la révolte populaire du 10 août 1792. La Convention, encerclée par les canons d'Hanriot[1] et les sans-culottes, a fini à son corps défendant par livrer les députés girondins à la vindicte jacobine le 2 juin 1793. Les cris d'orfraie des tenants de la souveraineté parlementaire n'ont pas plus intimidé Barras le 18 fructidor que Bonaparte le 18 brumaire. On n'arrête pas une révolution avec des discours mais avec des hommes résolus, guidés par des chefs et soutenus par un idéal. En singeant la Constituante, la royauté s'est une nouvelle fois trompée de

---

1. Commandant robespierriste de la garde nationale de Paris.

révolution. Occupant le terrain parlementaire, le pouvoir royal croit couper l'herbe sous le pied de Napoléon en le privant de toute légitimité. Or, contrairement à 1789, le souffle populaire ne vient plus du haut de la tribune. Il est porté par l'armée et la rue sur lesquelles les représentants, issus du suffrage censitaire, n'ont aucune prise.

Le Conseil des ministres tranche enfin la manière dont le gouvernement portera l'événement à la connaissance de la nation. Après vingt-quatre heures de silence, délai jugé nécessaire pour lancer les préparatifs et se prémunir contre d'éventuels complots bonapartistes, l'annonce emprunte la forme solennelle d'une proclamation du roi insérée dans le *Moniteur* du 7 mars. Publiée en même temps que les autres mesures — envoi de troupes, convocation des chambres —, elle vise à rassurer l'opinion en lui prouvant la détermination et la sérénité du gouvernement[1].

Avec son style ampoulé qui rappelle le Préambule de la Charte, la déclaration ne s'élève pas à la hauteur des enjeux, surtout comparée aux éblouissantes philippiques du « corsicain ». Napoléon est traité comme un vulgaire Mandrin, « traître et rebelle », et il est demandé à tout citoyen de lui « courir sus ». Au lyrisme moderne des proclamations de Golfe-Juan, la royauté rétorque par une pantomime, à la rhétorique creuse et désuète, qui place les rieurs du côté de l'Empereur. Elle provoque l'ironie de Chateaubriand : « Louis XVIII, sans jambes, courir sus le conquérant qui enjambait la terre ! Cette formule des anciennes lois, renouvelée à cette occasion, suffit pour montrer la portée d'esprit des hommes d'Etat de cette époque. Courir sus en 1815 ! courir sus ! et sus qui ? sus un loup ? sus un chef de brigands ! sus un seigneur félon ?

---

1. Même « force tranquille » envers les ambassadeurs auxquels le roi s'adresse le 7 mars dans les termes suivants : « Messieurs, je vous prie de mander à vos Cours que vous m'avez trouvé bien portant de la goutte et nullement inquiet de ce qui vient d'arriver. Cela ne troublera ni le repos de la France, ni celui de l'Europe. » Le lendemain, Blacas écrit encore au comte d'Artois : « Je me félicite d'avoir à vous instruire des excellentes dispositions de Paris et de la sensation favorable qu'y a produite la nouvelle du débarquement de Buonaparte. Tous les cœurs sont au roi et tous les bras se lèveront pour le défendre. »

non : sus Napoléon qui avait couru sus les rois, les avait saisis et marqués pour jamais à l'épaule de son N ineffaçable ! »

L'Empereur a d'ores et déjà remporté la bataille des mots.

Etroitement surveillée par la censure, la presse officielle donne le ton d'une campagne, relayée par de nombreux pamphlets, qui doit achever de convaincre l'opinion[1]. Deux mots d'ordre s'imposent, apparemment contradictoires : dédramatiser et diaboliser. La voie est ouverte à la désinformation[2]. Des proclamations incantatoires issues de tous les grands corps civils, politiques et militaires[3] se multiplient la semaine suivante dans les colonnes du *Moniteur*. Il s'agit toujours de prouver l'union du pays légal autour du roi. Afin de décourager les velléités de rébellion des bonapartistes, la chevauchée impériale est présentée, presque jusqu'au dernier jour, comme sur le point de s'effondrer. De crainte d'en révéler les progrès, on cache ses avancées ainsi que les défections en cascade des militaires. A l'inverse, les fausses nouvelles abondent au point qu'on pourrait en former un florilège : Napoléon est donné plusieurs fois battu[4] ; il se cache dans les montagnes, ou

---

[1]. Le 7 mars, Talleyrand écrit à Jaucourt pour en fixer la ligne : « Il serait bien à désirer que l'on pût diriger les journaux dans ce qu'ils diront de l'entreprise de Bonaparte, quel qu'en soit l'objet. En parler comme une chose très grave ce serait lui donner une importance que sans doute elle n'aura pas et redoubler les inquiétudes qu'elle peut causer aux personnes disposées à s'alarmer facilement. »

[2]. D'autant plus qu'il n'y a pas de presse bonapartiste, excepté *Le Nain jaune* qui reste discret par peur de représailles.

[3]. Celle de Soult, qui prend la forme d'un ordre du jour à l'armée, se distingue par sa virulence : « Cet homme, qui naguère abdiqua aux yeux de l'Europe un pouvoir usurpé dont il avait fait un si fatal usage, est descendu sur le sol français qu'il ne devait plus revoir. Que veut-il ? La guerre civile. Que cherche-t-il ? Des traîtres : où les trouvera-t-il ? Serait-ce parmi ces soldats qu'il a trompés et sacrifiés tant de fois ? Serait-ce au sein de ces familles que son nom seul remplit encore d'effroi ? Bonaparte nous méprise assez pour croire que nous pourrons abandonner un souverain légitime et bien-aimé pour partager le sort d'un homme qui n'est plus qu'un aventurier. Il le croit, l'insensé ! et son dernier acte de démence achève de le faire connaître. Soldats, l'armée française est la plus brave armée de l'Europe, elle sera aussi la plus fidèle. »

[4]. Louis-Philippe, rentré à Paris le 12 mars après avoir dû fuir à Lyon devant Napoléon, apprend à sa stupeur — par rumeur interposée — qu'il vient de remporter une grande victoire et s'indigne, dans son *Journal intime*, des « contes absurdes » dont on abreuve le peuple.

encore ses troupes fondent comme neige au soleil[1]. Errant sur les routes, abandonné, ridicule, ruiné, sa capture n'est plus qu'une question de jours.

Comme en 1814, la presse n'hésite pas à jouer des armes faciles du mensonge, de l'insulte et de l'imprécation[2]. Les injures se déclinent sur tous les tons, d'un Napoléon qualifié non seulement de tyran — « Tibère », « Néron », « despote », « fléau des générations », « boucher » —, mais aussi d'étranger — « Corse », « fils d'un bourgeois d'Ajaccio » — ou de lâche : « le poltron de 1814 ». Si le despotisme a toujours été dénoncé, ces dernières attaques appartiennent à un répertoire plus récent, destiné à miner le charisme impérial, le patriotisme et la gloire[3]. D'où l'insistance malsaine à présenter la phalange elboise comme un ramassis de brigands étrangers « en grande partie polonais, napolitains, piémontais[4] ». D'où

---

1. Henry Houssaye cite notamment cette philippique extraite d'un journal royaliste : « [...] s'il a préféré, il y a un an, aux dangers d'une mort glorieuse l'ignominie de l'exil, c'était pour revenir rallumer le flambeau de la guerre civile avec mille bandits... Mais les paysans assomment de toute part les brigands qui l'accompagnent. Il ne lui reste d'autre ressource que la fuite. Puisse la Providence, lassée de ses crimes, tromper les vils calculs de sa lâcheté et l'abandonner à la vengeance des lois. » Le 19 mars, alors que Napoléon approche de Paris, le *Journal des débats* n'hésite pas à dire que les désertions affluent, notamment dans sa cavalerie qui ne comporterait plus que trois à quatre cents hommes.
2. Ouvrons par exemple le *Journal des débats* à la date du 8 mars : « Bonaparte s'est évadé de l'île d'Elbe où l'imprudente magnanimité des souverains alliés lui avait donné une souveraineté pour prix de la désolation qu'il avait si souvent portée alors dans leurs États ; cet homme, tout couvert du sang des générations vient, au bout d'un an écoulé, en apparence dans l'apathie, essayer de disputer, au nom de l'usurpation et des massacres, la légitime et douce autorité du roi de France. A la tête de quelques centaines d'Italiens et Polonais, il a osé mettre le pied sur une terre qui l'a réprouvé à jamais. [...] Quelques pratiques ténébreuses, quelques mouvements dans l'Italie, excités par son aveugle beau-frère, ont enflé l'orgueil du lâche guerrier de Fontainebleau. Il s'expose à mourir de la mort des héros ; Dieu permettra qu'il meure de la mort des traîtres. La terre de France l'a rejeté : il y revient ; la terre de France le dévorera. »
3. *De Buonaparte et des Bourbons*, le plus célèbre pamphlet royaliste de 1814, incarne cette nouvelle génération de libelles. Chateaubriand y écrit par exemple : « En vain prétendrait-on que Buonaparte n'est pas étranger. Il l'est aux yeux de toute l'Europe, de tous les Français non prévenus ; il le sera au jugement de la postérité ; elle lui attribuera peut-être la meilleure partie de nos victoires et nous chargera d'une partie de ses crimes. Buonaparte n'a rien de Français, ni dans les mœurs, ni dans le caractère. Les traits mêmes de son visage montrent son caractère. La langue qu'il apprit dans son berceau n'était pas la nôtre ; et son accent comme son nom révèlent sa patrie. On a découvert que Buonaparte s'était rajeuni d'un an. Il est né le 5 février 1768, et la réunion de la Corse à la France est du 15 mai de la même année, de sorte que dans toute la rigueur de l'expression, Buonaparte est étranger aux Français. »
4. Le *Journal des débats*, 9 mars.

la stupéfiante dénonciation de la lâcheté par le camp royaliste qui tente, par ses propres braillements, de faire oublier les errements de l'émigration et les palinodies du comte d'Artois qui avait renoncé à rejoindre ses partisans en Vendée. Mais rien n'arrête les ultras, surnommés par dérision « les voltigeurs de Louis XIV ». Une de leurs chansons, ironiquement intitulée « Le retour du brave », récapitule les désertions impériales, insistant sur les départs prématurés d'Egypte (1799) et de Russie (1812) :

> Il se croit Charlemagne,
> Car il le dit souvent ;
> Autant en emporte le vent !
> Il sut prendre en Espagne,
> En Egypte, à Moscou
> Ses jambes à son cou [...]
> De clocher en clocher,
> Son grand talent est de voler.
> Mais, après le pillage,
> La peur d'être vaincu
> Lui fait tourner le cul.

Cette agressivité n'a même pas le mérite de l'efficacité puisqu'elle dope les bonapartistes, révoltés par ces crachats, tout en endormant les royalistes, convaincus que l'aventure bonapartiste touche à sa fin. Enfin, elle ne trompe pas les plus avertis, en l'occurrence les notables, habitués à lire à travers les lignes de la censure. Or la débandade annoncée n'arrive pas, ce qui suffit à prouver l'avancée irrésistible du « corsicain » scandée par la chute de la rente[1]. Du même coup, les attaques de la presse officielle se font moins directes : on ne parle plus de l'« Ogre » mais du « fugitif de l'île d'Elbe »[2].

---

1. Henry Houssaye donne les cours suivants : 78,75 francs le 4 mars, 71,25 francs le 7 mars ; entre 66 et 68 francs les jours précédant le retour de Napoléon.
2. Dans son numéro du 25 mars, *Le Nain jaune* fait un édifiant résumé des contorsions de la presse au cours du Vol de l'Aigle : « L'exterminateur a signé le 25 février un traité d'alliance offensive et défensive, on ne sait pas avec qui ;
Le 26, le Corse est parti de l'île d'Elbe.
Le 30, Buonaparte est débarqué à Cannes avec 600 hommes ;
Le 4 mars, le général Bonaparte s'est emparé de Grenoble ;

Bravades et rodomontades font alors place à un attentisme où l'on décèle déjà la peur. Puis une franche panique s'installe à l'annonce de la prise de Lyon, deuxième grande victoire impériale après Grenoble. La plupart des courtisans, passés sans vergogne de Napoléon à Louis XVIII, sont jetés dans les affres. Le caractère populaire et néo-jacobin du mouvement qui le porte sur le pavois ne fait qu'aviver leurs alarmes. Barante, qui a perdu un peu de sa superbe, a le mot de la situation : « Il revient pour nous déshonorer tous. »

## *Le trône vacille*

La machine gouvernementale se grippe et ses plans s'effondrent dès le 10 mars. Lyon, au cœur de la résistance royale, tombe entre les mains du revenant. La monarchie sombre en huit jours. Chateaubriand salue le miracle dans ces lignes féroces où perce l'admiration : « Bonaparte accourut au secours de l'avenir ; ce christ de la mauvaise puissance prit par la main le nouveau paralytique [Louis XVIII], et lui dit : "Levez-vous et emportez votre lit." »

La capitale des Gaules, que Napoléon avait failli faire sienne, s'affiche de longue date bonapartiste[1]. Elle lui sait gré d'y avoir ramené la paix civile, après les tumultes de la Révolution[2], mais aussi d'être à l'origine de l'expansion de la

---

Le 11, Napoléon a fait son entrée à Lyon ;
Hier l'Empereur a été reçu à Fontainebleau au milieu des acclamations ;
Et sa Majesté Impériale et Royale est attendue aux Tuileries demain 20 mars... »

[1]. L'Empereur voue à Lyon une affection particulière comme le prouve le ton inhabituel dont il use dans la proclamation qu'il publie le 13 mars, juste avant de partir vers Paris : « Au moment de quitter votre ville pour me rendre dans ma capitale, j'éprouve le besoin de vous faire connaître les sentiments que vous m'avez inspirés. Vous avez toujours été au premier rang dans mon affection ; sur le trône ou dans l'exil, vous m'avez toujours montré les mêmes sentiments. Ce caractère élevé qui vous distingue spécialement vous a mérité toute mon estime. Dans des moments plus tranquilles, je reviendrai pour m'occuper de vos besoins et de la prospérité de vos manufactures et de votre ville. Lyonnais, je vous aime. »

[2]. A la tête de la révolte fédéraliste contre la Convention en 1793, Lyon avait été en partie détruite et rebaptisée « Ville-affranchie ». Les représentants en mission, Collot d'Herbois et Fouché, y orchestrèrent une répression impitoyable.

ville, autour de la place Bellecour dont il a posé la première pierre à son retour de Marengo. La politique urbaine ambitieuse s'est accompagnée d'une relance économique qu'illustrent les soieries modernisées par l'introduction du métier Jacquard et soutenues par les énormes commandes de la Cour impériale. Enfin, l'annexion de l'Italie a grandement contribué à l'envol des échanges commerciaux [1].

Arrivé sur place le 8 mars, le comte d'Artois mesure vite son absence de marges de manœuvre. Non seulement les partisans du pouvoir royal se comptent sur les doigts de la main, mais en plus, avec la chute de Grenoble, il découvre effaré la faiblesse des forces à sa disposition : au lieu des trente à quarante mille soldats promis par Soult, une simple garnison de six mille hommes et un millier de gardes nationaux peu ou mal armés. Le voilà en situation d'infériorité numérique alors qu'il était, deux jours auparavant, censé combattre à trente contre un !

Enfin, les troupes adoptent le même comportement qu'à Grenoble, refusant d'engager la guerre civile, impatientes de rallier leur bienfaiteur. Le maréchal Macdonald, arrivé le 9 au soir, ne peut que constater l'ampleur du désastre. Un colonel qu'il sonde sur l'état d'esprit de ses hommes lui répond sans ambages : « Les soldats ont une opinion décidée que rien ne pourra vaincre. Aussitôt qu'ils apercevront la capote grise, ils se tourneront vers elle et tireront contre nous [2]. » En accord avec Monsieur, le maréchal décide dans un ultime effort de rassembler le lendemain matin les troupes pour les sermonner et si possible les retourner en faveur des Bourbons.

Commencée sous une pluie battante, à l'aube du 10 mars, la revue tourne au désastre pour les amis de la monarchie.

---

1. Les industries lyonnaises ont en revanche pâti de la paix de 1814, fermant le filon italien. Un fort chômage sévit depuis lors chez les ouvriers, ce qui contribue à alimenter l'hostilité contre les Bourbons et la nostalgie de Napoléon.
2. Le général Brayer, qui vient s'entretenir le lendemain matin à l'aube avec Macdonald, se montre tout aussi irrité contre le gouvernement de Louis XVIII : « Les officiers, lui dit-il, sont aussi exaspérés que les soldats. On a parlé si peu d'intérêt à l'armée, commis tant d'injustices, prodigué tant de grades aux chouans et aux émigrés ! Quant à moi, je ferai mon devoir jusqu'à la fin, mais je pense comme eux. »

Macdonald, accueilli avec sympathie à son arrivée, prononce son allocution, appelant à la lutte contre l'Empereur au nom du serment de fidélité prêté au roi. Au fur et à mesure qu'il parle, les mines se renfrognent. Le lourd silence qui s'installe lui signifie l'échec de sa plaidoirie. Sur ces entrefaites, le comte d'Artois assisté du maréchal s'arrête devant un « ancien » et s'échine à le ramener dans le droit chemin :

« Allons mon brave, lui dit le prince, crie Vive le roi !

— Non Monseigneur, je ne le puis pas, nous ne nous battrons pas contre Notre Père », rétorque le grognard.

Ivre de rage et d'humiliation, le futur Charles X tourne le dos[1] et s'empresse de regagner Paris, laissant le commandement au pauvre Macdonald[2]. Obstiné, le maréchal se retourne vers le comte de Farges, maire royaliste de la ville, pour lui demander vingt hommes décidés à se battre. Le maire, honteux, répond qu'il ne saurait pas même en trouver un.

Vers deux heures de l'après-midi, l'avant-garde impériale, escortée de milliers de paysans et de canuts, débouche sur le pont de la Guillotière, gardé par une barricade de fortune immédiatement détruite dans la bonne humeur. Les troupes fraternisent et s'embrassent dans une joyeuse cohue. Macdonald, effondré, prend ses jambes à son cou, poursuivi pendant des heures par un peloton de hussards[3]. A neuf heures « le visiteur

---

1. Une chanson fut immédiatement composée par les bonapartistes pour fêter l'événement :
Monsieur d'Artois, comme un Lion,
Vole de Paris à Lyon
Mais l'Aigle troublant ses esprits,
Il court de Lyon à Paris.
Monsieur d'Artois, dans les dangers,
Est un Achille... aux pieds légers.
2. Le duc d'Orléans, parti au même moment, croise en route le général Simmer qui l'interpelle en ces termes : « Monseigneur, je ne sais pas quand je vous reverrai, ni si je vous reverrai jamais, mais je veux avoir ici la satisfaction de vous assurer, pour ma part, et pour celle d'un grand nombre de mes camarades, auxquels vous avez fait, ainsi qu'à moi l'accueil le plus flatteur, au Palais Royal, que jamais, dans aucun cas, nous ne vous confondons avec ces b... d'émigrés qui ont perdu les princes vos parents. » Comme le constate Louis Madelin : « Le mot était gros d'avenir pour Louis-Philippe. »
3. Macdonald a résisté jusqu'à la dernière minute. Selon Louis-Philippe, les soldats massés sur le pont « répondaient à tout ce que le maréchal leur disait : — Tout cela est bel et bon, monsieur le maréchal, mais vous qui êtes un si brave homme, vous

du soir » paraît enfin en queue du défilé. Tout Lyon est là pour l'accueillir. Pour donner une idée de l'enthousiasme régnant alors, il suffit de lire le récit navré d'un ultra bon teint, Mouton-Fontenille de Laclotte, auteur d'une brochure dont le titre indique assez son antipathie pour le héros du jour — *La France en convulsions pendant la seconde usurpation de Bonaparte* : « Des flots de peuple quittent leurs maisons, leurs travaux, leurs ateliers, se répandent sur son passage, obstruent les chemins, l'entourent, le pressent, le touchent, le félicitent de son heureux retour, le contemplent avec admiration, se livrent à toutes les démonstrations de la joie la plus vive. Des hommes, des femmes, des vieillards, des enfants présentent l'extérieur de la plus affreuse misère, la plupart à demi nus ou couverts de guenilles, noirs de crasse, dégoûtants de sueur, enfumés de poussière, les yeux enflammés, la figure en convulsions, la fureur sur les lèvres, la rage au cœur, forment le cortège du tyran [1]. » Plus violents que les Grenoblois, ils lapident les maisons royalistes, injurient quelques passants et saccagent le café Bourbon sur la place Bellecour en chantant *La Marseillaise* [2].

Marquant encore une pause, Napoléon reste à Lyon jusqu'au 13. Il y reçoit les autorités, passe les troupes en revue et réorganise son armée, sans cesse renforcée par le ralliement de nouveaux bataillons. Plusieurs régiments, envoyés par

---

devriez bien tout simplement quitter les Bourbons et vous joindre à nous ; nous vous mènerons à l'Empereur, qui sera charmé de vous revoir ».
1. Vision similaire dans les *Mémoires* de J. Guerre, avocat et membre de l'académie de Lyon : « C'étaient les hurlements de cette multitude effrénée, aveugle en ses hommages comme en ses fureurs, qu'on appelle mal à propos le peuple, et qui n'en est que la lie et le rebut ; c'étaient des cris de forcenés : vive l'empereur, vive la mort ! à l'échafaud les Bourbons ! à bas la calotte ! à bas le ciel ! vive la liberté ! vive l'enfer ! à mort les royalistes. [...] Bientôt la ville n'offre plus que l'aspect d'une place prise d'assaut : de toute part on ne voit que des soldats ivres, des gens sans aveu, des inconnus, des sans-culottes, tout le bourbier enfin de la révolution, se répandre comme un sale torrent dans les rues, sur les places, sur les quais, enfoncer ou frapper les portes au nom de Napoléon, ordonner d'illuminer, casser les vitres des maisons où l'on n'obéit pas assez promptement, briser des meubles, insulter les citoyens, répandre au loin la terreur, saccager les cafés réputés royalistes. »
2. Henry Houssaye ajoute dans son *1815* : « Toute la nuit, les rues retentirent de vivats enthousiastes et d'imprécations menaçantes. Aux : Vive l'Empereur se mêlaient les cris : A bas les prêtres ! Mort aux royalistes ! A l'échafaud les Bourbons ! On se serait cru à la veille d'un second 93. »

Soult pour contrer Napoléon, sont enfin parvenus à destination et s'empressent de grossir le contingent impérial, proche de vingt mille hommes désormais. Non content de destituer ou nommer fonctionnaires et officiers, décorer et haranguer à tout va, l'Empereur prend des décrets officialisant sa renaissance comme chef de l'Etat : « Je veux dès aujourd'hui, précise-t-il à Fleury de Chaboulon, anéantir l'autorité royale et renvoyer les chambres ; puisque j'ai repris le gouvernement, il ne doit plus exister d'autre autorité que la mienne ; il faut qu'on sache, dès à présent, que c'est à moi seul qu'on doit obéir. »

S'ils satisfont largement les desiderata populaires, ces « décrets de Lyon » révèlent l'obsession nouvelle chez Napoléon de ne pas se laisser déborder par ses partisans et de contrôler les Jacobins. Comme Louis XVIII, il veut réconcilier en se démarquant de ses propres ultras. L'accueil violemment antiroyaliste et anticlérical de la deuxième ville de France l'a sans doute décidé à presser le mouvement.

Toute l'œuvre des Bourbons sera en effet détruite, non sans mauvaise foi ni démagogie : abolition de la noblesse, des ordres royaux et des droits féodaux[1], suppression du drapeau blanc et rétablissement du drapeau tricolore, licenciement de la Maison du roi, annulation de toutes les nominations faites dans la justice, l'armée et la Légion d'honneur durant les mois précédents ; autant de mesures qui vengent les récentes humiliations. En outre, il fait placer sous séquestre les biens des Bourbons et expulse tous les émigrés rentrés depuis 1814. Enfin, il casse la Chambre des pairs, « composée en partie de personnes qui ont porté les armes contre la France et qui ont intérêt au rétablissement des droits féodaux et à l'annulation des ventes nationales », et dissout la Chambre des députés[2].

---
1. Les droits féodaux, rappelons-le, n'ont pas été rétablis durant la première Restauration.
2. « [...] dont les pouvoirs sont expirés et dont la plupart des membres se sont rendus indignes de la confiance de la nation en adhérant au rétablissement de la noblesse, en faisant payer par la France des dettes contractées à l'étranger pour tramer des coalitions et en violant les droits du peuple, en donnant aux Bourbons le titre de rois légitimes ; ce qui était déclarer rebelles le peuple français et les armées, proclamer seuls bons Français les émigrés qui ont déchiré pendant vingt-cinq ans le sein de la patrie, et violer tous les droits du peuple en consacrant le principe que la nation était faite pour le trône et non le trône pour la nation. »

En résumé, il ressuscite l'ordre impérial en mettant la Restauration hors la loi. C'est sa réponse, directe et cinglante, aux proclamations de Louis XVIII. Signe qu'il garde seul le contrôle de la répression, il prépare une amnistie plutôt clémente dont il n'excepte que Talleyrand, Marmont, le préfet de police Pasquier et une poignée de royalistes notoires. Le message à destination des notables est clair : le passé est oublié. Il n'y aura ni nouveaux massacres de Septembre, ni Saint-Barthélemy des royalistes. Enfin, il convoque les collèges électoraux de l'Empire pour une assemblée extraordinaire, dite du Champ-de-Mai, chargée de « corriger et modifier nos constitutions » et de présider au couronnement de Marie-Louise et de « notre cher et bien-aimé fils ». Mais il ne précise pas les contours des futures institutions afin de préserver son jeu et conserver le monopole de l'initiative politique[1]. Sur ce point, les décrets de Lyon s'apparentent étroitement à la proclamation de Saint-Ouen, publiée par le roi à la veille de son entrée à Paris l'année précédente. Même promesse de concessions, même volonté d'en fixer seul les limites.

Par cette manœuvre précoce, il ambitionne de réaliser autour de sa personne une union aussi large que possible. S'il veut venger la Révolution en annulant la Restauration, sa démarche reste éminemment conservatrice car il prend soin de s'appuyer exclusivement sur les collèges électoraux, donc sur les notables. Il confirme la pérennité de l'institution impériale, suscitant la déception des républicains qui espéraient, sans trop y croire, que Napoléon rétablirait le régime de leur cœur pour se contenter de le présider comme durant le Consulat. Constitutionnel, le nouvel Empire restera héréditaire et élitaire, faisant toujours fi du suffrage universel, cantonné au seul exercice du plébiscite. Il sera donc plus proche par l'esprit de la première Restauration que de la Convention.

---

1. L'Empereur déclare aux autorités constituées : « Je viens pour protéger et défendre les intérêts que la Révolution a fait naître ; je reviens pour concourir, avec les représentants de la nation, à la formation d'un pacte de famille qui conservera, à jamais, la liberté et les droits des Français ; je mettrai désormais mon ambition et ma gloire à faire le bonheur de ce grand peuple duquel je tiens tout. Je ne veux point, comme Louis XVIII, octroyer une charte révocable, je veux donner une constitution inviolable et qu'elle soit l'ouvrage du peuple et de moi. »

Désormais bien en place, Napoléon ne doute plus du succès mais reste inquiet quant à la possibilité de parvenir à ses fins sans faire verser le sang. Si, plus au sud, le duc d'Angoulême ne peut plus le rejoindre, il redoute la réaction du maréchal Ney qui vient, le 10 mars, de prendre son commandement à Besançon. D'évidence, le « brave des braves » a l'air décidé à lui barrer la route coûte que coûte. Reçu le 7 par le roi, il a promis avec emphase devant toute la Cour de ramener l'Aigle dans une cage de fer[1]. Pour cette fois, le ministère paraît avoir fait un choix heureux. Ney demeure populaire au sein de l'armée et semble irréconciliable avec Napoléon. Depuis la mort de Lannes en 1809, il reste le seul maréchal à posséder un réel charisme sur la troupe. Plus qu'à ses origines modestes, il le doit à sa bravoure légendaire dont il a notamment fait montre durant la retraite de Russie, sauvant l'arrière-garde de la destruction totale par son audace et son intrépidité. Entre Napoléon et lui, la blessure de la trahison des maréchaux de 1814 reste intacte. Ney en a été le meneur, exigeant avec dureté la cessation des hostilités et l'abdication de son bienfaiteur qui l'avait comblé d'argent, d'honneurs et de titres : duc d'Elchingen, prince de la Moskova. La gravité de l'offense semble exclure le pardon.

« Je fais mon affaire de Bonaparte, fanfaronne d'ailleurs Ney. Nous allons attaquer la bête fauve[2]. »

« Le Rougeaud », surnom que sa tignasse rousse a inspiré aux grognards, doit pourtant en rabattre quand il apprend la chute de Lyon et la modestie des effectifs à sa disposition, cinq mille hommes environ. Mais ces mauvaises nouvelles ne paraissent pas pour autant altérer son énergie. N'est-il pas l'homme des situations désespérées ? Dans la guerre des légi-

---

1. Louis XVIII s'avoue surpris par l'offre, venant d'un des meilleurs lieutenants de Napoléon : « Voilà un brave homme qui va faire de la bonne besogne, commente-t-il ; mais, pour Dieu, quel enthousiasme, nous ne lui en demandions pas tant. »
2. Le maréchal déclare également, d'après Henry Houssaye : « C'est bien heureux que l'homme de l'île d'Elbe ait tenté sa folle entreprise, car ce sera le dernier acte de sa tragédie, le dénouement de la Napoléonade. »

timités, il s'agit moins de mesurer un rapport de forces que de tirer avantage des images et des symboles. S'il fait couler le premier sang de la guerre civile, Ney peut ébranler le moral des troupes impériales et, peut-être, retourner la situation au profit de la Restauration. Après avoir une première fois forcé Napoléon à abdiquer à Fontainebleau, il s'imposerait encore comme le sauveur de la France[1] : « Je prendrai un fusil, je tirerai le premier coup et tout le monde marchera », annonce-t-il d'un ton triomphant à Bourmont, son principal lieutenant.

Mais Ney, comme Murat, n'est plus dans le civil le même homme qu'à la guerre. Il manque de personnalité, fragilité qu'il dissimule derrière sa bravoure bien réelle et une assurance de ganache. Napoléon, doué pour les raccourcis saisissants, l'a sèchement croqué devant Caulaincourt : « Il n'a pas de tête. Il est aussi faible qu'il est brave et son excessive ambition donne grande prise sur lui. » Plus il parle haut, plus il doute. Par ailleurs, le maréchal a été comme tant d'autres meurtri par la Restauration qui a humilié sa femme à la Cour[2] et lui a refusé un commandement à sa mesure. D'une intelligence limitée, homme sanguin, vaniteux et susceptible, indifférent à la mort mais obsédé par sa réputation, il peut, circonvenu par un flatteur, changer rapidement d'avis, mettant à l'occasion la même intransigeance à soutenir une opinion inverse à celle émise quelques heures auparavant. Son aide de camp, Esménard, dresse aussi son portrait d'une phrase cinglante : « Le maréchal est un demi-dieu sur son cheval ; quand il en descend, c'est un enfant[3]. »

---

1. Un dénommé Boulongne, habile courtisan, dit à Ney : « Ah ! monsieur le maréchal, vous avez déjà été le sauveur de la France en forçant Napoléon d'abdiquer ; vous le serez deux fois. »
2. Ses pleurs et plaintes, évoqués au chapitre précédent, ont vivement irrité son mari qui n'a pu qu'éprouver de la nostalgie en comparant le mépris dont il souffre à la considération dont il jouissait durant le règne de l'Empereur.
3. Vision similaire dans le *Journal* de Sismondi : « Le maréchal Ney, prince de la Moskova, est un homme d'une bravoure très remarquable ; personne ne sait mieux que lui enflammer les soldats et leur communiquer son ardeur et son opiniâtreté. Il n'avait pas les talents d'un général en chef, mais comme général de division, il a le coup d'œil juste et prompt : sur le champ de bataille, il saisit bien son affaire, et la mène avec ardeur ; mais à ces qualités il joint le caractère le plus méprisable. Man-

L'Empereur connaît l'homme et ses faiblesses. Son jugement, toujours aussi sûr et rapide, a pris depuis la première chute une teinte fataliste dont il ne se départira plus. Il avait rêvé les Français aussi grands que la France. Dorénavant, il prend les hommes tels qu'ils sont, et ne veut les juger qu'à l'aune de leur capacité ou de leur utilité. Or, en cet instant, l'appui de Ney s'avère indispensable. Napoléon sait qu'il ne reculera pas devant la menace, encore moins devant la force, mais cédera à la flatterie, à condition qu'on le rassure en le persuadant qu'il agit pour le salut du pays. Face à ce dangereux rival, Napoléon parvient à faire preuve du réalisme nécessaire. Non seulement il se montre capable de masquer son mépris quand le jeu en vaut la chandelle mais encore, pour s'attirer les bonnes grâces de son ancien lieutenant, il multiplie les ouvertures et les émissaires, prenant soin de lui faire parvenir ses proclamations et une lettre personnelle par laquelle il lui fait part de son désir de l'accueillir en frère d'armes : « Je vous recevrai comme le lendemain de la bataille de la Moskova[1]. » Ses envoyés assurent au maréchal que Napoléon a changé dans l'adversité. Il rentre pour établir une bonne constitution et régner en paix avec l'Europe.

Ebranlé, le cœur de Ney balance pendant trois jours. Son drame intérieur reflète celui de tous les officiers supérieurs, écartelés entre le roi et l'Empereur. Où est le devoir ? Où est la morale ? Qui donc incarne l'intérêt général ? Envers Louis XVIII le retiennent le serment prêté et la gratitude pour la paix retrouvée, tout comme son intime conviction que le retour de l'Aigle ramènera la guerre au risque de perdre la patrie. Vers Napoléon le poussent la magie des souvenirs, l'admiration devant la geste du retour, la conviction que lui seul incarne la France, marié pour le meilleur et pour le pire

---
quant d'une première éducation, il n'a rien trouvé dans son cœur qui pût y suppléer, il ne comprend pas ce que c'est qu'élévation ou noblesse d'âme. Il ne songe qu'à sa propre ambition et il y sacrifie tout le monde. »
1. Ney avait été le principal artisan de la victoire qui ouvrit les portes de Moscou en 1812.

avec la Révolution et la gloire de l'Empire. Le choix déborde le cadre de la raison et de l'intérêt, les calculs et supputations de toutes sortes. Ney est sommé sans attendre de prendre une décision complexe qui trouble sa conscience. Face à cette épreuve, il sait qu'il devra rendre compte devant la postérité, accusé tant par les royalistes de traîtrise que par les bonapartides de collaboration.

La lecture des proclamations impériales le bouleverse [1] mais ne le décide pas encore. Imprécations contre les Bourbons et Napoléon [2] se succèdent devant des témoins interloqués par la fébrilité croissante du maréchal qui, d'heure en heure, apprend les progrès fulgurants du Vol de l'Aigle et l'accueil enthousiaste des populations. Comme partout, son armée marque un désir ardent de rejoindre l'Empereur, ce qui achève de le déstabiliser. L'ultime combat intérieur entre Michel Ney et le prince de la Moskova se déroule dans le huis clos d'une chambre d'hôtel à Lons-le-Saulnier, dans la nuit du 13 au 14 mars. Il en ressort décidé à rallier Napoléon et invoque pour cela des raisons supérieures : le service suprême de la Patrie, les fautes des Bourbons et le risque d'une guerre civile, trois arguments qu'il ne cessera de mettre en avant pour justifier sa décision. « Je ne puis arrêter l'eau de la mer avec mes mains », confesse-t-il au préfet Capelle auquel il précise plus prosaïquement : « Je préfère mille fois être pilé dans un mortier par Bonaparte que d'être humilié par des gens qui n'ont jamais fait la guerre. »

Devant ses subordonnés, Lecourbe et Bourmont — le premier républicain, le second royaliste —, qui tentent de le dissuader au nom de l'honneur et de la fidélité jurée au roi une semaine plus tôt, Ney explose avec rage, la colère ne pouvant masquer son embarras : « Et moi aussi j'ai de l'honneur ! C'est pourquoi je ne veux plus être humilié. Je ne veux plus que ma femme rentre chez moi, les larmes aux yeux des humi-

---

1. « On n'écrit plus comme ça, s'exclame Ney [...] le roi devrait écrire ainsi. C'est ainsi qu'on parle aux soldats et qu'on les émeut. »
2. « Cet enragé-là ne me pardonnera jamais son abdication, dit Ney. Il pourrait bien me faire couper la tête avant six mois ! »

liations qu'elle a reçues. Le roi ne veut pas de nous, c'est évident. Ce n'est qu'avec un homme de l'armée comme Bonaparte que l'armée pourra avoir de la considération. »

Pressé d'en finir, Ney se dirige maintenant à la rencontre de ses hommes qui sont réunis sur la place d'armes. L'ambiance rappelle celle de Lyon : tendue, lourde, électrique[1]. Le maréchal s'adresse à son armée dans ce style emphatique qu'il affectionne, pastiche boursouflé des proclamations impériales. De sa voix de stentor, il lève d'entrée l'ambiguïté : « Officiers, sous-officiers et soldats, la cause des Bourbons est à jamais perdue. » Interrompu par les hurlements de joie, il reprend : « Soldats ! Les temps ne sont plus où l'on gouvernait la nation avec de ridicules préjugés et où les droits du peuple étaient méconnus ou étouffés. La dynastie légitime que la nation a adoptée va remonter sur le trône. C'est à l'Empereur Napoléon seul qu'il appartient de régner sur notre pays. Soldats, je vous ai souvent menés à la victoire. Maintenant, je vous mène à la phalange immortelle que l'Empereur conduit à Paris. »

Et de conclure sur un retentissant : « Vive l'Empereur ! » avant de se mêler à la troupe et d'embrasser chacun, dans l'enthousiasme général, « jusqu'aux fifres et aux tambours ».

En désarmant Ney, dont il juge le ralliement méprisable car dicté par le seul intérêt[2], Napoléon pense qu'il a définitivement gagné son pari. Il rentrera à Paris sans tirer un seul coup de fusil. Aussi accélère-t-il à nouveau le pas pour rejoindre la capitale le plus tôt possible. Après Lyon, il passe par Mâcon, Tournus, Chalon. Le 15, il parvient à Autun, fief de Talleyrand[3], le 16 à Avallon, le 17 à Auxerre où il effectue la jonc-

---

[1]. « A ce moment, dit un témoin, je regardais les soldats. Tous étaient mornes et pâles. Je pressentais le retour d'une de ces journées de la Révolution où les officiers furent victimes de leurs soldats. »

[2]. Une fois revenu au pouvoir, Napoléon dira à sa belle-fille Hortense : « Ney avait le ferme projet de m'attaquer, mais quand il vit les troupes qu'il commandait s'y opposer, il fut bien forcé de suivre le mouvement et chercher à se faire un mérite de ce qu'il ne pouvait empêcher. »

[3]. L'Aigle destitue le maire royaliste d'Autun, après l'avoir vivement tancé dans des termes que rapporte Marchand dans ses *Mémoires* : « Qui êtes-vous, Monsieur,

tion avec Ney. L'accueil populaire confine au délire : « Mon pouvoir est plus légitime que celui des Bourbons car je le tiens de ce peuple dont vous entendez les cris », dit-il fièrement à un maire royaliste. Son armée se gonfle chaque jour ou presque de régiments nouveaux [1]. Comme il en a pris l'habitude depuis Grenoble, il place habilement les derniers arrivés à l'avant-garde pour les mettre en confiance. Un placard manuscrit, affiché dans la capitale, résume avec humour la situation : « Napoléon à Louis XVIII : Mon bon frère, il est inutile de m'envoyer encore des soldats. J'en ai assez[2]. »

Sûr de lui, Napoléon ne croit pas aux bruits persistants qui font état de la volonté du roi de défendre Paris coûte que coûte. Devant son entourage, il s'exclame narquois : « La seule armée sur laquelle il [Louis XVIII] pouvait compter est à moi. Ney arrive. J'ai traversé la Provence et le Haut Dauphiné avec 900 hommes, j'en ai aujourd'hui 30 000. Trois millions de paysans sont accourus sur mon passage et m'ont comblé de bénédictions. Pourquoi ? Parce que j'ai honoré la France, parce que je l'ai gouvernée dans l'esprit de la nation. Les Bourbons ont apporté le joug de l'étranger et l'esprit de l'émigration. La France les rejette. Je suis tranquille sur Paris. » Et de conclure : « Louis XVIII est trop spirituel pour m'attendre aux Tuileries. »

---

pour vous laisser ainsi gouverner par quelques privilégiés ? N'êtes-vous pas vous-même plébéien, devez-vous abandonner le soin de vos administrés à la haine des nobles ? » Le maire avait fait hisser le drapeau blanc et convoqué la garde nationale. C'est à cette occasion qu'il prononce, dans sa colère, la seule phrase véritablement jacobine de son périple : « Vous vous êtes laissés mener par les prêtres et les nobles qui voulaient rétablir la dîme et les droits féodaux. J'en ferai justice. Je les lanternerai. »

1. Savary raconte dans ses *Mémoires* : « [Napoléon] m'a dit depuis qu'il n'avait marché aussi rapidement que pour atteindre les troupes, et qu'il n'avait eu qu'une peur, c'était qu'au lieu de les envoyer contre lui, on ne les retirât assez loin pour qu'il ne pût les joindre : tant il connaissait l'affection que le soldat avait pour lui. »

2. La Bretonnière, jeune étudiant bonapartiste, s'amuse à recouvrir le second *v* de « Vive le roi » par un *r* sur les proclamations du gouvernement, ce qui donne « Vire le roi ».

## Chronique d'une mort annoncée

Après avoir été chassés par la Révolution, les royalistes, menacés par le revenant, commencent à imaginer le pire. Que faire : se soumettre, combattre, fuir ? Confrontés à l'engrenage de la peur et de l'anarchie, de l'intrigue et de la défaite, ils revivent le drame de 1789. Tout conspire pour que, selon l'expression de Chateaubriand, la légitimité tombe en défaillance[1]. Aux Tuileries, l'heure n'est plus à la bravade mais au sauve qui peut ! Devant le spectacle du délitement de l'armée et l'irrésistible avancée de Napoléon, les « amis du roi » perdent pied. Alors que la presse fulmine en vain, le ministère titube et la Cour se déchire au lieu de s'unir contre l'ennemi commun. Au milieu de cette effervescence, Louis XVIII seul garde la tête froide. Plutôt que d'exaucer les vœux de Napoléon en décrétant la guerre sainte contre-révolutionnaire, il confirme la Charte et s'assure de l'appui des libéraux. En se posant en défenseur d'une vision libérale de la Restauration, il prend date et s'érige en ultime recours dans l'éventualité d'une nouvelle invasion étrangère.

A mesure que l'« Ogre » s'approche de la capitale, les nouvelles, qui parviennent toujours plus vite, se font plus alarmantes pour les royalistes. La chute de Lyon est connue le 12, la défection de Ney le 17, soit deux à quatre jours après les événements. Les plus inquiets quittent Paris et abandonnent le monarque[2]. La presse royaliste se voit donc contrainte de changer de tactique. Le ton est moins à la forfanterie qu'à la

---

1. « Auprès du prodige de l'invasion d'un seul homme, il en faut placer un autre qui fut le contrecoup du premier : la légitimité tomba en défaillance ; la pâmoison du cœur de l'Etat gagna les membres et rendit la France immobile. Pendant vingt jours, Bonaparte marche par étapes, ses aigles volent de clocher en clocher, et sur une route de deux cents lieues, le gouvernement, maître de tout, disposant de l'argent et des bras, ne trouve ni le temps ni le moyen de couper un pont, d'abattre un arbre, pour retarder au moins d'une heure la marche d'un homme à qui les populations ne s'opposaient pas, mais qu'elles ne suivaient pas non plus » (Chateaubriand).
2. Certains royalistes quittent Paris dès le 10 mars selon Henry Houssaye. Louis XVIII s'indigne en apprenant le revirement du prince de la Moskova : « Quel misérable ! Il n'y a donc plus d'honneur », commente-t-il.

frayeur : l'ange noir de Corse revient pour déclencher l'Apocalypse et condamner la France à l'ensevelissement sous les décombres d'une guerre totale contre l'Europe. Et de stigmatiser son déguisement libéral et pacifique sous lequel perce toujours l'infâme, le Jacobin plus avide de sang que jamais. Un article publié le 17 mars dénonce ainsi « l'épouvantable tableau qu'offrirait la France replongée dans l'esclavage et sous le joug honteux et cruel de Bonaparte : la guerre étrangère, la guerre civile, le sang ruisselant de toutes parts, notre patrie déchirée, démembrée peut-être, épuisée dans toutes ses ressources, entièrement ruinée, et pendant plus de dix générations faisant de vains efforts pour se relever de maux affreux qu'aurait subis la nôtre ; enfin la sombre colère du tyran jouissant de tant de désastres et les augmentant par ses proscriptions et cette soif de vengeance qu'allumeraient en lui tant de souvenirs récents de son orgueil humilié[1] ». La question n'est plus tant de réduire Spartacus que de survivre à Néron.

Alors que leurs prévisions sont démenties, les ministres ne parviennent pas à s'entendre sur une nouvelle stratégie. Déchiré entre constitutionnels, prônant l'alliance avec les libéraux, et ultras, partisans de l'épuration immédiate des modérés, le gouvernement ne tranche pas, s'épuisant en de stériles querelles[2]. Comme en 1789, le gouvernement royal, débordé, paralysé, se montre incapable de faire face aux événements. En l'absence de toute détermination forte, aucune ligne cohérente ne se dégage les jours suivants. La Cour, à l'image du gouvernement, plonge dans un chaos d'humeurs, d'attitudes et d'opinions, sans nulle concertation, cédant à la panique ou à la rage, dans une alternance de passivité et de sursaut. Les antichambres se peuplent de la nuée funèbre des

---

1. Même tonalité apocalyptique dans la proclamation de Louis XVIII aux armées publiée dans le *Moniteur* du 13 mars : « L'ennemi de la patrie n'est-il pas aussi le vôtre ? N'a-t-il pas spéculé sur votre sang, trafiqué de vos fatigues et de vos blessures ? [...] Il épuiserait de nouveau la population entière pour aller aux extrémités du monde payer de votre sang de nouvelles conquêtes. »
2. Sismondi constate dans son *Journal* à la date du 11 mars : « Il est impossible de voir un gouvernement plus papier mâché que celui-ci ; il est tombé quelques gouttes de pluie dessus, et le voilà tout de suite fondu dans la boue. »

Cassandres, corbeaux et rapaces, matamores en tout genre, aventuriers de pacotille, le plus souvent convaincus que le sauvetage de la monarchie passe par l'élimination de Napoléon[1]. Le duc de Berry, qui se croit populaire auprès des soldats pour son allure martiale et ses jurons à l'encan, doit renoncer à la bataille tant ses troupes se montrent hostiles[2]. A l'exception du fiasco de la conspiration du Nord, prise d'armes mal orchestrée par les généraux Lallemand et Drouet d'Erlon, la Cour n'a pas matière à se réjouir[3].

Pressentant le naufrage, les royalistes commencent alors à vouloir dégager leur responsabilité et à chercher des boucs émissaires. La peur du complot — héritage conjoint de la culture de cour et du traumatisme révolutionnaire — ne cesse de gagner du terrain pour créer un climat de suspicion généralisée qui paralyse les initiatives[4]. Soult fait figure de victime

---

1. « Tout n'était que désordre, déplore le chef chouan d'Andigné dans ses *Mémoires*. Un grand nombre de volontaires s'étaient inscrits ; on ne les armait pas, on ne les organisait pas davantage. Des ordres, des contre-ordres continuels répandaient partout l'effroi. Les avis de nouvelles défections arrivaient à chaque instant ; il serait facile de voir qu'elles seraient générales dans l'armée. » Le comte Louis de Gobineau, royaliste farouche et père de l'auteur de l'*Essai sur l'inégalité des races humaines*, est tout aussi critique dans ses *Mémoires* : « L'état de Paris pendant les vingt premiers jours du mois de mars ne peut se décrire. L'agitation et l'anxiété étaient au comble ; les Tuileries étaient ouvertes à tout le monde, les nouvelles les plus contradictoires s'y répandaient. Les royalistes se réunissaient chez les personnes influentes où tout le monde parlait, s'agitait et rien ne se décidait, aucun parti ne se prenait, c'était pitoyable. »
2. En visite dans une caserne, le prince s'emporte contre le fait que les murailles sont couvertes de l'inscription : « Merde pour Louis XVIII. Vive l'empereur ». Le colonel du régiment concerné, violemment houspillé, lui rétorque : « Que voulez-vous que je fasse, Monseigneur ? Je fais tous les jours laver les murs, un quart d'heure après, il y en a autant. » Autre déception : la garde nationale parisienne, passée en revue par Monsieur le 16 mars, ne fournit qu'un nombre infime de volontaires.
3. La conspiration du Nord (7-11 mars) a été secrètement dirigée par Fouché qui l'a lancée dès qu'il a appris le retour de Napoléon afin de le prendre de vitesse, sans doute en faveur de Louis-Philippe. Mal préparée, cette prise d'armes n'entraîne aucun trouble sérieux et est facilement brisée ; tous ses chefs sont arrêtés ou en fuite.
4. Cette phobie du complot est très présente dans la littérature contre-révolutionnaire qui y trouve un moyen commode d'expliquer la Révolution en s'exonérant de toute responsabilité propre. L'ultraroyaliste Gallois s'en fait l'écho dans son *Histoire du 20 mars 1815* : « On ne douta plus alors que cette invasion ne fût préparée de longue main, et l'on vit qu'elle était le résultat d'un vaste complot, d'autant plus redoutable qu'il paraissait couvert de ténèbres plus épaisses, et qu'on en connaissait moins l'objet et les moyens. Les uns pensèrent que Buonaparte, chef du complot, n'était en même temps que l'instrument aveugle d'une puissance étrangère, toujours jalouse de notre prospérité, toujours contraire à nos desseins, toujours ennemie de la

désignée. Accusé d'orchestrer la désorganisation de l'armée et de faire le jeu de l'Empereur en dirigeant contre lui les régiments les moins sûrs, le ministre de la Guerre est démis de ses fonctions le 11 mars, bientôt suivi par d'André, le chef de la Police, à qui est reprochée son incompétence notoire. Pour les remplacer, deux hommes issus du sérail impérial sont choisis, Clarke et Bourrienne, dont on espère qu'ils sauront décrypter, forts de leur parfaite connaissance du personnage et de ses méthodes, les intentions de Napoléon.

Nouveau ministre de la Guerre, le général Clarke, duc de Feltre, a occupé sans discontinuer le même poste de 1807 à 1814, ce qui lui vaut le surnom cruel de « maréchal d'encre » pour bien signifier qu'il a gagné ses galons dans les bureaux et non au champ d'honneur. Travailleur consciencieux mais courtisan obséquieux, il s'attira ce jugement acerbe de Napoléon : « Probe, médiocre sous le rapport du talent, sans caractère, flatteur au point qu'on ne sait jamais quelle confiance on doit donner à l'opinion qu'il émet[1]. » Bref, le parfait exécutant par temps calme mais incapable de faire face à la tempête.

Le choix de Bourrienne paraît plus habile. Né en 1769, condisciple de Bonaparte à Brienne, il a été son seul ami d'enfance avant de devenir son secrétaire particulier et son homme

---

paix ; de l'Angleterre enfin. [...] Les autres prétendirent que Buonaparte était, dans cette affaire, l'agent public et avoué d'une autre puissance non moins formidable, avec laquelle il avait jadis contracté une étroite alliance, et à laquelle il avait promis de sacrifier ses droits personnels sur le trône de France, à ceux d'un enfant qui était censé réunir leurs affections communes, et devait concilier tous leurs intérêts politiques. [...] D'autres enfin, plus sensés ou plus habiles, jugèrent qu'une entreprise aussi hardie ne pouvait être le brusque effet d'un premier mouvement de colère ou de peur : et en rapprochant toutes les circonstances de son apparition avec les craintes et les inquiétudes qui l'avaient précédée, ils n'hésitèrent pas à dire qu'elle avait été conçue de sang-froid, longtemps méditée à l'île d'Elbe, et appuyée, suivant toutes les apparences, sur l'espoir et la promesse de la défection de l'armée française... »

1. L'Empereur ajoute au sujet de Clarke (auprès de Caulaincourt) : « Il croit que je suis comme Louis XV, qu'il faut me cajoler, me plaire. Si j'avais des maîtresses, il serait leur plus empressé serviteur. » Il dira encore à Sainte-Hélène : « Il avait la manie des parchemins ; il passait une partie de son temps, à Florence, à rechercher ma généalogie ; il s'occupait aussi beaucoup de la sienne et en était venu à bout de se persuader qu'il était le parent de tout le faubourg Saint-Germain ». Il sera fait maréchal en 1816.

de confiance. De son bureau voisin, il suit et conseille l'ascension fulgurante de son mentor, de l'Italie au Consulat. Mais l'homme, comme tant d'autres, se révèle d'une avidité insatiable. Après avoir longtemps fermé les yeux sur ses multiples prévarications, Bonaparte, excédé par la mise au jour d'une nouvelle affaire, finit par le renvoyer comme un laquais en 1802. Appelant son ancien camarade, il lui assène en guise d'adieu devant son successeur : « Remettez à Méneval les papiers et les clefs que vous avez à moi, et retirez-vous. Que je ne vous retrouve point ici. » D'un coup, Bourrienne a tout perdu : son protecteur, son rang et son influence. Finalement éloigné comme simple chargé d'affaires à Hambourg, il est à nouveau renvoyé pour des motifs similaires en 1813. Outre sa parfaite connaissance du personnel et des réseaux bonapartistes, il a l'avantage, pour ses nouveaux amis, d'être irréconciliable avec l'Empereur. Sa haine pour Napoléon a la force des amitiés déçues et des blessures d'amour-propre. Malheureusement pour la royauté, la situation est déjà trop dégradée pour qu'il puisse s'opposer à l'implacable avancée de son ancien camarade.

Il est trop tard. Trop tard pour Bourrienne. Trop tard même pour faire des concessions. Appuyé par les chambres et ses collègues modérés, le ministre de l'Intérieur, Montesquiou, tente en dix jours de rattraper dix mois d'erreurs, multipliant les gestes envers les demi-soldes, réintégrés avec soldes entières, et encourageant les appels à la fidélité de l'armée. En agissant ainsi, il légitime les accusations portées contre le gouvernement et s'auto-flagelle en pure perte, dans un pathétique aveu d'impuissance. Quand la défaite se dessine, celui qui met un genou à terre est un homme mort car, bien plus que le pouvoir, il perd tout à la fois honneur et considération : « Les concessions au moment où les gouvernements tombent n'ont jamais réussi ; elles sont presque toujours suspectes ou empreintes d'une nécessité violente qui ne leur donne ni durée ni force », note justement Hyde de Neuville, l'ami de Chateaubriand. Au contraire, celui qui se drape dans la dignité et le silence prend un gage sur l'avenir de respect ou d'admiration.

Mais Montesquiou, qui veut encore gagner l'armée, n'en croit rien. Tout est une question de moyens, tant pour lui l'intérêt commande la passion. Vitrolles, témoin effaré des événements, apporte dans ses *Mémoires* un éclairage sévère sur son collègue : « L'abbé de Montesquiou arrivait tous les jours avec de nouvelles concessions à faire. Il aurait volontiers jeté tout par la fenêtre, comme il arrive dans une maison qui brûle. » Cédant à sa demande, Louis XVIII donne le grade de sous-lieutenant à tous les soldats de l'ancienne Garde impériale. « Et cette faveur leur était jetée à la tête au moment où, entraînés par les succès de l'Empereur, ils avaient déjà brisé les liens de la discipline et méconnu la voix du maréchal Oudinot, leur ancien chef bien aimé, que nous avions envoyé pour les maintenir dans l'obéissance. Cette concession tardive fut, comme elle devait l'être, l'objet du mépris de ceux à qui on l'adressait. Elle ne servit d'ailleurs, comme à tous les autres, qu'à montrer la détresse du pouvoir qui ne trouvait aucune ressource qu'en lui-même ou dans ses partisans. »

Le 18 mars, veille du départ du roi, les députés votent un projet de loi extravagant compte tenu des circonstances : la guerre nationale est déclarée à Bonaparte et il est promis solde triple et médaille spéciale à tous ceux qui se joindront à l'aventure.

Sur le fond, Montesquiou se montre plus politique. Il cherche à amarrer solidement les libéraux à la dynastie pour enfermer Napoléon dans son nouveau rôle de César jacobin, acclamé par le peuple mais rejeté par les notables. Opprimés ou ignorés par le Consulat et l'Empire, les libéraux ne croient pas à la conversion constitutionnelle de l'Empereur. Epuration et suppression du Tribunat[1], musellement de la presse, persécutions policières, forment autant de contentieux trop récents et trop lourds avec l'Aigle. En dépit des erreurs commises, la Restauration jouit d'un bilan autrement plus satisfaisant pour ces enthousiastes du modèle anglais.

---

1. Respectivement en 1802 et 1807.

La Charte, malgré ses ambiguïtés, a institué un régime équilibré, garantissant les libertés fondamentales et l'égalité civile. Avec le concours actif de Lainé, président de la Chambre des députés, plusieurs conférences sont organisées les 11 et 12 mars entre Montesquiou et les chefs politiques libéraux — le duc de Broglie, La Fayette et Benjamin Constant — afin de définir un programme commun. On envisage sérieusement de nommer le « héros des deux mondes », comme en 1789, au commandement de la garde nationale et de procéder à un remaniement ministériel d'envergure, renvoyant les ultras au profit de libéraux notoires[1]. Le nouveau ministère réviserait alors la Charte dans un sens favorable au parlementarisme : responsabilité politique des ministres devant les chambres, abaissement du cens, liberté absolue de la presse, partage de l'initiative des lois entre le gouvernement et les parlementaires. Les conciliabules durent jusqu'au départ du roi mais n'aboutissent pas. Montesquiou, perdu dans la tourmente, semble prêt à tout accorder mais se heurte à l'opposition des autres ministres. A l'inverse, les ultras s'indignent devant tant de faiblesse et jugent, non sans raison, qu'il n'y a pas lieu de perdre du temps à la tribune ou en intrigues de couloirs alors que la tornade impériale s'approche. L'heure n'est plus à la réflexion, encore moins à la négociation mais à l'action, et les choix se limitent à une alternative simple : la résistance ou la fuite.

Dans l'épreuve, le monarque, d'une nature placide, ne cède pas un instant à la panique environnante. Toujours digne, il refuse, comme en 1814, de devenir l'otage affaibli de ces libéraux dont il se méfie pour les avoir déjà vus à l'œuvre durant la Révolution, en particulier La Fayette[2]. Si au conseil du 15 mars il s'oppose à tout remaniement, il accepte pourtant

---

[1]. On préconise également de nommer par décret des anciens membres de la Constituante au sein de la Chambre des députés afin de renforcer le poids politique des libéraux.

[2]. Les royalistes haïssent La Fayette pour son rôle durant la Révolution. Ils lui reprochent notamment de ne pas s'être opposé par la force à l'émeute d'octobre 1789 à l'issue de laquelle Louis XVI a dû quitter Versailles pour Paris. Pour la petite histoire, Louis XVIII ne lui a jamais pardonné l'insolence avec laquelle il avait refusé d'entrer dans sa maison aux débuts du règne de Louis XVI.

de réunir les chambres le lendemain pour s'adresser à elles dans une audience solennelle. Comme il l'a fait l'année précédente, il reprend intelligemment la main en gardant le monopole de la réforme. En jouant la carte de la fidélité à la Charte, le roi compte opposer fièrement son bilan, pacifique et parlementaire, à l'héritage impérial, guerrier et dictatorial. En refusant une nouvelle fois publiquement la vision contre-révolutionnaire, il prend déjà date pour l'avenir dans le cas probable où Napoléon serait défait. Dans cette hypothèse, il a besoin du soutien des notables car il doute, comme il l'a confié à Louis-Philippe le 13 mars, que les alliés accordent spontanément une seconde chance à la Restauration[1].

Dans le secret de son cabinet, il a fait un choix, celui de la « Restauration libérale » ; il s'y tiendra jusqu'en 1820 lorsque, choqué par l'assassinat de son neveu[2] et fatigué, il laissera son frère régner sous son nom et appeler les ultras aux affaires. Pour l'heure, il est résolu à jouer l'ouverture à gauche en prenant toujours soin de garder le contrôle de la manœuvre. C'est le choix du bon sens qui correspond si bien à la modération de son caractère. N'est-il pas le seul à pouvoir sauver la monarchie en la réconciliant avec le pays légal, le seul à pouvoir contrarier le retour triomphal de Napoléon en le coupant des élites, pour laisser l'« Usurpateur » face aux passions populaires impossibles à canaliser ? Les contre-révolutionnaires ont beau dénoncer la trahison de l'idéal monarchique, le roi sait qu'ils ne courront plus, comme en 1789, le risque insensé de déclencher une révolution pour faire triompher la réaction aristocratique qu'ils appellent de leurs vœux. En revanche, l'élite de la France nouvelle — à l'exemple de Talleyrand ou de Fouché — sera comme toujours disposée à se vendre au plus offrant et au plus conciliant. C'est cette

---

1. « Si j'étais forcé de sortir de France, je ne sais pas trop ce qui arriverait de nous tous car ce ne serait pas cette fois-ci comme la première, dit le roi à son cousin. On a cru, la première fois, qu'il n'y avait pas eu de notre faute ; mais aujourd'hui ce serait bien différent ; on nous dirait : "Vous y êtes retournés, et vous n'avez pas su vous y tenir." »
2. Le duc de Berry, assassiné par Louvel en février 1820. Sa mort entraîne la chute du cabinet modéré dirigé par Decazes et le retour progressif des ultras au gouvernement.

« France des notables » qu'il lui faut séduire par une politique libérale, censitaire et pacifique, en apportant la preuve que la monarchie légitime reste le meilleur gouvernement possible... faute de mieux. L'Empire, c'est la guerre ; la République, la Terreur et le duc d'Orléans, l'anarchie.

Arborant la Légion d'honneur pour la première fois [1], le roi se rend en grande pompe au Palais-Bourbon. Quand il entre, une acclamation immense le salue. « Louis XVIII monte lentement à son trône, note Chateaubriand ; les princes, les maréchaux et les capitaines des gardes se rangent aux deux côtés du roi. Les cris cessent ; tout se tait : dans cet intervalle de silence, on croyait entendre les pas lointains de Napoléon. » Le souverain prononce un discours émouvant et habile car il oppose la « souveraineté absolue de la Charte » à l'invasion étrangère ramenée dans ses « fourgons » par Napoléon. D'une voix ferme, il débite sans notes un texte appris par cœur, inspiré par Mme de Staël et qui place le trône sur une ligne clairement patriotique et libérale : « J'ai travaillé au bonheur de mon peuple ; j'ai recueilli, je recueille tous les jours les marques les plus touchantes de son amour. Pourrais-je à soixante ans mieux terminer ma carrière qu'en mourant pour sa défense ? Je ne crains donc rien pour moi, mais je crains pour la France. Celui qui vient allumer parmi nous les torches de la guerre civile y apporte aussi le fléau de la guerre étrangère ; il vient remettre notre patrie sous son joug de fer ; il vient enfin détruire cette Charte constitutionnelle que je vous ai donnée, cette Charte mon plus beau titre aux yeux de la postérité, cette Charte que tous les Français chérissent et que je jure ici de maintenir. Rallions-nous donc autour d'elle, qu'elle soit notre étendard sacré. »

Le roi passe sous silence ses dix-neuf années de règne autoproclamées et ses « droits imprescriptibles » pour se pla-

---

1. « Sire, lui dit Louis-Philippe, je la vois avec plaisir. Il est vrai que j'aurais préféré la voir plus tôt. » Le duc d'Orléans ajoute dans son *Journal* : « Il était absurde de rien espérer d'une concession aussi tardive, surtout lorsque les circonstances du moment devaient la faire envisager plutôt comme un aveu de faiblesse que comme un changement de système ».

cer sous l'aile de la Constitution. Avec un grand art, il oblige au cours de la même cérémonie le comte d'Artois à prêter publiquement serment à la Charte, apaisant par ce détail l'inquiétude des libéraux sur son futur règne. Enfin, le duc d'Orléans, naturellement réquisitionné pour la circonstance, atteste de l'union retrouvée et de la solidarité sans faille de la famille royale dans l'épreuve qu'elle traverse. « Cette héroïque race prête à s'éteindre, cette race d'épée patricienne, cherchant derrière la liberté un bouclier contre une épée plébéienne plus jeune, plus longue et plus cruelle, offrait, en raison d'une multitude de souvenirs, quelque chose d'extrêmement triste », remarque l'auteur des *Mémoires d'outre-tombe*. En sortant de la séance, sous les acclamations des députés, le roi peut être à bon compte satisfait. Reconnu comme garant de la paix et de la liberté, il pousse l'Empereur — sous peine de désaffection immédiate — à se lancer dans une surenchère libérale et pacifique qui constitue désormais le programme commun des deux rivaux.

Récoltant ce qu'il a semé, le monarque reçoit le soutien public des libéraux d'envergure. Charles Comte, rédacteur en chef du *Censeur*, d'ordinaire très critique envers le régime, publie le 15 mars une brochure au titre cinglant : *De l'impossibilité d'établir un gouvernement constitutionnel sous un chef militaire et particulièrement sous Napoléon*. Comparant Louis XVIII et l'Empereur, il tranche nettement en faveur du premier : « On ne peut donc établir aucune comparaison entre le gouvernement impérial et le gouvernement actuel : sous le premier, nous étions soumis à un joug de fer ; sous le second, nous pouvons dire que nous sommes libres, et chacun peut défendre ses droits comme il le juge convenable. ... Le retour du gouvernement impérial ne serait donc autre chose que le retour du despotisme le plus dur[1]. » L'Ecole de droit,

---

[1]. Le retour de Napoléon « écraserait le talent, le commerce et l'agriculture », poursuit Comte. Même sentiment chez Henri de Saint-Simon, le futur mentor des socialistes utopiques, qui publie alors une brochure intitulée : *Profession de foi... au sujet de l'invasion de Napoléon Bonaparte*. Henry Houssaye en cite la conclusion : « Napoléon ne sera jamais qu'un tyran, et l'on veut nous ravir un roi avec lequel notre liberté est venue et dont notre liberté a besoin. »

qui compte alors parmi ses membres Odilon Barrot, futur avocat et chef de la gauche orléaniste[1], adresse dans le même esprit une pétition vigoureuse à la Chambre des députés[2].

Mais le soutien le plus précieux, car prestigieux et inattendu pour le régime, vient de Benjamin Constant. Certes, l'écrivain voue une haine bien connue à Bonaparte dont témoigne son pamphlet *De l'esprit de conquête et de l'usurpation* publié au couchant de l'Empire. Il n'en passe pas moins pour un déçu de la Restauration, ce qui confère un grand poids à son ralliement[3]. Plus que le retour de Napoléon, le secret de cette conversion se trouve dans son amour pour Juliette Récamier. Constant, qui la connaît depuis des années — elle est la meilleure amie de Mme de Staël —, a succombé à son charme quelques mois auparavant. La passion le dévore d'autant plus que la célèbre égérie est coquette et joue avec lui des ambiguïtés d'une amitié consolatrice. Pour vaincre son cœur, Benjamin, qui sait son attachement aux Bourbons, cède au vertige du risque politique. En mettant sa plume au service du roi, quand tout le monde l'abandonne, il risque sa vie pour la cause, avec l'espoir fou d'une capitulation de la belle éblouie. Malheureusement, Mme Récamier n'est pas Mme de Staël et son stratagème n'aura aucun succès. Reste le poids des mots. Le 19 mars 1815, veille du retour de l'Empereur, le *Journal des débats* publie un éditorial étincelant de Constant, l'un des meilleurs fulminés contre Napoléon : « Quand on ne demande

---

1. On l'appelle gauche dynastique. Barrot sera aussi l'avocat puis le premier président du Conseil de Louis Napoléon Bonaparte en 1849.

2. Le 13 mars : « Nous nous offrons au roi et à la patrie ; l'Ecole de droit tout entière demande à marcher. Nous n'abandonnerons ni notre souverain, ni notre constitution. Fidèles à l'honneur français, nous vous demandons des armes. Ce sentiment d'amour que nous portons à Louis XVIII vous répond de la constance de notre dévouement. Nous ne voulons plus de fers, nous voulons la liberté. Nous l'avons, on vient nous l'arracher : nous la défendrons jusqu'à la mort. Vive le roi ! Vive la constitution ! » « Le but de ce manifeste, écrira Barrot dans ses *Mémoires*, était de séparer la cause de l'Empire de celle de la Révolution ; de rattacher celle-ci par le sentiment de liberté à la défense de la constitution et du gouvernement représentatif contre l'Empire. »

3. Sans responsabilité ni mandat, Constant a publié depuis dix mois plusieurs écrits théoriques sur la Constitution, la liberté de la presse et la responsabilité ministérielle, assortis de phrases assassines contre le ministère, notamment Montesquiou. Il juge la Charte trop vague, les ultras trop stupides, les ministres trop inexpérimentés.

qu'à servir le despotisme, on passe avec indifférence d'un gouvernement à l'autre, bien sûr qu'on retrouvera sa place d'instrument sous le nouveau despotisme. Mais quand on choisit la liberté, on se fait tuer autour du trône qui protège la liberté. [...] Du côté du roi est la liberté constitutionnelle, la sûreté, la paix ; du côté de Bonaparte, la servitude, l'anarchie et la guerre. » L'« Ogre » n'a pas changé. Il reste le tyran de Brumaire et le bourreau de l'Europe : « Nous subirions sous Bonaparte un gouvernement de mamelouks ; son glaive seul nous gouvernerait. [...] C'est Attila, c'est Gengis Khan, plus terrible et plus odieux parce que les ressources de la civilisation sont à son usage. » Vient ensuite l'aveu révélateur — « Il ne déguise pas ses projets, il nous méprise trop pour daigner nous séduire » — qui précède la trop célèbre conclusion : « J'ai voulu la liberté sous diverses formes : j'ai vu qu'elle était possible sous la monarchie ; j'ai vu le roi se rallier à la nation. Je n'irai pas, misérable transfuge, me traîner d'un pouvoir à l'autre, couvrir l'infamie par le sophisme et balbutier des mots profanés pour racheter une vie honteuse. »

*Le retour de Fouché*

Le ralliement libéral ne saurait enrayer la déroute de la monarchie, saluée par les notables, acclamée au concert ou à la parade, mais sur le point d'être engloutie par le raz de marée bonapartiste. A l'exception du Midi et de l'Ouest, la propagande royale ne rencontre aucun écho populaire. Le comte d'Artois, qui a gardé de ses années de cour et d'exil un goût prononcé pour les complots, croit en désespoir de cause avoir trouvé le seul antidote possible face au mal qui progresse : s'allier avec le diable lui-même, l'assassin de son frère, le boucher des royalistes de Lyon. Ainsi ce Fouché maudit se voit-il proposer le ministère de la Police. Les ultras, après les nominations de Clarke et de Bourrienne, jouent leur dernière carte. Ils misent in extremis sur le savoir-faire impérial en la personne de son plus illustre et redoutable représentant, l'alter ego de Talleyrand pour l'Intérieur, l'homme connu pour être le mieux informé de France, ce mauvais génie dont on pense qu'il possède l'arme secrète pour mettre en fuite l'« Usurpateur ».

Sa réputation n'est plus à faire : habileté, efficacité, longévité, ses talents sont innombrables. Et, à cette heure, sa duplicité, sa cruauté et son cynisme ne font qu'ajouter à ses mérites. Son ambition tient lieu de garantie. N'est-il pas le seul personnage à se retrouver, tout au long de l'aventure, dans le camp des vainqueurs ? Talleyrand-Fouché, Fouché-Talleyrand. On assiste à un passionnant chassé-croisé entre les deux hommes qui s'inscrit en filigrane derrière celui de Louis XVIII et de Napoléon. Deux puissances de l'ombre, deux rivaux en même temps que deux partenaires, qui nouent et dénouent les fils de l'histoire, sans parler des brumes de la légende où chacun vient noyer ses pas.

Sans la Révolution, Talleyrand serait sans doute devenu cardinal. Mais quel avenir pour Fouché ? Rien ou pas grand-chose. Il doit tout à 1789 et ne l'oubliera jamais. Né en 1759, il a dix ans de plus que l'Empereur, cinq de moins que Talleyrand. Ancien oratorien, il passe, obscur professeur de mathématiques et physique[1], à côté des grands événements de la Constituante. La chute de la royauté et le renvoi de la Législative lui donnent sa chance. La Convention a besoin d'hommes neufs, représentatifs de la France nouvelle. Alors que Talleyrand part pour Londres, Fouché se fait élire à l'Assemblée sur un programme fourre-tout, plutôt modéré, et démagogique. Le voilà sorti de l'anonymat ; il s'évertuera à n'y jamais rentrer.

Fouché incarne la mémoire vivante de la Terreur et de l'Empire, les deux régimes auxquels il doit sa fulgurante mais tardive ascension sociale. Il ne saurait se réduire à l'image

---

1. Au célèbre collège de Juilly puis à Arras. Les oratoriens ont pris la place des jésuites (expulsés à la fin du règne de Louis XV) comme principale congrégation catholique enseignante. Si Fouché a été tonsuré et a accompli un an de séminaire, il n'a cependant, contrairement à une légende couramment répandue, jamais été prêtre.

caricaturale d'un parvenu diabolique colportée par des générations de biographes et de mémorialistes. Pâle, fuyant, le duc régicide s'avance cerné de mystère sous des airs d'éternel conspirateur, scrutant de ses yeux gris les hommes et le monde pour assouvir sa soif de puissance. Comme Talleyrand, à force de volonté, de sang-froid et d'habileté, il peut se flatter en certaines occasions d'avoir su hisser son destin personnel à la hauteur de celui de la France : quand il contribue à renverser Robespierre ou aide Bonaparte à devenir Premier consul ; ou encore lorsque, après Waterloo, il évite la guerre civile et le sac de Paris par les alliés. Réaliste ou perfide, visionnaire ou manipulateur, homme d'Etat ou démon ? Le débat n'a jamais cessé.

Fouché semble avoir puisé ses préceptes dans Machiavel : l'ambition et le calcul, le goût du secret et de l'intrigue, la capacité d'anticipation et la vitesse d'exécution, la maîtrise de l'information et l'instinct de la haute et basse police. Il incarne pour Guizot la passion froide du pouvoir pour le pouvoir : « Nul homme ne m'a plus complètement donné l'idée d'une indifférence hardie, ironique, cynique, d'un sang-froid imperturbable dans un besoin immodéré de mouvement et d'importance, et d'un parti pris de tout faire pour réussir, non dans un dessein déterminé, mais dans le dessein et la chance du moment. » On croirait lire un portrait de Talleyrand. Pourtant, il y a quelque chose de plus qui fascine chez Fouché : une ténacité hors pair, fruit d'un long et difficile apprentissage. La modestie de son milieu d'origine et les épreuves du passé ont développé chez lui une formidable rage de survie et un appétit de puissance qui contrastent avec la nonchalance aristocratique du prince de Bénévent.

Pour avoir vu tomber tant de têtes au sein de la famille royale, des constitutionnels, des Girondins, des fidèles de Danton ou de Robespierre, il a éprouvé dans sa chair ce que l'instinct avait d'emblée soufflé à Talleyrand sous les masques de la Cour : la puissance du verbe ne compte pas sans les griffes acérées du pouvoir. Derrière son faciès impavide, « ses yeux éraillés et perçants[1] », se cache un joueur invétéré, utilisant les hommes avec leurs faiblesses et leurs passions comme autant de pions sur son échiquier. Comme il paraît loin le temps de sa violente foi égalitaire, de la fameuse « Instruction » de Lyon[2] ou de la présidence du club des Jacobins ! Il sait désormais que l'esprit ne peut faire fi des réalités, négliger les rapports de force et les compromis. Céder aux vertiges de l'idéal ou de l'utopie reviendrait à se condamner, à s'exclure des places et des responsabilités. Pour survivre, il tisse patiemment sa toile, conjugue les intérêts, cultive l'ambiguïté, noue ses réseaux et connaissances en dehors de toute fidélité, en marge de toute doctrine, tant vis-à-vis des hommes que des partis. Barras rapporte l'édifiante profession de foi qu'il formule devant un préfet au début des Cent-Jours : « Je viens de vous demander sans aucun but ce que l'on dit de moi, je ne tiens nullement à le connaître, car je m'en moque : la vérité est que je ne suis rien de tout ce qu'on dit, et que je suis en même temps tout ce qu'on dit, royaliste, bourbonniste, orléaniste, jacobin, selon ce qui arrivera ; je suis et je serai le serviteur des événements : c'est la victoire ou la défaite qui vont trancher tous les nœuds. Si nous sommes vaincus, *Vae Victis* ! Gare aux vaincus ! »

De partout on le guette, on l'observe, on vient recueillir ses augures, disséquer ses silences et ses confidences. Dans un pays comme la France, si profondément marqué par les passions, obsédé par les querelles de l'esprit, ce personnage austère surprend et inquiète comme impressionnent son cynisme et son opportunisme, ses jeux et ses calculs, sans autre but que l'intérêt. L'homme ne renie rien et a l'intelligence d'assumer son passé. Plutôt que de le porter comme un fardeau,

---

1. « Toute sa personne témoigne des passions qui ont agité sa vie, ajoute Mathieu Molé ; sa taille est haute, ses membres grêles, sa fibre sèche, ses mouvements très prompts, sa physionomie ardente, ses traits fins, ses yeux éraillés et perçants, ses cheveux ceux d'un albinos ; je ne sais quoi de féroce, d'élégant et d'agile le fait ressembler à une panthère. »
2. Cosignée avec Collot d'Herbois, elle appelle à dépouiller les riches au profit de l'Etat et des plus démunis : « Cette profession de foi fait de lui le premier socialiste et communiste catégorique de la Révolution », écrit Stefan Zweig.

il en fait une force. Seul à oser s'avouer jacobin, il devient naturellement leur représentant attitré, bénéficiant de la peur qu'inspirent aux « honnêtes gens » les anciens terroristes.

« Sa vie se divise en deux parties, constate Molé ; dans la première, il eut pour but de se faire jour et de parvenir, dans la seconde de se faire pardonner et de se maintenir. » Le voilà durablement installé comme ministre de la Police[1]. A sa connaissance des hommes il ajoute sa science des âmes, sans compter son expérience de la crise. Mais des cercles du pouvoir il veut étendre son influence au pays tout entier, à ce peuple si difficilement prévisible. Il fait sonder les reins et les cœurs dans les palais et les chancelleries, à la Cour et à la ville comme à la campagne. C'est durant son ministère que naît la police moderne dont il fait une arme efficace et redoutable, tant au service du pouvoir que de son propre pouvoir[2]. Il la dote en hommes et en moyens considérables, lui donne organisation et méthode, s'entoure de collaborateurs habiles : Desmarets chef de la police secrète, Réal[3] ou l'ancien bagnard Vidocq pour citer les plus célèbres. Il parvient ainsi à structurer un réseau de renseignement couvrant toutes les catégories sociales et tout le territoire, du café à la chambre à coucher de l'Empereur. N'est-il pas réputé avoir payé jusqu'à Joséphine ? Averti des moindres faits et gestes, servi par une prodigieuse mémoire et des archives rigoureuses, il soupèse les risques, instille le soupçon, déjoue les pièges ou mène à bien la

---

[1]. De 1799 à 1810, à l'exception d'une brève parenthèse sous le Consulat (1802-1804).

[2]. Certes Fouché n'a pas tout inventé. Créé en 1796, le nouveau ministère hérite des attributions de l'ancienne lieutenance générale de police fondée en 1667 par Louis XIV. Cette dernière assumait deux fonctions essentielles : l'espionnage et la sécurité intérieure. Du père Joseph à Lenoir en passant par La Reynie et Sartines, c'est surtout l'espionnage qui a été structuré. Anticiper les complots et cabales, informer le roi au moyen de bulletins dont il se délecte quotidiennement constituent l'essentiel de sa tâche. La dimension sécuritaire laisse en revanche beaucoup à désirer comme le prouve suffisamment la Révolution française.

[3]. Pierre-François Réal présente un profil proche de celui de Fouché. Ancien bras droit de Chaumette, il se met au service de Barras avant de le trahir pour Bonaparte lors de la journée du 18 brumaire. Conseiller d'État, c'est lui qui mène l'enquête contre Cadoudal et Pichegru en 1804. Considéré comme le vice-ministre de la Police, il voit à son grand dam Savary remplacer Fouché en 1810. Le portefeuille lui échappe à nouveau en 1815.

manœuvre. « Le ministre de la Police, note crûment Talleyrand, est un homme qui se mêle de ce qui le regarde et ensuite de ce qui ne le regarde pas. »

De ce pouvoir il fait usage avec discernement. Non seulement il s'introduit partout mais encore il manipule chaque milieu : la presse qu'il tient en lisières, ainsi que les cabinets étrangers auxquels il dépêche de faux émissaires, extorquant sous couvert d'antibonapartisme primaire l'organisation de leurs réseaux, la liste de leurs agents et leurs plans de campagne. Aussi obtient-il des résultats spectaculaires qui achèvent d'élever sa réputation : il déjoue toutes les conspirations du Consulat, fait quasiment disparaître le brigandage et la criminalité. Pour prix de ses services, il est comblé d'or et d'honneurs : sénateur, comte, enfin duc d'Otrante le 15 août 1809, jour anniversaire des quarante ans de l'Empereur. Pour l'anecdote, ô combien révélatrice, ses armes « parlantes » contiennent un serpent et une colonne d'or.

Ce génial tacticien s'impose surtout par son art du secret. Car si l'information est la clé de sa puissance, il sait jouer du mystère qui lui confère un primat plus grand encore en s'ordonnant maître des peurs et des convoitises[1]. Silence, cloisonnement, double jeu, faux-semblant, rumeur, bouc émissaire, leurre, il excelle dans ces délicates pratiques, autant par goût que par nécessité : « L'intrigue, accuse Napoléon dans le *Mémorial*, était aussi nécessaire à Fouché que la nourriture ; il intriguait en tout temps, en tous lieux, de toutes manières et avec tous. On ne découvrait jamais rien qu'on ne fût sûr de l'y rencontrer pour quelque chose ; il n'était occupé que de courir après, sa manie était de vouloir être de tout... Toujours dans les souliers de tout le monde. » Tour à tour, il fait mine de rassurer ou d'inquiéter, d'appâter ou de repousser, fait montre de générosité ou de parcimonie, pique au vif d'un sous-entendu ou assomme d'un flot de confidences. Quoi qu'il dise, on craint qu'il n'en sache davantage, car rien ne saurait

---

[1]. « Fouché se réservait une grande partie des secrets qu'il surprenait et se ménageait sur les personnes un pouvoir supérieur à celui de Bonaparte », affirme Balzac.

échapper à sa curiosité : passé, projets, complots, maîtresses, vilenies, mensonges.

Dans un monde dominé par l'ambition, grâce à ses fiches et ses mouchards, il peut prétendre tenir chacun et surtout il faut que cela se sache ! A cet effet, il distille billets acides et mises en garde, d'un mouvement de cils fait naître l'effroi, d'un geste de la tête sait se rappeler au bon souvenir, et par là même se rend incontournable. Tantôt il choisit de se taire pour ne divulguer ses informations qu'au compte-gouttes, dosant soigneusement incitation et dissuasion comme carotte et bâton ; tantôt au contraire son bavardage sème le doute ou la confusion. Toujours, il arbitre sur sa palette en demi-teinte entre ceux qu'il choisit de livrer à la pâture publique, au petit jeu des échos et des spéculations d'entourages, et ceux qu'il entend pour l'heure ménager. Il use de son pouvoir et de sa réputation pour moduler ses effets, punit rarement, effraye parfois, oblige souvent par des services rendus. Plutôt que de jouir inconsidérément de son pouvoir en parvenu, écrasant les autres sous le poids de sa puissance, il en joue en virtuose, ménageant les intérêts et susceptibilités, négociant son influence et s'achetant des fidélités. Le « boucher de Lyon » devient le protecteur attitré du faubourg Saint-Germain, le saint-bernard des royalistes ; ici levant les séquestres, là rayant l'ami de la liste des émigrés, prévenant les uns de leur arrestation, suggérant aux autres qu'il vaut mieux se faire oublier pour un temps. Aussi, entre ses nombreux affidés, protégés et obligés, dispose-t-il à la longue d'une immense clientèle.

On finit même par lui trouver des qualités. Fouché-Janus peut faire valoir sa face respectable : celle du professionnel zélé, comme de l'homme privé, amical et chaleureux, père et mari irréprochable, qui porte au fond de lui le deuil de « Nièvre », sa fille bien-aimée. Bon camarade, son style, en apparence franc et direct, contraste avec celui, guindé, des parvenus de la cour impériale, ou celui, hypocrite et mielleux, de Talleyrand et de ses partisans.

L'homme est le premier serviteur de son propre culte, redoublant d'ingéniosité pour faire accroire sa domination, toujours supérieure à la réalité. Toutefois, comme pour

Napoléon, le succès commence bientôt à gâter son caractère. Insensiblement, le mépris supplante chez lui la peur. En quête d'un rôle à sa mesure, il en veut toujours davantage et se montre désireux de s'imposer comme homme de paix, champion de la diplomatie secrète, dévoré par la « gouvernomanie » tandis que son maître succombe à la « guerromanie »[1]. Convaincu de son invulnérabilité, il est tenté de se croire tout permis et, le jour venu, s'y perdra.

En 1810, Napoléon lui retire brutalement son portefeuille avant de l'expédier au loin, comme gouverneur général des Provinces Illyriennes, ce qui l'empêche de participer à la chute de l'Empire dont tout le mérite revient à son vieux rival Talleyrand.

Retiré dans sa propriété de Ferrières, Fouché active ses réseaux, s'abouche avec les orléanistes, les bonapartistes et les républicains, sans oublier d'offrir ses services aux Bourbons. « Pour se conserver de l'importance malgré la nullité à laquelle il était réduit, il recevait tout ce qui se présentait chez lui et ne refusait personne », rapporte son ami Thibaudeau, autre conventionnel régicide. Mais rien de concluant ne sort de ces conciliabules, si ce n'est la petite conspiration du Nord, qu'il monte dès l'annonce du retour de Napoléon et dont il se retire aux premiers revers. Averti de ses intrigues, le gouvernement royal hésite pourtant à sévir. Les libéraux réclament son arrestation alors que les ultras, appuyés par la nombreuse clientèle de Fouché au faubourg Saint-Germain, s'enflamment pour la défense de sa cause, persuadés que lui seul peut les sauver.

Le grand mémorialiste libéral Charles de Rémusat[2] a percé le mystère de cet homme extraordinaire qui, sans être d'aucun parti, feint d'être lié à tous, pour toujours pencher du côté de la victoire : « Fouché avait, comme Talleyrand, mais dans un autre ordre que lui, la réputation de ces hommes qui ont un

---

1. Expressions respectives de l'ancien conventionnel Barère et de Stendhal.
2. Dans un portrait d'anthologie qui mérite d'autant plus d'être cité qu'il analyse la situation de Fouché durant les Cent-Jours.

secret. Il était de ceux à qui l'on suppose des profondeurs, des liens cachés, des armes occultes. Il tenait, disait-on, tous les révolutionnaires dans la main, il avait des intelligences dans l'armée ; la police était moins au gouvernement qu'à lui. Puis, quelquefois, on le supposait d'accord avec le duc d'Orléans ; d'autres le faisaient l'homme de Murat qui l'avait bien traité à Naples. Quelques-uns pensaient qu'il épargnerait les Bourbons et se bornerait à l'honneur bizarre de les forcer à le prendre pour ministre. Cette dernière idée paraissait si plausible que dans quelques souterrains des Tuileries on se l'était appropriée, et le bruit courait qu'elle avait été proposée par Vitrolles, je crois, à Monsieur qui ne l'avait pas repoussée. Dans ce monde-là, on croit la police le grand arcane du gouvernement et l'on ne doutait pas que pour contenter un homme il suffît de le faire ministre. [...] Le personnage était très bavard et il avait fait de son penchant un système. En parlant beaucoup, il obtenait quelquefois des indiscrétions dont il semblait donner l'exemple ; il jetait dans la circulation des jugements qu'on répétait, des conjectures qui prenaient crédit. Il hasardait tant de choses qu'il n'était compromis par aucune ; mais on conclut qu'il en savait encore davantage. Un homme qui disait tant devait apparemment agir encore plus et c'était précisément tout le contraire. »

On comprend désormais mieux pourquoi la monarchie agonisante vient mettre un genou à terre devant le régicide en le suppliant de passer à son service. Blacas le reçoit le 12 mars. Les 13 et 14, il a trois entretiens successifs avec le chancelier Dambray et avec d'André, avant de rencontrer Monsieur, en secret, le 15. « J'ai besoin des enfers, je viens les consulter », avoue l'héritier du trône à son hôtesse, la princesse de Vaudémont. Tous ces ambassadeurs de la royauté en perdition attendent que Fouché prenne en main les affaires et accomplisse le miracle : arrêter l'Empereur pendant qu'il en est encore temps. Parti au congrès de Vienne, le « diable boiteux » n'est plus là, comme en 1814, pour lui barrer le chemin. Tous les regards convergent enfin vers lui. Mais à Dambray qui lui propose ce ministère tant attendu, Fouché adresse pourtant une fin de non-recevoir sans appel : « Si j'avais été ministre de la Police, jamais Bonaparte n'aurait mis le pied en France. Aujourd'hui, aucune puissance humaine ne l'empêcherait de venir jusqu'à Paris. Il n'y entrerait cependant pas, si vous aviez seulement à lui opposer quatre bons régiments bien sûrs ; mais vous ne les avez pas. » Il conseille à son interlocuteur de faire partir le roi vers le Sud où il compte de nombreux partisans, et souligne la nécessité d'éviter une nouvelle émigration.

Car il n'est pas homme à se sacrifier pour une cause perdue. Trois jours avant le retour de Napoléon, son instinct lui commande de s'abstenir : la cause de l'Empereur, sauf dislocation miraculeuse de la coalition, est perdue à court ou moyen terme. Une régence de Marie-Louise, exercée au nom du roi de Rome, conserve sa préférence. Un exécutif faible ne manquerait pas de faire le jeu d'un chef de gouvernement puissant, qu'il se verrait bien incarner. Mais la formule est refusée par les alliés, tout comme l'hypothèse d'un recours à Louis-Philippe d'Orléans. Faute de réseaux suffisants, l'heure de cet « usurpateur de bonne famille » n'a pas encore sonné. Dommage, car l'homme a sa sympathie : il est tolérant, intelligent, partisan de la cocarde tricolore et a combattu dans les armées révolutionnaires, sans compter qu'il est fils de régicide. Reste, par défaut, ces Bourbons qui viennent lui faire la cour. Thibaudeau a bien saisi l'ambiguïté qui préside à leurs relations : « Il y avait en lui deux hommes : Fouché, roturier, révolutionnaire, était ennemi des Bourbons ; le duc d'Otrante, gentilhomme, aristocrate, aurait bien voulu sous leur domination exercer du pouvoir, avoir de l'influence, ou trouver au moins une garantie de sa fortune et de ses honneurs. Ces deux hommes étaient en contradiction, mais le duc d'Otrante l'emportait le plus souvent sur Fouché et cherchait péniblement une combinaison pour atteindre son but. »

Entre la vieille dynastie et lui s'étend pourtant le gouffre du régicide. Le vote de janvier 1793 pèse dans la balance d'un poids autrement plus lourd que les prêtres persécutés et les innocents massacrés à Lyon. La duchesse d'Angoulême — comment ne pas la comprendre ? — refusera toujours de croiser celui qui d'une voix neutre est venu à la tribune de la Convention prononcer les deux mots qui ont guillotiné son père : « La mort ». Fouché, semblable en ceci à la plupart des « votants », ne défend pas la Révolution par principe mais par nécessité. La monarchie absolue selon les ultras ne manquerait pas à terme de l'envoyer en exil ou sur l'échafaud. Aussi sa position est-elle déjà fixée et ne changera plus : il ne servira la couronne que si elle est enfermée dans la Charte et ligotée par les hommes de la Révolution. Comme il juge son retour probable, Fouché se protège par avance et pose soigneusement ses conditions sous couvert de donner des conseils, préparant sa porte de sortie pour les semaines à venir : « Sauvez le roi, je me charge de sauver la monarchie », dit-il avec aplomb à Monsieur avant de lui annoncer, imperturbable, son ambition de diriger à nouveau la police impériale... pour mieux préparer la place à la royauté[1]. Quoique stupéfié par l'audace de son interlocuteur, Monsieur ne ressort pas moins de l'entretien impressionné[2]. De son côté, Fouché donne crûment son sentiment à Thibaudeau : « Tu n'as pas l'idée de la stupidité du comte d'Artois. J'en étais honteux pour lui. Excepté Louis XVIII, ce sont des crétins. »

Le duc d'Otrante ne tarde pas à vérifier ce jugement à ses dépens car le roi met fin aux pourparlers et décrète son arrestation le 16 mars. Comme il n'a jamais compris la « passion honteuse » des ultras pour ce régicide de triste renommée, il est convaincu de sa complicité dans la conspiration du Nord et charge Bourrienne, réticent, de mettre la main sur lui. Quand Fouché ouvre la porte aux agents venus l'appréhender, il proteste avec hauteur, arguant de ses entretiens avec le gouvernement : « Je parierais que votre ordre est une supposition

---

1. Stefan Zweig note à ce sujet : « Ainsi, il garde un atout en main et, si les Bourbons demeurent victorieux, il pourra se donner comme leur auxiliaire. D'autre part, si c'est Napoléon qui triomphe, il pourra faire valoir fièrement qu'il a repoussé l'offre des Bourbons. Le système éprouvé de la contre-assurance auprès des deux camps lui a trop souvent réussi pour qu'il n'y recoure pas une fois de plus — ce système qui lui permet de se faire passer en même temps pour le fidèle serviteur des deux maîtres, de l'Empereur et du roi. »
2. La suite de l'entrevue, dont la teneur exacte n'a pas été rapportée par les protagonistes, est restée secrète.

ou une méprise », dit-il aux policiers décontenancés par tant d'assurance. Il trompe alors leur surveillance et file à l'anglaise par une porte dérobée, puis trouve refuge chez la reine Hortense[1], dont l'hôtel est contigu au sien, et y reste caché jusqu'au retour de Napoléon.

Le voici propulsé au rang de martyr de l'arbitraire royal, doté par son arrestation manquée de lettres de créance bonapartistes. En un tour de main, il se refait, avec la complicité involontaire de la royauté, une virginité qu'il ne manquera pas de faire valoir pour récupérer son portefeuille. Pendant ce temps, l'Empereur, soutenu par plus de trente mille hommes, continue son avancée et ne se trouve plus qu'à quelques jours de marche de la capitale : « Dans la confusion des bruits populaires et des nouvelles plus accréditées, écrit Villemain[2], un vent sinistre continuait de souffler sur la grande route de Lyon vers Paris, apportant la peur, l'abandon, la fuite. »

## Le ballet du pouvoir

Le 19 mars, deux semaines jour pour jour après l'annonce du débarquement de Golfe-Juan, le roi doit se rendre à l'évidence : ce qui paraissait impensable hier devient réalité[3].

---

1. Hortense de Beauharnais est à la fois fille de Joséphine, belle-fille et belle-sœur de Napoléon (elle a épousé son frère Louis), mère du futur Napoléon III, ainsi que du duc de Morny (né de sa liaison avec Flahaut).
2. Ecrivain, universitaire et homme politique libéral, Villemain sera ministre sous la monarchie de Juillet. Ses *Souvenirs*, très vivants et fiables, s'appuient sur les confessions de nombreux contemporains.
3. L'architecte Fontaine note dans son *Journal* le choc produit sur lui par le téléscopage du départ de Louis XVIII avec l'arrivée de Napoléon : « Louis XVIII est parti ce matin du palais des Tuileries à une heure, et l'Empereur Napoléon y est rentré ce soir à neuf heures. Je n'oublierai jamais l'effet de deux scènes aussi opposées et aussi extraordinaires. Quel sujet de réflexions !
« J'ai vu dans la même journée à peu d'heures de distance un roi sexagénaire, infirme, forcé d'abandonner les rênes de l'Etat que ses mains laissaient tomber. Je l'ai vu au milieu d'une cour de vieux nobles, essayant vainement de se rattacher à des préjugés anciens, descendre ou plutôt glisser d'un trône dont les droits de sa naissance bien moins que ceux de la gloire pouvaient lui assurer la possession. Ce prince, qui par des apparences de bonté et des manières affables avait gagné les cœurs du plus grand nombre, a été entraîné hors de son palais au milieu des cris, des sanglots et des larmes de tous ceux qui se sont trouvés sur son passage. Il a donné en échange des

Guidé par les vents favorables, l'Aigle, d'un vol majestueux, arrive à destination. Comme aux lendemains de la prise de la Bastille, le monarque se trouve confronté à un cruel dilemme : rester, au risque de trouver la mort, ou bien prendre la route de l'émigration, ce qui pourrait ruiner son crédit auprès des alliés et le couper de tous les patriotes.

Ses conseillers sont une nouvelle fois divisés. Chateaubriand expose avec véhémence son plan lors d'une conférence réunissant les principaux parlementaires : expédier les princes en province, maintenir fermement le roi et les chambres à Paris pour obliger Napoléon à tirer le premier. Renouant avec l'esprit chevaleresque des origines, il veut défendre l'honneur contre l'«Usurpateur» pour rendre à la monarchie la gloire ancienne d'une Jeanne d'Arc ou d'un François I$^{er}$. Le roi a promis de mourir pour Paris. Qu'il tienne donc serment !

« Notre vieux monarque, sous la protection du testament de Louis XVI, la Charte à la main, restera tranquille sur son trône aux Tuileries ; le corps diplomatique se rangera autour de lui ; les deux chambres se rassembleront dans les deux pavillons du château ; la Maison du Roi campera sur le Carrousel et dans les jardins des Tuileries. Nous borderons de canons les quais et la terrasse de l'eau : que Bonaparte nous attaque dans cette position ; qu'il emporte une à une nos barricades ; qu'il

---

bénédictions, et la promesse de revenir bientôt.

« J'ai vu ensuite l'homme qui après quinze années des plus brillants succès, abandonné, trahi, battu, forcé de céder aux armées de toute l'Europe coalisée contre lui, injurié, calomnié jusqu'à l'humiliation, qui déporté et condamné à passer le reste de sa vie dans une petite île de quelques lieues, est revenu presque seul à la tête d'un petit nombre de serviteurs dévoués, s'est de nouveau présenté à la fortune qui depuis quelque temps avait cessé de lui être fidèle, et lui a montré cette audace, ce courage, que tant de fois elle avait favorisés. Je l'ai vu après avoir traversé 200 lieues en triomphateur descendre au palais des Tuileries, porté sur les bras des compagnons de ses nombreuses victoires, reprendre un trône que son prédécesseur n'avait pas su garder, et retrouver sans autre appui que son nom toute l'étendue de sa puissance.

« Si je compare l'enthousiasme de la journée du 20 mars 1815 avec le tumulte et la confusion du 3 mai 1814, quelle différence ! Je vois aujourd'hui des hommes dans la force de l'âge couverts pour la plupart de blessures honorables, pleins de santé, bouillants de courage, replaçant sur son trône, et proclamant de nouveau le chef qui tant de fois les mena à la victoire. On voyait l'année dernière en opposition aux apparences flatteuses de la paix le tumulte d'une troupe de vieux courtisans, cherchant à retrouver leurs titres, et les prétentions d'une foule de privilégiés avides prêts à se partager les ressources de l'État que le roi semblait disposé à leur abandonner. »

bombarde Paris, s'il le veut et s'il a des mortiers ; qu'il se rende odieux à la population entière, et nous verrons le résultat de son entreprise ! Résistons seulement trois jours et la victoire est à nous. Le roi, se défendant dans son château, causera un enthousiasme universel. Enfin, s'il doit mourir, qu'il meure digne de son rang ; que le dernier exploit de Napoléon soit l'égorgement d'un vieillard[1]. »

De son côté, Blacas, le plus sérieusement du monde, propose que le roi, dans une sorte de parodie du Vol de l'Aigle, prenne les devants et se porte à la rencontre de l'« Ogre » escorté par les parlementaires. En voyant ainsi, en la personne de Sa Majesté, la légitimité en pied et en grand équipage se dresser devant lui, le rebelle, à n'en pas douter, ferait marche arrière[2]. D'autres courtisans comme Vitrolles plaident pour le repli sur un réduit loyal, en Vendée ou dans le Midi, d'où l'on poursuivrait la lutte, fort de la présence électrisante du monarque[3]. Tandis que le duc de Bourbon part pour l'Ouest, le duc et la duchesse d'Angoulême tentent déjà de soulever le Sud royaliste. Mais Louis XVIII n'est pas et n'a jamais été

---

1. « Qu'y aurait-il eu de plus beau, ajoute Chateaubriand, qu'un vieux fils de Saint Louis renversant avec des Français, en quelques moments, un homme que tous les rois conjurés de l'Europe avaient mis tant d'années à abattre ? » La Fayette juge ridicule la proposition : « M. de Chateaubriand proposa de nous ranger tous autour du roi pour y être égorgés, afin que notre sang devînt une semence d'où renaîtrait un jour la monarchie et Constant se mit à rire du dédommagement qu'on nous offrait. » Marmont milite aussi pour la résistance à outrance, sauf qu'il propose un plan exclusivement militaire. Le roi, retranché aux Tuileries avec sa Maison militaire, serait inexpugnable. Pourtant en juillet 1830, commandant les troupes royales lors des « Trois Glorieuses », le maréchal ne tiendra que quelques heures dans cette position.
2. Vitrolles exécute le plan de Blacas avec une ironie mordante comme il le raconte dans ses *Mémoires* : « Je ne m'amusai pas à discuter ce plan, qui avait sûrement été présenté au roi avant de l'être au Conseil des ministres. Je dis seulement qu'il me paraissait y manquer un point essentiel : il fallait que la procession fût précédée par l'archevêque de Paris, portant le saint sacrement, comme saint Martin de Tours allant au-devant du roi des Visigoths. Puis comme on me priait de ne pas plaisanter, je demandai sérieusement par quelle barrière on comptait sortir ; et comme on nommait la barrière d'Italie ou la barrière de Fontainebleau, je les assurai qu'ils n'y rencontreraient point l'Empereur ; qu'il ne gênerait point leur pompeuse promenade par sa présence ; qu'il entrerait par la barrière du Trône ou la barrière de Saint-Denis, qu'il irait tranquillement s'installer aux Tuileries, et que le roi et les deux chambres coucheraient probablement cette nuit à la belle étoile. Il ne fut bientôt plus question de cette pompe funèbre. »
3. Vitrolles propose de gagner d'abord La Rochelle. Son plan suscite la fureur de son rival Montesquiou qui l'accuse d'être un « ministre chouan ». Bourrienne préconise quant à lui un repli sur Lille.

un résistant. Il reste obsédé par le souvenir de Louis XVI dont il n'entend pas revivre le calvaire. Quand son malheureux frère, resté par courage et abnégation dans la capitale, se décida à partir, il n'était plus temps. Capturé à Varennes, renversé le 10 août 1792, il fut suspendu tel un fonctionnaire fautif avant d'être emprisonné au Temple. La décapitation qui s'ensuivit a durablement flétri la mystique royale, si l'on en croit Chateaubriand : « Lorsqu'une colombe descendait pour apporter à Clovis l'huile sainte, lorsque les rois chevelus étaient élevés sur un bouclier, lorsque Saint Louis tremblait, par sa vertu prématurée, en prononçant à son sacre le serment de n'employer son autorité que pour la gloire de Dieu et le bien de son peuple, lorsque Henri IV, après son entrée à Paris, alla se prosterner à Notre-Dame, que l'on vit ou que l'on crut voir, à sa droite, un bel enfant qui le défendait et que l'on prit pour son ange gardien, je conçois que le diadème était sacré. L'oriflamme reposait dans les tabernacles du ciel. Mais depuis que, sur une place publique, un souverain, les cheveux coupés, les mains liées derrière le dos, a baissé sa tête sous le glaive au son du tambour, depuis qu'un autre souverain, environné de la plèbe, est allé mendier des votes pour son élection, au bruit même du tambour, sur une autre place publique [1], qui conserve la moindre illusion sur la couronne ? Qui croit que cette royauté meurtrie et souillée puisse encore imposer au monde ? »

Ainsi, le martyre de Louis s'était avéré préjudiciable à la cause royale. Le roi est résolu à ne pas répéter cette erreur. Comme en 1791, il choisit la fuite. Et s'il vient de promettre solennellement aux chambres qu'il resterait sur place, sans hésiter à mourir, Louis XVIII se convainc qu'il a d'autres arguments à faire valoir : son départ épargnera le sang de ses compatriotes et évitera la guerre civile qu'un maintien sur le territoire ne manquerait pas d'allumer. Il veut demeurer ce roi pacifique, dans la lignée réconciliatrice d'Henri IV auquel il se réfère sans cesse depuis son retour.

---

1. Allusion à Louis-Philippe venu se faire adouber par La Fayette en 1830.

Les faucons sont donc éconduits. Au duc d'Havré[1], qui le supplie de résister à Paris, il rétorque d'une voix n'admettant pas la réplique : « Vous voulez donc que je me mette sur une chaise curule ? Je ne suis pas de cet avis ni de cette humeur. » En dépit des objurgations de Vitrolles, il opte finalement pour la route de Lille, près de la Belgique où se concentre la principale armée coalisée, non loin de Londres qu'il pourra gagner en cas d'urgence. Il restera ainsi à portée des événements, suspendu à la victoire des alliés mais prenant soin de ne pas se placer sous leur dépendance en vile marionnette. Comme toujours, Louis XVIII joue la patience, certain que le temps œuvre à nouveau en sa faveur. Son départ a lieu le dimanche 19 mars, jour des Rameaux, vers minuit, le plus discrètement possible : « Il n'y a pas besoin du soleil pour éclairer la honte de cette fuite », confesse Vitrolles. Parmi tous les récits publiés, celui du comte de Laborde intitulé *Quarante-huit heures de garde au château des Tuileries* semble le plus fidèle[2] : « Quoiqu'on eût cherché à garder le secret sur le départ du roi, le mouvement qui avait eu lieu dans le château ne permettait guère d'en douter. Cependant on s'aveuglait encore sur ce triste événement, lorsque les voitures du voyage arrivèrent : celle du roi se plaça sous le vestibule du pavillon de Flore. Tous les gardes nationaux du poste de réserve et de celui de la fontaine, [...] se placèrent sur l'escalier et sur le palier qui précède l'appartement du roi ; tous les regards étaient fixés sur les portes, un profond silence régnait parmi nous ; le moindre bruit qu'on entendait dans l'intérieur redoublait cette attention religieuse, lorsque tout à coup les portes s'ouvrent, le roi paraît précédé seulement d'un huissier portant des flambeaux, et soutenu par M. le comte de Blacas et M. le duc de Duras. A son aspect vénérable, et, comme par un mouvement spontané, nous tombâmes tous à genoux en pleurant, les uns saisissant ses mains ; les autres, ses habits ; nous

---

1. Nommé capitaine des gardes en 1812, le duc d'Havré est un des plus anciens et fidèles courtisans de Louis XVIII.
2. Laborde était alors adjudant major de la garde nationale. On peut aussi contempler la célèbre toile du baron Gros qui reflète fidèlement le désespoir des royalistes au moment du départ du roi.

traînant sur les marches de l'escalier pour le considérer, le toucher plus longtemps.

— Mes enfants, disait le roi, en grâce, épargnez-moi ; j'ai besoin de force. Je vous reverrai bientôt. Retournez dans vos familles. [...] Mes amis, votre attachement me touche [1]. »

Les royalistes revivent avec douleur les journées tragiques de la Révolution. Pour ces courtisans, dont beaucoup ont dépassé la cinquantaine, cette seconde mort de la royauté ôte tout espoir de retour. La Restauration n'aura été qu'une douce illusion d'un an, une simple parenthèse dans une vie gâchée par l'exil.

Escorté par un détachement de gardes du corps, Louis XVIII se précipite vers le nord, suivi par le reste de la Maison militaire, rassemblée en toute hâte par le duc de Berry. Prévenus à la dernière minute, ministres et hauts dignitaires se mettent en branle avant l'aube. « Le roi parti ! Bouleversement et poltronnerie universelle », résume Constant dans son *Journal*. Ivre de colère et d'indignation, Chateaubriand est poussé dans sa voiture par sa femme. Le vaudeville n'est pas loin, le ridicule côtoie le tragique tandis que le rideau tombe sur la monarchie. Le retour de l'Empereur n'en apparaît que plus grandiose [2].

---

[1]. « Et on sentait, au ton dont il prononçait ses paroles, combien son âme était oppressée. Ceux-là seuls qui ne pouvaient approcher de cette scène criaient "Vive le roi !" mais autour du prince on n'entendait que sanglots, soupirs et mots entrecoupés. Ceux qui se relevaient joignaient les mains, se couvraient le visage, et versaient des torrents de larmes. A mesure que le roi avançait, d'autres gardes nationaux se précipitaient de même à ses pieds, et se pressaient autour de lui dans ce désordre de l'émotion, dans cette familiarité du malheur, qu'un supérieur excuse parce qu'il est digne de l'apprécier. En effet, ce n'était plus seulement le monarque qu'on voyait s'éloigner avec tant de regrets, c'était l'être bienfaisant, éclairé, généreux, que chacun aurait voulu défendre aux dépens de ses jours, soigner comme un père, révérer comme un ange tutélaire. C'est dans ces moments terribles où la puissance perd une partie de son prestige, et la faveur sa puissance, que le sentiment se montre dans toute sa vérité ; c'est alors qu'un souverain peut connaître ce qu'il inspire, et se voir, de son vivant, porté au tribunal de l'histoire et de la postérité : Divus post mortem. » Jean Thiry, dans son ouvrage intitulé *Le Vol de l'Aigle*, donne quelques détails supplémentaires : « Au milieu des sanglots on entendit quelques faibles cris de Vive le Roi ! et un vieux serviteur qui disait : il porte une couronne d'épines ! Louis XVIII marchait lentement, au milieu de ses fidèles qui embrassaient ses mains et touchaient ses vêtements. Il paraissait ému et dit tout bas à Blacas : — Je l'avais prévu ; je ne voulais pas les voir. On aurait dû m'épargner cette émotion. »

[2]. Une chansonnette bonapartiste salue à sa manière le départ du roi : « Bon voyage, Monsieur de Bourbon, / Dans l'Albion débarquez sans naufrage, / Bon voyage, Monsieur de Bourbon / Rendez la place au grand Napoléon / Si vous eussiez

Le lundi 20 mars, en ce dernier jour de l'hiver, les Parisiens découvrent, quand l'aube se lève, une capitale sans souverain. Napoléon, parti à une heure du matin de Pont-sur-Yonne, n'arrive que vers dix heures à Fontainebleau, onze mois jour pour jour après le bouleversant adieu aux armes. C'est là qu'il apprend sans surprise apparente le retrait de Louis XVIII et décide aussitôt de marcher sur Paris pour l'atteindre avant la nuit. Superstitieux, l'Empereur croit en la force émotive des commémorations sur les esprits. Or, ce 20 mars 1815 marque le jour anniversaire de la naissance de son fils, venu au monde quatre ans plus tôt[1]. Cette glorieuse veille de printemps rejoint ainsi le 2 décembre — jour du Sacre et d'Austerlitz — au panthéon de la mémoire impériale. Tandis qu'il s'achemine lentement — sa berline est sans cesse arrêtée par la foule et les soldats enthousiastes —, la physionomie de Paris change de couleurs, du blanc au tricolore.

Alors que les royalistes s'enfuient ou se terrent, les bonapartistes d'hier ou d'aujourd'hui se découvrent pour rejoindre les Tuileries. Comme si de rien n'était, les anciens serviteurs de Napoléon ressortent leurs livrées des placards et reprennent leurs places. Aux Tuileries, un essaim de femmes se jette sur un tapis et arrache, une à une, les fleurs de lys fraîchement cousues, découvrant les abeilles indemnes[2]. On arbore, ici et là, la violette, fleur du printemps et du renouveau, élevée au

---

été plus sage, / La chose irait d'autre façon, / Et bien loin de plier bagage, / Vous resteriez à la maison » (sur l'air du « Bon voyage, M. Du Molet »).

1. Sachant que le 21 mars marque un tout autre anniversaire, celui de l'exécution du duc d'Enghien (21 mars 1804), de sinistre mémoire. Ce qui rend d'autant plus impérative l'arrivée de Napoléon dans la capitale le soir même.
2. Alexandre de Laborde décrit cette journée particulière : « Dès sept heures du matin, le peuple commença à se porter vers les grilles et à garnir toute la place extérieure du Carrousel et les terrasses du côté des jardins. [...] Pendant ce temps, on voyait arriver de tous côtés aux Tuileries de nouveaux personnages, des conseillers d'État, des ministres, des chambellans dans leur ancien costume. Les contrôleurs de la bouche, maîtres d'hôtel et valets de pied en uniforme ou en livrée, reprenaient leur service tranquillement et sans bruit comme si Bonaparte n'eût fait qu'une courte absence ou que sa maison eût été conservée en l'attendant. Des femmes élégantes montaient les escaliers, emplissaient les salons : et ce qui est plus curieux, les mêmes huissiers se trouvaient déjà aux portes des appartements pour faire observer l'étiquette impériale. »

rang de symbole bonapartiste depuis 1814[1]. Signe du destin ? Le drapeau tricolore hissé le matin de ce 20 mars au sommet du château a été trouvé au pavillon de Marsan, repaire des ultras et lieu de résidence habituelle de Monsieur. Une chanson de circonstance est composée pour célébrer l'événement. Elle traduit encore la haine populaire à l'encontre du clergé et de la noblesse :

> Français, le voilà de retour
> Ce fils de la victoire !
> A l'envi, célébrons le jour
> Qui nous rend notre gloire !
>
> Votre héros, sûr du succès,
> Remplissant ses promesses
> Vous donnera bien mieux la paix
> Qu'un roi mangeur de messes.
>
> Adieu, calotins tout gonflés.
> D'orgueil et luxure.
> Adieu donc, marquis boursouflés
> Insultant la roture !
>
> A l'aspect des enfants de Mars,
> Votre attente est trompée
> Que voulez-vous, au mois de Mars
> On prend la giboulée !

Vers neuf heures du soir, l'arrivée de Napoléon aux abords des Tuileries[2], annoncée par le cliquetis des équipages et la puissante clameur des « Vive l'Empereur », provoque chez ses

---

[1]. « Toutes les violettes de France l'y attendaient, car son retour était prédit pour l'époque du retour des violettes. Violette était depuis longtemps un mot d'ordre pour ses amis. En attendant la fleur naturelle, on la portait artificielle, on la portait en écharpe, en ceinture et odeurs ; tout cela voulait dire : "Je conspire" et était tout à fait fashionable à la Chaussée d'Antin », rapporte le baron de Frénilly, ultraroyaliste notoire, dans ses *Souvenirs*. La violette avait remplacé la cocarde tricolore, prohibée depuis le retour du roi.
[2]. Savary, duc de Rovigo, précise dans ses *Mémoires* : « On eût dit qu'il revenait simplement de voyage. [...] Il passa le long du boulevard neuf, ainsi qu'il avait coutume de le faire chaque fois qu'il revenait de Fontainebleau, traversa le pont de la Concorde, et entra aux Tuileries par le guichet qui donne sur le quai. »

proches une impression profonde qui ne peut être vraiment comprise que par ceux qui ont connu « triomphes après défaites ». Environ vingt mille personnes sont réunies pour l'accueillir. Le général baron Thiébault, un des meilleurs divisionnaires de la Grande Armée, se trouve parmi elles. « Je crus assister à la résurrection du Christ », confessera-t-il dans ses *Mémoires*, avant d'éclairer l'épreuve du choix finalement tranché par la force du patriotisme : « Il y avait à peine trois heures que, soldat des Bourbons, j'avais encore mes canons braqués contre lui ; mais maintenant il me semblait que j'étais redevenu Français, et rien n'égalait les transports et les cris avec lesquels j'essayais de lui manifester la part que je prenais à l'hommage qui lui était rendu[1]. » Lavalette[2], vieux compagnon de l'Empereur qui vient de reprendre la direction générale des Postes, nous fait partager cet instant inouï, durant lequel les partisans laissent exploser leur joie jusqu'alors contenue par l'angoisse : « A peine eut-il mis un pied à terre qu'un cri de "Vive l'Empereur !" Mais un cri à fendre les voûtes, un cri formidable se fit entendre : c'était

---

1. La citation de Thiébault vaut la peine d'être complétée : « Il était neuf heures un quart ; Napoléon venait d'arriver ; en proie à la plus délirante des exaltations, vingt mille personnes au moins se pressaient aux abords du pavillon de Flore, dans l'escalier et les appartements où je crus que je ne parviendrais jamais. A la descente de sa voiture, l'Empereur avait été entouré, saisi, enlevé et porté à bras jusque dans les salons. Ceux qui l'avaient porté étaient comme fous ; mille autres se vantaient d'avoir baisé ou seulement touché ses vêtements, et leurs exclamations se perdaient dans l'incroyable charivari des cris et des vivats dont retentissaient la cour et le jardin. Dans les appartements on ne criait plus, lorsque j'arrivai, mais tout le monde y parlait à la fois ; il était impossible de s'entendre ; car, pour quelques heures, le peuple formait seul la Cour de celui que la France réélevait sur le pavois. Toutes les âmes semblaient déborder de joie. Paraissait-il un des officiers revenant de l'île d'Elbe, on se jetait sur lui, comme si l'on avait voulu s'en partager les reliques, et il n'y avait pas jusqu'aux valets que l'on ne touchât et que l'on ne fêtât. Tout à coup Napoléon reparut. L'explosion fut subite, irrésistible. Je crus assister à la résurrection du Christ ; de fait, après un rôle surnaturel, après des malheurs dans l'affliction desquels le ciel semblait intervenu, le miracle de son retour achevait de faire de cet homme un être plus qu'humain. A sa vue, les transports furent tels qu'on eût dit que les plafonds s'écroulaient ; puis, après cette explosion de tonnerre, chacun se retrouva, palpitant d'extase et comme balbutiant d'ivresse. M'ayant reconnu au milieu de cette cohue et ayant accompagné mon nom d'un signe de tête et d'un gracieux sourire, l'Empereur put lire mon émotion sur ma figure. »
2. Aide de camp de Bonaparte en remplacement de Muiron, né la même année que lui, marié à la nièce de Joséphine, Lavalette a été directeur général des Postes et comte de l'Empire. Selon Adolphe Thiers, ce fidèle entre les fidèles sera son confident privilégié jusqu'à la chute.

celui des officiers à demi-solde, pressés, étouffés dans le vestibule et remplissant l'escalier jusqu'au comble. L'Empereur était vêtu de sa célèbre redingote grise. Je m'avançai vers lui, et le duc de Vicence [Caulaincourt] me cria : "Au nom de Dieu ! Placez-vous devant lui pour qu'il puisse avancer." Il commença à monter l'escalier. Je le précédais, en avançant à reculons à une marche de distance, le contemplant avec une émotion profonde, les yeux baignés de larmes et répétant dans mon délire : "Quoi ! C'est vous ! C'est vous ! C'est enfin vous !" Pour lui, il montait lentement, les yeux fermés, les mains tendues en avant, comme un aveugle, et n'exprimant son bonheur que par un sourire. Arrivé sur le palier du premier étage, les dames voulurent s'avancer pour approcher de lui : mais un flot d'officiers de l'étage supérieur bondit sur leur passage, et si elles avaient été moins lestes, le flot les aurait écrasées. Enfin l'Empereur put entrer chez lui ; les portes se refermèrent avec effort, et la foule se dispersa, heureuse de l'avoir entrevu. »

Les témoins unanimes confirment l'émotion de Napoléon. Il goûte ces instants de bonheur au milieu des siens, dans une profonde communion avec la foule enthousiaste, transporté par la ferveur des milliers de regards qui le suivent à chaque pas. C'est à peine si, dans un bref aparté, il reproche à la reine Hortense d'avoir recherché les faveurs de Louis XVIII et du tsar : « Quand on a partagé les grandeurs d'une famille, lui dit-il, il faut savoir en subir l'adversité. » Sa belle-fille, faite duchesse de Saint-Leu par le roi très chrétien, s'incline en pleurant[1], mais Napoléon lui a déjà pardonné. Très vite pourtant l'Empereur coupe court aux effusions. N'ignorant rien des difficultés qui l'attendent, il regagne ses appartements,

---

1. Napoléon reproche également à Hortense d'avoir engagé un procès contre son mari Louis Bonaparte. Le couple, qui vit séparé depuis plusieurs années, se dispute alors la garde de ses enfants. Hortense, en compagnie de Joséphine, a souvent accueilli le tsar à Malmaison. Emu par sa détresse, Alexandre n'a eu de cesse d'obtenir du gouvernement royal un titre et des revenus importants en sa faveur. L'ancienne reine de Hollande est allée jusqu'à solliciter une audience du roi qui lui a bientôt donné satisfaction, trop heureux de voir une Bonaparte réclamer sa reconnaissance et son arbitrage dans sa querelle avec le frère de l'« Usurpateur ».

pressé de tourner la page de la reconquête. Il veut maintenant faire face aux devoirs de sa charge et se consacrer tout entier aux nécessités de la survie.

Depuis Grenoble, le Prince a chassé l'Aventurier et l'Empereur retrouvé ses prérogatives. Pour être forte, la légitimité exige à la fois dignité et naturel, et c'est l'image qu'il souhaite donner en cet instant, pour mieux faire ressortir l'anachronisme de cette pâle Restauration appuyée par l'étranger et une poignée d'émigrés cacochymes. Son pouvoir retrouvé serait moins le fruit d'une nouvelle conquête que la réaffirmation d'un droit consacré par le peuple. De la joie exprimée sur son passage Napoléon ne veut retenir que l'élan spontané renouvelant l'onction populaire ; cependant il craint les débordements vulgaires, le souffle inquiétant de la plèbe qui pourrait effrayer les notables. Il entend donc que chacun et chaque chose reprenne sa place. L'alternance doit s'opérer sans heurts, avec la dignité souriante de Louis XVIII remontant sur le trône, comme si rien n'était venu interrompre la lune de miel entre le peuple et son chef. Ainsi le *Journal des débats*, rebaptisé pour l'occasion *Journal de l'Empire*, se met-il au service du revenant avec le même enthousiasme de commande. Son éditorial du lendemain décrit une situation idyllique : « Paris offre aujourd'hui l'aspect de la sécurité et de la joie. Les boulevards sont couverts d'une foule immense impatiente de voir arriver l'armée et le héros qui lui est rendu. [...] L'Empereur a traversé deux cents lieues de pays avec la rapidité de l'éclair, au milieu d'une population saisie d'admiration et de respect, pleine du bonheur présent et de la certitude du bonheur à venir. »

Mais, comme toujours avec la presse officielle, il faut lire entre les lignes. L'insistance à souligner la joie de la capitale reflète l'indifférence inquiétante manifestée par la majorité des Parisiens [1]. A l'exception du noyau dur des Tuileries, peu

---

1. A la version officielle, il est intéressant d'opposer la vision royaliste donnée par Bourrienne dans ses *Mémoires* : « Rien de plus triste que l'entrée de Bonaparte à Paris : elle eut lieu à la nuit close, par un brouillard épais. Les rues étaient désertes

ou pas d'ovations. La nuit, invoquée à décharge par les bonapartistes, n'est qu'un mauvais prétexte. Elle n'avait pas freiné l'ardeur des Lyonnais ni celle des Grenoblois[1]. Napoléon n'est pas dupe de la flatterie des courtisans. A son ancien ministre Mollien qui lui glisse les compliments d'usage sur ce retour qui tient du miracle et l'ivresse des populations rencontrées, il rétorque sans ciller : « Ils m'ont laissé arriver comme ils les ont laissés partir. »

Cette lucidité n'ôte rien au caractère exceptionnel du Vol de l'Aigle qui galvanise la foi des bonapartistes. Napoléon lui-même ne peut résister au souffle puissant de l'aventure et à la joie de la revanche. Si son succès le touche, il veut d'abord retenir la leçon de prudence et d'humilité de sa première chute. « Je viens de demeurer une année à l'île d'Elbe, et là, comme dans un tombeau, j'ai pu entendre la voix de la postérité, confie-t-il à ses proches. Je sais ce qu'il faut éviter, je sais ce qu'il faut vouloir » ; la paix et la liberté[2]. Mais

---

et on lisait l'expression d'une vague terreur sur la plupart des physionomies. Le drapeau blanc arraché le matin des Tuileries, y avait été remplacé par le drapeau tricolore, mais il flottait encore sur la plupart des monuments de Paris. »

1. « Nous avions été si gâtés en route, que l'accueil fait à l'Empereur par les Parisiens ne répondit point à notre attente, écrit Fleury de Chaboulon dans ses *Mémoires*. Des cris multipliés de Vive l'Empereur ! le saluèrent à son passage ; mais ils n'offraient point le caractère d'unanimité et de frénésie des acclamations qui l'avaient accompagné, depuis le Golfe de Juan jusqu'aux portes de Paris. [...] Au lieu de ces transports unanimes, il ne recueillit les applaudissements que de la partie populaire de la capitale qu'il fut dans le cas de traverser ; et ses détracteurs ne manquèrent point de comparer cette réception avec celle de Louis XVIII, et de publier qu'il avait été forcé d'entrer la nuit dans Paris, pour échapper à la vengeance et aux malédictions publiques. »

2. Napoléon jure avoir renoncé à la conquête : « J'avais conçu de magnifiques rêves pour la France. Au lendemain de Marengo, d'Austerlitz, d'Iéna, de Friedland, ces rêves étaient pardonnables. Je n'ai pas besoin de vous dire que j'y ai renoncé. » Il assure aussi avoir abandonné toute velléité de dictature : « Ce n'est pas la paix seule que je veux donner à la France, c'est la liberté. Notre rôle est de faire résolument et bien, tout ce que les Bourbons n'ont pas su faire... J'ai aimé le pouvoir sans limites, et j'en avais besoin lorsque je cherchais à reconstituer la France et à fonder un empire immense. Il ne m'est plus nécessaire aujourd'hui... Qu'on me laisse apaiser ou vaincre l'étranger, et je me contenterai ensuite de l'autorité d'un roi constitutionnel... Je ne suis plus jeune, bientôt je n'aurai plus la même activité ; d'ailleurs ce sera assez pour mon fils de l'autorité d'un roi d'Angleterre !... Seulement gardons-nous d'être des maladroits, et d'échouer dans nos essais de liberté, car nous rendrions à la France le besoin et le goût du pouvoir absolu. Pour moi, sauver la cause de la Révolution, assurer notre indépendance par la politique ou la victoire, et puis préparer le trône constitutionnel de mon fils, voilà la seule gloire à laquelle j'aspire. » Confessions citées par Adolphe Thiers dans sa monumentale *Histoire du Consulat et de l'Empire*.

parviendra-t-il à convaincre chacun de sa métamorphose ? La situation, il en a conscience, s'annonce difficile, presque désespérée. Cela dit, il ne manque pas d'atouts pour garder l'espoir vivant.

D'abord, il mesure sa force à l'aune de cette communion retrouvée avec le peuple. L'effondrement de la Restauration, comme un château de cartes, contraste avec la réception enthousiaste réservée par les soldats et les paysans. En dépit de la conscription et des défaites, cette légende vivante qui a réussi à reprendre le pouvoir à mains nues fait toujours vibrer les Français, du moins les plus humbles d'entre eux. Il reste que l'accueil mitigé de la capitale confirme la peur des notables. Les conditions de son retour ne sont pas de nature à les rassurer. Le néo-jacobinisme populaire ranime le spectre de la Terreur, soulignant le divorce naissant entre les élites et le peuple, pays légal et pays réel, que la Restauration a pérennisé en établissant le suffrage censitaire. La nouvelle aristocratie, si elle diffère sociologiquement de celle de l'Ancien Régime, développe des réflexes similaires. C'est tout cet ordre nouveau que Napoléon bouleverse par son retour. Le drame des Cent-Jours se noue dans cette confrontation entre le conservatisme des élites et la volonté de revanche populaire.

Le peuple même semble moins unanime qu'il y paraît. Certes, à l'exception du Midi et de la Vendée, il n'est pas ou peu royaliste. Mais il n'est pas pour autant aussi farouchement bonapartiste que la propagande impériale le laisse croire. Le plébiscite approuvant l'Acte additionnel aux Constitutions de l'Empire révélera bientôt la poussée d'un vent d'indifférence. La France est gagnée par la lassitude : en une génération, elle a vu valser les régimes et les hommes : Louis XVI, La Fayette, Danton, Robespierre, Barras, Sieyès, Napoléon ; enfin Louis XVIII. Elle découvre à travers ces tourbillons, souvent à son détriment, la nouvelle réalité friable du pouvoir. Au rythme de la vie, la légitimité se consume, dépourvue désormais de la pérennité qui faisait sa force.

De Napoléon, la France a longtemps aimé la jeunesse et la fougue, admiré la gloire, vanté l'œuvre accomplie du Consulat au Grand Empire. Elle a eu les yeux de Chimène pour le conquérant audacieux de Marengo, le pacificateur du Concordat et l'architecte infatigable du Code civil. Puis le poids sans cesse croissant des impôts et de la conscription lui est lentement devenu insupportable tandis que l'image du héros invincible, écornée en Espagne, s'est abîmée dans les steppes de Russie et les plaines d'Allemagne. Certes, il compte encore des croyants, mais ils sont devenus minoritaires. Reste l'armée, noyau dur du culte mais attachée au seul personnage de l'Empereur, largement indifférente à son fils. Chaque jour un peu plus Napoléon découvre que l'Empire ne tient qu'à lui et qu'il est bien loin d'avoir pu fonder une dynastie[1]. Louis XVIII a donné l'image d'un pouvoir soutenu par les notables, sans base populaire. Napoléon présente désormais à l'inverse celui d'un pouvoir populaire sans relais parmi les notables. Dans les deux cas, le régime n'est pas viable.

Son retour glorieux le convainc d'une nouvelle chance de paix. Il veut croire que le large soutien de son peuple aura impressionné les alliés et qu'il pourra enfin récupérer sa femme et son fils. Qui osera s'attaquer à un souverain restauré par la flamme d'un peuple debout pour l'acclamer ? Qui osera regretter un roi qui n'a pas trouvé un seul homme pour le défendre ? L'Empereur espère d'autant plus qu'il a promis de respecter le traité de Paris de 1814 : « Je m'engage, maintenant qu'il est signé, à l'exécuter fidèlement. J'ai écrit à Vienne, à ma femme, à mon beau-père, pour offrir la paix à ces conditions. Sans doute la haine contre nous est grande, mais en laissant à chacun ce qu'il a pris, l'intérêt peut-être fera taire la passion[2]. » Mais l'Europe ne veut plus de ce Jacobin

---

[1]. Personne n'a songé à l'Aiglon quand, en octobre 1812, le général républicain Malet a failli renverser le régime, prétextant de la mort de Napoléon en Russie pour accomplir un début de coup d'État qui aurait peut-être réussi si un ou deux subordonnés, contrastant avec la frilosité des ministres, n'avaient démasqué à temps la supercherie. De même, deux ans plus tard, durant l'agonie de Fontainebleau, le sort du roi de Rome laisse indifférents tous les notables.

[2]. Propos de Napoléon à son retour cité par Thiers. Il confie également à Maret, duc de Bassano : « Mon intérêt est de vivre tranquille et d'employer le reste de ma vie à réparer les maux que vingt ans de guerre terminés par une invasion ont faits à

couronné, éventreur des légitimités et bourreau des peuples qui vient de reconquérir son trône « les torches révolutionnaires » à la main, comme le note l'ambassadeur de Russie Pozzo di Borgo. Marie-Louise, sous l'influence de Neipperg, écrit une lettre officielle dans laquelle elle vient se placer sous la protection des alliés. Quel avenir alors ? Comme le confie un contemporain à Villemain : « Son existence est la guerre déclarée au monde. » Souverains et ministres réunis en maîtres à Vienne lui crachent au visage en signant son arrêt de mort par une déclaration commune rendue publique le 13 mars et qui commence déjà à être diffusée sur le territoire par les royalistes[1]. Initiée par Talleyrand et ratifiée par toutes les délégations européennes, sa violence de ton inouïe tranche avec le style neutre et policé en usage dans la diplomatie[2] : « Les puissances qui ont signé le traité de Paris, réunies en Congrès à Vienne, informées de l'évasion de Napoléon Bonaparte, et de son entrée à main armée en France, doivent à leur propre dignité et à l'intérêt de l'ordre social, une déclaration solennelle des sentiments que cet événement leur a fait éprouver.

« En rompant ainsi la convention qui l'avait établi à l'île d'Elbe, Bonaparte détruit le seul titre légal auquel son existence se trouvait attachée. En reparaissant en France avec des projets de troubles et de bouleversements, il s'est privé lui-même de la protection des lois, et a manifesté, à la face de l'univers, qu'il ne saurait y avoir ni paix ni trêve avec lui.

« Les puissances déclarent, en conséquence, que Napoléon Bonaparte s'est placé hors des relations civiles et sociales, et

---

la France. Je suis revenu sans aucun concert avec les puissances, mais fort des divisions qui règnent parmi elles. Quel parti prendra-t-on à Vienne ? Quand les puissances apprendront avec quelle unanimité j'ai été accueilli en France, que les Bourbons n'ont pu m'opposer aucune résistance, elles réfléchiront avant de prononcer [...] »

1. Talleyrand expédie aussitôt la déclaration du 13 mars à Louis XVIII et à de nombreux préfets. Selon Emile Le Gallo, elle est connue à Colmar dès le 18 mars et se répand à profusion dans l'Est, en Bourgogne et dans le Midi durant les jours suivants. Lyon en reçoit plus de deux cents copies le 22. Paris la découvre dès le 20, les imprimés se doublant de nombreuses copies manuscrites.
2. « Je ne crois pas qu'il ait paru une pièce semblable à celle que je vous envoie, écrit Talleyrand à la duchesse de Courlande : l'histoire ne fournit aucun exemple d'un pareil repoussoir de tout le genre humain. »

que, comme ennemi et perturbateur du repos du monde, il s'est livré à la vindicte publique[1]. »

Ainsi, une semaine avant l'entrée à Paris, l'Empire est déjà condamné au tribunal des rois. Sauf retournement imprévisible, ce sera donc la guerre à mort. Son issue ne fait guère de doute tant la disproportion des forces laisse peu de chances à l'armée française usée par les dernières campagnes et démantelée par la Restauration. Ce verdict jette une ombre funeste sur le miracle du retour et ébranle déjà dans les esprits ce « deuxième Empire » à peine échafaudé. Alors que la France entière aspire à la paix, Napoléon sait qu'il sera jugé sur sa capacité à éviter le conflit. Divisée, craintive, enthousiaste ou haineuse, jacobine ou ultra, la nation se retrouve dans une commune aspiration au repos, que l'Empereur ne peut garantir. Exsangue après un quart de siècle de conflits meurtriers, sa population diminuée, elle n'est pas prête à affronter le traumatisme d'une nouvelle violation du territoire. Si le peuple a cru ses promesses pacifiques, les notables, à l'instar de Fouché, n'ont jamais été dupes. Fraîchement restauré, Napoléon ne peut ignorer que l'élite et la Cour spéculent sur sa chute et le donnent pour mort et enterré sous peu.

Aussi l'Empereur n'a-t-il d'autre recours que de s'accrocher à sa bonne étoile. Le Vol de l'Aigle s'est accompli avec une précision presque mathématique dans les conditions qu'il avait fixées. En vingt jours, la violette a chassé le lys. Son retour le conforte dans sa croyance d'être à nouveau l'incarnation de la Révolution et l'élu de la Providence. Comme Balzac le fait dire à Goguelat : « Il avait repris sa chère France, et ramassé ses troupiers en ne leur disant que deux

---

[1]. La suite de la proclamation menace d'une intervention immédiate en cas de succès de « cette dernière tentative d'un délire criminel et impuissant ». Signent tous les plénipotentiaires alliés (Autriche, Espagne, Grande-Bretagne, Portugal, Prusse, Russie, Suède) et français (Talleyrand, Dalberg, La Tour du Pin, Noailles). La première mouture du texte a été rédigée par La Besnardière, un des intimes de Talleyrand, « son âme damnée », écrit Henry Houssaye.

mots "Me voilà !". C'est le plus grand miracle qu'a fait Dieu ! Avant lui, jamais un homme avait-il pris d'empire rien qu'en montrant son chapeau [1] ? » Une fois encore, il est miraculeusement épargné. Sauvé de l'échafaud après la chute de Robespierre, il n'a cessé de côtoyer la mort sur les champs de bataille et a survécu à tous les attentats. N'est-il pas immortel, lui dont la mort n'a pas voulu un an plus tôt à Fontainebleau ? L'étoile de Lodi, éclipsée par les flammes de Moscou, scintille une fois encore. Mais pour combien de temps ?

Guizot résume en une phrase sa situation, au moment même où il ferme les portes de son cabinet des Tuileries : « L'enthousiasme l'avait accompagné sur sa route : il trouva au terme la froideur, le doute, les méfiances libérales, les abstentions prudentes, la France profondément inquiète et l'Europe irrévocablement ennemie. » Déjà le rêve éveillé de la révolution pacifique s'évanouit pour laisser place au tragique d'un homme en lutte pour sa survie. Dans l'urgence, il doit tout à la fois maintenir la paix civile, rallier les notables, sauvegarder l'adhésion populaire et surtout éviter la guerre. Face à ces objectifs contradictoires, l'équation paraît presque insoluble. « L'homme fastique [2] » choisit pourtant de relever le défi et de tenter l'impossible. Mais pour nombre d'observateurs, le combat de l'Empereur ressuscité semble perdu d'avance.

---

1. Extrait du célèbre récit inséré dans *Le Médecin de campagne*.
2. Selon l'expression originale employée par Chateaubriand dans *Le Congrès de Vérone* pour désigner Napoléon.

## ACTE II

## LE PIÈGE

« Saint-Just disait : "Osez !" Ce mot renferme toute la politique de notre révolution : ceux qui font des révolutions à moitié ne font que se creuser un tombeau. »

CHATEAUBRIAND, *Mémoires d'outre-tombe*

# CHAPITRE IV

# LA DICTATURE DES CIRCONSTANCES

> « Les prêtres et les nobles jouent gros jeu. Si je leur lâche le peuple, ils seront tous dévorés en un clin d'œil. »
>
> NAPOLÉON à Fleury de Chaboulon.

## La dérobade

Pour jeter les bases d'une monarchie libérale, Napoléon a besoin de temps, ce « grand maître » qui « règle bien des choses »[1]. D'abord pour convaincre chacun qu'il a changé, ensuite pour pacifier la France en reprenant à son compte le programme de Louis XVIII — la liberté et la paix. De son côté, l'Europe ne peut croire aux serments du conquérant et se prépare à la bataille. Tout le tragique des Cent-Jours naît là, dans ce contraste entre la joie du retour aux Tuileries et le vertige de la guerre qui monte : « J'ai traversé la France, été porté jusqu'à la capitale par l'élan des citoyens et au milieu des acclamations universelles ; mais à peine étais-je à Paris, que, comme une espèce de magie, et sans aucun motif légitime, on a subitement reculé, on est devenu froid autour de moi[2] », confessera-t-il à Sainte-Hélène.

---

1. Corneille, *Sertorius*, acte II, scène IV.
2. Même constatation de Chateaubriand dans les *Mémoires d'outre-tombe* : « A Paris, le talisman s'est brisé », note-t-il avant d'ajouter dans une formule saisissante : « Les aigles, qui avaient volé de clocher en clocher de Cannes à Paris, s'abattirent fatiguées sur les cheminées des Tuileries, sans pouvoir aller plus loin. »

A peine arrivé, Napoléon s'enferme dans son cabinet et enchaîne les audiences. Pas un instant à perdre, en effet. Il a pu revenir aux Tuileries et doubler la Restauration, fort de sa capacité à conjuguer vitesse et surprise, mais il lui reste encore à neutraliser l'Europe et les royalistes. L'Empereur veut marquer les esprits par la formation d'un grand ministère d'ouverture, capable à la fois d'exalter et de rassurer la nation en organisant autour de lui un large rassemblement des trois familles issues de la Révolution de 1789 : républicaine, libérale et bonapartiste.

Dans ce contexte, sa solitude, qui a été un atout décisif jusqu'à Paris, constitue désormais un handicap. En l'absence de réseaux organisés autour de lui, il ne dispose pas d'hommes sûrs pour pourvoir aux postes clés de l'administration. L'Empereur se retrouve donc confronté à un arbitrage délicat entre la recherche de la compétence et la récompense de la loyauté, deux vertus rarement réunies chez un même collaborateur. Aussi doit-il écarter le fidèle Savary, très impopulaire et peu considéré, du ministère de la Police qu'il occupait en 1814. De même Montalivet, l'ancien ministre de l'Intérieur, trop associé dans l'opinion à la politique répressive menée durant les dernières années du règne, ne peut espérer retrouver son portefeuille. En revanche, Gaudin et Mollien, universellement appréciés, sont reconduits aux Finances et au Trésor[1], tout comme Decrès à la Marine.

A la secrétairerie d'Etat[2], organe essentiel de l'Empire car il coordonne et contrôle l'ensemble de l'action gouvernementale, l'Empereur veut aussi privilégier la continuité et presse Maret de reprendre ses fonctions. D'abord réticent, celui-ci finit par s'exécuter après l'avoir mis en garde contre toute

---

1. Gaudin occupe le poste sans discontinuer depuis 1800, Mollien depuis 1806.
2. Créée après Brumaire, la fonction est au « centre à toutes les branches du gouvernement », comme le résume le général-stratège Jomini, mais elle s'apparente davantage à celle d'un directeur de cabinet que d'un Premier ministre, Napoléon ne déléguant rien. Maret n'a d'ailleurs rang de ministre qu'à partir de 1804. Selon l'historien Thierry Lentz, auteur d'un *Dictionnaire des ministres de Napoléon*, « le secrétaire d'Etat jouait à la fois le rôle du secrétaire général du gouvernement et du secrétaire général de la présidence de la République ».

tentative de retour à la tyrannie[1]. Napoléon goûte l'efficacité mais aussi la franchise de ce collaborateur dévoué qui n'hésite pas, au cours de leurs tête-à-tête quotidiens, à lui assener des vérités, même parfois cruelles. D'autant plus que, sorti du cabinet de l'Empereur, il reste d'une discrétion et d'une loyauté absolues, ce qui lui vaut de passer pour un courtisan aveugle et stupide : « Il n'y a qu'un homme plus bête que M. Maret, c'est le duc de Bassano », persifle ainsi son ennemi Talleyrand. Napoléon ne l'en estime que davantage[2].

Le premier refus d'importance vient de Molé. Pourtant, il doit tout à Napoléon et ses liens avec la galaxie impériale sont personnels autant que politiques. Issu d'une des plus illustres familles parlementaires de l'Ancien Régime, ruinée et persécutée par la Terreur, le comte Molé a commencé sa carrière dans le sillage intellectuel de Chateaubriand, avant de rompre avec lui après son ralliement à l'Empire. Auteur en 1806 d'un *Essai de morale et de politique* d'inspiration bonaldienne, il est chaleureusement accueilli par l'Empereur qui lui fait gravir à une vitesse spectaculaire les échelons de la hiérarchie administrative : conseiller d'Etat, préfet, directeur des Ponts et Chaussées, avant de lui confier le ministère de la Justice en 1813. Entre les deux hommes s'établit une rapide complicité, et même une certaine affection. Sensible aux grands noms, aimant la jeunesse et l'esprit, Napoléon goûte en lui un fin observateur doublé d'un séducteur délicat, prompt à la repartie, docile sans être servile. Il prend l'habitude de le convoquer à tout propos pour en faire, surtout après la disgrâce de Talleyrand, son confident de prédilection.

En 1814, alors que l'Empire vacille, Molé se distingue par sa fidélité. Il accompagne la régente à Blois et accomplit les devoirs de sa charge jusqu'au bout. Boudé par le nouveau

---

1. A l'inverse de Cambacérès, Maret plaide d'emblée pour l'ouverture libérale et avertit qu'il démissionnera si les promesses de constitution multipliées durant le Vol de l'Aigle ne sont pas suivies d'effet. Il présentera à plusieurs reprises sa démission durant les semaines suivantes mais Napoléon parviendra à le retenir à ses côtés.
2. « Ce qu'il a fait était bien. Ce que je faisais était juste », dira l'Empereur au sujet de ce ministre, l'un des seuls qu'il avouera considérer comme un ami.

pouvoir, Molé s'aigrit d'autant plus que nombre de ses subordonnés, ayant tourné casaque à temps, peuplent les antichambres de la royauté restaurée et reçoivent postes et prébendes. Il découvre dans la disgrâce la force insidieuse de l'esprit de cour. Pour réussir, constate-t-il non sans amertume, il ne faut point s'embarrasser de constance, mais toujours dissimuler et privilégier l'intérêt. S'il s'est laissé berner une fois, il jure de ne jamais plus se laisser emporter par ses sentiments [1]. Autant dire qu'il est perdu pour l'Empereur.

Napoléon espère revoir l'ami et le confident, peut-être même le favori. Il découvre avec tristesse un autre Molé, prudent et pusillanime. L'Empereur lui offre d'abord le portefeuille crucial des Affaires étrangères. Le dialogue s'engage en confiance :

« Les Affaires étrangères vous iraient, elles sont dans vos goûts, elles vont à votre position, lui dit l'Empereur... Le ministère dont il s'agit est de tous le moins fatigant, il se fait en causeries, il ne faut que parler et savoir se taire, il ne vous empêchera pas d'aller aux eaux, vous n'avez qu'à emmener trois commis avec vous, et vos courriers feront le reste. Croyez-vous à un parti de la république ?

— Oui, Sire, rétorque Molé, et je crois même ce parti très puissant, il s'est grossi depuis quelque temps de tous les mécontents qu'ont faits les Bourbons, de cette classe intermédiaire devenue si puissante et que la maladresse et les dédains de la noblesse ont de nouveau révoltée.

— Nous recommençons la révolution, tranche l'Empereur. On ne peut se figurer tout le mal que ces malheureux princes ont fait sans s'en douter à la France. Ils ont remis en question tout ce qui était décidé, je retrouve tous les partis, toutes les haines renouvelées, ils ont rendu aux idées libérales, aux idées du commencement de la révolution, toute la force qu'elles avaient perdue. Aussi ai-je annoncé en débarquant que j'allais

---

1. Molé sera ensuite ministre de Louis XVIII, président du Conseil de Louis-Philippe et chef du parti de l'ordre qui soutiendra la candidature de Louis Napoléon Bonaparte à la présidence de la République en 1848.

donner une constitution plus libérale que la Charte des Bourbons, et sur laquelle toute la nation sera consultée. »

Mais Molé ne veut rien entendre. Prétextant une santé déplorable, il refuse également le ministère de l'Intérieur. L'Empereur, qui a deviné ses raisons profondes, alterne à son encontre séduction et menace : « Si je n'étais pas revenu, la noblesse eût fini par être massacrée. Je viens la sauver encore une fois », dit-il à court d'arguments. Napoléon a beau lui accorder une journée de réflexion supplémentaire, il décline à nouveau sa proposition. L'Empereur conclut sèchement : « Eh bien, vous retournerez à vos Ponts et Chaussées. » Le refus de Molé résume à lui seul la défection des grands notables, ces masses de granit conservatrices qui assuraient son emprise sur la société. Napoléon saisit alors combien la défaite de 1814 a entamé son crédit. Si Molé l'abandonne, qui le suivra ? Le doute qu'il surprend dans son regard lui révèle son étoile pâlissante et lui fait entrevoir le vertige de la chute.

Pour la Justice et les Affaires étrangères, l'Empereur choisit sans surprise Cambacérès et Caulaincourt, deux de ses plus fidèles soutiens. Le premier, archichancelier de l'Empire, est le bras droit civil de Napoléon depuis 1800. Fin juriste, cet ancien député à la Convention, issu d'une famille de robe de Montpellier, se montre capable d'habiller de droit n'importe quelle décision[1]. C'est un conseiller précieux, discret et efficace. Cheville ouvrière du Code civil et de la législation impériale, il préside avec bonheur le Conseil d'Etat en l'absence du maître qui a également pris l'habitude de lui confier l'intérim des affaires courantes[2]. Incapable d'initiative, il

---

[1]. En particulier, les sénatus-consultes les plus discutables comme l'épuration du Tribunat en 1802 ou ceux relatifs à la conscription. Cambacérès a été aussi très précieux dans la proclamation du Consulat à vie ou le divorce avec Joséphine. Il s'était déjà distingué comme l'un des meilleurs légistes de la Convention, présidant le comité de législation pour le compte duquel il présente ses deux premiers projets de Code civil en 1793 et 1794. Le père de Cambacérès, maire de Montpellier, avait été révoqué à la suite d'un différend avec l'Intendant du roi et sa famille ruinée. Sans doute, cette blessure d'enfance explique-t-elle à la fois son engagement révolutionnaire et son avidité.

[2]. Cambacérès conserve cette responsabilité jusqu'à la campagne de 1813 durant laquelle Napoléon établit une régence dirigée par Marie-Louise.

incarne le haut personnel politique du premier Empire, compétent mais servile. Avec ses manières précieuses et ses accoutrements, une large perruque et des habits couverts de médailles et rubans, Cambacérès tente de singer l'ancienne grande noblesse, arborant un masque glacial, des gestes lents et des paroles hautaines, affichant un luxe ostentatoire qui achève de le rendre ridicule. Hanté par la mort de Louis XVI, qu'il a votée par lâcheté[1], il passe la première Restauration à tenter de se faire oublier. Vieilli, usé, il n'aspire plus qu'au repos, confiné dans son hôtel particulier où il vit en disciple d'Epicure. Plongé dans l'angoisse par le Vol de l'Aigle, « le plus peureux des poltrons », selon Thibaudeau, met lui aussi en avant sa santé pour justifier un refus. Mais Napoléon, qui connaît bien la faiblesse de son interlocuteur, lui assène d'emblée : « Abominable poltron, croyez-vous que ce ne soit pas assez de toute l'armée et de toute la France pour vous sauver de la peur des revenants ? » Sans lui laisser le temps de reprendre son souffle, il lui attribue à titre provisoire le ministère du droit : « J'ai besoin de vous pour une quinzaine de jours, votre nom a un grand poids. » Le vieux dignitaire, comme toujours, s'incline.

Même réticence déconcertante chez Caulaincourt à qui Napoléon confie finalement le ministère des Affaires étrangères. Choix habile car le duc de Vicence n'a jamais cessé de défendre une politique pacifique et jouit d'une bonne réputation en Europe[2]. Né au sein d'une vieille famille de la noblesse d'épée picarde, simple sous-lieutenant en 1789,

---

[1]. Napoléon ne manque jamais de lui rappeler ce vote : « Mon pauvre Cambacérès, je n'y peux rien lui dit-il un jour ; votre affaire est claire ; si jamais les Bourbons reviennent, vous serez pendu. » Et à l'occasion de l'exécution du duc d'Enghien, dont le second consul a pris la défense : « Vous être devenu bien avare du sang des Bourbons. » L'histoire de son vote, lors du procès du roi, révèle beaucoup sur le personnage. Cambacérès a d'abord voté contre avant de changer d'avis par peur de représailles et refus d'être confondu avec la minorité. De même, il s'est prononcé en faveur de la création du tribunal révolutionnaire de sinistre mémoire.

[2]. « La droiture de ses principes, la fermeté, la noblesse et l'indépendance de son caractère lui avaient acquis, à juste titre, l'estime de la France et de l'Europe, et sa nomination fut regardée comme un gage des intentions loyales et pacifiques de Napoléon », résume Fleury de Chaboulon dans ses *Mémoires*.

Caulaincourt, recommandé par Talleyrand, s'est rallié au Consulat avec enthousiasme. En dépit de ce parrainage, sa loyauté demeure sans faille, scellée par son rôle lors de l'exécution du duc d'Enghien, ce qui lui vaut depuis la haine inexpugnable des royalistes. Reconnaissant, l'Empereur l'a couvert d'honneurs : grand écuyer en juin 1804, général de division en 1805, ambassadeur en Russie après Tilsit, enfin duc de Vicence en 1808. A Moscou, il gagne l'amitié du tsar Alexandre et devient le pilier de l'alliance franco-russe. Rappelé en 1811, il presse Napoléon en des termes prophétiques de renoncer à une entreprise qu'il juge suicidaire. Enivré par sa puissance, l'Empereur d'Occident ne l'écoute pas, pas plus en 1812 qu'en 1814 quand, déjà ministre des Affaires étrangères, cet homme entier plaide sans relâche pour la paix, suppliant son maître de signer avant qu'il ne soit trop tard. Seul contre tous, il se bat encore auprès du tsar pour obtenir la souveraineté de l'île d'Elbe, puis assiste son souverain lors de sa tentative de suicide. C'est dire l'ampleur de la dette de Napoléon à son endroit. Or le vainqueur d'Austerlitz n'aime guère être redevable. S'il voit en lui un « homme de cœur et de droiture », il l'estime trop rigide, « médiocre » même, confie-t-il à Molé[1]. En 1815, Caulaincourt pense l'aventure désespérée face à l'hostilité européenne. Il hésite longtemps avant d'accepter le portefeuille, mais son indéfectible loyauté a finalement raison de son défaitisme.

Si les nominations de Cambacérès et Caulaincourt sont attendues, celle de Davout à la Guerre surprend, tant ses relations avec l'Empereur paraissent empreintes de méfiance. Maréchal dès 1804, vainqueur en 1806 de l'armée prussienne à Auerstaedt en dépit d'une infériorité numérique notoire, Davout estime avoir été mal récompensé pour ses brillants faits d'armes : Murat, piètre stratège, devient roi de Naples, Ney et Berthier sont couverts d'honneurs. Il lui faut attendre

---

[1]. Napoléon jugera sévèrement Caulaincourt devant Gourgaud, affirmant qu'il « n'a pas d'esprit, ne sait pas écrire », « un excellent chef de l'écurie, voilà tout : il entrait dans trop de détails pour devenir un bon ministre ».

1809 pour être élevé au principat, après sa victoire d'Eckmühl, et encore continue-t-il à hériter de commandements secondaires, alors qu'il est sans conteste un des meilleurs tacticiens de la Grande Armée. Après la débâcle de Russie, il dirige la défense de Hambourg qu'il conserve à la France grâce à une résistance héroïque, au prix toutefois d'une discipline de fer et de nombreuses exécutions sommaires. Cette dureté légendaire déplaît à Napoléon que blessent aussi, si l'on en croit la fantasque duchesse d'Abrantès, sa grossièreté et surtout son cynisme. L'Aigle, au fond, jalouse ce maréchal dont la gloire offusque la sienne. Pour en saisir les raisons, il faut revenir à cette journée d'Auerstaedt : tandis qu'à la tête de la Grande Armée il s'octroie à Iéna un triomphe facile face à cinquante mille Prussiens, Davout, dans une lutte à un contre trois, écrase le gros de l'armée ennemie. L'Empereur, à la différence d'Austerlitz, ne remporte pas la victoire décisive, d'où une rancune sourde mais tenace qui, plus que toute autre considération, explique cette semi-disgrâce.

En 1815, l'Aigle n'a guère le choix. Berthier et Clarke, ses anciens ministres, ont rallié Louis XVIII. Davout, consigné sur ses terres depuis la Restauration, se retrouve seul maréchal à ne pas avoir prêté serment au roi. De plus, il a parfaitement le profil de l'emploi, travailleur et intègre, à la fois bon tacticien, meneur d'hommes et connaisseur de l'administration. L'Empereur l'aborde en termes chaleureux : « Vous êtes précisément l'homme qui convient le mieux aux circonstances présentes, je dirai presque que vous êtes le seul. Tous sont plus ou moins compromis avec le gouvernement des Bourbons. » Comme les autres, le maréchal marque des réticences, se sachant mal aimé. Pour le décider, Napoléon joue la carte de la sincérité en lui exposant sans ambages son inextricable situation :

« Vous êtes un homme sûr, je puis vous dire tout. Je laisse croire que je suis d'accord avec une au moins des puissances européennes et que j'ai notamment de secrètes communications avec mon beau-père, l'empereur d'Autriche. Il n'en est rien. Je suis seul, entendez-vous, en face de l'Europe. Je m'attends à la trouver unie et implacable. Il faut donc nous battre à outrance et, pour cela, préparer en trois mois des troupes formidables. Vous voyez qu'il ne s'agit pas d'écouter nos goûts, mais de vaincre ou mourir.

— Sire, je n'ai qu'une réponse à faire, réplique Davout. J'accepte le ministère. »

Restent à pourvoir les portefeuilles de la Police et de l'Intérieur. Après avoir hésité, Napoléon en confie la direction à Fouché et Carnot, les deux figures de proue du jacobinisme.

Le retour de Fouché à la Police ne surprend pas les contemporains. Sa capacité et ses réseaux en font le ministre idoine pour conjurer les menées royalistes et se jouer des républicains. Dès le 20 au soir, poussé par les courtisans, il se présente aux Tuileries dans le cabinet de Napoléon[1]. S'il n'existe pas de transcription de leur premier entretien, Fouché, avec son toupet habituel, aurait affirmé à l'Empereur avoir conspiré en sa faveur, arguant de son arrestation manquée. Il n'hésite pas à réclamer le portefeuille des Affaires étrangères qu'il convoite afin de comploter à son aise avec l'Europe entière. Napoléon refuse et lui propose simplement de reprendre la Police[2]. Naturellement, le « caméléon[3] » accepte. Pour lui, l'essentiel est de réintégrer le gouvernement pour mieux tisser sa toile. En revenant Quai Voltaire, il s'assure le contrôle de l'esprit public grâce à une administration efficace et puissante dont il connaît les moindres rouages. Un tel homme doté d'un tel pouvoir ne saurait rester sans surveillance. Aussi l'Empereur le fait-il conjointement épier par Réal, préfet de police, et par Savary, nommé à la tête de la gendarmerie.

---

1. A l'indignation de son ennemi Savary qui note dans ses *Mémoires* : « C'était une chose curieuse, que de voir, jusqu'à la porte du cabinet de l'Empereur, l'intrigue prendre poste et pousser à l'envi à un homme qui avait trahi tous les partis, et avait déjà arrêté la perte du souverain auquel il venait offrir ses services. Cependant l'aveuglement était tel, qu'une personne du plus haut rang ne craignit pas de dire, lorsque le caméléon se présenta : "Laissez bien vite entrer M. Fouché, c'est l'homme qu'il importe le plus à l'Empereur de voir en ce moment." Cette respectable personne pleure encore son erreur. »
2. « La police ! J'en ai par-dessus la tête, j'en suis saoul », confie Fouché à Thibaudeau avant d'avouer sa préférence : « Il n'y avait pour moi qu'un ministère où je pouvais être utile, les Relations extérieures. Aujourd'hui, l'important ce sont les négociations. »
3. Sobriquet dont Savary affuble Fouché.

Mais Fouché ne les craint pas. Il s'estime le plus fort, porté par cette grâce supérieure qui fait la fortune des habiles. Lui aussi croit en son étoile. A ses yeux, tous les prétendants sont des fous ou des imbéciles dont il se jouera avec aisance et qui ne manqueront pas de rejoindre aux bûchers du pouvoir Louis XVI et Robespierre, les Bourbons ou Napoléon. Cette suffisance éclate dès le lendemain matin devant son vieil ami Gaillard. Ce dernier ne vient pas, comme les courtisans qui encombrent son antichambre, le complimenter et demander des postes mais simplement le mettre en garde : Napoléon, lui dit-il en substance, n'hésitera pas à se débarrasser de lui à la première occasion, voire à l'assassiner :

« Vous rappelez-vous, ajoute Gaillard, ce mot de Robespierre aux Jacobins : il faut qu'avant quinze jours la tête de Fouché ou la mienne tombe sur l'échafaud ?

— Sans doute, riposte vivement le duc d'Otrante ; mais vous ne sauriez avoir oublié ma réponse : Je ramasse le gant. Et, quinze jours après, Robespierre était mort. [...] Avant trois mois je serai plus puissant que lui, et s'il ne me fait pas tuer, il sera à mes genoux. »

Installé dans ses murs le 21 mars dès deux heures du matin, Fouché s'emploie sans attendre à conforter sa position. Il commence par réorganiser son ministère afin de lui rendre son efficacité d'antan. Le 22, il nomme deux inspecteurs généraux, Pasques et Foudras, « exclusivement chargés des faits de haute police et de toutes les opérations qui y sont relatives ». Le 28, un décret institue sept lieutenants de police, chacun ayant la direction d'une partie du territoire sous le contrôle direct et exclusif du ministre. Le voilà maître chez lui, débarrassé de fait de la surveillance de Savary et Réal.

Fouché s'attache également à soigner sa réputation auprès de l'opinion. Sa première circulaire, datée du 31 mars, indique aux préfets et lieutenants de police les grandes lignes de sa politique. Chacun s'attend à une prompte reprise en main. Mais un Fouché inattendu, libéral, épris de justice et de légalité, se découvre. Fini le temps de la police brutale et tracassière, finie cette « police d'attaque qui, sans cesse agitée par le soupçon, sans cesse inquiète et turbulente, menace sans garantir et tourmente sans protéger ». Il faut désormais « s'enfermer dans les limites d'une police libérale et positive, de cette police d'observation qui, calme dans sa marche, mesurée dans ses recherches, active dans ses poursuites, partout présente et toujours protectrice veille pour le bonheur du peuple, pour les travaux de l'industrie, pour le repos de tous ». La manœuvre vise à rassurer les notables tout en leur démontrant la puissance du ministre. Il use des mêmes armes de la peur et de la séduction auprès des royalistes. Non seulement il ne les arrête pas mais encore il les aide à fuir en les chargeant à l'occasion de messages pour la Cour de Gand. Grâce à ces nouveaux obligés, il dispose d'un large réseau de correspondants auprès de tous les partis et des souverains alliés [1].

Ce maître fourbe parachève habilement l'opération en prenant le contrôle de la presse en deux temps : d'abord il œuvre en faveur de la suppression de la censure, proclamée dès le 24 mars par l'Empereur. « Sire, lui dit-il, il faut des victoires ou les aliments de la liberté. » Napoléon prouve ainsi d'abord qu'il a changé, ensuite qu'à la différence du roi il se sait aimé de son peuple et ne redoute pas de le laisser s'exprimer sans entrave. Fouché, connu pour avoir publiquement conseillé la mesure, confirme sa réputation de modérateur. Puis, deux jours plus tard, il reprend discrètement d'une main ce qu'il a feint de vouloir concéder de l'autre. La presse libérée passe sous le contrôle du ministère de la Police qui peut faire saisir des publications jugées offensantes.

---

[1]. L'historien Albert Sorel résume les premières actions du ministre de la Police en quelques phrases fortes : « On le vit, en ces semaines d'avril 1815, manœuvrer partout avec son astuce supérieure, multiplier les émissaires, les filets, les hameçons, dépêchant partout des voyageurs, oreilles ouvertes, paroles insidieuses, pour vanter la marque de sa maison et placer sa marchandise, cherchant à discerner la demande, afin de préciser les offres. Napoléon l'a pris pour ministre contre les Bourbons ; à Gand les plus purs et les plus enragés le recommandent comme ministre du roi contre Napoléon. »

Son hypocrisie demeure pourtant inaperçue car l'opinion n'est prévenue que de l'abolition de la censure et ne voit pas la répression, appliquée avec discrétion et parcimonie. En effet, si le ministre prend soin de placer ses hommes liges auprès des rédacteurs pour orienter la ligne éditoriale, il veille à ce que ses interventions restent rares afin de ne pas gâter son image et maintenir l'illusion de la liberté d'expression[1]. Ce contrôle occulte lui permet également de faire pression sur l'Empereur, en prétextant l'état de l'opinion pour infléchir le jeu politique. Fouché, comme il s'en vantera dans ses *Mémoires*, exécute en dix jours une manœuvre parfaite[2] : il étend sa sphère d'influence et supplante le ministre de l'Intérieur, seul rival susceptible de lui faire ombrage. A cet égard, il est considérablement aidé par la personnalité de son nouveau collègue

Après avoir beaucoup hésité, l'Empereur décide en effet de frapper les esprits en appelant Carnot, à la plus grande surprise des bonapartistes tant ce dernier incarne la République et fait figure d'opposant intransigeant. En 1804, il s'est même offert le luxe d'être le seul tribun à se prononcer publiquement contre l'instauration de l'Empire, ce qui lui a valu d'être écarté de toute responsabilité. Pourtant, les deux hommes se sont réconciliés dans l'épreuve. En janvier 1814, face à l'invasion de la France, ce Cincinnatus moderne a proposé ses services à l'Aigle qui l'a accueilli avec empressement et reconnaissance en lui confiant la défense d'Anvers.

---

1. Fouché joue notamment un rôle pacificateur dans le conflit virulent qui oppose *Le Censeur* au gouvernement. Ce journal libéral ayant attaqué la légitimité impériale, Fouché est contraint de le faire saisir pour faire bonne figure. Il négocie ensuite des retranchements avec les deux rédacteurs en chef, Comte et Dunoyer, ce qui lui permet finalement de leur restituer le volume. Cette opération exaspère La Fayette : « En proclamant la liberté de la presse, écrit-il dans ses *Mémoires*, il a soumis chaque gazette à un rédacteur général, et les imprimeurs aux anciens règlements ; de manière que la presse est beaucoup plus enchaînée depuis la suppression de la censure que les ministres de Louis XVIII auraient osé le tenter. »
2. « Je venais d'établir dans toute la France des lieutenants de Police qui m'étaient dévoués ; à moi seul était réservé le choix des agents secrets ; je m'emparai des journaux, et je devins ainsi le maître de l'esprit public. » Le plus souvent considérés comme apocryphes, les *Mémoires* de Fouché n'en reflètent pas moins assez fidèlement les idées du duc d'Otrante.

Napoléon, connu pour être un homme d'habitude aimant travailler avec les mêmes ministres, intrigue en accordant ce portefeuille délicat à un « novice ». En effet, depuis 1800, Carnot n'a plus exercé de responsabilités ministérielles et son âge avancé — né en 1753, il a plus de soixante ans — renforce les appréhensions sur sa capacité physique à exercer le travail colossal que requiert la fonction, particulièrement en temps de crise. Enfin, le « Grand Carnot » fait figure de légende vivante dont la notoriété, renforcée par la publication récente de son *Mémoire au roi*, risque de faire ombrage à l'Empereur qui aime s'entourer d'exécutants plutôt que de rivaux potentiels. Pourtant, face aux difficultés présentes, ces handicaps apparents peuvent passer pour des atouts à même de justifier le recours à une si noble gloire. Comme l'écrit joliment Guizot : « Napoléon avait besoin que, par des noms propres, le drapeau de la Révolution flottât sur l'Empire. » Carnot joue ce rôle de caution morale et démocratique. Sa nomination témoigne de la capacité de l'Empereur à souder les républicains autour de sa personne. Elle rassure enfin les Français en plaçant côte à côte les deux sauveurs de la nation du dernier quart de siècle.

Eternel défenseur de la patrie en danger, Carnot a sa place dans un gouvernement dont la tâche prioritaire consiste à faire front contre l'invasion des alliés. Il représente, à l'opposé d'un Fouché, le républicanisme vertueux charnellement attaché à la Nation, soucieux d'ordre et de légalité. Le premier entretien entre les deux hommes se déroule dès le 20 mars :

« Je suis bien content de vous voir, monsieur Carnot ; j'espère que nous ne serons plus ennemis, lui dit l'Empereur.

— Nous ne l'avons jamais été quand il s'est agi des intérêts de la France », répond Carnot.

Le lendemain soir, l'ancien directeur revient aux Tuileries. Napoléon, qui redoute un nouveau refus, lui force la main en annonçant d'emblée :

« Je vous ai nommé ministre de l'Intérieur.

— Je ne saurais en ce moment rien refuser à Votre Majesté, rétorque Carnot. Mais le poste que vous m'offrez est étranger à mes antécédents. Je serais plus utile à la Guerre.

— J'y ai naturellement songé, reprend Napoléon, mais votre apparition au ministère de la Guerre semblerait annoncer à l'Europe que j'ai l'intention d'engager une grande lutte ; et vous savez que tous mes vœux sont pour la paix [1]. »

Pour le « dérévolutionnaliser » (Henry Houssaye), sa nomination s'accompagne de son anoblissement. Carnot devient comte d'Empire pour sa glorieuse défense d'Anvers. Après avoir dans un premier temps décliné l'offre, le nouveau ministre se résout à accepter, refusant toutefois de retirer ses lettres patentes à la Chancellerie en dépit des demandes réitérées de Cambacérès : « Je ne veux ni affubler mon nom d'un sobriquet, ni procurer, par un refus bruyant, aux ennemis de l'Empereur l'occasion de dire que je me sépare de son gouvernement », précise-t-il pour justifier son attitude. Réaction digne mais peu comprise par la nation qui ne connaît rien aux subtilités de l'héraldique. Elle ne voit que le « Grand Carnot », devenu noble, acceptant cet ordre héréditaire qu'il a combattu durant toute sa vie. Autant dire qu'il perd dès lors une part essentielle de son aura [2].

---

1. L'Aigle ajoute : « Quand on a comme vous le compas dans l'œil, on voit juste en tout. » Carnot a longuement exposé les raisons de son acceptation dans son *Exposé de ma conduite politique* publié peu après les Cent-Jours : « J'ai accepté sans peine la place qui m'a été proposée par l'Empereur, parce que j'ai eu l'espoir d'y faire le bien. J'ai cru et je crois encore, que Napoléon était revenu avec le désir sincère de conserver la paix et de gouverner paternellement. J'ai cru que les alliés ne voudraient pas rapporter la désolation dans un pays dont le vœu était si fortement prononcé pour la tranquillité de l'Europe. La persuasion générale était que l'Empereur n'avait pu quitter l'île d'Elbe qu'avec l'assentiment d'une partie des membres du Congrès de Vienne, et que sous peu de jours nous reverrions l'Impératrice et son fils. On ne doutait pas que les puissances ne nous laissassent, comme elles l'avaient tant de fois protesté, choisir le gouvernement qui nous conviendrait, pourvu que nous demeurassions fidèles aux stipulations du traité de Paris. Au lieu de cela, Napoléon s'est vu tout à coup assailli par les puissances réunies, obligé de se préparer en toute hâte à une guerre terrible, contraint de lever sur-le-champ des hommes et de mettre en œuvre toutes les ressources de l'Etat. »
2. Carnot assure son charisme si l'on en croit un témoin, le docteur Koerte : « Carnot est d'une haute stature. Son maintien est plein de noblesse, son front large et élevé, son nez bien formé et légèrement aquilin. Ses yeux sont bleus et vifs au regard plein d'assurance, ses lèvres fines portent la marque d'une sérénité bienveillante. Il parle vite et avec feu, il s'épanche volontiers dans la conversation. Son élocution est toujours claire, son discours semé de fortes remarques, sa parole d'un charme entraînant. Parfois, son front aux muscles mobiles décèle un mouvement subit de vivacité. Mais le calme de son visage inaltérable et l'agrément de sa bouche n'en sont jamais troublés. »

La nomination de Carnot fait long feu. Le coup politique déçoit. Napoléon croyait recruter l'organisateur de la victoire, le travailleur de force sans état d'âme. Il découvre un homme vieilli et frileux. Attaché à sa réputation de sage et de modéré, il se montre tatillon sur les formes et scrupuleux sur les moyens, refusant par exemple de renouveler les cadres administratifs avant d'avoir examiné chacun des dossiers au cas par cas. Tandis que Fouché a mis dix jours pour assurer son pouvoir, Carnot n'obtiendra jamais la maîtrise entière de son ministère. Cette insuffisance, également explicable par son manque d'expérience, favorise l'ascension politique du duc d'Otrante qui devient, par défaut, l'interlocuteur privilégié de l'Empereur pour les affaires intérieures. Nommé pour contrer Fouché, Carnot va en être la dupe avant d'en devenir la victime.

La soixantaine de nouveaux préfets qu'il désigne n'entrent en fonction qu'à la mi-avril, soit trois semaines après l'arrivée de l'Empereur. Ce retard se révèle lourd de conséquences car il permet aux fonctionnaires et maires royalistes de rester longtemps en place, différant la pacification intérieure, facilitant l'émigration et renseignant les alliés. Par ailleurs, dans de nombreux cas, ses choix malheureux obligent à de nouvelles nominations — cent soixante-dix en tout du 20 mars au 10 juin[1] — et à l'envoi précipité d'une vingtaine de commissaires extraordinaires, héritiers des représentants en mission, pour suppléer les préfets défaillants. A de rares exceptions près, leur rôle sera à peu près nul[2].

Enfin, Carnot se disperse au lieu de s'attacher aux priorités comme l'épuration du personnel et la levée des gardes nationaux. Le ministère de l'Intérieur forme à l'époque l'équivalent

---

1. L'Hérault et le Tarn-et-Garonne connaissent jusqu'à cinq nominations préfectorales successives durant les Cent-Jours.
2. Parmi les plus célèbres, l'ancien ministre Roederer est envoyé à Toulon, le comte de Pontécoulant à Toulouse, le général Caffarelli à Rennes, Thibaudeau à Dijon. Le comte de Boissy d'Anglas, en poste à Bordeaux, justifie leur manque d'entrain : « Si Napoléon est vainqueur, disait-il, tout ira bien sans prendre de mesures, et s'il est vaincu tout ce que l'on aura pu faire ne servira à rien. »

d'une dizaine de ministères actuels [1]. Carnot se passionne pour chaque branche de son administration et compte impressionner ses contemporains en menant de front toutes les activités. « L'ancien membre du Comité de salut public, constate sévèrement Thibaudeau, se livrait à des projets philanthropiques ou d'améliorations, tels que les intérêts du clergé, le secret des lettres, les travaux publics, l'agriculture, l'industrie, le commerce, l'instruction publique, la méthode de Bell et Lancaster et l'Institut. Fort louables dans une situation calme, ses projets étaient intempestifs dans la crise où se trouvait la France [2]. »

Alors que Fouché prospère dans l'ombre, Napoléon s'exaspère de l'indécision de son ministre de l'Intérieur. S'il n'ose lui en faire reproche ouvertement, eu égard à sa notoriété, leur correspondance laisse transparaître l'énervement croissant de l'Empereur, réclamant des têtes, exigeant des mesures promptes. Mais Carnot reste égal à lui-même. Pontifiant, il lui adresse en retour de longues missives verbeuses, prodigue ses conseils, justifie sans cesse sa conduite. On imagine aisément le supplice de Napoléon en les lisant.

Son itinéraire illustre de façon exemplaire la complexité des rapports entre morale et politique. Carnot incarne l'honnête homme insensible aux honneurs, fidèle dans le malheur, grand dans l'épreuve. Il demeure à ce titre une des figures les plus respectées et consensuelles de l'histoire nationale. Mais le « Grand Carnot » reste dans nos mémoires celui du Comité du salut public [3]. Pour vaincre, il n'a pas hésité alors à faire

---

1. Le ministère de Carnot englobe les actuels portefeuilles de l'Intérieur, la Culture, l'Education nationale, la Ville, le Commerce extérieur, l'Agriculture, l'Industrie, la Santé et la Fonction publique.
2. Guizot se montre également hostile dans ses *Mémoires* : « Carnot, habile officier, républicain sincère et honnête homme, autant que peut l'être un fanatique badaud, devait être un mauvais ministre de l'Intérieur, car il ne possédait ni l'une ni l'autre des deux qualités essentielles dans ce grand poste, ni la connaissance et le discernement des hommes, ni l'art de les inspirer et de les diriger autrement que par des maximes générales et d'uniformes circulaires. »
3. Carnot siège dans le Comité d'août 1793 à mars 1795, en charge de la guerre. L'« organisateur de la victoire » lève onze armées, son ardeur permettant la victoire de Fleurus (26 juin 1794) qui signe la perte de la première coalition.

mourir. S'il n'orchestre pas la Terreur — c'est le rôle propre de Robespierre et Saint-Just — il l'approuve cependant sans ciller, et en devient donc le complice de fait. On trouve d'ailleurs sa signature au bas des décrets relatifs à l'extermination de la Vendée. Si le chef de guerre est efficace, le politique a toujours échoué, sous le Directoire comme sous le Consulat, en 1800 comme en 1815 : « Carnot ne valait rien au ministère de l'Intérieur », tranchera Napoléon à Sainte-Hélène. Si elle peut être méprisable quand elle n'est pas portée par des principes, la politique exige d'autres capacités comme le secret, l'audace, l'instinct et la fermeté. La complexité des décisions à prendre exige des arbitrages souvent pénibles. Les nœuds gordiens que doit trancher l'homme public sont comparables à ceux auxquels est confronté l'officier en temps de guerre. Le politique, comme le militaire, se distingue par sa capacité non seulement à opérer le bon choix mais aussi à l'accomplir dans la solitude et l'urgence. Loin des certitudes simples de l'arriviste et du cynique, il ne doit rien laisser paraître du doute qui souvent le dévore. Son aura et sa légitimité sont à ce prix. S'il faiblit, c'est toute la chaîne de commandement qui tremble et la peur qui s'installe. Le Carnot de 1793 est un homme d'action quand celui de 1815 se montre en perpétuelle hésitation. Le premier incarne l'homme d'Etat ; le second n'en est qu'un pâle reflet.

Difficile à former, cette nouvelle équipe débute donc avec de lourds handicaps. Elle souffre d'abord d'un manque d'énergie et de motivation. A l'exception de Gaudin, Decrès et... Fouché, les membres du gouvernement marquent des résistances. Pour la première fois, Napoléon doit s'abaisser à demander et même à forcer la main, pour composer son cabinet. Alors que la carrière ministérielle suscite en général un trop-plein de vocations, il lui faut presque deux jours pour compléter son Conseil. Quel contraste avec son premier règne, quelle désillusion ! Choqué, il constate avec amertume : « Je vous trouve tous changés, il n'y a que moi de vous tous de bien portant. » Le poison de l'attentisme gagne le gouvernement pour se propager à l'administration, avec la complicité des nombreux responsables royalistes trop longtemps maintenus à leur poste. De plus, l'équipe est inégale. Lassitude, crainte ou incompétence, certains ministres se révéleront très en dessous des talents requis en de pareilles circonstances, à l'image, on l'a vu, de Carnot, mais aussi de Cambacérès et à un moindre degré de Caulaincourt[1]. Si Davout se montre excellent, précis et efficace, Fouché demeure le meilleur élément du Conseil, mais il œuvre en sous-main contre l'Empereur.

Plus grave encore, le ministère penche à gauche, scellant l'échec du grand ministère d'union sacrée caressé par Napoléon. Porté par le souffle populaire, le revenant découvre brutalement l'envers du décor. Les notables redoutent la perspective d'une nouvelle Terreur et tremblent devant la mobilisation des puissances. Aussi Napoléon trouve-t-il davantage d'appuis chez les anciens républicains qu'au sein de la Cour[2]. Autant de raisons pour les libéraux et les modérés, la plupart terrés chez eux, de rester fidèles à Louis XVIII. L'opinion s'interroge sur la sincérité de sa métamorphose en regardant avec attention la composition de son gouvernement. La plupart de ses membres l'ont déjà servi, y compris Carnot et Fouché. L'entrée de Davout, seule véritable surprise, marque moins les esprits que la sortie de Molé. Il n'y a aucune nouvelle figure, notamment libérale. Les ministres sont âgés[3], la majorité occupant des responsabilités depuis la Révolution. Au lieu du changement attendu, on découvre des chevaux de retour. La mécanique des intérêts se remet en marche. Bien des hommes, désormais gouvernés par la peur, ne lui font plus confiance.

---

1. Napoléon lui adjoint d'ailleurs quelques jours plus tard deux sous-secrétaires d'État pour l'assister (Bignon et Otto).
2. Fouché et Carnot comme Cambacérès et Réal sont issus du jacobinisme politique.
3. La moyenne d'âge des neuf ministres est de 53 ans, huit de plus que l'Empereur. Elle pâtit de l'abandon de Molé (34 ans) et de l'entrée de Carnot (61 ans). Par ordre décroissant : Cambacérès a 61 ans, Gaudin 59, Mollien 57, Fouché 55, Decrès 53, Maret 51. Seuls Davout (44 ans) et Caulaincourt (41 ans) sont plus jeunes que Napoléon.

Ecartelé entre la nécessité de rassurer les notables et celle de prolonger le *momentum* populaire, Napoléon tente comme en 1800 de concilier et l'un et l'autre. Mais à l'épreuve des faits sa marge de manœuvre ne cesse de se rétrécir, au point de lui ôter le bénéfice de l'ambiguïté. Ainsi doit-il s'exercer à gouverner dans la solitude, comme si l'exil s'était transporté d'Elbe aux Tuileries. La magie du retour se dissipe déjà. Paris le boude, les élites le fuient, les alliés le vouent aux gémonies. Le temps manque pour substituer aux fidèles d'hier désabusés des hommes neufs et ardents. L'Empereur en est réduit à traiter avec ces opportunistes qui peuplent les antichambres, premiers arrivés et premiers partis lorsque la roue de la fortune vient à tourner. Dès lors, comment le doute ne s'installerait-il pas dans son esprit, comment pourrait-il ne pas s'interroger sur le bien-fondé de son entreprise ?

## *La pacification*

Avant toute chose, Napoléon doit faire face à la présence du roi sur le sol français. Parvenu le 22 mars à Lille, ce dernier hésite encore entre l'émigration, en Belgique ou à Londres, et la résistance. Nombre de ses fidèles s'exaspèrent de sa passivité et de son insouciance. Au lieu de prendre un parti, Louis XVIII déplore la perte de ses pantoufles, volées lors du trajet avec une partie de ses vêtements : « Vous saurez un jour, dit-il à un Macdonald pantois, ce que c'est que la perte de pantoufles qui ont pris la forme du pied. » L'accueil ombrageux des troupes lilloises [1] le décide finalement à partir le lendemain pour Gand. Le choix est habile. Cette petite ville, située à cinquante kilomètres au nord de Bruxelles, lui permet de rester à la fois proche de la frontière française et du théâtre

---

1. Louis XVIII s'était arrêté à Lille, la ville dont il portait le nom en émigration (comte de Lille). Louis-Philippe est l'un des seuls à engager le roi à rester en France : « Les frontières sont un Rubicon qu'on ne repasse plus si aisément quand une fois on les a franchies », lui dit-il.

prévisible des futures opérations militaires. Selon l'évolution de la situation, il pourra ou revenir en France ou embarquer facilement pour l'Angleterre[1].

La Maison royale, forte de trois à cinq mille hommes, suit le cortège avec deux journées de retard. Il y a là les mousquetaires, Vigny chez les rouges, Géricault parmi les gris, ainsi que Lamartine, garde du corps de la compagnie de Noailles ; tous soldats perdus d'une cause perdue. Drapés dans la douleur et l'humiliation, ces jeunes romantiques, pressés d'en découdre, brûlent d'impatience devant cette monarchie apathique frappée de malédiction sur les chemins de l'exil. Poursuivie par les trois mille cavaliers du général Exelmans, la fidèle cohorte avance sous une pluie diluvienne : « Nous nous arrêtons au milieu des terres labourées, où nous pataugeons dans une boue épaisse et noire, se lamente le général de Reiset[2]. Il pleut toujours, la terre détrempée par l'eau s'enfonce sous les pieds des hommes et des chevaux, et se change en un immense marécage, la marche devient de plus en plus pénible et fatigante ; je tâche de remonter le moral de mes hommes, qui commencent à se laisser abattre[3]. »

A l'opposé de la gloire du Vol de l'Aigle, la retraite de l'armée royale tourne vite au cauchemar. L'artillerie est abandonnée, la troupe épuisée, tandis que la discipline vole en éclats : la garde blanche se retrouve défaite sans même avoir engagé le combat. « Dès le départ, leur marche eut l'air d'une déroute », note l'écrivain libéral Sismondi. Exelmans exécute à la lettre les instructions modérées de Napoléon, lui ordonnant de pousser le roi hors du territoire tout en essayant d'éviter la violence. Les deux cavaleries, royale et impériale, se croisent cependant le 24 mars près de Béthune et n'évitent

---

[1]. Le roi a pris ses précautions. Le 18 mars son fidèle valet, Hue, précédemment au service de Louis XVI, est parti des Tuileries avec quatre millions et les joyaux de la Couronne d'une valeur approximative de quatorze millions.
[2]. Reiset a loyalement servi Napoléon jusqu'en 1814 mais refuse maintenant de trahir son serment au roi, comme de nombreux officiers supérieurs.
[3]. On peut également se référer au témoignage de Louis de Gobineau, chevalier de la Foi, dont les *Mémoires* ont inspiré *Ternove* (1848), le roman de son fils Arthur qui consacre lui aussi des pages fortes à la retraite des fidèles de la royauté.

l'accrochage que grâce au sang-froid des officiers des deux bords. A la frontière, les chemins se séparent : la Maison militaire apprend son renvoi avec rage et stupéfaction. Faute de moyens suffisants, seuls trois cents cavaliers choisis parmi les mieux montés peuvent être conservés. Les autres, invités à reprendre après plusieurs jours de marche harassante la direction de la capitale, craignent d'être jetés en pâture à la soldatesque impériale. S'en retourne également le maréchal Macdonald qui, resté loyal au roi, refuse cependant d'émigrer pour ne pas avoir à porter les armes contre son pays. En faisant ses adieux au monarque, il lui adresse ces quelques mots prophétiques : « Adieu, Sire, au revoir dans trois mois. »

Avant de quitter la France, Louis XVIII prend soin d'affirmer sa légitimité par deux ordonnances vengeresses : la première licencie purement et simplement l'armée, la seconde interdit de payer l'impôt à l'« Usurpateur ». Comme Napoléon en 1814, le monarque humilié par sa chute s'empresse de trouver un bouc émissaire : l'armée impériale. « Bonaparte a donc pour lui la force armée. Tous les cœurs sont à moi », écrit-il à Talleyrand le 26 mars. Et à l'empereur d'Autriche : « Je n'ai trouvé dans nos troupes que l'impatience d'aller servir un chef dont le nom leur rappelle et semble leur promettre encore la conquête et la dévastation de l'Europe. » Dans son amertume, il feint d'oublier que le peuple bonapartiste s'est levé avec enthousiasme sur le passage de l'Aigle.

Que représente donc cette nouvelle émigration rassemblée derrière un roi sans royaume ? Le parallèle Gand-Coblentz s'impose aux contemporains avec une force irrésistible qui permet à la propagande impériale de jouer sur le registre, égalitaire et patriotique, dont la Convention avait usé avec succès pour dresser la nation contre les royalistes vingt-cinq ans plus tôt : « Les armées du comte de Lille, ironise ainsi le journal *L'Indépendant*, se réduisent à quelques centaines de jeunes fous qui regrettent déjà les Tuileries et le Palais-Royal et que la moustache d'un grenadier de la garde frapperait d'épouvante. [...] Il faut croire que Sa Majesté sera suffisamment chrétienne pour ne pas attirer sur la France les calamités d'une guerre étrangère qui ne lui rendrait pas son trône. »

En réalité, la situation des royalistes s'avère plus favorable qu'aux lendemains de 1789 pour bien des raisons. D'abord ils présentent un front uni avec le roi à leur tête alors que Louis XVI, arrêté à Varennes en 1791, n'avait pu s'enfuir, privant ainsi les émigrés de leur chef naturel. De plus, les royalistes bénéficient cette fois du soutien tacite des alliés[1]. En l'absence de solution de rechange, les puissances semblent plutôt enclines au rétablissement des Bourbons. Napoléon et la république connaissent un rejet unanime. La régence de Marie-Louise ne bénéficie même plus de l'appui de l'Autriche. Louis XVIII, lui, ne fait peur à personne : il cautionne le congrès de Vienne et garantit la paix. Rien n'est encore acquis cependant. L'hostilité foncière du tsar, avivée par le fiasco de la première Restauration, préoccupe le monarque. Alexandre, qui a toujours jugé les Bourbons vaniteux et réactionnaires, répugne à les rétablir. Le gouvernement anglais, très lié avec le roi, doit bientôt faire marche arrière sous la pression de l'opposition whig, hostile à la guerre. Le 25 avril, il publie une déclaration stipulant que le conflit n'a pas pour objectif d'imposer les Bourbons, mais seulement d'abattre Napoléon. En réalité, l'Angleterre tory veut préserver le monarque en évitant qu'il puisse être identifié avec la coalition par l'opinion publique française. Mais Louis XVIII ne l'entend pas ainsi. Il exige que l'Europe s'engage publiquement à le rétablir[2]. Obsédé par la menace de l'avènement au trône du duc d'Orléans, il craint également que les alliés ne songent à profiter de la situation pour démembrer la France

---

[1]. En dépit des efforts des émigrés, il avait fallu attendre 1792 pour que les hostilités commencent entre la France et les monarchies européennes. Après l'exécution de Louis XVI, l'Europe avait abandonné les Bourbons en acceptant de traiter avec le Directoire puis en reconnaissant Napoléon. C'était alors Louis XVIII qui, sauf aux yeux de l'Angleterre, faisait figure de paria de l'Europe, puisqu'il fut à de nombreuses reprises expulsé, notamment de Venise, et deux fois de Russie par Paul Ier puis par son fils Alexandre.

[2]. En dépit des avis salutaires de Talleyrand qui lui écrit : « Rien ne pourrait contribuer davantage à aliéner les sentiments des sujets de V.M. que l'opinion qu'on leur laisserait prendre sur la cause de la guerre. Il ne faut pas qu'ils puissent jamais attribuer à V.M. les maux dont la guerre va les accabler. »

et préfère, en conséquence, officialiser l'alliance pour sauvegarder l'intégrité du territoire comme en 1814. Embarrassées par cette attitude, les puissances l'écartent de toute décision et interdisent aux émigrés de rejoindre leurs armées. Isolé et affaibli, le roi n'en demeure pas moins tributaire de la victoire de la coalition, au risque d'incarner pour son peuple le parti de l'étranger.

Pour sortir du piège, Louis XVIII sollicite Talleyrand, demeuré à Vienne, de faire son possible pour garantir une paix blanche. Humilier la France ne manquerait pas de fragiliser encore son trône, au risque de susciter une révolution qui mettrait à nouveau le continent à feu et à sang. L'intérêt des alliés devrait donc les conduire à modérer leurs exigences. Le roi veut également élargir ses soutiens à l'intérieur du territoire, pour prouver à ses partenaires européens que le peuple, hormis l'armée, lui reste fidèle.

Il peut compter, et c'est encore un nouvel atout pour la défense de sa cause, sur l'abolition de la censure. Les publications royalistes pullulent durant les Cent-Jours. La Terreur avait brutalement supprimé leurs journaux et guillotiné leurs rédacteurs. Napoléon laisse au contraire les publicistes en liberté. Si la surveillance de Fouché empêche la création d'une gazette ouvertement royaliste, la complicité des notables assure la diffusion clandestine du *Journal universel*, directement imprimé à Gand et dirigé par Chateaubriand. Ce « contre-Moniteur », ironiquement surnommé « Moniteur de Gand »[1], mène une guerre de plume sans merci contre l'adversaire impérial. Il oppose inlassablement la paix et la liberté, incarnées par Louis XVIII, au bellicisme et au despotisme d'un Napoléon diabolisé de surcroît comme jacobin. Il met ainsi habilement le doigt sur les trois peurs des notables : la guerre, la terreur et la dictature. Pour mieux les ancrer dans le camp royaliste, il promet une large amnistie tandis qu'il

---

1. Ou « Moniteur Chateaubriand » par Fouché. Il paraît d'abord sous le titre de *Moniteur* mais prend le titre de *Journal universel* dès le second numéro, à la suite de protestations du ministre belge Fagel. Il comptera vingt numéros en tout.

dénonce l'épuration impitoyable orchestrée par l'Empereur dans l'armée et l'administration[1].

Aussi le soutien des notables représente-t-il la meilleure chance du roi. Louis XVIII continue à toucher les dividendes de la Charte et de son discours habile du 16 mars. Gand ne ressemble pas à Coblentz, peuplé de contre-révolutionnaires extrémistes, assoiffés de vengeance, dressant des listes de proscription, rejetant avec mépris les modérés obligés d'émigrer à Londres, Genève ou aux Etats-Unis. Cette fois, les constitutionnels forment une importante phalange au sein de la cour royale, à l'image des ministres Jaucourt, Beugnot et Louis[2], mais aussi de Chateaubriand qui devient « ministre de l'Intérieur par intérim » de la royauté en exil, titre qui ne manque pas de piquant étant donné les circonstances. Talleyrand, resté à Vienne, garde également son portefeuille. A Paris, l'aristocratie déserte en masse la cour impériale. Même les libéraux, les recrues de la dernière heure, maintiennent dans un premier temps leur fidélité dynastique à l'image d'un Barante, préfet de la Vendée, ou du jeune magistrat Elie Decazes qui proclame que « la légitimité n'est pas le prix de la course », avant de quitter Paris avec fracas[3]. La grande majorité des maréchaux, de nombreux généraux, les trois quarts des préfets et des maires respectent également leur

---

1. Le numéro du 28 avril s'indigne ainsi de la chasse aux sorcières accomplie par le gouvernement impérial : « Le roi de France n'a presque rien changé en France et presque tous les hommes qui étaient en place y sont restés ; au moment même où la conspiration a éclaté, il n'y avait que 5 à 6 juges de Cassation remplacés ; et l'ordre judiciaire tout entier était tel que Buonaparte l'avait composé. Quant à lui, il n'était pas rentré à Paris depuis quinze jours et déjà des commissaires revêtus de tous les pouvoirs se partageaient la France, pour que sa présence soit en quelque sorte multipliée partout, et pour être sûr que tout ce qui ne lui serait pas dévoué serait chassé de toutes les places et remplacé par ses créatures. »
2. Le baron Louis a été ministre des Finances durant la première Restauration. Ami de Talleyrand depuis la Révolution, il a la réputation d'être extrêmement rude, à l'opposé de son mentor. En revanche, ses grandes capacités financières, manifestes dans l'élaboration du budget de 1814, lui valent d'être universellement respecté. Remercié en même temps que Talleyrand et Fouché à l'automne suivant, il occupera le même poste de 1819 à 1820 puis au début du règne de Louis-Philippe.
3. Decazes correspondra avec Gand par l'intermédiaire du baron Louis. Il se signalera ainsi à la bienveillance des royalistes, ce qui explique sa nomination, dès le retour du roi, à la préfecture de police de Paris.

serment au roi, privant Napoléon de relais intérieurs. Cette cinquième colonne royaliste abreuve la petite Cour de Gand de milliers de lettres, mélangeant protestations de fidélité et renseignements précieux sur l'état des esprits et la préparation militaire. Fouché lui-même a offert ses services moyennant la promesse de son maintien au ministère de la Police en cas de seconde Restauration.

L'appui des notables demeure toutefois suspendu au renforcement de la ligne libérale suivie depuis 1814. Pour les constitutionnels, le retour de Napoléon sanctionne d'abord la jactance des émigrés et les maladresses du gouvernement royal, notamment envers l'armée. Cette analyse choque naturellement les ultras, minoritaires dans le pays, mais majoritaires au sein de la Cour émigrée, toujours groupés derrière Monsieur et ses intimes. Leur lecture de l'événement n'a bien entendu rien à voir avec celle des constitutionnels : le roi a été trahi parce que trop bon, trop modéré, trop attaché à séduire ces anciens révolutionnaires qu'il fallait au contraire résolument écarter. Le « Vol de l'Ogre » couronne selon eux un complot bonapartiste, ourdi par ces notables impériaux scandaleusement maintenus en 1814. La seconde Restauration devra donc orchestrer en priorité le châtiment des coupables et l'épuration implacable de l'administration. Ensuite il faudra amender la Charte dans un sens favorable à l'extension du pouvoir royal et au clergé. Le conflit entre ultras et constitutionnels, qui couve depuis l'avènement de Louis XVIII, fait désormais rage et domine le jeu politique. Gauche et droite dynastiques sont devenues irréconciliables.

Enfin, dernier atout, le monarque bénéficie de relais provinciaux. Apparu en 1790 dans le Gard, en 1793 en Vendée, le royalisme populaire était arrivé trop tard pour peser sur le cours des événements lors de la Révolution. Cette fois-ci, Louis XVIII a pu, à partir des Tuileries, organiser une riposte dans la Vendée et le Midi, les deux régions traditionnellement attachées à la dynastie. N'a-t-il pas dépêché sur place son cousin le duc de Bourbon et son neveu le duc d'Angoulême en qui il place désormais ses espoirs ?

Cousin de Louis XVIII, fils du prince de Condé, chef de l'armée émigrée, père du duc d'Enghien, le nom du duc de Bourbon est un talisman pour les royalistes. Et pourtant, deux semaines plus tard, le prince fuit sans avoir combattu et s'embarque aux Sables-d'Olonne pour l'Espagne. La ferveur royaliste est retombée ; la médiocrité des chefs a fait le reste.

« Fils inconnu d'un si glorieux père [1] », le dernier des Condé, diminué depuis l'exécution de son fils en 1804, passe depuis longtemps pour un faible. Courtois et affable, mais d'une intelligence médiocre, il ne connaît rien à la Vendée [2] et se montre incapable d'arbitrer les rivalités qui opposent, comme toujours, les principaux chefs militaires. Chez ces derniers, le choc des personnalités se double de divergences fondamentales sur la stratégie à suivre. Louis de La Rochejaquelein, frère du célèbre général tué en 1794, veut en découdre tandis que ses lieutenants, d'Autichamp et d'Andigné, prônent la prudence. Le cousin du roi, d'une nature indécise, ne sait que faire. « Pendant les neuf ou dix jours que je passai auprès de Monsieur le duc de Bourbon, rapporte avec amertume le général d'Andigné, je sentis combien il était difficile d'entraîner à une démarche vigoureuse les hommes qui n'ont pas vécu au milieu des événements. Le prince aurait été disposé à adopter des mesures énergiques ; mais son entourage voulait temporiser et détruisait l'effet que j'avais pu produire. Je trouvais à Angers les courtisans tels que je les ai toujours vus : ne voulant ni faire ni laisser faire. » Peu enclin à se cacher et à mener une vie d'aventurier, il décommande le soulèvement général et décampe, muni d'un sauf-conduit complaisamment fourni par un officier supérieur impérial.

Phénomène plus grave et inattendu pour les Bourbons : les

---

1. Racine, *Phèdre*, acte III, scène v.
2. D'Andigné note sévèrement à son sujet : « Il avait reçu du roi des pouvoirs pour commander tout l'Ouest. Mais ses instructions lui prescrivaient de ne lever d'hommes que par les moyens constitutionnels et de n'en confier le commandement qu'à des officiers de la ligne. C'était incompatible avec l'esprit de nos contrées. Nos anciens soldats ignoraient ce que c'était que des moyens constitutionnels ; ils n'étaient nullement disposés à marcher, si leurs anciens chefs ne se replaçaient à leur tête. »

paysans restent sourds à l'appel de leurs chefs. S'ils ont des griefs, ô combien, contre le gouvernement révolutionnaire, chouans et Vendéens demeurent reconnaissants à l'Empereur d'avoir mis fin à la guerre civile. La première rébellion avait répondu à la Constitution civile du clergé et à la conscription, non aux outrages subis par la monarchie[1]. Or Bonaparte a donné satisfaction aux paysans de l'Ouest sur ces deux points et obtenu en échange leur renonciation à la Restauration. Dès 1800, ils retrouvent leurs églises et leurs prêtres. Le Concordat de 1801 les comble. Quant à la conscription, Napoléon prend soin de la limiter pour s'assurer définitivement la paix civile. On comprend alors l'apathie générale de la région lors de l'arrivée du duc de Bourbon.

Calmé début avril, l'Ouest s'agite cependant quelques semaines plus tard lorsque les premières mesures de mobilisation sont connues. Le soulèvement général est à nouveau décrété pour le 15 mai[2]. La Rochejaquelein fulmine une proclamation incendiaire : « Rappelez-vous combien de fois mon frère vous a conduits à la victoire ! Essayant de marcher sur ses traces, je ne ferai que vous répéter ses paroles : si j'avance, suivez-moi ; si je recule, tuez-moi ; si je meurs, vengez-moi. » Un peu partout des bandes s'organisent et remportent quelques succès locaux[3]. Mais les divisions des chefs perdurent et empêchent toute unité d'action. La Rochejaquelein voit ses ordres ouvertement bafoués par ses seconds qui n'en font qu'à leur tête[4]. Forts d'environ 25 000 hommes au total, au

---

1. La Vendée n'a bougé ni en juillet et octobre 1789 (prise de la Bastille et retour forcé du roi à Paris), ni lors de la chute de la monarchie (10 août 1792), ni même lors du procès et de l'exécution de Louis XVI. Elle s'est en revanche soulevée à l'annonce de la levée en masse décrétée par la Convention.
2. La décision est prise au cours d'un conseil de guerre qui réunit les principaux chefs vendéens le 11 mai à La Chapelle-Basse-Mer.
3. Embuscade de Saint-Pierre-des-Echaubrognes le 17 mai, prise de Cholet et de Bressuire le 24, de Sainte-Anne-d'Auray le 25. Toutefois, une colonne de huit mille Vendéens est battue à Aizenay par le général Travot dès le 20 mai, victoire émérite car les bleus combattent à un contre dix, même s'ils disposent d'un armement très supérieur.
4. La Rochejaquelein a trente-huit ans, soit sept de moins que d'Autichamp qui aurait pu, en raison de son âge et de son grade plus élevé, prétendre légitimement au commandement suprême. Le 31 mai 1815, par l'arrêté de Falleron, les généraux

lieu des 50 000 attendus, les blancs — divisés en quatre armées — ne peuvent jamais en réunir plus de 10 000 au même endroit. On est loin de la guerre sainte menée par la « Grande Armée catholique et royale » vingt-deux ans plus tôt.

Devant la recrudescence de l'agitation, Napoléon finit cependant par réagir en mai. Pour mater la rébellion, il utilise la politique de la carotte et du bâton qu'il a déjà expérimentée avec succès en 1800. Fouché est chargé de mener des négociations avec les chefs vendéens tandis que le général Lamarque accède au commandement de l'armée de la Loire avec pour tâche de briser le mouvement. Excellent spécialiste des guérillas, qu'il a combattues avec succès en Espagne, ce bonapartiste loyal[1] vient aisément à bout des rebelles, mal armés et désorganisés[2]. Ces premiers succès facilitent le travail de persuasion de Fouché qui envoie sur place des émissaires choisis parmi les anciens chefs vendéens. Il leur tient, avant leur départ, un discours d'une rare duplicité : « La Vendée, leur dit-il, vient de se soulever, sans avoir les moyens de soutenir ce mouvement. Vous ne pouvez décider, vous autres Vendéens, la question qui s'agite et vous nous embarrassez d'autant plus que vous allez devoir nous mettre dans la nécessité de rendre des lois de terreur qui donneront à Bonaparte plus de force que nous voudrions lui en donner[3]. »

---

Sapinaud, Suzanet et d'Autichamp refusent d'obéir à l'un de ses ordres, faisant éclater publiquement leur opposition. Le généralissime réagit aussitôt en les destituant et en ordonnant leur arrestation par un ordre du jour en date du 2 juin qui les accuse de trahison.

1. Lamarque hait la Restauration qu'il définit comme « une halte dans la boue ». Le 29 mai, dès son arrivée, il publie une proclamation qui tente habilement, selon Emile Le Gallo, d'opposer « les intérêts des paysans vendéens aux regrets et aux passions de leurs anciens seigneurs ». Si les blancs venaient à triompher, « ils rétabliraient les dîmes, la féodalité, les impôts arbitraires, l'avilissement de ce qui est plébéien et le double despotisme des nobles et des rois », déclarait-il notamment.

2. Le 4 juin, Louis de La Rochejaquelein est tué au combat des Mathes, entraînant la désorganisation complète du commandement blanc. Les chouans sont ensuite défaits à Thouars, puis le 20 juin à Rocheservière où ils perdent environ mille cinq cents hommes. Le 21, le général de Sol, un des grands chefs de l'insurrection de 93, est à son tour sévèrement battu à Auray.

3. Les agents du ministre, Malartic, Flavigny et La Béraudière, sont d'anciens chouans, ce qui leur permet d'entrer facilement en contact avec les chefs royalistes. Les trois hommes quittent Paris le 25 mai ; les négociations s'accélèrent avec la mort de La Rochejaquelein. Elles se concluent par la pacification de Cholet le 26 juin.

La paix s'impose donc comme le meilleur moyen de contrarier les velléités despotiques de l'Empereur et par voie de conséquence de servir les Bourbons. Le message du ministre de la Police passe d'autant plus facilement que la mort de La Rochejaquelein, le 4 juin, prive la rébellion d'un généralissime connu pour son intransigeance. Faute de combattants, la révolte périclite. Lamarque, sentant le moment propice, négocie à son tour : « Il est affreux, écrit-il aux chefs vendéens le 9 juin, de contempler un champ de bataille où dans les vainqueurs et les vaincus, on ne voit que des Français. » Ironie de l'histoire, l'armistice n'interviendra qu'après l'abdication de Napoléon. En dépit de son échec, le soulèvement de l'Ouest a distrait entre quinze et vingt-cinq mille hommes du gros de l'armée impériale. Ils manqueront cruellement à Waterloo.

Contrairement aux prévisions, le principal foyer de résistance se situe dans le Midi et semble même, durant quelques jours, menacer la restauration impériale. Louis XVIII est représenté sur place par le duc et la duchesse d'Angoulême auxquels s'ajoute Vitrolles, chargé de coordonner les forces royalistes du Sud. Le ministre parvient à Bordeaux le 23 mars pour transmettre les instructions du roi, à savoir « tirer un cordon sur la Loire et partager par cette rivière la France en deux ». Le trio se répartit les rôles. Vitrolles, depuis Toulouse, dirigera les autorités civiles ; le duc d'Angoulême, à la tête des troupes fidèles, marchera vers Lyon ; quant à la fille de Louis XVI, elle restera à Bordeaux pour organiser la résistance locale. Cette stratégie va vite se heurter au bonapartisme fanatique de l'armée, à la « prudence » des fonctionnaires et à l'apathie de la majeure partie de la population.

Vitrolles, en dépit de son énergie, est arrêté dès le 4 avril après quelques jours de proconsulat fantoche. Il n'est pas parvenu à mettre sur pied des corps de volontaires ni à renvoyer les militaires dans leurs foyers. Sommé par lui de prendre parti, le général Laborde répond sans ambages : « Nous ne voulons pas de guerre civile. » Transféré à Paris, il échappe à l'échafaud grâce à l'entremise de Fouché qui expédie aussitôt la femme du prisonnier à Gand pour faire valoir son propre dévouement à la cause royale[1].

La duchesse d'Angoulême mène durant une semaine un combat héroïque pour conserver Bordeaux à la monarchie. Elle bénéficie du soutien massif de la population[2] mais ne peut rien, elle non plus, contre l'hostilité récurrente de l'armée. Si les royalistes vouent un véritable culte à l'orpheline du Temple, sa raideur et son aigreur heurtent souvent et déçoivent de nombreux partisans de la dynastie. Il faut dire que la vie de la fille de Louis XVI a été marquée du sceau du malheur. Désespoir d'une enfance brisée par la longue détention au Temple, d'où elle a vu tomber son père, sa mère et son frère. Douleur d'une jeunesse gâchée par l'exil, assombrie par un mariage stérile avec son cousin le duc d'Angoulême. Comment, dans ces conditions, ne pas être endurcie ? Fille, nièce et belle-fille des trois derniers rois de France[3], elle arbore, pour dissimuler ses souffrances, le masque sévère et la sécheresse de cœur de ceux qui, blessés par la vie, n'osent plus croire en l'humanité. Mme de Chastenay, loin de l'attendrissement admiratif des ultras et des sarcasmes des libéraux, en a sans doute donné le portrait le plus exact dans ses *Mémoires* : « Les traits de son visage étaient beaux mais sérieux ; les pleurs avaient sillonné ses joues. Sa taille, quoique régulière, n'était pas assez élevée pour répondre à la dignité de sa physionomie. Elle avait contracté l'habitude de se tenir avec négligence et de dédaigner la parure. Le son de sa voix était rauque et ses phrases brèves. Hélas ! La rudesse qui tranchait dans ses moindres discours, dans ses expressions les plus obligeantes, résultait en partie de l'éducation terrible qu'elle avait reçue dans la tour du Temple, où des geôliers

---

1. Napoléon cède sur l'exécution mais pas sur l'emprisonnement : « Il ne perdra pas un cheveu de sa tête ! tranche-t-il. Mais je ne veux pas le leur renvoyer à Gand ; il a de l'esprit, il peut être dangereux, il restera en prison. »
2. La capitale de la Gironde, durement éprouvée par le Blocus continental, passe pour la ville la plus royaliste de France.
3. Elle est à la fois la fille de Louis XVI, la nièce de Louis XVIII et la belle-fille du futur Charles X.

inflexibles entouraient sa jeunesse et durcirent, si je puis parler ainsi, ses premières impressions. [...] Madame parut ce qu'elle devait être, ce que le temps, la religion et tant d'épreuves l'avaient faite : l'ange du devoir, la femme sans reproche, le modèle de toutes les vertus. Mais tout prestige romanesque disparaissait en sa présence, et ceux qui avaient le plus chéri l'image qu'ils s'en étaient formés furent peut-être ceux à qui la perte de leur illusion coûta aussi le plus de regrets. »

A Bordeaux, la duchesse d'Angoulême se révèle une nouvelle fois grande dans l'épreuve, ce qui lui vaudra le célèbre compliment, peut-être apocryphe, de Napoléon : « C'est le seul homme de la famille. » Commandée par le général Clauzel[1], une colonne impériale converge vers la ville, impatiemment attendue par la garnison qui brûle de jeter à bas les autorités royales. Pour desserrer l'étau qui la menace, Madame en appelle à la loyauté des troupes qu'elle n'hésite pas à affronter directement. Elle visite ainsi sans escorte les casernes bordelaises de Saint-Raphaël et de Château-Trompette. Bravement, la « Jeanne d'Arc de 1815 », comme Napoléon à La Mure, s'expose avec courage devant les soldats. Mais les troupes, empressées de rejoindre l'Empereur, écoutent sans ciller ses exhortations pathétiques à la fidélité. A Saint-Raphaël, quelques hommes seulement sortent des rangs pour la rejoindre. A Château-Trompette, son appel ne rencontre que des bouches muettes et des regards hostiles : « Ne me reconnaissez-vous plus, s'écrie Madame, moi que vous nommiez votre princesse !... Adieu ! Après vingt ans d'exil, il est bien cruel de s'expatrier encore... Je n'ai cessé de faire des vœux pour le bonheur de la patrie, car je suis française, moi !... Et vous, vous n'êtes plus français... Allez, retirez-vous », conclut-elle avec mépris, le visage baigné de larmes.

Sa situation semble dès lors sans issue. Elle ne peut plus

---

[1]. Un des meilleurs divisionnaires de la Grande Armée. Clauzel s'est particulièrement distingué lors des campagnes dans la Péninsule ibérique.

compter que sur le soutien d'une poignée de volontaires royalistes, braves mais inexpérimentés, dont l'armée impériale ne ferait qu'une bouchée. Pour éviter le bain de sang, elle se résigne au départ le 1er avril. Sur les quais de la Garonne, de nombreuses maisons sont garnies de drapeaux blancs ; de l'autre côté du fleuve, les hommes de Clauzel agitent les cocardes tricolores ; le tout forme l'image vivante et tragique de la désunion entre les deux France. Accompagnée de quelques fidèles, Madame embarque le lendemain à Pauillac sur un vaisseau anglais. L'émotion saisit à la gorge les témoins qui se mettent à genoux tandis que les officiers brisent leurs épées. Après avoir distribué en souvenir les rubans blancs de sa robe et les plumes de son chapeau, la duchesse s'écrie au moment de partir : « O, ma pauvre, pauvre France », et ses larmes se mêlent à celles de l'assistance.

Seul le duc d'Angoulême reste donc en lice. Loyal et courageux, le fils du comte d'Artois souffre, à l'instar de Louis XVI, d'une excessive timidité et de nombreux tics nerveux qui déforment son expression et suscitent la risée. L'homme est pourtant très supérieur à sa réputation[1], et préfère d'ailleurs la politique modérée de son oncle à l'ultracisme paternel. Actif et déterminé, il réussit durant la première quinzaine de mars à regrouper une armée d'environ dix mille volontaires, la seule force que la dynastie parvienne à faire marcher contre Napoléon. A sa tête, il se dirige vers Lyon, mais la ville a été désertée par les troupes impériales parties suivre leur idole jusqu'à Paris. Autour de lui, comme toujours, les courtisans fanfaronnent, prenant leurs désirs pour la réalité : « Je me sens inspiré, écrit ainsi un de ses fidèles, le comte de Guiche, à sa mère. Voici mon pressentiment : dans un mois, le roi de France sera dans la capitale ! Il nous faudra

---

[1]. « Son visage, constate Charles de Rémusat dans ses *Mémoires*, n'avait aucune expression marquée, plutôt cependant un air d'honnêteté et de simplicité. [...] Dans ce prince, il y avait un honnête homme, timide d'ailleurs, un peu gauche, défiant de lui-même, plus capable de bonhomie que d'affabilité. Il ne savait rien, mais il écoutait avec attention, désirait la vérité, supportant la franchise pourvu qu'elle fût mesurée et préférait en tout, chez les autres, comme chez lui, la simplicité à l'étalage. »

prendre et fusiller plusieurs de ces indignes hommes. L'ivraie doit être jetée au feu. Alors nous serons tous purs et dignes de notre roi. »

Cette petite armée, partie de Nîmes à la fin du mois, remporte d'abord quelques succès. Elle s'empare de Montélimar le 29 mars puis de Valence le 3 avril après avoir dispersé quelques centaines d'« impérialistes » à Loriol. Là s'arrêtent ses exploits. C'est à Valence que le neveu du roi apprend conjointement que ses deux ailes ont disparu — la droite chassée de l'Isère par les bonapartistes ; la gauche disloquée en raison de nombreuses défections. Menacé d'être pris en tenaille par les forces impériales du général Gilly, qui remontent du sud tandis que celles de Grouchy [1] descendent de Lyon, le prince doit battre en retraite le 7 avril. Le repli se transforme aussitôt en débandade générale. Faute de combattants, il capitule dès le lendemain dans le petit bourg de La Pallud. Les clauses de l'accord paraissent équitables. En échange de la cessation des hostilités et du licenciement de sa troupe, le neveu de Louis XVIII embarquera près de Marseille tandis que ses hommes rentreront chez eux. Grouchy, parvenu tardivement sur place, refuse de ratifier le traité sans avoir reçu l'aval de Napoléon qui semble d'abord tenté de garder le prince en otage, tant pour s'assurer du calme ultérieur des Bourbons que pour l'échanger, comme il en a caressé le projet, contre Marie-Louise. On sait, par le témoignage de Maret, que l'Empereur hésite un moment avant de se décider à respecter le marché conclu[2]. Finalement, l'élargissement du duc d'Angoulême, qui embarque le 16 avril pour l'Espagne, présente pour l'Empereur plus d'avantages que sa capture. Il témoigne de sa volonté pacifique et du mépris que lui inspirent les Bourbons. En outre, le souvenir douloureux de l'exécution du duc d'Enghien le dissuade de commettre un nouveau crime qui exalterait la résistance royaliste et lui

---

1. Grouchy a été dépêché par Napoléon en urgence le 30 mars.
2. Il se contente de faire ajouter une clause, exigeant la restitution des diamants de la Couronne. Maret joue un rôle capital dans sa décision en s'opposant avec force à son projet primitif.

aliénerait les alliés[1]. Sans compter que l'emprisonnement du prince aurait achevé de le brouiller avec les notables, alors persuadés qu'une nouvelle Terreur était à l'ordre du jour.

La pacification s'accompagne en effet de débordements populaires contre les volontaires royalistes. Dans le Midi et particulièrement dans le Gard, le conflit entre royalistes et bonapartistes s'aggrave de la haine séculaire entre catholiques et protestants. Si tous les catholiques ne sont pas royalistes, si tous les réformés n'ont pas adhéré à la Révolution, le clivage politique recouvre assez nettement la fracture religieuse depuis l'alliance du Trône et de l'Autel, scellée par le sang de la Saint-Barthélemy en 1572. Pourchassés comme hérétiques depuis la révocation de l'Edit de Nantes en 1685, les réformés ont maintenu leur culte dans la clandestinité. Pour la plupart, ils vouent une hostilité farouche à cet Ancien Régime parjure qui les a voués aux galères ou à l'exil et ont accueilli avec faveur la Révolution, profitant de la circonstance pour s'emparer de nombreuses places. Aussi les catholiques ont-ils juré vengeance. Depuis lors, les deux communautés n'ont cessé de se heurter[2]. Les royalistes vont cette fois en être les victimes.

L'épisode le plus célèbre concerne le massacre d'un détachement de « miquelets »[3] à Arpaillargues, bourgade située à cinq kilomètres d'Uzès. Rentrant chez eux la crosse en l'air en signe de paix, les soldats de l'« armée d'Angoulême » sont assassinés dans des conditions barbares par les paysans protestants : « On les dépouille de leurs vêtements, et deux d'entre eux, assaillis par des femmes, reçoivent d'elles des coups de fourche dans le ventre. L'une de ces femmes qu'on

---

[1]. Napoléon déclare alors à Benjamin Constant : « Je pense au duc d'Angoulême. J'ai déjà donné des ordres pour qu'il ne coure aucun danger. Mais je crains la fureur des paysans et celle des soldats. Ils ne veulent pas de la capitulation qu'on a faite. J'enverrai un courrier cette nuit encore ; je n'ai point de haine ; je n'ai nul besoin de vengeance. Tout est changé, il faut que l'Europe le sache et le voie. »
[2]. Du 13 au 16 juin 1790, la « bagarre de Nîmes » fait ainsi trois cents morts dont deux tiers de catholiques. En 1794-1795, une première vague de Terreur blanche se solde par le massacre, perpétré par des bandes armées royalistes, de plusieurs centaines de Jacobins et de protestants. La pacification impériale a rétabli l'ordre sans éteindre la haine.
[3]. Surnom donné aux soldats royalistes par les bonapartistes.

surnommait la Coulourgole, s'acharne tant sur un corps qu'elle est obligée de lui mettre le pied sur le ventre pour en arracher la fourche. L'un des volontaires royaux expire, l'autre est achevé la nuit, la tête écrasée avec une pierre[1]. »

La rumeur favorise la propagation de la violence. C'est la peur de l'autre, alimentée par les caquetages, déformée par le bouche à oreille, qui sert de catalyseur aux carnages. Ainsi, à Arpaillargues, la communauté villageoise s'est dressée parce qu'on lui a dit qu'elle allait être attaquée. L'arrivée des troupes impériales ramène le calme. Au bout du compte, la résistance royaliste avec ses quelques centaines de morts ne saurait être comparée aux terreurs révolutionnaires ou à l'épuration qui sévira quelques mois plus tard.

Le 16 avril, trois semaines après l'arrivée de l'Empereur, une salve de cent coups de canon retentit dans toutes les villes du pays : la France est pacifiée. Dans cette entreprise, Napoléon a joué résolument la carte de l'indulgence. Indulgence envers les membres de la famille royale, indulgence envers les troupes restées fidèles à la monarchie, indulgence envers les blancs de Vendée et du Midi. L'Empereur a parié sur l'effritement du mouvement. Les faits lui ont donné raison. Le royalisme s'est effondré pour les mêmes raisons qu'en mars : division des chefs, manque d'expérience souvent, de courage parfois. A l'exception du Midi, aucune action irrémédiable n'a été commise. En Vendée, blancs et bleus, contrairement à 1793, combattent dans le respect mutuel. Napoléon y trouve la confirmation de ses espoirs : un pays enfin pacifié avec l'Europe et avec lui-même, une possible réconciliation des deux France. Il reste persuadé que la facilité avec laquelle il a rétabli son autorité va impressionner les alliés, témoignant de sa popularité et du discrédit des Bourbons[2]. « Il m'importe,

---

1. *Exposé des crimes et attentats commis par les assassins de la commune d'Arpaillargues*, brochure contemporaine citée par Emile Le Gallo.
2. C'est ce que constate Montlosier, pourtant royaliste, dans une lettre qu'il adresse alors à son ami Barante : « Il est impossible de faire plus de contresens que tout ce monde-là n'en a fait. Ils ne sont pas plus éclairés aujourd'hui qu'ils ne l'étaient il y a trois mois. Ils ne savent que crier à la perfidie, à la trahison, à la corruption. Jamais, il n'y a eu moins de toutes ces choses. »

précise-t-il à Grouchy, d'apprendre à ces brigands couronnés, que je vis si longtemps à mes genoux, et qui me mettent aujourd'hui hors de la loi des nations, que les droits que me donne le malheur sont sacrés pour moi, et que je me venge d'ennemis tels qu'eux en les vouant, par ma générosité, à l'exécration publique. »

L'horizon étant dégagé, il lui appartient désormais de poursuivre ses tentatives de paix et de préciser sa ligne politique : que faire de ce mouvement populaire qui l'a accompagné jusqu'à Paris ? Entend-il réellement faire alliance avec le libéralisme, ou rétablir l'Empire autoritaire ? Quel masque arborer : celui du robespierriste ardent de Toulon, du Washington français célébré aux débuts du Consulat ou bien encore du César tyrannique de l'après-Tilsit ? Jamais depuis Brumaire le revenant n'a été confronté à des choix aussi difficiles.

## La tentation dictatoriale

Pour s'imposer, Napoléon doit d'abord retrouver le cœur de la France. Or la première Restauration a exacerbé les passions et rompu le fragile équilibre intérieur institué depuis 1800. L'Empereur va-t-il tendre la main aux notables ou bien céder à la tentation de ranimer le feu sous le chaudron de 1793 ? Dans la grande marche du retour, porté par le souffle révolutionnaire tout au long du Couloir rhodanien, l'Empereur solennel s'efface devant le fougueux général, le neveu par alliance de Louis XVI devant l'ami du frère de Robespierre et auteur du pamphlet jacobin *Le Souper de Beaucaire*. Bonaparte perce-t-il à nouveau sous Napoléon ou Napoléon se déguise-t-il en Bonaparte pour redevenir Napoléon ? Tout au long de son ascension, il aura joué de l'ambiguïté : le vengeur révolutionnaire des proclamations de Golfe-Juan cohabite avec le monarque pacificateur des décrets de Lyon. Devant les difficultés qui s'annoncent, Napoléon a impérativement besoin de s'appuyer sur la nation rassemblée, mais il peine à en trouver la nouvelle alchimie, d'autant que le temps lui est compté.

Le Consulat avait su réconcilier les contraires en fondant les héritages, monarchique et républicain, dans un modèle de pouvoir autoritaire, centralisateur et égalitaire, laissant au bord du chemin le libéralisme qui place l'individu avant l'Etat. Mais cet alliage n'est plus de saison. L'écart s'est creusé entre les deux France : le peuple s'est éloigné de la royauté sous la menace d'un retour de l'Ancien Régime, tandis qu'avec la Charte Louis XVIII s'est rapproché des notables, désormais pleinement associés aux affaires du pays. Il leur a inoculé le goût des responsabilités politiques et les a ralliés aux bénéfices de la paix, propice aux affaires. Mais chemin faisant, en s'introduisant dans les antichambres du pouvoir, ces nouvelles élites ont perdu de leur aura. Paysans et militaires, attachés à l'Empereur, condamnent leur ralliement à la dynastie comme une trahison de la Révolution.

Cette coupure récente entre la nation et les « masses de granit » ne se distingue encore qu'en filigrane sous le clivage traditionnel entre révolution et contre-révolution. Mais derrière la haine de la noblesse, perce déjà celle du notable. Une nouvelle fracture, celle de l'argent après celle de la naissance, se dessine donc. Et les revendications changent : après l'égalité des droits, on réclame l'égalitarisme ; après le politique, le social, tandis que la révolution politique cède le pas à la révolution industrielle. La France des Cent-Jours se situe ainsi à l'intersection de plusieurs ruptures : d'abord celle de l'Ancien Régime et de la Révolution, en voie d'être consommée ; puis d'autres qui occuperont le siècle autour de nouveaux clivages, entre monde rural et industriel, démocratie et cens, libéralisme absolu et Etat providence. Un nouveau monde s'esquisse, d'autant plus difficile à déchiffrer que Napoléon ne dispose d'aucun de nos moyens modernes d'analyse. Les mentalités et les mouvements de la société ne lui sont connus que par les rapports des préfets ou de la police. Peu de statistiques, encore moins de sondages. Le peuple reste une entité abstraite face aux élites qui conservent le monopole de la pensée.

Pour sortir de l'ambiguïté, pourquoi l'Empereur ne chausse-t-il donc pas ses bottes de 1793 ? Pourquoi ne cherche-t-il pas à rassembler dans l'urgence toutes les énergies en clouant au pilori dans un même élan nobles et bourgeois, associés au complot dynastique contre lui ? Les républicains d'emblée appellent de leurs vœux cette nouvelle dictature de salut public [1], seule capable de mobiliser le peuple, au risque de rejeter vers les rivages tranquilles « de la monarchie selon la Charte » tous les adeptes de l'ordre, inquiets de voir ressurgir l'étendard de la Terreur.

La position des républicains est parfaitement exposée par l'ancien conventionnel Thibaudeau dans ses *Mémoires* : il attend que Napoléon se présente « non plus comme Empereur, mais comme le bras vengeur de la France révolutionnée, exerçant la dictature jusqu'à ce que la nation, ayant reconquis son indépendance par les armes et les négociations, constituât son gouvernement. C'était une situation nette et déterminée. Dès lors, plus de chambres, plus de discussions, plus de bavardages. De l'action, de l'action, toujours de l'action. Tout à la guerre ; faire du peuple français une armée et de la France un camp. Malheureusement, il était très difficile que l'Empereur se résignât qu'à n'être un dictateur et un dictateur révolutionnaire. Pour cela, il aurait fallu qu'il laissât chez eux les instruments pourris ou usés de l'Empire, civil et militaire, qui l'avaient lâchement abandonné pour passer aux Bourbons, et qu'il les remplaçât par des hommes nouveaux, jeunes, ayant leur fortune à faire et capables d'exalter le peuple et l'armée ». En résumé, « toute la réorganisation impériale ressemblait fort à un imbroglio où l'on venait avec un masque et qui avait l'aspect d'un bâtiment provisoire construit avec de vieux matériaux ».

Ces anciens Jacobins, soutenus par les nostalgiques de

---

[1]. L'idée républicaine se définit alors plus par son opposition à la société d'ordres que par ses propositions. Cette identité négative explique en grande partie pourquoi il faudra attendre près d'un siècle après la Révolution pour que la république, durablement associée à la Terreur et aux exécutions sommaires, parvienne à s'implanter définitivement à l'issue de la crise du 16 mai 1877.

l'Empire autoritaire comme Savary, sombrent dans les écueils d'un ultracisme à l'envers. Ils réclament avec virulence l'épuration immédiate de l'administration, l'arrestation de tous les suspects, l'exécution symbolique de quelques royalistes notoires, la dislocation de la garde nationale — bastion de la bourgeoisie urbaine — et son remplacement par des unités plus populaires. Enfin, ils préconisent la levée en masse pour impressionner les alliés et galvaniser l'énergie nationale. « Le cheval de bois de 92 n'est pas brûlé », s'enflamme le général Hugo. Le père du poète reflète les sentiments d'une armée restée républicaine dans l'âme et avide de venger les dernières défaites. Dans son immense majorité, elle rêve d'une nouvelle croisade révolutionnaire avec pour préalable l'élimination des royalistes et des ennemis de l'intérieur.

Cette solution radicale présenterait de solides atouts pour l'Empereur, à la fois simple à mettre en œuvre — il suffirait de prolonger la dictature — et conforme à son caractère. Elle lui permettrait de pérenniser l'élan populaire qui l'a porté jusqu'à Paris et de gommer la dérive dynastique et nobiliaire des cinq dernières années du règne, pour le consacrer comme seul héritier légitime de la Révolution : « Si mon frère, écrira plus tard Lucien Bonaparte, après son miraculeux retour, eût ressuscité le Consulat ; si *La Marseillaise*, terreur des rois, se fût élancée de sa vaste poitrine, comme le cri d'Achille après les funérailles de Patrocle ; si sa voix, après la malédiction lancée sur sa tête par le congrès des rois, leur eût dit : J'ai cru, en m'asseyant au milieu de vous, réorganiser l'Europe ébranlée, j'ai voulu concilier le trône et les peuples... Vous n'êtes plus ! Il ne s'agit plus d'une guerre entre les dynasties. Mais d'une lutte à mort entre le pouvoir héréditaire du vieux monde et le pouvoir républicain du nouveau... Malheur à vous !... Si telle avait été la réponse de Napoléon, il n'y aurait eu en France, que deux partis : l'immense parti de la Révolution et l'imperceptible parti de l'ancien régime... »

Pourquoi donc s'embarrasser des notables, d'ores et déjà perdus pour la cause impériale ? Puisque les alliés se mobilisent, à quoi bon courir après ces chimères, la paix et la liberté ? D'ailleurs, l'Empereur a-t-il seulement le choix puisqu'il ne peut s'appuyer que sur le peuple et l'armée pour rester au pouvoir ? S'il parvient à ranimer la flamme, il terrorisera les alliés qui hésiteront peut-être à intervenir face à la nation debout pour sauver son Empereur. Quant aux courtisans, ne vaut-il pas mieux les effrayer une bonne fois pour toutes plutôt que s'épuiser à les séduire ? La crainte d'une nouvelle Terreur les retiendra bien mieux dans les serres de l'Aigle qu'une constitution dont ils se serviront pour l'abattre à la première occasion.

Les premiers actes du nouvel Empire semblent aller dans ce sens. La composition du ministère, on l'a vu, est interprétée avec l'entrée de Carnot et le retour de Fouché comme un gage donné aux Jacobins. La politique du nouveau ministre de l'Intérieur va particulièrement dans leur direction : épuration des préfets[1], envoi de commissaires extraordinaires, encouragements donnés au mouvement fédéraliste qui commence à s'organiser à partir de Rennes. De même, la déclaration du Conseil d'Etat, rédigée par Thibaudeau le 25 mars, inquiète les modérés en proclamant haut et fort la souveraineté du peuple « seule source légitime du pouvoir ». Elle renoue ainsi, dans toute sa pureté, avec le dogme rousseauiste tombé en désuétude depuis la chute de Robespierre. Molé et plusieurs conseillers refusent de la signer et vont se plaindre à l'Empereur. Pour justifier son attitude, le directeur des Ponts et Chaussées joue sur la corde, qu'il sait sensible, de la légitimité impériale :

« Avec ce principe, s'indigne-t-il, le peuple peut changer de gouvernement et de monarque tous les jours ; il donne et retire à son gré la couronne ; il pourra la refuser à votre fils...

---

1. Les premiers préfets ont été nommés avant que Carnot ait pu prendre ses fonctions. Dans ses nominations, le ministre fait une large place aux anciens conventionnels comme Cavaignac, Jean de Bry, Ramel ou Chazal. La liste définitive est établie le 6 avril : sur les 87 préfets de la Restauration, un quart est maintenu ou déplacé, les autres renvoyés. L'épuration de 1815 se révèle beaucoup plus lourde que celle entreprise par Montesquiou et Guizot en 1814.

— Il faut bien, lui répond l'Empereur, se servir des Jacobins dans ce moment pour combattre le danger le plus pressant ; mais soyez tranquille, je suis là pour les arrêter, ils me feront pas aller plus loin que je ne voudrai. » En attendant de prendre un parti, il garde toujours les deux fers au feu.

La publication d'une liste de proscriptions, quelques jours après son retour, avive également les inquiétudes. Antidatée de Lyon, elle ne contient pourtant que treize noms, désignant à la vindicte publique les traîtres civils et militaires qui ont fomenté la trahison de 1814. On y trouve naturellement Talleyrand et Marmont, mais aussi Lynch, le maire de Bordeaux qui s'était rallié aux Bourbons ; Bellart, qui avait rédigé la déclaration du Conseil de Paris dénonçant l'Empereur ; Vitrolles, l'émissaire le plus actif de la Restauration ; les autres ministres du gouvernement provisoire : Jaucourt, Dalberg, Beurnonville et Montesquiou ; les agents Louis de La Rochejaquelein et Sosthène de La Rochefoucauld, enfin Bourrienne et Alexis de Noailles, ces derniers mêlés à toutes les intrigues de Talleyrand. Les biens des coupables sont saisis, et ils sont condamnés au bannissement mais non à la mort. Napoléon, comparé à Robespierre, garde la main légère. L'impression contraire prévaut néanmoins, tant le souvenir des proscriptions impériales hante les esprits. Nombreux sont ceux qui pensent qu'il s'agit d'un ballon d'essai avant de nouvelles vagues d'épuration. Après avoir assumé la responsabilité de l'exécution du duc d'Enghien, envoyé Mme de Staël en exil, emprisonné des opposants, banni des courtisans, l'Empereur se heurte pour la première fois à des résistances inexpugnables parmi ses proches. Ainsi, le fidèle Bertrand refuse de contresigner le décret, La Bédoyère proteste hautement dans les couloirs des Tuileries : « Si le régime des proscriptions et des séquestres recommence, tout sera bientôt fini [1]. » Décidément,

---

1. Maret s'indigne et n'accepte de contresigner le decret qu'après en avoir reçu l'ordre formel de Napoléon. Le 25 mars, un décret ordonnant l'exécution des lois rendues par les assemblées révolutionnaires contre les Bourbons ne suscite en revanche aucune opposition manifeste.

Louis XVIII a tout bouleversé par la Charte. Non seulement on se permet de discuter ses ordres, mais encore on prétend lui imposer des conditions. Chaque jour davantage, il comprend que rien ne sera plus comme avant.

Le retour de Lucien Bonaparte dans la capitale[1] accrédite encore la thèse d'une résurrection républicaine. A l'écart des événements depuis plus de dix ans, le troisième des Napoléon fait figure aux yeux de l'opinion de seul républicain de la famille. Il le doit à son engagement aux côtés des Jacobins puis à sa disgrâce, antérieure à la proclamation de l'Empire et qui passe, bien à tort, pour le prix de sa fidélité à l'idéologie de sa jeunesse. Le frère prodigue jouit en conséquence d'une certaine aura que conforte sa capacité rare à s'opposer ouvertement à Napoléon. Enfin, sa réputation se fonde sur son rôle central lors de la journée du 19 brumaire[2]. Président du Conseil des Cinq-Cents, son sang-froid a assuré la réussite du coup d'Etat puisqu'il a retardé la mise en accusation de son frère avant de décider la troupe hésitante à expulser les députés. Mais il a commis l'erreur de se comporter ensuite, vis-à-vis de Napoléon, en protecteur ombrageux plutôt qu'en cadet soumis. Toujours prompt à lui rappeler ses bons et loyaux services, Lucien l'irrite d'autant plus qu'il se croit intouchable, affichant avec morgue son indépendance. Sa seule présence lui rappelle sa défaillance durant le coup d'Etat : livide, saisi d'effroi par la fronde imprévue des parlementaires, Bonaparte s'était soudain montré impuissant devant le front de ses troupes, paralysé par l'enjeu.

La main tendue par Lucien dans l'épreuve qui s'annonce témoigne d'une certaine noblesse, même si elle n'exclut pas une part d'intérêt qui n'échappe pas au républicain Thibaudeau : « Il avait la réputation d'un ami de la liberté, qui avait déserté la

---

[1]. Annoncé en avril, effectif le 9 mai après un bref aller-retour de Lucien dans la capitale. Joseph est arrivé dès le 23 mars. Jérôme ne rejoint Paris que le 27 mai ; Madame Mère le 1ᵉʳ juin.
[2]. L'histoire a retenu la date du 18 parce qu'elle marque le commencement du coup d'Etat.

cour impériale de la France pour ne pas être complice de son frère. Le vulgaire était émerveillé de voir le grand citoyen, qui n'avait pas voulu partager les grandeurs et les prospérités de l'Empire, venir s'associer à ce retour de fortune rempli d'incertitude et de dangers. [...] L'homme qui semblait avoir repoussé le titre de prince français avait brigué celui de prince romain et quitté le nom glorieux de Bonaparte pour celui de Canino. [...] Arrivé à Paris, il ne prit pas la peine de dissimuler, il alla sans plus de façon s'installer au Palais-Royal ; il eut à son service des chambellans de l'Empereur, il prit l'attitude d'un prince français et s'en attribua les droits. Voilà le grand citoyen que le 20 mars rendait à la France[1] ! » Mal informé, le public voit pourtant dans l'entrée en scène du rebelle un nouveau gage donné à la Révolution, le signal que l'Empire s'apprête à redevenir ce qu'il n'aurait jamais dû cesser d'être : une monarchie républicaine, peut-être même une république autoritaire sur le modèle consulaire. Les troupes que Napoléon passe quotidiennement en revue et qui l'acclament avec frénésie, les groupes de Parisiens qui l'applaudissent à chaque apparition publique le confortent dans sa conviction de jouir toujours d'un soutien massif de l'opinion. Pourquoi, dans ces conditions, faire le moindre cadeau à ces libéraux qui viennent encore le couvrir de crachats ?

A la différence de 1799, l'Empereur n'ose pourtant pas franchir le Rubicon et prolonger la dictature. Pire, quand il faudrait sortir au plus vite de l'ambiguïté pour ne point s'aliéner les masses, il semble pour la première fois hésiter sur la marche à suivre. Les gages donnés aux Jacobins sont compensés par les concessions accordées aux libéraux : circulaires modérées de Fouché, liberté de la presse, abolition de l'esclavage décrétée en grande pompe le 29 mars[2]. « Sa politique, sans résolution et sans pensée fut une alternative perpétuelle entre le oui et le non », dénonce Lamartine.

---
1. « Il avait, pour ainsi dire, à se refaire d'un long jeûne d'ambition arriéré », résume le libéral Villemain dans ses *Souvenirs*.
2. Par cette dernière mesure, Napoléon tente surtout de séduire le gouvernement anglais qui l'a réclamée en vain à la France au congrès de Vienne.

Napoléon donne l'impression de louvoyer entre dictature et monarchie constitutionnelle.

La tyrannie jacobine continue de lui répugner. Témoin des journées révolutionnaires de 1792, il garde en mémoire ces foules déchaînées, le spectacle de la violence et de la haine, de ces têtes portées en haut des piques au chant de *La Carmagnole* ou du *Ça ira*. Tout son règne témoigne de sa défiance envers ce peuple, saisi de convulsions sanguinaires à chaque période de troubles. Aussi, dans l'espoir de le contenir, il le fait surveiller par la police et les préfets, mais s'emploie surtout à détourner son énergie vers les chemins de la conquête, pour récompenser le mérite et la bravoure. Enfin, il veut l'amadouer par ses mesures sociales : « le grand entrepreneur [1] » veille au maintien du prix du pain et aux commandes de grands travaux en période de crise économique. Au lieu de la gabegie révolutionnaire, soulignée par l'effondrement des assignats, il réussit à créer une monnaie stable — le franc germinal — et à assurer une forte croissance qui se traduit par une hausse substantielle du niveau de vie des plus démunis [2]. A Sainte-Hélène, il regrettera de ne pas s'être jeté dans les bras de la nation : « J'ai fait une faute en ne prenant pas la dictature, dira-t-il ainsi à Montholon. Le peuple me l'offrait lorsqu'il m'accompagnait aux cris frénétiques de : A bas les prêtres ! A bas les nobles ! Les souvenirs de ma jeunesse m'effrayèrent : je ne vis de frein possible aux rancunes populaires que dans le règne des idées constitutionnelles et libérales [3]. »

---

1. Surnom que lui donnent les ouvriers de Paris.
2. Jusque dans les années 1810, marquées par une violente crise économique résultant du Blocus continental. La conjoncture continue à se dégrader jusqu'à la fin de l'Empire en raison des défaites (1812-1814) qui entraînent la fermeture des débouchés extérieurs.
3. « Il fallait faire la Terreur comme en 1793 ! C'est la mort de Louis XVI qui a sauvé la révolution parce que les juges étaient trop compromis pour ne pas dire : vaincre ou mourir », dira-t-il au même Montholon lors d'une autre conversation à bâtons rompus. A rapprocher des propos tenus devant Las Cases : « J'eusse dû le faire [prendre la dictature] encore au retour de l'île d'Elbe ; je manquai de caractère, ou plutôt de la confiance dans les Français, parce que plusieurs n'en avaient plus en moi, et c'était me faire grande injure. Si les esprits étroits et vulgaires ne voyaient dans

Car le retour de la terreur aurait été synonyme d'assassinat. A l'image des Français qui révolutionnent par intérêt mais aspirent à la sécurité, Napoléon demeure conservateur, amoureux de l'ordre, garant sourcilleux des biens et des personnes : « La Révolution, confessera-t-il, est un des plus grands maux dont le ciel puisse affliger la terre. C'est le fléau de la génération qui l'exécute ; tous les avantages qu'elle procure ne sauraient égaler le trouble dont elle remplit la vie de leurs auteurs. Elle enrichit les pauvres, qui ne sont point satisfaits ; elle appauvrit les riches, qui ne sauraient l'oublier ; elle bouleverse tout ; dans les premiers moments elle fait le malheur de tous, le bonheur de personne. »

Bien qu'il lui doive sa couronne, il n'a jamais aimé la Révolution. Derrière le canonnier de la « batterie des hommes sans peur », sommeille toujours le jeune gentilhomme corse. Du peuple, il chérit les images du paysan fidèle ou du soldat discipliné, prêt à mourir pour lui en bel uniforme. Il commande mais déteste devoir argumenter, méprise les envolées lyriques des constituants et l'ivresse des grands mots — Liberté, Egalité, Fraternité — qui s'accompagnent trop souvent des pires outrages. Derrière les nobles idéaux de la Déclaration des droits, il voit à l'œuvre les ravages de l'envie et de la jalousie, marque distinctive selon lui de l'esprit jacobin : « Vous Français, avait-il confié naguère à Mme de Rémusat, vous ne savez rien vouloir sérieusement, si ce n'est peut-être l'égalité. Et encore on y renoncera volontiers si chacun pouvait se flatter d'être le premier... Il faut toujours tenir vos vanités en haleine. La sévérité du gouvernement républicain vous eût ennuyés à mort. Qu'est-ce qui a fait la Révolution ? La vanité. Qu'est-ce qui la terminera ? Encore la vanité. La liberté n'est qu'un prétexte. »

---

mes efforts que le soin de ma puissance, les esprits larges n'auraient-ils pas dû montrer que, dans les circonstances où nous nous trouvions, ma puissance et la patrie ne faisaient qu'un ? Fallait-il donc de si grands malheurs sans remède, pour pouvoir me faire comprendre ? L'histoire me rendra plus de justice ; elle me signalera au contraire comme l'homme des abnégations et du désintéressement... »

En réalité le choix libéral résulte d'abord de ce refus de la révolution populaire, d'une répulsion profonde envers l'anarchie et, pour tout dire, d'un dégoût insurmontable envers ce que l'Empereur appelle lui-même « la canaille ». Toute l'histoire du premier Empire témoigne de sa volonté de fonder une monarchie héréditaire sur les deux piliers conservateurs de la société : les notables et l'armée. Selon Molé, un de ceux qui l'ont le mieux connu, il voulait « détruire les principes de la Révolution, tout en consacrant ses conséquences ». Bonaparte, ne l'oublions pas, a rétabli successivement la religion par le Concordat, l'hérédité par le sacre, la Cour et la noblesse. Sur tous ces points, il a pris le contre-pied du dogme jacobin, égalitaire et anticlérical, dont il n'a gardé que la centralisation, d'ailleurs héritée de l'Ancien Régime, comme l'a montré Tocqueville. A la veille de l'apothéose du Sacre, il avoue préférer Notre-Dame au Champ-de-Mars[1] pour mieux se démarquer de la mémoire révolutionnaire : « Le peuple était alors souverain ; gardons-nous de lui donner à penser qu'il en est toujours ainsi ! Le peuple est aujourd'hui représenté par des pouvoirs légaux. Je ne saurais voir d'ailleurs le peuple de Paris, encore moins le peuple français, dans vingt ou trente mille poissardes ou autres gens de cette espèce qui envahiraient le champ de Mars. Je n'y vois que la populace ignare et corrompue d'une grande ville[2]. »

Dans le contexte de 1815, épouser le peuple reviendrait en somme à piétiner l'Empire, et donc à renier sa propre légitimité. Il ne peut s'y résoudre. Par son tempérament, ses origines et sa formation militaire, l'Empereur demeure imprégné d'une conception verticale de l'autorité. S'il a « dessouillé la Révolution », selon ses propres termes, ce n'est certes pas pour la ressusciter sous sa forme violente et populacière. « Jamais, il n'a aimé le peuple », tranche Mme de Chastenay. En

---

1. Le Champ-de-Mars, cadre de la fête de la Fédération le 14 juillet 1790, avait été initialement prévu pour le Sacre.
2. Et l'Aigle d'ajouter : « Le véritable peuple en France, ce sont les présidents de canton et les présidents de collèges électoraux, c'est l'armée, dans les rangs de laquelle sont des soldats de toutes les communes de la France. »

réalité, il le craint, à l'instar de ses contemporains qui demeurent hantés par le cauchemar de la Convention, ses tribunaux d'exception et son cortège de victimes marchant à la guillotine du bourreau Sanson. Voilà pourquoi il préfère infiniment « le despotisme des Bourbons » à la « tyrannie de la canaille », comme il l'avoue à Bourrienne.

Aussi n'est-il pas étonnant que le véritable Napoléon, sous prétexte de manquer d'armes, s'emploie à marginaliser le mouvement fédéraliste qui se développe à partir du mois de mai. Le mot de fédération reste chargé d'ambiguïté. Il se réfère à la première Révolution [1] qui a vu fleurir ces associations patriotiques partout sur le territoire. Demeurés libéraux jusqu'à Varennes, les fédérés, épousant les passions du temps, sont ensuite passés sous le contrôle des Jacobins. Ainsi, les vingt mille hommes qui assiègent les Tuileries le 10 août 1792 [2] ne ressemblent en rien aux trois cent mille manifestants enthousiastes qui, le 14 juillet 1790, se pressaient à la fête de la Fédération pour commémorer la prise de la Bastille et célébrer l'union du roi et de la nation sous l'égide de La Fayette. Mais tout se mêle dans la confusion de 1815.

Le mouvement s'organise activement sous l'égide de Carnot, et dans une moindre mesure de Fouché, dès la fin du mois d'avril. Fidèle à lui-même, l'ancien « organisateur de la victoire » voudrait en faire le levier d'une levée en masse du peuple contre l'Europe des rois. Napoléon pourrait ainsi compter ses partisans, regroupés dans une armée populaire d'envergure. Parti de Rennes, dans l'optique avouée de contrer la chouannerie sur ses propres terres, le mouvement irradie surtout dans l'Est et le Rhône [3]. Sous la devise « Patrie-

---

1. Correspondant à la Constituante (1789-1791), soit la période durant laquelle une transaction reste possible entre Louis XVI et l'Assemblée.
2. Les fédérés sont levés dans tous les départements pour venir abattre la monarchie, le plus fort contingent étant constitué par les Marseillais. Accueillis triomphalement dès leur arrivée et logés par les « patriotes » du faubourg Saint-Marceau, ils dépêchent le 2 août une délégation à l'Assemblée législative pour demander la déchéance de Louis XVI, ce qui leur vaut de recevoir les honneurs de la séance.
3. Les principaux centres du fédéralisme sont la Bretagne, l'Est, le Rhône, le Puy-de-Dôme, la Bourgogne et le Dauphiné, c'est-à-dire d'une part les régions qui voteront

Liberté-Empereur », les adhérents se recrutent dans la petite bourgeoisie urbaine et les ouvriers qui fournissent les gros bataillons jacobins. Ils organisent plusieurs réunions où l'on porte des toasts, entonne des chants révolutionnaires et déclame des manifestes patriotiques et antinobiliaires. Les délégués du Rhône, réunis le 16 mai, se dotent d'un hymne propre, *La Fédération*, qui se décline sur l'air de *La Marseillaise* :

> Comment, une ligue étrangère,
> Viendrait, en nous dictant ses lois,
> Porter une main téméraire,
> Sur les plus sacrés de nos droits !
> Faut-il, sous la verge allemande,
> Courber un front humilié ?
> Français, ont-ils donc oublié
> Que Napoléon nous commande ?
> Aux armes, fédérés ! Sauvez l'aigle vainqueur !
> Marchez ! Vous défendrez la patrie et l'honneur !

Les royalistes sont accusés par les Bretons de vouloir comme toujours ramener la féodalité et les droits seigneuriaux : « Calculant sur la possibilité d'une guerre étrangère et sur l'absence de notre invincible armée, les nobles et leurs esclaves se flattent de nous redonner des fers ; et rêvent encore notre avilissement ! [...] Encore une génération, et les plébéiens retombaient sous l'inquisition des moines et la tyrannie des nobles. » On en appelle à Bonaparte, rempart de la Révolution contre l'Europe, mais, de crainte qu'il ne fasse machine arrière, on lui remémore sans cesse sa promesse de donner au pays une constitution.

Touché par l'ardeur patriotique de la mobilisation, l'Aigle n'en redoute pas moins son extension. Déjà confronté à la

---

largement en faveur du plébiscite de 1815 et d'autre part celles où le mouvement royaliste est le plus menaçant, nécessitant le regroupement des patriotes comme en Vendée. Il y aura également quelques fédérations dans le Midi royaliste.

menace royaliste, il n'a aucune envie de laisser les Jacobins s'imposer davantage, d'autant que Carnot contrôle peu et mal le mouvement et que Fouché déploie ses antennes pour y placer ses séides. De plus, si dans la plupart des régions les autorités administratives maîtrisent encore l'appareil [1], ici et là les opposants prennent en main la direction, comme Joseph Blin, ancien député hostile au 18-Brumaire, qui chaperonne la fédération de Rennes [2]. Qu'en sera-t-il dans quelques semaines ?

D'une intensité inégale selon les régions [3], le mouvement ne demande justement qu'à être « fédéré » sous la tutelle de l'Empereur. Comme en 1792, il rêve de servir de supplétif à la garde nationale et à l'armée. Déjà, il réclame des armes avec insistance. Napoléon refuse net. Il veut tout au plus utiliser ces auxiliaires comme épouvantail pour terroriser les notables et les ramener dans son giron. Comme en 1800, il compte diviser pour régner, s'imposer comme le seul rassembleur possible, à la fois sauveur des élites et protecteur des plus humbles. La faiblesse relative de la mobilisation lui convient et il s'attache à la canaliser. Plusieurs adresses, inspirées par les autorités, veillent à éviter toute référence à 1792 : « On nous rappelle des temps dont le souvenir devrait être effacé », précisent les fidèles quimpérois dont le manifeste est aussitôt publié dans le *Journal de l'Empire*. Les fédérés réunissent rarement plus de mille personnes au cours de leurs manifestations. Déjà assez nombreux pour faire peur, ils ne peuvent toutefois pas encore menacer le pouvoir de l'intérieur.

Il en va tout autrement dans la capitale, noyau dur du mou-

---

[1]. Les notables prennent souvent la tête du mouvement comme Cunier, sous-préfet de Sélestat, qui lance le mouvement en Alsace, ou Jars le maire de Lyon qui prend la tête de la fédération du Rhône. La fédération du Rhin (qui s'appelle confédération) est dirigée par le préfet et ancien conventionnel de Bry et par le procureur impérial à Colmar, Philippe de Golberes. Celle de Bourgogne par un conseiller de préfecture et deux généraux.
[2]. Procureur à Rodez, le Jacobin Fualdes, dont l'assassinat allait marquer l'histoire de la Restauration, dirige la fédération de l'Aveyron.
[3]. Le fédéralisme est quasiment nul dans le Nord et le Sud, faible dans l'Ouest (sauf dans les villes).

vement, très proche du jacobinisme tant par son caractère populaire que par son ardeur à combattre. Boudée par les notables, qui lui préfèrent la garde nationale et voient d'un mauvais œil le retour de Napoléon, la fédération part des faubourgs Saint-Antoine et Saint-Marceau, hauts lieux de la mémoire des sans-culottes. Elle recrute en masse parmi les anciens militaires, les ouvriers et les employés. Tous réclament d'être regroupés, armés et organisés pour participer à la défense de Paris. Environ douze mille d'entre eux défilent en ordre et avec fierté devant l'Empereur le 14 mai. Jeune étudiant, La Bretonnière souligne le drôle de contraste entre les « faces enfarinées et les costumes blanchâtres des forts de la halle, suivis immédiatement du corps barbouillé des charbonniers ». On rencontre aussi des ouvriers qui agitent leurs casquettes et des commissionnaires qui voisinent avec d'anciens grognards et une poignée de chefs d'atelier. Napoléon les harangue chaleureusement, loue leur courage et leur patriotisme avant de leur promettre des armes... qu'il se garde bien de leur donner, se contentant de les organiser en vingt-quatre bataillons de tirailleurs afin de mieux les contrôler. Castellane, le futur maréchal, qualifie les assistants de véritables sansculottes : « Cela sentait furieusement la République. » Le commissaire des guerres Bellot de Kergorre confesse son effroi : « 1793 était sous nos yeux, et si la main qui remuait le même levier n'avait pas la force de le retenir, quel en serait le résultat ? » « On les regardait comme une armée révolutionnaire », constate quant à lui Thibaudeau qui poursuit : « A l'issue de la revue, Sa Majesté Impériale et ses courtisans, soulagés du poids de cette corvée, firent des fumigations pour se purifier de leur contact avec cette canaille. »

Les royalistes mettent aussitôt l'émoi des « honnêtes gens » à profit pour travestir Napoléon en suppôt de Robespierre et chansonnent « l'Empereur des faubourgs[1] ». Mais le *Journal*

---

1. Empereur du faubourg Saint-Marceau,
Roi du faubourg Saint-Antoine
Protecteur de la courtille
Médiateur des Porcherons (*chanson royaliste*).

*de l'Empire* du 14 mai se veut rassurant. Il reconnaît « avec peine » que l'on a entendu « le nom de l'Empereur mêlé à des chants qui rappelaient une époque trop fameuse ». En sortant le peuple de sa tanière, l'Empereur obtient ce qu'il désire : affoler le bourgeois de Paris dont il connaît l'hostilité à sa personne. Le message qu'il adresse est dépourvu d'ambiguïté : dompteur de cette foule qui l'idolâtre, il n'hésitera pas à lâcher les fauves si les notables persistent dans leur attitude. Pour les ménager, après ce premier avertissement, il décommande une seconde revue initialement prévue le dimanche 21 mai.

A travers cet exemple édifiant, on touche à l'un des héritages les plus paradoxaux de la Révolution française : l'affirmation d'un peuple souverain, en réalité trahi par les pouvoirs issus de 1789. La manœuvre, qui associe la diabolisation à la manipulation, aboutit toujours à conforter la prééminence des notables, par la loi électorale notamment[1]. Le peuple reste considéré comme une masse obscure et redoutable, dont la seule force réside dans le nombre. Son image s'est ternie chez les écrivains et les politiques. Plus personne n'épouse les rêves d'émancipation d'un Condorcet ou d'un Saint-Just depuis le spectacle des saturnales révolutionnaires. Comme Napoléon, un Chateaubriand ne peut chasser de sa mémoire le souvenir des « festins de cannibales » orchestrés par les « Brutus à la Besace »[2], ces nouveaux barbares écartés du pouvoir par le Directoire. Depuis vingt ans, cette plèbe ne compte plus, sinon pour garnir les rangs de l'armée et faire peur, le temps d'un défilé, à ces édiles qui font l'objet des

---

1. Soit au moyen du suffrage censitaire direct, soit — et c'est la solution qu'a retenue Napoléon — par l'établissement de plusieurs degrés d'élection, les représentants se retrouvant dans tous les cas issus de familles les plus riches.
2. La répulsion de Chateaubriand s'exprime notamment dans *De Buonaparte et des Bourbons* : « Nous appelâmes la populace à délibérer au milieu des rues de Paris sur les grands objets que le peuple romain venait discuter au Forum après avoir déposé ses armes et s'être baigné dans les flots du Tibre. Alors sortirent de leurs repaires tous ces rois demi-nus, salis et abrutis par l'indigence, enlaidis et mutilés par leurs travaux, n'ayant pour toute vertu que l'insolence de la misère et l'orgueil des haillons. La patrie, tombée en de pareilles mains, fut bientôt couverte de plaies. Que nous restat-il de nos fureurs et de nos chimères ? Des crimes et des chaînes. »

soins de chaque gouvernement. Cet oubli méprisant est mis en relief par l'historiographie même de la période : les témoignages pullulent sur Napoléon, Louis XVIII, la Cour, l'armée, les parlementaires, le congrès de Vienne, Fouché ou les alliés. Les mémoires, tous ou presque dus à des notables, transmettent de fait une vision déformée. Parce qu'il ne sait pas écrire, le peuple reste mystérieux, pour l'historien comme pour le contemporain. Il l'est presque autant pour Napoléon qui connaît son armée sur le bout des doigts mais ne dispose, comme on l'a vu, que d'éléments fragmentaires pour apprécier l'état global de l'opinion.

Indispensable pour abattre la dynastie, l'élan populaire n'a plus la même importance une fois le pouvoir atteint. Pour gouverner, Napoléon a moins besoin des hourras de la foule que du concours des élites administratives et militaires, de ministres, de préfets et de généraux qui relaient et exécutent consciencieusement ses ordres. Sans leur soutien, il n'y a plus de gouvernement possible car il n'existe plus de chaîne de commandement. Dans ce scénario, le « quart état » sert Napoléon par la peur qu'il inspire, mais le dessert par son extrémisme, cette *furia francese*, comme il l'appelle, qui renforce la frilosité des élites.

Délaissé par Napoléon, le mouvement fédératif, incapable de s'implanter faute de temps, d'hommes et de moyens périclite bientôt dans la plupart des régions. En 1792, les fédérés formaient la garde civile du club des Jacobins qui, en deux ans, avait pris le temps d'infiltrer l'ensemble des administrations. Mais en 1815 il n'y a pas ou peu de clubs, aucune unité politique et sociale chez les fédérés, tantôt républicains ou bonapartistes, tantôt notables ou ouvriers. Faible et isolé, le fédéralisme décline aussi vite qu'il a grandi, emportant avec lui le souvenir du souffle puissant du Vol de l'Aigle. Une anecdote, rapportée par Guizot, résume mieux que toute autre cet abandon. L'historien et futur ministre de Louis-Philippe[1]

---

1. Guizot est professeur d'histoire depuis 1812. En 1814, il a été nommé secrétaire général du ministère de l'Intérieur sur la recommandation de son ami Royer-Collard, philosophe et homme politique d'envergure, qui sera le maître à penser des doctrinaires durant la seconde Restauration.

traverse le jardin des Tuileries lorsqu'il aperçoit « une centaine de fédérés, d'assez mauvaise apparence », qui hurlent « Vive l'Empereur » et réclament sa présence au balcon. Après s'être fait beaucoup prier, l'Aigle condescend à apparaître et salue brièvement de la main ; « mais presque à l'instant la fenêtre se referma, et je vis clairement Napoléon se retirer en haussant les épaules, plein d'humeur sans doute d'avoir à se prêter à des démonstrations dont la nature lui déplaisait et dont la force très médiocre ne le satisfaisait pas ».

Son refus du jacobinisme s'explique enfin par d'ultimes considérations. D'abord il risque d'aviver la guerre civile, brisant la magie du retour en l'éclaboussant de sang français, niant l'œuvre pacificatrice accomplie durant son règne. En outre, le choix du parti populaire le mettrait à la merci du seul ancien Jacobin à posséder des réseaux solides : l'inévitable Fouché ; autant se jeter dans la gueule du loup. Enfin, il légitimerait l'invasion européenne contre une nation officiellement redevenue nationaliste, belliciste, et portant agressivement ce flambeau révolutionnaire qui défie les couronnes en prônant l'égalité et le droit des peuples à disposer d'eux-mêmes.

## *Le tournant libéral*

La seule issue consiste donc à s'engouffrer dans la voie, ouverte par Louis XVIII, d'une alliance avec les libéraux. Par la Charte, le roi a largement fait sienne la lecture libérale de la Révolution, garantissant les biens nationaux, l'égalité civile et les libertés fondamentales, conférant à la nouvelle oligarchie la réalité de la puissance par le suffrage censitaire. Par la nouvelle frontière tracée entre libéralisme et jacobinisme, il est parvenu à redessiner le clivage idéologique entre les deux Frances. Cette révolution culturelle lève l'incompatibilité entre la dynastie et la première Révolution, celle de la Constituante voulue et menée par Mme de Staël, Talleyrand, La Fayette et leurs amis. En 1820, Guizot, dans son célèbre manifeste *Du gouvernement de la France depuis la Restauration*, ne dira pas autre chose : selon lui, la Charte est bien la fille naturelle de la Révolution. A travers elle, la monarchie renonce définitivement à la société d'ordres sur laquelle elle avait bâti sa légitimité ancestrale[1]. En reconnaissant, fût-ce par « concession et octroi », le caractère irréversible du nouvel ordre légal institué en 1789, elle se pérennise en repeignant sa légitimité aux couleurs révolutionnaires. Son nouveau credo libéral démode le système napoléonien, devenu insupportable à l'ensemble des élites car trop répressif et meurtrier.

Napoléon a plus que jamais besoin des notables, tandis que ces derniers ne veulent plus d'un chef autoritaire mais seulement d'un arbitre ; le roi de la Charte, tranquille et modéré, leur convient dans ce rôle. L'ancien sauveur de 1799 devient une sorte de parent pauvre qui embarrasse en s'invitant bruyamment au repas de noces. Pour tenter de reconquérir les élites, Napoléon, sous peine de passer pour un incorrigible dictateur, ne peut pas faire moins que Louis XVIII, ce monarque devenu constitutionnel. Comme le roi un an avant, on le presse de faire table rase de son passé népotique, de renier son étrange synthèse d'un gouvernement absolu soutenu non plus par le droit divin mais par la souveraineté du peuple et les baïonnettes de ses prétoriens.

Dès son arrivée, Napoléon, échaudé par le refus de Molé, découvre la froideur de la classe dirigeante. Elle le redoute encore mais n'a plus la même foi en lui. Bien des signes le confirment : on discute ses ordres, à l'image de Bertrand, Maret ou La Bédoyère ; des centaines de brochures l'interpel-

---

[1]. « En donnant la Charte à la France, écrit Guizot, le roi adopta la révolution. Adopter la révolution, c'était se porter l'allié de ses amis, l'adversaire de ses ennemis. Je me sers de ces mots parce qu'ils sont clairs et vrais. La révolution a été une guerre, la vraie guerre, telle que le monde la connaît entre peuples étrangers. Depuis plus de treize siècles, la France en contenait deux, un peuple vainqueur et un peuple vaincu. Depuis plus de treize siècles, le peuple vaincu luttait pour secouer le joug du peuple vainqueur. Notre histoire est l'histoire de cette lutte. De nos jours une bataille décisive a été livrée. Elle s'appelle la Révolution. [...] Le résultat de la révolution n'était pas douteux. L'ancien peuple vaincu était devenu le peuple vainqueur. A son tour, il avait conquis la France. En 1814, il la possédait sans débat. La Charte reconnut sa possession, proclama que ce fait était le droit, et donna au droit le gouvernement représentatif pour garantie. » En conséquence : « Que la légitimité s'ouvre devant la révolution comme un port assuré, et celle-ci y entrera à pleines voiles. »

lent, parfois avec véhémence, pour réclamer la constitution promise[1]; les adresses des corps constitués, d'habitude plates et serviles, portent désormais la marque du libéralisme ambiant : « L'Empereur est appelé à garantir par des institutions tous les principes libéraux », déclare ainsi le Conseil d'Etat. « Napoléon, apostrophe un publiciste, tu règnes à nouveau, et ton sort va dépendre du système que tu suivras dès le principe de ton nouveau règne : tout est perdu si tu songes à t'imiter toi-même[2]. » Son entourage — Joseph et la plupart des ministres — pousse à l'ouverture libérale. L'Empereur, peu habitué à être contredit, prend jour après jour conscience du piège tendu par Louis XVIII. Là où son aîné avait échoué, le frère de Louis XVI a réussi à trouver un juste milieu entre les prérogatives nécessaires du monarque et les aspirations à un parlementarisme puissant. Sous son égide bienveillante, le pays a pris goût à la liberté, redécouvert les bienfaits d'une presse pluraliste et des brochures avides de polémique. Il se souvient avec horreur de la tyrannie impériale et craint sa résurrection[3]. « Napoléon retrouvait la France autre qu'il l'avait laissée, enhardie à parler, raisonneuse et légalement taquine, en un mot, comme il le disait, gâtée pour lui par les Bourbons », résume Villemain.

La blessure d'amour-propre qu'il ressent est vive, presque insupportable. Comment pourrait-il accepter, lui le sauveur de Brumaire trois fois plébiscité, de se voir détrôné par un roi podagre déguisé aux couleurs de la paix et de la liberté ? Pour

---

[1]. Savary écrit dans ses *Mémoires* : « Le cri de constitution était partout. On ne prétendait recevoir l'Empereur que comme le levier qui avait déplacé la maison de Bourbon ; on voulait bien se servir de lui en cas de guerre, mais on prétendait le brider pour le reste. »
[2]. Intitulée *Adresse à l'Empereur*, la brochure en question, rédigée par un certain Joseph Rey, rencontre un grand succès car elle exprime la vulgate libérale dans le style sans-culotte, ce qui prouve que la personne de Napoléon n'est plus respectée comme avant.
[3]. Comme l'explique par exemple Caulaincourt à Pasquier : « Tout a changé en France, depuis son départ, les esprits ont fait un chemin dont il ne s'était pas douté. Le mécontentement a été grand sans doute, contre le gouvernement royal ; mais cependant la mesure de liberté dont il a fait connaître la jouissance rendrait intolérable aujourd'hui le gouvernement impérial tel que l'Empereur l'a pratiqué, surtout dans les derniers temps. Aussi voyez-vous qu'il n'ose plus le rétablir franchement. »

rassurer l'oligarchie, il lui faut séduire et négocier en prenant comme point de départ cette Charte honnie. Pour reconstituer l'union sacrée du Consulat, il ne lui reste plus d'autre ressource que de déborder Louis XVIII sur sa gauche en faisant plus de concessions que le roi n'en avait lui-même consenties. La survie est à ce prix.

Dans cette ambiance de surenchère constitutionnelle arbitrée par les notables, les libéraux, si longtemps vaincus, triomphent en renvoyant dos à dos les anciennes légitimités comme contraires aux principes originels de la Révolution. La Charte enterre le droit divin et le privilège tandis que la souveraineté populaire, souillée par la Terreur, condamne la république à un long ostracisme. L'esprit de liberté, au nom de la modernité, rejette enfin l'Empire autoritaire, avec sa soif de conquête et sa pratique despotique du pouvoir qui ont mené la France à sa ruine. Force d'appoint devenue force vive, le parti libéral triomphe sur le cimetière des absolutismes et réclame la direction de la France. De Fouché à Chateaubriand, tous les politiques et écrivains d'envergure se rallient à la monarchie pondérée, seule ancre de salut capable de mêler les héritages et de réconcilier les Français. Royalistes et républicains coopèrent sans le vouloir au triomphe de ce nouveau régime, pourtant né sur les décombres de leurs rêves et de leurs ambitions.

Jusqu'à la mi-avril, Napoléon ne se résout point à sauter le pas. Il continue de flotter, donnant l'impression de ne plus maîtriser les événements comme naguère. « Dans quelle voie marche-t-il donc ? Lui-même ne le sait pas », s'inquiète Caulaincourt[1]. De nombreux témoins ne le reconnaissent plus. Ils le jugent vieilli, fatigué, prématurément usé : « L'on n'est

---

1. Le duc de Vicence juge la cause de l'Empereur perdue : « Il fait appel aux hommes de la Révolution et les redoute par-dessus tout, dit-il alors. D'autre part, il n'ose plus se fier aux hommes plus honorables dont il s'était entouré depuis quelques années ; dès lors sa marche est fausse, incertaine, illogique. Il est entièrement hors de son assiette. Enfin, comment ne voit-il pas que le sentiment qu'il inspire au plus grand nombre est celui de la peur, que cette peur pourrait aisément reporter les esprits vers Louis XVIII, si quelque circonstance favorable à ce prince venait se présenter ? »

plus à quarante-cinq ans ce que l'on était à trente », soupire-t-il avec dépit. Sa santé semble en effet s'être dégradée. Outre une propension à la somnolence qui le fait dormir plus que de coutume [1], Napoléon a été frappé à Elbe de plusieurs crises de vomissement. Il souffre de cystite et de douleurs accrues à l'estomac. Son embonpoint confine à l'obésité et contribue à la détérioration de son image publique. Le chien coiffé de Brumaire, à l'œil de braise et aux traits taillés à la serpe, maigre à faire peur, se métamorphose en un souverain déclinant dont la rondeur accentue la petite taille. L'ancien sénateur Pontécoulant, qui ne l'a pas vu depuis un an, trouve qu'il a considérablement forci dans l'intervalle ; sa démarche est lourde, ses mouvements pesants, « ses gestes lents et sans vivacité ; ce n'était plus l'homme qui domine les événements, et cependant, pour affronter les fatigues de la lutte terrible qu'il allait soutenir, il lui eût fallu toute l'énergie et toute l'activité de sa jeunesse ».

Ses souffrances physiques ne sont pourtant rien à côté de la torture morale que lui inflige le découragement de ses proches. En outre, son front porte les stigmates de la défaite de 1814 et de l'abdication de Fontainebleau. « Frappé de la foudre, il en portait la tache », note cruellement Thibaudeau. Son autorité pâlit comme la crainte qu'il inspirait à l'apogée de l'Empire. Le célèbre mot de Mme d'Houdetot [2] — « Il

---

1. « Napoléon, précise Sismondi, avait autrefois la faculté de se priver de sommeil presque aussi longtemps qu'il voulait, et de dormir ensuite à volonté au moment où il se sentait en liberté. Mais la fatigue d'esprit, ou les bains de deux à trois heures par jour que son médecin lui avait ordonnés et qui lui avaient relâché la fibre, ou enfin, selon d'autres, l'amour des femmes auquel il s'était livré d'autant plus d'ardeur qu'il avait commencé plus tard, lui avaient donné une disposition dont il ne pouvait plus triompher. Il dormait douze à quinze heures par jour. [...] Il était habituellement enfermé dans son cabinet, et toutes les fois qu'on l'y savait seul, sa situation était si difficile qu'on ne doutait pas qu'il ne travaillât ; mais quand le service obligeait à entrer chez lui, on le trouvait presque toujours endormi avec un livre à la main. » Hobhouse contredit Sismondi dans ses lettres sur les Cent-Jours : « Depuis l'époque de son arrivée, il n'a jamais été occupé moins de quatorze heures par jour. Il n'y a qu'un tempérament de fer comme le sien qui soit capable de supporter les travaux continuels de corps et d'esprit... »
2. Née Sophie-Françoise de La Live en 1730, morte en 1813. Amie de Voltaire, protectrice de Rousseau, maîtresse du poète Saint-Lambert ; elle tint un rôle de premier plan dans les salons parisiens jusqu'à sa mort.

rapetisse l'histoire et il agrandit l'imagination » — ne vaut plus que pour l'armée et le peuple. L'étiquette impériale règne à nouveau aux Tuileries, avec son cortège de chambellans chamarrés, ses messes en musique le dimanche et ses audiences publiques. Mais la représentation comme le décor ne peuvent faire illusion. Nombre d'anciens courtisans sont partis pour Gand ou restent terrés dans leurs hôtels particuliers ; les immenses couloirs se vident déjà tandis que l'enchantement se dissipe face à la multiplication des obstacles. Découragé, l'Aigle confie au fidèle Mollien : « Le destin est changé pour moi. J'ai perdu là un auxiliaire que rien ne remplace. » L'histoire lui échappe, les hommes le fuient ou le repoussent. Habitué à commander, il se force à composer, joue une comédie qui lui est insupportable. Attaqué par la presse, menacé par Fouché, honni par les royalistes, condamné par l'Europe, il semble comme pris dans un étau. Placé sur la défensive, il étouffe. Ses tours de magicien ne marchent plus. Ses sourires laissent froid, ses colères n'effraient plus, sa force de conviction paraît évanouie. Sensible à tout ce qui l'entoure, il ne rencontre que des regards fourbes ou accablés. Même les fidèles n'y croient plus[1]. Ce défaitisme pèse au plus profond de son âme : « J'avais en moi l'instinct d'une issue malheureuse, non que cela ait influé en rien sur mes déterminations et mes mesures assurément ; mais toutefois, j'en portais le sentiment au-dedans de moi », avouera-t-il dans le *Mémorial*. Bien sûr, il souhaite se battre, il veut ou fait semblant d'y croire. Mais on le trouve épuisé, plus fataliste que volontaire, si loin de la flamme des années glorieuses.

Carnot, dépité, cherche en vain l'*imperator* fulgurant : « Je ne le reconnais plus, écrit-il alors. L'audacieux retour de l'île d'Elbe semble avoir épuisé sa sève énergique : il flotte, il hésite ; au lieu d'agir il bavarde ; cet homme aux promptes

---

1. A l'image de Fontaine qui remarque dans son *Journal* : « Il nous fut impossible de retrouver les illusions du rêve qui venait de finir. Rien ne pouvait nous faire croire à un retour de fortune inouï dans l'histoire. Nous restâmes persuadés que tout était terminé, et cependant nous devions exécuter les ordres qui nous étaient donnés. »

résolutions, il demande des conseils à tout le monde, cet homme si impérieux dans le commandement, et auquel un avis eût semblé presque une insulte ; il a des distractions fréquentes, lui qui savait dormir et s'éveiller à volonté. La décomposition de l'homme a suivi celle de l'Empire. Je m'en afflige, comme on s'afflige en voyant un beau monument se dégrader ; je ne puis m'empêcher d'en tirer des motifs de sécurité pour les libertés publiques. L'opinion a d'ailleurs marché ; elle nous prêterait un appui suffisant pour contenir au besoin quelques retours de despotisme, et faire plier cette volonté qui n'est plus de fer comme autrefois. »

Plus encore que la lassitude, la conjoncture lui commande de se plier à la dictature des circonstances. Tout conspire en faveur des notables. Menacé par la guerre civile et l'invasion rapide, l'Empereur doit se les attacher dans les délais les plus brefs, quitte à reprendre ses concessions après la victoire. Devant l'opposition inflexible des royalistes, il ne lui reste plus, pour conserver une marge de manœuvre, qu'à utiliser les libéraux, seul contrepoids à l'influence grandissante de Fouché et des Jacobins. En revêtant l'habit libéral, il espère séduire dans l'immédiat l'Angleterre parlementaire, privant alors la coalition de son principal bailleur de fonds. Choix du présent, le tournant libéral semble aussi le mieux à même de ménager l'avenir car il est le seul capable de maintenir la paix puis de préparer le règne de son fils.

Eternelle exclue de l'histoire politique, embastillée par la royauté, guillotinée par la république, exilée par l'Empire, l'école libérale connaît ainsi une faveur inédite. Elle s'explique non seulement par l'attrait de la nouveauté — elle n'a jamais vraiment gouverné — mais aussi par sa compatibilité avec les différents régimes existants. Axée sur la défense des libertés et des droits de l'individu, elle peut en effet s'accommoder de toutes les légitimités, à condition que celles-ci adoptent une constitution parlementaire reposant sur le bicaméralisme, la collaboration des pouvoirs et l'indépendance de la justice. Les libéraux n'ont jamais changé de ligne depuis 1789. La garantie des libertés par les institutions prime selon eux sur la nature du régime. Le fond l'emporte sur la forme, la souveraineté sur la légitimité, au contraire des autres familles qui se déterminent d'abord par rapport à des hommes, royalistes comme bonapartistes. Vieil héritage de l'esprit chevaleresque, le pouvoir représente dans leur esprit un principe ou une foi qui s'incarne dans leur souverain. Quant au jacobinisme, il reste une idéologie intransigeante qui s'autorise d'une utopie pour briser quiconque lui barre la route.

L'entente entre libéralisme et bonapartisme semble donc possible à condition que Napoléon renonce à la dictature et adopte des institutions mixtes conformes aux idées du groupe de Coppet[1]. Ce qui unit les deux écoles semble a priori plus fort que ce qui les divise. Elles partagent une même adhésion à l'ordre social bâti par la Constituante, une même répugnance envers la société d'ordres fondée sur les deux piliers — hérédité et catholicisme — abattus par la Révolution, une même défiance séculaire envers le peuple. Le bonapartisme incarne l'ordre et la patrie, le libéralisme les droits fondamentaux de l'individu. Ils ont besoin l'un de l'autre car ils doivent se garantir réciproquement pour exister dans la durée. Sans ordre, la liberté dégénère en anarchie ; sans liberté, l'ordre devient dictature.

En France, le libéralisme a besoin d'un protecteur pour gagner les masses. Souffrant de son caractère minoritaire et élitaire, il a tout à gagner d'une alliance impériale qui lui donnerait l'assise populaire et nationale qui lui a manqué jusqu'alors pour faire prévaloir ses vues[2]. Il en a d'autant plus besoin que, de souche protestante et anglo-saxonne, il peine à prouver son attachement à la patrie. Napoléon, de son côté, en obtenant le soutien des libéraux, peut espérer dépouiller son costume d'empereur despotique, briser le silence hostile des notables et réunir autour de lui l'ensemble des courants

---

1. Du nom de la propriété de la famille Necker près de Genève. S'y réunissaient les libéraux les plus illustres de l'époque : Mme de Staël, Necker bien sûr, Constant, Sismondi, Barante, etc.
2. En 1791 comme en 1799 ou en 1814. Chaque fois, les modérés ont dû céder le pouvoir, d'abord aux Jacobins, ensuite à Bonaparte, enfin à Louis XVIII.

idéologiques issus du tronc commun révolutionnaire. Il compte par là même donner un nouvel élan à l'esprit de 89. Dans cette alliance, le libéralisme apporte ses cadres, le bonapartisme la puissance du nombre et le charisme de son chef.

Toutefois, le passé récent et la personnalité de l'Empereur ne plaident pas en sa faveur : épuration puis suppression du Tribunat [1], Etat policier, exil des opposants, compression des journaux, assassinat du duc d'Enghien, ajournement du Corps législatif en janvier 1814 [2], tout cela a creusé un fossé difficile à franchir. Napoléon est connu pour mépriser les libéraux qu'il est allé jusqu'à traiter de « vermine ». « Avant six semaines, vous me verrez étouffer ce vain bavardage », dit-il d'ailleurs à Cambacérès dès son retour. Tout le monde connaît ses sarcasmes et injures contre les phraseurs, idéologues, penseurs abstraits et autres hommes à système. Tels sont les qualificatifs dont il use depuis Brumaire pour qualifier les « anglophiles ».

Homme d'action, pragmatique et attaché au seul résultat, l'Empereur se méfie des philosophes, ces agitateurs d'idées qui ont détruit la royauté en soulevant des passions qu'ils n'avaient pas les moyens de contenir [3]. Il dénonce en eux des esprits faux, des songe-creux vaniteux, incapables de se substituer au politique car ils ignorent les réalités tragiques du pouvoir. Par ailleurs, il ne goûte guère cette religion de l'individu dont les disciples de Montesquieu se sont faits les apôtres. Derrière le paravent humaniste, il discerne une réalité beaucoup moins noble : celle de l'esprit bourgeois, pacifique et mercantile, foncièrement égoïste, attaché à la seule défense

---

1. Accompli durant le Consulat (1802) par la mise à l'écart des libéraux les plus célèbres (Constant, Say, Daunou) puis la réduction de moitié (de 100 à 50) de ses membres. La suppression du Tribunat date de 1807.
2. Après le vote d'une adresse hostile inspirée par Lainé.
3. « La haute politique n'est que le bon sens appliqué aux grandes choses », a dit l'Empereur dans une formule célèbre. Il confie au tribun Stanislas Girardin à propos de Sieyès : « Sieyès est un métaphysicien. On ne gouverne pas avec de la métaphysique, mais avec les résultats de l'expérience des siècles. Il n'y a qu'un seul agent de gouvernement, la politique ; elle conseille aujourd'hui une chose, demain une autre. Elle a des remèdes différents pour des maux semblables : celui qui pouvait guérir dans telle circonstance, ne peut être utilement appliqué dans telle autre [...] »

de ses intérêts et privilèges, obsédé par le cours de la rente et le maintien du suffrage censitaire qui lui confère le monopole des places et de la représentation[1]. Il rejoint sur ce point les critiques des ultras comme des Jacobins, portés par un même esprit d'absolu, une même vision sacrale de la politique, chérissant la patrie ou le roi, mais ignorant les hommes.

Le choix libéral permet à Napoléon d'élargir le camp de ses partisans et de semer pour l'avenir en cas de défaite. A l'automne du bonapartisme, le pari de la liberté doit pouvoir racheter les années dictatoriales, commandées en leur temps par le besoin impérieux de bâtir un Etat de fer après une décennie de troubles et d'anarchie. En optant pour la modernité, l'Empereur range les anciennes légitimités, façonnées d'un même absolutisme, divin ou démocratique, au cabinet des Antiques et se ressource sans se dénaturer. Mais ce choix par défaut ne va pas sans risques : perdre le soutien populaire et voir se briser l'élan qui l'a porté sur le pavois ; ne pas convaincre l'Europe ; et surtout laisser le pouvoir s'échapper en acceptant une constitution qui le ligotera. Ce mariage de raison laisse déjà entrevoir son piège mortel.

---

1. Napoléon déteste le commerce et se méfie de l'argent comme tout aristocrate catholique : « On ne peut faire un titre de la richesse, confie-t-il à son ministre Chaptal. Un riche est si souvent un fainéant sans mérite ! Un riche négociant même ne l'est souvent que pour l'art de vendre cher et de voler. » « Il disait, confirme Chaptal, que le commerce dessèche l'âme par son âpreté constante de gain, et il ajoutait que le commerçant n'a ni foi ni patrie. »

# CHAPITRE V

# LE MALENTENDU

> « Cette canaille de libéraux m'a fait perdre du temps en me parlant de constitution. J'aurais dû les envoyer faire f... C'est par le peuple que j'étais fort. »
>
> NAPOLÉON.

## Benjamin « l'Inconstant »

« Servons la cause et servons-nous. » En une phrase, tirée de son *Journal intime*, Constant s'est autoflagellé pour la postérité. Benjamin Constant, caméléon, girouette... Rarement écrivain aura été aussi universellement décrié. Les circonstances de son ralliement à Napoléon ajoutent un nouveau chapitre à sa légende noire. On se souvient des termes solennels par lesquels il concluait son célèbre article du 19 mars 1815 : « Je n'irai pas, misérable transfuge, me traîner d'un pouvoir à l'autre, couvrir l'infamie par le sophisme et balbutier des mots profanes pour racheter une vie honteuse. » Or, trois semaines plus tard, Constant se soumet aux volontés de l'Empereur et accepte de rédiger le canevas de la nouvelle constitution. Faiblesse, lâcheté, arrivisme : aucun reproche ne lui est épargné ; tout est dit et écrit à l'époque, et sur tous les tons, du mépris apitoyé à la cinglante invective [1]. Chez Constant, comme sou-

---

1. Le même homme, au soir de sa vie, sera pourtant triomphalement acclamé par des étudiants durant les Trois Glorieuses comme le professeur de la liberté, un an après avoir écrit fièrement dans son « Testament politique » : « J'ai défendu quarante

vent chez les libéraux, la force des convictions présente un étonnant contraste avec la faiblesse du caractère[1]. N'a-t-il pas mis le meilleur de lui-même dans ses écrits, et le pire dans sa vie ?

Né au sein d'une famille du patriciat suisse, Constant souffre de ne point être reconnu. Il n'a ni la gloire littéraire de Chateaubriand ou de Mme de Staël, ni le pouvoir de Napoléon. D'une enfance malheureuse — sa mère est morte à sa naissance, son père le délaisse — et d'un long et fastidieux séjour à la cour de Brunswick, il conserve un esprit de dissimulation, derrière son regard voilé et ce sourire en coin où perce l'ironie. Pour lutter contre l'ennui, dont il a été le sublime portraitiste dans *Adolphe*, ce sceptique par défaut recherche des émotions fortes dans le jeu comme dans l'amour. Homme de passions éphémères, il trouve un caractère parfaitement accordé au sien avec Mme de Staël, sa muse et sa maîtresse. Délaissé par Barras durant le Directoire et chassé comme un laquais par Bonaparte du Tribunat en 1802, en raison de son opposition permanente, Constant s'est résigné à suivre son égérie en exil. Il met à profit les dix années suivantes pour parfaire ses deux grands traités politiques[2], restés à l'état de manuscrits en 1814, mais dont il tirera la substance de tous ses écrits ultérieurs. Quand l'Empire s'effondre, sa pensée est déjà longuement mûrie.

---

ans le même principe, liberté en tout, en religion, en philosophie, en littérature, en industrie, en politique ; et par liberté, j'entends le triomphe de l'individualité, tant sur l'autorité qui voudrait gouverner par le despotisme, que sur les masses qui réclament le droit d'asservir la majorité à la minorité. Le despotisme n'a aucun droit. La majorité a celui de contraindre la minorité à respecter l'ordre : mais tout ce qui ne trouble pas l'ordre, tout ce qui n'est qu'intérieur, comme l'opinion ; tout ce qui dans la manifestation de l'opinion, ne nuit pas à autrui, soit en provoquant des violences matérielles, soit en s'opposant à une manifestation contraire ; tout ce qui, en fait d'industrie, laisse l'industrie rivale s'exercer librement, est individuel, et ne saurait être légitimement soumis au pouvoir social » (Préface aux *Mélanges de littérature et de politique*, 1829).

1. La même tendance se manifeste chez La Fayette ou Necker. Elle traduit à la fois la difficulté de cette école de pensée à concilier sa religion des libertés avec le principe d'autorité — le libéral répugne souvent à commander — et le mal qu'elle éprouve à se positionner durablement dans un camp politique.

2. *Fragments d'un ouvrage abandonné sur la possibilité d'une constitution républicaine dans un grand pays* et *Principes de politique*. Constant y travaille depuis le Directoire.

En 1814, avec la publication de son pamphlet *De l'esprit de conquête et de l'usurpation*, il réussit un coup d'éclat. Dans ce premier opus, Benjamin, à l'instar du *De Buonaparte et des Bourbons* de Chateaubriand, dénonce les errements de l'Empire et de son maître tout en jetant les bases de la politique libérale [1]. Après le règne de la guerre, il annonce l'avènement du commerce qui, fondé sur le crédit et la libre circulation, substituera la rivalité pacifique de la concurrence à la brutalité de la conquête. L'épopée impériale se voit condamnée comme un gigantesque contresens historique, à rebours de l'évolution de la civilisation : « Le but unique des nations modernes, écrit-il, c'est le repos, avec le repos l'aisance, et comme source de l'aisance, l'industrie [2]. » Il pressent par ailleurs l'émergence de l'individu sur les décombres des absolutismes monarchique, révolutionnaire et impérial. Alors que la liberté des anciens, discréditée par les outrances révolutionnaires, se fondait sur une conception collective de la cité, la liberté des modernes partant de la personne consacre de fait la primauté des libertés individuelles. Constant se livre à un inventaire critique de l'héritage des Lumières. S'il retient tout à la fois le bonheur comme finalité de la politique, le progrès comme fondement de l'émancipation de l'individu et la division des pouvoirs pour éviter le despotisme, il dénonce sans faillir la conception totalitaire de la souveraineté du peuple d'un Rousseau ou d'un Mably, convaincu que l'esprit d'absolu ne peut mener qu'à la dictature. Autant dire que la France

---

1. « C'est lui, constate le duc de Broglie, qui a vraiment enseigné le gouvernement représentatif à la nation nouvelle tandis que M. de Chateaubriand l'enseignait à l'émigration et à la gentilhommerie. [...] On ne saurait apprécier sur ce point la dette de notre pays envers Benjamin Constant : ses différentes brochures ont éclairé les plus hostiles, illuminé le gros du public et transformé en lieu commun des vérités ignorées ou méconnues ; c'est le premier des triomphes en philosophie et en politique. » Charles de Rémusat, dans ses *Mémoires*, confesse aussi qu'il doit l'essentiel de son éducation politique aux écrits de Constant.

2. D'où la conclusion de la première partie : « Une guerre inutile est donc aujourd'hui le plus grand attentat qu'un gouvernement puisse commettre. Elle ébranle, sans compensation, toutes les garanties sociales. Elle [...] combine et autorise tous les modes de tyrannies intérieures et extérieures. Elle [...] divise les peuples en deux parts, dont l'une méprise l'autre, et passe volontiers du mépris à l'injustice ; elle prépare des destructions futures par des destructions passées ; elle achète par les malheurs du présent les malheurs de l'avenir. »

n'a jamais connu la liberté, mais des formes successives de tyrannie : l'absolutisme royal, la Terreur et maintenant l'Empire qui mêle ces deux héritages au profit du seul Napoléon. Chaque fois, la force prime le droit. Quel gouvernement faut-il donc donner à la France pour espérer terminer enfin la Révolution ? C'est la question à laquelle Constant tente de répondre dans ses nombreuses publications de l'époque.

La plus importante, les *Principes de politique,* paraît en mai 1815 afin de justifier son ralliement à Napoléon. Comme beaucoup de libéraux, la Révolution l'a dégoûté de la république. Et pour avoir, en compagnie de Mme de Staël, tenté en vain d'enraciner le Directoire dans la légalité[1], pour avoir assisté, impuissant, à la dérive consulaire vers le pouvoir personnel, il la juge désormais impossible. Fondée sur la souveraineté absolue du peuple, elle dérive naturellement vers la dictature des représentants[2]. La monarchie constitutionnelle, en revanche, fait éclater le dogme de l'unicité de la légitimité en mariant l'hérédité du trône avec l'élection des parlementaires. Désormais, la seule sacralité qui vaille est celle de l'individu. Constant définit avec netteté les droits fondamentaux, supérieurs à toute constitution, qui garantissent les libertés premières : « Les droits des citoyens sont la liberté individuelle, la liberté religieuse, la liberté d'opinion, dans laquelle est comprise sa publicité, la jouissance de la propriété, la garantie contre tout arbitraire. Aucune autorité ne peut porter atteinte à ces droits, sans déchirer son propre titre. »

Il ne cesse de le répéter : l'obsession du pouvoir est source de tous nos maux[3]. Ce pouvoir absolu dans son essence, illimité dans sa pratique, inattaquable dans son action en raison

---

1. Constant est pourtant allé, ce qu'il regrettera amèrement plus tard, jusqu'à cautionner le coup d'Etat du 18 fructidor dans l'espoir qu'il permettrait d'asseoir la république dans la durée.
2. En nombre élevé (Convention), limité (Directoire) ou unique (Consulat).
3. D'où l'immense faute des révolutionnaires selon Constant : « Au lieu de le détruire [le pouvoir], ils n'ont songé qu'à le déplacer. C'était un fléau, ils l'ont considéré comme une conquête. »

de la scandaleuse impunité dont jouissent, selon lui, les fonctionnaires, c'est bien le mal français par excellence. « La souveraineté, martèle Constant, n'existe que d'une manière limitée et relative. Au point où commencent l'indépendance et l'existence individuelle, s'arrête la juridiction de cette souveraineté. Si la société franchit cette ligne, elle se rend aussi coupable que le despote qui n'a pour titre que le glaive exterminateur ; la société ne peut excéder sa compétence sans être usurpatrice, la majorité sans être factieuse. »

A la souveraineté absolue — du roi, d'une assemblée ou du peuple — Constant substitue donc, par un audacieux changement de perspective, la souveraineté relative de l'individu, limitée par le respect des libertés d'autrui[1]. Car liberté n'est pas licence. Sans lois, elle devient anarchie, le pouvoir revient au plus fort et l'homme se trouve finalement enchaîné à un régime qui exige sa soumission pour prix de son bonheur. Ce cycle infernal vient d'être révélé par la Révolution dont l'anarchie sauvage a profité à la Convention puis à Bonaparte qui a bâti un Etat omnipotent sur les ruines laissées par ses prédécesseurs. Redoutant cette hégémonie, Constant en codifie strictement l'organisation. Plus que la séparation rigide des pouvoirs, source éternelle de conflits, il prône leur collaboration harmonieuse tout en veillant à les maintenir dans leurs champs d'application respectifs. Comme l'individu, chaque pouvoir est autonome, sa sphère d'influence limitée par celle du voisin et par sa propre responsabilité[2].

Pour garantir le mieux possible la liberté, Constant substitue à la trilogie classique héritée de Montesquieu — exécutif, législatif, judiciaire — un schéma plus ouvert, où l'exécutif et le législatif sont dédoublés afin d'empêcher toute tentation despotique. Il distingue ainsi cinq pouvoirs : « Le pouvoir représentatif de la durée réside dans une assemblée héréditaire ; le pouvoir représentatif de l'opinion dans une assem-

---

1. Cette conception restera minoritaire en France où l'on continuera de voir tant d'écoles idéologiques — théocrate et jacobine en 1815 — occupées à trouver la pierre philosophale à partir du seul couple légitimité/souveraineté qui fait fi de l'homme, broyé par la verticalité ou l'ordre religieux.
2. Responsabilité morale envers lui-même, politique et judiciaire envers les autres.

blée élective ; le pouvoir exécutif est confié aux ministres ; le pouvoir judiciaire aux tribunaux. Les deux premiers pouvoirs font des lois, le troisième pourvoit à leur exécution générale, le quatrième les applique aux cas particuliers. Le pouvoir royal est au milieu, mais au-dessus des quatre autres, autorité à la fois supérieure et intermédiaire, sans intérêt à déranger l'équilibre mais ayant au contraire tout intérêt à le maintenir. »

Au lieu d'être le chef, le pouvoir suprême devient ainsi l'arbitre. Emblématique du nouvel ordre social, la réforme proposée par Constant part non plus du souverain, mais bien de l'individu, pour aboutir au pouvoir. Dans cette inversion, le monarque n'intervient plus qu'au terme du processus, nouveau Salomon chargé de trancher les crises entre l'exécutif, désormais dévolu aux ministres, le législatif et le judiciaire[1].

Le pouvoir royal, « pouvoir judiciaire des autres pouvoirs », ne doit pas cependant être vide s'il veut rester crédible. Le veto suspensif de Louis XVI fournit un contre-exemple à méditer. Le souverain pèse désormais sur les autres pouvoirs par les armes dissuasives que constituent la destitution des ministres, la dissolution de la Chambre et le droit de grâce[2]. Inviolable et sacré, le monarque dispose des pouvoirs régaliens du chef de l'Etat qui garantissent son autorité. Il nomme les magistrats, ministres et pairs en nombre illimité, participe étroitement au processus législatif qu'il contrôle en aval par la sanction tandis qu'il partage l'initiative des lois avec les ministres et les parlementaires.

Les ministres, chefs de l'administration, sont responsables, à la différence du monarque. Sans l'écrire nettement, Constant pense ici au modèle anglais où le gouvernement doit bénéficier de la double confiance du souverain et de la majorité

---

[1]. Cette théorie du pouvoir neutre — que Constant a puisée, comme il le reconnaît lui-même, dans les discours et écrits d'un des principaux chefs monarchiens, Stanislas de Clermont-Tonnerre — a été pour la première fois formulée dans ses *Réflexions* de 1814, projet de constitution largement repris dans les *Principes* de 1815. « Le vice de presque toutes les constitutions, affirme-t-il, a été de ne pas avoir créé un pouvoir neutre, mais d'avoir placé la somme d'autorité dont il doit être investi dans l'un des pouvoirs actifs. »
[2]. Outre la dissolution, il peut également ajourner la Chambre.

parlementaire, mais sans en tirer la conséquence qui finira par s'imposer, c'est-à-dire la définition précise de la responsabilité politique des ministres [1].

Dans cette architecture, la pairie, pouvoir législatif de la durée, apporte un soutien naturel à l'instance suprême dont elle conforte la légitimité par l'hérédité de ses membres et son rôle affiché de contrepoids aux emportements possibles des députés. Mais elle vient aussi renforcer la liberté. Assuré de transmettre sa charge à sa descendance, le pair héréditaire n'a pas, contrairement au simple viager, à faire sa cour au souverain et bénéficie donc d'une totale liberté de vote. L'objectif avoué des libéraux, dont les regards là encore se portent outre-Manche, consiste à créer un pouvoir aristocratique autonome ; aristocratique et non nobiliaire en raison de l'impopularité et de la réputation contre-révolutionnaire de l'ancien second ordre, définitivement irréconciliable avec la nation.

Traumatisé par la Convention, le libéralisme de Constant se méfie surtout de la Chambre des députés. Il redoute la force que confère l'élection populaire : « Lorsqu'on n'impose point de bornes à l'autorité représentative, écrit-il, les représentants du peuple ne sont pas des défenseurs de la liberté, mais des candidats de tyrannie ; et quand la tyrannie est constituée, elle peut être d'autant plus affreuse, que les tyrans sont plus nombreux. » C'est pourquoi il contrebalance la chambre basse par une chambre haute, un exécutif puissant et une justice indépendante [2]. C'est pourquoi il prône le renouvellement intégral des députés, pour éviter la répétition d'élections partielles entretenant les passions politiques. C'est surtout pourquoi il refuse le suffrage universel, lui préférant le cens qui profite aux seuls propriétaires. Constant se justifie par une argumen-

---

[1]. Il faudra attendre les lois constitutionnelles de 1875 pour que soit affirmée la responsabilité politique du gouvernement.
[2]. Les magistrats sont inamovibles dans son système. En outre, Constant réclame le respect absolu des formes judiciaires comme garantie de l'Etat de droit. Il rejette ainsi tout tribunal d'exception comme attentatoire aux libertés fondamentales. Le jury, dont il est un fervent défenseur, associe l'opinion à l'exercice de la justice, évitant toute dérive corporatiste et toute mainmise du pouvoir sur l'appareil judiciaire.

tation que Guizot reprendra quelques années plus tard. Selon lui, voter suppose une compétence. Pour juger l'action d'un gouvernement, il faut des lumières dont seul bénéficie le propriétaire qui dispose des loisirs et de l'expérience nécessaires. Par sa situation, à la croisée du peuple et du gouvernement, de la conservation et du mouvement, il craint la révolution car il a tout à y perdre, à la différence des classes laborieuses, dites « dangereuses » parce qu'elles ont tout à conquérir faute d'avoir quelque chose à transmettre[1]. Mais, pour les mêmes raisons, le propriétaire redoute l'immobilisme d'une société d'ordres qui, en ôtant tout espoir d'ascension sociale, pousse l'exclu à la révolte, le pauvre à la révolution. Il est donc l'intermédiaire naturel entre le pouvoir et la société.

Si Constant retient une définition large du droit de vote[2], il n'entend pas moins en limiter son attribution, ce qui le rend irréconciliable avec les néo-Jacobins restés pour la plupart fidèles au dogme « un homme, une voix[3] ». Comme l'affirme son ami Sismondi, il ne s'agit pas tant de compter les suffrages que de les peser : « Aucun contrat n'a jamais obligé les hommes, réunis en corps politique, à soumettre leur destinée au hasard d'une majorité de suffrages. Je dis au hasard, car sur cent questions de législation qui seraient proposées à la masse du peuple, il y en a quatre-vingt-dix-neuf qu'il ne pourrait entendre et sur lesquelles, il ne donnerait son suffrage qu'au hasard... » Le divorce entre le peuple et les notables,

---

[1]. « Dans nos sociétés actuelles, la naissance dans le pays, et la maturité de l'âge, ne suffisent point pour conférer aux hommes les qualités propres à l'exercice des droits de cité. Ceux que l'indigence retient dans une éternelle dépendance et qu'elle condamne à des travaux journaliers, ne sont ni plus éclairés que des enfants sur les affaires publiques, ni plus intéressés que des étrangers à une prospérité nationale dont ils ne connaissent pas les éléments et dont ils ne partagent qu'indirectement les avantages... Il faut donc une condition de plus que la naissance et l'âge prescrits par la loi. Cette condition, c'est le loisir indispensable à l'acquisition des lumières, à la rectitude du jugement. La propriété seule assure ce loisir : la propriété seule rend les hommes capables de l'exercice des droits politiques. »

[2]. Constant veut l'étendre à tous les propriétaires, ce qui assure de facto la domination électorale de la petite propriété sur la grande, donc de la bourgeoisie sur la noblesse.

[3]. Cette aspiration égalitaire n'a été satisfaite que lors des scrutins de 1789 et 1792, inscrite dans une seule Constitution, celle de 1793, d'ailleurs jamais appliquée.

héritage de la Terreur, sépare ainsi le libéral des plus humbles sans pour autant le rapprocher des royalistes, partisans d'un cens favorisant exclusivement la grande propriété foncière à majorité nobiliaire.

Comment espérer alors nourrir le dialogue entre le peuple et son gouvernement ? C'est le rôle conjoint de la décentralisation et de la liberté de la presse, selon Constant. Le pouvoir local, détruit par l'Empire, établit un lien de proximité quotidien et constitue une école civique qui prépare à la gestion politique de la nation. La presse joue un rôle clé dans le schéma libéral en établissant un lien direct entre le citoyen et le pouvoir. Echo pacifique des doléances de la nation, elle permet également au gouvernement d'expliquer son action à ses concitoyens. L'interdire s'avère à la fois inutile — on l'a vu au siècle des Lumières avec l'entrée clandestine d'écrits séditieux — et dangereux car, en l'absence d'exutoire naturel, les passions s'enflamment. Mais la liberté n'est qu'un leurre sans la responsabilité. Chaque droit a pour corollaire un devoir : « Les principes qui doivent diriger un gouvernement juste sur cette question importante sont simples et clairs : que les auteurs soient responsables de leurs écrits, quand ils sont publiés, comme tout homme l'est de ses paroles, quand elles sont prononcées ; de ses actions quand elles sont commises. »

Cette théorie libérale de gouvernement, en rupture avec les pactes unilatéraux édictés depuis 1789, préconise un véritable contrat social. A la séparation suspicieuse des pouvoirs[1], elle oppose leur dialogue en espérant leur harmonie. Si la Charte se rapproche de ce modèle, elle s'en éloigne cependant par son ambiguïté sur la légitimité royale, la restriction de la liberté de la presse et le refus de toute initiative parlementaire. Le fossé n'est pas infranchissable, comme l'a prouvé la convergence des points de vue lors des réunions avec le ministère en mars.

---

1. « En réunissant les individus sans cesser de distinguer les pouvoirs, écrit Constant, on constitue un gouvernement en harmonie, au lieu de créer deux camps sous les armes. »

Proche de Burke[1] sur ce point, Constant mise sur la pratique pour corriger la théorie, toujours à l'exemple de l'Angleterre qui a évolué au fil des siècles vers ce modèle mixte qu'il propose à la France. En bref, il veut s'accorder du temps, rompre avec ce travers national qui consiste déjà à vouloir changer la constitution à la première difficulté. A l'obsession du pacte écrit, exhaustif et inviolable, il préfère le contrat simple et facilement réformable. Plus qu'à la lettre, il s'attache à l'esprit des institutions.

Avec Napoléon, une réconciliation semble a priori impossible[2], sans que l'on puisse aisément discerner chez Constant la part de conviction de l'intellectuel du jeu tactique de l'arriviste empressé de servir n'importe quel pouvoir. Pour une première réponse, il suffit d'ouvrir son *Journal intime* à la date du 12 mars 1815 : « Idée de la pairie. Si elle réussit, je risque et consacre volontiers ma vie à repousser le tyran. » Ce caractère d'opposant « historique » joint à sa notoriété grandissante fait pour l'Empereur tout le prix de son ralliement. Parvenir à gagner Constant prouverait la sincérité de sa conversion constitutionnelle et son oubli des injures passées[3]. A court terme, l'Empereur entretient l'espoir de diviser les notables en débauchant nombre de libéraux à la suite du plus illustre de leurs penseurs.

---

1. Théoricien anglais de la contre-révolution, Burke est devenu célèbre en Europe par la publication en 1790 de ses *Considérations sur la Révolution de France*, charge vigoureuse contre la Constituante à laquelle ce parlementaire chevronné oppose le modèle anglais qui repose sur la tradition et assure d'autant mieux l'harmonie des pouvoirs qu'il n'est pas bridé par une constitution, texte écrit difficile à réviser.

2. « Il parle aujourd'hui de liberté ; mais c'est lui qui, durant quatorze ans, a miné et détruit la liberté [...] La guerre intestine, la guerre extérieure, voilà les présents qu'il nous apporte » (*Journal de Paris*, 11 mars 1815).

3. L'analyse de Thiers mérite d'être amplement citée : « Napoléon avait entrevu sur-le-champ qu'il pouvait en cette occasion donner une preuve éclatante de générosité : conquérir la première plume de l'époque, et trouver le rédacteur le plus autorisé de sa future constitution, en pardonnant et en élevant à un poste considérable le plus injurieux de ses adversaires : et à peine avait-il entrevu la chose comme possible, qu'il l'avait résolue. On se demandera s'il n'entrait pas dans cette conduite plus de mépris des hommes que de vraie générosité, et on appréciera mal le sentiment qui l'animait. Ce sentiment n'était autre que la clémence tant vantée de César, c'est-à-dire une connaissance approfondie des hommes, un discernement très fin du peu de solidité de leurs passions, une grande facilité d'humeur à leurs égards et un grand art de les ramener en les séduisant. »

Séduire Constant s'avère un jeu d'enfants car Napoléon connaît son talon d'Achille : une grande ambition politique inassouvie. Contrairement à tant d'autres célébrités contemporaines, l'écrivain demeure un novice qui brûle d'impatience depuis vingt ans dans les antichambres du pouvoir. N'a-t-il pas successivement approché et servi Barras, Talleyrand et Sieyès sous le Directoire ? N'est-il pas allé jusqu'à devenir le conseiller de Bernadotte quand, au début de 1814, l'ancien maréchal devenu prince royal de Suède a envisagé sa candidature au trône de France, candidature grotesque étant donné les circonstances [1] ? Bien sûr, Constant ne transigera pas avec ses convictions mais il y fera sans doute quelques entorses si le jeu en vaut la chandelle. Le libéralisme, et c'est là tout son avantage pour l'Empereur, ne dépend point des personnes mais seulement des principes, qu'il suffit de reconnaître pour bénéficier du soutien de ses partisans.

Pour convaincre son interlocuteur, Napoléon peut faire valoir, outre les hochets du pouvoir, de solides arguments : il apporte à l'école libérale son immense popularité, donc l'espoir de lui conférer cette assise nationale qui lui a toujours fait défaut. L'Aigle bénéficie de l'émigration de Louis XVIII comme repoussoir car elle transforme encore une fois l'ancienne dynastie en parti de l'étranger. En collaborant aux nouvelles institutions impériales, Constant deviendra national tout en restant libéral. Mieux, il pourra se vanter d'avoir converti Napoléon à ses idées, se dédouanant par là même des accusations d'opportunisme qu'on ne manquera pas de lui adresser.

---

1. Bernadotte, haï en France pour avoir été le premier bonapartide à rejoindre la coalition, n'avait en conséquence aucun soutien intérieur. A l'exception de Constant, Mme de Staël et du tsar Alexandre Ier, personne ne pensait à lui.

## Le glaive et la plume

Pressenti conjointement par Fouché, Sebastiani et Joseph Bonaparte, Constant ne résiste pas longtemps aux sirènes d'« Attila ». Il s'avoue séduit par l'idée de « transformer un despote en chef constitutionnel[1] », fier de faire cause commune avec la nation menacée par l'étranger, flatté par le poste de conseiller d'Etat qu'on lui fait miroiter en échange de son concours[2]. « Arriverai-je enfin ? », note-t-il fébrile le 14 avril à la suite de son premier entretien avec Napoléon.

Cette entrevue, d'une durée de près de deux heures, se déroule dans un excellent climat. Pour désarmer les préventions de son hôte, Napoléon se montre sous son meilleur jour, prévenant, flatteur, brillant. Il troque son regard d'acier pour un sourire charmeur, sollicite la critique et manie la confidence avec une égale sincérité. Benjamin ne résiste pas à ce traitement d'égal à égal[3]. Aussitôt conquis, il retranscrit dans ses *Mémoires sur les Cent-Jours* cette fameuse rencontre où Napoléon fait tomber le masque et confie d'abondance les motifs de sa conversion : « Il n'essaya de me tromper ni sur

---

1. Constant, *Mémoires sur les Cent-Jours*. « Se réunir au gouvernement nouveau, et le limiter en l'appuyant », précise-t-il dans le même ouvrage pour justifier son ralliement.
2. Selon le général Thiébault, c'est le duc d'Otrante qui persuade l'Empereur de nommer l'écrivain libéral à cette fonction, répondant de son acceptation. Fouché rencontre aussitôt Constant. Il ose lui affirmer que l'Empereur a aimé son article polémique et souhaite s'attacher ses services. Selon le même mémorialiste, Constant viendra se plaindre auprès du duc d'Otrante à l'aube du second retour de Louis XVIII au cours d'un dialogue savoureux : « Vous m'avez perdu... que faire aujourd'hui ?
— Faire comme moi, répond Fouché. Vous avez chaussé le pied gauche ; eh bien, maintenant chaussez le pied droit. »
3. « L'Empereur, voulant s'attacher Monsieur Constant, mit en œuvre tous ses moyens de séduction, remarque Fleury de Chaboulon dans ses *Mémoires*. Lorsqu'il voulait enchaîner quelqu'un à son char, il étudiait et pénétrait avec une extrême sagacité son genre d'esprit, ses principes, son caractère, ses passions dominantes, et alors avec cette grâce familière, cette force et cette vivacité d'expression qui donnaient tant de prix et de charmes à ses entretiens, il s'insinuait insensiblement dans votre âme, il s'emparait de vos passions, les soulevait mollement, les caressait avec cœur ; puis déployant tout à coup les ressources magiques de son génie, il vous plongeait dans l'ivresse, dans l'admiration, et vous subjuguait si rapidement, si complètement, qu'il semblait vous avoir enchanté. »

ses vues, ni sur l'état des choses, rapporte Constant. Il ne se présenta point comme corrigé par les leçons de l'adversité. Il ne voulut point se donner le mérite de revenir à la liberté par inclination. Il examina froidement dans son intérêt, avec une impartialité trop voisine de l'indifférence, ce qui était possible et ce qui était préférable. »

Comme toujours, Napoléon va droit au but : « La nation, me dit-il, s'est reposée douze ans de toute agitation politique, et depuis une année elle se repose de la guerre. Ce double repos lui a rendu un besoin d'activités. Elle veut ou croit vouloir une tribune et des assemblées. Elle ne les a pas toujours voulues. Elle s'est jetée à mes pieds, quand je suis arrivé au Gouvernement. Vous devez vous en souvenir, vous qui essayâtes de l'opposition. Où étaient votre appui, votre force ? Nulle part. J'ai pris moins d'autorité que l'on ne m'invitait à en prendre. » Mais les temps ont changé : « Un gouvernement faible, contraire aux intérêts nationaux, a donné à ses intérêts l'habitude d'être en défense et de chicaner l'autorité. Le goût des constitutions, des débats, des harangues, paraît revenu... Cependant, ce n'est que la minorité qui les veut, ne vous y trompez pas. Le peuple, ou si vous l'aimez mieux, la multitude ne veut que moi. [...] Je ne suis pas seulement, comme on l'a dit, l'Empereur des soldats, je suis celui des paysans, des plébéiens de la France. Aussi, malgré tout le passé, vous voyez le peuple revenir à moi. Il y a sympathie entre nous. » Ce qui n'est pas le cas avec les privilégiés : « La noblesse m'a servi, elle s'est lancée en foule dans mes antichambres. [...] Mais il n'y a jamais eu d'analogie. Le cheval faisait des courbettes ; il était bien dressé ; mais je le sentais frémir. Avec le peuple, c'est autre chose. La fibre populaire répond à la mienne. Je suis sorti des rangs du peuple ; ma voix agit sur lui. Voyez ces conscrits, ces fils de paysans : je ne les flattais pas, je les traitais durement. Ils ne m'en entouraient pas moins, ils n'en criaient pas moins : Vive l'Empereur ! C'est qu'entre eux et moi, il y a même nature. Ils me regardent comme leur soutien, leur sauveur contre les nobles. »

Va-t-il alors, à cet instant, céder au torrent ? : « Je n'ai qu'à faire un signe, ou plutôt à détourner les yeux, les nobles seront massacrés dans toutes les provinces. Ils ont si bien manœuvré depuis dix mois ! [...] Mais je ne veux pas être le roi d'une jacquerie. S'il y a des moyens de gouverner par une constitution, à la bonne heure [...] J'ai voulu l'Empire du monde, et pour me l'assurer, ce pouvoir sans borne m'était nécessaire. Pour gouverner la France seule, il se peut qu'une constitution vaille mieux. »

Conscient de l'ampleur de la tâche, Napoléon se dit prêt, avec son concours, à relever le défi de la liberté : « Voyez donc ce qui vous semble possible ; apportez-moi vos idées. Des discussions publiques, des élections libres, des ministres responsables, je veux tout cela [...] La liberté de la presse surtout, l'étouffer est absurde. Je suis convaincu sur cet article [...] Je suis l'homme du peuple ; si le peuple veut réellement la liberté, je la lui dois. J'ai reconnu sa souveraineté. Il faut que je prête l'oreille à ses volontés, même à ses caprices. Je n'ai jamais voulu l'opprimer pour mon plaisir. J'avais de grands desseins ; le sort en a décidé. Je ne suis plus un conquérant ; je ne puis plus l'être. Je sais ce qui est possible et ce qui ne l'est pas. Je n'ai plus qu'une mission, relever la France et lui donner un gouvernement qui lui convienne. Je ne hais point la liberté. Je l'ai écartée, lorsqu'elle obstruait ma route ; mais je la comprends, j'ai été nourri dans ses pensées. »

Va donc pour une monarchie constitutionnelle ! Il n'a d'ailleurs guère le choix : « Aussi bien l'ouvrage de quinze années est détruit, il ne peut se recommencer. Il faudrait vingt ans et deux millions d'hommes à sacrifier. D'ailleurs, je désire la paix, et je ne l'obtiendrai qu'à force de victoires. Je ne veux pas vous donner de fausses espérances ; je laisse dire qu'il y a des négociations : il n'y en a point. Je prévois une lutte difficile, une guerre longue. Pour la soutenir, il faut que la nation m'appuie ; mais en récompense, je le crois, elle exigera de la liberté. Elle en aura... La situation est neuve. Je ne demande pas mieux que d'être éclairé. Je vieillis. On n'est plus à quarante-cinq ans ce qu'on était à trente. Le repos d'un roi constitutionnel peut me convenir. Il conviendrait plus sûrement encore à mon fils. »

En quelques phrases, Napoléon a tout dit : le rêve évanoui de l'Empire du monde et la crainte d'une guerre longue, le refus de la Révolution et le choix raisonné de la liberté, la méfiance vis-à-vis des privilégiés et la sympathie pour la multitude. On peut, à la suite de bien des contemporains, s'étonner de l'empressement impérial à vouloir rédiger une constitution : pourquoi ne pas conserver le pouvoir absolu et renvoyer la question après que le sort des armes aura tranché ? Pourquoi, de façon presque suicidaire, lancer des opérations militaires sous la menace d'une Chambre tentée de « chicaner l'autorité » ? A quoi bon une telle obstination à promouvoir des institutions libérales, si contraires à sa nature et à son passé ? Une fois de plus, Napoléon veut se laisser guider par ce souci de réalisme et de pragmatisme qui font sa marque depuis Brumaire.

A la mi-avril, l'Empereur sait que la guerre, sauf miracle, est inéluctable et que ses chances de victoire sont infimes. Dans ces conditions, il n'entend pas se départir d'une conduite cohérente. Chacun de ses actes doit s'inscrire désormais en regard de la postérité. S'il donne une constitution, c'est pour balayer l'image népotique du premier Empire et battre Louis XVIII sur son propre terrain. Il compte également placer l'Europe en contradiction avec son discours officiel qui martèle que les Bourbons sont les seuls garants de la liberté. Surtout, il lui faut rester l'homme de la modernité, l'alchimiste des hommes et des légitimités, le passeur entre la France de l'Ancien Régime et celle de la Révolution. Dans ce contexte, le risque fou du pari libéral est bien un acte réfléchi, dicté par les circonstances.

Par ce choix, Napoléon veut enfin engager l'avenir. Il souhaite donner un nouvel élan à son aventure et corriger le regard de l'histoire sur son règne. Grâce à lui, la France a été modernisée : il a réformé l'Etat et garanti l'égalité civile. Mais il a dû mettre la liberté entre parenthèses pour restaurer l'ordre et satisfaire aux besoins de la conquête. Aujourd'hui, le moment est venu de bâtir la cathédrale constitutionnelle dont rêve la nation depuis la Révolution. Au pacte unilatéral imposé au lendemain du 18-Brumaire doit succéder un contrat équilibré pour réconcilier la société et le pouvoir. Pour la première fois, il tente de faire vivre les institutions, jusqu'alors confondues avec sa personne, en recherchant avec les puissances censitaires une nouvelle alliance empreinte de l'esprit du temps et susceptible d'évoluer vers le parlementarisme. Il s'agit d'une vraie révolution pour le bonapartisme qui passe sans transition de l'absolutisme à la monarchie constitutionnelle. Victorieux, Napoléon pourra préparer le règne de son fils. Battu, il deviendra pour les générations futures un autre souverain. L'homme d'une fusion autoritaire entre les principes monarchiques et l'égalitarisme jacobin ajoute à son riche répertoire l'héritage de Montesquieu. Il incarne désormais à lui seul l'histoire de la France.

Aussi, car le temps presse, faut-il aller vite, très vite. Le premier entretien entre Napoléon et Constant a lieu le lendemain même de la publication du rapport de Caulaincourt dans le *Moniteur*. Le ministre des Affaires étrangères annonce l'imminence des hostilités, rejetant sur les alliés la responsabilité du conflit. Plus question, dans ces conditions, de tergiverser. Les deux hommes travaillent de concert au cours d'entretiens quotidiens jusqu'au 20 avril. De facto, Benjamin remplace le Comité de constitution, incapable de présenter un projet acceptable[1]. Cas unique dans notre histoire, il revient à un seul homme l'honneur de fixer le nouveau cadre constitutionnel. Montlosier baptise d'ailleurs le texte « la Benjamine »[2].

---

1. Le rôle de cette commission reste très peu connu. Les principaux membres du Comité de constitution sont Cambacérès, Carnot, Maret, Regnault de Saint-Jean-d'Angély, Boulay de la Meurthe et Merlin de Douai. Un premier projet de Carnot, synthèse autoritaire entre la Convention et l'Empire, a été repoussé à la quasi-unanimité.
2. L'Acte additionnel aux Constitutions de l'Empire, puisque tel est son nom officiel et complet, est officiellement publié au *Moniteur* du 22 avril.

Au premier regard, le canevas de 1815 épouse étroitement celui de 1814. Le pouvoir exécutif appartient dans les deux cas à un monarque héréditaire qui partage le pouvoir législatif avec deux chambres : l'une élue par un corps électoral restreint, l'autre nommée par le monarque. Les deux textes, assez brefs chacun[1], garantissent les libertés fondamentales édictées par la Constituante. Hormis la définition de la légitimité, l'Empire libéral semble la copie conforme de la Charte. La France — toutes sensibilités confondues — se met à l'heure anglaise.

A y regarder de plus près, la « Benjamine » comporte cependant de nombreuses innovations qui seront saluées par les constitutionnalistes. Elles portent sur l'organisation des pouvoirs et la garantie des libertés individuelles. Dotée de représentants plus nombreux et plus jeunes[2], la Chambre des députés voit affirmer son autonomie par rapport au gouvernement. Elle dispose d'un droit d'amendement clairement établi[3], élit son président[4] et contrôle le budget[5]. Elle se démocratise par la suppression du cens pour l'éligibilité et l'établissement d'une indemnité parlementaire[6]. Potentielle-

---

1. 67 articles pour l'Acte contre 76 pour la Charte.
2. 629 députés en tout, ce qui garantit mieux leur indépendance par rapport à l'exécutif. Ils se répartissent en trois catégories. Les collèges de départements en désignent 238, les collèges d'arrondissements 368, les représentants de l'industrie et du commerce, 23 (dont 11 choisis parmi les négociants, armateurs ou banquiers ; les 12 restants parmi les manufacturiers ou les commerçants). Il suffit maintenant d'avoir vingt-cinq ans, contre quarante ans pour la Charte, pour devenir député. Cette disposition souligne la volonté de l'Empereur de s'appuyer sur une génération qui n'a connu que lui.
3. Article 23 : « Le gouvernement a la proposition de la loi ; les chambres peuvent proposer des amendements ; si ces amendements ne sont pas adoptés par le gouvernement, les chambres sont tenues de voter sur la loi, telle qu'elle a été proposée. »
Article 24 : « Les chambres ont la faculté d'inviter le gouvernement à proposer une loi sur un objet déterminé, et de rédiger ce qui leur paraît convenable d'insérer dans la loi. Cette demande peut être faite par chacune des deux chambres. » On se souvient que la Charte laisse seulement aux parlementaires la faculté de « supplier le roi » en la matière. Le gouvernement (l'Empereur et les ministres) conserve en revanche le monopole de l'initiative des lois.
4. La Charte se contentait de laisser la chambre désigner cinq membres parmi lesquels le roi choisissait librement le président. En revanche, la nomination reste subordonnée à l'accord de l'Empereur.
5. Voir le titre III intitulé *De la loi de l'impôt*.
6. Le cens d'éligibilité fixé par la Charte s'élevait à 1 000 francs, et à 300 pour être électeur. Article 11 : « Les membres de la Chambre des représentants reçoivent pour frais de voyage, et durant la session, l'indemnité décrétée par l'assemblée consti-

ment issu de toutes les classes sociales, le député dépend plus étroitement du peuple puisqu'il devient son salarié. Le texte comporte deux autres dispositions originales : l'interdiction des discours écrits, pour animer les débats et favoriser l'émergence de nouveaux tribuns [1] ; la création d'une représentation spécifique pour l'industrie et le commerce. Fixée à 23 députés sur un total de 629, elle concrétise la prise en compte du nouvel âge économique, celui de la révolution industrielle qui va mettre un siècle à triompher de la ruralité et de la propriété foncière [2]. Enfin, la chambre basse sera désormais renouvelée en bloc tous les cinq ans, et non plus par cinquième chaque année. Le pouvoir y trouvera une plus grande stabilité et la députation une légitimité plus forte.

L'inspiration libérale s'exprime également dans les nombreuses garanties accordées à la justice et aux libertés individuelles. L'inamovibilité de la magistrature, fondement de son indépendance, est assortie de l'abolition formelle des tribunaux d'exception et de la caution du jury. Classiquement, le texte proclame l'égalité civile et le caractère sacré de la propriété. Plus généreux que la Charte, il avalise une totale liberté religieuse et une large liberté d'expression [3]. Enfin, il rend

---

tuante. » En revanche, les collèges électoraux de l'Empire sont maintenus. L'Acte s'aligne toutefois sur la Charte en leur conférant l'élection directe des députés, annulant la disposition liberticide de l'an XII qui réservait les nominations au Sénat, émanation servile de Napoléon. L'Acte additionnel réserve son titre II au problème sous l'intitulé : *Des collèges électoraux et du mode d'élections*. Le texte introduit deux améliorations significatives : le complément des collèges (vacances) par des élections annuelles, la limitation de la nomination du gouvernement à la présidence des mêmes collèges. Selon Henry Houssaye, on passe de 15 000 à 100 000 électeurs, chiffre qui sera celui à peu de chose près de la Restauration à partir de la loi électorale de 1817. Toutefois, Emile Le Gallo signale que le nombre d'inscrits ne dépassera pas 70 000 lors des législatives.

1. Article 26 : « Aucun discours écrit, excepté les rapports des commissions, les rapports des ministres sur les lois qui lui sont présentées et les comptes qui sont rendus, ne peut être lu dans l'une ou l'autre des chambres. » Constant consacre à ce sujet d'importants développements dans son chapitre 8 des *Principes de politique*. Pour l'écrivain libéral, seule l'improvisation révèle le tribun ; les discours lus ou ânonnés tuent la discussion en ouvrant les débats aux médiocrités en tout genre.

2. En reconnaissant un pouvoir économique autonome, Napoléon confirme son génie visionnaire. Charles de Gaulle s'inspirera du précédent créé lors du référendum de 1969 qui prévoyait de remplacer le Sénat par une chambre socioprofessionnelle.

3. Par les deux canaux de la presse et des pétitions. Cf. titre VI intitulé *Droit des citoyens*, formant les articles 59 à 65. Concernant la liberté religieuse, on se souvient que la Charte l'avait restreinte de fait en proclamant le catholicisme religion d'Etat.

les fonctionnaires justiciables et responsables de leurs actes, abrogeant pour ce faire les dispositions liberticides de l'an VIII qui soumettaient leurs poursuites éventuelles à une autorisation du Conseil d'Etat.

Constant obtient enfin satisfaction sur l'hérédité de la pairie. Napoléon ose, pour la première fois dans notre histoire constitutionnelle, copier le modèle anglais [1]. Il faut bien de l'audace et du courage pour tenter de prouver à l'opinion, comme les libéraux en sont persuadés, que cette hérédité garantit mieux les libertés que la nomination à vie [2]. L'ambition vise à fonder une magistrature aristocratique ; chambre des sages que le temps affermira à l'image des lords. L'erreur des libéraux est de méconnaître la force dogmatique de l'égalité, cette « passion du siècle » selon l'Empereur, tout comme de sous-estimer la confusion qui existe déjà dans l'opinion entre aristocratie et noblesse. Associée à la contre-révolution, l'hérédité demeure pour la nation inconciliable avec la représentation, tout comme la noblesse avec la liberté. Napoléon avertit pourtant Constant : « La pairie est en désharmonie avec l'état présent des esprits, elle blessera l'orgueil de l'armée, elle trompera l'attente des partisans de l'égalité, elle soulèvera contre moi mille préventions individuelles. Où voulez-vous, ajoute-t-il, que je trouve les éléments d'aristocratie que la pairie exige ; les anciennes fortunes sont ennemies, plusieurs des nouvelles sont honteuses.

---

L'abolition de la censure préalable est inscrite dans l'article 64. Aux châtiments préventifs se substitue « la responsabilité légale », c'est-à-dire le jugement par jurés. L'article 65 réglemente quant à lui le droit de pétitions. Les articles 60 et 61 placent expressément les libertés individuelles sous la garantie de la loi. L'article 66 réglemente l'état de siège en le plaçant sous le contrôle des chambres.

1. Le Sénat impérial était viager, la pairie de Louis XVIII au choix viagère ou héréditaire.
2. Cette mesure rend la chambre haute solidaire du souverain dans son principe héréditaire, mais indépendante dans les faits puisque sa nomination ne dépend plus de lui à la seconde génération : « Pour donner d'autres appuis à la monarchie, il faut un corps intermédiaire : Montesquieu l'exige, même dans la monarchie élective. Partout où vous placez un seul homme à un tel degré d'élévation, il faut, si vous voulez le dispenser d'être toujours le glaive à la main, l'environner d'autres hommes qui ont un intérêt à le défendre. » « Dans la pairie héréditaire, les pairs deviennent forts de l'indépendance qu'ils acquièrent immédiatement après leur nomination ; ils prennent aux yeux du peuple un autre caractère que celui de simple délégué à la couronne » (Constant, *Principes de politique*).

Cinq ou six noms illustres ne suffisent pas. Sans souvenir, sans éclat historique, sans grande propriété, sur quoi ma pairie sera-t-elle fondée ? » La France n'est pas l'Angleterre, ce pays où l'aristocratie a toujours fait cause commune avec le peuple : « Ce sont les nobles qui ont donné la liberté à l'Angleterre ; la Grande Charte vient d'eux ; ils ont grandi avec la Constitution et font un avec elle, mais d'ici à trente ans, mes champignons de pairs ne seront que des soldats ou des chambellans [1]. » Pourtant, pour sauver l'alliance avec les libéraux, Napoléon cède à contrecœur, avec pour seule consolation de tenir désormais toutes les vanités en haleine comme jadis en instituant la Légion d'honneur et une noblesse d'Empire.

La somme des concessions obtenues aboutit à un texte mesuré, sans doute le meilleur de ceux forgés depuis 1791 pour ce qui concerne l'équilibre des pouvoirs et les libertés en général. « De telles garanties n'ont jamais existé dans aucune des républiques de l'Europe moderne », exulte Sismondi, le principal disciple de Constant [2]. En rédigeant une Charte améliorée, Napoléon hérite d'un pouvoir légèrement moindre que celui de Louis XVIII en 1814. Comme le roi, sa principale arme réside dans sa possibilité d'ajourner, proroger

---

1. Constant, *Mémoires sur les Cent-Jours*. Une fois n'est pas coutume, Mme de Staël est sur ce point à peu près d'accord avec Napoléon : « Une grande faute aussi qu'on a fait commettre à Bonaparte, c'est l'établissement d'une chambre des pairs. L'imitation de la constitution anglaise, si souvent recommandée, avait enfin saisi les esprits français, et, comme toujours, ils ont porté cette idée à l'extrême ; car une pairie ne peut pas plus se créer du soir au lendemain qu'une dynastie ; il faut, pour une hérédité dans l'avenir, une hérédité précédente », remarque-t-elle dans ses *Considérations sur la Révolution française*. Sismondi, qui de son côté ne partage pas l'avis de Constant, préconise une pairie élective. Il juge la vieille aristocratie « trop ennemie de la révolution qui l'a dépouillée, pour qu'elle puisse devenir un des soutiens de la Constitution. Elle n'a point, avance-t-il fortement, un esprit de noblesse, mais un esprit de cour ; elle n'est point attachée à la patrie, mais à une dynastie ; elle ne songe point à ses prérogatives et à son indépendance comme corps politique mais seulement à ses avantages pécuniaires, ou aux distinctions qui rabaissaient les autres ordres. »
2. *Examen de la constitution française*. Sismondi précise : « Je ne connais aucune épreuve de constitution, tentée pendant ces vingt dernières années, au milieu des convulsions de l'Europe, dans laquelle les privilèges sur lesquels tous les publicistes sont d'accord, soient mieux respectés, et qui établisse mieux l'équilibre des pouvoirs et leur harmonie, sans lesquels on ne peut espérer ni liberté, ni repos, ni durée. » Sur les 67 articles, le publiciste libéral en dénombre vingt et un « qui expriment des droits nouveaux donnés au peuple, des conquêtes faites pour la liberté ».

ou dissoudre la Chambre. En cas de crise, il garde ainsi le choix des armes, la dissolution lui permettant de faire appel à l'arbitrage du pays. Ce que Sismondi formule en des termes limpides : « La dissolution de la chambre est donc un appel à la nation souveraine, un appel où elle doit prononcer entre son représentant héréditaire et ses représentants électifs. Loin d'être une prérogative de la couronne, c'est un des plus beaux privilèges du peuple [1]. »

Cependant, Napoléon ne cède pas sur tout. Une métamorphose, soit, mais pas question de rompre avec son passé. Comme Louis XVIII, il entend renouer la chaîne des temps, affirmer la continuité entre le texte de 1815 et les institutions consulaires puis impériales. Cette volonté se manifeste dès le préambule qui sonne comme une réponse péremptoire à celui de la Charte. La guerre des légitimités se déplace ainsi sur le terrain institutionnel.

A l'instar de son adversaire, Napoléon tente de récupérer le passé au service du présent. Par le choix libéral il compte enrichir sans se renier la légitimité impériale, déjà assise par ses nombreuses victoires et l'œuvre du Consulat. Réponse cinglante à la « dix-neuvième année du règne », le manifeste considère la Restauration comme nulle et non avenue : « Depuis que nous avons été appelés il y a quinze années, par le vœu de la France au gouvernement de l'Empire, nous avons cherché à perfectionner, à diverses époques, les formes constitutionnelles suivant les besoins et les désirs de la nation, et en profitant des leçons de l'expérience. » Les « quinze années » d'Empire renvoient aux dix-neuf ans de règne ; ce faisant Napoléon oublie l'île d'Elbe et rattache sans gêne apparente le Consulat à l'Empire héréditaire, ce qui ne peut manquer de choquer les républicains [2].

---

1. « La dissolution n'est point, comme on l'a dit, un outrage aux droits du peuple, c'est au contraire, quand les élections sont libres, un appel fait à ses droits en faveur de ses intérêts », affirme pour sa part Benjamin Constant.
2. La Fayette s'indigne dans ses *Mémoires* : « Il [...] prétendit avoir régné sur la France pendant ses onze mois de l'île d'Elbe avec une obstination aussi ridicule que celle de Louis XVIII. » Rappelons que la France demeure une république durant le Consulat (1800-1804), sachant que le terme même de république ne disparaît des actes officiels qu'à partir de 1807.

La filiation avec le Grand Empire s'affirme également par le titre d'Acte additionnel et le recours au plébiscite. En 1814, le roi a refusé la constitution sénatoriale car il ne souhaitait pas devoir son trône à une assemblée investie d'une légitimité concurrente. Napoléon agit de même avec Constant qui voudrait bâtir un pacte entièrement neuf. Jeter au feu les plébiscites de l'an VIII, de l'an X et de l'an XII revient à admettre qu'il n'a été qu'un usurpateur, le César couronné que dénoncent à l'envi royalistes et libéraux. Il ne peut se contenter de la seule aura du conquérant qui joue sa survie sur les champs de bataille. Au sacre militaire il entend ajouter et l'onction de la souveraineté du peuple et l'hérédité propre à la monarchie. L'Empire, aux yeux de son fondateur, se définit ainsi comme la synthèse des trois héritages de notre histoire : la guerre, qui a élevé le chef militaire au rang de sauveur face aux invasions étrangères ; l'Ancien Régime, qui pose l'hérédité du trône comme la condition d'une indispensable stabilité politique ; enfin la Révolution, qui substitue la vox populi à la vox dei par le plébiscite.

En 1804, l'Empereur a fait ratifier l'hérédité par le peuple souverain avant de s'adjoindre la dimension religieuse des Bourbons par le sacre. A la fois représentant de Dieu et des hommes, son pouvoir conjugue les légitimités d'antan et celle de 1789. Chaque Français y est associé, du plus humble appelé à entériner son élévation par son vote jusqu'au grand dignitaire obligé de prêter serment. Inventeur d'une sacralité nouvelle, il refuse de l'amputer en renonçant à l'arme du plébiscite[1], seule capable de renouveler l'onction populaire et d'enraciner ce « jacobinisme héréditaire » qu'on lui demande aujourd'hui de renier. Constant doit s'incliner : « Que faites-vous donc de mes onze ans de règne ? s'indigne Napoléon. J'y ai quelques droits, je pense, l'Europe le sait. Il faut que la

---

[1]. La Convention a eu, la première, recours au plébiscite pour faire adopter la Constitution jacobine de 1793, qui ne fut jamais appliquée mais devint le bréviaire des républicains durant tout le XIXᵉ siècle.

nouvelle Constitution se rattache à l'ancienne. Elle aura la sanction de plusieurs années de gloire et de succès. » D'où ce titre long, confus et alambiqué d'« Acte additionnel aux Constitutions de l'Empire » imposé par Napoléon. D'où le plébiscite annoncé dans la dernière phrase du préambule. D'où l'absence de tout article relatif au pouvoir exécutif, officiellement maintenu en l'état, c'est-à-dire conformément aux dispositions de l'an XII. D'où le silence assourdissant sur les sénatus-consultes de sinistre mémoire dont on ne sait pas précisément lesquels demeurent ou non en vigueur.

Si sa légitimité écrase ses rivales, royales ou parlementaires, c'est justement parce qu'elle s'appuie sur la souveraineté populaire. Que pèsent des députés élus au suffrage restreint face à l'Empereur acclamé par le peuple tout entier en 1800, 1802 et 1804, avant d'être triomphalement accompagné jusqu'à Paris en mars 1815 ? Que peut l'ergotage des tribuns face à une armée fanatisée par son chef et qui n'hésitera pas, comme elle l'a fait en 1799, à jeter les députés par les fenêtres en cas de contestations violentes ? Ce calcul, tout le monde le fait alors, à commencer par Napoléon. Sa volonté de préserver sa légitimité, en la plaçant en dehors, donc au-dessus, du champ constitutionnel, donne une indication inquiétante sur ses desseins. L'organisation du plébiscite en est une autre, tout comme le bien long délai de six mois séparant la dissolution de la réunion d'une nouvelle Chambre[1]. A cet égard, le passé de l'Empereur ne plaide pas en sa faveur ; l'ombre de Brumaire plane à nouveau.

A l'image de la responsabilité des ministres[2], confuse car

---

1. « L'Empereur peut proroger, ajourner et dissoudre la chambre des représentants. La proclamation qui prononce la dissolution, convoque les collèges électoraux pour une élection nouvelle, et indique la réunion des représentants dans six mois au plus tard » (article 21). La longueur entre les sessions prévue par l'article est vivement critiquée par les libéraux qui craignent que Napoléon n'en profite pour établir facilement la dictature.
2. A laquelle est consacré le titre IV : *Des ministres et de la responsabilité*. Signe d'une évolution vers le parlementarisme qui n'est pas encore achevée, cette responsabilité reste exclusivement pénale. Constant n'ose pas franchir le Rubicon de la respon-

mal définie, le texte présente d'autres zones d'ombre qui rappellent encore celles de la Charte et font craindre un retour du césarisme. L'Acte effraie notamment les esprits par son 67e et dernier article. Ajouté in extremis par Napoléon, il met au ban l'Ancien Régime au nom du peuple français dont la souveraineté, jusqu'alors occultée, est introduite au détour d'une phrase. Outre les droits féodaux, l'ancienne noblesse ou le catholicisme d'Etat [1], il est interdit « de proposer le rétablissement des Bourbons ou d'aucun prince de cette famille sur le trône, même en cas d'extinction de la dynastie impériale ». L'Empereur espère rallier la gauche jacobine à sa cause par cet artifice. Précaution puérile et d'autant moins justifiée que, si le peuple est souverain, il est en droit de changer d'avis et de rétablir les Bourbons... comme de renvoyer l'Empereur.

L'Acte trouble davantage encore en s'abstenant d'évoquer le respect de la propriété. Contrairement à Louis XVIII et en dépit des souvenirs cuisants de la Révolution, Napoléon a biffé cette garantie des nombreux articles consacrés aux libertés individuelles. En refusant d'abolir la confiscation [2], il espère se ménager un moyen de pression sur les émigrés par un chantage à la peur et à l'intérêt. Mais il prend le risque d'accroître la suspicion sur ses intentions. Confronté à l'opposition irréductible de Constant et de ses ministres, l'Empereur retrouve les intonations colériques de ses plus beaux jours

---

sabilité politique qui fait du gouvernement l'émanation de la majorité parlementaire. On semble toutefois évoluer en ce sens — à travers les articles 38 et 39 : le premier établit le contreseing pour « tous les actes du gouvernement » ; le second précise : « Les ministres sont responsables des actes du gouvernement signés par eux, ainsi que de l'exécution des lois. » « Ils peuvent être accusés par la chambre des représentants et sont jugés par celle des pairs », précise l'article 40. Plus généralement, c'est bien l'ensemble du rapport entre exécutif et législatif qui demeure ambigu. Ainsi les rapports entre le gouvernement et les chambres s'établissent par le seul canal des conseillers d'Etat et des ministres d'Etat nommés à cet effet. Les ministres à portefeuille peuvent certes répondre à une invite de la chambre mais ils n'y sont pas obligés.

1. Il est expressément défendu de rétablir « soit l'ancienne noblesse féodale, soit les droits féodaux et seigneuriaux, soit les dîmes, soit aucun culte privilégié dominant, ni la faculté de porter atteinte à l'irrévocabilité de la vente des biens nationaux. Il [le peuple] interdit formellement au gouvernement, aux chambres et aux citoyens toute proposition à cet égard » (article 67).

2. Elle laisse au pouvoir la possibilité de saisir des biens privés qui deviennent dès lors propriété de l'Etat.

pour justifier sa décision : « On me pousse, s'écrie-t-il, dans une route qui n'est pas la mienne. On m'affaiblit, on m'enchaîne. La France me cherche et ne me trouve plus. L'opinion était excellente, elle est exécrable. La France se demande ce qu'est devenu le vieux bras de l'Empereur, ce bras dont elle a tant besoin pour dompter l'Europe. Que ne me parle-t-on de bonté, de justice abstraite, de lois naturelles ? La première loi, c'est la nécessité ; la première justice, c'est le salut public. On veut que des hommes que j'ai comblés de biens s'en servent pour conspirer contre moi dans l'étranger. Cela ne peut être, cela ne sera pas ; chaque Français, chaque soldat, chaque patriote aurait droit de me demander compte des richesses laissées à ses ennemis. Quand la paix sera faite, nous verrons. A chaque jour sa peine, à chaque circonstance sa loi, à chacun sa nature. La mienne n'est pas d'être un ange. Messieurs, je le répète, il faut que l'on retrouve, il faut qu'on revoie le vieux bras de l'Empereur. » Constant s'incline avant de conclure amer : « Personne ne fut de son avis ; mais tout le monde se tut, et l'article fut rayé[1]. »

L'attitude de Napoléon demeure contradictoire, frappée du sceau de l'ambiguïté. L'Empire libéral reste suspendu à l'épée de Damoclès de la confiscation et à la menace d'un nouveau 18-Brumaire. L'ouverture semble davantage subie que voulue, dépendante du moindre retournement de conjoncture. Chacun se souvient que la dérive autoritaire date de Marengo et que le Tribunat a été supprimé après Tilsit. Acculé à faire des concessions, Napoléon éprouve à cette heure le besoin de rassembler. Mais qu'adviendra-t-il si, porté par des vents favorables, il renoue avec la victoire ?

---

[1]. Constant, croisant La Fayette au sortir de l'entretien, le met solennellement en garde : « Je vois l'Empereur revenir par moments à d'anciennes habitudes qui m'affligent... Surveillez-le, et si jamais il vous paraît marcher au despotisme, ne croyez plus ce que je vous dirai dans la suite : ne me confiez rien, agissez sans moi et contre moi-même. » L'anecdote est révélatrice de la faiblesse de Constant.

## L'Acte manqué

D'emblée, le texte se heurte à une formidable levée de boucliers. « L'Acte additionnel glaça l'enthousiasme populaire », constate Thibaudeau. Sa publication, le 22 avril, se conjugue avec l'annonce de la guerre pour sceller la fin de l'état de grâce, un mois seulement après le retour de Napoléon. On ne relève en effet aucune manifestation de soutien à la nouvelle Constitution qui, jugée plus proche de la Charte que des institutions républicaines défuntes, surprend et choque la masse des fidèles. La marginalisation du mouvement fédéraliste nourrit à l'encontre de l'Empereur le soupçon d'une exploitation des passions populaires, exaltées dans le seul souci d'assurer son triomphe. La déception s'exprime par une vague d'indifférence qui touche toutes les catégories sauf l'armée, avant de se traduire bientôt dans les urnes.

Faute d'une large mobilisation, le débat d'idées se cantonne aux notables. Il prend la forme d'une guerre de brochures[1] opposant partisans et adversaires de la Constitution. Seule une poignée d'inconditionnels en assurent une défense acharnée au nom des vieilles fidélités bonapartistes, toujours promptes à diviniser la volonté impériale quelles qu'en soient les manifestations. Mais les avis favorables se comptent sur les doigts de la main : « Jamais blâme ne fut plus amer, reconnaît

---

1. A mi-chemin entre l'article et le livre, ces brochures comportent généralement une cinquantaine de pages et tirent à une moyenne de mille exemplaires. Le plus souvent de format in-octavo, elles sont revêtues d'une couverture de papier bleu avant d'être reliées par les contemporains dans des recueils classés par années et par thèmes. La prolifération de ces plaquettes qui, vingt-cinq ans après la Révolution, connaissent un nouvel âge d'or, témoigne d'une passion française pour la politique, en particulier pour les questions institutionnelles. Souvent proches du pamphlet, par le ton et l'esprit, elles n'en sont pas moins bâties sur le modèle des textes fondateurs de Sieyès (l'*Essai sur les privilèges* et *Qu'est-ce que le Tiers Etat ?* ; tous deux publiés en 1789), autour d'un argumentaire serré, associant des formules incisives et des développements nourris d'histoire, de citations et d'exemples substantiels afin d'emporter l'adhésion. Le publiciste modèle doit être à la fois un styliste percutant, un analyste cultivé et, si possible, un politique avisé doté d'une certaine expérience. L'Empire ayant rétabli la censure et ne tolérant pas l'opposition, il a fallu attendre la Restauration pour que le genre revienne à la mode, avec les brochures à succès de Carnot, Constant et Chateaubriand.

Constant, jamais censure plus unanime. Chaque article parut un piège, chaque disposition une pierre d'attente pour le pouvoir illimité, les républicains se réunirent aux royalistes : l'exagération de bonne foi adopta les arrêts de la perfidie. »

Au milieu de ce concert d'insultes, se distingue la voix éminente de Sismondi, vieil ami de Benjamin, qui loue courageusement le texte dans son *Examen de la Constitution française* Issu d'une famille réfugiée en Suisse après la révocation de l'Edit de Nantes, ce fils de pasteur vibre d'un profond refus de l'intolérance et de l'absolutisme [1]. Libéral par humanisme, il n'hésitera pas quelques années plus tard à dénoncer les ravages d'une révolution industrielle qui ravale l'ouvrier au rang d'esclave pour prôner une économie sociale, soucieuse de l'individu plutôt qu'obsédée par le profit. Il sera ainsi le premier à opérer une distinction salutaire entre le libéralisme politique, hérité de la philosophie émancipatrice des Lumières, et la foire d'empoigne du libéralisme économique, qui s'autorise des grands anciens pour laisser pressurer les pauvres et forger une nouvelle classe de privilégiés, mus par l'appât du gain [2]. Issu du cénacle de Coppet, il a longtemps détesté en Napoléon l'usurpateur de Brumaire et le dictateur de l'Europe, persécuteur de sa chère amie Germaine de Staël Mais le spectacle de Paris en 1814 le révolte : dégoûté par les palinodies du Sénat, il s'indigne d'une Restauration imposée par la contre-révolution européenne et dénonce ces Bourbons, « princes fugitifs et mendiants qui seuls dans l'Europe n'ont

---

[1]. L'œuvre de Sismondi embrasse l'économie et la politique, la littérature et l'histoire, dans la lignée de l'encyclopédisme du XVIIIe siècle. Il a déjà publié à l'époque de nombreux volumes dont *De la richesse commerciale ou principes d'économie politique appliquées à la législation commerciale* (1803) qui s'inscrit alors dans la filiation de l'école libérale d'Adam Smith, les premiers volumes d'une *Histoire des républiques italiennes au Moyen Age* qui fait encore autorité (depuis 1807) et *De la littérature du midi de l'Europe* (1813) qui, à l'égal du *De l'Allemagne* de Mme de Staël, est considéré comme l'un des livres fondateurs du romantisme. Par la suite, il publiera une volumineuse *Histoire des Français* (en 31 volumes), des essais puissants sur la chute de l'Empire romain et la liberté italienne, et surtout trois volumes intitulés *Etudes sur les sciences sociales* qui constituent son testament politique et économique.

[2]. Sismondi s'en prend particulièrement à Malthus, Ricardo, Smith et Jean-Baptiste Say. Cf. ses *Nouveaux principes d'économie politique*, publiés en 1819. Contre ces tenants du libéralisme économique anglo-saxon, il prône un rôle régulateur de l'Etat.

jamais tiré l'épée pour leur propre cause ». Consterné par la politique menée, il prend le parti de l'Empereur dès l'annonce du Vol de l'Aigle. C'est un « esprit éclairé, libéral, honnête, désintéressé », affirme le duc de Broglie [1] qui regrette son nouvel engagement mais en loue la noblesse. D'ailleurs, à l'opposé de Constant, Sismondi refuse toute place et tout avantage, y compris la Légion d'honneur. Il croit en la sincérité de la conversion de l'Empereur qu'il rencontre longuement le 3 mai :

« Je vois avec beaucoup de douleurs, lui dit Sismondi, que cette Constitution vraiment libérale ait été reçue avec autant de clameurs si insensées.

— Voilà comment est la nation, réplique Napoléon ; ils ne sont pas mûrs pour ces idées. Ils me contestent le droit de dissoudre les assemblées, et si je les renvoie ensuite avec les baïonnettes, ils trouveront cela normal [2]. »

---

1. Le duc de Broglie deviendra bientôt le gendre de Mme de Staël et l'un des chefs du parti doctrinaire. Il sera ministre et président du Conseil sous la monarchie de Juillet.
2. Le reste de l'entretien forme un parfait complément à celui de Benjamin avec l'Aigle :

« Ce qui m'afflige, dit Sismondi, c'est qu'ils ne savent pas voir que le système de Votre Majesté est nécessairement changé. Désormais, vous êtes devenu le représentant de la Révolution, l'associé des idées libérales. Vous avez si cruellement éprouvé l'année passée la caducité des alliances royales, la mauvaise foi et la haine secrète de tous ceux que vous aviez recherchés et protégés, qu'il ne doit plus rester de doutes pour vous que le parti de la liberté, et ici et dans le reste de l'Europe, ne soit votre seul et fidèle allié.

— C'est indubitable, répond l'Empereur, je le sens parfaitement, et je ne m'en départirai jamais. Le peuple a fort bien senti cela, et c'est ce qui me le rend favorable, parce qu'en effet, je ne me suis jamais éloigné dans mon administration du système de la Révolution ; non pas des principes, comme vous les entendez vous autres ; j'avais alors d'autres vues, de grands projets auxquels je tenais, mais des applications, par exemple l'égalité de la justice, des impôts et de d'abord à toutes les places. Ce sont des choses dont les paysans sont restés en jouissance, et c'est à cause de cela que je suis populaire au milieu d'eux. Mais les Français, quand il s'agit des principes, sont extrêmes en tout, ils jugent cela avec la furia francese, ils sont défiants et soupçonneux. C'est cependant une belle nation que la Française, noble, sensible, généreuse, toujours prête à entreprendre tout ce qu'il y a de grand et de beau. Que peut-il y avoir de plus beau, par exemple, que mon retour à présent ?... — Le gouvernement, enchaîne l'Empereur, est une navigation, il faut avoir deux éléments pour naviguer, il en faut aussi deux pour diriger le vaisseau de l'Etat. On ne dirigera jamais les ballons, parce que flottant dans un seul élément, on n'a aucun point d'appui, on n'a de même aucune possibilité de direction dans la démocratie pure, mais en les combinant avec l'aristocratie, on oppose l'une à l'autre et on dirige le vaisseau par des passions contraires.

— [Mais, rétorque Sismondi] l'ancienne noblesse est décidément ennemie ; je ne crois pas que V.M. puisse ou doive à présent la faire rentrer dans son administration,

Détestant les ultras, Sismondi trouve des accents vibrants pour inviter dans son ouvrage à l'union autour du revenant face à l'Europe réactionnaire. Il confond dans un même élan l'amour de la France et celui de la liberté : « Je ne suis plus français, mais la cause de la France me paraît devenue celle de tous les hommes libres [...] A leur victoire est attachée toute espérance de droits politiques, toutes espérances de lumières, pour les hommes et les nations de toute l'Europe. » En la dotant de la Constitution la plus libérale qui ait jamais existé, l'Aigle a sauvé son règne. Pour la défense d'une certaine idée de sa patrie d'adoption et de l'homme qui l'incarne, Sismondi appelle à la mobilisation générale dans une belle conclusion : « Il reste encore en France une vigueur qui n'est point éteinte. Il reste une vaillance, un sentiment d'indépendance et d'honneur qui suffisent pour repousser la ligue insensée des rois ; il reste une brave armée, avec un héros à sa tête ; il reste une nation libre, avec une Constitution protectrice ; il reste enfin une France, et elle triomphera. » De la même manière, le « Journal officiel » insiste sur le libéralisme novateur de l'Acte et l'impératif d'unité face à l'ennemi. Il prêche pourtant dans le désert tant Napoléon peine à convaincre de sa sincérité.

Les royalistes se montrent bien sûr les plus sévères. Ils se déchaînent en particulier contre l'article 67, n'hésitant pas à le dénoncer comme attentatoire aux droits du peuple. Les déclarations incendiaires se multiplient. Ainsi le bouillant Devine récapitule en quelques phrases cinglantes les griefs de son clan dans *Le Journal du lys* : le régime devient une « dictature momentanée, imposée par la force et la trahison », la liberté concédée par Bonaparte « une plaisanterie de mauvais goût » et sa légitimité « une mystification de saltimbanques ».

---

et je ne comprends pas comment la noblesse nouvelle pourra se maintenir en opposition avec l'ancienne. » L'écrivain préconise en conséquence une pairie élective.

« Ah non ! Ce ne serait pas possible, répond Napoléon. Il faudra du temps ; pendant les premières années, je plains les pairs, parce qu'ils rencontreront beaucoup d'opposition, et beaucoup de jalousie, mais au bout de quelques années, on s'y accoutumera, l'ancienne noblesse rentrera dans cette chambre, et cela paraîtra enfin l'ordre naturel. »

Si les ultras l'attaquent sans retenue, l'Acte additionnel embarrasse les royalistes constitutionnels car il accorde la plupart des réformes qu'ils réclament en vain depuis un an. Chateaubriand le juge supérieur à la Charte, aveu que ses amis et lui s'empressent de corriger par leurs âpres critiques tant de la confiscation des biens que du préambule et naturellement du dernier article.

Les républicains et les libéraux ne ménagent pas non plus leurs critiques. Il n'y a là rien d'étonnant de la part des républicains dont la Constitution heurte les convictions par le maintien des collèges oligarchiques de l'Empire, le style du préambule et les garanties libérales. La pairie héréditaire les choque particulièrement car, en consacrant une caste privilégiée, elle nie le sacro-saint principe d'égalité. L'avocat Prissette fustige ainsi le « royalisme » du nouveau pacte social, copie honteuse de la Charte : « Qui ne reconnaît dans l'Acte additionnel les principaux articles de la soi-disant Charte octroyée ? s'indigne-t-il. Pourquoi l'Empereur ne peut-il être témoin, ainsi que je l'ai été depuis dix ans, de ces élans d'indignation de toute la génération nouvelle [...] contre tous ces De détestés qui précèdent la majorité des noms de ceux qui ont été et sont encore nommés aux places et emplois de quelque importance ? Que Napoléon ne peut-il être témoin de ce qu'un Monseigneur coûte à prononcer à un homme de vingt à quarante-cinq ans[1] ! » Carnot, tout en prêchant publiquement l'acceptation, proteste auprès de l'Empereur : « Votre Acte additionnel, lui dit-il, fera plus de tort à votre cause que la perte d'une bataille et ceux qui le signeront compromettront avec vous quelque chose de leur popularité.

— Est-ce que vous ne le signerez pas ? demande l'Empereur.

— Je le signerai, répond Carnot, parce que l'intérêt de la France domine chez moi toute autre considération. »

Le 4 mai, le ministre écrit une lettre désespérée. Il demande

---

1. Le titre de la brochure de Prissette est sans ambiguïté : *Non, ou rejet motivé de l'Acte additionnel aux Constitutions de l'Empire.*

à Napoléon la publication immédiate de deux décrets dont la force symbolique doit corriger l'impression désastreuse produite par la Constitution. Le premier abolirait les dénominations de « sujet » et « Monseigneur » ; le second s'engagerait à remanier l'Acte additionnel en soumettant les nouveaux changements à la ratification populaire. Napoléon refuse : « Toujours vos idées républicaines ! » s'exclame-t-il laconiquement devant Carnot, dont l'avis négatif lui révèle l'ampleur du mécontentement populaire.

La raison de ce rejet général doit être cherchée dans les limites politiques du libéralisme qui, trop dogmatique, souffre d'une absence de lien avec le peuple. En dépit de son expression brillante et de ses revendications souvent légitimes, l'école libérale fait trop facilement fi de la conjoncture et des passions populaires. La question de l'hérédité de la pairie est à cet égard révélatrice : pour les libéraux, elle constitue une garantie majeure de la liberté en plaçant la chambre haute en dehors de l'autorité du souverain ; mais pour l'opinion, elle marque le retour en force de cette noblesse héréditaire honnie, complice des Bourbons, fer de lance de la Contre-Révolution. Par un tel geste, Napoléon donne le sentiment de renier le mouvement qui l'a porté au pouvoir, oubliant ses promesses, trahissant cette Révolution à laquelle il doit tout.

Aussi les libéraux sont-ils largement décriés, d'autant qu'ils sous-estiment ce penchant français hérité de la monarchie à incarner la souveraineté dans une personne, à personnaliser le pouvoir plus qu'à le conceptualiser. Même les républicains — qui placent pourtant les principes avant les individus et se méfient de l'homme providentiel — se réclament souvent d'une figure de proue : hier Robespierre ou Danton, demain Clemenceau ou de Gaulle. Dans ces conditions, le libéralisme qui prône la fidélité aux seules convictions reste perçu comme élitaire et désincarné. Protestant et anglo-saxon d'origine, il ne parvient pas à s'implanter en France, d'autant plus que son acceptation successive de la Restauration puis du retour de Napoléon a renforcé les accusations d'opportunisme et de traîtrise portées contre lui.

Surtout, son attitude durant la Révolution l'a condamné à l'impopularité. Pour avoir soutenu les revendications du tiers état tout en restant fidèles à la personne de Louis XVI, les libéraux ont, à l'exemple de Necker, été repoussés avec la même force par le Tiers et la noblesse, les émigrés et les républicains. Si 1815 prouve qu'ils ont gagné les notables à leur cause, leur rejet conjoint par les Jacobins et les ultras montre que le « modèle anglais » a encore beaucoup de chemin à parcourir avant de bénéficier d'une assise populaire solide. En marquant les limites de son influence, le plébiscite de 1815 constitue autant la défaite du parti libéral que celle de l'Empereur.

Au moins Napoléon compte-t-il obtenir leur appui unanime. Là encore, il ne va pas tarder à déchanter. A l'image de La Fayette ou de Mme de Staël qui refuse de rentrer à Paris, la plupart d'entre eux ne croient guère à l'authenticité de sa démarche. Pour eux, Napoléon-Néron perce toujours sous Bonaparte-Washington [1]. L'opposition de La Fayette, emblématique de celle des libéraux, mérite qu'on s'y attarde. Son entrée en scène illustre le retour des grandes figures de la Révolution, ce qui constitue un des traits dominants et trop souvent méconnus de la période. A l'exception de Napoléon qui, plus jeune d'une dizaine d'années, ne fait irruption qu'en 1795, les principaux acteurs étaient déjà en place entre 1789 et la chute de Robespierre, qu'il s'agisse de Louis XVIII ou du comte d'Artois pour les royalistes, de Talleyrand pour les modérés, de Carnot, Fouché ou Cambacérès pour les révolutionnaires. Marqués par une jeunesse tumultueuse, ils se connaissent parfaitement et partagent les mêmes souvenirs. Il reste que cette glorieuse génération, qui a eu vingt ans sous

---

[1]. Se référer par exemple à la réaction indignée du duc de Broglie : « Il parut enfin, cet Acte additionnel ; il fut soumis, par oui et par non, à la sanction du peuple et l'obtint aussi facilement que l'avaient obtenue ses devanciers et que l'obtiendront ses successeurs. Il fut en même temps accueilli avec une réprobation non moins universelle que les signatures dont il était revêtu. On ne fit aucune attention à ce qu'il pouvait renfermer de sage et de libéral. C'était une charte octroyée ; c'était une nouvelle édition revue et corrigée des constitutions de l'Empire. »

l'Ancien Régime, trente sous la Révolution, en a maintenant près de soixante, tel le héros de Yorktown[1].

Plus de vingt ans après son apothéose révolutionnaire, le fringant major-général de l'armée américaine, chef de file de la noblesse libérale durant la Constituante, a épaissi. Marqué par sa longue captivité dans les cachots autrichiens, il marche difficilement, appuyé sur une canne, et a remisé sa perruque. Toutefois, s'il a physiquement changé, l'homme se montre inflexible sur ses principes politiques. L'ami de Washington et de Jefferson reste ce libéral impénitent, père de la Déclaration des droits de l'homme qu'il continue à chérir comme la Constitution de 1791. Là où tant de ses contemporains ont abjuré leur foi dans les Lumières pour se muer en conservateurs frileux, il n'a jamais douté du bien-fondé de son engagement.

Aussi défend-il son bilan avec acharnement, autant par rectitude morale que par fidélité à ses convictions et respect de ses adversaires. « Il ne voulait avoir eu tort sur rien, ajoute Charles de Rémusat, de peur de paraître faiblir, de peur de paraître déserter un seul de ses principes : il tenait pour inviolable, dans les opinions qu'il avait soutenues, l'accessoire comme le principal et défendait les petites choses comme les grandes. Il aliénait ainsi une partie de sa liberté d'esprit et se rendait moins propre à comprendre une époque de transaction, comme l'était la nôtre. » Nul mieux que lui n'incarne le drame du libéralisme politique à l'épreuve du gouvernement. Comment concilier les grands principes avec les exigences du pouvoir, comment trouver en particulier un juste équilibre entre la libre expression des opinions et l'indispensable autorité de l'Etat lorsqu'elle est confrontée à la violence populaire ?

« Figure historique condamnée par l'histoire[2] », il persiste à

---

1. Victoire franco-américaine remportée en 1781 qui décide de l'indépendance américaine. La Fayette s'y illustre particulièrement aux côtés de Rochambeau et de Washington.
2. Selon l'expression de Rémusat. Le jeune doctrinaire, qui a laissé de lui un portrait d'anthologie dans ses *Mémoires*, s'avoue séduit par la précocité de son engagement « car il a aussitôt regardé ses convictions comme ses devoirs [...] considéré l'idéal non comme un passe-temps, mais comme un but ».

défendre le modèle fédéral américain qu'il préfère au modèle anglais, jugé incompatible avec l'esprit français tant en raison de l'absence d'aristocratie — détruite par la Révolution — que de son caractère élitaire. Il incarne le républicanisme de gouvernement, libéral et non égalitaire car attaché à la sacralité de la propriété, détestant la Terreur qu'il a affrontée avant d'émigrer et d'être emprisonné à Olmütz durant cinq années interminables. Libéré en 1797 grâce à un article du traité de Campo-Formio imposé par Bonaparte[1], il se retire ensuite dans son fief de Lagrange, comme son père spirituel Washington dans sa propriété de Mount Vernon après avoir conquis l'indépendance de son pays.

Le « héros des deux mondes » symbolise la vision vertueuse, réformatrice et pacifique, de l'idée républicaine, à l'opposé des Jacobins et des ultras, mais éloignée aussi de l'autocratie impériale qu'il a discrètement mais inlassablement dénoncée. Si la république reste son idéal et son combat, La Fayette sait pourtant se montrer pragmatique, capable de concessions, convaincu qu'après les traumatismes révolutionnaires la monarchie constitutionnelle représente la meilleure transition. Par raison et résignation, il s'aligne ainsi sur la position du groupe de Coppet. C'est pourquoi il a pris une part active aux conciliabules de mars 1814 entre les royalistes et les libéraux, acceptant même pour l'occasion de reprendre son commandement de la garde nationale, cette bourgeoisie armée dont il connaît si bien les espoirs et les peurs.

Sa relation avec Napoléon demeure empreinte de jalousie, presque de haine tant la gloire de l'Empire a éclipsé les souvenirs de l'épopée américaine ou de la fête de la Fédération du 14 juillet 1790. Jamais il n'a oublié ces instants magiques durant lesquels il a cru réconcilier la royauté et la nation. Fier de ce passé, se posant en défenseur du bien et de la morale, il ne supporte pas d'avoir été détrôné dans le cœur des Fran-

---

1. Traité négocié par Bonaparte, au nom du Directoire, et l'Autriche. Campo-Formio met fin à la domination des Habsbourg en Italie, laissant place à l'influence française.

çais par le jeune Corse acariâtre, tyran et conquérant, usurpateur de sa gloire et traître à la liberté. Quitte à choisir, il préfère encore Louis XVIII et sa cohorte d'émigrés : « Je trouvais de meilleures chances pour la liberté dans la maladroite et pusillanime malveillance des Bourbons que dans la vigoureuse et profonde perversité de leur antagoniste », avoue-t-il dans ses *Mémoires*.

Aussi, en dépit des supplices de Joseph Bonaparte et de son ami Benjamin, il refuse de croire à la conversion miraculeuse de son vieil adversaire. S'il accepte du bout des lèvres l'Acte additionnel, il reste convaincu que Napoléon guette la première occasion pour ressaisir le pouvoir absolu[1]. Lors de son entretien avec Joseph le 21 avril, il refuse la pairie pour conserver sa liberté de parole et limite son soutien à quelques mots insignifiants sur la nécessité de faire front pour repousser les alliés. Opposant de l'intérieur, il se prépare à devenir député, dans l'espoir de prendre enfin sa revanche. Son intransigeance fait entrevoir à l'Empereur le piège de l'ouverture libérale. Hormis les deux Suisses Constant et Sismondi, il ne parvient à rallier aucun modéré d'envergure tandis qu'il déçoit ses séides. Le futur maréchal de Castellane, alors jeune officier, note d'ailleurs dans son *Journal* à la date du 1er mai 1815 : « Le gouvernement de l'Empereur Napoléon marche en ce moment à grands pas vers la dégringolade. » Dans l'impossibilité de se rendre crédible, ni même audible, Napoléon expie chaque jour un peu plus son passé et se retrouve cette fois dans une impasse.

Mme de Staël ne croit pas davantage à la sincérité de sa métamorphose : « C'était une niaiserie de vouloir masquer un tel homme en roi constitutionnel, affirme-t-elle dans ses *Considérations sur la Révolution française*. L'on déconsidérait nécessairement Bonaparte en lui faisant tenir un langage tout contraire à celui qui avait été le sien pendant quinze ans. Il était clair qu'il ne pouvait proclamer des principes si diffé-

---

[1]. « Son gouvernement, avec ses talents et ses passions, est celui de tous qui offre le moins de chances à l'établissement d'une véritable liberté », écrit-il à Constant.

rents de ceux qu'il avait suivis, quand il était tout-puissant, que parce qu'il y était forcé par les circonstances ; or, qu'est-ce qu'un tel homme quand il se laisse forcer ? La terreur qu'il inspirait, la puissance qui résultait de cette terreur n'existait plus ; c'était un ours muselé qu'on entendait murmurer encore, mais que ses conducteurs faisaient danser à leur façon. » Certes elle approuve l'Acte additionnel, mais elle ne pardonne pas à Napoléon son exil, ni la saisie de *De l'Allemagne*[1]. Elle n'oublie ni ses injures, ni ses menaces contre elle et son père adoré, ce Necker que Napoléon qualifie de « régent de collège » lourd et vaniteux, pas plus capable de prévoir que de contenir la Révolution lorsqu'il était ministre de Louis XVI.

Pour la rallier, Napoléon lui fait promettre le remboursement des deux millions de livres que Necker a prêtées au Trésor royal avant la Révolution, créance annulée par la Convention et dont elle a un besoin impérieux pour doter sa fille Albertine[2]. Elle hésite brièvement avant de mettre fin à la négociation mi-mai. En réalité, à travers Napoléon, elle pourchasse aussi Constant, l'amant félon dont elle fustige l'abandon. Tout le groupe de Coppet lui tourne le dos, l'accusant au mieux d'être la dupe de Napoléon, au pis de trahison

---

[1]. Depuis l'automne 1803, elle n'a plus le droit de s'approcher à moins de quarante lieues de Paris. Possédée selon Constant du besoin « d'être bien avec le pouvoir », Mme de Staël a pourtant tout fait pour s'attirer les bonnes grâces du général-consul, allant selon ce dernier jusqu'à lui faire des avances à peine déguisées. Déçue et vexée, elle fait de son salon, juste après Brumaire, le haut lieu de l'opposition au Consulat, orchestrant avec Constant la petite minorité libérale qui s'agite au Tribunat. Napoléon réagit vigoureusement en épurant les chambres en 1802. Il renvoie Constant et fait avertir solennellement Mme de Staël par ses proches : « Avertissez cette femme que je ne suis ni un Louis XVI, ni un La Révellière-Lépeaux, ni un Barras. Conseillez-lui de ne pas prétendre à barrer le chemin, quel qu'il soit, où il me plaira de m'engager, sinon je la romprai, je la briserai ; qu'elle reste tranquille ; c'est le parti le plus prudent. » Or Germaine continue de persifler tandis que Necker publie en 1802 ses premières *Vues de politique et de finance* qui critiquent la dérive autoritaire du Consulat, se contentant pour toute louange de qualifier Bonaparte d'« homme nécessaire ». Dès lors, ce dernier rompt tous les ponts avant de l'éloigner. Il continuera à s'opposer à toute tentative de rapprochement, Mme de Staël multipliant les démarches en ce sens jusqu'en 1810.

[2]. Albertine de Staël doit se marier avec le duc de Broglie. Les intérêts dus à Necker ont cessé d'être versés en 1793. Le retour de Napoléon plonge Germaine dans l'angoisse, d'autant plus qu'elle était sur le point d'aboutir à un accord avec Louis XVIII qui lui avait fait verser un acompte substantiel.

par cynisme et arrivisme [1]. Le duc de Broglie, pourtant très lié à l'époque avec Benjamin, affiche également son opposition et se moque des bonapartistes repentis qui peuplent ses salons : « Le *constitutionnisme*, écrit-il dans ses *Souvenirs*, était *la lubie du jour* et on eût entendu dire : comment ne serais-je pas libéral ? J'ai servi dans les mamelouks [2]. »

Les libéraux concentrent principalement leurs attaques contre l'article 67, trop jacobin à leur goût [3], le droit de dissolution — dont ils craignent que Napoléon n'abuse pour rétablir la dictature — et le plébiscite, incompatible avec leur conception capacitaire du suffrage. Réservé aux propriétaires, le vote ne saurait être un droit universel en raison du manque de lumières des masses. Aussi le plébiscite est-il jugé démagogique et redoutable car d'une part il manipule le peuple en le flattant, d'autre part il permet à l'Empereur de confisquer la légitimité pour s'imposer comme l'élu du peuple souverain quand les députés censitaires ne représentent chacun que quelques dizaines de notables [4].

Le caractère bâtard de l'Acte est enfin vivement critiqué [5]. Avec une ironie mordante, le publiciste Salvandy, futur

---

[1]. Dans une lettre à Sismondi en date du 30 avril, Constant confie qu'il est « abreuvé de dégoûts de la part de [ses] anciens amis, de lettres anonymes, d'invectives ».

[2]. Cité par Louis Madelin.

[3]. Comme le prouve, par exemple, la réaction du *Censeur* : « La nouvelle constitution a paru. A l'instant l'opinion publique s'est soulevée contre un acte qui, reconnaissant en apparence quelques-uns des droits auxquels les Français tiennent le plus, ne laisse à la nation, pour en conserver l'exercice, que des moyens sans consistance. Un des vices principaux de cet acte est de détruire, par des dispositions subsidiaires, les dispositions principales qu'il renferme, et de mettre tous nos droits en litige par la résurrection de cette multitude de sénatus-consultes fabriqués par le conseil d'état, et adoptés par un corps qui a protesté contre leur adoption dès qu'il a été libre. »

[4]. C'est pourquoi les libéraux se sont toujours opposés à la procédure référendaire comme concentrant la souveraineté au profit de l'exécutif, leur acceptation tardive du suffrage universel — dans les années 1880 — se limitant à la seule désignation des parlementaires.

[5]. La critique libérale épouse sur ce point celle des autres familles politiques, y compris les bonapartistes. « La qualification d'additionnelle rappelle surtout que la Constitution est inintelligible : il faut, en effet, se référer sans cesse à des textes antérieurs non abrogés mais que certains considéraient comme caducs du fait même de l'abdication de 1814. En bref, chacun s'accorde à reconnaître que la présentation de l'Acte additionnel est viciée à la base », constate Frédéric Bluche, le meilleur historien du plébiscite.

ambassadeur et ministre de Louis-Philippe, met en exergue dans une de ses brochures la confusion résultant du choc entre les anciennes institutions impériales et le nouvel Empire libéral : se peut-il que Napoléon n'ait « rien oublié, ni rien appris » comme les émigrés, à moins qu'il ne brigue « l'étrange satisfaction d'avoir un trône pour cercueil » ? Une caricature, montrant Cambacérès prenant le pouls d'un Napoléon souffrant, résume bien la situation :

« Cher cousin, demande l'Empereur, comment trouvez-vous mon *état* ? » Et le duc de Parme de répondre :

« Sire, il ne peut pas durer. Votre Majesté a une trop mauvaise *constitution*. »

## La sanction

Dès les premières réactions, Napoléon comprend qu'il a échoué[1]. Incapable de convaincre, il perd le soutien populaire sans gagner de nouveaux partisans :

« Eh bien, dit-il à Constant dès le 25 avril, la Constitution ne réussit pas.

— Sire, c'est qu'on n'y croit guère. Faites-y croire en l'exécutant.

— Sans qu'elle soit acceptée ! Ils diront que je me moque du peuple.

— Quand le peuple verra qu'il est libre, qu'il a des représentants, que vous déposez la dictature, il sentira bien que ce n'est pas se moquer de lui.

— Au fond, conclut Napoléon, il y a là un avantage : en me voyant agir ainsi, on me croira plus sûr de ma force. C'est bon à prouver. »

---

[1]. La désillusion se répand à la cour impériale, comme le montre le général Thiébault dans ses *Mémoires* : « Le 23 au matin, je me rendis à l'Elysée. Ceux qui s'y trouvaient déjà étaient certes des hommes dévoués ou ne demandant pas mieux que de se dévouer ; eh bien, la consternation se lisait sur toutes les figures. Un silence immense régnait dans les salons ; on se rapprochait sans s'aborder, et si l'on en arrivait à échanger quelques paroles, c'était pour se demander à voix basse : "Avez-vous les articles additionnels ?", question à laquelle la seule réponse était un "oui", auquel succédait un regard significatif. »

Aussi, après une semaine d'hésitation, Napoléon se décide-t-il, sous la pression de son entourage, à donner une nouvelle fois satisfaction aux libéraux : un décret, paru le 1er mai, convoque les collèges électoraux afin d'élire la Chambre des représentants. Comme en 1800, la Constitution entre en application avant même d'avoir été ratifiée par le peuple. Pour le dernier carré des bonapartistes inconditionnels, les inconvénients de la mesure surpassent largement ses avantages. Elle est non seulement illégale mais aussi dangereuse car elle conduit à la réunion précoce des chambres, avant même l'entrée en campagne[1]. Napoléon partira ainsi au combat en laissant à Paris 629 députés qui incarneront en son absence la souveraineté nationale. Comme toujours en temps de crise, ils seront tentés de profiter de la situation.

On s'interroge encore sur les motifs de cette surprenante décision. Certains historiens veulent y voir la confirmation de la sincérité de la démarche de l'Empereur ; d'autres y décèlent une nouvelle preuve de sa lassitude croissante, pris dans un engrenage diabolique, acculé à l'élection après avoir cédé sur la Constitution[2]. Toutes ces hypothèses ne permettent pas d'exclure une manœuvre de l'Aigle, commandée par son instinct de survie. En donnant satisfaction aux libéraux par des législatives anticipées, Napoléon n'alimente-t-il pas sciemment le mécontentement des masses en cultivant un ferment d'illégitimité qui lui donnera, si l'occasion se présente, l'opportunité de casser le rival législatif en utilisant le texte de la Constitution ? Parce que élue illégalement, la Chambre pourra être légalement brisée. En convoquant les chambres avant

---

1. Le préambule du décret tente de minimiser l'illégalité de la mesure : « Nous n'avions pas l'alternative de prolonger la dictature dont nous nous trouvions investi par les circonstances et la confiance du peuple, ou d'alléger les formes que nous nous étions proposé de suivre pour la rédaction de l'Acte constitutionnel. L'intérêt de la France nous prescrit d'adopter ce "second parti". » A noter que l'Empereur parle maintenant d'« Acte constitutionnel » et non plus d'« Acte additionnel ».
2. Telle est la thèse de Henry Houssaye, selon lequel Napoléon s'est laissé prendre au piège : « Enfermé dans ce dilemme : constitution ou assemblée, Napoléon avait donné la constitution pour éviter l'assemblée, et après avoir donné la constitution, il se voyait forcé de convoquer l'assemblée. »

l'entrée en guerre, Napoléon peut espérer tout aussi habilement placer les notables devant leurs responsabilités. S'ils prennent le risque d'intriguer ou de s'opposer à lui alors que les circonstances commandent l'union sacrée, ils passeront pour des traîtres aux yeux du peuple. En revanche, ils témoigneront par leur présence de la solidarité des élites envers sa personne et sa dynastie, ce qui ôtera toute chance aux Bourbons de remonter sur le trône. En décidant l'entrée en vigueur de l'Acte additionnel, il pense les obliger à sortir enfin de leur réserve, à le reconnaître et à travailler à ses côtés. En résumé, il leur force la main.

Dans l'immédiat, on ne retient que sa décision de se soumettre à l'arbitrage simultané du peuple et des notables. Le risque politique est immense, sachant que l'entrée en guerre ne fait plus de doute et risque d'être sanctionnée en même temps que la Constitution. Le dos au mur, Napoléon choisit d'aller jusqu'au bout de sa logique : « Un homme comme moi ne fait jamais demi-tour », confie-t-il à son ami Boulay de la Meurthe[1]. Le plébiscite se déroule jusqu'à la fin mai, les élections législatives ayant lieu le 14 du même mois.

Mais, contrairement à ses espérances, l'appel au peuple se révèle un échec cuisant qui témoigne du brutal désenchantement de la nation. Les chiffres parlent d'eux-mêmes : 79 % d'abstentions ; 1,5 million de oui contre 3,5 millions en 1802 et 1804[2]. Ne nous arrêtons pas aux cinq mille non, soit 0,37 % des inscrits, chiffre sans signification car le vote est nominatif, public et noté sur des registres. Or les écrits restent. Dans ces

---

1. Avocat avant la Révolution, Boulay de la Meurthe a été député au Conseil des Cinq-Cents avant d'appuyer le coup d'Etat de Brumaire, ce qui lui vaut d'être nommé à la présidence de la section de législation, la plus importante du Conseil d'Etat. Il gère de facto le ministère de la Justice durant les Cent-Jours pendant lesquels il participe également à l'élaboration de la Constitution. Napoléon va le nommer ministre d'Etat, en charge de défendre la politique du gouvernement devant les chambres, à l'occasion de son élection à la Chambre des représentants.
2. On se rapproche au contraire des chiffres du premier plébiscite de l'an VIII. Déduction faite de la fraude massive opérée par Lucien Bonaparte, le Consulat n'avait obtenu qu'environ 1,5 million de oui (et non pas les 3 millions officiellement annoncés). Votent tous les citoyens français âgés d'au moins vingt et un ans, à l'exclusion des femmes, des condamnés et des domestiques. Soit cinq à six millions d'électeurs potentiels sachant que le vote, écrit sur des registres, élimine les analphabètes.

conditions, s'inscrire en négatif revient à déclarer la guerre à l'Empire. Bien peu d'électeurs osent se découvrir de peur d'une éventuelle répression dans le cas où Napoléon rétablirait la dictature.

L'Empereur voulait prouver urbi et orbi l'adhésion populaire à sa personne et il recueille le soutien d'un Français sur cinq ! L'arme fatale de la souveraineté du peuple revient sur lui comme un boomerang. Seule l'armée franchit le cap décisif des 50 % de votes favorables. La conduite de David, pourtant « restauré » dans ses fonctions de premier peintre, témoigne de la morosité qui sévit, y compris parmi les fidèles. Si l'ancien conventionnel, auteur du « Sacre » et des plus grandes représentations de l'épopée, vient signer positivement le registre dans sa mairie de quartier, il confesse toutefois que « s'abstenir de signer les actes additionnels, c'était assurer la tranquillité du reste de ses jours ». Et si l'enlumineur de la gloire impériale a perdu la foi, que supposer alors du reste de la population ?

Les résultats dessinent un paysage morose. A défaut du oui, ce sont bien les chiffres de l'abstention qui sonnent comme un désaveu, un véritable contre-plébiscite. Elle est massive dans les villes, notamment dans celles du Midi : 1 % seulement des Marseillais votent, 3 % des Bordelais mais aussi 4 % des Lillois. A Paris, 12 % des habitants se déplacent en dépit des efforts du gouvernement qui multiplie les registres et bénéficie du vote des nombreux fonctionnaires présents dans la capitale [1]. Le chiffre de Grenoble — ville symbole du bonapartisme populaire depuis le Vol de l'Aigle — est tout aussi désespérant : 9 % seulement de oui ! Avec 8 % en moyenne, la participation dans les villes s'avère plus de deux fois inférieure à la moyenne nationale déjà bien faible. Heureusement, les campagnes demeurent loyales, révélant la permanence

---

1. Près de 50 % des votes favorables émanent des agents de l'Etat. Selon Frédéric Bluche, les non-fonctionnaires n'ont voté à Paris qu'à moins de 8 %.

d'un noyau populaire constitué des paysans et de l'armée[1]. L'opposition entre la ville et la campagne recouvre ainsi une double fracture sociale, entre le peuple et les élites d'une part, les civils et les militaires de l'autre. La Loire et le Centre sont partagés, l'Ouest, le Midi et le Nord plutôt royalistes. Seuls l'Est et la Bourgogne, touchés par l'invasion de 1814, demeurent nettement bonapartistes[2].

La confusion du texte, l'angoisse de la guerre, le rôle actif de l'opposition royaliste et l'atonie de l'administration impériale se mêlent aux déceptions déjà évoquées pour expliquer la débâcle. Les dispositions parfois obscures de la Constitution brouillent les enjeux du scrutin, d'autant que la conscience politique reste encore embryonnaire. N'oublions pas qu'à peine un Français sur dix lit brochures et journaux. Benjamin Constant publie ses ouvrages à un millier d'exemplaires environ, les journaux n'excèdent pas vingt mille lecteurs, c'est-à-dire une infime minorité de la population. Dans ces conditions, le pouvoir doit signifier l'enjeu par une question claire. Précédemment, l'imbroglio constitutionnel avait pu être ramené à un choix simple : voulait-on de Napoléon comme Consul, Consul à vie et Empereur héréditaire ? Rien de tel en 1815 ; il n'y a plus un choix unique mais de multiples questions auxquelles le peuple souverain est invité à répondre : l'hérédité de la pairie, le partage du pouvoir législatif, le

---

[1]. Emile Le Gallo cite le cas de l'Yonne comme emblématique : « Saint-Fargeau, Chablis, Vermenton, Saint-Florentin, bourgs de deux à trois mille âmes chacun, attribuent à l'Acte additionnel 196, 398, 345 et 367 suffrages, alors qu'Auxerre, avec 12 000 unités, ne comporte que 479 oui, et qu'Avallon et Tonnerre n'en alignent que 345 et 169 pour 5 000 et 4 300 habitants. » Aucune ville de plus de 50 000 habitants ne dépasse le seuil de 10 % contre environ 20 % pour les petites villes et 25 % pour les campagnes.

[2]. Pour l'analyse des résultats et le détail département par département, voir les ouvrages de Frédéric Bluche et Léon Radiguet. La Côte-d'Or (48 %), la Meurthe (48 %), la Haute-Marne (46 %), l'Yonne (43 %), la Charente (41 %) et la Nièvre (41 %) sont les départements à voter le plus largement oui. A l'inverse, la Loire-Inférieure (1 %), le Morbihan (2 %), les Bouches-du-Rhône (3 %), le Finistère (3 %), la Mayenne (3 %), les Côtes-du-Nord (4 %) et la Vendée (4 %) sont les plus abstentionnistes. « Au total, 12 départements seulement sont en progrès sur 1804, 4 sont stationnaires, les 61 autres perdant un nombre de voix souvent très considérable », écrit Frédéric Bluche. En résumé, Napoléon est massivement impopulaire dans les zones urbaines et au sud d'une ligne La Rochelle-Moulins-Annecy.

contrôle de l'exécutif, la garantie des libertés individuelles ou l'interdiction formelle de la restauration des Bourbons et des droits féodaux. L'électeur ne peut comprendre le scrutin car il n'en maîtrise pas les tenants et les aboutissants.

Parmi les dispositions propres du texte, la pairie héréditaire provoque une exaspération profonde, dans l'armée comme chez de nombreux électeurs. La fin de non-recevoir opposée au mouvement populaire déçoit par ailleurs les plus radicaux. A Paris, seuls deux mille ouvriers viennent voter oui alors qu'ils sont six fois plus à venir défiler devant l'Empereur à l'occasion de la manifestation des fédérés parisiens.

L'opposition royaliste profite de la situation pour redresser la tête. Les plus audacieux vont jusqu'à justifier leur vote par de longs considérants, comme Perrin du Lac, démis de ses fonctions de sous-préfet : « Non, pour moi qui suis convaincu que la France ne peut être heureuse que sous la dynastie des Bourbons ; non, pour des millions de Français dont les sabres et les moustaches compriment l'opinion ; non, enfin pour des millions de paysans odieusement abusés par la crainte du retour des dîmes et des droits féodaux qui n'ont jamais existé que dans la tête des anarchistes ou des partisans de la tyrannie. » Le clergé et la noblesse, dans leur ensemble, pèsent de tout leur poids dans les régions qu'ils contrôlent en faveur de l'abstention. Les maires, qui pour la plupart n'ont pas été remplacés, restent en majorité royalistes. Or ce sont eux qui contrôlent les registres et gèrent localement le plébiscite. Napoléon hésite sur la stratégie à suivre à leur égard entre répression et nouvelles élections. Il commence par en destituer plusieurs, avant de soumettre le 30 avril, libéralisme oblige, le choix des édiles aux électeurs pour les petites communes inférieures à cinq mille habitants. Or le scrutin, qui se déroule lui aussi en mai, confirme la bonne implantation des royalistes puisque les deux tiers des maires sortants sont reconduits, obligeant parfois à de nouvelles destitutions. Certains refusent même d'ouvrir les registres, empêchant de fait le plébiscite. Beaucoup font pression sur leurs administrés pour les empêcher d'aller voter, tandis qu'une large moitié des prêtres appellent à voter non dans leurs homélies. On voit notamment le résultat dans le Nord, l'Ouest et le Midi [1]. Leur propagande se fait souvent au grand jour, conjuguant le défaitisme et la menace, avivant les rumeurs hostiles à Napoléon. Par exemple, on n'hésite pas à faire savoir que les registres « entachés » de oui serviront de listes de proscription toutes faites pour Louis XVIII et les ultras après la victoire des alliés. Un peu partout, les amis du roi prêchent l'apocalypse. La guerre, dont la perspective se rapproche chaque jour, justifie leur pessimisme. On commence à entendre une chanson qui joue sur les mots en suppliant : « Rendez-nous notre paire (père) de gants (Gand). »

Enfin, il faut souligner l'impéritie de l'administration. Les modalités du vote — sur des registres théoriquement ouverts pendant dix jours — sont tout bonnement abandonnées au libre arbitre des maires. Certains hauts fonctionnaires royalistes, maintenus par erreur, sabotent le scrutin, comme le sous-préfet de Louviers qui ne distribue pas les registres électoraux. Nombre de préfets se réfugient dans l'inaction, laissant l'opinion dans les mains des blancs. Une nouvelle fois, Carnot ne se montre pas à la hauteur de ses responsabilités en se tenant à l'écart. Certes, et c'est tout à son honneur, le ministre s'interdit toute manipulation, mais il ne prend pas même la peine de rédiger une proclamation pour défendre le texte. Aussi des milliers d'électeurs, abandonnés par les autorités, n'ont-ils pas connaissance de la tenue du scrutin. Et de nombreux autres, pour qui voter entraîne parfois plusieurs heures de marche, sont tentés d'y voir un exercice bien inutile. Car, au vu des précédents plébiscites, personne ne doute de la victoire de l'Empereur [2]. Passé fait loi.

---

1. L'action des royalistes est décisive dans les métropoles du Sud, en particulier à Marseille, Bordeaux et Toulouse. Dans l'Ouest, sauf trois départements (la Sarthe, le Maine-et-Loire et les Deux-Sèvres), la participation est inférieure à 10 %. Même phénomène en plus atténué dans le Nord, où certains maires sont en liaison avec Gand.
2. Comme le reprend un refrain de l'époque, tout semble joué d'avance :
   Mais c'n'est pas l'tout, commençons vite
   par brocher une constitution
   Qu'bon gré mal gré, je f'rai de suite

Comment interpréter alors ces milliers de chiffres souvent contradictoires, ces contrées blanches parsemées de villes bleues comme la Vendée, ces paysans royalistes du Sud qui se démarquent de la masse des ruraux favorable à l'Empereur ? Si l'existence de nombreuses disparités au sein d'une même région ou catégorie sociale interdit toute simplification outrancière, le dernier plébiscite de l'Empire n'en esquisse pas moins le visage de la France des Cent-Jours.

Ses résultats révèlent une société éclatée, avec non pas une seule ligne de fracture mais une cascade de divorces, tant historiques que géographiques, sociaux ou religieux, qui souvent se superposent. Aux clivages bien connus entre sociétés civile et militaire, ville et campagne, peuple et notables, il faut ajouter ceux de la mémoire. Le pays demeure marqué par le souvenir douloureux des guerres de Religion. Les deux grands viviers du royalisme populaire, l'Ouest et le Midi, sont des terres catholiques. La chasse à l'hérétique suscite en retour une loyauté sans faille des minorités protestantes envers l'Empereur, à l'exemple des Cévennes, îlot bonapartiste perdu dans le Sud blanc[1]. A cette strate ancienne, s'ajoute le spectre révolutionnaire. Chacun, humble ou illustre, prend position par rapport à cette décennie tragique qui hante les esprits. Le propriétaire de biens nationaux penche pour l'Empereur, à moins qu'il n'exerce des activités commerciales et ne redoute un retour de la crise économique consécutif à la guerre. A l'in-

---

Approuver par la nation
J'prendrai pour rend'la chose facile
De tout'celles qu'on fit déjà
Queq'mots par ci, queq'mots par là
Ces'ra parole d'évangile
L'on y croira, l'on m'r'installera
Et puis on me resacrera.

Extrait de : *Le Terme d'un règne ou le règne d'un terme, relation véridique écrite en forme de pot-pourri sous la dictée de Cadet Buteux par Désaugiers, son secrétaire intime*, 1815.

[1]. Au Vigan, petite ville protestante des Cévennes, le oui atteint 56 % contre 9 % à Nîmes ou 8 % à Alès, remarque Frédéric Bluche qui cite également l'exemple du Bas-Rhin où les cantons catholiques s'abstiennent massivement à l'inverse des protestants.

verse, le seigneur d'antan conserve plutôt sa fidélité à la dynastie millénaire qui a fait la France. Mais, là comme partout, on compte des exceptions.

Les grands vents de l'histoire déchaînés par la Révolution soufflent à nouveau. Le scrutin de 1815 recoupe dans ses grandes lignes le plébiscite de 1793 voulu par la Convention pour ratifier la Constitution montagnarde. Les anciens Jacobins, qui ont boudé le Consulat, votent oui à l'Acte additionnel comme ils ont voté oui à la République égalitaire[1]. A l'opposé, les villes qui ont le plus souffert de la Terreur, comme Paris, Lyon et Marseille, rejettent le revenant tant elles craignent le retour des clubs et des proconsuls jacobins de sinistre mémoire. La rentrée de Carnot, l'agitation des fédérations et l'activisme de Fouché effrayent les métropoles toujours plus exposées en période de crise. Un grand nombre de citadins, nourris par la lecture des journaux et brochures, paraissent convaincus que l'Empereur ne tiendra pas longtemps et que son départ risque de préluder à de nouvelles saturnales.

Le traumatisme de l'invasion s'ajoute enfin aux blessures de la Révolution. Les localités envahies durant la campagne de France font un triomphe au sauveur militaire de Champaubert et Montmirail. Souillées par le Prussien vengeur ou le sauvage Cosaque, elles rêvent de revanche, à la différence du Sud-Ouest, sujet à l'occupation exemplaire du duc de Wellington et qui garde pour cette raison un bon souvenir du passage des tuniques rouges.

Cette année charnière de 1815 ranime de surcroît une opposition géographique entre la France maritime et la France continentale. D'un côté, à l'abri de toute invasion depuis la guerre de Cent Ans, un pays de marins et d'échanges, structuré autour de métropoles portuaires, profondément attaché à

---

[1]. C'est le cas de la Côte-d'Or, département le plus bonapartiste de France, analysé par Frédéric Bluche. Le département donne 42 000 oui en 1815 alors qu'il en a donné 30 816 pour la Constitution de 1793 mais seulement 13 000 pour le Directoire et 11 000 pour le Consulat.

la paix et qui a souffert du Blocus continental. Le retour de Napoléon l'indispose d'autant plus qu'il compromet la petite reprise amorcée depuis sa chute. Aussi le repousse-t-on vigoureusement de Calais à Bordeaux comme à Nice, Toulon et Marseille. De l'autre côté, la riche France agricole du Centre-Est, Bourgogne, Champagne, Alsace et Lorraine : terre éternelle de convoitise pour l'envahisseur barbare ou germain[1]. Mal défendue, faute d'obstacles naturels, c'est une contrée passionnément française par le sang qu'elle a versé pour repousser l'ennemi. Aujourd'hui comme hier, elle s'incarne dans la figure la plus ancienne du chef, celle du guerrier élevé sur le pavois. Voilà pourquoi elle chérit Napoléon et répugne à tout compromis avec les royalistes. Tendue vers la conquête, elle préfère attaquer plutôt que d'avoir à se défendre. Pas étonnant donc que Napoléon y trouve ses meilleurs appuis et ses plus fidèles soldats.

Ce ne sont pas seulement deux France, mais deux sociétés, deux religions, deux mémoires, deux esprits qui se consument en haines fratricides, alors que la menace européenne exige l'union. A l'image de Napoléon, chacun est dévoré par son passé, impuissant face au présent, inquiet devant l'avenir. Grand appel au sursaut, à la mobilisation civile et au rassemblement, le plébiscite se solde par un fiasco complet, frappant au cœur une légitimité impériale assise sur le socle de la souveraineté populaire. Sur les 20 % de Français qui le soutiennent, Napoléon doit encore retrancher les votes de ses nouveaux alliés, jacobins et libéraux, qui votent oui par défaut et pour des raisons différentes : les amis de Constant approuvent le texte là où ceux de Carnot font taire leur répulsion au nom de la patrie en danger. Napoléon, qui paye le prix de l'ambiguïté, voit ses soutiens s'effriter, menaçant sans cesse de quitter le navire. Ses partisans authentiques forment au mieux un dixième de la population, peut-être moins.

---

1. La France du Nord-Pas-de-Calais est à l'époque plutôt royaliste car elle commerce beaucoup avec l'Angleterre et n'a pas eu trop à pâtir de l'invasion de 1814.

Le scrutin révèle que le bonapartisme n'existe pas, autrement dit que Napoléon ne parvient pas, indépendamment de sa personne, à ancrer sa légitimité dans un corps de doctrine. Là où la monarchie bénéficie du droit divin et de la tradition, la République de la souveraineté du peuple et de l'égalité, l'Empire continue à vivre au jour le jour, porté par le charisme de son chef. Et si l'Empereur incarne une méthode de gouvernement, centralisée et efficace, c'est bien à rebours de cette monarchie constitutionnelle qu'il s'efforce aujourd'hui de fonder. Emporté par l'ivresse de la conquête, les flux et reflux des frontières, il ne peut s'appuyer sur rien de solide, mis à part le Code civil et les préfectures. Les autres créations impériales, à l'image de sa Cour, de sa noblesse ou de ses royaumes frères, n'ont pas résisté à l'épreuve de la défaite. Sur toutes les grandes questions de société comme le droit de vote ou la représentation, Napoléon n'a jamais fourni de réponses claires, jamais mobilisé de cohortes d'écrivains pour théoriser une doctrine, forger une idéologie. L'Empire, c'est l'Empereur, le charisme d'un homme, le génie d'un guerrier, une légitimité éphémère, en aucun cas un régime, des principes et des institutions. L'audacieuse tentative de 1815 essaie justement de corriger le tir par un pacte écrit reteinté aux couleurs de la Charte. Mais seule la longue épreuve de l'exil lui laissera le temps nécessaire pour expliquer sa politique et affiner sa doctrine. En 1815, il est encore trop tôt. L'alliage entre son nom et le libéralisme, pis qu'un contresens monstrueux, fait figure de reniement de son histoire. Tous les yeux sont désormais braqués sur les frontières, si loin de ce plébiscite qui paraît décalé, indécent presque, eu égard aux circonstances. Le peuple enthousiaste de mars n'aime pas ce texte alambiqué, cette contrefaçon sortie des fabriques royales qui ose rétablir les privilèges par le truchement de la pairie héréditaire. Déçu, déboussolé par cette « charte additionnelle », choqué par la guerre, il se détourne de l'Aigle qu'il soupçonne de l'avoir trompé. L'amour fait place à l'indifférence, laissant Napoléon dans la tourmente.

L'opposition des notables amplifie la bouderie populaire.

L'échec devient déroute quand la défaite des législatives s'ajoute à la sanction du plébiscite. Napoléon, déjà obsédé par les préparatifs militaires, ne s'occupe guère des élections et Carnot pas assez. En leur absence, Fouché surveille étroitement le déroulement du scrutin et l'oriente à sa guise. Le faible nombre d'électeurs inscrits — environ soixante-dix mille — et leur division en collèges d'arrondissement et de département favorisent l'action du pouvoir qui peut, s'il est bien organisé, rencontrer chaque votant sur le terrain et le persuader, l'aura du préfet ou du représentant du gouvernement se doublant souvent d'avantages plus concrets négociés à l'occasion. Spécialiste du clientélisme électoral, expert en corruption, Fouché manœuvre d'autant plus facilement que l'abstention domine, dépassant largement les 50 %[1]. Eu égard au grand nombre de députés — 629 en tout — il ne faut dans ces conditions que cinquante électeurs en moyenne pour faire un élu[2] ! Autant dire que le ministre de la Police est à la fête. Dans de nombreux collèges, il n'a qu'à influencer une poignée de votes pour faire nommer son candidat de prédilection. On est bien loin de la souveraineté du peuple, sans cesse mise en avant depuis deux mois. Ces élections produisent donc une des chambres les plus illégitimes qui soient.

Son ambition et son goût de l'intrigue placent désormais Fouché au cœur de toute chose. Avec l'effronterie qui le caractérise, il se répand devant témoins peu de temps avant les élections : « Pendant que l'Empereur fouille ses arsenaux appauvris, qu'il bat le rappel et qu'il change les numéros de ses régiments, on lui prépare une Chambre des représentants

---

1. Environ 33 000 électeurs seulement se rendent aux urnes, selon Emile Le Gallo, qui précise dans son ouvrage sur les Cent-Jours : « Pour les collèges de département, dont l'effectif dépassait légèrement 20 000 membres, les votants furent à peu près 7 700, c'est-à-dire un peu supérieurs au tiers. L'abstention, égale aux deux tiers environ, fut donc particulièrement forte dans les collèges de département, tandis que dans les collèges d'arrondissement, elle ne porte que sur la moitié, 25 000 sur un chiffre approximatif de 49 000. »
2. Souvent moins, notamment dans l'Ouest et le Midi où l'abstention est massive. Marseille par exemple n'enregistre que 13 votants sur un total de 200 à 250 inscrits ; Bordeaux 38 votants pour 284 inscrits.

où il y aura de tout ma foi ! Je ne lui épargnerai pas même Barère et Cambon, même La Fayette ! Cela forme le caractère[1] ! » Devant l'ancien préfet de police Pasquier, il précise ses intentions quelques jours avant l'ouverture du scrutin : « Il sera obligé de partir pour l'armée avant la fin du mois. Une fois parti, nous resterons maîtres du terrain. Je veux qu'il gagne une ou deux batailles ; il perdra la troisième, et alors notre rôle à nous commencera. Croyez-moi, nous amènerons un bon dénouement. »

Le résultat comble ses espérances. Une nette majorité libérale proche de La Fayette se dégage du scrutin, mais placée sous la menace d'une grosse centaine de Jacobins désignés à l'instigation du ministre. Quant aux bonapartistes, ils ne sont qu'une poignée, une cinquantaine tout au plus. Fouché dispose au sein de l'Assemblée de plusieurs proches collaborateurs comme les publicistes Jay et Fabry. Surtout il parvient à faire nommer son intime, l'avocat Manuel, qui va vite s'imposer comme l'un des meilleurs orateurs de la Chambre, relayant la voix de son maître dont il constitue également les yeux et les oreilles auprès des parlementaires. La désertion électorale des royalistes donne à Fouché l'opportunité de s'appuyer sur une majorité qui lui ressemble, c'est-à-dire passionnément attachée aux acquis révolutionnaires, réformiste, libérale par raison, défiante envers Napoléon, hostile à la Restauration, pressée de conclure la paix[2]. Cette Chambre représente dans

---
1. Bertrand Barère de Vieuzac s'est notamment illustré au sein du Comité de salut public après avoir siégé à la Constituante. Il a ensuite écrit plusieurs pamphlets et ouvrages de commande pour Napoléon dont une brochure contre les Bourbons. Autre illustration de la Convention, Cambon a été le principal inspirateur de la politique financière de la République. On lui doit notamment la création du grand livre de la dette publique en 1793. Parmi les autres conventionnels célèbres, élus en 1815, on relève le nom de Drouet, le maître de poste qui a reconnu Louis XVI lors de sa fuite et permis son arrestation à Varennes avant de s'illustrer encore en participant au complot de Babeuf durant le Directoire.
2. « Les élections sont bien meilleures qu'on ne l'aurait cru, écrit ainsi Barante à sa femme le 15 mai, malgré que les royalistes se soient, et fort à tort, éloignés du scrutin, abandonnant ainsi le champ libre aux jacobins. Cette Chambre des représentants, moitié révolutionnaire, moitié libérale, est une machine dont il est encore difficile de prévoir l'effet. Elle aura peut-être le désir et plus encore la prétention de se montrer indépendante. » Parmi les députés plus célèbres, ou appelés à le devenir, on

son jeu un atout de taille, à condition de parvenir à s'entendre avec La Fayette, le seul dont la notoriété puisse lui faire ombrage. Certes, il y a un petit nombre de bonapartistes fanatiques « mais la presque totalité de la Chambre se servait de Napoléon, comme Napoléon se servait du peuple, avec des préventions indestructibles, ne voyant en lui que le moindre des deux maux[1] ». Plutôt que de soutenir l'Empereur, elle compte lui arracher d'emblée une révision libérale des institutions.

Le piège se referme sur Napoléon. En ôtant son masque révolutionnaire, il s'est coupé du peuple sans rallier les élites. En dépit de concessions répétées, les notables demeurent hostiles, soucieux uniquement de limiter son pouvoir, refusant de le soutenir pour la défense de la patrie. « Je cessai d'être moi, déplorera-t-il à Sainte-Hélène. Ils [les libéraux] me fatiguèrent la pensée avec leur constitutionnalisme ; rien ne pouvait leur faire comprendre qu'en présence des déclarations du Congrès de Vienne et des armées qui menaçaient notre nationalité, il fallait, avant tout, que je gagnasse une bataille de Marengo qui renvoyât les Bourbons à Hartwell et rappelât aux rois de l'Europe que la France est une grande Nation qui ne reconnaît à personne le droit de se mêler de ses affaires de famille. »

Deux mois après son retour, Napoléon a donc perdu son pari. Henry Houssaye résume bien la triste situation : « Napoléon avait dit : l'Empire c'est la Révolution. Il avait dit aussi : l'Empire c'est la paix. Il répugnait à refaire la Révolution et il ne pouvait maintenir la paix. Ceux qui s'étaient déclarés pour lui avec le plus d'élan se trouvaient ainsi déçus dans leurs espérances tandis que la foule immense des indifférents se voyait menacée dans son repos et dans ses intérêts. »

---

relève les noms de Sebastiani, Flaugergues, Siméon, Cambon, Bigot de Préameneu, Fouché, Dupin, La Rochefoucauld-Liancourt, Becker, Garat, Rapp, Carnot, Lanjuinais, Laffitte, Arnault, Stanislas de Girardin.

1. *Mémoires* de La Fayette, qui précise les sentiments de la majorité parlementaire : « Tous les partis de la Révolution étaient ralliés à une idée principale, celle de défendre l'indépendance du pays et d'établir enfin la vraie liberté. »

S'il est facile, face à ce genre d'échec, d'accabler le chef ou quelques boucs émissaires, de dénoncer telles ou telles responsabilités politiques, de s'en prendre à l'ingratitude des élites ou à l'aveuglement des peuples, ici l'essentiel est ailleurs ; tout a changé : la France, Napoléon et l'Europe.

La France a changé. La sincère aspiration à la paix de 1800 s'est muée en une exigence impérieuse. Pour l'expliquer, nombre d'historiens mettent en avant le poids odieux de la conscription et le fameux million de morts causé par les guerres de l'Empire. Mais il ne faut pas négliger les stigmates de la débâcle. La France de 1815 doute d'abord d'elle-même là où celle de 1800 était galvanisée par les victoires de son jeune chef. Le pays chancelle sous l'écrasant fardeau des défaites accumulées depuis la retraite de Russie. Il doute donc aussi de la Grande Armée, chassée d'Espagne, de Prusse et de Saxe en 1813, vaincue la même année à Kulm, Gross-Beeren, Dennewitz, Vitoria et Leipzig. En dépit des efforts de la propagande impériale et du caractère spectaculaire de son retour, il doute enfin de son chef. Une ombre lugubre recouvre tout et ronge la légitimité charismatique de l'Empereur restauré. Là où les ambiguïtés de Brumaire ont assis son pouvoir personnel, celles de 1815 l'entraînent à sa perte. La même question continue, lancinante, d'obséder les esprits : Napoléon vient-il poursuivre ou terminer la Révolution ? Éclipsant le débat, les succès du Consulat avaient scellé un pacte de confiance, d'ordre et de gloire, qui avait ouvert la voie à l'Empire. Cette fois, le malentendu éclate et prélude à un abandon définitif.

L'esprit de défiance se nourrit du vent nouveau de liberté. Il désigne comme le symbole d'un despotisme hors de saison ce « Corse à cheveux plats » qui, selon Auguste Barbier, mit « frein d'acier » et « rênes d'or » à la « cavale indomptable et rebelle » de la Révolution [1]. En 1799, lasse des coups d'État et de la corruption directoriale, la France, dans son désir éperdu

---

[1]. Auguste Barbier, *Iambes*, « L'idole »

d'ordre, exigeait un pouvoir fort. Si le Consulat a répondu à son attente, l'Empire l'a dépassée, bâillonnant la liberté d'expression, épiant le courrier, bannissant la critique. Les notables aspirent à retrouver une part de ce pouvoir dont la Terreur, puis l'Aigle, les ont dépossédés. Après le cycle infernal de la Révolution — Terreur et coup d'Etat —, après le cycle infernal de l'Empire — guerre et népotisme —, la Restauration a ménagé une pause que beaucoup jugent salutaire et que le revenant vient gâcher. Napoléon a beau dire qu'il est toujours le même, avide d'ordre, détestant la populace, refusant de faire couler le sang, il reste aux yeux de la plupart des libéraux ce « Robespierre à cheval » qu'a dénoncé Mme de Staël. Le doute, toujours le doute.

Napoléon a lui aussi changé. Dans l'élan du retour, il veut fermer la parenthèse sanglante de l'Empire, retrouver l'esprit augural de Brumaire et la popularité consulaire. N'est-il pas le seul à avoir su percer le mystère de la nation française, écartelée entre ses contradictions : guerre et paix, conservation et révolution, liberté et égalité, individu et Etat ? Avec sa *furia* bouillonnante et ses embrasements destructeurs, il avait réussi l'impossible alliance des contraires en se jetant dans la conquête. Aujourd'hui, il offre à la France une chance de terminer la Révolution par un contrat adapté aux exigences du temps, fidèle à l'égalité révolutionnaire et à l'esprit d'émulation de son règne. La libre concurrence des talents s'exercera désormais dans un cadre strictement intérieur, pour l'intérêt général. Il répète à satiété qu'il a abjuré la gloire et ne veut plus s'employer qu'à préparer le terrain pour son fils. Etouffer les haines, réformer l'économie, bâtir des routes, faire émerger de nouveaux talents, telle est désormais sa seule ambition, l'horizon de son rêve pacifique.

Mais il cherche en vain l'étoile tutélaire. Ne luit que ce soleil noir qui de Moscou l'a précipité à Fontainebleau. Pour son drame, il prend conscience que la confiance se dissipe mais aussi qu'il ne fait plus peur. Lui qui a tant promis, fait miroiter la paix tout en semant la guerre, voilà qu'on ne le croit plus quand il dit la vérité et ne sollicite qu'un peu de temps pour convaincre : « Les rois et les peuples m'ont craint à tort, déplorera-t-il dans le *Mémorial*. Je revenais un homme nouveau ; ils n'ont pu le croire ; ils n'ont pu imaginer qu'un homme eût l'âme assez forte pour changer son caractère ou se plier à des circonstances obligées. Je ne suis pas un homme à demi-mesure. J'aurais été le monarque de la Constitution et de la paix. » Pour sortir de l'impasse, il faudrait qu'il puisse déployer son énergie légendaire, travailler jour et nuit, tout diriger seul et tout le temps, désarmer critiques et censeurs érigés en parangons de vertu et en constitutionnalistes inspirés : redevenir pour de bon le Premier consul. Il n'en a plus ni la volonté, ni la capacité physique, ni même le courage. « Au retour de l'île d'Elbe, confessera-t-il à Las Cases, je manquai de caractère ou plutôt de confiance dans les Français parce que plusieurs n'en avaient plus en moi et c'était me faire grande injure. » Il est triste et las, mal à l'aise dans son nouvel habit libéral, ce costume bourgeois qui lui répugne. Devant le flot montant de la désillusion, il se trouble et tâtonne, comme en Brumaire. Mais en 1799 l'hésitation et le doute avaient accompagné le coup d'Etat, laissant place à une volonté forte, manifeste dès sa prise de fonction. Cette fois, l'incertitude vient après la conquête du pouvoir, jetant la confusion chez ses derniers partisans, donnant du nerf aux opposants et aux intrigants qui, sentant l'autorité vaciller, s'acharnent déjà à le renverser. Les vieux républicains, qui attendaient le général Vendémiaire, croient découvrir un autre Louis XVI.

Enfin, l'Europe a changé. En 1799, elle était affaiblie par ses défaites et ses dissensions, prête à traiter avec la Révolution et son jeune chef. La Prusse avait fait la paix en 1795, la Russie était sur le point de la conclure. Seule l'Autriche, soutenue par l'or anglais, s'était dressée contre le Consul avant de s'effondrer à Marengo et Hohenlinden en 1800. Désormais, l'Europe des rois n'est plus honteuse, mais victorieuse et dominatrice. Unie depuis 1813, elle vient de triompher de Napoléon et se sent invulnérable. L'esclave d'hier parle aujourd'hui en maître à l'instar de Metternich qui s'exclame : « La coalition peut risquer plusieurs batailles ; il n'en faut qu'une pour perdre Napoléon. » Après tant de combats, après tant de sang versé, les vieilles monarchies n'aspirent qu'à retrouver « le temps du plaisir de vivre [1] ». Napoléon revenu, elles sont maintenant déterminées à éliminer ce « fléau de la Révolution, battant le blé du monde [2] ». Après la sanction de 1814, elles cherchent l'écrasement et l'humiliation, non plus seulement de Napoléon mais de la France entière, cette « marmite bouillonnante » que dénonce l'ambassadeur du tsar, Pozzo di Borgo, rival corse de Napoléon [3]. La peur a changé de camp. Au tour de la Grande Nation et de l'Empereur de trembler.

---

1. Formule de Talleyrand pour désigner la société aristocratique à l'aube de la Révolution.
2. L'expression est d'André Suarès dans ses *Vues sur Napoléon*.
3. Principal lieutenant de Paoli, député royaliste à la Législative (après avoir été un chaud révolutionnaire dans les années 1789-1790), Pozzo inspire la proscription des Bonaparte dont il a été longtemps l'ami jusqu'à leur ralliement à la France jacobine. Chassé de Corse à son tour lors du retour de l'île à la république, il intrigue dans toute l'Europe et devient bientôt l'un des principaux conseillers d'Alexandre Ier. Son rôle s'avère décisif dans la chute de 1814 et la restauration de Louis XVIII, ce qui lui vaut d'être nommé ambassadeur de Russie à Paris.

# CHAPITRE VI

## LA FUITE EN AVANT

> « Ce grand homme vieilli était seul au milieu de tous ces traîtres, hommes et sort, sur une terre chancelante, sous un ciel ennemi, en face de sa destinée accomplie et du jugement de Dieu. »
>
> CHATEAUBRIAND, *Mémoires d'outre-tombe*.

## *L'Europe contre Napoléon*

Le 6 avril 1815, au cours d'une de ses rares sorties, Napoléon rend visite à David pour la présentation de son dernier chef-d'œuvre : *Léonidas aux Thermopyles*. L'artiste, qui y travaille depuis 1800, l'a conçu comme une allégorie du génie révolutionnaire face à l'Europe, nouvelle Perse barbare avide de détruire la Sparte française. L'œuvre vibre d'une force que David n'a cessé de rechercher depuis la Convention où il s'érigeait en apôtre d'un « art politique » destiné à galvaniser les masses. Mais le temps n'est plus à l'épopée triomphante. Léonidas fait écho à Napoléon, héros moderne de la liberté assiégée par le tyran. Le désespoir et la mort dans le regard du général grec figurent la solitude de l'Empereur, résolu au sacrifice face à l'Europe. Comme à l'accoutumée, celui-ci contemple longuement la toile avant de féliciter le peintre : « Continuez, David, à illustrer la France par vos travaux. J'espère que des copies de ce tableau ne tarderont pas à être placées dans les écoles militaires ; elles rappelleront aux jeunes élèves les vertus de leur état. » Son visage n'en laisse pas moins poindre une certaine déception : il n'a jamais aimé ces Thermopyles où les Grecs furent vaincus malgré leur héroïsme. Face à un tel sujet, comment ne point songer à la chute future ? Comme Léonidas, il ne se sent plus de taille à lutter contre l'adversité, mais se voit condamné à tomber pour sauver sa patrie et semer pour l'avenir. Le héros moderne rejoint le héros antique, seul face à ce destin contraire. Décidément, l'Europe ne lui pardonnerait jamais son retour.

Déjà l'ombre de la guerre grandit, menaçante, à l'horizon. Elle renvoie Napoléon à la vérité du champ de bataille, la source même de sa légitimité de conquérant qui lui a permis de prendre le pouvoir et de s'élever jusqu'à l'Empire d'Occident. Il a beau chercher désespérément à retarder l'inévitable en multipliant les émissaires et les protestations de bonne volonté, la messe est dite. Depuis l'automne précédent, les alliés redessinent en son absence la carte de la nouvelle Europe à partir des dépouilles du Grand Empire. Les souverains veulent en finir avec l'esprit révolutionnaire et cet ordre napoléonien qui gangrènent leurs royaumes depuis un quart de siècle.

Ministres et monarques réunis à Vienne communient dans une même répulsion envers l'« Usurpateur ». Ils se souviennent avec amertume des défaites et des humiliations imposées par le diable botté. Chacun éprouve de la rage et de la honte à s'être incliné devant l'« Ogre », à s'être abaissé plus bas que terre dans l'espoir d'entrer dans sa famille ou de récupérer quelques districts à l'occasion d'un traité. Plus que les défaites, ils ne lui pardonnent pas cette torture morale, leur amour-propre blessé, leur légitimité souillée. Voilà pourquoi ils veulent effacer jusqu'à son nom pour ranimer l'Europe du passé, forgée entre gens de bonne compagnie, à coups de traités pondérés et de mariages consanguins, si loin de cet « Attila corse » qui a enflammé le continent avec ses hordes de janissaires.

La volonté de tirer un trait sur son règne se découvre jusque dans la frénésie de fête qui agite les esprits : « Le Congrès ne marche pas, il danse », ironise le prince de Ligne[1]. Cette

---

[1]. Le prince de Ligne incarne l'esprit cosmopolite et raffiné de la grande aristocratie européenne des Lumières. Son œuvre et sa pensée connaissent un regain d'intérêt depuis que Mme de Staël a publié ses *Lettres et Pensées* en 1809.

dissipation tranche avec les usages diplomatiques de l'Empire défunt. Si Napoléon n'ignorait pas les chasses, bals et représentations de théâtre à grand spectacle, il privilégiait les longs entretiens en tête à tête, comme avec Alexandre à Tilsit ou Erfurt. En outre, il affichait sa puissance par la pompe de parades militaires destinées à impressionner ses interlocuteurs pour les dissuader de se dresser contre lui. Vienne au contraire néglige les armes et s'abandonne au tourbillon de la danse, valses et polonaises scandant chaque soirée. « On se ruine en fête », écrit Talleyrand à son amie la duchesse de Courlande. Chacun peut se moquer maintenant de cette lourde étiquette impériale, de ces chambellans et aides de camp dont les uniformes rutilants dissimulent mal la fraîcheur de la roture et la vulgarité des manières. « Galère où l'on ramait à l'ordonnance », affirme l'ancien ministre Chaptal pour évoquer cette Cour militaire, menée à un train d'enfer par le « Petit Caporal ». « Cour hérissée », surenchérit Mme de Rémusat, confidente de Joséphine puis de Talleyrand[1]. Rendue à la légitimité, l'aristocratie européenne s'est du même coup débarrassée des intrus imposés par le César déchu et goûte au charme d'une intimité retrouvée.

La fête ne fait pas oublier l'importance des enjeux, même si les souverains délèguent volontiers les discussions diplomatiques à leurs ministres et plénipotentiaires. Reste à trouver un accord, tâche difficile en raison des intérêts rivaux des puissances et de l'immensité des territoires à se partager[2]. Les spéculations de l'Empereur sur une clôture rapide des négo-

---

1. Le témoignage de Claire de Rémusat est fondamental sur la Cour impériale qu'elle croque notamment dans le passage suivant de ses *Mémoires* : « Le cérémonial s'exécutait comme s'il était dirigé par un roulement de tambour ; tout se faisait en quelque sorte, au pas de charge ; et cette espèce de précipitation, cette crainte continuelle qu'il inspirait, jointes au peu d'habitudes des formes d'une bonne moitié de ses courtisans, donna à sa Cour un aspect plutôt triste que digne, et marqua sur tous les visages une impression d'inquiétude qui se retrouvait au milieu des plaisirs et des magnificences dont, par ostentation, il voulut sans cesse être entouré. »
2. Les débris du Grand Empire renferment plus de trente millions d'habitants : Italie (sauf Naples), Belgique, Hollande, grand-duché de Varsovie, Illyrie, royaume de Westphalie, principauté de Neuchâtel, territoires divers annexés sur la Suisse et les Etats allemands.

ciations sont démenties par la division permanente des protagonistes qui retarde les travaux et laisse même présager une guerre possible entre les anciens vainqueurs dès le début de 1815. La tension se focalise sur le sort de la Pologne et de la Saxe, deux fidèles clientes de la France impériale qui vont être châtiées pour leur loyauté.

Trois fois dépecée au XVIIIe siècle, détruite comme Etat au profit de la Prusse, de l'Autriche et de la Russie, la Pologne a été partiellement reconstruite sous la forme du grand-duché de Varsovie par Napoléon[1]. Charnière fragile entre l'Europe occidentale et le colosse russe, elle est convoitée à ce titre par Alexandre Ier, digne héritier de l'expansionnisme de la grande Catherine. Pour obtenir ce qu'il considère comme un dû, eu égard à son rôle majeur dans la défaite de Napoléon, le tsar s'est assuré de l'appui du roi de Prusse en lui promettant en échange la Saxe que ce dernier exige depuis 1813. Alliée de la France jusqu'à Leipzig, pilier de la Confédération du Rhin[2], rivale éternelle de la Prusse, la Saxe se retrouve, pour toutes ces raisons, menacée de démembrement.

L'axe prusso-russe se heurte à l'Angleterre et à l'Autriche dont les objectifs sont radicalement différents. Avant tout soucieuse de maintenir son hégémonie en Europe centrale, l'Autriche souhaite tempérer l'ardeur de ses voisins. Elle veut d'abord contenir la Prusse qui risque à court terme, surtout si elle absorbe la Saxe, de contester le protectorat traditionnel qu'elle exerce sur les Etats allemands. Incapable de ressusciter le Saint Empire romain germanique, détruit sans retour par Napoléon au lendemain d'Austerlitz, la monarchie des Habsbourg, dirigée par Metternich depuis 1809, préconise la mise sur pied d'une nouvelle structure confédérale dont elle

---

1. Créé en 1807 après Tilsit, le grand-duché a vu son territoire agrandi après la campagne de 1809 contre l'Autriche durant laquelle les Polonais se sont particulièrement illustrés. Placé sous l'autorité nominale du roi de Saxe, il ne résiste pas à la débâcle de Russie, et se trouve envahi par les Russes dès les premiers mois de 1813.
2. Fondée en 1806 par Napoléon qui en devient le protecteur, la Confédération du Rhin regroupe bientôt tous les Etats allemands d'envergure excepté la Prusse et l'Autriche, volontairement tenues à l'écart par la France.

exercerait la présidence. Elle se défie également de la Russie dont les visées impérialistes, en Pologne et dans les Balkans, risquent de détacher de l'Empire ses importantes minorités slaves, tentées — notamment en Serbie — par la réunion future avec le grand frère orthodoxe. Si son intérêt l'oblige à veiller au maintien d'un certain équilibre continental, elle ambitionne toutefois de remplacer l'Empire français en Italie. Chassée de la péninsule par Napoléon, elle veut récupérer la Lombardie et la Vénétie, placer Marie-Louise à Parme, des archiducs à Modène et en Toscane. Maîtresse du nord de la péninsule, elle abandonne volontiers le centre au pape qui retrouve ainsi sa souveraineté temporelle, elle aussi détruite par Napoléon. A Naples, elle tolère Murat dont il faut bien récompenser le ralliement de 1814. En échange de ces annexions, elle accepte de renoncer à la Belgique qui devrait rejoindre le nouvel Etat édifié par le Congrès sous la férule de la Hollande orangiste.

La position autrichienne épouse celle de l'Angleterre dont la politique est commandée par la volonté d'assurer son emprise commerciale et maritime. C'est pourquoi les Anglais, soucieux de préserver l'harmonie entre les puissances européennes, réclament un maximum de colonies. Sous l'égide de Castlereagh[1], Albion veut éviter à tout prix la résurrection du précédent napoléonien. Elle préconise en conséquence le cantonnement de la France par la création d'Etats tampons sur ses nouvelles frontières, le principal d'entre eux étant le nouveau royaume des Pays-Bas constitué par la réunion forcée de la Belgique à la Hollande protestante. Issus du même rameau dynastique — la famille d'Orange —, et de même confession, les deux royaumes[2] sont destinés à s'entendre.

Selon le plan anglais, la France se retrouve ainsi encerclée sur terre et sur mer. Les Bourbons d'Espagne couvrent le sud-

---

1. Le principal architecte des dernières coalitions contre Napoléon. Ministre des Affaires étrangères depuis 1812, ce disciple de Pitt incarne comme son maître la haine de la Révolution et de Napoléon. Artisan de la restauration de Louis XVIII et de la politique des congrès, Castlereagh sera pris d'une crise de démence et se suicidera en 1822.
2. Angleterre et Pays-Bas.

ouest. A l'est, du nord au sud, les Pays-Bas, la Prusse, la Suisse, l'Italie autrichienne remplissent le même office, la flotte britannique surveillant les côtes. Mais il leur importe désormais, puisque le danger français paraît écarté, d'éviter l'émergence d'une nouvelle puissance hégémonique. L'Angleterre craint la Russie mais se méfie également de la Prusse, nationaliste et militaire. Elle préfère donc s'appuyer sur l'Autriche et accessoirement sur l'Empire ottoman pour garantir l'équilibre continental.

Ces rivalités font le jeu de Talleyrand qui s'installe dans le palais Kaunitz à la tête de la délégation française. Le chef de notre diplomatie s'emploie avec succès à transformer nos faiblesses en force. Vaincue, humiliée par le traité de Paris, la France profite de son désintéressement affiché pour se poser en arbitre naturel du Congrès et en porte-parole des petites puissances auprès des quatre grandes. N'ayant rien à perdre, elle peut d'autant mieux prendre des initiatives que son soutien — en raison de la division des alliés en deux blocs hostiles — devient déterminant.

Arrivé en vaincu, presque en paria, Talleyrand parle rapidement en maître, en « ministre de Louis XIV » comme le lui reproche Alexandre Ier. Ses instructions se limitent à deux priorités fortes : assurer l'équilibre des puissances, ce qui le place du côté de l'Autriche et de l'Angleterre, faire triompher sur le continent ce principe de légitimité qui vient de gagner en France grâce à ses bons offices et dont les alliés se présentent comme les garants. Ministre de Louis XVIII après l'avoir été de Napoléon, il change de politique en même temps que de maître. A la loi du canon, il entend substituer un nouvel âge diplomatique fondé sur le droit et la modération, le respect des trônes et de la tradition, proche de celui en vigueur avant la Révolution. Cela suppose le rétablissement du pape, le maintien du roi de Saxe, l'expulsion du parvenu Murat au profit des Bourbons de Naples. En avançant sans cesse le principe de légitimité, Talleyrand prépare la Sainte Alliance et donne au Congrès une morale qui lui faisait jusqu'alors cruellement défaut. Du misérable troc commercial des âmes, on parvient — grâce à une ligne diplomatique enfin claire — à l'édification pacifique de l'Europe des rois.

Assisté du ministre espagnol Labrador, Talleyrand fait aisément prévaloir ses vues dans le premier entretien qu'il a avec les représentants des alliés le 30 septembre 1814[1] : « Je suis peut-être le seul qui ne demande rien, dit-il à ses interlocuteurs. De grands égards, c'est là tout ce que je veux pour la France. Je ne veux rien, je vous le répète, et je vous apporte immensément. La présence d'un ministre de Louis XVIII consacre ici le principe sur lequel repose tout l'ordre social. Le premier besoin de l'Europe est de bannir à jamais l'opinion qu'on peut acquérir des droits par la seule conquête et de faire revivre le principe sacré de la légitimité d'où découlent l'ordre et la stabilité. » Jugeant inadmissible le terme d'allié, devenu caduc à ses yeux depuis la Restauration, il obtient que la France soit désormais associée à toutes les délibérations, à la fois comme puissance indépendante et avocate des petits Etats. Stupéfaits par tant de culot, les ministres s'inclinent.

Talleyrand a gagné la première manche de cette partie d'échecs. Il remporte la seconde le 3 janvier 1815. Par son entregent, la France signe ce jour-là avec l'Autriche et l'Angleterre une alliance défensive, naturellement maintenue secrète. Elle rompt ainsi son isolement diplomatique tout en brisant le bloc ennemi. Talleyrand peut être fier de l'œuvre qu'il a accomplie en seulement quatre mois. « Maintenant, Sire, écrit-il triomphant à Louis XVIII, la coalition est dissoute et l'est pour toujours[2]. » Le « diable boiteux » restaure, par son génie tactique, la nation française à la fois dans son

---

1. Il s'agit de Metternich pour l'Autriche, Castlereagh pour l'Angleterre, Nesselrode pour la Russie et Hardenberg pour la Prusse.
2. Talleyrand ajoute : « Non seulement la France n'est plus isolée en Europe ; mais Votre Majesté a déjà un système fédératif tel que cinquante ans de négociations ne semblaient pas pouvoir parvenir à le lui donner. Elle marche de concert avec deux des plus grandes puissances, "trois Etats de second ordre, les Etats de l'Allemagne du Sud" et bientôt tous les Etats qui suivent d'autres principes et d'autres maximes que les principes et les maximes révolutionnaires. Elle sera véritablement le chef et l'âme de cette union formée pour la défense des principes qu'elle a été la première à proclamer. »

rang et ses prérogatives de grande puissance. Le prix à payer passe par le reniement des deux piliers de la politique extérieure impériale : la Révolution et la conquête.

Le congrès de Vienne marque l'apogée du prince de Bénévent. Il lui insuffle son esprit et forge ses principes avant de l'encourager à se dresser contre Napoléon. Etrange époque, qui voit la légitimité codifiée par un évêque apostat et l'Empereur victime d'un ostracisme organisé par l'un de ses plus anciens et proches conseillers. Pour comprendre la haine de l'Europe, il faut tenter de percer les mystères de ce « sphinx[1] », car il symbolise sans doute le mieux l'évolution du jugement des notables, de la fascination à la répulsion, envers Napoléon. Ses détracteurs dénoncent sa paresse, son cynisme et son égoïsme, sa vénalité mais aussi sa lâcheté devant l'épreuve. En 1815, soulignent-ils, Talleyrand a déjà servi et trahi tour à tour Louis XVI, le Directoire et Napoléon. A l'opposé, ses rares défenseurs vantent sa courtoisie, sa loyauté en amitié, ses grandes qualités de diplomate, son génie visionnaire — il est le premier à avoir prédit la chute de l'Empire en 1808 — et son célèbre esprit. Ils insistent également, pour faire contrepoids à ses reniements, sur sa fidélité à quelques principes essentiels. En effet, et sur ce point ils ont raison, Talleyrand reste l'homme d'une vision empreinte de modération et d'équilibre entre les pouvoirs comme entre les puissances.

En dépit de son immoralité, même si Molé le dépeint comme « un de ces monstres de la fable, moitié homme, moitié serpent », c'est bien lui que choisissent Barras, Napoléon puis Louis XVIII pour diriger la politique étrangère de la nation. Les souverains et ministres européens le considèrent comme leur interlocuteur privilégié pour les affaires françaises. Esprit fin et délié, Talleyrand possède les qualités du parfait diplomate : la lucidité et le sang-froid, l'esprit

---

1. Surnom que lui donne son biographe Jean Orieux.

d'analyse et d'anticipation, l'art du jeu et de la dissimulation, la patience teintée de fermeté dans la négociation. Habile à transcrire les subtilités protocolaires et à bâtir des traités équilibrés, il s'impose aux yeux de toute l'Europe comme le digne successeur de Choiseul[1]. Consacré par trois légitimités, il rachète par sa réputation un cynisme que dénoncent les témoins unanimes. Le halo de soufre qui entoure le personnage ajoute encore à la légende. A la différence de Fouché, parvenu à se hisser à la force du poignet, lui réussit à se maintenir au sommet de la pyramide sociale, un exploit en cette époque de grands bouleversements et de haine de l'aristocratie. Il n'est pas tant un homme de pouvoir, comme le duc d'Otrante, qu'un homme de cour, mélange de Richelieu et de Laclos, formé par Versailles à l'intrigue, aux bons mots assassins, aimant le luxe, les femmes, le jeu et l'argent.

Cet homme que rien ne rebute pour peu que cela serve sa gloire ou son profit, qui incarne une sorte d'antéchrist aux yeux de l'ancienne noblesse et les vices de l'Ancien Régime pour un républicain comme Carnot, n'a manifesté une once de sentiment que dans sa relation avec Napoléon. Alors qu'il a méprisé Barras et détestera Louis XVIII, son âme blasée est d'emblée séduite par le charisme du jeune vainqueur de la campagne d'Italie[2]. A la fascination pour le personnage, qu'il partage avec nombre de ses contemporains, s'ajoute la reconnaissance envers celui qui, le premier, lui accorde sa confiance et distingue ses talents. Bonaparte, sensible à l'intelligence, au tempérament et, beaucoup plus qu'on le croit, à l'éducation, goûte sa finesse d'analyse et en fait son ministre des Affaires étrangères après Brumaire. Le duo, qui a comploté en commun l'expédition d'Egypte, se soude au début du

---
1. Le plus grand diplomate du siècle des Lumières, par ailleurs conscient de l'urgence d'une réforme de la monarchie à la fin du règne de Louis XV. C'est à lui notamment que nous sommes redevables de l'acquisition de la Corse. Talleyrand, qui l'a bien connu, en a laissé un portrait subtil dans ses *Mémoires*.
2. Talleyrand rencontre pour la première fois le héros de l'Italie en décembre 1797. « Au premier abord, écrira-t-il dans ses *Mémoires*, Bonaparte me parut avoir une figure charmante ; vingt batailles gagnées vont si bien à la jeunesse, à son beau regard, à de la pâleur et à une sorte d'épuisement. »

Consulat. Il régit de concert la politique extérieure de l'âge d'or, de 1800 à 1807. Le Concordat et le traité d'Amiens constituent leurs plus belles réalisations, contribuant à l'édifice de paix dans la grandeur recherché par la France depuis Louis XIV.

Les premières fissures apparaissent après Austerlitz. Talleyrand s'oppose au démembrement de l'Autriche puis de la Prusse. A trop vouloir s'agrandir, dit-il, la France court à sa perte[1]. Mais Napoléon se détache au même moment de cette politique, qu'il juge pusillanime, pour se lancer dans l'édification de l'Empire d'Occident. Napoléon joue — avec le Code civil et l'abolition des privilèges — la carte des peuples contre les rois ; Talleyrand au contraire reste sur une ligne prudente et pragmatique. Il pressent que le nationalisme, outragé par la conquête impériale, pousse insensiblement les nations non dans les bras de l'Empereur comme celui-ci l'escompte mais dans ceux de leurs souverains légitimes. Il défend déjà une politique européenne fondée sur des principes complémentaires — le respect des régimes en place et l'équilibre continental — qu'il fera prévaloir à Vienne.

L'opposition entre Talleyrand et Napoléon, le diplomate et le conquérant, recouvre deux conceptions antinomiques de la politique étrangère. Le ministre s'inscrit dans une longue tradition défensive, soucieuse de préserver le « pré carré » par un solide système d'alliances appuyé sur une grande puissance continentale, à l'exclusion de la Russie, barbare et lointaine. Illustrée au siècle précédent par des cardinaux-ministres comme Fleury et Bernis, cette diplomatie s'efforce déjà de freiner les tendances expansionnistes de la monarchie. Durant la Révolution, elle réunit des figures opposées, tels Mirabeau

---

[1]. Le prince de Bénévent tente d'alerter Napoléon à plusieurs reprises : « Votre Majesté peut maintenant briser la monarchie autrichienne ou la relever, écrit-il par exemple après Austerlitz. Une fois brisée, il ne sera plus au pouvoir de Votre Majesté elle-même d'en rassembler les débris épars et d'en recomposer une seule masse. Or l'existence de cette masse est nécessaire. Elle est indispensable au salut futur des nations civilisées. L'Empereur peut la briser, mais brisée, elle ne se rétablira plus. Qu'il la conserve, qu'il lui tende une main généreuse, qu'il lui offre l'alliance et la rende possible et sincère en la rendant profitable. La France est assez grande... »

et Robespierre. Le premier appelle à la conquête du continent par l'esprit plutôt que par les armes [1], le second veut d'abord consolider la Révolution de l'intérieur et prophétise dès 1792 que la guerre contre l'Europe retournera ses peuples contre la France et fera le lit d'une dictature militaire.

A l'inverse, Napoléon symbolise la politique offensive déjà illustrée auparavant par les rois guerriers François Ier ou Louis XIV et plus récemment par les Girondins [2]. Pour cette lignée, la France, forgée par la guerre, est condamnée à l'expansion sous peine de devenir, comme si souvent par le passé, la proie des invasions. Première puissance du continent, elle a pour mission d'intervenir dans les conflits continentaux et d'étendre sa zone d'influence à tous les pays frontaliers. En s'emparant des frontières naturelles, la Convention réalise le vieux rêve de la monarchie, bousculant les enjeux. Désormais, la césure passe entre « faucons », partisans d'une croisade révolutionnaire, décidés à forger une Europe française, et « colombes » conservatrices, trop heureuses des gains obtenus pour les risquer dans de nouvelles aventures.

Napoléon donne d'abord des gages à ces modérés par le traité d'Amiens. Mais la politique de Talleyrand n'est pas la sienne. Manœuvrier éblouissant, commandant la première armée du monde, il ne résiste pas longtemps à la tentation de la puissance. Il lui faut surpasser la gloire des armées révolutionnaires pour légitimer l'Empire, d'autant que l'hostilité de l'Europe des rois ne lui laisse pas le choix : l'Angleterre n'annonce-t-elle pas qu'elle ne déposera jamais les armes tant

---

[1]. Mirabeau résume sa position dans son discours majeur du 25 août 1790 : « L'influence tôt ou tard irrésistible d'une nation forte de 24 millions d'hommes parlant la même langue et ramenant l'art social aux notions simples de liberté et d'équité qui, douées d'un charme irrésistible pour le cœur humain, trouvent dans toutes les contrées du monde des missionnaires et des prosélytes, l'influence d'une telle nation conquerra sans doute l'Europe entière à la vérité, à la modération, à la justice, mais non pas toutes à la fois, non pas en un seul jour, non pas en un seul instant. »

[2]. Egalement appelés Brissotins en référence à leur chef de file Brissot. Ce sont eux qui ont le plus poussé à la guerre contre l'Autriche en 1792. Danton — « De l'audace, encore de l'audace, toujours de l'audace » — s'inscrit dans la même lignée en réclamant les frontières naturelles et la mobilisation générale pour la patrie en danger.

qu'Anvers et la Belgique demeureront françaises ? Garant par le serment du Sacre de ces nouvelles frontières, Napoléon se voit donc condamné à la guerre perpétuelle. Attaqué par l'Autriche en 1805 puis par la Prusse en 1806, il peut encore se prétendre en état de légitime défense pour justifier le recours aux armes. Mais une fois victorieux, il tombe le masque. Enivré par l'alliance russe, Napoléon franchit un dernier palier, celui de la conquête pure, sans autre raison que celle d'accroître son emprise au nom de la loi du plus fort. L'Espagne et le Portugal deviennent ses premières victimes en 1808, soulevant l'indignation de l'Europe. Talleyrand, écarté du ministère après Tilsit, s'estime quitte envers lui et trahit la même année à Erfurt. Violant ouvertement ses instructions, il vient trouver Alexandre I$^{er}$ pour lui prêcher la rupture : « Sire, dit-il au tsar, que venez-vous faire ici ? C'est à vous de sauver l'Europe et vous n'y parviendrez qu'en tenant tête à Napoléon. Le peuple français est civilisé, son souverain ne l'est pas ; le souverain de Russie est civilisé et son peuple ne l'est pas. C'est donc au souverain de Russie d'être l'allié du peuple français. » Il précise son propos : « Le Rhin, les Alpes, les Pyrénées sont la conquête de la France ; le reste est la conquête de l'empereur ; la France n'y tient pas. »

Par cette audacieuse démarche, il se rapproche pour la première fois de Fouché qui, inquiet de l'hostilité croissante de l'opinion envers la guerre, se prononce également pour l'arrêt de la politique de conquête. Les deux hommes, sentant venir la fin de l'épopée, décident alors d'unir leurs forces pour préparer l'avenir. Ils condamnent ensemble cette expédition d'Espagne que Talleyrand a pourtant conseillée, intriguent pour trouver un successeur à l'Empereur tandis que celui-ci écrase la rébellion espagnole à la fin de l'année 1808. Mais Napoléon n'est pas Barras. L'Aigle, qui perce à jour les desseins du prince de Bénévent, l'exécute publiquement le 28 janvier 1809 par la célèbre estocade : « Vous êtes de la merde dans un bas de soie. »

L'antagonisme personnel s'ajoute au divorce politique pour

forger une haine inexpiable. Désormais, selon le mot sans pitié de Chateaubriand, « il ne resta à M. de Talleyrand qu'à clopiner au pied du colosse qu'il ne pouvait pas renverser ». Il obtient sa revanche en orchestrant la Restauration dans son hôtel de la rue Saint-Florentin puis en forgeant la nouvelle Europe à Vienne. Précédé de sa réputation méphistophélique, il devient une des attractions du Congrès. Les ministres et plénipotentiaires se bousculent à sa toilette durant laquelle il expose sans ménagement son membre estropié, met « sa culotte devant ces dames sans songer même à se retourner », précise Molé, et se livre à de bruyantes ablutions. Tandis qu'il ôte une de ses nombreuses chemises ou bonnets de nuit, il condescend à engager la conversation, prononce une ou deux sentences, fait un bon mot et signe les papiers les plus urgents. On croit assister au lever du roi à Versailles.

Revenu dans ce sérail de la société de cour dont il connaît les moindres recoins, il veut parfaire sa vengeance en obtenant l'exil de Napoléon et l'éviction de Murat. Il compte ainsi éliminer les bonapartides comme il a abattu l'Ancien Régime et le Directoire, tous coupables de l'avoir repoussé[1]. Il agira de même à l'encontre de la Restauration en favorisant l'avènement de Louis-Philippe en 1830.

## *Les foudres de Vienne*

Le Congrès n'entend pas revenir le roitelet d'Elbe. Metternich apprend l'incroyable nouvelle à son réveil, le 7 mars 1815 à l'aube. Quelques lignes au détour d'une dépêche expédiée depuis Livourne par son consulat général à Gênes le font bondir de son lit : « Le commissaire anglais Campbell vient d'entrer dans le port pour s'informer si l'on n'a pas vu Napoléon à Gênes, attendu qu'il a disparu de l'île d'Elbe. » Le chancelier se rend aussitôt chez l'empereur Fran-

---

[1]. Les Directeurs l'ont renvoyé du ministère des Affaires étrangères quelques mois avant le 18-Brumaire.

çois qui, d'un calme olympien, déclare à son ministre : « Napoléon semble vouloir courir les aventures ; c'est son affaire ; la nôtre est d'assurer au monde le repos qu'il a troublé pendant de si longues semaines. Allez sans retard trouver l'empereur de Russie et le roi de Prusse ; dites-leur que je suis prêt à donner l'ordre à mon armée de reprendre le chemin de la France. Je ne doute pas que les deux souverains ne marchent d'accord avec moi. »

A dix heures du matin, les quatre puissances unanimes décident la guerre[1]. En une heure, Napoléon a détruit l'œuvre de Talleyrand. Les lampions brutalement s'éteignent, les valseurs se figent. Le titre du divertissement joué le soir même, « La Danse interrompue », résume à merveille l'état des esprits : « Il serait impossible de peindre la physionomie que prit, dès lors, la capitale de l'Autriche, écrit le comte de La Garde, auteur d'une vivante chronique du Congrès. Vienne ressemblait à un homme qui, bercé par des rêves d'amour ou d'ambition, se verrait violemment arraché à son sommeil par la crécelle du garde de nuit ou le tintement du beffroi l'avertissant qu'un incendie dévore sa maison. »

Aucun des souverains ne croit à la volonté de paix du revenant. Pour eux, l'agneau reste un loup. Commandée par la conjoncture, sa modération passe pour une attitude de pure circonstance : « Il fait le câlin », résume Jaucourt. Si on le laisse en place, il ne lui faudra que deux ou trois ans pour reconstituer ses forces, secouer le continent et passer à l'attaque. Napoléon continue d'expier l'Empire[2]. Chacun dénonce son peu de scrupule à appliquer les traités : n'a-t-il pas pressuré la Prusse jusqu'à l'épuisement et annexé les Etats

---

[1]. L'intervention des alliés est naturellement subordonnée au succès de la tentative de Napoléon. « Si nous apprenons que le roi de France n'est pas assez fort pour venir à bout tout seul de Bonaparte, écrit Wellington le 12 mars, nous mettrons en mouvement toutes les forces de l'Europe, et même s'il réussit à s'établir en France, nous parviendrons certainement à le renverser. » Les représentants anglais donnent aussitôt leur accord de principe qui sera effectif à l'issue des débats parlementaires.

[2]. Le secrétaire de Decazes, Gennevay, écrit dans son histoire (inédite) de la période (1814-1820) : « Napoléon avait beau s'écrier : "l'Empire nouveau c'est la paix !", personne n'y croyait, personne ne pouvait y croire. »

du grand-duc d'Oldenbourg, le beau-frère du tsar, trois ans après s'en être porté garant à Tilsit[1] ? Le véritable tournant remonte au « coup d'Etat de Bayonne » quand, pour s'emparer de la couronne d'Espagne au profit de son frère Joseph en 1808, l'Empereur avait attiré les Bourbons dans un guet-apens. Il se trouve ravalé depuis lors au rang d'un vulgaire usurpateur, conquérant insatiable, et incapable de tenir parole[2]. Les négociations de 1813 et de 1814 fournissent aux puissances une nouvelle preuve de sa mauvaise foi, Napoléon n'ayant cessé de fluctuer et de se contredire au gré de l'évolution militaire.

Autant de raisons pour les alliés de se montrer exaspérés par son retour et embarrassés par la main pacifique qu'il leur tend. Le vol inopiné de l'Aigle menace de tout compromettre. N'ayant plus rien à perdre, Polonais, Saxons, Belges ou Italiens peuvent être tentés de prendre les armes pour le suivre. Aussi faut-il l'abattre le plus tôt possible, avant qu'il n'ait eu le temps de rassembler une armée digne de ce nom et d'aiguillonner les nationalités blessées. La course à la guerre s'engage derechef. La concentration dans la capitale autrichienne des souverains, princes, ministres et généraux, facilite la mobilisation et la préparation des plans de campagne. Une première vague anglo-prussienne converge aussitôt vers la Belgique. Forte de deux cent mille hommes, elle doit attendre l'arrivée des cinq cent mille Russes et Autrichiens, en cours de mobilisation dès le mois d'avril. Au début de l'été, près de

---

[1]. L'annexion intervient en 1810, sous prétexte de lutter plus efficacement contre l'Angleterre dans le cadre du Blocus continental. La brutalité du procédé indigne Alexandre, qui publie une protestation. L'événement contribue à provoquer la guerre avec la Russie deux ans plus tard.

[2]. C'est ce qu'explique Talleyrand à l'Empereur, juste après les faits, en lui affirmant qu'il « avait plus perdu que gagné dans les événements de Bayonne ». Sommé de s'expliquer, il répond par un exemple audacieux : « Qu'un homme dans le monde y fasse des folies, qu'il ait des maîtresses, qu'il se conduise mal envers sa femme, qu'il ait même des torts graves envers ses amis, on le blâmera sans doute ; mais s'il est riche, puissant, habile, il pourra rencontrer encore les indulgences de la société. Que cet homme triche au jeu, il est immédiatement banni de la bonne compagnie qui ne lui pardonnera jamais. » Selon le prince de Bénévent, qui rapporte le dialogue dans ses *Mémoires*, Napoléon ne pardonne pas l'affront et se brouille dès lors définitivement avec lui.

sept cent mille hommes seront donc engagés dans la seconde campagne de France.

Conscient de l'étroitesse du chemin, Napoléon tente jusqu'au bout et par tous les moyens de retarder l'échéance. Le 4 avril, il adresse une circulaire aux souverains pour justifier son entreprise : « Monsieur mon frère, vous aurez appris, dans le cours du mois dernier, mon retour sur les côtes de France, mon entrée à Paris et le départ de la famille des Bourbons. [...] La dynastie, que la force avait rendue au peuple français, n'était plus faite pour lui : les Bourbons n'ont voulu s'associer ni à ses sentiments, ni à ses mœurs. La France a dû se séparer d'eux ; sa voix appelait un libérateur. L'attente qui m'avait décidé au plus grand des sacrifices, avait été trompée. Je suis venu, et du point où j'ai touché le rivage, l'amour de mes peuples m'a porté jusqu'au sein de la capitale. » Il accepte solennellement les clauses du traité de Paris, ratifié par le gouvernement royal. Le maître de guerre a cette fois choisi la paix : « Assez de gloire a illustré tour à tour les drapeaux des diverses nations ; les vicissitudes du sort ont assez fait succéder de grands revers à de grands succès [...] Une belle arène est aujourd'hui ouverte aux souverains, et je suis le premier à y descendre. Après avoir présenté au monde le spectacle de grands combats, il sera plus doux de ne connaître désormais d'autres rivalités que celles des avantages de la paix, d'autres luttes que la lutte simple de la félicité des peuples. »

Cette démarche se double d'une intervention énergique de Caulaincourt auprès des plénipotentiaires autrichiens et russes, restés quelques jours à Paris dans l'attente de leurs passeports. Le ministre des Affaires étrangères leur renouvelle les dispositions pacifiques de l'Empereur et essaye de les persuader de sa bonne foi. Il tente également de semer la division en transmettant à l'envoyé du tsar une copie du traité d'alliance avec l'Autriche et l'Angleterre signé par Talleyrand en janvier précédent et oublié par Jaucourt sur son bureau dans la panique du départ.

Sa lettre étant demeurée sans réponse et ses courriers arrêtés aux frontières, l'Empereur envoie des émissaires secrets : Saint-Léon, créature du duc d'Otrante ; Stassart, ancien préfet devenu chambellan de l'empereur d'Autriche, l'aide de camp Flahaut et plusieurs autres sont dépêchés auprès des souverains pour tenter de les persuader de faire marche arrière. Un familier de Talleyrand débauché par Fouché, Montrond, parvient à rejoindre Vienne où il demeure du 5 au 24 avril. Il tente vainement d'acheter le prince de Bénévent[1], rencontre Méneval auquel il remet des lettres de Napoléon pour Marie-Louise, s'abouche avec des ministres et des généraux auxquels il extorque une brassée de renseignements. Metternich, dont il obtient une audience, répond à ses ouvertures en lui déclarant sans ambages : « Nous ne traiterons jamais avec Napoléon mais sans lui et contre lui. »

Incapable de convaincre, Napoléon ne parvient pas davantage à diviser. Il essaye d'approcher chacun des alliés, à l'exception de la Prusse dont il connaît la haine pour l'avoir humiliée à Iéna puis démantelée après Tilsit. Mais Alexandre ne veut rien entendre et Metternich, sondé pour favoriser une régence éventuelle de Marie-Louise, refuse de rendre l'Impératrice et l'Aiglon. Reste l'Angleterre où Napoléon bénéficie de l'appui de la minorité whig et d'une poignée de journaux, notamment le *Morning Chronicle*. Or cette coterie francophile, en dépit de la valeur de ses orateurs, sort largement vaincue des débats sur la guerre qui agitent les deux chambres, Communes et Lords, en avril-mai.

Contrairement à 1814, il n'y a donc pas la moindre chance donnée à la négociation. Si la déchéance du « Grand Tyran » (Maurice Arndt) reste le but affiché de la guerre, les alliés semblent décidés cette fois à rançonner et à dépecer la France. Le 12 mai, ils publient une nouvelle proclamation,

---

1. Le « beau Montrond », comme on le surnomme toujours, approche le « diable boiteux » pour le compte de l'Empereur et sans doute aussi de Fouché. Talleyrand refuse toute négociation : « Lisez la déclaration, dit-il à son ami. Elle ne contient pas un mot qui ne soit dans mon opinion. Ce n'est pas d'ailleurs d'une guerre contre la France qu'il s'agit, elle est contre l'homme de l'île d'Elbe. »

rédigée par le publiciste contre-révolutionnaire Gentz[1], qui annonce le châtiment promis à la nation rebelle : « Il ne s'agit pas aujourd'hui de maintenir le traité de Paris ; il s'agit de le refaire ; les puissances se trouvent établies envers la France dans la même position dans laquelle elles étaient le 31 mars 1814. » Laissée jusqu'alors libre du choix de son gouvernement, elle perd de fait cette prérogative puisqu'elle s'obstine à vouloir conserver Bonaparte. « Le vœu du peuple français, s'il était même pleinement constaté n'en serait pas moins nul et sans effet », assène avec arrogance le manifeste[2]. « Au nom de la France », Talleyrand signe le document sans ciller, conscient pourtant du risque de souder davantage la nation à l'Empereur et de rendre les Bourbons impopulaires. Mais il veut à tout prix rester associé aux négociations ultérieures pour arrimer la dynastie à l'Europe, dans l'espoir d'obtenir le moment venu une paix honorable.

Rassemblés par la peur et la haine du revenant, les alliés sont déterminés à conclure rapidement le traité. Le « Petit Caporal » devient malgré lui l'accoucheur de l'Europe contre-révolutionnaire. Pendant que les troupes se préparent, des compromis sont trouvés comme par miracle sur les points liti-

---

[1]. Prussien d'origine passé au service de Metternich, Friedrich von Gentz est l'un des pionniers de l'unité allemande et de la croisade européenne contre la France, rédacteur des plus importantes proclamations de l'Autriche et de l'alliance. Il est à l'époque premier secrétaire du congrès de Vienne, soit la plume chargée de mettre en ordre les délibérations.

[2]. L'historien Alfred Nettement insiste sur ce manifeste qu'il qualifie de « doctrine de l'intervention motivée », qu'on appelle aujourd'hui le droit d'ingérence. La légitimité de Napoléon y est expressément niée : « Les événements qui ont conduit Napoléon à Paris et qui lui ont rendu pour le moment l'exercice du pouvoir suprême, ont changé sans doute sa position première, mais ces événements, amenés par des intelligences coupables et des conspirations militaires, constituent un fait et non un droit. [...] La liberté dont jouit une nation de changer son système de gouvernement a de justes limites, et si les puissances étrangères n'ont pas le droit de lui prescrire l'usage qu'elle doit faire de cette liberté, elles ont celui de protester contre l'abus qu'elle pourrait en faire à leurs dépens. Pénétrées de ces principes, les puissances, tout en ne se croyant pas autorisées à imposer un gouvernement à la France, ne sauraient renoncer au droit d'empêcher qu'à titre de gouvernement, il ne s'établisse en France un foyer de désordre et de bouleversement incompatible avec leur propre sûreté et la tranquillité générale de l'Europe. » Cette déclaration répond au manifeste du Conseil d'État qui, comme on l'a vu, légitimait le retour de l'Empereur et proclamait la souveraineté du peuple comme seul fondement du pouvoir.

gieux. Le tsar obtient l'essentiel de la Pologne qu'il dote d'une constitution modérée afin de ménager la susceptibilité de sa population. Outre une grande partie de la Saxe, la Prusse reçoit l'ancienne Poméranie suédoise, la défunte Westphalie de Jérôme Bonaparte et les provinces rhénanes. Désormais installée sur le Rhin, doublant de volume à l'occasion, elle s'affirme comme la principale puissance allemande, à la fois menaçante pour l'Empire des Habsbourg et pour la France, même si sa division en deux entités l'empêche encore de faire jeu égal avec l'Autriche.

Cette dernière a retrouvé un prestige et des territoires. L'Italie du Nord passe sous sa coupe ; elle reprend pied en Allemagne et préside enfin la nouvelle confédération germanique, structure fédérale regroupant les trente-neuf Etats maintenus ou édifiés par le Congrès[1]. En réalité, elle remporte une victoire à la Pyrrhus. Ruiné par la guerre, doté d'une armée médiocre qui n'était jamais parvenue à battre la Grande Armée, l'Empire des Habsbourg est trop affaibli pour prétendre dominer l'Europe. Mosaïque de nationalités rivales, il risque de voir chacune d'entre elles, par rancœur, jalousie ou patriotisme, sortir de la maison commune pour venir rejoindre l'Etat-nation voisin. Il se désigne lui-même comme l'ennemi du nationalisme et du libéralisme, les deux valeurs montantes du siècle. En un certain sens, Vienne charge l'Empire d'un fardeau trop lourd pour lui.

L'Angleterre apparaît comme la véritable gagnante des accords conclus. A l'exception de l'abolition de la traite des Noirs, elle réalise tout son programme. Désormais dotée d'un impressionnant Empire colonial, assise sur une flotte dominatrice, elle bénéficie d'une forte tête de pont en Europe grâce au nouveau royaume des Pays-Bas[2]. Elle a brisé la France, contenu la Prusse et la Russie, ne renforçant que l'Autriche, dont la force armée est la moins redoutable. Elle devient ainsi

---

1. Aussi paradoxal que cela puisse paraître, cette confédération germanique marque une réelle simplification par rapport à la carte du Saint Empire romain germanique, déjà considérablement remaniée en 1803 avant d'être à nouveau bouleversée par la conquête napoléonienne.
2. Notamment grâce au port d'Anvers.

et pour un siècle la première puissance du monde. Les grands vaincus sont les Belges et les Polonais qui pleurent la disparition de leurs pays. Mais les patriotes allemands et italiens sont aussi frustrés par un pacte qui nie les aspirations nationalistes au profit respectif des Habsbourg, du pape et des Bourbons.

L'acte final est officiellement signé le 9 juin 1815. L'Europe nouvelle entérine la ruine du Grand Empire napoléonien alors même que Napoléon est de retour à Paris ! Autrement dit, elle l'enterre vivant.

La tentative d'unité italienne sous l'égide de Murat renforce encore, s'il en était besoin, la détermination des alliés. Bien qu'il ait sauvé péniblement son trône l'année précédente, le beau Joachim se sent menacé. Louis XVIII, qui a juré sa perte, bénéficie du soutien des alliés, à l'exception de l'Autriche, soucieuse de payer sa dette à l'égard du roi de Naples. Celui-ci n'inspire plus confiance à personne : « C'est une canaille qui nous a trahis », s'exclame par exemple le tsar Alexandre, échaudé par son ralliement tardif en 1814 et son manque d'ardeur à combattre les armées françaises. Les rapports de Murat avec son beau-frère oscillent depuis toujours entre la soumission admirative et la jalousie. Comme tant d'autres, Joachim Ier doit tout à l'Empereur : son mariage, sa fortune, enfin ce trône de Naples où, selon l'expression des grognards, il « passe roi » en 1808. Mais il n'aime pas à l'admettre, se plaint et récrimine sans cesse. Il faut reconnaître que l'Aigle ne le ménage guère dans ses lettres : « Le titre de roi vous a tourné la tête. Si vous désirez le garder, conduisez-vous bien. » Il multiplie les brimades, le traite en valet et souverain d'opérette. En 1811, Napoléon annule un de ses décrets par des considérants humiliants [1] ; en 1812, il l'écarte du rassem-

---

[1]. Murat décrète que les Français à son service doivent se faire naturaliser sous peine de perdre leur situation. Napoléon réplique par un décret cinglant qui rappelle que Naples fait partie intégrante de l'Empire : « Le prince qui gouverne cet Etat [...] n'a été mis et maintenu sur le trône que par les efforts de nos peuples. » Avant de trancher : « Article I. Tous les citoyens français sont citoyens des deux Siciles. Article II. Le décret du roi de ce pays ne leur est pas applicable. »

blement des têtes couronnées qui se déroule à Dresde à la veille de la campagne de Russie. Risée de l'Europe, le paladin de l'Empire ne supporte plus le joug de fer sous lequel il est tenu. La naissance du roi de Rome le persuade qu'il va bientôt être détrôné. Il commence à intriguer, prend langue avec Talleyrand et Fouché, noue des contacts avec l'Autriche et l'Angleterre. Ebranlé par le spectacle désastreux de la retraite de Russie, Murat hésite pendant un an sur la conduite à tenir. Après avoir lâchement abandonné les restes de la Grande Armée début 1813[1], il se rachète en emmenant avec son panache habituel les charges de la cavalerie française à Leipzig, tout en assurant Metternich de son soutien total !

En réalité, c'est sa femme Caroline, la dernière sœur de Napoléon, qui le régente. Arriviste et autoritaire, jalouse des autres membres du clan Bonaparte, Caroline estime comme un droit ce que ses aînés, marqués par l'exil et la misère, considèrent comme une faveur[2]. A l'image de son plus jeune frère, Jérôme, elle arbore cet esprit d'enfant gâté qui vaudra à la famille tant d'ennemis en Europe. Toutefois, elle compense ses défauts par une grande maturité, une force de caractère et un solide jugement. « Femme d'Etat[3] », cynique et intéressée, elle n'hésite pourtant pas à abandonner son frère quand le destin lui devient contraire. Début 1814, forte de son ancienne liaison avec Metternich, elle persuade son mari de s'allier pour de bon avec l'Autriche.

A l'instar de Ney, le magnifique guerrier qu'est Murat demeure un piètre politique. Le « Bernadotte du Midi », comme le surnomme Napoléon, n'en reste pas moins dévoré par le remords de sa trahison, cherchant dès lors à se réconcilier avec l'Empereur tout en conservant son royaume[4]. En

---

1. Commandant en chef de la Grande Armée après le départ de Napoléon pour Paris début décembre 1812, Murat part le mois suivant pour regagner son royaume. Sa « désertion » achève le moral des troupes et exaspère Napoléon.
2. « Elle n'avait pas, comme nous, connu le simple particulier. Elle, Pauline, Jérôme, étaient encore des enfants, que j'étais le premier homme de France ; aussi ne se sont-ils jamais cru d'autre état que celui dont ils ont joui au temps de ma puissance » (Napoléon, *Mémorial*).
3. « Elle était née reine », dira Napoléon à Las Cases.
4. Murat va jusqu'à payer Talleyrand pour défendre ses intérêts au Congrès et fait appel à Benjamin Constant pour qu'il rédige un mémoire en sa faveur.

outre, son geste soulève même les cœurs les plus endurcis. Si elle déteste Napoléon, l'Europe n'a jamais cessé d'admirer son génie militaire et ses capacités intellectuelles. Portée par une morale de l'honneur, la société aristocratique vomit les traîtres, sans pour autant renoncer à les utiliser parfois. En tentant de se faire adouber par un coup de Jarnac, le beau-frère achève de se rendre indésirable. Ecartelé entre les injonctions de Caroline, qui le somme de rester fidèle à l'Autriche[1], et les avis contraires de ses courtisans qui le poussent à libérer ses frères d'Italie, Murat louvoie, mal à l'aise, impatient de sortir du piège dans lequel il s'est laissé enfermer.

A l'annonce du Vol de l'Aigle, sa tête s'enflamme. Certain du succès final de Napoléon, il se décide sans plus attendre à envahir la péninsule. En dépit des ordres comminatoires de l'Empereur l'adjurant à la patience, il préfère jouer sa partition seul, craignant que Napoléon le traite moins en allié qu'en vassal une fois parvenu à Paris. Dans le souci d'arracher son pardon, il veut également l'impressionner par un succès éclatant[2]. Circonvenu par son entourage, il envahit fin mars les Etats pontificaux, ce qui équivaut à une déclaration de guerre contre l'Autriche. Singeant son maître, le roi de Naples publie une proclamation appelant à l'indépendance et à l'unité : « Italiens, l'heure est venue où doivent s'accomplir les grandes destinées de l'Italie ! Que toute domination étrangère disparaisse du sol italien ! Qu'une représentation nationale, qu'une constitution digne de ce siècle et de vous garantissent votre liberté et votre indépendance. »

Malheureusement pour lui, l'unité italienne reste à l'époque une idée partagée par une maigre poignée de philosophes et de militaires, premières troupes des Carbonari et du futur Risorgimento. Non seulement Murat n'a pas les moyens de sa politique, mais de plus sa tentative prématurée achève de discréditer à Vienne la cause de son illustre beau-frère :

---

1. « N'est-ce pas assez, lui dit-elle, pour un paysan du Quercy d'occuper le plus beau trône d'Italie ? »
2. Murat lui écrit le 14 mars : « Sire ! Je n'ai jamais cessé d'être votre ami. J'attendais seulement une occasion favorable. Elle est arrivée et c'est maintenant que je vais vous prouver que je vous fus toujours dévoué. »

« Attaquant intempestivement, isolément et sans concert, il détruisait toutes les espérances de paix, aliénait entièrement l'Autriche et, enfin, faisant seul la guerre, quand l'Empereur était en pleine négociation et n'avait encore aucune armée, il donnait le temps à l'Autriche de l'écraser avant que la France pût le secourir », analysera Napoléon.

Bénéficiant de l'effet de surprise, le roi de Naples mise sur sa réputation et sa prestance pour entraîner les peuples de la botte. Ses troupes — une quarantaine de milliers d'hommes — s'emparent de Modène, Ferrare et Florence sans rencontrer de résistance sérieuse. Toutefois, plus il s'avance vers le Nord, plus les populations lui marquent de la froideur. L'Italien du Nord, méprisant celui du Sud, refuse l'unité sous domination napolitaine que lui offre le roi Joachim. Après les vivats, Murat rencontre ainsi l'indifférence et l'hostilité avant de subir la confrontation avec les Autrichiens. Défait à Ochiabello, écrasé à Tolentino les 2 et 3 mai, il doit se replier aussi vite que venu. Sa retraite se transforme en débandade du fait de la désertion massive de ses troupes : vingt mille hommes quittent les rangs en huit jours ! Le 19 mai, c'est un homme seul et hébété qui regagne Naples. « Madame, confesse-t-il à sa femme, ne vous étonnez point de me voir vivant : je n'ai pas pu mourir. » Pris en étau entre la flotte anglaise qui bloque le port et l'armée autrichienne qui arrive à marche forcée, Joachim n'a d'autre choix que la fuite. Il se fait couper les cheveux, endosse des vêtements civils et embarque secrètement à Gaète. Une fois en France, il est contraint de se terrer près de Toulon. Napoléon, par rancœur légitime, « met au lazaret cet homme attaqué par la peste des vaincus [1] ».

Catastrophique, l'échec de Murat prive Napoléon de l'Italie et empêche l'ouverture d'un second front contre l'Autriche. Il donne des arguments aux alliés : « Comment pouvons-nous traiter avec Napoléon quand il nous fait attaquer par Murat ? »

---

1. Selon l'expression de Chateaubriand dans les *Mémoires d'outre-tombe*. Napoléon refuse en termes très secs de l'employer dans son armée.

s'indigne Metternich. Ses ennemis prennent l'Europe à témoin, prétextant l'agression napolitaine pour justifier l'invasion de la France. Enfin, cette chute a un effet néfaste et immédiat sur l'opinion. Elle voit dans l'effondrement de Murat le prodrome de celui de l'Empereur. Sa déroute règle en tout cas la question de son maintien sur le trône au profit de l'ancienne dynastie. La reine Caroline, prisonnière à bord du vaisseau anglais *Tremendous*[1], croise en quittant Naples le navire qui ramène Ferdinand IV sur son trône des Deux-Siciles. Le ballet du pouvoir continue mais cette fois un Bourbon chasse un bonapartide. Comment ne pas y voir un funeste présage ?

## *Le réveil de Gand*

La résolution des alliés d'abattre l'« Usurpateur » et la chute de Murat comblent d'aise les royalistes[2]. Pelotonnée derrière Louis XVIII, la petite Cour de Gand entrevoit la fin de son cauchemar. Le monarque qui réside dans l'hôtel d'Hane, au centre de la ville, continue à respecter scrupuleusement l'étiquette. Son lever à six heures, la messe qu'il entend tous les matins, sa promenade en carrosse au galop, le dîner et son coucher rythment la vie des courtisans, impressionnés par la maîtrise dont fait toujours montre le souverain dans l'adversité. Alors que les esprits se laissent gagner par l'aigreur, il apaise et rassure par sa dignité et sa ferme conviction à défendre ses droits à la couronne[3].

Cette sérénité de façade masque les nombreux doutes qui

---

1. « Le Terrible ».
2. Il est à noter qu'à l'issue des Cent-Jours le gouvernement royal obtiendra satisfaction sur l'ensemble des revendications qu'il a formulées au début du Congrès : maintien du roi de Saxe, restauration des Bourbons de Naples et de Pie VII, expulsion de Murat, déportation de Napoléon dans une île éloignée.
3. Guizot, reçu le 1er juin, note dans ses *Mémoires* l'impression profonde que lui fit le monarque : « Il y avait dans l'attitude et le regard de ce vieillard, immobile et comme cloué sur son fauteuil, une sévérité hautaine, et au milieu de sa faiblesse, une confiance tranquille dans la force de son nom et de son droit, dont je fus frappé et touché. »

l'assaillent. Sans armée ni royaume, son avenir dépend des succès de l'étranger ainsi que du bon vouloir de Talleyrand, dont il suspecte la fidélité. Même si l'aveu lui est pénible, il doit aussi compter sur le redoutable Fouché qui vient de lui donner des gages en faisant libérer Vitrolles. Mais il sait que le duc d'Otrante, comme la plupart des notables, préfère le duc d'Orléans avec lequel il a d'ailleurs pris langue. Il soupçonne toujours du pire son cousin, crainte devenue obsessionnelle depuis que ce dernier refuse publiquement de le rejoindre. D'Angleterre, le chef de la branche cadette multiplie les critiques, dénonçant sans faillir les ultras et leur refus d'arborer la cocarde tricolore. En cas de victoire alliée, le roi sait donc qu'il lui faudra conclure au plus vite avant que cette maudite maison d'Orléans n'ait le temps de déployer ses filets.

Le précédent de Coblentz ne l'incite pas moins à tempérer son enthousiasme. Faute de solution de rechange, le roi espère que les puissances se rallieront à sa cause, même s'il sait que cette perspective ne leur sourit guère. La révélation du traité d'alliance secret avec l'Angleterre et l'Autriche lui aliène en effet la Prusse et surtout la Russie. Alexandre Ier, furieux d'avoir été traité comme un parvenu par Louis XVIII lors de leurs précédentes rencontres, humilié du refus royal de marier le duc de Berry avec une Romanov, outragé par l'opposition obstinée du prince de Bénévent à ses projets sur la Pologne, semble résolu à se venger. Ne vient-il pas de se prononcer à Vienne en faveur du duc d'Orléans[1] ? Mais on espère pouvoir le calmer grâce à l'entrée au Conseil royal du duc de Richelieu, ancien gouverneur d'Odessa[2], et de Pozzo di

---

[1]. Le tsar pose directement la question au plénipotentiaire anglais lord Clancarty : « L'Europe, lui dit-il, ne peut être tranquille tant que la France ne le sera pas, et la France ne le sera qu'avec un gouvernement qui lui conviendra. Le duc d'Orléans concilierait tout. Il est Français, il est Bourbon ; il a servi, étant jeune, la cause constitutionnelle ; il a porté la cocarde tricolore que l'on n'aurait jamais dû quitter. Il réunirait tous les partis. » L'ambassadeur réfute aussitôt l'autocrate en ces termes : « Je pense que mettre M. le duc d'Orléans sur le trône de France serait remplacer une usurpation militaire par une usurpation de famille, plus dangereuse au monarque que toutes les autres usurpations. » L'historien légitimiste Alfred Nettement conclut : « Ainsi échoua cette intrigue, mais en échouant elle laissa dans l'esprit de Louis XVIII de longs souvenirs et une pensée de juste surveillance sur M. le duc d'Orléans. »

[2]. Richelieu sera président du Conseil de 1815 à 1818 puis de 1820 à 1821.

Borgo, son ambassadeur en France. La présence du corps diplomatique à ses côtés[1] et le maintien de Talleyrand à Vienne prouvent cependant au monarque qu'il demeure l'interlocuteur du moment.

Les rivalités qui déchirent l'entourage royal renforcent pourtant l'appréhension de nombreux observateurs sur sa capacité à régner. La petitesse du théâtre, l'air oppressant de la Cour, l'ennui et la frustration propres à l'exil exacerbent les tensions : « C'est toujours un spectacle à la fois triste et comique que celui d'un roi sans peuple, d'un général sans armée, d'un gouvernement sans gouvernés, de fonctionnaires sans fonction, qui ont, quoi qu'ils fassent et quoi qu'ils disent, le sentiment de leur impuissance et dont l'activité, privée de tout aliment extérieur, se replie nécessairement sur elle-même et se consume en vaines querelles », constate finement l'historien libéral Prosper Duvergier de Hauranne.

Cabales, intrigues, jalousies, haines, ambitions redoublent à l'idée d'un retour que chacun croit proche, même si tout le monde redoute le génie guerrier de l'Empereur. Le conflit porte sur l'épineuse question du partage des responsabilités dans la chute de la Restauration. Selon les ultras, le régime a été victime, on l'a dit, d'un complot ourdi par les bonapartistes avec la complicité des anciens Jacobins et de nombreux libéraux. En tirer la leçon suppose que l'on frappe les coupables — militaires et civils — mais aussi ceux qui, comme Cambacérès ou Molé, ont lâchement accepté de servir l'« Usurpateur » après avoir prêté serment de fidélité à la royauté. Plutôt que de « coucher dans le lit de Bonaparte », le monarque doit rompre avec le modèle impérial, étatique et égalitaire, pour revenir à la conception pure de la royauté, celle qui existait avant Richelieu et assurait la prépondérance des ordres privilégiés.

---

1. Le baron de Vincent pour l'Autriche, Goltz pour la Prusse, lord Stewart pour l'Angleterre, Fagel pour les Pays-Bas.

Inutile de dire que cette vision est condamnée par les modérés. Ces « constitutionnels [1] » accusent les ultras d'abuser de la théorie du complot pour masquer leur écrasante responsabilité dans le déclenchement de la dernière crise. Pour Talleyrand et ses amis, les trahisons individuelles — d'un Ney ou d'un La Bédoyère — ne doivent pas faire oublier l'isolement du monarque lâché par le peuple et l'armée, preuve d'un divorce inquiétant entre la dynastie et la nation. Pour sauver son trône, le roi devra prendre ses distances vis-à-vis de son entourage, promettre une large amnistie et adopter une ligne franchement libérale. Il lui faut enfin se tenir le plus possible éloigné des alliés pour ne pas s'aliéner le sentiment national. Mieux vaut pour le monarque s'efforcer de rester en dehors du conflit plutôt que de paraître revenir en représentant soumis de l'Europe de Vienne et en marionnette de son frère, dont la volonté de vengeance inquiète les puissances autant que les modérés parisiens.

Cette querelle révèle l'antagonisme persistant entre les deux frères de Louis XVI. Monsieur, qui, devenu Charles X, se vantera d'être avec La Fayette le seul homme à ne pas avoir changé d'avis depuis 1789, demeure intransigeant dans sa vision politique. Il juge son aîné faible et un tantinet bonasse, perverti par son long séjour anglais et les remontrances de cette clique de constitutionnels ambitieuse et avide. La tension remonte aux origines mêmes de la Révolution : à l'occasion de l'Assemblée des notables tenue peu de temps avant l'ouverture des Etats Généraux, le comte d'Artois a défendu avec acharnement le maintien strict de la division par ordres face au comte de Provence qui préconisait le doublement du Tiers. Il a émigré dès juillet 1789, deux ans avant Louis XVIII qui s'échine en vain depuis lors à transiger avec les révolutionnaires. Provence reste un conciliateur dans l'âme ; Artois, un défenseur de l'ordre traditionnel, comploteur invétéré, chef de parti, alors que son aîné veut se hisser à la hauteur d'un chef d'Etat, père de ses sujets, au-dessus des coteries et cabales.

---

1. Présents en force à Gand même s'ils sont minoritaires en nombre. Le baron Louis, Beugnot, Chateaubriand et Guizot en sont les figures les plus célèbres.

Si « le Désiré » occupe le trône, son bouillonnant cadet mise sur sa faiblesse pour imposer ses volontés. Talleyrand étant absent, il dispose de l'essentiel des ministres et de la masse des courtisans. Il lui faut cependant écarter Blacas, l'encombrant favori dont le sort focalise désormais les tensions. Les ultras sont sur ce point d'accord avec les alliés et les royalistes libéraux qui font du ministre de la Maison du roi le bouc émissaire de la première Restauration, accusant son arrogance et son manque de sens politique. Montesquiou avait déjà réclamé sa tête à Louis XVIII quelques mois auparavant : « Votre Majesté ne doit pas oublier que si les Français ont passé à leurs rois leurs maîtresses, ils n'ont jamais pu supporter de favori. » De leur côté, les constitutionnels parisiens n'hésitent pas, en mai, à dépêcher Guizot qui dénonce au monarque « la désunion ou du moins l'incohérence de ses ministres. Le roi, ajoute-t-il, ne me répondait pas ; j'insistais, je nommais M. de Blacas ; je dis que j'étais expressément chargé, par des hommes que le roi connaissait bien comme d'anciens, fidèles et intelligents serviteurs, de lui représenter la méfiance qui s'attachait à ce nom et le mal qui en résultait pour lui-même [1] ».

Si l'hostilité des libéraux envers Blacas ne surprend guère, celle des ultras étonne davantage car ils font partie du même monde, partagent la même histoire et servent la même cause. Pour comprendre leur haine du favori, il faut se rappeler à quel point la nébuleuse contre-révolutionnaire reste imprégnée de la culture de cour acquise à Versailles. A l'image des deux cadets de Louis XVI, une grande partie des émigrés a grandi et vécu dans le majestueux palais bâti par le Roi-Soleil. Ils en

---

1. « Je tiendrai tout ce que j'ai promis dans la Charte ; les noms n'y font rien, répond Louis XVIII à Guizot. Qu'importe à la France quels amis je garde dans mon palais, pourvu qu'il n'en sorte nul acte qui ne lui convienne ? Parlez-moi de motifs d'inquiétude plus sérieux. »

Guizot se fait alors l'écho de l'angoisse des protestants du Midi, déjà violentés par les ultras :

« Ceci est très mauvais ; je ferai ce qu'il faudra pour l'empêcher ; mais, ajoute finement le roi, je ne peux pas tout empêcher, je ne peux pas être à la fois un roi libéral et un roi absolu. »

ont respiré l'air vicié, adopté les mœurs, pratiqué l'esprit. Ils ont connu les dernières années de l'Ancien Régime justement marquées par d'âpres rivalités de personnes, la plus célèbre étant celle qui a opposé Calonne à Necker pour la conquête du pouvoir.

Pour les différents clans en lutte, le favori devient la cible désignée car il contrôle l'accès au roi, source de tous pouvoirs, charges et distinctions, décorations et prébendes. Chaque vanité froissée n'attribue son échec qu'à l'influence néfaste de l'éminence grise. Sur ce point, rien n'a changé depuis Saint-Simon. Pour Blacas, la menace se révèle d'autant plus forte qu'il n'a pas eu le temps de se créer une clientèle d'obligés, n'étant resté qu'une courte année ministre de la Maison du roi. En outre, il pâtit de l'hostilité des ultras à l'encontre d'un monarque malade dont beaucoup attendent la mort avec une impatience mal déguisée tandis qu'ils célèbrent avec emphase les vertus de son cadet. Comme personne n'ose mettre directement en cause le souverain, le conseiller sert de bouc émissaire. Dans l'attente du jugement des armes, la meute se prépare et se rassemble autour de ses chefs. Monsieur trouve en Blacas le coupable idéal des fautes commises tandis que Talleyrand fustige ce « fléau de la monarchie », jurant à ses fidèles qu'on « hurle au Blacas comme au loup ». Derrière les grands principes affichés, chacun espère profiter de sa chute pour s'imposer. Les alliés, influencés par le prince de Bénévent, donnent également à Louis XVIII le conseil pressant d'abandonner son ami. En sacrifiant ses affections à son intérêt, il prouverait à l'opinion qu'il n'est point sourd à ses doléances et apaiserait les esprits.

La mesquinerie des moyens ne doit pas faire oublier l'importance de l'enjeu. Du sort de Blacas et du rôle réservé à Monsieur dépendra bientôt l'avenir de la France, comme l'affirme Guizot avec force dans ses *Mémoires* : « On s'est souvent complu à sourire et à faire sourire en racontant les dissensions, les rivalités, les projets, les espérances et les craintes qui se débattaient parmi cette poignée d'exilés, autour de ce roi impotent et impuissant. C'est là un plaisir peu intelligent et peu digne. Qu'importe que le théâtre soit grand ou petit, que les acteurs y paraissent dans la haute ou la mauvaise fortune, et que les misères de la nature humaine s'y déploient sous de brillantes ou de mesquines formes ? La grandeur est dans les questions qui s'agitent et les destinées qui se préparent. On traitait à Gand la question de savoir comment la France serait gouvernée quand ce vieux roi sans Etats et sans soldats serait appelé une seconde fois à s'interposer entre elle et l'Europe. [...] C'était au milieu de ces discussions non seulement de principes et de partis, mais d'amours-propres et de coteries que nous attendions, hors de France et ne sachant que faire de notre temps comme de notre âme, l'issue de la lutte engagée entre Napoléon et l'Europe. » Car chacun sait que l'avenir se jouera sur le champ de bataille : « Gand n'était donc qu'un vestiaire derrière les coulisses du spectacle ouvert à Paris », résume Chateaubriand avant d'ajouter : « On avait bien autre chose à faire qu'à songer à nous ! [...] La légitimité gisait au dépôt comme un vieux fourgon brisé. »

Comme l'enfant de Combourg, les nouveaux émigrés se retrouvent dans une situation financière précaire, tandis que l'anxiété croît à mesure de l'arrivée des mauvaises nouvelles — échec du duc d'Angoulême et de Vitrolles dans le Sud, du duc de Bourbon en Vendée — qui marquent les premières semaines. Pris de court par le retour éclair de l'Empereur, la plupart des exilés n'ont pas imaginé un départ dans la précipitation. La dure leçon de Coblentz hante les esprits, le précédent révolutionnaire obsédant décidément tout le monde. A l'époque, de 1789 à 1792, combien partirent avec enthousiasme, certains de revenir victorieux au bout de quelques semaines ou de quelques mois ? Tous avaient dû déchanter, la plupart s'étant vite trouvés ruinés pour avoir voulu conserver trop longtemps le train de vie qu'ils menaient à Versailles. En 1815, l'heure est à l'économie et à la frugalité, comme le rapporte Beugnot : « Un domestique commun faisait nos lits, frottait nos vêtements, battait nos habits et nettoyait nos bottes. Nous dînions à table d'hôtes à trois francs par tête ;

nous déjeunions avec une jatte de lait, et nous soupions avec un verre d'eau sucrée. » Seul Clarke ose mener grand train, donnant un dîner somptueux par semaine « sans s'apercevoir le moins du monde, du contraste qu'il faisait avec ses collègues, et tout persuadé qu'un hôtel, un carrosse, des valets, un chasseur et un cuisinier, sont cinq sens ajoutés à la personne de tout ministre ».

Ministre de la Guerre de la royauté en exil, le duc de Feltre peut au moins tuer le temps en organisant la petite armée royale, placée sous le commandement du duc de Berry et qui se rassemble dans la ville voisine d'Alost. Tout le monde ne bénéficie pas de cette chance. Pour la plupart, le désœuvrement joint à l'angoisse du lendemain engendre un dépit et un ennui profonds ponctués seulement de quelques parties de campagne et réceptions officielles. Les courtisans se rendent à la messe dominicale, en présence du roi, à la cathédrale Saint-Bavon. Pour briser la langueur monotone, les plus studieux fréquentent la bibliothèque publique tandis que les cabotins composent des chansons contre « l'ogre de Corse »[1]. Tout le monde se retrouve pour des dégustations de matelote, plat de poisson accompagné de pommes de terre, arrosée de bière de Louvain, en évitant soigneusement la politique qui fâche pour n'évoquer que « des sujets de littérature légère et de beaux-arts[2] ».

Le talent de Chateaubriand relève un peu la médiocrité ambiante. Le voici devenu ministre par intérim, autant dire peu de chose comme il le concède lui-même avec humour dans les *Mémoires d'outre-tombe* : « Ma correspondance avec les départements ne me donnait pas grande besogne. Je mettais facilement à jour ma correspondance avec les préfets,

---

1. En voici un exemple : « Recette »
   Prenez le sang de Robespierre,
   Les os, le crâne de Tibère,
   Et les entrailles de Néron,
   Vous aurez Napoléon.
2. Beugnot, *Mémoires*.

sous-préfets, maires et maires adjoints de nos bonnes villes, du côté intérieur de nos frontières ; je ne réparais pas beaucoup les chemins et je laissais tomber les cloches ; je n'avais point de fonds secrets [...] Nous discourions autour d'un tapis vert dans le cabinet du roi. » Comme tout le monde ou presque, le vicomte réclame le départ de Blacas, espérant devenir à son tour le favori du roi ou, à défaut, l'obligé de Talleyrand. « Votre présence ici est absolument nécessaire, écrit-il ainsi au prince de Bénévent le 18 avril. Venez, prévenez nos nouvelles sottises. Il faut que vous vous mettiez à notre tête, que nous formions un ministère dont vous serez le guide et l'appui. » Semblable à Benjamin Constant, l'auteur des *Martyrs* rêve d'accomplir une carrière politique d'exception. Il enrage de voir son magistère cantonné à la république des lettres. Le rêveur romantique peint par Girodet, la chevelure en bataille et le regard inspiré, cache une personnalité ambitieuse méconnue. Or ce royaliste intègre, qui a rompu avec Napoléon dès 1804 à l'annonce de l'exécution du duc d'Enghien, a été déçu par la Restauration. Alors qu'il estime avoir apporté une contribution décisive par la publication de son pamphlet *De Buonaparte et des Bourbons*[1], le gouvernement royal ne lui a offert qu'une sinécure, l'ambassade de France en Suède, auprès d'un Bernadotte aussi peu désireux de l'accueillir que Chateaubriand de s'y rendre. Déjà ses rodomontades agacent, en particulier Louis XVIII qui ne l'aime guère et ne s'en cache pas : « Donnez-vous de garde d'admettre jamais un poète dans vos affaires : il perdra tout. Ces gens-là ne sont bons à rien », dit-il à son sujet.

A la différence des pamphlétaires de son camp, Chateaubriand incarne un libéralisme aristocratique qui conjugue loyauté dynastique, attachement au catholicisme et

---

1. Comme l'affirme ce célèbre passage des *Mémoires d'outre-tombe* : « J'appris à la France ce que c'était que l'ancienne famille royale ; je dis combien il existait de membres de cette famille, quels étaient leurs noms et leurs caractères ; c'est comme si j'avais fait le dénombrement des enfants de l'Empereur de la Chine, tant la République et l'Empire avaient envahi le présent et relégué les Bourbons dans le passé. Louis XVIII déclara, je l'ai déjà plusieurs fois mentionné, que ma brochure lui avait plus profité qu'une armée de cent mille hommes ; il aurait pu ajouter qu'elle avait été pour lui un certificat de vie. »

défense des droits fondamentaux de l'individu. A contre-courant, il défend dans la noblesse une confrérie morale, fondée sur l'honneur, consacrée par le sang [1], l'histoire et la terre, à l'opposé des petits marquis de Versailles qu'il méprise [2]. Par de telles prises de position, il se retrouve en marge, perpétuel incompris [3]. Attaqué par les royalistes, qui dénoncent sa lubie constitutionnelle, il peine à convaincre les libéraux de la métamorphose des Bourbons. Ballotté entre les deux camps, il continue pourtant à se battre, certain d'être le seul à pouvoir sauver la vieille légitimité en la parant de la nouvelle sacralité des droits de l'homme. Comme Mme de Staël, René distingue la bonne révolution libérale, correspondant aux années 1789-1791, de sa caricature, égalitaire et niveleuse, durant la Convention et le Directoire. S'il réclame le retour de Louis XVIII, c'est au nom de la liberté, non des privilèges et de l'émigration. Cette défense moderne et originale de la dynastie en fait un allié précieux pour le roi qui souffre de sa solitude et doit convaincre l'opinion, tant pour se démarquer de l'étranger que pour rassurer sur ses intentions futures. Faute d'armée, la monarchie ne peut espérer gagner la guerre des légitimités que par l'empire des mots. Qui d'autre que l'« enchanteur » pourrait l'aider à gagner cette bataille ?

En se projetant dans l'arène littéraire, le combat politique connaît son heure de gloire : derrière le duel entre Louis XVIII et Napoléon, s'esquisse une polémique entre Constant et Chateaubriand. La nouvelle brochure de « René », intitulée *Rapport sur l'état de la France*, répond aux *Principes de politique* d'« Adolphe ». Elle oppose la pacification royale de 1814 à l'usurpation liberticide du 20 mars, fruit d'une conspi-

---

1. Comme l'indique la devise de sa famille : « Mon sang teint les bannières de France. »
2. On lui doit la distinction célèbre de la noblesse en trois âges : l'honneur, puis les privilèges ; enfin les vanités.
3. « Pourquoi suis-je venu à une époque où j'étais si mal placé ? écrira-t-il. Pourquoi ai-je été royaliste contre mon instinct dans un temps où une misérable race de cour ne pouvait ni m'entendre ni me comprendre ? Pourquoi ai-je été jeté dans cette troupe de médiocrités qui me prenaient pour un écervelé, quand je parlais courage ; pour un révolutionnaire, quand je parlais liberté ? »

ration militaire qui enchaîne la nation à son corps défendant[1]. Tandis que Louis XVIII incarne la réconciliation et la liberté, l'Empire, c'est toujours la guerre et à terme la dictature : « Vous parûtes, Sire, et les étrangers se retirèrent : Buonaparte revient et les étrangers vont entrer dans notre malheureuse patrie. Sous votre règne, les morts retrouvèrent leurs tombeaux, les enfants furent rendus à leurs familles ; sous le sien, on va voir de nouveau les fils arrachés à leurs mères ; les os des Français dispersés dans les champs : vous emportez toutes les joies ; il rapporte toutes les douleurs. [...] Sire, vous aviez tout édifié, et Buonaparte a tout détruit. » Majoritairement royaliste, la France reste la victime expiatoire, l'otage de l'« Ogre » qui la livre en pâture au rouleau compresseur de la coalition pour satisfaire son insatiable ambition : « Le but de Buonaparte est d'endormir les puissances au-dehors par des protestations de paix, comme il cherche à tromper les Français au-dedans par le mot de liberté. Cette paix est la guerre ; cette liberté est esclavage. »

Ce polémiste de génie, le seul royaliste à allier un style imagé à une rhétorique implacable, s'échine à démonter « la comédie des apparences » que constitue selon lui l'Acte additionnel. Le parjure du traité de Fontainebleau ne cesse de mentir aux Français depuis son retour. N'a-t-il pas promis la paix, le retour de sa femme et de son fils[2] ? N'a-t-il pas rétabli le ministère de la Police, la confiscation et l'affreuse conscription ? N'a-t-il pas multiplié les proscriptions en dépit de ses promesses solennelles d'amnistie ? Et il ose accuser le gouvernement royal de despotisme : « Le despotisme des Bourbons ! Ces deux mots semblent s'exclure. Et c'est Buonaparte qui accuse Louis XVIII de despotisme ! » Il en profite pour rejeter les « calomnies impériales » concernant une hypothé-

---

[1]. Chateaubriand attaque ceux qui, « sujets rebelles, mauvais Français, faux chevaliers, ont baisé le matin la main royale qu'ils ont trahie le soir, et qui, le serment qu'ils venaient de faire au roi à peine expiré sur leurs lèvres, sont allés jurer pour ainsi dire le parjure ». L'allusion à Ney est évidente.

[2]. « Dans ce gouvernement, le mensonge est organisé, et entre comme moyen d'administration dans les affaires. Il y a des mensonges pour un quart d'heure, pour une demi-journée, pour un jour, pour une semaine. »

tique réaction contre-révolutionnaire [1]. Acculé, l'Empire doit se résoudre à afficher le masque libéral, ce qui, clame l'auteur, est un « bel hommage rendu à la légitimité ». Parodiant la Charte, Napoléon n'a pas changé. Le nouvel Empire associe « le sabre du mamelouk et la hache révolutionnaire à la main ». S'il embrasse la liberté, c'est pour mieux l'étouffer dans le cas où il reviendrait victorieux.

Dans la lignée du paladin, plusieurs dizaines de pamphlets royalistes expriment sans retenue leur vindicte. Echappant à toute censure, ils se répandent massivement sur le territoire grâce à la complicité des maires et de nombreux prêtres. Un certain Lamartelière se distingue par son outrance [2] : « Voilà donc le présent qu'on nous avait apporté de l'île d'Elbe ! Une guerre d'extermination, et cette guerre, on veut nous forcer à l'entreprendre, non pour sauver la patrie, mais pour conserver la couronne sur la tête d'un despote sanguinaire qui a décimé tous les peuples du continent ; pour soutenir dans sa crapuleuse opulence une famille d'aventuriers et d'aventurières qui, depuis dix ans, souillaient la majesté des trônes ; pour maintenir dans leurs honteuses dignités quelques hommes flétris qui se sont associés à ces crimes ou enrichis de ses libéralités. » Qu'il abdique avant qu'il ne soit trop tard ! « Un Français n'eût point hésité à le faire : mais Buonaparte est Corse. Que lui importe le sang versé, pourvu qu'il sauve sa tête, dût-il une seconde fois aller cacher sa honte et sa rage dans une île déserte. » Le même folliculaire affirme que l'opinion, enfin réveillée, se détourne massivement de lui pour revenir vers son roi légitime.

Après le camouflet de la Semaine sainte et les déceptions d'avril, le mois de mai marque un renouveau du royalisme, le

---

[1]. En termes forts, Chateaubriand assure que le roi restera fidèle à la Charte et annonce les réformes ultérieures : unité ministérielle, pairie héréditaire, liberté de la presse « car cette liberté est inséparable de tout gouvernement représentatif ». Dans le cas contraire, « le noble vicomte » précise qu'il démissionnera aussitôt de ses fonctions.
[2]. Dans un libelle intitulé *Conspiration de Bonaparte contre Louis XVIII*.

printemps de la légitimité. Le *Journal universel*, fidèle écho de la volonté royale, affirme avec arrogance que les jours du « dictateur » sont comptés : « Disons en peu de mots quelle est la situation actuelle de la France entière à l'égard de Buonaparte : les royalistes n'en voudront jamais ; les républicains n'en veulent plus ; l'armée regrette d'en avoir voulu ; les bonapartistes n'osent plus avouer qu'ils en veulent. » L'Ouest se rebelle tandis que Napoléon subit ses défaites électorales et échoue dans ses dernières tentatives de paix. De nombreux prêtres prêchent la désertion et refusent de chanter le *Domine salvum fac imperatorem* (Dieu, sauve l'empereur !). L'arrivée de Guizot à Gand début juin prouve que les libéraux demeurent fidèles aux lys dans leur immense majorité. Des réseaux se structurent ou s'étoffent, notamment dans le Sud et le long de la frontière belge, avec la complicité des maires et d'une partie croissante de l'administration impériale [1]. Le 13 juin, Louis XVIII envoie Hyde de Neuville diriger l'agence royaliste dans la capitale. C'est signe qu'il croit le dénouement proche.

## *La bataille de l'opinion*

Quelques semaines après son retour, l'Empereur a perdu le soutien intérieur et sait la guerre inéluctable. Face aux nuages qui s'amoncellent, le doute l'étreint. Le temps n'est-il pas venu de passer aux aveux, de dévoiler enfin la sinistre vérité à cette France qui ne veut pas l'entendre ? Pour se justifier, il va tenter de rejeter l'entière responsabilité du conflit sur les alliés, espérant un sursaut nationaliste. Mais l'annonce de la reprise des hostilités ne risque-t-elle pas surtout de provoquer un formidable découragement ? Déjà, le besoin général de

---

1. « Les administrations civiles sont gangrenées, lit-on dans une lettre d'un certain Bonanay à Carnot [...] Rien ne se fera si l'on ne change les préfets, les secrétaires généraux, les sous-préfets, les maires, les adjoints, les commis, les employés de toute sorte. » Les royalistes de Gand sont en contact étroit avec les maires des localités proches de la frontière belge. Cornaqué d'Espagne par le duc d'Angoulême, le mouvement royaliste gagne progressivement tout le Sud avec la complicité des chevaliers de la Foi. A Marseille, le maréchal Brune finit par mettre la ville en état de siège, et désarme la garde nationale ouvertement royaliste.

paix a détourné l'opinion de lui lors de la première chute, provoqué l'abandon des notables et la trahison des maréchaux. Dans l'imaginaire de la nation, la hantise de la guerre s'impose comme la nouvelle grande peur.

Le 13 avril 1815, un long rapport de Caulaincourt remplit les colonnes du *Moniteur*. Le chef de la diplomatie française insiste sur la volonté pacifique de l'Empereur avant de lever pudiquement le voile : « Je ne dois pas le dissimuler, Sire, quoique aucune action positive ne constate jusqu'à ce jour, de la part des puissances étrangères, une résolution favorablement arrêtée qui doive nous faire présager une guerre prochaine, les apparences autorisent suffisamment une juste inquiétude : des symptômes alarmants se manifestent de tous côtés à la fois... »

Désormais, l'opinion ne peut ignorer le danger. Dans l'espoir de la rassurer, et pour détourner son attention, Napoléon a donné la constitution et accepté les élections, avec le peu de succès que l'on sait. Le subterfuge ayant échoué, il s'agit de créer un nouvel élan patriotique en galvanisant les masses. Forte des dernières déclarations des alliés, la presse impériale tente de doper la nation en reprenant l'argumentaire utilisé avec succès par la Convention. Ce n'est pas seulement à Napoléon mais bien à la Grande Nation que les puissances en veulent. Elles s'apprêtent à la dépecer, avec la complicité active et abjecte des royalistes. Si Gand répète Coblentz, la France, « désenchantée de cette gloire qui s'achète au prix de tant de maux », comme l'écrit le *Journal de l'Empire*, n'attend pourtant que la paix. « Faire respecter son indépendance est l'unique ambition qui lui reste ; et si elle aspire encore au titre de grande nation [...] ce n'est que par les sciences, la littérature et les arts. » Aux épouvantails du despotisme, de la Terreur et de la guerre, sans cesse agités par les ultras, la presse impériale rétorque en brandissant le spectre de la féodalité, d'une nouvelle Terreur blanche et de l'invasion. Peur contre peur. Mémoire contre mémoire. Blancs contre bleus.

Soutenue par quelques publicistes, la presse officielle publie à grand fracas la déclaration du 13 mars précédent et les proclamations des alliés. Elle grossit les manifestations du patriotisme national[1]. Dans leur élan, certains laudateurs de l'Empereur, le plus souvent anonymes, donnent dans une surenchère qui confine au ridicule : « Napoléon revient sur les ailes de l'amour. Peuple abusé, reconnais ton prince, ton libérateur et ton dieu [...] On ne peut point aimer l'Empereur, on ne peut que l'adorer », proclame ainsi une brochure de commande. Le bonapartisme a aussi ses ultras. A les écouter, la patrie entière se lève dans un élan unanime pour repousser l'envahisseur.

Devant l'ampleur de la lutte qui s'annonce, Napoléon pourrait être tenté de jouer la vieille carte jacobine des peuples contre les rois. Vienne redoute qu'il ne veuille rassembler derrière son étendard les nationalités froissées par le traité, tous ces Belges et Polonais rayés de la carte ou encore ces Saxons amputés de la moitié de leurs territoires pour être restés trop longtemps nos alliés. L'annonce de son retour a provoqué un frémissement qui ne demande qu'à être exploité[2]. Comme pour le mouvement fédéraliste, Napoléon hésite : « N'ai-je pas pour moi la Belgique, les provinces en deçà du Rhin ? Avec une proclamation et un drapeau tricolore, je les révolutionnerai en vingt-quatre heures », clame-t-il dans son conseil. Finalement, il y renonce, tant pour éviter de donner prise à ses adversaires que par réalisme.

La conquête impériale a sévèrement écorné le mythe de la France révolutionnaire, grande sœur des peuples opprimés

---

1. Par exemple, ce « fait divers » publié le 16 avril afin de ranimer la flamme : « On mande de Lyon que l'enthousiasme des peuples du Dauphiné et de la Bourgogne est à son comble. Le maréchal duc d'Albuféra a été obligé de renvoyer dans leurs foyers 22 000 gardes nationaux ; en les remerciant de leur zèle, il leur a dit que si la patrie était menacée, il s'empresserait de les rappeler. Ils se sont écriés qu'ils arriveraient tous au premier coup de tambour pour la défendre contre tout ennemi intérieur et extérieur. »

2. Notamment en Saxe où l'on a bruyamment salué le Vol de l'Aigle. Dresde illumine tandis que des contingents saxons cantonnés à Liège se révoltent au cri de « Vive Napoléon ». Henry Houssaye mentionne également des manifestations favorables à Bruxelles, Gand, Liège, Mayence, Aix-la-Chapelle, Trèves, Spire, Luxembourg et dans le Piémont. Mais, comme le reconnaît lui-même cet ardent bonapartiste, « les voix isolées des partisans de Napoléon se perdaient dans l'immense clameur de l'Allemagne, au cœur de laquelle la crainte d'une nouvelle invasion avait réveillé la haine des Français ». Par le canal de Joseph, Napoléon entretient également des intelligences avec les libéraux espagnols.

venue leur donner la main afin de les délivrer de l'Ancien Régime. La dureté de nos troupes, à Berlin ou Hambourg, reste présente dans tous les esprits, par ailleurs choqués par le Blocus continental qui a ruiné leurs économies tandis que la faux de la conscription décimait leur jeunesse. A Madrid, Dresde, Varsovie comme à Rome ou à Bruxelles, alliés ou annexés ont subi une occupation pesante, ponctuée de rapines et de viols, quand ils n'assistaient pas, comme à Amsterdam ou Anvers, aux gigantesques autodafés de produits de première nécessité saisis par la douane impériale, en guerre commerciale avec la perfide Albion. Le reflux de 1813 s'est accompli sous les vivats des habitants empressés de retrouver leurs anciens souverains. Si les Polonais, les Wallons et les populations riveraines du Rhin lui restent favorables, Allemands et Espagnols gardent à la France une haine tenace.

Certes, depuis 1814, la contre-révolution européenne en marche a décillé les yeux et provoqué un frémissement contraire, de même que les bénéfices du Code civil et de l'organisation rationnelle de l'Etat, exportés par la conquête impériale, continuent d'être loués dans bien des pays. Mais, Napoléon le sait, les erreurs de l'année écoulée ne peuvent faire oublier la décennie de guerre, de saccages et d'instabilité dont il demeure le symbole. Il préfère donc s'abstenir de toute provocation, pour mieux se poser en martyr devant son peuple.

Sous la pression de ses opinions publiques, l'Europe quant à elle n'hésite pas à menacer la France. Si Russes et Autrichiens n'ont pas la parole, Anglais et surtout Prussiens se déchaînent par journaux, brochures et proclamations interposés. En témoigne cette philippique extraite du *Journal de Francfort* : « Point de traité avec les Français ! La proscription prononcée par le Congrès contre le chef doit s'étendre à toute la nation. Il faut les exterminer, les tuer comme des chiens enragés. » On s'est montré trop bon l'année précédente, éructe un journal prussien : « Nous aurions dû les exterminer tous. Oui, il faut exterminer cette bande de cinq cent mille brigands », avant de « mettre hors la loi tout ce peuple sans caractère, pour qui la guerre est un besoin », et de démembrer son territoire par régions dans l'espoir qu'elles se déchirent entre elles [1].

En agissant de la sorte, les alliés prennent pourtant le risque de rapprocher la nation de l'Empereur. Mais ils en appellent également à leurs propres opinions nationales, accusant l'Aigle d'avoir violé le traité de Fontainebleau pour justifier leur nouvelle croisade. Eux aussi doivent convaincre leurs peuples de leur état de légitime défense. Le patriotisme né dans la France révolutionnaire brûle désormais sur l'ensemble du continent. Il n'en rend les conflits que plus haineux et irréductibles. La bataille de l'opinion prolonge ainsi la guerre des légitimités.

La virulence de la polémique contraste avec le calme apparent des esprits, notamment dans les villes. La chute de la Bourse, accélérée par la publication du rapport de Caulaincourt, révèle toutefois l'angoisse croissante des notables et le discrédit du gouvernement impérial [2]. « Le prestige est rompu à un point inconcevable, écrit alors Barante. La liberté de la presse devient la licence la plus hostile. Il n'y a plus de gouvernement quand le souverain est ainsi traité [3]. » L'aspiration à la paix se retrouve partout et même, signe des temps, dans ce Paris, symbole de la Fronde et de la Révolution. Les milieux les plus aisés expriment leur peur et leur lassitude dans l'attente du retour de Louis XVIII [4], tandis que ni les

---

1. « La France partagée ou les chaînes de la France, voilà notre alternative, si nous avons de justes motifs pour vouloir que Napoléon disparaisse de la scène politique comme prince, nous n'en avons pas de moins grands pour anéantir les Français comme peuple. Il n'est pas besoin pour cela qu'on les égorge ; il suffira de leur donner beaucoup de princes au lieu d'un Empereur, et de les organiser à l'instar du peuple allemand... Le monde ne peut rester en paix tant qu'il existera un peuple français ; qu'on le change donc en peuple de Bourgogne, de Neustrie, d'Aquitaine, etc. ; ils se déchireront entre eux, mais le monde sera tranquille pour des siècles... » Vaulabelle attribue ce texte à l'influence de Stein, ancien Premier ministre de la Prusse, passé au service d'Alexandre Ier.
2. La rente atteint un cours de 54 francs début juin contre 78 début mars.
3. Napoléon a pourtant écrit le 29 mai à Fouché d'arrêter quelques journalistes : « Il serait bien temps que la police ne laissât pas prêcher la guerre civile impunément... Il faut que cela finisse. » Mais il n'a plus insisté.
4. En témoigne la revue, plutôt froide, de la garde nationale parisienne que l'Empereur passe le 16 avril dans la cour des Tuileries.

crachats des Prussiens ni les philippiques de Vienne ne provoquent le soulèvement populaire escompté : « Jamais, assure Bourrienne, la capitale n'avait été, depuis les saturnales de la Révolution, aussi triste et aussi morne que pendant ces trois mois d'agonie. » Le « second Empire » sombre dans l'indifférence avant même d'avoir combattu [1].

Seule l'armée et ce qui reste de fédérés entretiennent l'illusion de la flamme. Le dernier carré des fidèles prend l'habitude d'investir le café Montansier. Situé près du Palais-Royal, il devient le haut lieu du bonapartisme populaire des Cent-Jours. Devant le buste de Napoléon perché sous les lauriers, on chante à tue-tête son amour de la capote grise et son ardeur à combattre. Le répertoire associe grands classiques révolutionnaires, comme *La Marseillaise* ou *Le Chant du départ*, à de nouveaux couplets inventés chaque soir par les « orateurs chantants ». L'étudiant La Bretonnière se souvient des paroles fredonnées :

> Non, la France n'est plus flétrie,
> Et nos lauriers sont toujours verts ;
> Ah ! répétons ces mots si chers :
> Napoléon, gloire et patrie.

A l'exception de ces ripailles nocturnes, le bonapartisme populaire s'est éventé. La violette se fane. Dans ses souvenirs de jeunesse [2], un certain Bary propose une définition assez précise des deux camps. Il range du côté de Louis XVIII les émigrés, les nobles, les prêtres, les femmes et les enfants qui craignent la conscription, « les généraux las de combattre » et les marchands. « Pour l'Empereur » : les acquéreurs de biens nationaux, les soldats et officiers ainsi que « les jeunes gens

---

1. « Le rappel des militaires en congé, la mobilisation des gardes nationales, la certitude d'une guerre, la crainte d'une seconde invasion, la faiblesse du pouvoir, l'inertie des préfets, l'hostilité des maires, les menées du clergé, tout conspire à altérer l'opinion dans le Centre et dans l'Est de la France, à la perdre au Midi et à l'Ouest, résume Henry Houssaye. L'enthousiasme s'éteint, la confiance s'évanouit... Des trois quarts des départements arrivent des rapports identiques sur l'affaiblissement de l'esprit public, et de partout s'élèvent des plaintes et des accusations contre l'apathie ou la complicité des fonctionnaires. »
2. Intitulés *Cahiers d'un rhétoricien*.

qui se destinent à l'état militaire », les ouvriers, enfin les médecins « à qui la guerre donne des emplois et des blessés à soigner ».

Pour ranimer la flamme, Napoléon mise sur le grand rendez-vous du Champ-de-Mai. Depuis les décrets de Lyon qui l'ont annoncé le 13 mars, l'ambition s'est amoindrie. Il ne s'agit plus de « prendre les mesures convenables pour corriger et modifier nos institutions » ; encore moins de couronner Marie-Louise et le roi de Rome, mais seulement de promulguer l'Acte additionnel. Par l'éblouissante mise en scène d'une cérémonie civile et militaire, il espère occulter les médiocres résultats du plébiscite et afficher l'union sacrée de la nation. Napoléon rêve d'un second sacre, laïc cette fois, qui s'inspire à la fois du cérémonial carolingien [1], de la fête de la Fédération du 14 juillet 1790 et de la remise des aigles qui avait suivi son couronnement [2]. Comme en 1804, il associe les différentes classes de la société à son triomphe, joue du passé et des symboles, convoque les mémoires. Au souvenir de Charlemagne se mêlent la prise de la Bastille et la gloire d'Austerlitz, soulignant la volonté impériale d'appeler le passé

---

1. Chacun sait que la référence à Charlemagne est omniprésente dans l'épopée impériale, à commencer par le titre d'Empereur que Napoléon emprunte au fondateur de la dynastie carolingienne tout comme le Sacre par le pape, faveur dont seul Charlemagne avait bénéficié en 800. Napoléon évoque souvent l'Empereur à la barbe fleurie dans sa correspondance (notamment dans ses rapports avec Pie VII) et s'imprègne de ses méthodes de gouvernement tant en politique intérieure (le préfet s'inspire des missi dominici) qu'extérieure (volonté commune de dominer le Rhin et l'Italie du Nord). Le Champ-de-Mai (qui remplace le Champ-de-Mars) désignait sous les Carolingiens des assemblées annuelles d'hommes libres devant lesquelles étaient résolus les principaux différends de l'époque, notamment ceux opposant les laïcs et les ecclésiastiques. Après avoir été clamés à haute voix devant le peuple en armes, les arbitrages étaient consignés par écrit, chapitre par chapitre (capitule), d'où le terme de capitulaires. La cérémonie de 1815 emprunte ainsi à sa lointaine ancêtre son caractère militaire, populaire et solennel.
2. La fête de la Fédération (1790) marque le moment heureux de la Révolution. Devant 300 000 assistants environ, dont 50 000 militaires, Louis XVI avait prêté serment au nouvel ordre révolutionnaire, scellant ainsi sa réconciliation avec la nation. De cette fête l'Empereur emprunte le lieu, le Champ-de-Mars, et l'objectif, qui consiste à rassembler la nation autour de son monarque tout en proclamant la sacralité des valeurs révolutionnaires. La seconde partie de la cérémonie est directement calquée sur le précédent militaire de 1804, sachant qu'une première cérémonie avait été orchestrée au camp de Boulogne pour remettre les Légions d'honneur, puisées dans le casque de Bayard.

au secours du présent[1]. Si le pape n'est plus là, une messe d'ouverture officialisera la protection de l'Eglise. En 1804, Napoléon avait capitalisé l'une après l'autre chaque légitimité[2]. Pris à la gorge, il est contraint de les associer par un rassemblement qu'il veut spectaculaire tant par le nombre de participants que par le faste déployé. Mais cette fois les notables le fuient, le peuple le boude tandis que Pie VII reste à Rome. Pourtant, il faut faire front, continuer à donner l'image du bonheur et de la sérénité.

Orchestrées par David et l'architecte Fontaine, réglées par le comte de Ségur, grand maître des cérémonies, les festivités du jeudi 1er juin[3] réunissent deux cent mille invités agglutinés sur de vastes gradins en bois construits pour l'occasion. L'Empereur occupera successivement deux trônes : l'un devant l'Ecole militaire, l'autre dominant le Champ-de-Mars, correspondant aux deux séquences — civile puis militaire — de la journée. Les députations de l'armée occupent les gradins de gauche et de droite, encerclant les collèges électoraux qui sont placés au centre. Les représentants et corps constitués entourent le souverain. L'esplanade est remplie par les cinquante mille militaires et gardes nationaux mobilisés pour la circonstance. L'ensemble offre un panorama digne des plus grandes fêtes impériales : « Nous vîmes, confirme Hobhouse, un spectacle impossible à décrire pour sa magnificence. Le monarque sur son trône, qui formait comme une pyramide éclatante d'aigles, d'armes et d'habits militaires, et couronné de ses plumes blanches ; une plaine immense de soldats, flanqués d'une multitude si nombreuse que les talus des deux côtés ne présentaient qu'un tapis de têtes ; l'homme, la conjoncture, tout conspirait à exciter en nous une admiration

---

[1]. Le plébiscite populaire est entériné en présence des membres plus aisés des collèges électoraux (cérémonie civile) avant que l'Empereur remette les aigles à l'armée (cérémonie militaire).
[2]. Adresses des chambres et serments témoignaient de l'adhésion des notables. Le sacre populaire s'opère par le plébiscite, le sacre militaire par la remise des croix et des aigles, enfin le sacre religieux par le couronnement à Notre-Dame.
[3]. Prévue le 22 mai, la cérémonie a été finalement repoussée au 1er juin en raison du retard pris dans le dépouillement des votes du plébiscite.

indéfinissable du spectacle que nous avions sous les yeux ; elle fut encore augmentée lorsque les baïonnettes, les casques, les cuirasses brillant aussi loin que la vue pouvait porter, les drapeaux des lanciers voltigeant, et la musique se faisant entendre dans la plaine, annoncèrent que tout, de près comme de loin, allait se mettre en marche. »

Réveillée par les cent coups de canon tirés dès l'aube, la foule accourt, bordant l'Ecole militaire et le Champ-de-Mars. La France impériale a revêtu ses plus beaux atours : c'est une symphonie d'ors et de couleurs, d'aigles et d'abeilles, de sabres, shakos, dolmans, épaulettes, selles dorées, costumes rutilants et chevaux d'apparat. A onze heures, le cortège impérial s'ébranle et quitte les Tuileries. Entouré d'un quarteron de maréchaux à cheval, l'Empereur a pris place dans le carrosse du sacre[1]. Escortées par l'élite de sa cavalerie, chasseurs à cheval de la Garde, hussards, dragons et cuirassiers, précédées des hérauts en cotte bleue parsemée d'abeilles d'or, une vingtaine de voitures gagnent le Champ-de-Mars en près de deux heures. Tout se présente sous les meilleurs auspices, quand soudain l'Empereur apparaît. La foule fébrile, après de longues heures de patience, s'attend à voir surgir le guerrier, l'homme à la redingote grise, le fils prodigue de la Révolution. Depuis son retour, elle ne l'a qu'à peine entrevu, guettant ses trop rares apparitions publiques. Elle découvre avec stupeur un souverain d'opérette qui aurait emprunté son manteau court au style Henri III, sa coiffure à l'époque Renaissance et ses souliers au cortège de Louis XIII[2]. Sa tenue évoque encore

---

1. « C'était un char doré, dont les panneaux étaient de glaces et surmonté d'une immense couronne aussi dorée et qui couvrait toute l'impériale, décrit Hobhouse. Quatre laquais ou pages étaient montés sur le devant, six sur le derrière, et deux maréchaux de l'Empire allaient à cheval aux deux côtés de la voiture qui était traînée par huit chevaux blancs richement harnachés, coiffés de grandes parures blanches et conduits par autant de palefreniers qui avaient de la peine à en tenir les brides. »
2. Selon la description qu'en donne le mémorialiste Jal, un des meilleurs témoins de la cérémonie. « Napoléon, précise Emile Le Gallo, était coiffé d'une toque noire, ornée de plumes blanches et d'un diamant. Sur une tunique nacarat, il portait, attaché au cou, un manteau de même nuance, doublé d'hermine et bordé d'or, qui lui descendait jusqu'aux pieds. Une culotte de satin blanc, des bas de soie blancs, des souliers "à rosettes", complétaient son ajustement. »

celle du Sacre, surchargée d'hermine et de dorures. Tolérée à l'apogée, elle détonne maintenant, paraît hors d'âge et pour tout dire grotesque. Frappé au cœur par l'échec du plébiscite, Napoléon donne l'impression de s'accrocher désespérément au passé comme à une planche de salut. Cette légitimité de parade, décalque de la gloire déchue, suscite aussitôt rires et sarcasmes. De l'apothéose impériale on glisse vers la comédie de boulevard[1] : « Les royalistes se moquèrent, les artistes critiquèrent, bien que David eût passé par là ; les compagnons de l'Empereur gémirent tout bas du ridicule qu'il se donnait ; les représentants du peuple dirent assez haut combien un tel travestissement leur paraissait peu convenable. De l'hémicycle où les députés étaient placés selon l'ordre alphabétique de leur département, s'éleva un murmure désapprobateur quand Napoléon parut sur l'amphithéâtre où l'on allait dire la messe. Je fus effrayé de cette rumeur », écrit Jal dans ses *Souvenirs*[2].

Les trois frères, Joseph, Lucien et Jérôme, eux aussi travestis pour l'occasion, subissent de semblables critiques[3] qui redoublent à l'arrivée de Cambacérès, gourmé, perruqué et en manteau bleu parsemé d'abeilles d'or[4] : « Je vis passer l'escouade impériale en grand habit de gala, plumets au vent, chapeau retroussé, petit manteau à l'espagnole, pantalon de satin blanc, souliers à bouffettes et le reste. Cette mascarade, aux approches d'une telle crise, lorsque la France était sur le point de se voir envahie et dépecée, du fait et pour les beaux yeux de ces beaux

---

1. Comment ne pas songer à la célèbre formule de l'Empereur : « Du sublime au ridicule, il n'y a qu'un pas. » Alfred Nettement écrit : « Il lui semblait sans doute que déposer le manteau et la toque, marcher sans cour, sans pages, sans chambellans, à cheval, au lieu d'être en carrosse d'apparat, c'était un commencement d'abdication : il s'attachait aux signes, comme s'il eût senti que la réalité le quittait. »

2. Le costume « passablement ridicule » de Napoléon fut comparé à celui « que portent les chevaliers du Moyen Age dans les mélodrames sur le boulevard », remarque Le Gallo.

3. Lucien s'est disputé vigoureusement avec Napoléon juste avant la cérémonie, jugeant l'accoutrement prévu burlesque : « Je ne veux pas paraître en blanc, mais avec un habit de garde national. L'Empereur me répond avec un mauvais sourire : "Oui, pour faire plus d'effet en garde national que moi en Empereur, n'est-ce pas ?" » (Iung, *Lucien Bonaparte et ses mémoires*.)

4. « Il y eut de grands éclats de rire auprès de nous, lorsqu'on vit paraître cet homme dont les talents et le goût sont également connus dans tout l'Empire », rapporte Hobhouse.

seigneurs, cette mascarade, dis-je, m'inspira autant d'indignation que de mépris », rapporte le duc de Broglie [1].

Les cris de « Vive la France » et de « Vive la nation » étouffent vite ceux de « Vive l'Empereur ». Napoléon, engoncé, mal à l'aise, comprend immédiatement que la magie tant attendue n'est pas au rendez-vous. Se sent-il ridicule ? Se sait-il perdu [2] ? De l'avis de nombreux témoins, le cœur n'y est plus. On le juge épaissi, presque apathique. Sa figure paraît vieillie, « soucieuse, contractée, sévère et mécanique », précise Thibaudeau [3]. « Il avait assez mauvaise grâce et paraissait soucieux », confirme Hobhouse.

Le regard assombri de Napoléon croise celui, ennuyé, de la foule. La cérémonie, qui s'étire jusqu'à sept heures du soir, semble vite interminable. Après la messe célébrée dans l'indifférence générale [4], l'assistance subit la terne adresse de Duboys d'Angers, représentant les électeurs [5], puis le fasti-

---

1. *Le Censeur* est à l'unisson : « Tout éloignait l'idée d'un but purement national. [...] Un grand étalage de carrosses, de broderies, et d'escortes, peut frapper de respect un peuple enfant, mais ne saurait faire aucune bonne impression sur un peuple adulte qui a appris à juger les hommes et les événements. Mirabeau, dès 1789 [...] disait : [...] le temps n'est plus de louvoyer. On ne saurait résister au courant de l'opinion publique : il faut en être aidé ou submergé. » Il n'y a guère, et c'est tout dire, que le *Moniteur* pour s'enthousiasmer : « Jamais fête plus nationale, jamais spectacle plus imposant et plus touchant à la fois, n'a frappé les regards du peuple français que l'assemblée du Champ-de-Mai » (2 juin).
2. Le général Thiébault, qui le rencontre quelques jours après, note ses impressions dans son *Journal*. Elles sont à l'unisson des mémorialistes contemporains : « Son regard, jadis si formidable à force d'être scrutateur, avait perdu la puissance et même la fixité ; sa figure, que si souvent j'avais vue comme rayonnante de grâce ou modelée dans l'airain, avait perdu toute expression et tout caractère de force ; sa bouche contractée ne gardait rien de son ancienne magie ; sa tête elle-même n'avait plus le port qui caractérisait le dominateur du monde, et sa démarche était aussi embarrassée que sa contenance et ses gestes étaient incertains. Tout semblait dénaturé, décomposé en lui, la pâleur ordinaire de sa peau était remplacée par un teint verdâtre fortement prononcé qui me frappa. » Et surtout le regard paraît comme éteint ou absent, sans rapport avec ce qu'exige la circonstance.
3. L'ancien conventionnel ajoute : « L'impression pénible que j'éprouvai ne s'est jamais effacée. »
4. La cérémonie est célébrée par Mgr de Barral, l'archevêque de Tours. L'Empereur l'a imposé à son entourage réticent afin de prouver son attachement à la religion face à la vague montante de l'anticléricalisme.
5. « Sire, dit notamment l'orateur, le peuple français vous avait décerné la couronne : vous l'avez déposée sans son aveu. Ses suffrages viennent de vous imposer le devoir de la reprendre. » Préparé par Carrion-Nisas, un ancien tribun, le texte a été

dieux cérémonial accompagnant la proclamation des résultats. Napoléon signe la Constitution qui entre aussitôt en vigueur avant de s'adresser à la foule. Superbe, son discours reste hélas inaudible pour la majorité du public, ce qui contribue à accroître la déception ambiante. Napoléon s'époumone « avec un accent ému et presque troublé[1] » à justifier son retour : « Empereur, Consul, soldat, je tiens tout du peuple. Dans la prospérité, dans l'adversité, sur les champs de bataille, au Conseil, sur le trône, dans l'exil, la France a été l'objet unique et constant de mes pensées et de mes actions. Comme ce roi d'Athènes, je me suis sacrifié pour mon peuple, dans l'espoir de voir se réaliser la promesse donnée de conserver à la France son intégrité naturelle, ses honneurs et ses droits. L'indignation de voir ses droits sacrés, acquis par vingt-cinq ans de victoires, méconnus et perdus à jamais ; le cri de l'honneur français flétri ; les vœux de la nation m'ont ramené sur ce trône qui m'est cher parce qu'il est le palladium de l'indépendance, de l'honneur et des droits du peuple. »

L'exorde promet une refonte globale des institutions avant d'appeler à l'union sacrée contre l'ennemi. Beaucoup de spectateurs, qui s'attendent à une annonce spectaculaire — certains murmurent que l'Empereur va profiter de l'occasion pour abdiquer en faveur de son fils — sont à nouveau déçus[2].

---

ensuite revu par Chaptal et Cambacérès qui ont notamment obtenu la suppression d'une phrase insolente : « Nous nous sommes ralliés à vous parce que nous avons espéré que vous rapporteriez de la retraite toute la fécondité des repentirs d'un grand homme. »

1. Selon Villemain. Le mémorialiste libéral ajoute ces considérations pénétrantes : « Evidemment, le grand homme de guerre, le grand dominateur était hors de son naturel et de sa destinée. Il n'agissait plus de lui-même, pour faire, à sa guise et à son heure, des choses hardiment nouvelles : il copiait ; il tâchait d'imiter ce passé populaire et chimérique, contre lequel il avait autrefois réagi de toute sa puissance et de toute sa logique de despote vainqueur. Mais, dans son personnage nouveau et imposé, la foi lui manquait, comme l'illusion manquait autour de lui. »
2. C'est Fouché qui contribue à répandre le bruit après avoir vainement tenté d'en persuader l'Empereur : « L'Empereur vient de manquer une belle occasion. Je lui avais conseillé d'abdiquer aujourd'hui ; s'il l'avait fait, son fils régnerait et il n'y aurait point de guerre » (paroles de Fouché à la reine Hortense citées par cette dernière dans ses *Mémoires*). Lucien aurait également œuvré en ce sens. Napoléon s'indigne à cette proposition qu'il refuse en ces termes : « Quoi ! Vous voudriez une Autrichienne pour régente, et réduire la France à cet état d'abaissement ? Je n'y consentirai jamais, ni comme père, ni comme époux, ni comme citoyen. J'aimerais mieux les Bourbons. Ma femme serait le jouet de tous les partis, mon fils malheureux et la France humiliée sous l'influence de l'étranger. »

L'absence de Marie-Louise et du roi de Rome, très attendus, renforce encore la désillusion.

Seul moment fort de la journée : la remise des aigles qui intervient malheureusement à la fin et n'aura d'ailleurs pas le temps d'être terminée. Napoléon, d'un geste majestueux, dégrafe le manteau qui l'empèse et se précipite sur l'estrade pour rejoindre la Grande Armée. Pour parvenir à bon port, il doit écarter les curieux qui le serrent de près. Auprès de ses braves, qui l'acclament comme des forcenés, il se sent enfin revivre[1]. Dans leur regard, il lit encore l'enthousiasme et la passion, la même flamme sacrée de l'esprit de sacrifice. Comme à Fontainebleau l'année précédente, il ne peut plus compter que sur eux. Pour chaque corps égrené[2], l'Empereur prononce une courte harangue, la dernière naturellement adressée à la Garde :

« Et vous, soldats de la Garde impériale, vous jurez de vous surpasser vous-mêmes dans la campagne qui va s'ouvrir et de mourir tous plutôt que de souffrir que des étrangers viennent dicter leur loi à la patrie.

— Nous le jurons », hurlent plusieurs milliers de poitrines enthousiastes.

« En défilant devant l'Empereur, leur regard brillait d'un feu ardent et sombre, constate le duc de Broglie ; on croyait voir errer sur leurs lèvres *morituri te salutant*, et les cris forcenés qu'on leur faisait pousser gâtaient l'impression sans la détruire. »

---

1. Thiers décrit la majesté de l'instant dans son *Histoire du Consulat et de l'Empire* : « Le spectacle, en ce moment, était magnifique, parce que la grandeur du sentiment moral égalait la majesté des lieux. Le ministre de l'Intérieur tenant le drapeau de la garde nationale de Paris, le ministre de la Guerre tenant le drapeau du premier régiment de l'armée, le ministre de la Marine tenant celui du premier corps de la Marine, étaient debout auprès de l'Empereur. Sur les marches nombreuses qui communiquaient de l'enceinte au champ de Mars, étaient répandus d'un côté des officiers tenant les drapeaux des gardes nationales et de l'armée, de l'autre les députations chargées de les recevoir. En face, cinquante mille hommes et cent pièces de canon étaient rangés sur plusieurs lignes ; enfin, dans la vaste étendue du champ de Mars, se trouvait le peuple de Paris presque tout entier. »
2. « Entre chacun de ces appels, lui-même, debout, grave, le visage altier, commandait d'une voix impatiente un ban à la musique militaire qui l'entourait », rapporte Villemain dans ses *Souvenirs*.

Conçue comme la grande fête de la paix, de la concorde et de la liberté, la cérémonie du Champ-de-Mai manque cruellement son but, provoquant l'effet inverse de celui escompté. Au lieu d'un nouveau sacre, on assiste plutôt à un requiem. On enterre la paix que l'on était censé célébrer comme on moque cet Empire libéral qui semble déjà perdu. Le mémorialiste Jal a pour voisin un officier bonapartiste. Dépité, ce dernier lui confesse avant de s'éclipser : « Il n'en a pas pour longtemps. » Venant après les déconvenues du plébiscite et l'échec des législatives, cette nouvelle déception accuse l'échec de la restauration impériale. Dînant entre Cambon et Barère[1] la veille de l'ouverture de la session, un témoin rapporte leur conversation : « L'Empire y était condamné à mort. Napoléon était traité avec un mépris incroyable ; on le prenait par force et comme pis-aller pour la guerre, mais on se promettait de lui faire violence à la paix, s'il durait jusque-là[2]. »

## La solitude du pouvoir

La dernière concession faite aux libéraux se révèle vite désastreuse. Peuplée d'opposants, la Chambre constitue une menace directe pour l'Empereur alors qu'il s'apprête à entrer en campagne. Agités en sous-main par Fouché, poussés par La Fayette, les parlementaires réclament d'entrée la refonte générale des institutions impériales en une seule constitution libérale. Si Napoléon l'a promis, il juge cependant que la

---

1. Deux anciens conventionnels fraîchement élus à la Chambre des députés.
2. Sur 629 sièges, les bonapartistes, rappelons-le, n'en ont obtenu qu'une cinquantaine. Louis-Philippe, dans une lettre adressée le 30 mai à son ami sir Charles Stuart, analyse avec acuité la crise à venir : « Je voudrais fixer votre attention et celle du duc de Wellington sur ce qui se passe en France, qui est très remarquable et très intéressant : c'est la formation de cette assemblée dont, à la longue, l'existence me paraît incompatible avec celle de Buonaparte. Si c'est lui qui triomphe dans la lutte qui va s'engager, il la détruira, et ils le savent aussi bien que nous. Mais s'il succombe ou que les alliés s'approchent de Paris, ce sera cette assemblée qui le renversera, et alors c'est avec elle que vous aurez à traiter. »

guerre demeure prioritaire et nécessite la mobilisation de toutes les énergies. Après la victoire, il sera toujours temps de parachever l'œuvre intérieure engagée par l'Acte additionnel.

Le dialogue de sourds débouche sur un affrontement. Dès sa séance inaugurale, le pouvoir législatif cherche à croiser le fer avec l'Empereur. Le premier scrutin d'importance concerne l'élection du président de la Chambre des représentants. Observé à la loupe, il traduit l'état des forces en présence. A cette occasion, Napoléon subit un premier camouflet. Contraint de retirer la candidature de son frère Lucien devant l'hostilité des députés[1], il pousse ensuite vainement l'un de ses fidèles, Merlin de Douai, fait pour l'occasion ministre d'Etat[2]. Or au premier tour de scrutin le candidat officiel n'obtient que 3 voix contre 189 à Lanjuinais ! Secrètement adoubé par Fouché, ce dernier est élu dans un fauteuil au second tour. Le choix du nouveau président a été calculé pour déplaire à Napoléon. Libéral modéré, Lanjuinais[3] est en effet l'un de ses plus anciens et constants adversaires. Comme sénateur, il s'est notamment opposé aux tribunaux d'exception, au Consulat à vie et à l'Empire avant d'œuvrer activement en faveur de la déchéance en 1814, ce qui lui a valu la pairie des mains de Louis XVIII. C'est dire l'ampleur du contentieux qui l'oppose à l'Empereur. L'élection des quatre vice-présidents confirme la tendance : outre La Fayette sont nommés deux autres libéraux, Flaugergues et Dupont de l'Eure, auxquels s'ajoute l'obscur général Grenier.

Napoléon comprend immédiatement le message : « On a

---

[1]. C'est Fouché qui prépare l'opération en faisant réclamer par les députés la présentation immédiate de la liste des pairs. Or Napoléon voulait attendre le résultat des élections à la présidence avant de fixer le sort de son frère. Il finit cependant par céder et nomme Lucien à la pairie, sachant qu'il n'a aucune chance sérieuse de l'emporter au sein de la Chambre des députés. Selon Lucien, Napoléon ne l'encouragea guère : « Il me soupçonne, dit-il alors de son aîné, d'avoir l'ambition cachée de me faire nommer président avec l'idée de faire un nouveau dix-huit Brumaire contre lui. »
[2]. En compagnie de trois autres présidents de section au Conseil d'Etat, également députés : Regnault de Saint-Jean-d'Angély, Boulay de la Meurthe et Defermon.
[3]. Lanjuinais présente la particularité d'avoir été membre de la quasi-totalité des chambres existantes puisqu'il a été successivement élu à la Constituante, à la Convention (il est l'un des rédacteurs de la Constitution de l'an III), au conseil des Anciens puis au Sénat.

voulu m'offenser ! explose-t-il devant son entourage. On a voulu m'affaiblir en ce moment critique. S'il en est ainsi, je dissoudrai cette assemblée, j'en appellerai à la France, qui ne connaît que moi ; qui, pour sa défense, n'a confiance qu'en moi et qui ne tient pas le moindre compte de ces inconnus qui, à leur tour, ne peuvent rien pour elle. [...] Car c'est à coups de canons que l'on peut défendre la révolution, et lequel d'entre eux est capable d'en tirer un ? » Décourageant ses fidèles, l'Empereur menace une nouvelle fois sans frapper et finit par ratifier la nomination de Lanjuinais. Lassitude ? Dégoût ? Indifférence ? Pour les députés, la concession est aussitôt perçue comme une capitulation et leur donne des ailes.

Dans son discours du trône prononcé le 7 juin, Napoléon se montre pourtant très conciliant : « Depuis trois mois, déclare-t-il, les circonstances et la confiance du peuple m'ont revêtu d'un pouvoir illimité. Aujourd'hui s'accomplit le désir le plus pressant de mon cœur. Je viens commencer la monarchie constitutionnelle. » Il réaffirme, pour rassurer une nouvelle fois la majorité, sa volonté de refondre les institutions libérales en un seul cadre. Toutefois, il prend soin de poser clairement des limites à l'ambition parlementaire montante : « J'ambitionne de voir la France jouir de toute la liberté possible ; je dis possible, parce que l'anarchie ramène toujours au gouvernement absolu. » Après avoir recommandé la régulation de la liberté de la presse [1], il en appelle comme toujours à l'union : « Nos ennemis comptent sur nos divisions intestines. [...] Il est possible que le premier devoir du prince m'appelle bientôt à la tête des enfants de la nation pour combattre pour la patrie. L'armée et moi, nous ferons notre devoir. » Sous-entendu : faites le vôtre ! La Fayette, qui l'observe sans indulgence, dénonce « dans toute sa figure, dans l'accent de

---

1. « La liberté de la presse, précise Napoléon, est inhérente à la Constitution actuelle ; on n'y peut rien changer sans altérer tout notre système politique ; mais il faut des lois répressives, surtout dans l'état actuel de la nation. Je recommande à vos méditations cet objet important. »

son discours, la contraction violente que sa nouvelle situation lui faisait éprouver ». Derrière le libéral de circonstance, il voit toujours le despote qui sommeille [1].

Après quelques passes d'armes [2], la tension monte à nouveau pour éclore au grand jour avec la discussion des adresses parlementaires [3]. A la chambre basse, La Fayette se distingue par sa virulence. Il demande « si cette chambre doit être appelée représentation du peuple français ou club Napoléon », avant d'obtenir que l'adresse substitue, pour désigner l'Empereur, le qualificatif de héros à celui de grand homme initialement prévu. « Grand homme suppose des vertus morales dont le héros peut plus aisément se passer », commente perfide son ami Lanjuinais. A l'étonnement de Napoléon, la chambre haute lui emboîte le pas. Ne comptant que 117 membres [4], et guère considérée, la pairie tente d'acquérir un semblant de

---

1. La Fayette écrit en même temps à un ami : « Sa figure [...] m'a paru celle d'un vieux despote irrité du rôle que sa position le force à jouer », avant de rapporter son bref aparté avec l'Empereur : « "Je vous trouve rajeuni", m'a-t-il dit ; "l'air de la campagne vous a fait du bien" — "Il m'en a fait beaucoup" ; ai-je répondu. Je ne pouvais lui rendre son compliment, car je le trouvais bien changé et dans une contraction de muscles très extraordinaire. Comme ni l'un ni l'autre ne voulait baisser les yeux, nous y avons lu ce que chacun pensait. »
2. Un incident survient par exemple à propos de la nomination de Lanjuinais. Les députés s'impatientant de connaître la décision de l'Empereur, ce dernier, exaspéré, fait répondre qu'il le fera communiquer par l'intermédiaire d'un chambellan de service. De nombreux députés protestent contre cette « offense à la représentation nationale ». En outre, le député Félix Lepelletier, voulant décerner le titre de « sauveur de la patrie » à Napoléon, est sèchement rabroué et doit piteusement retirer sa motion. Enfin, dernier exemple significatif, Dupin s'élève contre la prestation obligatoire du serment de fidélité à l'Empereur (ce avant même le discours du trône). Il est finalement prêté en masse à la suite d'une transaction négociée entre Joseph et La Fayette.
3. Chacune des chambres répond au discours du trône par une adresse dont le texte fait l'objet de débats préliminaires entre parlementaires et certains ministres du gouvernement.
4. Sa liste est arrêtée par l'Empereur en Conseil des ministres dans la soirée du 2 juin : huit pairs de droit, les quatre frères de l'Empereur (Joseph, Lucien, Louis, Jérôme), le cardinal Fesch, Eugène de Beauharnais, Cambacérès et Lebrun, côtoient militaires et notables, souvent illustres : Suchet, Maret, Brune, Boissy d'Anglas, Carnot, Chaptal, Clauzel, Cornudet, Moncey, Cambronne, Soult, Lefebvre, Decrès, Drouot, Masséna, Davout, Drouet d'Erlon, Flahaut, Gaudin, Girard, Grouchy, Jourdan, Lacépède, La Bédoyère, Lameth, Lallemand, Lavalette, Lecourbe, Mouton, Ney, Montalivet, Molé, Mollien, Fouché, Pajol, Pontécoulant, Rapp, Rey, Roederer, Savary, Roger Ducos, Sieyès, Mortier, Thibaudeau, Travot, Kellermann, Caulaincourt, etc. C'est Roederer, ancien ministre de Napoléon mais disgracié en raison de son amitié avec Joseph en 1804, qui est le principal rédacteur de l'adresse des pairs.

légitimité en montrant son indépendance à l'égard de son bienfaiteur.

Sans surprise, les adresses insistent lourdement sur les améliorations constitutionnelles à apporter. Tout en rejetant la responsabilité des hostilités sur l'Europe, elles avertissent solennellement l'Empereur à propos du caractère défensif qui doit présider au conflit futur : « La volonté même du prince victorieux serait impuissante pour entraîner la nation hors des limites de sa propre défense », menacent les députés. « Nos institutions garantissent à l'Europe que jamais le gouvernement français ne pourra être entraîné par les séductions de la victoire », renchérit la Chambre des pairs.

Le 11 juin, Napoléon rétorque avec vigueur, « d'un ton sévère et dédaigneux » d'après Thibaudeau : « La lutte dans laquelle nous sommes engagés est sérieuse. L'entraînement de la prospérité n'est pas le danger qui nous menace aujourd'hui : c'est sous les fourches caudines que les étrangers veulent nous faire passer ! [...] C'est dans les temps difficiles que les grandes nations comme les grands hommes déploient toute l'énergie de leurs caractères, et deviennent un objet d'admiration pour la postérité. » La même irritation transparaît dans sa réponse aux députés : « La Constitution est notre point de ralliement ; elle doit être notre étoile polaire dans ces moments d'orage. [...] La crise où nous sommes engagés est forte. N'imitons pas l'exemple du bas Empire qui, poussé de tous côtés par les barbares, se rendit la risée de la postérité en s'occupant de discussions abstraites au moment où le bélier brisait les portes de la ville. »

Dans ces deux discours, Napoléon fait référence à l'honneur et à la postérité. Mais il prêche dans le désert. Les parlementaires demeurent obsédés par la peur de la dictature, négligeant l'impératif d'union avec l'Empereur pour faire prévaloir les réformes à même de calmer leur suspicion et leur ombrageuse susceptibilité. Qui va l'entendre ? Qui peut le comprendre ? Décidément ces maudits libéraux n'ont pas changé, pense l'Empereur. Toujours ces songe-creux vaniteux, ces éternels empêcheurs de gouverner en rond qui privilégient les utopies métaphysiques à la réalité du pouvoir.

Gouverner n'est pas négocier sans cesse dans l'espoir de trouver un compromis, mais choisir, trancher. Gouverner suppose sang-froid, initiative et responsabilité.

Devant la multiplication des escarmouches protocolaires et les insolences des discours, il s'emporte : « J'aperçois avec douleur, confie-t-il à Fleury de Chaboulon, que les députés ne sont point disposés à ne faire qu'un avec moi, et qu'ils ne laissent échapper aucune occasion de me chercher querelle. De quoi ont-ils à se plaindre ? Que leur ai-je fait ? Je leur ai donné la liberté à pleines mains, je leur en ai peut-être trop donné, car les rois ont aujourd'hui plus besoin de garantie que les nations. J'y mettrai du mien tant que je pourrai ; mais s'ils croient faire de moi un soliveau ou un second Louis XVI, ils se trompent ; Je ne suis pas homme à me laisser faire la loi par des avocats... ni à me laisser couper la tête par des factieux [1]. »

Comme souvent dans l'histoire tumultueuse du pouvoir, et plus particulièrement du rapport entre l'exécutif et le législatif, la suspicion l'emporte sur la collaboration indispensable en période de crise. Les libéraux soupçonnent Napoléon de profiter de la guerre pour méditer un coup d'Etat. L'Empereur, de son côté, est persuadé qu'ils attendent la première occasion pour l'anéantir. Les deux n'ont sans doute pas tort. « Mais tout cela, défiance réciproque, rêve de liberté... était désormais renvoyé à la loterie de la guerre », commente Villemain qui poursuit : « C'est par là que ce drame extraordinaire des Cent-Jours, cette parodie condensée du Consulat et de l'Empire, cette comédie de liberté soufferte, cette fièvre révolutionnaire reprise comme un moyen de défense [...] tout ce chaos de vains simulacres, de faux serments, de transformations hypocrites, prend un caractère néfaste et à jamais lamentable. »

Dans le flou ambiant, Fouché continue à œuvrer dans

---

1. L'apostrophe rappelle sa célèbre phrase prononcée à l'encontre de l'opposition libérale du Tribunat au début du Consulat : « Je suis soldat, fils de la Révolution et je ne souffrirai pas qu'on m'insulte comme un roi. »

l'ombre, policier dans l'âme, comploteur dans l'esprit, intriguant partout afin d'être prêt à exploiter la situation à son profit, quelle qu'en soit l'issue. Le 1er mai, il lance son propre journal dont le titre, *L'Indépendant*, atteste sa volonté de se situer au-dessus des partis, déjà en position de recours. Face à ses visiteurs, le duc d'Otrante ne prend même plus la peine de dissimuler. Il se présente comme le pivot de l'inévitable recomposition politique à venir, ne donnant pas la moindre chance à Napoléon : « L'Europe s'arme contre l'Empereur ; il succombera inévitablement ; il sent déjà le cadavre », écrit-il, implacable, à Paul Bovet, son agent en Vendée[1].

Il anticipe déjà le retour des Bourbons, certain de les manipuler à sa guise. « Bah ! Bah ! dit-il à son confident Thibaudeau, avec de bonnes chambres, de bons ministres, une bonne armée, ce serait bien le diable si l'on ne venait pas à bout d'un roi cul-de-jatte, de princes crétins, d'émigrés caducs et imbéciles. » Pour éviter une réaction royaliste, il renforce le courant républicain, suscite des caricatures et des publications hostiles à la dynastie[2], soutient les fédérations. Le roi doit comprendre qu'il ne pourra régner sans son concours. Il envoie des agents non seulement à Gand mais aussi auprès des puissances, poursuivant sa diplomatie parallèle, déployant ses antennes auprès de Metternich, du tsar et du duc d'Orléans, le prétendant masqué qu'il espère promouvoir à défaut de sa chère régence dont personne ne veut. Pour tromper Napoléon, il remet le plus souvent un courrier officiel, loyal envers l'Empereur, doublé d'une note secrète appelant à sa déchéance. Au cœur du pouvoir, il s'offre sans retenue

---

1. Autre confidence de Fouché relevée par Villemain dans ses précieux *Souvenirs* : « Cet homme-ci est revenu plus fou qu'il n'était parti. Il s'agite beaucoup, mais il n'en a pas pour trois mois. Voyez-vous, cela est clair comme le jour : c'est un calcul d'arithmétique morale... Il éprouvera que le Dieu des armées est toujours pour les gros bataillons, quand ils ne sont pas trop follement menés... Le sort de cet homme-là est fixé et sa trame aux neuf dixièmes filée ; maintenant reste l'avenir, cela est un peu obscur, mais n'arrête pas les gens de cœur. Il faut se débarrasser de ce qui gêne, et puis on voit après. »
2. Henry Houssaye rapporte que Fouché réédite le *Mémoire au roi* de Carnot avec des « adjonctions perfides » et « inonde Paris et les départements de caricatures où Louis XVIII est présenté emportant les sacs d'or de la Banque et les diamants de la couronne, commandant l'exercice dans une chaise à porteurs à une armée d'invalides ».

mais non sans conditions. Moyennant son entrée au ministère, la conservation du drapeau tricolore, une constitution équilibrée et l'« oubli du passé », il répond de tout. Dans l'attente des combats, il veille à ne pas fronder Napoléon trop ouvertement ; gardant tous les fers au feu en n'ayant garde de s'y brûler.

Napoléon finit par avoir vent de ses intrigues. Un agent autrichien, arrêté par la police, révèle à l'Empereur qu'il agit comme représentant de Metternich auprès de Fouché qui doit envoyer bientôt un agent à Bâle pour négocier. A la demi-surprise de Napoléon, le duc d'Otrante, en dépit de ses allusions insistantes, reste muet sur le sujet lors de leur entretien. Pour le démasquer, l'Empereur envoie secrètement Fleury de Chaboulon à Bâle comme représentant de son ministre. A l'étonnement de l'envoyé autrichien, un certain Ottenfels, Fleury lui affirme que Fouché est devenu résolument bonapartiste, à l'image de la nation entière, et qu'il ne faut pas compter sur lui pour agir contre l'Empereur. Ottenfels a beau lui dire que Fouché, d'après les propres dires de Metternich, hait Napoléon, Fleury reste de marbre et réitère sa version des faits. Est-ce la fin de Fouché, enfin surpris en flagrant délit de traîtrise ? Averti par Réal[1], le rusé ministre se rétablit in extremis auprès de Napoléon. Avouant finalement la mission, il réclame des instructions en conséquence. Fleury en est quitte pour un second voyage, voué à l'échec, tandis que le ministre se plaint sans vergogne de la suspicion impériale à son encontre : « Il n'y a que lui au monde qui ait pu se mettre dans la tête, un seul instant, que je pourrais le trahir pour les Bourbons », dit-il à Fleury, avant d'ajouter non sans ambiguïté : « Je les méprise et je les déteste autant que lui. »

Bien sûr, Napoléon n'est pas dupe du double jeu de son sinistre rival. Mais il oscille comme toujours entre la colère

---

1. Réal tente alors de conjuguer loyauté envers l'Empereur et son ministre de tutelle.

et la résignation. La rage s'exprime au moins à deux reprises. Une première escarmouche se déroule en avril lors d'un entretien tendu entre les deux hommes : « Vous êtes un traître, Fouché, je devrais vous faire pendre. » A quoi l'intéressé rétorque froidement, désarmant l'Empereur : « Sire, je ne suis pas de l'avis de Votre Majesté. » Une passe d'armes plus vive se produit en Conseil des ministres. L'Empereur constitutionnel reprend un instant le masque césarien et l'exécute publiquement : « Vous me trahissez Monsieur le duc d'Otrante, j'en ai les preuves... Prenez plutôt ce couteau et enfoncez-le-moi dans la poitrine, ce sera plus loyal que ce que vous faites ; il ne tiendrait qu'à moi de vous faire fusiller, et tout le monde applaudirait à un tel acte de justice. Vous me demandez peut-être pourquoi je ne le fais pas : c'est que je vous méprise, c'est que vous ne pesez pas une once dans ma balance. » Fouché mime l'étonnement avant de balbutier : « Ah ! Sire ! Comment pouvez-vous croire !... On m'a calomnié dans votre esprit...[1] »

Cependant, à la surprise de l'assistance, l'Empereur se calme avant de lever la séance. Comme il l'a toujours fait, il tente de mettre la peur de son côté. En dévoilant qu'il est au courant de ses manœuvres, il espère lui couper l'herbe sous le pied et l'engager, par la crainte, à se ranger enfin derrière lui. A ce stade, il refuse toujours de le renvoyer car l'homme reste à ses yeux plus utile que dangereux. Si ses agents conspirent contre l'Empereur, ils le servent également en fournissant de précieuses informations sur la cour de Gand et sur les préparatifs militaires des alliés. Privé d'yeux et d'oreilles par le blocus des frontières, Napoléon en est réduit à se reposer sur les réseaux de son ministre, le seul à avoir table ouverte à Vienne, pour obtenir ce type de renseignements, qui sont bien

---

[1]. L'analyse donnée par Stefan Zweig sur la nature profonde de Fouché est d'une rare pénétration : « Il aime la difficulté pour la difficulté, écrit-il ; il l'élève artificiellement à la deuxième, à la quatrième puissance, ne se contentant pas d'être traître simplement, mais l'étant par essence de façon multiple et envers tous. Celui qui l'a le mieux connu, Napoléon, a dit de lui à Sainte-Hélène ce mot profond : "Je n'ai connu qu'un traître véritable, un traître consommé : Fouché." Traître consommé et non pas occasionnel, nature ayant le génie de la trahison. Voilà bien ce qu'il était, car la trahison est moins son intention, sa tactique, que sa nature fondamentale. »

entendu d'une importance cruciale à la veille de l'entrée en campagne : « Ainsi, résume Fleury de Chaboulon, M. le duc d'Otrante, si l'on en croit les apparences, livrait d'une main à l'ennemi le secret de la France, et livrait de l'autre à Napoléon le secret des étrangers et des Bourbons[1]. »

Par ailleurs, l'Empereur a encore besoin de son entregent pour pacifier la Vendée, surveiller la presse et maintenir — ce qu'il a parfaitement réussi à faire jusqu'alors — le calme intérieur. Briser Fouché, devenu le symbole de la modération depuis ses circulaires, risque également d'aviver l'hostilité des chambres. Evoquant son renvoi, Napoléon confesse à Fleury : « Il écrirait partout que je suis un tyran soupçonneux et que je le sacrifie sans motif. » Sans oser l'avouer, il redoute toujours le tombeur de Robespierre, rival davantage que subordonné. Enfin, casser le duc d'Otrante reviendrait à se déjuger publiquement, à avouer qu'il a eu tort de l'appeler au gouvernement quelques semaines plus tôt. Le départ de l'homme le mieux informé de France, réputé pour son génie politique et son sens de l'anticipation, pourrait bien sonner le glas des dernières espérances de l'opinion. Si Fouché quitte le gouvernement, c'est la preuve que l'Empereur est définitivement condamné. Consulté sur ce sujet à la veille des hostilités, Carnot dissuade Napoléon de recourir à cette extrémité. « Le duc d'Otrante me trahit, lui confesse l'Empereur. Je veux m'en débarrasser. Je songe même à supprimer le ministère de la Police pour en faire une simple division dans vos bureaux. » Approuvant la suppression du ministère, Carnot repousse cependant le renvoi du ministre :

« Je l'aurais approuvé il y a un mois ; mais à la veille

---

1. Le même mémorialiste précise les modalités du dispositif : « Des renseignements donnés d'une main sûre, et les agents que fournissait le duc d'Otrante, faisaient connaître, dans tous ses détails, la position des alliés. Les agents soudoyés par le roi, allaient et revenaient de Gand à Paris et de Paris à Gand. Monsieur le duc d'Otrante qui sans doute avait de bonnes raisons pour les connaître, offrit à l'Empereur de lui procurer des nouvelles de ce qui se passait au-delà des frontières ; et ce fut par eux que l'Empereur connut en grande partie la position des armées ennemies. » Seuls les agents de Fouché comme Montrond et Saint-Léon peuvent obtenir des renseignements à Vienne : « Fouché s'employait avec d'autant plus de zèle à procurer à son souverain les meilleurs émissaires qu'il s'en servait pour ses propres intrigues », ajoute Henry Houssaye.

d'événements graves, il augmenterait les irrésolutions et les défiances si grandes de l'opinion.

— Vous avez raison, conclut Napoléon, nous verrons cela plus tard, à mon retour. »

« Si j'avais été vainqueur à Waterloo, je l'aurais fait fusiller aussitôt », précisera-t-il plus tard à Gourgaud [1].

L'état d'esprit du pays reste globalement attentiste, loin des exclamations et invectives des deux partis. Si les troupes se mobilisent facilement, il n'y a pas toutefois, sauf dans l'Est et en Bourgogne, de véritable élan patriotique. A l'inverse, en dehors de la Vendée, aucun trouble sérieux ne vient contrarier l'effort de guerre et les ordres de l'Empereur. La France tremble et se lasse. Depuis son retour, Napoléon ne trouve de réel réconfort qu'auprès de l'armée. Aussi, à défaut de réveiller les masses, veut-il au moins galvaniser ses troupes en multipliant les revues, désormais quasi quotidiennes. Il cherche à la fois à se rassurer et à mobiliser les combattants avant la bataille. Comme il en a l'habitude, il parcourt tous les rangs, sollicite les avis, reçoit les réclamations avec bienveillance et tire les oreilles d'un air bonhomme. Hobhouse, témoin d'une revue en avril, se souvient avec émotion d'un « homme de mauvaise mine » qui d'abord arrêté est aussitôt libéré sur ordre de l'Empereur pour venir converser quelques instants avec lui : « Je vois encore Napoléon dans ce moment : la tranquillité imperturbable de sa contenance au premier mouvement du soldat, se changeant par degrés en regards d'attention et de bonté, ne sortira jamais de ma mémoire. » Avant la campagne, il en profite pour vérifier le moindre détail, du nombre de paires de chaussures à la pointe des baïonnettes. Devant ses « enfants », il tient toujours le même discours, telle cette harangue prononcée au Carrousel : « Nos armées sont

---

1. « J'ai eu tort de m'écarter du principe reçu en France qu'il faut exiler un ministre. Il fallait le faire pour Fouché comme pour Talleyrand. C'était un principe de la Monarchie de ne jamais renommer un ministre disgracié. [...] J'eus le plus grand tort de nommer Fouché ministre une seconde fois. La troisième fois, on ne peut pas dire que c'est ma faute : je ne connaissais pas l'état des choses. Maret et Caulaincourt me dirent que Fouché avait été si bien » (Napoléon à Bertrand).

toutes composées de braves qui se sont signalés dans plusieurs batailles et qui présenteront à l'étranger une frontière de fer. [...] Des revers ont retrempé le caractère du peuple français ; il a repris cette jeunesse, cette vigueur qui, il y a vingt ans, étonnait l'Europe. »

Il sort rarement et consacre désormais l'essentiel de son temps à préparer l'entrée en campagne. Le 21 avril, il va cependant assister à la représentation d'une de ses pièces favorites, *La Mort d'Hector*, de l'obscur Luce de Lancival au Théâtre-Français. Aux mots : « C'était Achille ! Il reparaît enfin ! », le parterre l'acclame. Mais il reste de marbre et s'éclipse dès la fin de la pièce.

Les négociations manquées avec l'Europe, la désillusion du Champ-de-Mai et le bouillonnement parlementaire reflètent un isolement qui s'accroît avec la montée du danger. De jour en jour, l'Empereur donne l'impression de ne plus y croire, d'avoir perdu la foi et la volonté qui soufflent au cœur de la politique. Depuis la mi-avril, il a subi échec sur échec. Frappé par deux défaites électorales, tout se désagrège entre ses mains : la paix, les hommes, le pouvoir, la confiance. Atteint physiquement et moralement, perpétuellement sur la défensive, il étouffe sous les coups de boutoir répétés de ses adversaires, indécis, incompris, guettant l'ouverture qui pourrait lui permettre enfin de reprendre la main.

Dans sa solitude, le plus douloureux pour l'Empereur reste sans doute l'opposition catégorique de Marie-Louise à toute tentative de rapprochement [1]. L'Impératrice, désireuse de conserver la souveraineté de Parme que vient de lui conférer le Congrès, accepte d'envoyer son fils à Vienne comme preuve de sa bonne foi. Les alliés, qui craignent une tentative d'enlèvement de la part de Napoléon, enchaînent l'Aiglon en

---

1. Napoléon lui avait écrit le 28 mars : « Ma bonne Louise, je suis maître de toute la France ; tout le peuple et toute l'armée sont dans le plus grand enthousiasme. Le soi-disant roi est passé en Angleterre. Je passe toute la journée des revues de 25 000 hommes. Je t'attends pour le mois d'avril. »

le séparant de sa gouvernante, « Maman quiou », cette Mme de Montesquiou qui veille sur lui avec amour depuis sa naissance. Déjà dépité par l'abandon de sa mère, l'enfant otage n'en demeure pas moins un Bonaparte. Méneval, seul Français d'envergure toléré auprès de lui, vient lui demander s'il a un message à transmettre à son père. « Monsieur Méva, lui répond l'enfant, alors âgé de quatre ans, vous lui direz que je l'aime toujours bien. »

Parvenu à Paris le 15 mai, ce fidèle secrétaire[1] est reçu pendant six longues heures par Napoléon. Son compte rendu ôte à l'Empereur ses dernières illusions. Il lui confirme la liaison de l'Impératrice avec Neipperg, la captivité de son fils et la haine de l'Europe. Si elle refuse un divorce, Marie-Louise lui offre une séparation à l'amiable et confirme qu'elle ne reviendra jamais. Napoléon accuse le coup : « Au reste, finit-il par dire avec un sourire que Méneval qualifie de mélancolique, Dieu est grand et miséricordieux[2] ! » Carnot le retrouve en pleurs devant un tableau de sa femme et de son fils. Il montre le portrait d'un geste muet et serre convulsivement le bras de son ministre avant de l'entraîner vers son bureau. Habitué à ses colères et à ses sarcasmes, Mollien dépeint « un homme tout nouveau pour ceux qui l'avaient connu dans d'autres temps », plein de patience et de mansuétude, avide de conversations particulières et d'écoute, acceptant la controverse, « calme », « pensif », las, si loin du César acariâtre et dynamique de l'apogée[3]. La veille de son départ

---

1. Méneval a remplacé Bourrienne sous le Consulat avant d'être placé au service de Marie-Louise durant les dernières années de l'Empire. Resté à Vienne, il a renseigné Napoléon sur l'évolution du Congrès et l'attitude de sa femme.
2. Méneval précise dans ses *Mémoires* : « Tout son langage était empreint d'une tristesse calme et d'une résignation qui firent sur moi une vive impression. Je ne le retrouvai pas animé de cette certitude du succès qui l'avait rendu confiant et invincible autrefois. Il semblait que la foi dans sa fortune, qui l'avait amené à tenter l'entreprise si hardie de son retour de l'île d'Elbe, et qui l'avait soutenu dans sa marche miraculeuse à travers la France, l'eût abandonné à son entrée dans Paris. Il sentait qu'il n'était plus secondé avec ce zèle ardent et dévoué auquel il avait été accoutumé et que son allure, gênée par les entraves qu'il s'était laissé imposer, n'avait plus la même liberté. »
3. « Son coup d'œil, autrefois si confiant, si rapide, et souvent si juste, devenait plus hésitant, précise Mollien. Ses plans paraissaient moins absolus et moins énergiques. Dans les conseils, au lieu de notifier ses résolutions en style de consigne, il proposait des doutes, présentait des questions, et prolongeait assez les délibérations pour que la décision qui intervenait parût être l'œuvre de tous. »

au front, le 11 juin, Decrès le surprend « enfoncé dans un fauteuil, ayant l'air assoupi ». Silencieux et immobile, le ministre de la Marine voit soudain Napoléon se lever et clamer : « Et puis, cela ira comme cela pourra. »

Consumé par le chagrin, il a fui les Tuileries dès le 17 avril pour gagner le cadre plus intime de l'Elysée. L'ancien palais de Murat, après avoir été celui de la Pompadour [1], lui rappelle de doux souvenirs, notamment ses rencontres avec Eléonore Denuelle, la lectrice de Joséphine, dont il a eu un fils, le fameux comte Léon, en 1806 [2]. Il y loge au rez-de-chaussée, près du jardin où il va se promener, loin de l'immensité vide des Tuileries, désertées par les diplomates et les courtisans, écho de son immense solitude [3]. La transhumance ne saurait pourtant gommer la pénible incertitude qui l'envahit. Alors que le destin s'acharne, il s'accroche à son passé, part à la recherche du bonheur perdu, convoque les derniers fidèles, tire les vieilles moustaches, effectue un premier pèlerinage à Malmaison où il déjeune avec Hortense à l'ombre bienveillante de Joséphine.

Désormais, comme en 1800 avant Marengo, comme en 1805 avant Austerlitz, comme en 1814, son sort ne dépend

---

1. La maîtresse de Louis XV l'a acheté en 1753 au comte d'Evreux. A la mort de la favorite, le palais connaît des fortunes diverses avant d'être acheté par Murat qui, devenu roi de Naples en 1808, le cède à l'Empereur. Il passe (1810-1812) aux mains de Joséphine avant d'être à nouveau repris par Napoléon.
2. Ce qui fait du comte Léon le premier enfant de Napoléon, dont il porte la seconde partie du prénom. Sa ressemblance avec l'Empereur frappe tous les contemporains. Protégé par l'Aigle, inscrit dans le testament de Sainte-Hélène, il connaît une vie plutôt dissolue, gâchée par le jeu et les dettes, jusqu'à sa mort en 1881.
3. On peut sur ce point se référer au témoignage du baron Thiébault : « Napoléon avait quitté les Tuileries, qu'il n'avait plus les moyens de remplir, alors même que de nouveau son nom remplissait le monde. Ce château en effet signalait beaucoup trop les vides qui s'étaient formés autour de l'Empereur ; un silence de mort régnait dans les appartements de Marie-Louise et du roi de Rome ; indépendamment de que, dans cette résidence, chaque pas donnait lieu à des souvenirs cruels, il restait si peu de rapports entre elle et celui qui l'occupait, quelque colossales que fussent encore ses proportions, qu'un moindre espace était devenu indispensable à un rôle réellement amoindri. [...] Dans cette situation non moins fausse que menaçante, l'Elysée devint un refuge ; Napoléon ne reparut aux Tuileries, où cependant le drapeau national et impérial continua à flotter, que les dimanches pour la messe et pour les audiences publiques, audiences pendant lesquelles on tâchait de conserver un faux air des jours qui n'étaient plus. »

plus que des armes. « Puisque le pouvoir de Bonaparte n'a plus d'autres bases que l'armée, il faut battre cette armée », résume Wellington avec son laconisme habituel. Sur le champ de bataille, avec ses seuls et vrais fidèles, va s'engager enfin la partie décisive. Le choc des armes, dans ce contexte, acquiert une dimension tragique inégalée. Pour l'Aigle affaibli, les intrigues de la Cour, le cloaque nauséabond des combinaisons parlementaires, les manœuvres des partis et les fourberies de Fouché sont des épiphénomènes, comparés à l'enjeu militaire qui se dessine. Comme le note Villemain : « Il temporisait donc, ménageait même les traîtres, détournait volontairement la vue, faisait la sourde oreille et attendait le canon. »

Avant de partir, il renforce son Conseil en y introduisant Lucien et Joseph, ce dernier exerçant la présidence en son absence[1]. Il espère par là contenir Fouché et les chambres, sachant qu'il se réserve les décisions essentielles qu'il communiquera au gouvernement par le truchement de Berlier, le secrétaire du Conseil. Mais il ne se fait guère d'illusions : « Si bientôt je ne gagne une bataille, elles [les chambres] vous dévoreront tous, aussi grands que vous soyez, confie-t-il à ses ministres. Actuellement, il faut nous en tirer comme nous pourrons. Les ministres à portefeuille administreront, les ministres d'Etat parleront de leur mieux, et moi j'irai combattre. Si je suis victorieux, nous obligerons tout le monde à se renfermer dans ses attributions, et nous aurons le temps de nous habituer à ce nouveau régime. Si je suis vaincu, Dieu sait ce qui arrivera de vous et de moi !... Dans vingt ou trente jours, conclut-il, tout sera décidé. Pour le présent, faisons ce qui se peut, nous verrons ensuite. Mais que les amis de la liberté y pensent bien : si, par leur maladresse, ils perdent la partie, ce n'est pas moi qui la gagnerai, ce sont les Bourbons. »

Son destin, depuis son baptême de Toulon, l'a condamné à la précarité et au hasard du combat. Pour sa dernière chevau-

---

[1]. Les ministres d'Etat, plus particulièrement chargés de défendre la politique du gouvernement devant les chambres, siègent également au Conseil.

chée, le monarque vieillissant redevient l'aventurier, l'éternel conquérant en quête d'un coup d'éclat comme il le confie à Carnot. Cerné par l'ennemi, étouffé par les chambres, menacé par Fouché, empêtré dans les problèmes intérieurs, il veut retrouver des marges de manœuvre en renouant avec la légende. Plutôt que de continuer à dilapider ses dernières cartes, cet éternel joueur préfère miser tout ce qui lui reste sur le tapis vert des champs de bataille [1].

---

1. « Napoléon va jouer sur une seule carte sa partie et la nôtre. S'il la perd, la France est la proie de l'étranger », augure le ministre de l'Intérieur.

# ACTE III

# LE SACRIFICE

« Le soldat seul mourut pour Napoléon avec une sincérité admirable ; le reste ne fut qu'un troupeau paissant, s'engraissant à droite et à gauche. »

Chateaubriand.

« Napoléon avait été dénoncé dans l'infini, et sa chute était décidée.

« Il gênait Dieu. Dans la bataille de Waterloo, il y a plus que du nuage.

« Il y a du météore. Dieu a paru. »

Victor Hugo.

# CHAPITRE VII

# LA SYMPHONIE INACHEVÉE

> « Singulière destinée, où trois fois j'ai vu s'échapper de mes mains le triomphe assuré de la France : sans la désertion d'un traître, j'anéantissais l'ennemi en entrant en campagne je les écrasais à Ligny si la gauche eût fait son devoir, et je les écrasais à Waterloo si la droite n'eût pas manqué au sien. »
>
> NAPOLÉON

## *La dernière bataille*

Né par le fer, Napoléon survit par le fer[1]. La victoire ou la mort, mais dans tous les cas la gloire. Il est loin le temps des guerres en dentelle, ponctuées de sièges interminables et d'accrochages répétés. Depuis la première campagne d'Italie, « la capote grise » a révolutionné l'art de combattre en recherchant la destruction de l'ennemi par la combinaison de l'offensive et du mouvement, de la puissance et de la vitesse. Il s'agit d'anéantir l'adversaire le plus tôt possible. Et chacun, du côté français, se prépare à la « mère des batailles » pour couronner les Marengo, Austerlitz, Iéna, Friedland, Wagram et autres Moskova. En cette veillée d'armes, la surprise est

---

1. Comme l'écrit André Suarès, sous l'inspiration de Clausewitz : « La guerre l'a mené à la politique ; et la politique le rend toujours à la guerre, dont elle est le dernier mot et la raison suprême. » Le même auteur écrit dans ses *Vues sur Napoléon* : « Pour lui, la victoire est le principe de légitimité. C'est pourquoi il faut toujours faire la guerre. Il renouvelle son sacre de Reims, tous les ans, sur le champ de bataille. »

grande de voir les motivations inversées par rapport aux précédentes campagnes : Napoléon, le conquérant, avance à reculons alors que les alliés, regroupés dans la septième coalition[1], rêvent d'en découdre, eux qui ont si longtemps subi sa férule.

En 1814, Napoléon a abdiqué sans avoir été véritablement battu. De la campagne de France, le « dieu Mars[2] » conserve une aura intacte auprès de ses hommes, encore renforcée par le souvenir bouleversant des adieux de Fontainebleau. Grâce à ses atouts conjugués de rapidité, d'expérience et d'instinct, il peut encore espérer bousculer l'adversaire, convaincu que le nombre importe moins que la mobilité et la surprise. La Grande Armée, divisée par ses soins en corps autonomes, lui offre la souplesse et la vitesse nécessaires pour réaliser les diversions préalables, avant de concentrer ses forces au moment de l'estocade. Il combine à la perfection l'emploi des trois armes : canons, baïonnettes et chevaux. L'artillerie, son arme d'origine, prépare l'attaque, noyant les lignes sous un déluge de feu comme à Wagram. Précédée de tirailleurs, l'infanterie débouche par vagues pour se saisir d'un objectif ou se forme en carrés pour repousser l'assaut adverse. La cavalerie, l'arme suprême, décide la rupture par la charge et transforme la victoire en triomphe par la poursuite[3]. A Eylau, en 1807, l'assaut des quatre-vingts escadrons de Murat emporte la décision comme celle des Polonais à Somosierra un an plus tard. Si la flamme des hussards brûle encore, le roi de Naples brille par son absence et avec lui nombre de sabreurs émérites morts

---

[1]. 1792-1795 : première coalition nouée par l'agression française contre l'Autriche, renforcée par l'Angleterre et l'Espagne en raison du régicide ; 1799-1801 : deuxième coalition (Autriche-Angleterre-Russie). Elle prend fin après les victoires de Marengo et Hohenlinden ; 1805 : troisième coalition (mêmes participants. Elle se termine à Austerlitz) ; 1806-1807 : quatrième coalition (Angleterre, Prusse, Russie). Elle prend fin avec la victoire de Friedland (14 juin 1807) ; 1809 : cinquième coalition (Angleterre, Autriche). Elle se termine grâce à la victoire de Wagram ; 1813-1814 : sixième coalition (Angleterre, Autriche, Prusse, Russie), cette fois victorieuse. Pour la première fois, les alliés sont tous réunis. Napoléon abdique à Fontainebleau.
[2]. Surnom que lui a donné l'abbé de Pradt.
[3]. La cavalerie lourde, notamment les cuirassiers, se distingue particulièrement dans le premier exercice, la cavalerie légère dans la poursuite.

au champ d'honneur comme les généraux Lasalle, d'Hautpoul ou Caulaincourt[1], le propre frère du ministre.

A la tête de cette armée, le grand stratège sait se montrer imprévisible et audacieux. Pour piéger l'adversaire, il l'attire souvent vers l'une de ses ailes, l'oblige à dégarnir son centre avant d'appeler ses renforts pour crever le front : « Dans toutes les batailles, précise-t-il, il survient un moment où les troupes les plus braves, après de grands efforts, se sentent disposées à fuir... L'art consiste à faire naître l'occasion et à inventer le prétexte[2]. » Aussi prévoit-il de disposer de réserves fraîches pour les jeter dans la fournaise au moment propice : « Quand un homme a assisté à plusieurs affaires, il saisit ce moment sans difficulté ; c'est aussi facile que d'opérer une addition. » A Austerlitz, le 2 décembre 1805, il entraîne l'ennemi à se découvrir sur sa droite, s'empare facilement du plateau de Pratzen, cœur du dispositif adverse, et se rabat sur ses ailes[3]. Il aime également recourir à la surprise d'un de ses corps en renfort lâché dans la bataille. Ainsi l'irruption de Ney à Bautzen en 1813 a-t-elle décidé de l'issue du combat. Reste enfin la Garde impériale qui, composée des meilleurs combattants, donne comme à Eylau quand il n'y a plus de réserves ou couvre la retraite comme en Russie. A cette heure, le plus grand atout de Napoléon réside dans la force du mythe qui tétanise l'adversaire. Bien que sa réputa-

---

1. Ces trois généraux ont en commun une bravoure et un instinct inégalables. Lasalle, mort à Wagram en 1809, s'est notamment distingué à Rivoli, en Egypte et durant la campagne de 1806 où, à la tête de sa « brigade infernale », il joue un rôle décisif dans la poursuite de l'armée prussienne. On connaît sa célèbre maxime : « Tout hussard qui n'est pas mort à trente ans est un jean-foutre » (il est mort à 34 ans). D'Hautpoul tombe à Eylau à la tête de ses cuirassiers après avoir chargé victorieusement à Austerlitz et à Iéna. Caulaincourt meurt en dirigeant la « charge héroïque » qui emporte la grande redoute russe à la Moskova et décide par là même de la victoire.
2. André Malraux dans sa *Vie de Napoléon par lui-même* cite cet autre propos, qu'il date de 1800 : « Une bataille est une action dramatique qui a son commencement, son milieu et sa fin. Le sort d'une bataille est le résultat d'un instant, d'une pensée. Quand vous voulez livrer une bataille, rassemblez toutes vos forces, n'en négligez aucune. Il faut à la guerre profiter de toutes les occasions car la fortune est femme : si vous la manquez aujourd'hui, ne vous attendez pas à la retrouver demain. »
3. Ce plan connaît des variantes, Napoléon attaquant parfois au centre pour déborder par l'une des ailes, mais le principe fondamental de la bataille — déséquilibre puis frappe — demeure le même.

tion d'invincibilité ait été ternie depuis la Bérézina et que les adversaires aient modernisé leurs armements ou rajeuni leurs cadres, la peur n'a pas disparu. Et la campagne de France est venue apporter la preuve d'une flamme française toujours redoutable.

Dans cette bataille qui s'annonce, on entrevoit un de ces instants rares où le destin des nations peut basculer sur l'échiquier militaire. Pont entre deux ères, l'une ancienne où il n'était de richesse que d'hommes et l'autre moderne où s'affirme la primauté de la technique, Waterloo tient de l'antique par l'ardeur des combattants mais préfigure la Marne ou Stalingrad par la violence et l'ampleur du carnage. De fait, la campagne de 1815 annonce le nouvel âge de la guerre par l'importance des forces engagées, la puissance de feu et le nombre des victimes[1]. L'évolution est stupéfiante si l'on se reporte aux premières batailles du siècle. A Marengo, Bonaparte ne disposait que d'une vingtaine de milliers d'hommes tandis qu'à Waterloo Napoléon en compte 70 000. A l'époque, Desaix commandait 6 000 soldats ; aujourd'hui, Grouchy en dirige 33 000. La force globale des armées coalisées atteint désormais plus d'un million d'hommes contre 500 000 Français. Par paliers successifs — 1812 constituant le tournant — les populations ont versé leur sang et les nations sont devenues solidaires de la même histoire, du même drame. Sur le continent européen, chaque famille ou presque se trouve mise à contribution. Chaque royaume, doté d'une armée pléthorique, s'est engagé dans une course effrénée à l'armement et à la conscription.

---

1. Dans *Le Gai Savoir*, Nietzsche ira même jusqu'à déclarer : « Ce n'est pas à la Révolution française, qui a toujours visé aux fraternisations internationales et aux guirlandes des effusions universelles, c'est à Napoléon que nous devons de pouvoir pressentir aujourd'hui une succession de siècles guerriers qui seront sans égaux dans l'histoire ; c'est à lui que nous devons d'être entrés dans l'âge classique de la guerre, la guerre scientifique en même temps que nationale, la guerre en grand (par les moyens, les talents et la discipline), que les siècles à venir nous envieront avec respect comme un échantillon du parfait : car le mouvement national dont sortira cette gloire guerrière n'est qu'un choc en retour contre Napoléon et n'existerait pas sans lui. »

A un contre trois quand la mobilisation adverse sera achevée, le rapport de forces entre la France et les coalisés paraît désespéré. La présence des alliés à Vienne a desservi le revenant, permettant une réaction immédiate et concertée de ses ennemis. En Belgique, se concentrent les deux premières armées de Wellington et Blücher[1]. Si l'on y ajoute les autres corps en formation, 800 000 combattants s'apprêtent à fondre sur la France, bien plus que les 600 000 hommes de l'armée des vingt nations mobilisés par Napoléon pour envahir l'Empire russe. Convaincus que la victoire est à portée de main, les alliés se montrent plus prudents qu'en 1814[2]. Leur plan prévoit d'attendre l'arrivée de leurs trois armées principales sur la frontière française pour passer à l'attaque. Les Autrichiens de Schwarzenberg n'ont pas achevé leur concentration. Les Russes, toujours longs à se rendre sur place en raison de l'éloignement de leur base, serviront de réserve ou de deuxième vague si nécessaire. L'offensive, prévue début juillet, s'annonce d'autant plus redoutable que la Restauration a massivement réduit l'effort militaire. La Grande Nation en armes s'est muée en Etat pacifique. Impossible dans ce contexte de recourir à la levée en masse sans justifier aussitôt l'agression des alliés et provoquer la panique d'une population hantée par le cauchemar de la conscription.

Remarquablement épaulé par son ministre de la Guerre, Napoléon réussit pourtant l'impossible. En dix semaines à peine, il parvient à faire surgir de terre une armée nouvelle. Rappelant les militaires en congé[3], mobilisant les réservistes,

---

1. Les 210 000 Autrichiens de Schwarzenberg se massent sur le Rhin, 150 000 Russes s'assemblent en Pologne. Tandis qu'une réserve de 120 000 combattants se mobilise sur les territoires allemands, 50 000 Austro-Piémontais sous la direction de von Frémont et Bianchi menacent Lyon. Il faut y ajouter les 80 000 Hispano-Piémontais, prêts à franchir les Pyrénées, et les 37 000 Suisses du général Bachmann.
2. Durant la campagne de France, les deux principales armées, commandées par Schwarzenberg et Blücher, se sont divisées, ce qui a permis à Napoléon de les battre séparément.
3. Selon Louis Madelin, l'armée ne compte plus que 180 000 hommes au retour de l'Empereur, sachant que 80 000 ont déserté au printemps 1814 et que la Restauration a réduit, comme on l'a vu, les effectifs de moitié. Napoléon convoque aussitôt 50 000 hommes placés « en congé de semestre ». La classe de 1815, appelée en 1814 mais démobilisée, est également rappelée.

découvrant chaque homme disponible, il met sur pied un contingent de cinq cent mille hommes dont une petite moitié de gardes nationaux, destinés à maintenir la sécurité en ville et à servir de supplétifs éventuels [1]. Quant aux fédérés, ils sont définitivement écartés.

Reste à définir une stratégie. Tout découle du choix central de l'offensive. Pour Napoléon, la meilleure défense reste encore l'attaque. Elle préserve ses chances en lui permettant de garder l'initiative et le bénéfice de la surprise. Seule l'attaque peut doper le moral des soldats, sans compter que la campagne de France a prouvé que les populations supportent mal, physiquement et moralement, l'invasion et son cortège de viols, pillages et dégradations de toute sorte. Par ailleurs, une stratégie défensive l'obligerait à concentrer ses troupes au point le plus sensible du front, vraisemblablement autour de la capitale. Il compenserait ainsi son infériorité numérique et pourrait espérer, face aux alliés affaiblis par l'extension de leur ligne de communication et leur division en trois armées distinctes, contre-attaquer pour les battre séparément et les rejeter sur la frontière. Tactiquement possible — Napoléon dispose d'une force de frappe deux fois supérieure à celle de 1814 —, le plan est rejeté en raison de son coût politique et humain exorbitant. En exposant la France à l'invasion de la Bourgogne et des provinces de l'Est [2] il risque de provoquer une panique générale et de décourager l'armée.

La Belgique s'impose comme le meilleur terrain d'action : propice à la manœuvre en l'absence d'obstacles naturels, sa proximité permet un repli rapide en cas d'échec [3] ; il faut y

---

[1]. Par exemple, la Garde, selon Robert Margerit, est portée de 7 390 hommes à 28 328 ; trois cent mille fusils sont fabriqués dans les ateliers. Un autre historien de la bataille, Jean-Claude Damamme, établit les comptes comme suit : 413 000 hommes levés en deux mois pour un effectif total de 559 000 soldats : « 217 000 pour l'armée active, 146 000 dans les dépôts et 196 000 pour l'armée extraordinaire, c'est-à-dire celle qui sera employée à la garde des places fortes des côtes. »

[2]. Ces régions viennent encore de lui prouver leur fidélité lors du plébiscite.

[3]. Cette proximité limite d'autant les problèmes d'intendance et l'extension des lignes de communication, ce qui oblige à distraire de nombreux hommes comme l'a démontré par exemple la campagne de Russie.

ajouter son caractère francophile, sensiblement accentué par son rattachement forcé aux Pays-Bas depuis le congrès de Vienne. S'y concentrent d'ailleurs les premières forces opérationnelles des alliés, les deux armées de Wellington et de Blücher entre lesquelles Napoléon ambitionne de s'enfoncer pour pouvoir les battre l'une après l'autre. Aucune d'elles — Wellington a 93 000 hommes et Blücher 117 000 — n'atteint les effectifs français disponibles pour l'attaque. Sur les 250 000 hommes de l'armée active, la force de frappe principale — 130 à 140 000 soldats — est en effet réservée à la nouvelle armée du Nord[1]. En outre, Wellington et Blücher sont trop éloignés — l'Anglais a son quartier général à Bruxelles et le Prussien à Namur[2] — et leurs troupes s'étendent sur un front trop étalé : 175 kilomètres de long sur 60 de profondeur. Convaincues de leur supériorité, elles ne s'attendent pas à une offensive de Napoléon qui peut espérer bénéficier d'un plein effet de surprise. Enfin, c'est en Belgique que Louis XVIII a trouvé refuge. En portant la guerre sur son terrain, l'Empereur lui jette un ultime défi. Osera-t-il venir lui-même combattre ou continuera-t-il à se cacher derrière les alliés, bras armés de la Restauration, soldats par procuration d'une royauté réduite au rôle peu glorieux de satellite de la coalition ?

Quant au choix du moment, le mois de juin apparaît — en dehors d'évidentes considérations climatiques — comme l'époque idoine : l'armée française sera déjà en état de combattre alors que les Autrichiens et les Russes marcheront

---

[1]. Le reste étant réparti sur les différents nœuds stratégiques du territoire : Rapp à Nancy avec 23 000 hommes chargés de contenir l'armée de Schwarzenberg. Lecourbe avec un peu plus de 8 000 hommes dans le Jura pour stopper les 37 000 Suisses de Bachmann. Suchet avec 23 500 hommes est à Lyon. Brune, avec seulement 1 500 hommes doit à la fois tenir le Var et s'opposer à l'armée napolitaine, forte de 23 000 hommes. Enfin, Decaen à Toulouse (7 600 hommes) et Clauzel à Bordeaux (6 800 hommes) ont pour tâche de recevoir les 80 000 Hispano-Portugais. On voit à travers ces chiffres, scrupuleusement relevés par Henry Houssaye, la dramatique disproportion de force entre l'armée française et celle des alliés. Il y a 15 000 engagés volontaires, chiffre très supérieur à la campagne de France mais encore très éloigné de l'élan observé en 1792-1793.

[2]. Soit 56 kilomètres de distance selon Robert Margerit. Blücher fixa un moment son quartier général à Liège.

encore vers la France. A un contre deux, la partie reste à la mesure de Napoléon ; à partir de juillet, chaque jour perdu jouera inexorablement contre lui. Commandée par la conjoncture, la stratégie impériale doit permettre de disloquer la première vague alliée. Enfin, grâce au soulèvement espéré de la Belgique francophone, il espère, sans trop y croire, affaiblir le gouvernement tory (conservateur) qui pourrait céder la place aux whigs (libéraux), majoritairement pacifistes comme en témoignent les violents débats parlementaires d'outre-Manche[1].

L'Empereur compte pénétrer par Charleroi, point de jonction entre les deux armées alliées, en avançant en trois colonnes comme à son habitude[2] : la gauche tournée contre les Anglais, la droite contre les Prussiens, lui au centre avec la masse principale qu'il enverra successivement contre les deux adversaires. Cette stratégie du balancier rappelle par son audace et sa fougue la première campagne d'Italie et la dernière campagne de France. Une fois les Anglo-Prussiens écrasés, Napoléon convergera vers l'Est, happant au passage les troupes qu'il a laissées sur place et les cinquante mille recrues supplémentaires qu'il attend. Il s'occupera alors des Austro-Russes, espérant leur infliger un nouvel Austerlitz. Mais le premier coup sera décisif, augure-t-il, et ouvrira la voie à une prompte conclusion de la paix.

---

1. Madelin précise dans son *Histoire du Consulat et de l'Empire* : « Le *Morning Chronicle* n'avait pas celé son admiration ; Napoléon a reconquis en quinze jours le trône dont il n'avait pu être renversé par toute l'Europe qu'après un si grand nombre d'années. Il n'est rien de pareil dans l'histoire. Aux Communes, l'opposition en tirait la conclusion que nul n'avait le droit de détrôner à nouveau l'homme : "Bonaparte a été reçu en France, comme un libérateur. Les Bourbons ont perdu leur trône par leurs propres fautes. Ce serait une mesure monstrueuse de faire la guerre à une nation pour lui imposer un gouvernement dont elle ne veut pas !" Et à la Chambre des lords même, un orateur protestait d'avance contre une guerre entreprise pour proscrire l'homme que le peuple de France, autant que l'armée, a choisi comme le maître de ses destinées. » Mais, comme on l'a vu, les débats soulignent l'écrasante majorité dont bénéficie alors Castlereagh.
2. L'armée du Nord est constituée de la Garde impériale (commandée par Mortier qui, souffrant de la goutte, laisse le commandement suprême à Drouot, le fidèle de l'île d'Elbe), de cinq corps d'infanterie et de quatre de cavalerie. Les principaux chefs en sont Drouet d'Erlon (1er corps), Reille (2e corps), Vandamme (3e corps), Gérard (4e corps), Mouton (6e corps). Le 5e corps (Rapp) est concentré à Strasbourg avec pour charge de surveiller le Rhin durant les opérations.

Fantasmes d'un lion vieilli par deux années de défaites et avide de prendre sa revanche ? Rien n'est moins sûr. Napoléon bénéficie encore de plusieurs atouts solides dans son jeu. D'abord, et contrairement aux campagnes précédentes, il ne délègue pas, ou peu. Plus question de laisser l'initiative à ses maréchaux. Leurs divisions en Espagne, leurs défaites successives en 1813, leur passivité en 1814, leurs insuffisances aggravées par leurs sempiternelles querelles l'ont précipité dans l'abîme. Seul à la manœuvre, le plus grand capitaine de son temps sera donc seul responsable. D'ailleurs il a toujours été vainqueur quand il a commandé en personne, hormis à Leipzig où il peut arguer de la trahison des Saxons pour expliquer la défaite. Cette fois, l'« épée de la France » compte s'appuyer davantage sur ses jeunes divisionnaires, plus fidèles que les maréchaux, plus ambitieux aussi car ils rêvent de conquérir le légendaire bâton à la pointe de leur épée. Ensuite, son armée s'avère la meilleure dont il dispose depuis 1807 : finis les contingents étrangers, les Allemands qui trahissent ou les Napolitains qui combattent quand ils en ont envie ! A l'exception de quelques centaines de Polonais et d'un bataillon suisse — mais ceux-là sont des soldats d'élite à la fidélité éprouvée —, la Grande Armée redevient française. Et ses guerriers, galvanisés par le retour de leur Empereur [1], ont assez prouvé — dans ce temps où la valeur individuelle des hommes reste déterminante — qu'ils restent les premiers soldats du monde, endurants à la marche et héroïques au combat.

Plus de « Marie-Louise », ces braves conscrits de 1813 et de 1814, dépeints avec émotion par Erckmann-Chatrian, dont le courage ne pouvait hélas suppléer le manque d'expérience. L'armée du Nord se compose en majorité de vétérans : demi-

---

1. En témoigne l'enthousiasme avec lequel l'armée a accueilli la nouvelle de son retour, à l'instar de cette lettre d'un jeune soldat nommé Parvit : « Nous avons appris à La Ferté que l'invincible Napoléon avait fait son entrée à Paris. [...] Impossible de peindre l'élan des troupes qui crient : Vive l'Empereur ! à s'égosiller. »

solde humiliés qui rêvent d'en découdre ; anciens prisonniers de guerre avides de tuer l'Anglais depuis qu'ils ont été libérés en 1814 ; soldats perdus de Dantzig, Anvers ou Hambourg, encerclés par les coalisés, décimés par les épidémies, pris d'une rage impuissante devant l'invasion de leur patrie l'année précédente. L'élite de l'élite, qui vient de recevoir ses aigles au Champ-de-Mai, est de retour et compte bien le faire savoir. Elle ne mesurera ni son courage ni son sang. Triomphe ou défaite, sa cause reste liée à celle de l'Empereur. Comme lui, elle n'a rien à perdre. Et, contrairement aux girouettes de Paris, aux maréchaux et aux ministres félons, elle n'a jamais douté du génie de son chef qui l'a tant de fois menée à la victoire. Son aura imprègne l'armée entière. Ces soldats, qui ne comprennent rien à la stratégie, regardent ébahis ce surhomme qui se penche des heures sur des cartes qu'ils sont incapables de lire, envoie ses estafettes comme une nuée de mouches tout en dictant son courrier, voyant tout, sachant tout, devinant tout. Ils vénèrent ce « père du soldat », affectueux, bonhomme, qui tire l'oreille, goûte la soupe et discourt à la veillée, à la fois si proche et si inaccessible [1]. Il est la tête, ils sont les jambes. Entre eux et lui, comme dans les plus belles amitiés, c'est à la vie à la mort. « Les troupes, confirme le général Foy, éprouvent non du patriotisme, non de l'enthousiasme, mais une véritable rage pour l'Empereur et contre ses ennemis [2]. »

Le retour de la guerre leur ouvre à nouveau les portes de l'élévation sociale, de l'émulation et de la gloire. Pour cette armée, et notamment pour les démobilisés de 1814 revenus de leur retraite, l'entrée en campagne se vit comme une fête. On retrouve son bel uniforme, l'exaltation de l'aventure et de

---

[1]. Ségur ajoute : « C'était un monarque, mais c'était celui de la Révolution et ils aimaient un soldat parvenu qui faisait parvenir. En lui tout excitait, rien ne reprochait. »

[2]. « Jamais l'enthousiasme et la confiance dans l'avenir n'avaient été aussi forts chez les officiers et les soldats », confirme le colonel Trefcon dans son *Carnet de campagne*. Le célèbre capitaine Coignet résume dans ses *Cahiers* l'adulation de la troupe pour son chef : « C'était l'homme le plus dur et le meilleur ; tous tremblaient et tous le chérissaient » ; « Je l'aimais de toute mon âme, mais j'avais le frisson quand je lui parlais. » Le voir « était le rêve de tout soldat », précise le vélite Billon.

la fraternité d'arme, la récompense noble de la croix ou du grade supérieur, la solde et, bien sûr, mais qui osera l'avouer, l'ivresse de la victoire, jusque dans ses excès. Pour ces hommes, la guerre fait office de jeu où la fortune peut se gagner ou se perdre en un jour ; mais cette fois, tous jouent leur va-tout. De cette communauté de destin naît une solidarité sans pareille entre le chef et sa Grande Armée.

Et pourtant, en dépit de ces atouts, combien de zones d'ombre rendent la victoire finale improbable ! D'abord, la disproportion des effectifs, alors que le poids du nombre reste déterminant dans des batailles ponctuées de multiples chocs frontaux[1]. Ensuite, le génie tactique impérial n'a plus le même impact dévastateur qu'autrefois. Les tours du magicien, largement éventés par Moreau, Jomini et autres Bernadotte[2], ont fait long feu. Napoléon a pu le vérifier depuis la campagne de Russie. Enfin, l'éventail stratégique dont il dispose est limité. Plus question, comme à l'apogée, de se jeter à l'arrière de l'ennemi pour lui couper ses lignes de communication avant de l'enfermer et de l'écraser dans un étau. Pour ce faire, il faudrait deux armées d'envergure : une qui encercle tandis que l'autre sert d'appât. Or Napoléon n'a plus qu'une seule armée opérationnelle.

Le manque d'officiers supérieurs de qualité constitue un autre handicap majeur. La plupart des maréchaux manquent à

---

1. Sur le plan technique, les armées en présence sont globalement du même niveau, tant en termes de vitesse de déplacement que de puissance de feu. Les historiens militaires insistent tous sur les réserves de Napoléon envers les nouveautés techniques. Ainsi, l'armée reste proche de l'Ancien Régime par son armement : le fusil est de modèle 1777. Le rythme de tir, inférieur à celui des Anglais, est d'environ quatre balles en trois minutes. Son efficacité se dégrade nettement après 50 mètres. L'artillerie, chargée aux boulets ou à mitraille, ignore encore le shrapnel anglais et reste fixée sur les innovations introduites par Gribeauval durant le règne de Louis XVI. La cadence de tir du canon est d'environ deux coups à la minute. Après 500 coups, il présente des risques d'explosion. Le tir reste efficace jusqu'à environ 600 mètres.
2. Tous trois passés au service de la coalition en 1813 après avoir servi Napoléon · Moreau lors de la campagne de 1800 qu'il a conclue victorieusement à Hohenlinden, le célèbre stratège Jomini comme chef d'état-major de Ney ; Bernadotte comme maréchal durant toutes les campagnes de l'Empire jusqu'à Wagram.

l'appel. Berthier vient de mourir tragiquement[1]. L'absence du bras droit de l'Empereur, exécuteur méticuleux et infatigable de ses ordres, se fera cruellement sentir. Marmont, Gouvion Saint-Cyr, Pérignon, Victor et Macdonald sont restés dans le camp de Louis XVIII. Haï par la troupe depuis sa trahison de l'année précédente, Murat n'est pas récupérable[2]. Certains sont trop vieux, comme Masséna. Davout, le meilleur stratège de la Grande Armée après Napoléon, doit rester à Paris au ministère. Mortier, cloué au lit par une sciatique, doit abandonner le commandement de la Garde dès le début de la campagne. Hormis Ney, rappelé in extremis, et Soult, bombardé faute de mieux major-général, l'Empereur n'aura à ses côtés que Grouchy, le dernier nommé, qui vient de recevoir le bâton pour avoir mis à genoux le duc d'Angoulême. On a connu victoire plus difficile. Or ce trio qui, à l'exception du prince de la Moskova, manque d'expérience[3] et de charisme, va accumuler les erreurs. Napoléon, habitué à ses maréchaux qui le comprennent à demi-mot, souffre de ne point disposer de ses collaborateurs traditionnels.

En outre, le climat au sein de l'armée se révèle détestable. La trahison des maréchaux a laissé des traces profondes au sein de la troupe. Tous les officiers généraux ou presque sont suspectés par leurs hommes de pencher pour Louis XVIII[4], à

---

[1]. Accident ou suicide, Berthier tombe de son balcon, le 1er juin, en regardant passer les troupes alliées. Napoléon, sensible aux présages, en fut profondément affecté.

[2]. Il était le meilleur sabreur de l'armée. Napoléon regrettera son absence à Sainte-Hélène : « A Waterloo, Murat nous eût valu peut-être la victoire. Que fallait-il ? Enfoncer trois ou quatre carrés anglais. Murat était précisément l'homme de la chose. »

[3]. Grouchy, général de cavalerie, n'a pas l'habitude de commander des corps d'armée. Soult, qui en revanche est familier des grands commandements, n'a jamais dirigé l'état-major, Berthier ayant monopolisé cette responsabilité jusqu'en 1814.

[4]. Le capitaine Mauduit, dans ses Mémoires, synthétise parfaitement les sentiments de l'armée : « Les officiers subalternes et les soldats, seuls, à de trop rares exceptions près, avaient conservé le feu sacré, l'instinct de la guerre, la soif du combat ! Trop de généraux n'étaient plus dignes de commander de pareilles troupes : les uns, traîtres intérieurement, faisaient des vœux contre le triomphe de nos armes ; d'autres, mous, indécis et sans élan, n'allaient au feu qu'à contrecœur. » Napoléon, qui avait besoin de tout le monde, limita au maximum l'épuration du commandement. En tout et pour tout, seuls une centaine d'officiers royalistes sont suspendus. Parmi ceux-ci figure naturellement Souham, le général qui a précipité la défection du corps de Marmont.

l'image de ce Soult dont personne n'a oublié le passage comme ministre ultra ainsi que les proclamations insultantes contre l'Empereur, et qui, nouveau major général, se retrouve numéro deux de l'armée ! Le clivage troupe/officiers généraux recoupe largement la fracture peuple/notables. L'esprit de cour a gangrené le haut commandement et précipité la chute de 1814. Gavés de biens et d'honneurs, de titres et de terres, généraux et maréchaux, après s'être beaucoup enrichis, craignent désormais de tout perdre : l'argent, le pouvoir et ses plaisirs mais aussi leur réputation. A l'instar de Ney ou de Soult, ils se sont accommodés de cette Restauration qui a préservé leurs intérêts. La chaîne de commandement n'est plus ce qu'elle était. En résulte une tension énorme qui peut déboucher sur le meilleur — la rage de vaincre — ou le pire — les rumeurs et la panique.

Face aux Français, les Anglo-Prussiens bénéficient d'autres avantages que leur seule supériorité numérique. Qu'il semble déjà loin ce temps pourtant si proche où les Français battaient leurs adversaires comme à la parade ! Les Anglais, aguerris par le conflit espagnol, ont développé de réelles capacités militaires, essentiellement dans la défense. En revanche, leur cavalerie, commandée par lord Uxbridge, manque encore de puissance et de discipline. Mais ils possèdent une remarquable infanterie, assistée d'une artillerie dotée d'une puissance de tir supérieure en raison de l'emploi du shrapnel ; cette redoutable boîte à mitraille très efficace à moyenne distance fait pleuvoir une pluie de munitions sur les corps ennemis, semant la panique lorsqu'elle est bien ajustée — ce qui n'est pas toujours le cas, loin s'en faut. A la tête de cette armée, Arthur Wellesley, premier duc de Wellington. Le Nelson des terres n'a encore jamais affronté directement Napoléon, mais a battu ses principaux lieutenants, Soult et Ney notamment, lors de la

---

Sans pudeur, il ose se présenter à une audience de l'Empereur qui l'éconduit sechement : « Que voulez-vous encore de moi ? lui dit Napoléon. Vous voyez bien que je ne vous connais plus. »

guerre d'Espagne. Comme l'Empereur, le « duc de fer » est un tacticien pragmatique, même si sa nature est moins portée à l'offensive que celle de son illustre rival, auquel il le cède également pour l'ampleur de la vision et la capacité à manœuvrer. Dans la péninsule Ibérique, il s'est distingué par sa capacité à user l'adversaire, attendant l'instant propice pour lancer une contre-attaque destructrice. Doté d'un grand sang-froid, il sait parfaitement choisir les positions et le moment, comme il le démontrera à Waterloo[1].

De son côté, l'armée prussienne n'a plus grand-chose à voir avec celle qui s'est fait étriller en 1806 à Iéna et à Auerstaedt. Le commandement a été réorganisé, purgé des vieux officiers rivés sur les dogmes intangibles édictés par Frédéric II au siècle précédent. Après Tilsit, la réforme menée par un groupe d'officiers, parmi lesquels se distingue Clausewitz, a rapproché la Prusse de sa rivale victorieuse. Jusqu'alors armée hybride peuplée de mercenaires et de malfrats, tour de Babel unie seulement par une discipline de fer et des châtiments corporels impitoyables, l'armée prussienne s'est germanisée, acquérant même un fanatisme national aigri par la défaite et le spectacle outrageant de la francisation du Rhin. La reconquête de 1813 a été vécue comme une guerre de libération, la campagne de France comme la revanche de celle de 1806 ; revanche incomplète cependant et source de nouvelles frustrations.

Alors que la Prusse avait subi l'amputation douloureuse de la moitié de ses territoires à Tilsit, la France n'a-t-elle pas été

---

[1]. Et comme Wellington l'a déjà prouvé à Torres Vedras, forte position défensive où il s'était retranché avant de repousser victorieusement l'offensive de Masséna au Portugal (1810-1811). « Elle [sa tactique] consistait à se placer dans une bonne position, fortifiée par les circonstances locales, à laisser ses adversaires se consumer en efforts impuissants pour l'en déloger, puis à en sortir tout à coup, lorsqu'il les voyait fatigués et affaiblis, pour les accabler sous le poids des troupes fraîches qu'il avait eu soin de tenir en réserve au-delà de la portée des balles et des boulets. C'était toujours le même procédé qui l'avait rendu si célèbre dans les lignes de Torres Vedras. Il ne fallait pour ce genre de stratégie que de la fermeté et de la patience, et ces deux qualités, qui formaient tout le génie du général anglais, étaient précisément celles qui s'adaptaient le mieux au caractère des troupes qu'il avait à commander », écrit Pontécoulant dans ses *Souvenirs militaires*.

scandaleusement épargnée par le traité de Paris ? Cette fois, puisqu'elle a récidivé, il convient de lui faire rendre gorge Ce nationalisme jusqu'au-boutiste est incarné par son général en chef, le fameux Blücher, qui a juré de faire pendre Napoléon sur le front des troupes. En dépit de son âge — il a alors soixante-treize ans —, l'homme conserve une stupéfiante vigueur physique qui, jointe à sa bravoure, conforte son charisme auprès des soldats qui le surnomment affectueusement « papa Blücher » ou le « Maréchal En avant » (« Vorwaerts ») en raison de sa disposition bien connue à l'offensive[1]. Ancien de la guerre de Sept Ans, sévèrement battu par la Grande Armée à plusieurs reprises, le nouveau prince de Wahlstadt incarne la métamorphose de l'armée de métier en armée nationale. D'origine mecklembourgeoise, n'a-t-il pas commencé à servir la Suède avant de rejoindre la Prusse qu'il s'est pris à aimer avec passion ? Entraîneur d'hommes, comme Murat et Ney, ce n'est pas un stratège. Il est heureusement secondé sur ce plan par le meilleur chef d'état-major des alliés, le général August von Gneisenau, son éminence grise, qu'il surnomme d'ailleurs sa « tête », lui aussi nationaliste convaincu et surtout redoutable manœuvrier.

Très complémentaire, le couple Wellington-Blücher s'entend à merveille : l'un défend, l'autre attaque ; le premier incarnation de l'aristocratie britannique, flegmatique et calculateur ; le second grossier, violent, bouillonnant, tempêtant, haïssant la France et les Français, rêvant de battre Napoléon, ce qu'il n'a jamais réussi à faire seul. Ce mariage de l'eau et du feu va s'avérer décisif.

S'ils veulent réaliser l'union indispensable pour vaincre l'Empereur, les Anglo-Prussiens doivent cependant surmonter

---

1. La vigueur de Blücher contraste avec la frilosité des principaux généraux de la coalition mais frise parfois l'inconscience. Ses 120 000 hommes — 85 000 fantassins, 20 000 cavaliers et 15 000 artilleurs et soldats du génie — se répartissent en quatre corps :
— I<sup>er</sup> corps : Ziethen (34 000 hommes) ;
— II<sup>e</sup> corps : Pirch (35 000 hommes) ;
— III<sup>e</sup> corps : Thielmann (28 000 hommes) ;
— IV<sup>e</sup> corps : Bülow (33 000 hommes).

plusieurs handicaps. Leur rivalité et leur dispersion diminuent leur capacité à encaisser l'offensive impériale. Gneisenau et la plupart des officiers prussiens détestent les Anglais, jugés arrogants et peu fiables, en particulier depuis ce congrès de Vienne où ils n'ont pas hésité à s'allier avec leur rival autrichien et la France de Louis XVIII pour les empêcher de s'étendre en Allemagne. L'éloignement des quartiers généraux, la barrière de la langue, le manque de contact et de coordination entre les deux forces peuvent permettre à Napoléon de les couper facilement. De plus, l'hétérogénéité de l'armée anglaise affaiblit sa capacité de manœuvre. Elle ne comporte qu'un gros tiers d'Anglais, le reste étant constitué de contingents allemands[1], mais aussi de Hollandais et de Belges, particulièrement suspects car ils ont longtemps combattu aux côtés des Français. Pour surmonter la difficulté, Wellington amalgame les éléments les moins sûrs au sein d'unités aguerries et place ses meilleures troupes, notamment les anciens d'Espagne, aux points stratégiques. Surtout, personne ne s'attend à une attaque de Napoléon tant la supériorité numérique des alliés semble écrasante. En conséquence, ni Blücher ni Wellington n'ont anticipé de scénario défensif. En témoigne cette lettre du généralissime prussien à sa femme, écrite juste avant l'ouverture des hostilités : « Nous entrerons bientôt en France. Nous pourrions bien rester ici une année supplémentaire car Bonaparte ne nous attaquera pas. »

## Une victoire à la Pyrrhus

Accompagné de son dernier frère Jérôme, Napoléon gagne le théâtre des opérations calfeutré dans sa berline comme s'il poursuivait encore Louis XVIII, réfugié à Gand. On sent l'Empereur anxieux, même s'il paraît soulagé d'être débar-

---

1. Le sergent-major anglais Cotton en détaille la composition dans ses Mémoires : 105 000 hommes dont « environ 35 000 Anglais, 6 000 hommes de la légion allemande du roi, 24 000 Hanovriens, 7 000 Brunswickois et 32 000 Hollando-Belges et troupes de Nassau avec 196 canons ».

rassé de la surveillance des parlementaires et des conseils des libéraux. Une fois encore, la guerre reste le meilleur exutoire à la crise pour le pouvoir menacé. Le regroupement sans encombre de l'armée du Nord s'accomplit sans éveiller l'attention de l'adversaire, dans les conditions prescrites de rapidité et de confidentialité. Elle se déploie sur un front restreint — 35 kilomètres de long sur 15 de profondeur — autour de Maubeuge, Beaumont et Philippeville. Le 15 juin, à trois heures du matin, elle converge dans un ordre parfait vers Charleroi, au point de jonction des Anglo-Prussiens. La Sambre est franchie et les avant-gardes prussiennes, prises de court, sont facilement culbutées.

Résonne alors dans tous les bivouacs la proclamation lancée par l'Empereur à l'aube de la campagne, appelant solennellement au sursaut : « Soldats ! C'est aujourd'hui l'anniversaire de Marengo et de Friedland[1], qui décida deux fois du destin de l'Europe. [...] Soldats, à Iéna, contre ces mêmes Prussiens aujourd'hui si arrogants, vous étiez à un contre trois ; à Montmirail, un contre six. Les insensés ! Un moment de prospérité les aveugle. S'ils entrent en France, ils y trouveront leur tombeau. Soldats, nous avons des marches forcées à faire, des batailles à livrer, des périls à courir ; mais, avec de la constance, la victoire sera à nous ; les droits, l'honneur et la patrie seront reconquis. [...] Pour tout Français qui a du cœur, conclut le texte, le moment est arrivé de vaincre ou périr. »

L'accueil enthousiaste des Belges le comble[2] : « On devait écarter de lui les populations qui se précipitaient en masse sur son passage, rapporte un témoin. Tous voulaient lui parler, le toucher, l'entendre, au moins le voir. "Merci, mes enfants, disait-il, merci ! Mais retirez-vous car aujourd'hui ou demain il y aura dans ce lieu une grande bataille." On parsemait ses

---

1. Respectivement 14 juin 1800 et 14 juin 1807.
2. Le sergent Cotton donne le texte de sa proclamation aux Belges : « Les succès éphémères de mes ennemis vous ont détachés pour un moment de mon Empire : dans mon exil, sur un rocher au milieu de la mer, j'ai entendu vos plaintes. Le Dieu des batailles a décidé du sort de vos belles provinces ; Napoléon est au milieu de vous. Vous êtes dignes d'être Français. Levez-vous en masse, joignez-vous à mes invincibles phalanges, pour exterminer le reste de ces barbares, qui sont vos ennemis et les miens ; ils fuient avec la rage et le désespoir dans le cœur. »

pas de fleurs, et parmi elles il y avait beaucoup de coquelicots très rouges qui ressemblaient à terre déjà à des taches de sang[1]. »

Plusieurs signes viennent pourtant obscurcir d'emblée l'horizon. D'importants retards, dont la responsabilité première incombe au maréchal Soult, ralentissent l'offensive. Contrairement à ceux de Berthier, ses ordres manquent le plus souvent de précision et de concision. Peu habitué, faute de pratique, à transmettre clairement la pensée de l'Empereur, le duc de Dalmatie concocte des phrases alambiquées qui prêtent à confusion. Là où Berthier envoyait par sécurité jusqu'à huit ou dix copies portées par des officiers différents, le nouveau major général se contente le plus souvent d'un seul courrier. Or les aléas de la guerre font qu'un cavalier peut être capturé, tué, blessé ou se perdre en route. Ainsi, le général Vandamme, attendu à l'avant-garde, ne reçoit-il ses ordres de mission qu'avec plusieurs heures de retard et doit courir ventre à terre pour essayer de rattraper le temps perdu[2]. Faute similaire avec la cavalerie de Grouchy, oubliée pendant plusieurs heures ! Quant à Drouet d'Erlon, son corps d'armée se met aussi en marche avec un retard considérable.

A ce manque de coordination s'ajoutent les rivalités au sein du commandement, en particulier entre Vandamme et Grouchy. Dans la journée du 15, Napoléon place justement le corps d'armée du premier sous l'autorité du second, nommé pour l'occasion commandant de l'aile droite. Sous le prétexte de ne pas disposer de confirmation écrite, Vandamme refuse d'obéir à son nouveau supérieur hiérarchique : « Monsieur, je n'ai pas l'habitude de prendre mes ordres d'un général de cavalerie », lui assène-t-il sèchement. Ses troupes, déjà en retard, restent ainsi l'arme au pied, empêchant la destruction des avant-gardes prussiennes autour de Gilly. Napoléon, qui fait la navette entre les différents corps, ordonne le soir même

---

1. Georges Barral, *L'Epopée de Waterloo*.
2. L'officier d'état-major chargé de lui apporter l'ordre s'était cassé la jambe en route.

une charge pour rattraper les fuyards que Vandamme a laissé échapper. Si elle réussit à sabrer quelques bataillons, elle se solde par la mort du général Letort, un des meilleurs cavaliers de l'armée et l'un des officiers préférés de l'Empereur[1]. En définitive, les Prussiens — très dispersés à l'origine — n'ont perdu que deux mille hommes durant la journée et peuvent se regrouper en bon ordre autour de Fleurus. L'effet de surprise n'a donc été que partiellement exploité.

Dernière grave déconvenue : la trahison du général de Bourmont. Ancien chef chouan intégré dans la Grande Armée, bras droit du maréchal Ney au début du Vol de l'Aigle, ce royaliste notoire est depuis longtemps considéré par Napoléon comme suspect. Pourquoi donc employer un tel homme à la tête d'une de ses divisions ? Les défections en chaîne du haut commandement — émigration ou maladies diplomatiques — interdisent à Napoléon de faire le difficile quant au choix de ses divisionnaires. Or Bourmont passe pour bon commandant et il est en outre chaudement réclamé par le général Gérard qui en répond sur sa tête auprès de l'Empereur : « Gérard a tort, dit-il prémonitoire à Davout, moi je ne réponds de personne, je ne réponds que de moi. »

Il se résigne cependant à employer Bourmont qui, dès le 15 juin à l'aube, rejoint les alliés avec une partie de son état-major. Sa trahison cause un nouveau retard dans les opérations[2] et fait craindre la divulgation du plan de campagne. Napoléon n'en paraît pourtant pas trop affecté : « Je vous l'avais bien dit, dit-il au pauvre Gérard mortifié, qui est bleu est bleu et qui est blanc est toujours blanc. » Si l'on en croit l'intéressé, ce geste prémédité n'a eu d'autre but que de préserver la France en accélérant le retour de la royauté[3]. Il

---

1. Général depuis 1813, Letort est célèbre pour sa bravoure, manifeste par de nombreuses blessures reçues notamment à Iéna.
2. La division de Bourmont étant située à l'avant-garde de l'aile droite, sa défection implique un retard de plusieurs heures, nécessaire pour réorganiser le commandement
3. Bourmont tente de se justifier en écrivant cette lettre à Gérard : « Je ne veux pas contribuer à établir en France un despotisme sanglant qui perdrait mon pays. J'aurais donné ma démission et serais allé chez moi si j'avais pu croire qu'on me laissât maître. Cela ne m'a pas paru vraisemblable, et j'ai dû assurer ma liberté par

livre tout de même à l'ennemi bien des documents compromettants : l'ordre de marche, l'état précis des effectifs... mais rien de déterminant. Le déploiement des troupes impériales autour de Charleroi prouve assez la volonté de l'Empereur de s'enfoncer entre les alliés. Aussi Bourmont n'a-t-il plus grand-chose à leur apprendre. D'ailleurs, Blücher, indigné par tant de duplicité, refuse de le recevoir : « Qu'importe la cocarde, tranche-t-il, un jean-foutre reste toujours un jean-foutre ! »

L'annonce de sa défection affecte surtout le moral des hommes. Elle est en effet ressentie par l'armée comme un coup de poignard dans le dos. Les rumeurs de trahison connaissent une nouvelle flambée. Pourquoi combattre, pense le grognard, si les généraux sont royalistes ou vendus aux alliés ? Murat et Marmont n'ont-ils pas déjà trahi en 1814 ? Les questions sont d'autant plus pressantes que Napoléon lui-même a nourri la suspicion dans ses proclamations de Golfe-Juan. Une grande partie des troupes se défie maintenant des officiers comme au début de la Révolution ! Gérard, compromis aux yeux des soldats par la protection qu'il a trop longtemps accordée à Bourmont, doit venir au-devant des hommes pour jurer qu'il reste loyal envers l'Empereur. Mais le doute lancinant persiste et laisse augurer le pire. Sans confiance dans ses généraux, l'armée du Nord pourra-t-elle tenir jusqu'à la fin de la campagne ?

A ce sujet, Ney qui vient de rejoindre l'Empereur n'est évidemment pas épargné. N'a-t-il pas, quelques semaines auparavant, juré à Louis XVIII de ramener l'Empereur dans une cage de fer avant de tourner casaque et se jeter dans ses bras ? Sa conduite fébrile retient l'attention des historiens. A l'aube de la bataille, il paraît troublé, agité même, oscillant comme Napo-

---

d'autres voies. On ne me verra pas dans les rangs étrangers. Ils n'auront de moi aucun renseignement capable de nuire à l'armée française, composée d'hommes que j'aime et auxquels je ne cesserai de porter un vif attachement. »

Son geste vaudra à Bourmont une carrière exceptionnelle sous la Restauration. Charles X en fera son dernier ministre de la Guerre et lui confiera la direction de l'expédition d'Alger. Bourmont y gagnera son bâton de maréchal mais aussi la fin de sa carrière, la prise d'Alger précédant de seulement quelques jours les Trois Glorieuses. Faut-il préciser que sa nomination indigna l'armée et suscita un tollé parmi l'opposition libérale ?

léon entre la volonté d'en découdre et un noir fatalisme. Après tant de retournements, il ne sait plus que penser, rongé par le remords et le doute. Lui, le « brave des braves », le « lion rouge », le vainqueur d'Elchingen et de la Moskova, le sauveur de la Grande Armée durant la retraite de Russie, n'a-t-il pas, par ses initiatives intempestives, terni sa réputation et accéléré la ruine de son pays en croyant le sauver ? En 1814, il a obtenu l'abdication de Napoléon avec pour résultat la flétrissure de l'armée et de la noblesse d'Empire. Il a ensuite précipité la chute de Louis XVIII après avoir juré de le défendre. Or voilà la France en guerre, jetée dans une lutte quasi désespérée où elle risque de succomber. N'est-il pas l'oiseau de mauvais augure, choisi par le destin pour briser la Révolution et cette gloire impériale qu'il incarne plus que tout autre ? Comme le note Louis Madelin, toutes ces questions se mêlent dans l'esprit du maréchal : « Ney restait certes impulsif, audacieux, violent, mais il avait, dans sa retraite, remâché à ce point ses chagrins, qu'il était devenu, par moments, incertain, méfiant des pas de clerc où son caractère l'avait si souvent entraîné, et capable, après ses mésaventures, des hésitations, même les plus injustifiées. Paraissant n'être plus maître ni de sa pensée, ni de sa volonté, il allait, en ces trois jours [16, 17, 18 juin], montrer les deux faces de cette aliénation : l'incompréhension allant jusqu'à une sorte de cécité, et la surexcitation allant jusqu'à la démence. »

Appelé à la dernière minute, le héros de la Moskova rejoint Napoléon le 15 juin au début de l'après-midi. Seul maréchal présent avec Grouchy et Soult, il hérite, lui aussi par défaut, du commandement de l'aile gauche. Sa tâche prioritaire consiste à faire le vide devant lui en repoussant les Anglais pour agrandir la voie entre les deux armées ennemies. Il doit donc impérativement, comme le lui a ordonné l'Empereur[1], s'emparer de la position clé des Quatre-Bras, nœud stra-

---

1. Il y a eu un vif débat sur ce point. Les défenseurs de Ney font état d'instructions imprécises de la part de Napoléon. Les partisans de Napoléon, parmi lesquels se distingue notamment Henry Houssaye, le mieux documenté sur la période, fustigent

tégique qui relie Bruxelles à Namur et constitue la principale route disponible entre Wellington et Blücher. Or, à sa grande déconvenue, cette position vient d'être occupée par une brigade alliée de trois mille hommes obéissant à l'initiative du général de Constant-Rebecque. Cette action, qui bloque l'aile gauche française, jouera un rôle considérable dans la suite des événements.

En effet, pour contrer la supériorité numérique de ses adversaires, l'armée impériale ne peut compter que sur la rapidité et la précision. Non seulement il faut s'engouffrer dans la brèche entre Anglais et Prussiens mais il faut aussi agir en un temps record afin de pouvoir les battre séparément. Malheureusement, alors que Soult manque de rigueur, Ney — contrairement à son habitude — ne montre pas assez d'audace. Il louvoie devant la position adverse sans oser attaquer, craignant d'avoir affaire à la tête de colonne précédant l'ensemble de l'armée anglaise. Avant d'agir, il préfère concentrer ses troupes [1]. Une occasion décisive est manquée. Ce premier retard en annonce beaucoup d'autres. De leur accumulation viendra le désastre final.

Cependant, le bilan de cette première journée de campagne reste dans l'ensemble positif. Le dispositif adverse est rompu

---

en revanche l'impéritie du maréchal et s'autorisent pour ce faire de nombreux témoignages, notamment ce dialogue initial entre Napoléon et le maréchal : « Bonjour, Ney. Je suis bien aise de vous voir. Vous allez prendre le commandement des Ier et IIe corps d'armée. Je vous donne également la division de cavalerie légère de ma Garde mais ne vous en servez pas. Demain, vous serez rejoint par les cuirassiers de Kellermann. Allez, poussez l'ennemi en direction de Bruxelles et prenez position aux Quatre-Bras. »

1. Et se familiariser avec elles puisque Ney vient seulement de prendre son commandement, comme le rappelle son aide de camp le colonel Heymès qui a publié en 1829 une relation de la campagne dans laquelle il défend son chef avec vigueur : « Les troupes étaient harassées par une marche de vingt heures. Le maréchal ne savait ni le nom des généraux, ni ceux des colonels. Il ne connaissait pas la force des régiments, et savait bien moins encore le nombre d'hommes qui avaient pu suivre les têtes de colonne dans une marche aussi longue. » A l'inverse, le capitaine de Mauduit juge sa passivité impardonnable : « Quel temps précieux perdu et que de sang il en coûtera pour réparer pareille faute ! Etre resté l'arme au pied et la bride au bras pendant près de dix heures, en présence de cinq, de sept, ou de dix bataillons et d'une ou deux batteries, alors que l'on pouvait tout culbuter par une attaque vivement menée ; c'est là en dépit de toutes les explications, une des fautes les plus graves qui aient été commises durant la campagne de 1815. »

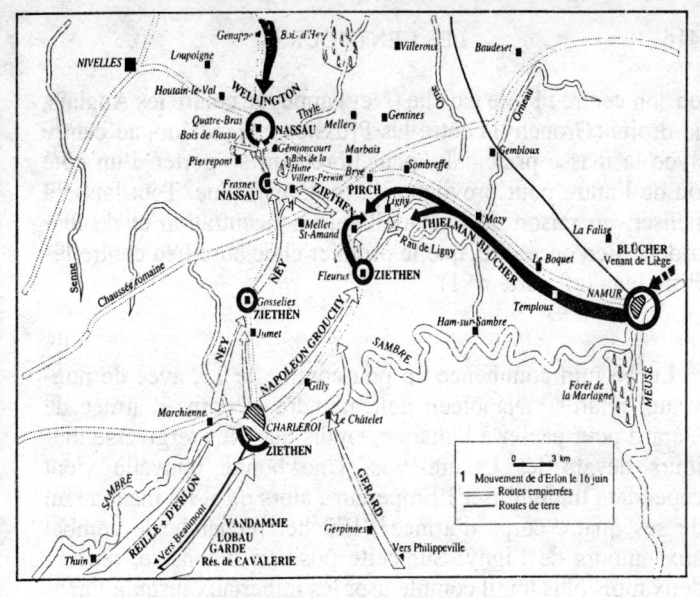

1 L'OFFENSIVE FRANÇAISE DES 14, 15 ET 16 JUIN 1815

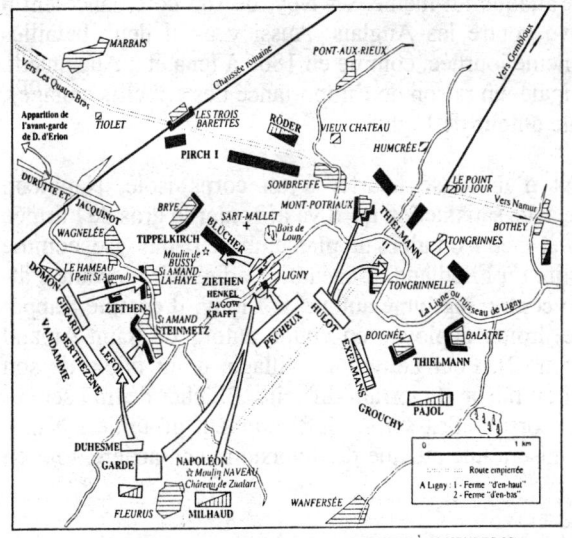

2. LA BATAILLE DE LIGNY (16 JUIN 1815, DE 15 HEURES À 21 HEURES 30)

en son centre : l'aile gauche (Ney) appuyée contre les Anglais, la droite (Grouchy) contre les Prussiens. Napoléon, au centre avec la masse principale, peut librement se porter d'un côté ou de l'autre pour provoquer la rupture voulue. Tout laisse à penser, en raison de leur meilleure concentration et de leur ardeur à en découdre, que le premier choc aura lieu contre les Prussiens (cf. carte n° 1).

Le 16 juin commence un peu comme le 15, avec de nouveaux retards : Napoléon doit attendre le corps d'armée de Gérard pour passer à l'attaque, tandis que Ney tergiverse toujours devant les Quatre-Bras. Une bonne nouvelle vient cependant tranquilliser l'Empereur : alors qu'il lui manque un de ses quatre corps d'armée[1], Blücher recherche le combat aux entours de Ligny. Sur cette position défensive, repérée deux mois plus tôt, il compte user les impériaux jusqu'à l'arrivée des trente mille hommes qui lui manquent et de Wellington qui, à une heure de l'après-midi, lui promet son soutien s'il n'est attaqué lui-même. Or Ney, de son côté, lance enfin l'offensive contre les Anglais. Aussi y a-t-il deux batailles dans la même journée, comme en 1806 à Iéna et à Auerstaedt. La principale, en raison de l'importance des effectifs engagés, se déroule autour de Ligny.

Pensant d'abord se heurter à un corps isolé, Napoléon découvre avec satisfaction qu'il va affronter le gros de l'armée prussienne. Il conçoit alors un plan ambitieux qui vise, comme à Austerlitz ou Friedland, à anéantir l'adversaire. Avant d'attaquer au centre, regroupé autour de Ligny, il compte frapper sur l'aile droite, déployée en coude autour de Saint-Amand (cf. carte n° 2). Pour couvrir ce village, point faible de son dispositif en raison du terrain difficile, Blücher devra user ses réserves. Lorsqu'elles seront suffisamment affaiblies, Napoléon organisera une attaque de diversion par l'arrière, tout en

---

1. Celui de Bülow en l'occurrence.

engageant lui-même avec le gros de ses forces l'assaut décisif A cette fin, il doit prévoir un renfort supplémentaire qui ne peut venir que de son aile gauche, commandée par Ney. Aussi multiplie-t-il les ordres en ce sens : « Il se peut que dans trois heures le sort de la guerre soit décidé, dit-il à Gérard. Si le maréchal Ney exécute bien ses ordres, il n'échappera pas un canon de cette armée[1]. »

Or au même moment, à environ quinze kilomètres de là, Ney vient d'engager le fer contre les Anglais. Une nouvelle fois, il a attendu toute la matinée en vain, escomptant des renforts qui n'arrivent pas alors qu'il bénéficie encore d'une supériorité écrasante : 12 000 Français contre 7 500 Anglo-Hollandais. Wellington, qui la veille a observé les mouvements impériaux sans bouger, a même jugé bon d'assister avec son état-major au bal de la duchesse de Richmond. Cette lenteur aurait pu lui coûter cher. Heureusement pour lui, Ney reste désespérément passif, accordant au duc la matinée pour renforcer sa position. Quand il se décide enfin pour l'attaque, en début d'après-midi, le rapport de forces, encore équilibré à ce moment, ne cesse plus d'évoluer en faveur des Anglais. Dans ces conditions, pas question de faire mouvement comme le souhaite l'Empereur ! A sept heures du soir, les ennemis atteignent environ le double des Français qui refluent alors en bon ordre vers leur position de départ. Deux heures plus tard, la bataille prend fin sans résultat, et déjà quatre mille cinq cents hommes sont morts pour rien.

Autour de Ligny, l'affrontement franco-prussien prend un caractère particulièrement meurtrier. Cette bataille est la nou-

---

[1]. Nouvel ordre comminatoire adressé par Soult à Ney à trois heures et quart : « Je vous avais écrit, il y a une heure que l'Empereur devait attaquer l'ennemi dans la position qu'il a prise entre les villages de Saint-Amant et Brye. En ce moment, l'engagement est très prononcé. Sa Majesté me charge de vous dire que vous devez manœuvrer sur-le-champ de manière à envelopper la droite de l'ennemi et à tomber à bras raccourcis sur ses derrières. Cette armée est perdue si vous agissez vigoureusement. Le sort de la France est dans vos mains. Ainsi, n'hésitez pas un instant pour faire le mouvement que l'Empereur vous ordonne, et dirigez-vous sur les hauteurs de Saint-Amant et de Brye pour concourir à une victoire peut-être décisive. »

velle manche d'une rivalité haineuse qui remonte à la guerre de Sept Ans. Les Prussiens ont remporté la première en 1757 à Rossbach, les Français la seconde en 1806 à Iéna et à Auerstaedt. Entre les deux armées nationales, le rapport de forces s'équilibre : 75 000 Français contre 78 000 Prussiens. Electrisés par la présence de Blücher[1], les Prussiens opposent une résistance farouche aux offensives françaises sur Ligny et Saint-Amand. On s'étripe à coups de sabre, de crosse et de baïonnette dans cette rage fanatique que le capitaine Mauduit baptise du nom de « guerre civile militaire[2] ». D'un mot, Napoléon remet en place un officier d'ordonnance qui se gausse du spectacle : « Monsieur ! On ne doit ni rire ni plaisanter quand tant de braves gens s'égorgent sous nos yeux. »

Les villages sont pris et repris plusieurs fois : « Ce n'était pas une bataille, c'était une boucherie », résume le célèbre capitaine Coignet[3]. Les soldats noyés dans la fumée des détonations, au milieu des maisons en feu, se frayent un chemin au son de la musique qui sert de repère et donne du cœur au ventre quand elle joue *Le Chant du départ* ou *Veillons au salut de l'Empire*. Pourtant, dans ces violents affrontements

---

1. « Il était plein d'ardeur, il se croyait invincible, note Henry Houssaye. Avec mes 120 000 Prussiens, avait-il écrit à sa femme, je me chargerais de prendre Tripoli, Tunis et Alger, s'il n'y avait pas à passer l'eau. »
2. Le même témoin rapporte les propos tenus par le général Roguet à ses subordonnés « Messieurs, prévenez les grenadiers que le premier d'entre eux qui m'amène un prisonnier, je le fais fusiller. » Le lieutenant-colonel Charras écrit dans son histoire de la campagne : « Prussiens et Français sont confondus dans la plus effroyable mêlée, donnant et recevant la mort sans que nul songe à demander quartier. Les officiers eux-mêmes ont pris le fusil. Ce n'est pas un combat, ce sont mille combats qui se livrent à la fois. Chaque rue, chaque bâtiment, chaque clôture est attaquée et défendue avec fureur. On se fusille, on se déchire à la baïonnette, on s'assomme à coups de crosse, sur les degrés des maisons, dans les chambres, dans les étables ; on se poursuit, on se tue jusqu'au milieu des incendies qui éclatent à chaque instant. La bravoure est devenue de la rage, de la férocité. »
3. Le champ de bataille, à l'issue du combat, présente un aspect horrible comme en témoigne le général Lefol dans ses *Souvenirs* : « Le village, auquel on avait mis le feu la veille, brûlait encore, grillant des blessés qui s'étaient réfugiés dans les maisons. Des monceaux de cadavres complétaient un tableau que n'ont peut-être jamais présenté les plus grandes guerres, car ici quatre mille soldats morts étaient entassés dans une très petite superficie ; les allées qui conduisaient à Ligny étaient tellement encombrées que, sans être taxé d'exagération, je puis certifier que mon cheval trouvait difficilement le moyen d'éviter de marcher sur des cadavres. [...] J'ai encore dans les oreilles le genre de bruit que produisait le passage des roues écrasant les crânes des soldats, dont les cervelles, mêlées avec des lambeaux de chair, se répandaient hideusement sur le chemin.. »

— Ligny est un choc frontal qui rappelle les sanglantes batailles d'Eylau et de la Moskova —, ce sont les Prussiens qui souffrent le plus. Les batteries françaises, parfaitement positionnées, les déciment, obligeant Blücher à donner ses réserves et à affaiblir son centre, comme le souhaite Napoléon.

A cinq heures et demie, l'Aigle s'apprête à porter l'estocade quand une mystérieuse fumée blanche s'élève aux abords du champ de bataille. Vandamme — mal renseigné — croit à l'arrivée du dernier corps prussien et esquisse un mouvement de repli [1]. L'attaque est suspendue pendant une heure, le temps d'y voir plus clair. En réalité, il s'agit des vingt mille Français de Drouet d'Erlon qui s'approchent. En l'absence de Ney, toujours aux prises avec une forte résistance anglaise, l'Empereur se voit contraint de recourir à ce corps situé à mi-chemin entre les deux armées et prévu initialement pour appuyer l'attaque du maréchal. « Vous direz à Ney, ordonne l'Empereur, que, quelle que soit la situation où il se trouve, il faut absolument que cet ordre soit exécuté ; que je n'attache pas grande importance à ce qui se passe aujourd'hui de son côté, que l'affaire est toute où je suis, car je veux en finir avec l'armée prussienne. Quant à lui, il doit, s'il ne peut faire mieux, se borner à contenir l'armée anglaise. »

Mais la fatalité s'acharne déjà. Mal transmis à Drouet,

---

1. Ce début de retraite manque de peu de dégénérer en panique, comme ce sera le cas le lendemain à Waterloo : « Le général Lefol jugeant, d'après son coup d'œil exercé, que cette panique de nos soldats pouvait amener des résultats d'une immense gravité, n'hésita plus, écrit son neveu qui était son aide de camp durant la campagne. Il m'envoya enjoindre à l'officier d'artillerie de tourner ses canons contre nos fuyards qui alors, se croyant pris entre deux feux, c'est-à-dire entre nos canons et cette division qu'ils pensaient à tort appartenir à l'ennemi, revinrent à leurs rangs, et réparèrent par leur ardeur à combattre, l'espèce de honte dont ils s'étaient couverts un instant auparavant. » Le capitaine François dénonce, lui, les déficiences du commandement au début de la bataille : « Depuis longtemps, je ne m'étais battu avec autant d'intrépidité et de dévouement. Le désordre dans lequel nous mit l'ennemi me faisait maudire mon existence. Je désirais être tué tant j'étais en colère de voir un combat aussi mal ordonné. Personne ne commandait. On ne voyait ni généraux, ni officiers d'état-major, ni aides de camp. Le régiment fut aux deux tiers détruit sans recevoir ni renfort ni ordre et nous fûmes contraints de battre en retraite en désordre en abandonnant nos camarades blessés et en allant nous rallier près de nos batteries qui faisaient un feu d'enfer sur ceux de l'ennemi. »

l'ordre impérial est aussi, dans la précipitation, mal compris : il doit se porter « sur les hauteurs » et non « à la hauteur » de Saint-Amand, comme il l'entend ; d'où son arrivée décalée qui provoque l'inquiétude légitime de l'Empereur. Au lieu de porter comme convenu le coup de grâce, Drouet compromet la bataille en se trompant de rendez-vous. Ensuite Ney, passif le matin, perd son sang-froid et exulte alors même qu'il n'a plus guère de chances de l'emporter. On l'entend s'exclamer : « Ah, ces boulets anglais, je voudrais qu'ils m'entrassent tous dans le ventre ! » « Il brandissait son épée comme un fou », écrira le commandant Baudus venu lui transmettre les ordres formels de Napoléon. Ignorant la peur, trompant la mort, Ney se déchaîne en tous sens. Au lieu de s'exécuter, il rappelle formellement Drouet d'Erlon à ses côtés tandis qu'il lance une inutile charge de cavalerie contre les Anglais, désormais trop nombreux pour pouvoir être délogés. Ecartelé entre ces ordres contraires, le pauvre Drouet d'Erlon, obéissant enfin à l'injonction de Ney, fait marche arrière. Quand il arrive finalement près des Quatre-Bras, la bataille est terminée. Ainsi n'a-t-il pas combattu de la journée.

Ne pouvant plus compter que sur ses propres forces, l'Empereur se décide tout de même à lancer l'attaque générale contre les Prussiens en début de soirée. A défaut d'anéantir Blücher, il peut encore laminer ses troupes grâce à la Garde et à quelques régiments frais alors que le général prussien a engagé la quasi-totalité de ses hommes. L'attaque, bien préparée par une longue canonnade, appuyée par une forte charge de cavalerie, disloque le centre ennemi à bout de souffle. Blücher, renversé de cheval au cours de la charge et contusionné, échappe de justesse à la capture. Vers neuf heures, profitant de la tombée de la nuit, il se replie en bon ordre. Le bilan est sévère : 15 000 Prussiens morts ou blessés contre 8 000 Français. Comme le confie Wellington : « Le vieux Blücher a reçu une sacrée fessée[1]. » Et pourtant il n'est pas

---

[1]. Suite du commentaire : « Le voilà parti à 18 milles en arrière. Il faut que nous en fassions autant. Je suppose qu'on dira en Angleterre que nous avons été rossés. Je n'y puis rien. »

mis hors d'état de nuire. Touché mais non tué, « le Renard » peut encore combattre. Du coup, les chances françaises s'en trouvent sérieusement compromises.

Au bout du compte, Ligny s'avère une journée de dupes : pour Blücher qui n'a pas reçu le soutien espéré des Anglais ; pour Ney qui a surestimé l'importance de la résistance du matin et a attaqué à contretemps, quand il n'était plus en mesure de prendre les Quatre-Bras ; pour Napoléon enfin qui a vainement attendu des renforts sans parvenir à détruire les Prussiens, ce qui l'oblige à lancer une partie importante de ses troupes à leur poursuite. Seul Wellington, qui a conservé sa position des Quatre-Bras et préservé ses forces, peut s'estimer satisfait.

Le héros du jour, quoique oublié de l'histoire, est Gneisenau, le bras droit de Blücher. En l'absence de son chef, blessé après sa chute et que l'on croit durant plusieurs heures perdu ou capturé, il prend l'initiative de diriger la retraite, non vers Namur, point de réunion le plus facile à atteindre, mais vers Wavre. En agissant ainsi et avec célérité, il se rapproche des Anglais. Les Français, épuisés par deux jours de combats ininterrompus, n'ont pas la force de le poursuivre immédiatement. La nuit appartient aux Prussiens. Ils prennent une avance décisive qui ne sera jamais rattrapée. Blücher écrit le soir même à sa femme : « Si Napoléon livre encore une bataille pareille, il est perdu. »

La matinée du 17 s'écoule sans initiative stratégique d'envergure. L'Empereur visite le champ de bataille de la veille, discute politique avec ses officiers, laisse souffler ses hommes, ce qui donne aux alliés le temps d'organiser leur retraite convergente. L'horloge tourne inexorablement. A Sainte-Hélène, le captif de Longwood reconnaîtra sa responsabilité : « La faute que j'ai faite c'est d'avoir couché à Fleurus... La bataille contre Waterloo aurait eu lieu 24 heures plus tôt, Wellington et Blücher ne se seraient pas rejoints. » En effet, ayant achevé la première phase de son plan contre les

Prussiens, il eût été logique que, fidèle à la stratégie du balancier, il se reportât immédiatement sur sa gauche auprès de Ney pour se jeter dès l'aube sur les Anglais aux Quatre-Bras. A sa décharge, il ne faut pas oublier que tout le monde, lui compris, est exténué et aspire à un peu de repos.

La principale erreur d'appréciation de l'Empereur concerne l'ampleur des pertes prussiennes. Il les croit décisives alors qu'elles ne le sont pas, se persuade à tort que Blücher et ses hommes ne sont plus en état de combattre sérieusement. Là réside la faute majeure. Car pendant ce temps les Prussiens, profitant de leur liberté de mouvement, se replient facilement vers Wavre, à quelques kilomètres de la Belle-Alliance où doit de son côté parvenir Wellington à la fin de la journée. La réunion fatale s'esquisse. Le généralissime anglais, qui entame son repli à dix heures du matin, avertit une heure plus tôt l'aide de camp de Blücher de ses intentions : « Je vais m'établir à Mont-Saint-Jean. J'y attendrai Napoléon pour lui livrer bataille, si j'ai l'espérance d'être soutenu même par un seul corps prussien. Mais si cet appui doit me manquer, je serai contraint de sacrifier Bruxelles et de prendre position derrière l'Escaut. »

A onze heures, après les premiers rapports des éclaireurs lâchés sur les traces des Prussiens, Napoléon réagit enfin. Il s'élance vers la gauche à la poursuite des Anglais et détache un tiers de ses forces, soit trente-trois mille hommes, qu'il place sous la haute autorité de Grouchy avec pour mission de chasser, voire si nécessaire de contenir les Prussiens pendant qu'il s'occupera de Wellington. Le rôle de Grouchy équivaut en fait à celui que Ney vient d'accomplir auprès des Anglais, en apparence d'autant plus facile à tenir que les forces de Blücher viennent d'être battues et risquent d'être traumatisées par cet échec.

La désignation de Grouchy par l'Empereur constitue un choix discutable qui attise encore aujourd'hui les passions. Issu d'une vieille famille de la noblesse, beau-frère de Condorcet, il fut auprès de Murat un excellent second, appliquant les ordres à la lettre. Sabreur émérite, c'est un des plus braves cavaliers de l'Empire[1]. Toutefois, son courage au combat dissimule un manque cruel d'esprit d'initiative. Déjà sous le Directoire il a fait échouer l'expédition d'Irlande[2] quand, chef d'état-major de Hoche et séparé de lui par une tempête, il a préféré rentrer à Brest plutôt que de débarquer. En outre, à l'occasion de la capture du duc d'Angoulême, il a refusé de faire exécuter la convention d'armistice jusqu'à réception de la confirmation écrite de l'Empereur. Ce pointillisme et cette obéissance absolue lui valent d'être apprécié par Napoléon, convaincu qu'avec lui il n'aura jamais de mauvaise surprise.

Enfin, Grouchy manque d'expérience. Habitué à commander la seule cavalerie, il n'a encore jamais dirigé une armée combinée. En résumé, il manque à la fois d'instinct, de sens de l'initiative et de pratique. Pourtant, c'est bien lui que Napoléon a élu pour aller à l'assaut de Blücher qui, avec ses plus de cinquante ans de campagne, est au contraire un des généraux européens les plus expérimentés. En fait, l'Aigle n'a guère de choix. Etant donné l'importance des effectifs engagés, il doit confier le commandement du corps de poursuite à un maréchal. Or rappelons qu'il n'en a que trois sous ses ordres dont deux seulement — Soult étant major général — peuvent être utilisés sur le front. Ney se trouvant aux prises à l'aile gauche avec Wellington, il ne reste donc que Grouchy. C'est pourquoi il lui a logiquement confié l'aile droite le 15. C'est pourquoi aussi il le charge de la poursuite, se souvenant sans doute que son jeune maréchal avait, en 1806, réussi justement à débusquer Blücher à Lübeck.

Devant l'ampleur du fardeau qui lui est confié, Grouchy hésite et s'ouvre de ses doutes à l'Empereur : ne risque-t-il pas d'être débordé, à un contre trois, si les cent mille Prussiens restants se regroupent d'un seul coup contre lui ? Napoléon

---

[1]. Grouchy a notamment commandé l'escadron sacré durant la retraite de Russie après s'être particulièrement illustré à Hohenlinden, Eylau, Friedland, Wagram et Borodino. En 1814, il commande en chef la cavalerie durant la campagne de France.
[2]. Orchestrée en 1796 dans le but de soutenir la révolte irlandaise contre l'Angleterre.

se charge de lever ses scrupules d'un cinglant : « Croyez-vous en savoir plus que moi sur ce que j'ai à faire ? » avant de marcher vers Ney et son destin.

## *Waterloo ou la crucifixion*

Le retard, encore le retard, toujours le retard. La journée du 17 n'apporte rien. La retraite simultanée des deux armées ennemies ne peut être ralentie. Trop tard pour Ney qui ne voit pas les premières colonnes anglaises s'éloigner et confond le rideau de cavalerie laissé par Wellington avec son avant-garde. Trop tard pour Napoléon parvenu seulement à la mi-journée sur sa gauche et qui engage, en vain, une course poursuite effrénée des Quatre-Bras à la Belle-Alliance[1]. Quand les hommes ne compromettent pas ses plans de bataille, ce sont les éléments. Une pluie diluvienne s'abat soudainement sur les armées et gêne la poursuite. « Le sublime de la scène était inconcevable, rapporte l'Anglais Alexandre Cavalié Mercer. Les éclairs se succédaient sans interruption et les grondements de la foudre étaient épouvantables et sans arrêts. » L'avant-garde française, dirigée par Napoléon en personne, talonne les dernières tuniques rouges. « Pressez-vous, pressez-vous, implore lord Uxbridge, pour l'amour de Dieu ! Galopez ou vous serez tous pris. » A la rage de l'Empereur, ils parviennent quand même à se replier sans encombre sur Waterloo[2].

Les accrochages entre les deux troupes révèlent quelques

---

1. Napoléon prend lui-même la tête de la poursuite qui, en dépit de la pluie, se déroule au rythme d'un steeple-chase, écrit G. de Pontécoulant : « L'Empereur, monté sur un petit cheval arabe d'une extrême légèreté, s'était porté au galop à la tête de la colonne ; il était constamment auprès des pièces, excitant les artilleurs par sa présence et par ses paroles, et plus d'une fois au milieu des obus et des boulets que lançait sur nous l'artillerie ennemie, on l'entendit crier aux canonniers de sa garde, avec un accent de haine bien prononcé : "Tirez, tirez, ce sont des Anglais !" »

2. Les troupes, dans la nuit décisive du 17 au 18, « durent bivouaquer dans une boue puante et fumante, au milieu des maisons détrempées, sans abri, sans aliments », note Georges Barral. Napoléon, arrivé trop tard en position d'attaque, déclare d'après Pontécoulant : « Que n'ai-je aujourd'hui le pouvoir de Josué, pour retarder de trois heures seulement la marche du soleil ? »

traits d'héroïsme dignes d'enrichir l'épopée. Ainsi, le colonel Sourd perd son bras à la suite d'un violent affrontement avec la cavalerie anglaise. Sitôt amputé, il s'apprête à repartir au combat quand il apprend que Napoléon vient de le nommer général de brigade. Il refuse, dictant aussitôt à l'Empereur cette lettre exemplaire pour justifier sa décision : « Sire, dans la charge que mon régiment vient de faire sur les Anglais, j'ai reçu six coups de sabre, dont trois sur le bras droit, qui ont nécessité l'amputation de ce membre que M. Larrey, chirurgien en chef de l'armée m'a faite. Sire, je vous dois beaucoup, mais la plus grande faveur que vous puissiez me faire est celle de me laisser colonel de mon régiment de lanciers, que j'espère reconduire à la victoire. Le général Damon vient de me dire que je suis nommé général. Je refuse ce grade. Que le grand Napoléon me pardonne ! Le grade de colonel est tout pour moi. »

Enfin, il est beaucoup trop tard pour le pauvre Grouchy qui, par crainte de rencontrer les Prussiens, se déplace avec une lenteur désespérante. Cette poursuite, qui s'apparente plutôt à une promenade militaire, le conduit le soir même dans la petite ville de Gembloux, à quelques kilomètres seulement de Ligny. Les Prussiens, eux, sont déjà autour de Wavre, à quinze kilomètres de Mont-Saint-Jean où ils devront faire leur jonction avec Wellington. Grouchy a désormais sur Blücher une petite journée de retard qu'il ne pourra récupérer.

Napoléon croit toujours mener le jeu alors que les alliés s'apprêtent à le prendre dans leur nasse. La destruction rapide et massive des Anglais retranchés autour de Mont-Saint-Jean permettrait seule d'éviter le piège. Or, comme Blücher à Ligny, Wellington a fait le choix d'une position défensive de qualité où se retranchent le 17 au soir ses soixante-quatorze mille hommes[1]. Waterloo n'est pas la « morne plaine » de la légende. Adossée à la forêt de Soignes, à dix-neuf kilomètres

---

1. 70 000 pour Robert Margerit contre 72 000 Français. Équivalente en infanterie et en cavalerie, la supériorité appartient sans conteste aux Français en artillerie : 240 canons contre 100 à 170 pour Wellington.

de Bruxelles, la position anglaise prend appui au milieu des vallons où les troupes se terrent à contre-pente derrière les crêtes, les seigles et les haies, loin des bouches à feu menaçantes de l'artillerie. Pour la percer, cavalerie et infanterie devront gravir de petites côtes — ce qui ralentira leur élan — avant d'être soumises à un tir de barrage à bout portant. Le sol, détrempé par les fortes pluies tombées, constitue un atout de plus pour le « duc de fer ». En outre, sa ligne est protégée par une série de fermes fortifiées tenues par de solides garnisons — Papelotte, La Haye-Sainte et surtout Hougoumont qu'il faudra impérativement conquérir avant toute attaque d'envergure (cf. carte n° 3, p. 431). Enfin Wellington est servi par le front étroit, propice à la défense, qui ne permet pas le déploiement des combattants et s'avère particulièrement périlleux pour la cavalerie : « Waterloo, insistera Victor Hugo, est de toutes les batailles rangées, celle qui a eu le plus petit front avec un tel nombre de combattants. De cette épaisseur vint le carnage. »

A l'aube de la bataille, Wellington reçoit la confirmation de l'arrivée imminente de Blücher sur le champ de bataille : « Je ne viendrai pas seulement avec deux corps mais avec toute mon armée », lui précise le vieux maréchal[1]. Soulagé, Arthur Wellesley sait qu'il ne lui reste désormais qu'à tenir coûte que coûte jusqu'à l'arrivée de son sauveur.

Face à Wellington, Napoléon appuie sa gauche près d'Hougoumont, sa droite près de Papelotte, le centre à la Belle-Alliance, face à La Haye-Sainte. Il place ses troupes dans la nuit au fur et à mesure de leur arrivée, désireux d'attaquer dès

---

[1]. Autre lettre de Blücher destinée au général von Müffling le 18 au matin : « Je vous prie de dire en mon nom au duc de Wellington que tout malade que je sois, je me mettrai à la tête de mes troupes pour tomber sur l'aile droite ennemie dès que Napoléon aura engagé le combat. Si la journée se passe sans que les Français attaquent, je suis d'avis que nous les attaquions ensemble demain. » Gneisenau, encore meurtri par le souvenir de Ligny, ajoute un post-scriptum empli de défiance : « Le général von Gneisenau est tout à fait d'accord avec le feld-maréchal ; mais il prie Votre Excellence de pénétrer les secrètes pensées du duc de Wellington et de savoir s'il a réellement la ferme résolution de combattre dans la position, ou s'il ne compte faire que de simples démonstrations qui pourraient entraîner notre armée aux plus grands périls. »

l'aube[1]. Comme à Ligny, il souhaite au préalable concentrer son effort sur l'aile droite ennemie, bousculer Hougoumont pour obliger Wellington à affaiblir son centre qu'il enfoncera alors avec ses réserves disponibles et la Garde[2]. Peu de manœuvres en perspective, donc, mais une bataille d'usure, frontale, sur le modèle de celle livrée l'avant-veille.

Dimanche 18 juin 1815. L'ordre d'attaque, finalement donné pour neuf heures, est à nouveau retardé de deux heures, le terrain détrempé par la pluie ne se prêtant pas à l'offensive[3]. Ce délai supplémentaire laisse aux Prussiens le temps de manœuvrer. Débouchant sur sa droite, ils s'apprêtent à le prendre à revers. « S'il n'avait pas plu dans la nuit du 17 au 18 juin 1815, l'avenir de l'Europe était changé, écrit Hugo. Quelques gouttes d'eau de plus ou de moins ont fait pencher Napoléon. Pour que Waterloo fût la fin d'Austerlitz, la providence n'a eu besoin que d'un peu de pluie, et un nuage traversant le ciel à contre-sens de la saison a suffi pour l'écroulement d'un monde[4]. »

---

1. Napoléon affirmera avoir effectué plusieurs reconnaissances durant la nuit afin d'affiner son plan de bataille et vérifier que les Anglais acceptent le combat. En conséquence, il aurait peu dormi, prenant seulement un peu de repos à la ferme du Caillou située au sud de la Belle-Alliance. D'autres versions font état d'un repos plus réparateur. Sur les moindres détails (à commencer par l'état précis des effectifs), Waterloo fait ainsi l'objet de débats contradictoires dont la plupart ne sont toujours pas résolus.
2. Précisément son centre gauche de manière à définitivement couper Wellington de Blücher. Victor Hugo a bien décrit la logique implacable de Napoléon : « Son plan de bataille était, de l'aveu de tous, un chef-d'œuvre. Aller droit au centre de la ligne alliée, faire un trou dans l'ennemi, le couper en deux, pousser la moitié britannique sur Hal et la moitié prussienne sur Tongres, faire de Wellington et de Blücher deux tronçons, enlever Mont-Saint-Jean, saisir Bruxelles, jeter l'Allemand dans le Rhin et l'Anglais dans la mer » (*Les Misérables*).
3. Il faut relire sur ce point la magnifique description de Hugo dans *Les Misérables* : « Il avait plu toute la nuit ; la terre était défoncée par l'averse ; l'eau s'était çà et là amassée dans les creux de la plaine, comme dans des cuvettes ; sur certains points les équipages du train en avaient jusqu'à l'essieu ; les sous-ventrières des attelages dégouttaient de boue liquide [...] L'affaire commença tard ; Napoléon [...] avait voulu attendre que les batteries attelées pussent rouler et galoper librement ; il fallait pour cela que le soleil parût et séchât le sol. Mais le soleil ne parut pas. Ce n'était plus le rendez-vous d'Austerlitz. »
4. Drouot, auteur de cette suggestion malheureuse, s'en voudra toute sa vie : « S'il n'eût tenu aucun compte de mon observation, Wellington était attaqué à 7 h, il était battu à 10 h, la victoire complète à midi, et Blücher qui ne pouvait déboucher qu'à

Après avoir déjeuné à huit heures avec son état-major et exposé ses consignes, Napoléon prépare sa diversion sur la droite anglaise, à Hougoumont, tout en pilonnant son centre par une série d'offensives. Quand l'Anglais sera à bout de souffle, il portera l'estocade. « L'armée anglaise est supérieure à la nôtre de plus d'un quart, constate l'Empereur. Nous n'avons pas moins quatre-vingt-dix chances pour nous et point dix contre », s'exclame-t-il triomphant[1]. Soult, qui a combattu Wellington en Espagne, s'inquiète. Il connaît les qualités défensives de son adversaire et suggère, comme la veille, de rappeler une partie du corps de Grouchy : « Parce que vous avez été battu par Wellington, rétorque sévèrement Napoléon, vous le regardez comme un grand général. Et moi je vous dis que Wellington est un mauvais général, que les Anglais sont de mauvaises troupes, et que ce sera l'affaire d'un déjeuner[2]. » Jérôme, en tête à tête, lui fait part de sa vive anxiété. Le maître d'hôtel, qui a préparé son souper la veille après avoir servi Wellington au déjeuner, a entendu évoquer un prochain regroupement des Prussiens avec les habits rouges[3]. « Après une bataille comme celle de Fleurus, répond Napoléon, la jonction des Anglais et des Prussiens est impossible d'ici deux jours, affirme-t-il toujours péremptoire, d'ailleurs les Prussiens ont Grouchy à leurs trousses. »

---

5 h, tombait entre les mains d'une armée victorieuse. » Mais il faut ajouter que toutes les troupes impériales ne sont pas encore ralliées à cet instant, ce qui oblige tout autant à retarder l'offensive.

1. Napoléon dit également à Ney : « Il [Wellington] a jeté les dés, et ils sont pour nous. »

2. Cette arrogance décourage le général Reille qui veut lui suggérer de procéder par une manœuvre plutôt que par une attaque frontale. Les témoignages divergent sur ce point : soit Reille a fait ses remarques directement à l'Empereur qui n'en a tenu aucun compte, soit il y a renoncé, se contentant de dire à Drouot : « À quoi bon ? Il ne nous écouterait pas. »

3. Au conseil de guerre tenu la veille, Ney s'est montré hostile à la bataille, arguant de l'état d'épuisement des troupes. « Soult pensa comme lui. La Bédoyère fut seul de l'avis contraire et soutint qu'il fallait poursuivre l'ennemi l'épée dans les reins. Ney foudroya du regard son jeune contradicteur et fut pris d'un accès de colère dans lequel on l'entendit répéter, coup sur coup, plus de dix fois : "Nom de Dieu ! Nom de Dieu ! Nom de Dieu !" » (Georges Barral, *L'Epopée de Waterloo*).

Napoléon, monté sur sa jument blanche Marie[1], parcourt la ligne de bataille vers dix heures du matin. Comme avant chaque journée historique, il vient encourager les troupes : « Jamais, écrit un officier du corps d'Erlon, on ne cria "Vive l'Empereur" avec plus d'enthousiasme ; c'était comme un délire ; et ce qui rendait cette scène plus solennelle et plus émouvante, c'est qu'en face de nous, à mille pas peut-être, on voyait distinctement la ligne rouge sombre de l'armée anglaise[2]. »

Avec de savants effets de mise en scène, l'Empereur dispose ses forces en ordre de bataille. Le rituel n'a d'autre but que d'impressionner l'adversaire et de stimuler l'ardeur de ses soldats. « C'était, précise le lieutenant Martin, un spectacle de toute magnificence. Les baïonnettes, les casques, les cuirasses étincelaient ; les drapeaux, les guidons, les bombardes des lanciers, sous le souffle du vent, faisaient ondoyer les trois couleurs. Les tambours battaient, les cuivres sonnaient, toutes les musiques du régiment entonnaient l'air : "Veillons au salut de l'Empire."[3] » Déployées en éventail, les troupes brûlent maintenant d'en découdre. Selon l'habitude, l'artillerie de la Garde tire trois coups à blanc pour annoncer le début du carnage. Il est environ onze heures et demie.

Il n'y a pas un mais plusieurs Waterloo. Selon le côté où l'on se place, la vision du combat n'est pas la même, que l'on soit français ou anglais, soldat ou chef de corps. La perspec-

---

1. C'est un pur-sang mecklembourgeois. Wellington monte quant à lui une jument baie de huit ans nommée Copenhague.
2. Wellington va lui aussi passer ses troupes en revue (entre neuf et dix heures du matin). Cotton décrit sa tenue : « Pantalon blanc de peau de daim, bottes de Hesse avec glands, habit bleu avec un manteau court de même couleur, cravate blanche, un simple chapeau... sans plume ni ornement, hormis la grande cocarde noire de Grande-Bretagne, et trois plus petites de l'Espagne, du Portugal et des Pays-Bas. Dans sa main droite il tenait un long télescope de campagne, ouvert, prêt à être employé. »
3. Selon Hugo, « l'Empereur ému s'était exclamé à deux reprises : Magnifique ! Magnifique ! ». « L'aspect général du champ de bataille, précise G. Barral, représentait fort bien le grand A majuscule de Victor Hugo, tracé dans l'épisode célèbre des *Misérables*, sur Waterloo. Au sommet de l'A se trouve Wellington, au Mont-Saint-Jean, les jambes gauche et droite représentant les chaussées de Nivelles et de Charleroi. Napoléon est placé sur la barre. »

tive de Ney au centre n'est pas la même que celle de Jérôme Bonaparte à gauche. Celui qui attaque le château d'Hougoumont, comme celui qui monte à l'assaut de Papelotte, n'entrevoit qu'une bien faible partie du spectacle. Jamais leurs regards ne se croiseront. Certains combattent du matin jusqu'au soir. D'autres — notamment la Garde — restent l'arme au pied jusqu'à la tombée de la nuit. Mais, engagé ou à l'écart, nul ne peut échapper à l'écho brûlant des canonnades, aux fracas de la mitraille. La bataille est d'abord une clameur avant de devenir une vision. Partout les gémissements et les cris se mêlent aux galops des chevaux, aux cliquetis des sabres, au milieu des bribes de musique, de fifres et tambours. Dans ce chaos indescriptible, les troupes s'acharnent à suivre le ballet des étendards. Plus tard, l'histoire et la littérature multiplieront, en un jeu de miroirs contrastés, partis pris et points de vue. On songe au Waterloo lointain, noyé de brumes, de Fabrice del Dongo dans *La Chartreuse de Parme*, ou à celui pétri de chair et de sang des *Misérables*. Si l'on y ajoute les témoignages opposés, le risque est grand d'être submergé par une foule de détails et de se perdre dans un dédale dont la précision et l'exhaustivité finissent par occulter le tragique de l'événement. C'est pourquoi il semble préférable, comme le suggérera Napoléon à Sainte-Hélène, de réduire la bataille à quelques moments clés afin d'en saisir le sens tout en évitant la simplification outrancière ou la collection d'anecdotes[1]. Aussi faut-il distinguer trois temps : ''offensive d'abord, contrariée par l'arrivée des Prussiens qui bouleverse la donne initiale ; la réponse des Français, ensuite, avec leurs tentatives de plus en plus désespérées pour percer la ligne anglaise tout en contenant sur la droite l'avancée des corps de Blücher ; enfin l'ultime attaque et l'effondrement (cf. carte n° 4).

---

[1]. « L'art de raconter est de supprimer ce qui est inutile, ce qui gêne la marche. On raconte mal une bataille, si on veut dire tous les incidents ; il faut prendre les traits principaux, ce à quoi tient la destinée de la journée. Si vous voulez parler de tous les moments, vous ne réussissez pas ; quand le récit sera fait, vous pouvez parler de quelques épisodes, de quelques faits particuliers si vous voulez, mais n'en embarrassez pas le récit, ou vous ne serez pas compris. Tout récit est comme une personne : il faut un commencement, un milieu, une fin ; il lui faut toujours une espèce d'unité. »

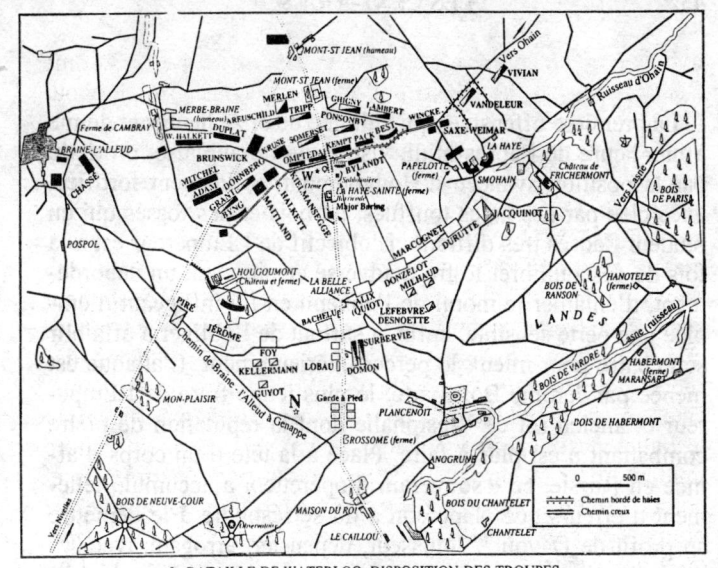

3. BATAILLE DE WATERLOO. DISPOSITION DES TROUPES AU MOMENT DE L'ENGAGEMENT (18 juin 1815, vers 11 h 30)

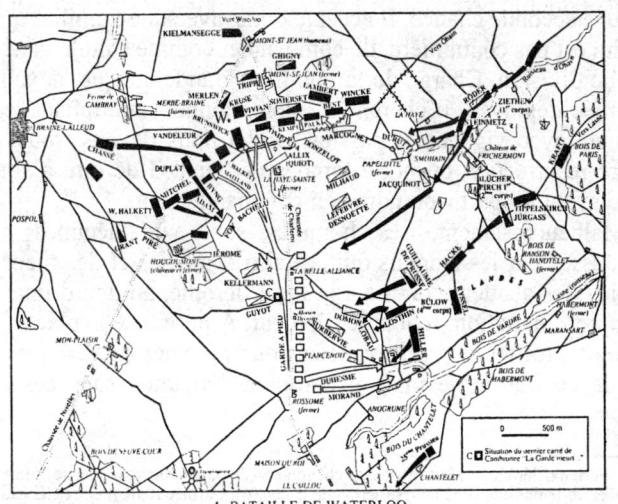

4. BATAILLE DE WATERLOO

La première offensive, qui culmine de onze heures et demie à une heure de l'après-midi, vise la droite anglaise, protégée par la position avancée d'Hougoumont, solidement fortifiée, encerclée par des haies touffues, un bois et des fossés qui en rendent l'accès très difficile. L'objectif de l'Empereur est à la fois de déséquilibrer le front adverse en simulant un débordement, d'entamer le moral de l'ennemi en lui infligeant d'emblée une perte sensible, enfin et surtout de l'obliger à affaiblir son centre pour mieux le percer ultérieurement. L'attaque est menée par Jérôme Bonaparte, le plus jeune frère de l'Empereur et ancien roi de Westphalie dont la réputation de piètre combattant n'est plus à faire. Placé à la tête d'un corps d'armée en Russie, ce « souverain d'opérette » a accumulé tellement d'erreurs que Napoléon a dû se résoudre à le démettre au profit de Davout[1]. Jouisseur, dépensier, arrogant avec ses subordonnés, il s'est ensuite montré incapable de défendre son territoire, facilement envahi après la débâcle de Leipzig, fin 1813. En 1815, il veut se racheter et, comme l'Empereur, saisit une seconde chance. Il accepte donc, avec une humilité qui ne lui est pas coutumière, de commander comme simple général de division. Chargé de la première grande attaque, devant l'armée déployée, il cherche à impressionner, multipliant les assauts avec vigueur et passion : « Ici nous devons trouver notre résurrection ou notre tombeau », vient-il de dire à son aîné avant de partir prendre son commandement.

Malheureusement, ses hommes sont vite décimés et repoussés par les Anglais qui, à l'abri des haies et des meurtrières, les abattent comme à la foire. Jérôme, au lieu d'interrompre l'opération, redouble d'ardeur. A portée de la place, il devrait profiter de son avancée pour pilonner la défense à l'aide de l'artillerie mais il continue d'attaquer sans cesse,

---

1. Furieux, Jérôme a alors rebroussé chemin en compagnie de sa garde, ses fautes ayant entre-temps empêché la destruction de la deuxième armée russe (celle de Bagration). Le sort de la campagne de Russie se trouva ainsi compromis dès les premières semaines. Déjà, il s'était montré consternant durant la campagne de 1809.

par vagues entières envoyées à l'abattoir. Un de ses meilleurs hommes, le lieutenant Legros, surnommé « l'Enfonceur », réussit enfin à briser à la hache la porte principale et s'engouffre dans la cour avec une poignée de soldats. Cernés par les fusils anglais, ils sont massacrés jusqu'au dernier. La diversion imaginée par l'Empereur tourne court. L'attaque infructueuse aura coûté 8 000 Français contre seulement 4 000 Anglais, en pure perte. « Hougomont [*sic*], résume Hugo, ce fut là un lieu funèbre, le commencement de l'obstacle, la première résistance que rencontra à Waterloo ce grand bûcheron de l'Europe qu'on appelait Napoléon ; le premier nœud sous le coup de hache. » A cette occasion, l'Empereur découvre le courage et la pugnacité du soldat britannique qui, comme le russe, meurt sur place plutôt que de reculer. La férocité du combat n'est pas moindre qu'à Ligny. « Ici je pourrais décrire de terribles scènes de carnage, témoigne un cadet. Bientôt, nous eûmes les pieds baignés dans le sang ; en moins d'une demi-heure, nos rangs furent éclaircis de plus de moitié. Chacun attendait stoïquement la mort ou d'horribles blessures. Nous étions couverts d'éclaboussures sanglantes ; et toutefois notre courage était monté au plus haut degré d'exaltation. Pas un blessé ne quittait le champ de bataille ; pas un mourant ne rendait le dernier soupir sans donner une pensée de dévouement à l'Empereur[1]. »

Après ce premier échec, Napoléon, revenu à son quartier général situé en retrait sur un tertre proche de la ferme de Rossomme, décide sans plus attendre de prendre lui-même les choses en main[2]. Longtemps il s'affaire avec sa lunette autour des cartes en bataille, préparant l'attaque frontale qui doit être menée par le corps de Drouet d'Erlon[3]. Les premières

---

1. Larréguy de Civrieux, *Souvenirs d'un cadet*.
2. Situé à quinze cents mètres en arrière, l'Empereur y passe la majeure partie de la journée, sortant cependant plusieurs fois accompagné de son guide, un cabaretier nommé De Coster, pour inspecter certains points du champ de bataille ou préparer des attaques. Tremblant de peur sur son cheval et rêvant de s'enfuir, le guide finit par subir un rappel à l'ordre, fort doux en vérité, de Napoléon : « Mais, mon ami, ne remuez pas tant. Un coup de fusil vous tuera aussi bien par-derrière que par-devant et vous fera une plus vilaine blessure. »
3. Avide de combattre pour racheter son absence à Ligny, le corps de Drouet d'Erlon est de surcroît beaucoup plus frais que les autres.

colonnes napoléoniennes s'ébranlent sous la protection de quatre-vingts bouches à feu qui vomissent leurs boulets. Mais les lignes anglaises, dissimulées derrière les crêtes, restent largement hors d'atteinte.

A environ une heure de l'après-midi, Napoléon parcourt des yeux l'horizon quand une tache noire attire soudain son attention. Les spéculations vont bon train jusqu'à ce qu'un prisonnier prussien annonce l'arrivée imminente sur la droite du corps de Bülow.

Napoléon ne se sent pas encore découragé pour autant. Il croit à cet instant n'avoir affaire qu'aux trente mille hommes du lieutenant de Blücher, convaincu que Grouchy saura contenir le reste de l'armée ennemie. Il veut rassurer Soult, de plus en plus perplexe : « Nous avions ce matin quatre-vingt-dix chances pour nous, lui dit-il. Nous en avons encore soixante contre quarante. Et si Grouchy répare l'horrible faute qu'il a commise hier de s'amuser à Gembloux et envoie son détachement avec rapidité, la victoire en sera plus décisive, car le corps de Bülow sera entièrement perdu. » En fait, Napoléon cherche surtout à se rassurer lui-même[1]. La dépêche initiale préparée par Soult à destination de Grouchy est complétée dans un sens nettement plus explicite avant d'être expédiée (ces modifications sont en italiques dans le texte) :

« L'Empereur m'ordonne de vous dire que vous devez toujours manœuvrer dans notre direction, et chercher à vous rapprocher de l'armée afin que vous puissiez nous joindre avant qu'aucun corps puisse se mettre entre nous. Je ne vous indique pas de direction. C'est à vous de voir le point où nous sommes pour vous régler en conséquence et pour lier nos communications, ainsi que pour être toujours en mesure de tomber sur quelques troupes ennemies qui chercheraient à inquiéter notre droite, et les écraser. En ce moment, la bataille est engagée sur la ligne de Waterloo *en avant de la forêt de Soignes. Le centre de l'ennemi est à Mont Saint-Jean. Ainsi manœuvrez pour rejoindre notre droite.*

---

[1]. « Il faut enfoncer le centre anglais avant que Blücher ne devienne dangereux », ajoute l'Empereur.

*P.S. une lettre qui vient d'être interceptée porte que le général Bülow doit attaquer notre flanc droit. Ainsi ne perdez pas un instant pour vous rapprocher de nous, et nous joindre, et pour écraser Bülow que vous prendrez en flagrant délit.* »

Au même moment, Grouchy doit faire face à la contestation de ses subordonnés directs, Gérard, Exelmans et Vandamme, qui discutent ses choix. Instinctivement, ils somment leur chef hiérarchique d'un jour de « marcher au canon » vers cette bataille que l'on entend au loin, pour se porter immédiatement au secours de l'Empereur. « Sacré nom de Dieu ! jure Gérard, les événements te commandent d'aller de l'avant et tu ne bouges pas plus qu'une moule. » Mais Grouchy ne veut rien savoir. Fidèle exécutant, il s'accroche à ses ordres, refusant d'en démordre[1]. On lui a demandé de courir après les Prussiens, il court après les Prussiens, auxquels il se heurte justement à Wavre. Or, contrairement à ses espérances, il ne trouvera en face de lui qu'un seul de leurs quatre corps. les trois autres « ayant filé à l'anglaise » pour rejoindre Wellington plusieurs heures auparavant. Blücher, subtil renard, l'a magistralement berné et réussit à inverser la donne stratégique initiale : ce n'est plus Grouchy qui le contient mais bien lui qui retient Grouchy à Wavre, où le pauvre diable s'épuisera, ne remportant qu'en fin de journée une victoire

---

1. Grouchy mange alors des fraises à la crème, détail que ses adversaires exploiteront pour le présenter comme un sybarite inconscient de la gravité de l'enjeu. Le capitaine François rapporte dans son *Journal* « cette guerre des chefs » qui commence par une vive interpellation d'Exelmans à Grouchy : « — L'Empereur est aux mains avec l'armée anglaise, cela n'est pas douteux, Monsieur le Maréchal, il faut marcher sur le feu. Je suis un vieux soldat de l'armée d'Italie et j'ai cent fois entendu le général Bonaparte émettre ce principe. Si nous prenions à gauche, nous serions dans une heure sur le champ de bataille. — Je crois, dit le maréchal, que vous avez raison ; mais si Blücher débouche de Wavre et me prend de flanc, je serai compromis pour n'avoir pas obéi à mon ordre qui est de marcher contre Blücher. Le général Gérard fut content de voir le général Exelmans de son avis et dit au maréchal : "Votre ordre porte d'être sur le champ de bataille. Blücher a gagné une marche sur vous ; il était hier à Wavre et vous à Gembloux et qui sait maintenant où il est ? S'il s'est réuni à Wellington nous le trouverons sur le champ de bataille, et dès lors votre ordre est exécuté à la lettre. S'il n'y est pas, votre arrivée décidera de la bataille. Dans deux heures, nous pouvons prendre part au feu et si nous avons détruit l'armée anglaise, que nous peut Blücher déjà battu ?" Si le maréchal Grouchy eût suivi le conseil de ces deux braves, la bataille était gagnée. C'est à lui que j'attribue le désastre de cette malheureuse journée. »

bien inutile. A trois heures et demie, Grouchy reçoit avec un retard à peine croyable [1] une première dépêche de Soult. Datée de dix heures, elle lui annonce le début de la bataille et lui confirme, tout en le ramenant vers Wavre, ses instructions premières [2]. Ce n'est qu'à cinq heures et demie qu'il reçoit la seconde dépêche décisive de l'appel au secours, expédiée à treize heures treize précises. Rencontrant alors une forte résistance prussienne, n'ayant plus le temps de rejoindre Waterloo, il reste cloué sur place. Lent et hésitant la veille, il fait encore preuve en ce 18 juin d'un manque cruel d'instinct et d'initiative, coupable en définitive d'avoir pris cette demi-journée de retard fatale à l'ensemble de l'armée. Mais la véritable responsabilité n'incombe-t-elle pas à Napoléon qui s'est hasardé à lui confier une charge trop lourde pour lui et a refusé de suivre les sages conseils de Soult préconisant, depuis la veille, le rapatriement d'une partie de ses troupes ?

L'apparition des Prussiens change radicalement la donne. Elle oblige l'Empereur, comme hier Blücher, à distraire une partie de ses réserves pour les placer à droite, réduisant d'autant sa capacité à porter l'effort au centre. Le piège se referme et le drame se noue. « La destinée a de ces tournants, remarque Hugo ; on s'attendait au trône du monde ; on aperçoit Sainte-Hélène. » En vain Napoléon s'acharne à briser le cœur du dispositif anglais tandis qu'il s'épuise à couvrir sa droite, menacée d'être submergée par l'afflux progressif de nouveaux régiments prussiens. Chaque minute compte dans ce contre-la-mort où plane l'ombre lugubre de la défaite.

---

1. Erreur résultant une nouvelle fois de la négligence de Soult. Un premier messager s'est évaporé dans la nature ; un second — polonais — s'est perdu en route. Très inquiet de rester sans réponse de Grouchy, Napoléon finit par demander sèchement à Soult combien de messagers il a envoyé. Ce dernier ayant répondu qu'il n'en a envoyé qu'un, l'Empereur rétorque avec rage et dépit : « Ah, Monsieur Berthier en aurait envoyé cent ! »
2. Voici le texte précis de la dépêche rédigée par Soult à dix heures : « L'Empereur me charge de vous prévenir qu'en ce moment Sa Majesté va faire attaquer l'armée anglaise qui a pris position à Waterloo, près de la forêt de Soignes. Ainsi Sa Majesté désire que vous dirigiez vos mouvements sur Wavre, afin de vous rapprocher de nous, vous mettre en rapport d'opération, et lier les communications, poussant devant vous les corps de l'armée prussienne qui ont pris cette direction et qui auraient pu s'arrêter à Wavre, où vous devez arriver le plus tôt possible. »

Désormais, il n'a plus aucun droit à l'erreur. Or, pour augmenter sa puissance de feu en vue de l'attaque décisive, d'Erlon regroupe ses troupes en lignes compactes au lieu de scinder ses unités en colonnes plus petites, plus mobiles et donc plus difficilement atteignables par le feu ennemi[1]. Ainsi, les Anglais parviennent parfaitement à combiner leur riposte. Après les ravages causés par leur artillerie, l'attaque française est bloquée net par leur infanterie[2], tandis que les redoutables Scots Greys du général Ponsonby dispersent nos derniers soldats, trop serrés les uns contre les autres pour manœuvrer et se former en carrés. Au cours de la contre-attaque, le général anglais Picton, un des meilleurs divisionnaires de Wellington, tombe mortellement touché, toujours vêtu de son costume civil surmonté d'un haut de forme, faute d'avoir reçu à temps son uniforme. Face à la débandade de ses hommes, qui refluent en désordre vers leurs lignes, l'Empereur fait à son tour donner la cavalerie pour bloquer l'avance anglaise qui semble presque irrésistible. Aux cris de « No quarter », les deux mille cinq cents cavaliers sabrent tout ce qui leur tombe sous la main avant d'être eux aussi surpris par la riposte impériale. Après un corps à corps sanglant et meurtrier, qui tourne à l'avantage des Français, chacune des deux armées est ramenée sur sa ligne de départ. Napoléon vient encore d'échouer.

Il est maintenant trois heures et demie. Alors que la menace prussienne se précise, Ney se décide à tenter le tout pour le

---

1. « Au lieu de ranger ses troupes en colonnes d'attaque, c'est-à-dire en colonnes de bataillons, par division à demi-distance ou à distance entière, ordonnance tactique favorable aux déploiements rapides comme aux formations en carrés, on avait rangé chaque échelon par bataillons déployés et serrés en masse. Les divisions Allix, Danzelot, Marcognet, et Durutte présentaient ainsi quatre phalanges compactes, d'un front de cent soixante à deux cents files sur une profondeur de vingt-quatre hommes », rapporte Houssaye. Clausewitz et Jomini critiquent également l'ordre de bataille adopté. Stendhal, dans *La Chartreuse de Parme*, dénonce aussi cette « disposition étrange et qui allait nous coûter cher, car nous ne pouvions nous former en carrés pour nous défendre de la cavalerie, et l'artillerie ennemie aurait à nous labourer sur vingt rangs d'épaisseur ».
2. Cachée jusqu'à la dernière minute en n'hésitant pas, comme elle l'a appris en Espagne, à rester couchée avant de se relever quand elle est à portée de fusil, délivrant un feu meurtrier qui déstabilise nos colonnes d'attaque.

tout. Puisque l'infanterie n'est pas passée, il engagera directement la cavalerie[1]. De son propre chef, il rassemble environ cinq mille chevaux, cavalerie lourde en tête, pour une charge sauvage qui s'élance sabre au clair pour percer le centre adverse. L'artilleur anglais Alexandre Cavalié Mercer dépeint fidèlement la gravité du moment : « Le spectacle était imposant et si jamais le mot sublime fut exactement appliqué, il pouvait sûrement l'être à celui-ci. Les cavaliers avançaient en escadrons serrés l'un derrière l'autre, si nombreux cette fois que l'arrière était encore caché par la crête lorsque la tête de la colonne n'était qu'à 60 ou 80 yards de nos canons. Leur allure était un peu trop lente, mais soutenue. Ce n'était pas là une de ces furieuses charges au galop, mais l'avance, à une allure délibérée, d'hommes décidés à arriver à leurs fins. Ils marchaient dans un profond silence et le seul bruit qu'on entendait à travers le rugissement incessant de la bataille était le roulement sourd du sol foulé par les pas simultanés de tant de chevaux. »

Wellington, pour briser la vague, regroupe ses hommes en carrés de quatre lignes de profondeur. Déployés en damiers, ils constituent la meilleure défense contre les charges. La Grande Armée n'a-t-elle pas remporté ainsi ses plus grandes victoires aux Pyramides, à Marengo et à Auerstaedt ? Le principe en est simple : le premier rang, genou à terre ; les deux suivants, debout, tirent à bout portant avant d'empaler les chevaux sur leur baïonnette, le quatrième rechargeant les armes. Dans les coins, les canons vomissent boulets et mitrailles jusqu'à la dernière minute. Dans ces conditions, la charge a d'autant moins de chance d'être efficace qu'elle arrive sur l'objectif au ralenti, en raison de la configuration vallonnée du terrain, par ailleurs toujours détrempé[2] : « C'est un meurtre

---

[1]. Napoléon n'avait autorisé que la charge des cuirassiers de Milhaud. C'est Ney qui prend l'initiative d'engager avec lui la moitié de la cavalerie, croyant voir l'armée anglaise en retraite (alors qu'il ne s'agissait que d'un repli tactique de quelques dizaines de mètres effectué par plusieurs bataillons). Cependant, l'effet d'entraînement a joué son rôle, ralliant des escadrons, non conviés à la « fête » et qui sont partis en pensant achever la victoire. Une nouvelle fois, ordre mal compris se conjugue avec absence de discipline.

[2]. « Les chevaux montaient au trot, assez lentement sur ces pentes raides, dans ces terres grasses et détrempées, au milieu de ces grands seigles qui leur balayaient le poitrail », écrit Henry Houssaye.

d'envoyer la cavalerie contre l'infanterie disciplinée, à moins qu'elle ne soit accompagnée d'artillerie agissant conjointement : alors, seulement, elle peut enfoncer les carrés et saisir l'avantage une fois qu'ils sont mis en déroute », ajoute sobrement le grenadier anglais Lawrence, présent à la bataille. Le célèbre Marbot tranche d'un expéditif : « On nous a fait manœuvrer comme des citrouilles[1]. »

En dépit de la bravoure de Ney, les deux premières offensives échouent complètement. « La figure de ce combat était monstrueuse. Ces carrés n'étaient plus des bataillons, c'étaient des cratères ; ces cuirassiers n'étaient plus une cavalerie, c'était une tempête, écrit Hugo. Chaque carré était un volcan attaqué par un nuage ; la lave combattait la foudre[2]. » Les centaines de chevaux morts qui s'entassent aux abords de ces forteresses humaines constituent autant d'obstacles supplémentaires où l'élan de la charge vient encore se briser. « La décharge de chaque pièce, note Cavalié Mercer, était suivie de la chute des cavaliers et de leurs montures, comme l'herbe sous la faux du moissonneur. » « Le Rougeaud » a cinq chevaux tués sous lui. On l'entend, durant la bataille, crier à d'Erlon : « Tiens bon, mon ami, car si nous ne mourons ici, nous serons pendus par les émigrés ! »

A quatre heures, les Prussiens, enfin rassemblés, commencent leur attaque vers Plancenoit tandis que les Anglais campent sur leurs positions. « Le champ de la bataille ressemblait à une véritable fournaise, rapporte l'officier Trefcon ; le bruit

---

[1]. Dans ses *Mémoires*, constamment réédités en raison de leur verve. Malheureusement, ils ne traitent pas (sauf en annexe) de Waterloo.

[2]. Le tableau vaut d'être complété par cette autre citation, également extraite des *Misérables* : « Rien de semblable ne s'était vu depuis la prise de la grande redoute de la Moskowa par la grosse cavalerie ; Murat y manquait, mais Ney s'y retrouvait. Il semblait que cette masse était devenue monstre et n'eût qu'une âme. Chaque escadron ondulait et se gonflait comme un anneau du polype. On les apercevait à travers une vaste fumée déchirée çà et là. Pêle-mêle de casques, de cris, de sabres, bondissement orageux des croupes des chevaux dans le canon et la fanfare, tumulte discipliné et terrible ; là-dessus les cuirasses, comme les écailles sur l'hydre. Ces récits semblent d'un autre âge. Quelque chose de pareil à cette vision apparaissait sans doute dans les vieilles épopées orphiques racontant les hommes-chevaux, les antiques hippanthropes, ces titans à face humaine et à poitrail équestre dont le galop escalada l'Olympe, horribles, invulnérables, sublimes ; dieux et bêtes. »

du canon, celui de la fusillade, les cris des combattants, tout cela joint au soleil ardent le faisait ressembler à l'enfer des damnés[1]. »

Or, au moment où il faudrait contrôler au plus près les opérations[2], Napoléon reste en retrait. Marqué par les trois premiers jours de campagne, sans doute indisposé, il apparaît en déclin, notamment par rapport à la campagne de France. Du haut de son promontoire, il observe Ney avec inquiétude : « Voilà un mouvement prématuré qui pourra avoir des conséquences funestes pour cette journée », déclare-t-il à Soult avant d'ajouter : « Le malheureux, c'est la seconde fois depuis avant-hier qu'il compromet le sort de la France[3]. » Toutefois, il n'a plus le choix et tranche : « C'est trop tôt d'une heure, mais il faut soutenir ce qui est fait. » Sur son ordre, 5 000 cavaliers supplémentaires sont lancés. Toute la cavalerie, soit près de 10 000 chevaux, est maintenant lâchée dans l'arène sanglante[4]. Ney, déchaîné, charge entre sept et dix fois consécutives. « Son visage, note le général de Brack, est bouleversé et il s'écrie à plusieurs reprises — Français, ne bougeons pas ! C'est ici que sont les clefs de notre liberté. »

---

1. Le temps s'est éclairci depuis le matin ; sachant que les témoignages, là comme ailleurs, ne concordent pas sur l'évolution du ciel au fur et à mesure de la journée.
2. Faut-il évoquer son état de santé ? Le débat, comme beaucoup d'autres, n'a pas été véritablement tranché. Charras, auteur d'une histoire de la campagne, le présente malade mais son hostilité envers l'Empereur rend son analyse très suspecte : « Napoléon, en 1815, souffrait depuis trois ans déjà d'une affection dysurique et, depuis un an, d'une affection hémorroïdale croissante ; celle-ci notamment lui causa d'atroces douleurs, le jour même de Waterloo. Nous tenons le fait du grand maréchal du palais Bertrand et du général Gourgaud ; et nous avons, plus d'une fois, entendu l'un et l'autre affirmer que ces douleurs furent cause que, pendant la grande bataille, Napoléon resta presque toujours à pied, et y resta même lorsqu'il eût été nécessaire qu'il se portât sur tel ou tel point... Mais ni Bertrand, ni Gourgaud ne disaient tout. Nous-même, jusqu'ici, nous n'avions pas cru devoir parler, même par allusion, d'une troisième maladie, accidentelle celle-là, qui gêna, incommoda beaucoup Napoléon... Napoléon avait contracté la maladie dont mourut François Ier. »
3. Autre jugement de Napoléon sur Ney prononcé à Sainte-Hélène : « Il était bon pour conduire dix mille hommes, mais hors de là, c'était une vraie bête. » Soult répondit à l'Empereur : « Il nous compromet comme à Iéna. »
4. La réserve de cavalerie de la Garde, commandée par le général Guyot, charge elle aussi alors qu'elle aurait dû rester en retrait. En conséquence, Napoléon, qui tente en vain de la faire rappeler, n'a plus de réserves de cavalerie disponibles à la fin de la bataille. Il reviendra souvent sur cet épisode à Sainte-Hélène, incriminant Guyot et Ney. Guyot affirmera avoir agi sur ordre supérieur, niant s'être laissé entraîner par l'envie de combattre.

Des carrés sont pris, d'autres décimés, six drapeaux enlevés. Les Anglais, galvanisés par la présence de Wellington, plient mais ne rompent toujours pas. Ney sent pourtant que la victoire se dessine. Il réclame à l'Empereur des renforts d'infanterie. Mais c'est oublier que Napoléon doit mener deux batailles à la fois, côté anglais, mais aussi côté prussien où il lui faut colmater des brèches, tant le déséquilibre des forces s'accuse : 50 000 Prussiens en ligne face à moins de 10 000 Français. Ne sachant plus où donner de la tête, il s'emporte. « Des troupes ? Mais où voulez-vous que j'en prenne ? Voulez-vous que j'en fasse ? »

Six heures et demie. La Haye-Sainte, position fortifiée en amont du centre anglais, vient enfin, au terme d'une bataille terrible, d'être prise par les hommes de Ney. Sur le millier d'Anglais composant la garnison, moins de cinquante ont pu s'échapper. Une batterie y est immédiatement installée qui, à cent cinquante mètres environ des carrés, peut enfin faire mouche. La peur change de camp : « Il faut que la nuit ou les Prussiens arrivent », implore Wellington, les yeux rivés sur sa montre de gousset tandis que Napoléon répète avec joie : « Ils sont à nous, je les tiens. » A cet instant l'Anglais, un genou à terre, peut être mis à mort. « Le centre de la ligne était ouvert, confirme un officier anglais. Nous étions en péril. A aucun moment, l'issue de la bataille ne fut plus douteuse[1]. » De nombreux fuyards ennemis se répandent alors sur les routes, colportant la rumeur d'une défaite jusqu'à Gand. Napoléon veut saisir la chance au vol et se tourne vers la Garde, qui n'a pas encore donné. Mais au même instant les Prussiens s'emparent enfin de Plancenoit, à l'arrière de nos lignes, près de notre aile droite, qu'ils menacent à la fois de dislocation et d'encerclement. La rage au cœur, l'Empereur doit suspendre son attaque contre Wellington pour détacher quatre mille hommes supplémentaires de sa Garde, afin d'aller reprendre

---

[1]. « Mais l'affaiblissement des Anglais paraissait irrémédiable. L'hémorragie de cette armée était horrible. Kempt, à l'aile gauche, réclamait du renfort. — Il n'y en a pas, répondait Wellington, qu'il se fasse tuer ! » (Victor Hugo, *Les Misérables*).

le village et protéger son flanc menacé. Dans l'attente du résultat de la contre-attaque, il ne peut prendre le risque de distraire ses dernières réserves pour les lancer sur Wellington. Exsangue, le généralissime anglais profite de cette heure miraculeuse pour reconstituer sa ligne de front en faisant appel aux réserves, laissées jusqu'alors sur ses arrières, de crainte d'être tourné par Napoléon [1]. « Cette étrange bataille, résume Hugo, était comme un duel entre deux blessés acharnés qui, chacun de leur côté, tout en combattant et en se résistant toujours, perdent tout leur sang. Lequel des deux tombera le premier ? »

Sept heures-sept heures et demie. Au tournant de la bataille, la Garde, dans un dernier sursaut, réussit à reprendre Plancenoit. Napoléon peut respirer encore. Toutefois, à maintenant un contre cinq, il sait que sa droite ne tiendra pas longtemps sous les coups de boutoir de Blücher dont les hommes, qui entrent progressivement dans la danse macabre, sont beaucoup plus frais que les siens. La solution la plus sage commande sans doute la retraite. Mais elle autorisera alors ce que Napoléon veut à tout prix éviter : le regroupement des Anglais et des Prussiens, qui deviendront inexpugnables. Surtout, l'annonce de la défaite, l'Empereur le sait, ne manquera pas d'avoir des conséquences catastrophiques à l'intérieur. Quinze ans plus tôt, presque jour pour jour, à l'aube du Consulat, Napoléon a connu une situation similaire à Marengo : regroupée en carrés, son armée à bout de souffle était sur le point de céder quand Desaix parvint avec six mille hommes sur le champ de bataille pour assurer la victoire, sacrifiant sa vie pour en sauver des milliers d'autres. Or cette fois, contrairement à Desaix, non seulement Grouchy n'arrive pas mais en plus Blücher s'empare lui-même du rôle au profit de Wellington [2]. Comme en cette journée du 14 juin 1800, qui lui sert

---

1. Le « duc de fer » redoute depuis le début de la campagne d'être tourné sur sa droite, ce qui le priverait d'accès à la mer. Cela explique en grande partie sa prudence initiale.
2. « Des deux côtés on attendait quelqu'un. Ce fut le calculateur exact qui réussit. Napoléon attendait Grouchy ; il ne vint pas. Wellington attendait Blücher ; il vint » (Victor Hugo, *Les Misérables*).

de référence, Napoléon veut toujours croire en sa bonne étoile, convaincu qu'en jouant le tout pour le tout il peut encore vaincre. D'ailleurs, il n'a plus le choix car retraite vaut défaite et défaite, abdication.

Tout repose désormais sur la Garde, cette élite de la Grande Armée qui brûle d'en découdre. Seuls neuf bataillons, moins de cinq mille fantassins, se tiennent encore debout pour la dernière attaque. Mais ces quelques milliers en valent dix fois plus. Au sein de l'armée, la Garde a la réputation d'être l'arme fatale qui fait remporter la victoire. Par son audace et sa bravoure, ce bataillon sacré n'a-t-il pas protégé la retraite de Russie avant de culbuter les alliés lors des batailles héroïques de la campagne de France ? Napoléon, revenu près de ses hommes, harangue ses ultimes braves et mobilise le reste des troupes épuisées, faisant annoncer partout par La Bédoyère l'arrivée prochaine de Grouchy. Le subterfuge réussit parfaitement. Derrière la Garde, tous les valides, y compris les blessés, gravissent frénétiquement les pentes en direction des habits rouges [1].

Alors ! Faites donner la Garde ! cria-t-il.
Les lanciers, grenadiers aux guêtres de coutil,
Dragons que Rome eût pris pour des légionnaires,
Cuirassiers, canonniers qui traînaient des tonnerres,
Portant le noir colback ou le casque poli,
Tous, ceux de Friedland et de ceux de Rivoli,
Comprenant qu'ils allaient mourir dans cette fête,
Saluèrent leur Dieu, debout dans la tempête.
Leur bouche d'un seul cri, dit : « Vive l'Empereur ! »
Puis, à pas lents, musique en tête, sans fureur,
Tranquilles, souriant à la mitraille anglaise,
La Garde impériale entra dans la fournaise.

La vision du poète — le Victor Hugo des *Châtiments* —

---

1. « Le ciel avait été couvert toute la journée. Tout à coup, en ce moment-là même, il était huit heures du soir, les nuages de l'horizon s'écartèrent et laissèrent passer, à travers les ormes de la route de Nivelles, la grande rougeur sinistre du soleil qui se couchait. On l'avait vu se lever à Austerlitz » (Victor Hugo, *Les Misérables*).

rend mieux compte de l'intensité tragique de l'instant que tous les longs récits. Moment terrible où l'événement touche au sublime par le sacrifice des immortels. Ils entrent dans la légende en donnant leur vie pour ce chef qui les a tant de fois conduits à la victoire [1]. Cette victoire, ces gladiateurs l'entrevoient encore quand ils écrasent deux des bataillons ennemis placés aux avant-postes. A leur tête, ils retrouvent le grand Ney des champs de bataille qui leur fait oublier, par sa bravoure, le maréchal girouette, l'homme des retournements et des trahisons.

Soudain les premiers rangs entendent un cri : « Stand-up guards ! » : 1 500 diables rouges, cachés dans les blés, se dressent et tirent à bout portant sur la première ligne française ; 500 hommes tombent. A la stupeur générale, la Garde hésite. Deuxième salve tout aussi ravageuse, et dans un vent de désespoir l'impossible se produit : la Garde recule. Dans le même temps, un régiment anglais attaque les colonnes de flanc à la baïonnette. En vingt minutes, l'attaque est brisée net. Parallèlement, sur le flanc droit, le troisième corps prussien de Ziethen, qui vient de déboucher sur Papelotte, liquide la résistance française. Leurs milliers de cavaliers inondent déjà le champ de bataille. Wellington lève alors trois fois son chapeau, en guise de signal pour la contre-attaque générale. En quelques minutes d'un spectacle effroyable, tout le front français s'écroule.

C'est la stupéfaction ! Pour tous ces hommes qui attendaient Grouchy comme un sauveur, la déception, brutale, provoque l'effondrement : les grognards à bout de force cèdent pour la première fois à la panique. Des cris de « Sauve qui peut » et de « Trahison » se répandent comme une traînée de poudre. Epuisés par le trop-plein d'efforts fournis depuis quatre jours, accablés par l'irruption des Prussiens, les régiments se débandent les uns après les autres. Une cohue dif-

---

[1]. « L'histoire n'a rien de plus émouvant que cette agonie éclatant en acclamations. [...] Il n'y eut point d'hésitants ni de timides. Le soldat dans cette troupe était aussi héros que le général. Pas un homme ne manqua au suicide » (Victor Hugo, *Les Misérables*).

forme où se mêlent les derniers débris de la Grande Armée déferle sur les pentes du Mont-Saint-Jean, poursuivie l'épée dans les reins par les Anglais. Vaillante mais indisciplinée, la Grande Armée, comme la campagne de Russie l'a assez illustré, se révèle incapable de se replier en bon ordre[1] : « C'était un torrent hors de son lit. Elle entraînait tout », dira Napoléon dans le *Mémorial* pour dépeindre le spectacle désolant de la débâcle.

Le capitaine Duthilt en a laissé une description poignante : « Sauf la vieille garde, tout se précipite à la fois à travers les caissons, les pièces de canons brisées et les bagages de toute espèce. Entraînés, insensibles, ils passent sur des tas de morts et foulent les blessés sous leurs pieds sans entendre leurs gémissements et leurs cris de douleur ; ces tristes victimes de la guerre sont broyées ; elles expirent sous les roues des caissons et des pièces. Les soldats de toutes les armes fuient confondus et sans chefs, et les chefs désespérés fuient sans soldats ; les derniers poussent les premiers, et les canons, fourgons, caissons, serrés l'un contre l'autre, sans attelage, obstruant les routes, sont livrés à l'avidité des pillards et barrent le passage. »

Ney, désespéré, tente de ramener les fuyards au combat, hurlant comme un possédé : « Venez voir comment meurt un maréchal de France ! » Napoléon, réfugié au milieu de sa Vieille Garde, semble aussi vouloir chercher la mort, s'exposant plus que de raison. Comme jadis à Toulon, il commande lui-même le feu jusqu'à ce que l'état-major, effrayé, réussisse enfin à l'entraîner sur la route de Charleroi vers neuf heures du soir, alors que tout est perdu[2]. « Le feu de nos lignes

---

1. Comme le remarque Napoléon lui-même auprès de Chaptal : « L'art des retraites est plus difficile avec le Français qu'avec des soldats du Nord. Une bataille perdue lui ôte ses forces et son courage, affaiblit sa confiance en ses chefs et le pousse à l'insubordination. »
2. Coignet témoigne dans ses *Cahiers* : « Il [Napoléon] pousse son cheval pour entrer dans le carré que commandait Cambronne, mais tous ses généraux l'entourent : "Que faites-vous ?", criaient-ils. "Ne sont-ils pas assez heureux d'avoir la victoire ?" Son dessein était de se faire tuer. Que ne le laissèrent-ils s'accomplir ! Ils lui auraient épargné bien des souffrances et au moins nous serions morts à ses côtés, mais les grands dignitaires qui l'entouraient n'étaient pas décidés à faire un tel sacrifice. Cependant, je dois dire qu'il fut entouré par nous, et contraint de se retirer. »

s'éteint ; les cartouches sont épuisées ; quelques grenadiers blessés au milieu de trente mille morts, de cent mille boulets sanglants, refroidis et conglomérés à leurs pieds, restent debout appuyés sur leur mousquet, baïonnette brisée, canon sans charge. Non loin d'eux, ajoute Chateaubriand, l'homme des batailles écoutait, l'œil fixe, le dernier coup de canon qu'il devait entendre de sa vie. »

Dans ce désordre indescriptible, se dressent enfin les trois derniers carrés de la Garde, commandés par les généraux Cristiani, Roguet et Cambronne. « Immobiles dans le ruissellement de la déroute, comme des rochers dans l'eau qui coule », note Hugo, ils protègent seuls la retraite de ce qui reste de la Grande Armée. En dépit des sommations anglaises, ils ne capitulent pas et sont décimés presque à bout portant par les canons et les fusils ennemis. Eprise des mythes qui rachètent bien des médiocrités individuelles et auréolent son destin, la nation a oublié la débandade finale pour conserver cette image sublimée du dernier carré des fidèles succombant au champ d'honneur, incarnation même de l'esprit de sacrifice.

En point final de la tragédie, on croit entendre encore le tonitruant « Merde, la Garde meurt et ne se rend pas[1] ». Héroïque Cambronne, présent du début à la fin de l'aventure, du Vol de l'Aigle comme commandant de l'avant-garde à la débâcle de Waterloo. « Une terrible décharge répliqua à ce mot sans précédent dans l'histoire, écrit Georges Barral. Cette poignée de héros fut couchée à terre par un flot de balles. Les

---

1. « Foudroyer d'un tel mot le tonnerre qui vous tue, c'est vaincre », s'exclame Hugo. Le mot n'a peut-être pas été prononcé, du moins en ces termes. C'est un journaliste qui l'aurait forgé peu après, avant qu'il pénètre dans la mémoire collective sous la plume de Victor Hugo dans *Les Misérables*. Faut-il croire un certain Levot (cité par Jean-Claude Carrière), qui dans sa biographie bretonne rapporte ce propos attribué à Cambronne : « Je n'ai pas pu dire la Garde meurt et ne se rend pas puisque je ne suis pas mort et que je me suis rendu » ? Grièvement blessé à la tête, Cambronne reste prisonnier en Angleterre. Rentré en France en décembre, emprisonné par les Bourbons, il sera acquitté l'année suivante par un conseil de guerre. Henry Houssaye pense en revanche que le mot a bien été prononcé mais que Cambronne n'a jamais osé l'avouer. Barral affirme au contraire que Cambronne a bien dit merde et que c'est le général Michel, à la tête d'un autre carré de la Garde qui a dit : « La Garde ne se rend jamais. Elle meurt ! »

uns, blessés, couverts de sang, de contusions, restent évanouis ; les autres, plus heureux, sont tués net. Ceux dont la mort a trompé l'attente et qui se redressent, se fusillent mutuellement pour ne point survivre à leurs compagnons, surtout pour ne pas être sabrés, massacrés, achevés de la main de leurs ennemis. » Pendant ce temps, la nuit s'épaissit de ces hommes aux visages hagards, maculés de la boue et du sang des batailles, qui se dirigent vers la frontière, poursuivis par des nuées de cavaliers prussiens[1]. Avides de vengeance, ceux-ci se jettent sur ce pauvre cortège d'ombres, déchu de ses gloires anciennes. Le capitaine Coignet fait partie de la troupe des fuyards : « Les soldats de tous les corps et de toutes les armes, marchant sans ordre, confondus, se heurtaient, s'écrasaient dans les rues de cette petite ville [Genappe], fuyant devant la cavalerie prussienne qui faisait une Hourra derrière eux. C'était à qui arriverait le plus vite de l'autre côté du pont jeté sur la Dyle. Tous se retrouvaient renversés ! Il était près de minuit. Au milieu de ce tumulte, aucune voix ne pouvait se faire entendre... Rien ne pouvait les calmer... Ils n'écoutaient personne, les cavaliers brûlaient la cervelle de leurs chevaux, des fantassins se la brûlaient pour ne pas rester au pouvoir de l'ennemi ; tous étaient pêle-mêle. Je me voyais pour la seconde fois dans une déroute pareille à celle de Moscou. »

La route de la retraite, qui passe donc par Genappe, devient bientôt impraticable. Fourgons abandonnés, fuyards et blessés s'agglutinent dans la panique, créant un encombrement monstre qui favorise les poursuivants et pousse les plus endurants à fuir à l'aveugle à travers champs[2]. Dans ces conditions, il est impossible de rallier le moindre régiment : « Quel

---

[1]. Les Anglais, épuisés, leur ont abandonné la poursuite.
[2]. Le colonel Levavasseur, aide de camp de Ney, écrit dans ses Souvenirs : « Quel fut mon étonnement, à mon arrivée à Genappe, de voir cette ville encombrée de voitures, au point qu'il était impossible de progresser debout dans les rues ; les fantassins étaient obligés de ramper sous les équipages pour se frayer un passage. La cavalerie tournait la ville. »

spectacle hideux ! » déplore un officier [1]. « Le torrent dévalant des monts qui déracine et entraîne tout obstacle momentané est une faible image de cet amas d'hommes, de chevaux, de voitures roulant les uns sur les autres, se réunissant devant le plus léger obstacle pour former une masse qui culbute tout sur la voie qu'elle s'ouvre... Malheur à qui tombait dans ce tourbillon, il était écrasé, perdu. » La poursuite, « une véritable chasse », selon Blücher, va durer plusieurs heures à la faveur d'un clair de lune propice.

L'armée française étant écrasée et dispersée, la route de Paris s'ouvre à nouveau pour les alliés. Seuls les 30 000 hommes de Grouchy, aux prises avec les Prussiens de Thielmann à Wavre, reviendront à peu près indemnes après leur amère et bien inutile victoire [2] ! Mais ce sont plus de 50 000 hommes qui sont blessés, tués ou portés disparus lorsque Wellington et Blücher se rejoignent un peu avant dix heures du soir, près de la ferme si justement nommée de « la Belle Alliance » [3].

« Mein lieber Kamarade ! Quelle affaire ! » s'exclame

---

[1]. Il s'agit du commandant Lemonnier-Delafosse, aide de camp du général Foy : « Que l'on se figure 40 000 hommes sur une seule route, s'arrêtant par masses ! écrit-il également. C'était le rocher refoulant le torrent, mais qui, cédant à sa force, finit par rouler avec lui en masses culbutées les unes sur les autres, s'écrasant dans leur agglomération ! »

[2]. Grouchy ayant attaqué Thielmann vers cinq heures, ce dernier avertit Gneisenau qu'il risque d'être battu en raison de son infériorité numérique (28 000 hommes contre 33 000 ) : « Que le général Thielmann se défende comme il pourra, dit Gneisenau. Il n'importe qu'il soit écrasé à Wavre si nous avons la victoire ici. »

[3]. « Là où avait râlé ce lamentable désastre, tout faisait silence maintenant. L'encaissement du chemin creux était comble de chevaux et de cavaliers inextricablement amoncelés. Enchevêtrement terrible. Il n'y avait plus de talus, les cadavres nivelaient la route avec la plaine et venaient au ras du bord comme un boisseau d'orge bien mesuré. Un tas de morts dans la partie haute, une rivière de sang dans la partie basse, telle était cette route, le soir du 18 juin 1815 » (Victor Hugo, *Les Misérables*). Les Anglais avaient particulièrement souffert, à l'image du chef de la cavalerie Uxbridge qui fut touché au genou droit à la fin de la bataille et commenta flegmatiquement à Wellington :

« Par Dieu, Monsieur, j'ai perdu ma jambe.

— Par Dieu effectivement Monsieur », répliqua Wellington. La jambe d'Uxbridge fut enterrée à même le champ de bataille, symbolisant l'horreur de la journée et devenant quasiment un objet de culte pour les combattants alliés.

Selon Jean-Claude Damamme, les pertes globales du 15 au 20 juin (tués et blessés) se montent à 49 320 pour la Grande Armée, 13 749 pour l'armée de Wellington, 31 609 pour les Prussiens.

# LA SYMPHONIE INACHEVÉE

Blücher. Le même soir, le généralissime prussien écrit ces quelques mots qui résument tout : « Je pense que l'histoire de Bonaparte est terminée. Je ne puis plus écrire, car je tremble de tous mes membres. L'effort était trop grand. »

Parvenu aux Quatre-Bras vers une heure du matin en compagnie d'une poignée d'hommes, Napoléon peut enfin marquer une pause. Baudus, aide de camp de Soult, le découvre à la lueur d'un feu de bivouac pleurant en silence son armée perdue : « Sur son visage morne, aux pâleurs de cire, il n'y avait plus rien de la vie que les larmes. »

# CHAPITRE VIII

# LA DESCENTE AUX ENFERS

> « J'aurais dû aller aux chambres tout de suite en arrivant. Je les aurais remuées et entraînées ; mon éloquence les aurait enthousiasmées ; j'aurais fait couper la tête à Lanjuinais, à La Fayette, à une dizaine d'autres... Il faut dire le mot : je n'en ai pas eu le courage. »
>
> NAPOLÉON.

## Le complot

Napoléon ne dispose d'aucun répit. A peine arraché à l'enfer de la débâcle, il doit se rendre à l'évidence : l'armée, en miettes, débandée, n'est plus que l'ombre d'elle-même. Sur les 70 000 hommes engagés la veille, moins de 10 000 sont encore en état de combattre[1]. Certes, il dispose toujours des troupes de Grouchy mais elles sont trop faibles pour espérer contrer les 200 000 Anglo-Prussiens galvanisés par la victoire[2]. Alors que faire ? Rester au milieu de ses hommes pour tenter de continuer la lutte, ou rentrer à Paris pour sauver son trône des intrigues ?

Le choix est cruel. Un départ précipité ne manquerait pas

---

1. « Le 20 juin, à l'heure où Napoléon quitte Laon pour aller à Paris, il y avait 2 600 soldats rassemblés à Philippeville et environ 6 000 à Avesnes. C'était toute l'armée », écrit Henry Houssaye.
2. En outre, Napoléon ne connaît pas immédiatement le sort de Grouchy et redoute d'abord que son corps ait été détruit.

d'ajouter à l'accablement de ses troupes, laissant le champ libre aux envahisseurs. En se maintenant à la tête de son armée, il pourrait espérer rassembler ses forces en quelques jours et reprendre le combat. N'a-t-il pas montré qu'il pouvait faire des miracles, infligeant durant la campagne de France des revers terribles aux alliés avec souvent moins de trente mille hommes sous ses ordres directs ? Il lui suffirait, comme en 1814, d'éviter tout affrontement avec les ennemis trop nombreux pour privilégier les attaques éclairs sur des corps isolés. Mais en agissant de la sorte, il s'exposerait au risque de laisser les parlementaires profiter de la défaite pour se dresser contre lui et prendre l'opinion à témoin avec l'appui de la presse contrôlée par Fouché. Ne vaut-il pas mieux rentrer alors et tenter de ramener les chambres pour opposer un front uni contre l'envahisseur ?

Le débat oppose ses partisans. La Bédoyère réclame son départ immédiat : « Que Napoléon se rende directement dans le sein de la représentation nationale, s'exclame-t-il ; qu'il avoue franchement ses malheurs, que comme Philippe Auguste, il offre de mourir en soldat et de remettre la couronne au plus digne. » Plein de nobles illusions, le jeune général croit que les députés n'oseront pas abandonner Napoléon en sa présence « et s'uniront avec lui pour sauver la France ». Fleury de Chaboulon s'emporte : « Ne croyez pas cela, rétorque-t-il, la chambre, loin de plaindre Napoléon et de venir généreusement à son secours, l'accusera d'avoir perdu la France et voudra se sauver en la sacrifiant. » Flahaut renchérit : « L'Empereur est un homme perdu s'il met le pied à Paris. [...] Il n'y a qu'un seul moyen de se sauver, lui et la France : c'est de traiter avec les Alliés et de céder la couronne à son fils[1]. »

Napoléon n'hésite pas longtemps. Rejoint par Soult, auquel il remet le commandement, il quitte Laon pour Paris dès le

---

1. D'après les *Mémoires* de Fleury de Chaboulon.

20 juin[1]. Comme en 1799 en Egypte, comme en 1812 après la Bérézina, il estime que la situation intérieure exige son retour dans la capitale. L'année précédente, son absence n'a-t-elle pas laissé libre cours à la trahison de Talleyrand et des sénateurs ? Instruit par l'expérience, il veut rentrer sans tarder pour contrecarrer les intrigues que le choc de la débâcle ne manquera pas de susciter[2]. Peu lui importe que les royalistes l'accusent de fuir devant l'ennemi : l'essentiel est de sauver son trône, et par là même la nation.

La situation paraît encore plus périlleuse qu'en 1814. Hier serviles, les chambres se montrent ouvertement frondeuses[3]. Victorieux de Brienne à Montereau durant la campagne de France, Napoléon revient cette fois sous le poids d'une écrasante défaite. Et Fouché, alors absent, complote désormais à la tête du ministère de la Police. Reste que pour l'heure, maigres consolations eu égard à l'ampleur du désastre, Paris n'est pas pris, Joseph n'a pas fui et Talleyrand se trouve encore à l'étranger. Pour sauver ce qui peut l'être, Napoléon doit se précipiter à l'Elysée où sa présence désarmera peut-être la majorité parlementaire qui aiguise ses poignards. « Du courage, de la fermeté ! » a-t-il écrit à Joseph en lui demandant de galvaniser les chambres[4]. Avant de partir, il dicte le bulle-

---

1. Napoléon est arrivé de Waterloo à Laon en passant notamment par Philippeville, Mariembourg et Les Censes-Corbineau.
2. Toujours selon Fleury de Chaboulon, Napoléon aurait envisagé de rester à Laon pour réorganiser l'armée. Il ne se serait rendu à Paris que sur les instances unanimes de son entourage, déclarant même : « Puisque vous le croyez nécessaire, j'irai à Paris, mais je reste persuadé que vous me faites faire une sottise ; ma vraie place est ici. »
3. Les débats parlementaires pendant la campagne se sont distingués, outre la lecture de rapports sur la situation intérieure par Carnot et Fouché, par des discussions véhémentes sur la révision de l'Acte additionnel. Sismondi s'indigne de cette prétention constituante à un pareil moment : « J'ai bien moins d'inquiétude sur les opérations militaires que sur la conduite de la Chambre des représentants, écrit-il le 17 juin. Celle-ci est tout à fait déraisonnable ; constamment mue par de petites vanités, de petites susceptibilités, incapable d'aborder les vraies questions libérales, les vraies garanties du peuple, elle ne sait manifester que de la mauvaise humeur, de la taquinerie et de la défiance des ministres. »
4. Une lettre « officielle » destinée aux ministres est plus mesurée dans ses expressions que celle confidentiellement adressée à Joseph. Cette dernière ne cache rien du désastre et préconise les mesures à prendre : « Tout n'est point perdu. Je suppose qu'il me restera, en réunissant mes forces, cent cinquante mille hommes. Les fédérés et les gardes nationaux, qui ont du cœur, me fourniront cent mille hommes. Les bataillons de dépôt, cinquante mille. J'aurai donc trois cent mille hommes à opposer de suite à l'ennemi. J'attellerai l'artillerie avec des chevaux de luxe. Je lèverai cent mille

tin de la bataille « si glorieuse pour les armées françaises et pourtant si funeste ». Pour mobiliser les énergies, il affiche sans fard la gravité de la situation comme il l'avait fait avec le 29e bulletin lors de la retraite de Russie : « Il faut, comme après Moscou, révéler à la France la vérité entière », dit-il à son entourage. Il compte mettre à profit l'émotion et la peur suscitées par la nouvelle pour obtenir les pleins pouvoirs, procéder à la levée en masse et répartir au plus vite les nouvelles forces disponibles sur le front. Si on ne les lui accorde pas, il faudra accomplir ce nouveau 18-Brumaire qui hante déjà tous les esprits : « Si je rentre à Paris, dit-il au général Bertrand, et que je mette la main dans le sang, il faut que je l'y enfonce jusqu'au coude. »

En est-il encore capable ? En a-t-il la volonté et les moyens ? Tandis qu'il accourt, Fouché orchestre sa riposte. Vraisemblablement prévenu dès le 19 au soir de la défaite par ses agents[1], soit un jour avant Joseph et les autres dirigeants, il se met immédiatement à l'œuvre[2]. Le décalage de l'information assure au ministre de la Police un avantage redoutable car il lui permet de prendre l'initiative et de tendre son piège.

Tandis que la capitale fête avec enthousiasme le 19 la victoire de Ligny — « On célébrait les victoires mortes la

---

conscrits. Je les armerai avec les fusils des royalistes et des mauvaises gardes nationales. Je ferai lever en masse le Dauphiné, le Lyonnais, la Bourgogne, la Lorraine et la Champagne. J'accablerai l'ennemi. Mais il faut qu'on m'aide et qu'on ne m'étourdisse point. Je vais à Laon. J'y trouverai sans doute du monde. Je n'ai point entendu parler de Grouchy. S'il n'est point pris, comme je le crains, je puis avoir dans trois jours cinquante mille hommes ; avec cela j'occuperai l'ennemi, et je donnerai le temps à Paris et à la France de faire leur devoir. Les Anglais marchent lentement. Les Prussiens craignent les paysans et n'oseront point trop avancer. Tout peut se réparer encore : écrivez-moi l'effet que cette horrible échauffourée aura produit dans la Chambre. Je crois que les députés se pénétreront que leur devoir dans cette grande circonstance est de se réunir à moi pour sauver la France Préparez-les à me seconder dignement. »

1. « Deux jours sans nouvelles. Il n'est pas possible qu'on ne soit pas battu », dit Fouché à Thibaudeau dès le 19. Le même soir, Carnot et Caulaincourt, alertés par un billet au crayon annonçant la défaite, se rendent chez le duc d'Otrante : « Il nous a assurés, avec son flegme cadavéreux, qu'il ne savait rien. Il savait tout, je n'en puis douter », rapporte le duc de Vicence.
2. L'opinion parisienne n'apprendra quant à elle la catastrophe que deux jours après, avec le retour de Napoléon le 21, le reste de la France devant attendre entre deux jours et une semaine supplémentaire pour être informé.

veille à Waterloo », selon la belle formule de Chateaubriand [1] — le traître s'affaire. Convaincu de la défaite inéluctable de Napoléon, il s'y est préparé, afin de rééditer le coup de maître qui lui avait permis d'abattre Robespierre. Comme en 1794, il veut agiter la peur — tant la hantise de l'invasion étrangère que la terreur de la guerre civile — pour parvenir à ses fins, menace du chaos, flatte les intérêts, ouvre les appétits. Il usurpe le flambeau du sauveur brandi par Bonaparte au couchant du Directoire. C'est au tour du héros de 1799 de revêtir l'habit d'infamie d'un pouvoir usé, contesté à l'intérieur et menacé par l'invasion. De son côté, fort de ses liens avec tous les partis et les alliés, Fouché rassure par son sang-froid et sa résolution, se présentant en défenseur de la paix et des intérêts de la Révolution.

Dans la crise qui s'annonce, le duc d'Otrante veut le premier prendre ses responsabilités et se démarquer des prophètes d'apocalypse qui ne cessent de geindre sur les malheurs du temps, incapables de prendre le moindre risque. Fouché, lui, ne s'embarrasse d'aucun état d'âme. Comme en Thermidor, il joue son avenir, certain de parvenir à bon port s'il conserve son sang-froid. Il fait de la politique comme Napoléon mène la guerre, en pragmatique absolu. Pour compenser son manque d'élan et de vision, plus tacticien que stratège, il varie les attaques et anticipe les coups, rapide, déterminé, insaisissable, toujours là où on ne l'attend pas.

« Détruire plutôt qu'être détruits », telle est la proposition qu'il soumet aux parlementaires juste avant l'arrivée de l'Empereur. Pour servir son dessein, Fouché sème le trouble par le canal de ses réseaux, agents et parlementaires. Grâce à Jay et Manuel, il fait répandre dès le 20 juin, veille du retour de Napoléon, la nouvelle de la défaite et distille la rumeur veni-

---

1. On tire 101 coups de canon pour célébrer la nouvelle le 19. Lanjuinais adresse à Napoléon une lettre de félicitations dans laquelle il l'assure « qu'il n'a dans le corps législatif que des admirateurs passionnés et des amis intrépides dont même les plus grands revers n'ébranleraient pas le dévouement ». Le 20 juin, *Le Nain jaune* publie à la une cette phrase cruelle étant donné les circonstances du moment ; « A peine entrées en lice, nos armées sont victorieuses de tous côtés. »

meuse selon laquelle l'Empereur revient pour établir la dictature. Ses *Mémoires* détaillent son plan de bataille : « Aux membres inquiets, méfiants et ombrageux de la Chambre, je dis : "Il faut agir, faire peu de phrases et courir aux armes. Il est revenu furieux, décidé à dissoudre la Chambre et à saisir la dictature. Nous ne souffrirons pas, je l'espère, ce retour à la tyrannie." Je dis aux partisans de Napoléon : "Ne savez-vous pas que la fermentation contre l'Empereur est à son comble parmi un grand nombre de députés ? On veut sa déchéance, on exige son abdication. Si vous êtes résolus à le sauver, vous n'avez qu'un parti sûr, c'est de leur tenir tête avec vigueur, de leur montrer quelle puissance il lui reste encore, et qu'il ne lui faut qu'un mot pour dissoudre la Chambre." J'entrai ainsi dans leur langage et dans leurs vues ; ils se montrèrent alors à découvert, et je pus dire aux chefs des patriotes qui se groupaient autour de moi : "Vous voyez bien que ses meilleurs amis n'en font pas de mystère ; le danger est pressant ; dans peu d'heures les chambres n'existeront plus ; vous seriez bien coupables de négliger le seul moment de vous opposer à la dissolution." »

Pour « faire place nette », comme il le répète alors, Fouché a besoin de s'assurer d'une majorité parlementaire sûre. Sa clientèle néo-jacobine n'y suffisant pas, il lui faut s'allier avec les libéraux. Il se tourne naturellement vers La Fayette, le plus illustre d'entre eux et le plus hostile à l'Empereur. Depuis la réunion des chambres, le héros de l'indépendance américaine fait figure de chef naturel de l'opposition. Contre l'Empereur, le pacte Fouché/La Fayette, « le vice et la vertu », consacre l'alliance de circonstance des deux forces sur lesquelles l'Aigle a tenté de s'appuyer depuis son retour. A travers eux, la Convention donne la main à la Constituante pour l'abattre sans sommation.

Seule une poignée de pairs et de députés résiste. Ils jugent le complot indigne, inique, et mettent en avant l'impérieux besoin de colmater les divisions pour sauver la patrie en danger. Sieyès, par exemple, s'emporte avec courage contre les intrigants, convaincu qu'on se trompe d'adversaire : « Napoléon a perdu une bataille, il a besoin de nous. Marchons avec lui. C'est le seul moyen de nous sauver. Le danger passé, s'il veut être despote, nous nous réunirons pour le pendre. Aujourd'hui, sauvons-le pour qu'il nous sauve. » Mais le mouvement est trop prononcé en faveur de l'abdication : selon ses partisans, elle permettra d'adoucir les conditions d'une paix qu'il faut établir au plus vite [1]. Napoléon, seul obstacle à l'ouverture des négociations, doit être mis à mort avant que les alliés n'arrivent devant Paris. « Il ne pouvait plus rien pour la patrie. Il n'était plus qu'un embarras », assène Thibaudeau. Aux premiers conjurés qui n'osent plus revenir en arrière, par crainte de représailles de Napoléon, s'ajoutent les girouettes nombreuses qui tournent dans le sens du vent pour faire la fortune des habiles. Les comploteurs n'ont aucun plan, si ce n'est la formation d'un gouvernement provisoire qui délibérera avec les puissances. Jamais à court de mensonges, Fouché leur a promis que les alliés n'interféreraient pas dans le choix du futur régime. Dès lors tout est possible, sachant qu'en matière de révolution il ne s'agit pas tant de construire que de faire table rase, par une sorte d'« exorcisme sacré [2] ». Après Louis XVI, la Gironde, la Montagne et le Directoire, c'est au tour du vainqueur d'Austerlitz de catalyser les haines et de servir de bouc émissaire.

Le scénario est mis au point entre les deux chefs, Fouché et La Fayette, le ministre et le parlementaire. Excellent orateur, le général lèvera l'étendard de la révolte à la Chambre tandis que Fouché poussera Napoléon à l'abdication en faisant donner Regnault de Saint-Jean-d'Angély, un des plus fidèles ministres de l'Empereur dont la loyauté ne sera pas soupçon-

---

[1]. « Soutenir la guerre contre toute l'Europe pour ne pas sacrifier un seul homme, semblait une pensée absurde et coupable ; et nul ne se disait que repousser cet homme dans cette circonstance, c'était se priver d'un général habile pour avoir ensuite la même guerre à continuer ou toutes les conditions d'une défaite à subir. Mais l'entraînement était universel », rapporte Benjamin Constant dans ses *Mémoires sur les Cent-Jours*.
[2]. Expression employée par Jacques Bainville dans son essai sur le 18-Brumaire.

née, à la différence de la sienne. Pour circonvenir Regnault, Fouché lui révèle l'état d'exaspération de la Chambre et le convainc que seule une abdication en faveur du roi de Rome peut désormais sauver la dynastie. Aveuglé par la tourmente, Regnault se laisse duper, incapable d'imaginer, comme la plupart de ses contemporains, que l'ancien régicide œuvre en sous-main pour Louis XVIII.

Le 21 à l'aurore, alors que Napoléon vient de rentrer, Thibaudeau surprend Fouché en grande conversation avec La Fayette : « Eh bien, général, lui dit Fouché, c'est entendu. Il n'y a pas un moment à perdre.

— Oui, oui, répond La Fayette, soyez tranquille. Je me rends de suite à la Chambre, et il sortit.

— Ainsi, demandai-je à Fouché, tu as déjà pris ton parti ?

— Il le faut bien, répliqua-t-il. Tout est foutu si on le laissait faire, il nous exposerait à être partagés et décimés comme des moutons. »

Thibaudeau se renseigne alors sur l'état d'esprit de l'Empereur : « Il est, répond le duc d'Otrante, très abattu et n'est pas reconnaissable. Il espère... il désespère. Il veut... il ne veut pas... C'est une tête détraquée. » Foudroyé par la défaite, épuisé par la campagne, le vaincu de Waterloo semble trop accablé pour pouvoir se défendre. Fouché, qui connaît bien son maître, juge qu'il faut agir sans plus attendre.

## *Le coup d'Etat parlementaire*

Les deux précédents retours, d'Alexandrie et de Moscou, avaient donné à Napoléon, à la faveur de ces longs trajets, le répit nécessaire pour se préparer à l'épreuve. Bruxelles, si proche de Paris, ne lui laisse pas le temps d'orchestrer sa riposte. Encore sonné par ce choc des titans européens, trop fatigué pour anticiper, trop meurtri pour agir, il lui reste l'instinct qui le pousse à revenir d'urgence, comme s'il pressentait la conjuration de son ministre félon avec son pire ennemi. L'alternative à laquelle il se trouve confronté est claire : ressusciter l'esprit de 1793 pour espérer bouter les alliés hors de

France ou partir en laissant aux Brutus d'un jour l'odieux de la trahison, de la capitulation et de la restauration de Louis XVIII accomplie contre l'aval du pays. Avant de trancher, Napoléon entend prendre la véritable température politique de la capitale. Mais il lui faut d'abord reprendre son souffle.

Sur le perron de l'Elysée, en ce mercredi 21 juin, il est accueilli par Caulaincourt. Des confidences de la retraite de Russie jusqu'à Fontainebleau, son ministre des Affaires étrangères demeure le fidèle compagnon du malheur impérial : « Ce fut cette main si courageuse et si sûre, note Villemain, qui aida le conquérant vaincu et épuisé, à descendre de voiture et qui le soutint. » Napoléon, abattu, ne semble pas avoir la force de supporter un autre regard que le sien : « Tout le matériel est perdu, avoue-t-il au duc de Vicence à peine arrivé à son cabinet. C'est la plus grande perte. L'affaire était gagnée. L'armée avait fait des prodiges ; l'ennemi battu sur tous les points ; le centre des Anglais tenait seul. La journée finie, l'armée a été prise d'une terreur panique. C'est inexplicable ! » Il dit aussi d'une voix altérée : « Ney s'est conduit comme un fou ; il m'a fait massacrer ma cavalerie... Je n'en puis plus... Il me faut deux heures de repos pour être à mes affaires. [...] J'étouffe là, dit-il en montrant sa poitrine. »

Il se jette sur un canapé, demande un bain, mais se renseigne déjà sur l'état d'esprit ambiant. Si la nouvelle de la défaite n'a pas encore transpiré, elle devrait rapidement se répandre et susciter la stupeur. Pour quelques heures encore, les Parisiens goûtent les illusions dont la victoire de Ligny les a bercés. Napoléon, fuyant la réalité, veut se convaincre des bonnes dispositions des représentants : « Mais tout n'est pas perdu, affirme-t-il à Caulaincourt. Je vais rendre compte aux chambres de ce qui s'est passé. Je leur peindrai les malheurs de l'armée, je leur demanderai les moyens de sauver la patrie. J'espère que la présence de l'ennemi rendra aux députés le sentiment de leurs devoirs et que ma démarche franche les ralliera. Après cela, je repartirai ! »

Fidèle à son habitude, il rode l'argumentaire qu'il compte

développer au Conseil qui va suivre. Mais le spectre de Waterloo le hante. Il ressasse les causes de la défaite, pensif et triste, comme acculé et déjà perdu, écartelé entre la volonté de combattre et le désespoir qui l'envahit. Cet état de prostration sème la désolation parmi ses fidèles et encourage les comploteurs. Il ajoute avec amertume : « Je n'ai plus d'armée, je n'ai plus que des fuyards. Je retrouverai des hommes, mais comment les armer ? [...] J'espère que les députés me seconderont. [...] Vous les jugez mal, je crois, la majorité est bonne et française. Je n'ai contre moi que La Fayette et quelques autres. Je les gêne. Ils voudraient travailler pour eux. Mais je ne les laisserai pas faire[1]. »

Les visiteurs continuent de se presser à sa porte tandis que le Conseil s'assemble. Le fidèle Lavalette accourt. Il dépeint dans ses *Souvenirs* un Napoléon à bout de nerfs : « Sitôt qu'il m'aperçut, il vint à moi avec un rire épileptique, effrayant. "Ah, mon Dieu" dit-il en levant les yeux au ciel, et il fit deux ou trois tours de chambre. Ce mouvement fut très court. » Ayant repris son sang-froid, il le questionne sur l'état d'esprit des députés. Lavalette ose le premier lui avouer que son abdication est déjà sur toutes les lèvres. Las d'attendre dans l'antichambre, Davout arrive à son tour. Plongé dans son bain, Napoléon, d'un geste désespéré, lève les bras au ciel pour le saluer : « Eh bien, Eh bien ! » lâche-t-il, avant de laisser brusquement retomber ses mains dans l'eau, éclaboussant fortement le maréchal ministre. Ce dernier, partisan de la méthode forte, prône l'éradication préventive de toute opposition : « Rien n'est perdu si Votre Majesté prend promptement des mesures énergiques. Le plus urgent est de proroger les chambres, car avec son hostilité passionnée, la Chambre des

---

1. Caulaincourt ne cache pas son scepticisme dans ses réponses : « La nouvelle de vos malheurs a déjà transpiré. Il règne une grande agitation dans les esprits ; les dispositions des députés paraissent plus hostiles que jamais ; et, puisque Votre Majesté daigne m'écouter, je dois lui dire qu'il est à craindre que la Chambre ne réponde point à son attente. Je regrette, Sire, de vous voir à Paris. Il eût été préférable de ne point vous séparer de votre armée ; c'est elle qui fait votre force, votre sûreté. Votre présence eût rallié les troupes à Laon, au moins à Soissons. Votre Majesté n'étant plus à l'armée, l'état-major, les généraux, la Garde vont accourir à Paris. »

représentants paralysera tous les dévouements », dit-il, prémonitoire.

Vers dix heures du matin, le Conseil des ministres se réunit enfin, associant de surcroît Lucien et Joseph [1]. Avant de donner la parole aux ministres, Napoléon précise ses intentions dans un discours liminaire : « Si la nation se lève, l'ennemi sera écrasé. Si, au lieu de levée en masse et de mesures extraordinaires, on dispute, tout est perdu. L'ennemi est en France. J'ai besoin, pour sauver la patrie, d'être revêtu d'un grand pouvoir, d'une dictature temporaire. Dans l'intérêt de la patrie, je pourrais la saisir ; mais il serait utile, et plus national, qu'elle me fût déférée par les chambres. »

Trois partis se dessinent immédiatement : un premier groupe avec Davout [2], Lucien et Carnot préconise sans plus attendre le coup de force. Face à une Chambre hostile, ces résistants jugent qu'il faut dissoudre et imposer le pouvoir absolu avec le soutien du peuple. Carnot veut encore ranimer l'esprit de 1793, déclarer la patrie en danger et retirer le gouvernement au sud de la Loire. Il se souvient de Thermidor comme Lucien de Brumaire et Davout de Hambourg. Ce trio expérimenté sait qu'il faut frapper vite et fort avant que l'opposition ait le temps de s'organiser. De leur côté, Caulaincourt, Cambacérès et Maret — les conciliateurs — défendent la recherche d'un consensus avec les chambres et soutiennent la proposition de l'Empereur.

Fouché reste impassible mais chacun soupçonne son

---

1. Sont présents, outre Napoléon et ses deux frères, les ministres Maret, Cambacérès, Fouché, Davout, Carnot, Gaudin, Mollien, Decrès, Caulaincourt, les secrétaires d'Etat Defermon, Regnault de Saint-Jean-d'Angély, Boulay de la Meurthe et Merlin de Douai ainsi que Berlier, secrétaire du Conseil.

2. Voici le texte de l'intervention de Davout rapporté par Houssaye : « En de pareils moments, il ne faut pas deux pouvoirs. Il n'en faut qu'un seul, assez fort pour mettre en œuvre tous les moyens de résistance et pour maîtriser les factions criminelles et les passions aveuglées dont les intrigues et les menées feraient obstacle à tout. Il faut sur l'heure proroger les chambres conformément au droit constitutionnel. C'est parfaitement légal. Mais pour atténuer l'effet de cette mesure sur l'esprit des gens méticuleux, on peut annoncer la convocation des chambres dans une ville de l'Intérieur, qui sera ultérieurement désignée, pour une époque fixée à deux ou trois semaines d'ici, soit à renouveler la prorogation, si les circonstances l'exigent encore. »

double jeu. A l'étonnement général il se range à l'avis de Carnot, tout en suggérant de solliciter ouvertement les chambres dont il ose affirmer qu'elles sont bien disposées. Dans le même temps, avec l'audace et le sang-froid qui le caractérisent, d'un billet transmis discrètement il avertit La Fayette que le Conseil s'oriente vers la dissolution de force : qu'il agisse maintenant ou tout est perdu, lui indique-t-il en substance.

Survient alors le premier tournant de la journée : les défaitistes — Decrès rejoint par Regnault de Saint-Jean-d'Angély — conseillent le renoncement. Regnault assure que les chambres ne soutiendront pas l'Empereur.

« Parlez nettement, dit Napoléon. C'est mon abdication qu'ils veulent ?

— Oui, répond le ministre avec embarras. J'ajouterai même qu'il serait possible, si l'Empereur ne se décidait point à offrir son abdication de son propre mouvement, que la Chambre osât la demander. » Sous l'œil sardonique de Fouché, un silence pesant s'installe que vient briser la violente sortie de Lucien :

« Si les chambres ne veulent pas seconder l'Empereur, on se passera d'elles ! [...] Il faut qu'il [Napoléon] se déclare dictateur, qu'il mette tout le territoire en état de siège et qu'il appelle à la défense tous les bons Français ! »

Mais Napoléon persiste dans sa volonté de conciliation : « La présence de l'ennemi sur le sol de la patrie rendra, j'espère, aux députés le sentiment du devoir. La nation les a nommés, non pour me renverser, mais pour me soutenir... Je ne les crains point. Quoi qu'ils fassent, je serai toujours l'idole du peuple et de l'armée. Si je disais un mot, ils seraient tous assommés. Mais, en ne craignant rien pour moi, je crains tout pour la France. Si nous nous querellons au lieu de nous unir, nous aurons le sort du Bas-Empire. » Puis l'Empereur énumère avec conviction les différentes solutions militaires possibles pour résister à l'invasion. Vif, convaincant, il bouleverse l'assistance, effrayant Fouché : « Ce diable d'homme ! confiera-t-il à un intime, il m'a fait peur ce matin. En l'écoutant, je croyais qu'il allait recommencer. Heureusement, on ne recommence pas[1] ! »

En menaçant sans frapper, l'Empereur favorise le jeu des comploteurs, attendant que la Chambre ait manifesté son hostilité pour tomber les masques. Tandis que le Conseil continue à délibérer, les députés entrent enfin en séance vers midi et quart, avec « l'aspect d'une ruche d'abeilles en anarchie », selon le général Thiébault. Depuis le matin, rumeurs — alimentées par Fouché — et conciliabules se sont succédé. Les parlementaires se montent la tête. Chacun cherche une bonne raison de refuser son concours. Villemain, blotti au sein de la meute, se souvient : « Tout ce qu'on pouvait croire caché dans les murs de l'Elysée, les premières paroles de désespoir échappées aux aides de camp, quelque chose même des discussions du Conseil, telle menace de colère, ou tel aveu de découragement à peine sorti de la bouche de l'Empereur, était su, communiqué d'abord dans les rangs privilégiés de la Chambre, puis descendait et se colportait avec une maligne rapidité, s'accroissant d'heure en heure, comme si tous les incidents, même les plus secrets, de cette agonie politique, eussent été fatalement devinés d'avance, ou trahis, à mesure qu'ils se produisaient. »

La Fayette se présente à la tribune pour frapper le premier. « En révolution, prendre l'initiative, attaquer, c'est la moitié du succès », note justement Thibaudeau. Le revenant de 1789 vient couper court à la mascarade de l'Empire libéral, exécuter le césarisme au nom du libéralisme : « Lorsque, pour la première fois, depuis des années, j'élève une voix que les vieux amis de la liberté reconnaîtront encore, je me sens appelé à

---

[1]. Le confident du duc d'Otrante se nomme Saint-Cricq. Le plan de l'Empereur prévoit le repli sur Lyon des corps indemnes de Brune, Suchet et Lecourbe, laissant l'Est à la garde des places fortes qui peuvent tenir trois mois. Paris sera mis en état de siège sous le commandement de Davout. Dans le même temps, il lèvera 160 000 hommes grâce à la conscription de 1815 et utilisera les 200 000 hommes déjà dans les dépôts. Clauzel remplacera Davout à la Guerre et, si nécessaire, le gouvernement et les chambres abandonneront la capitale pour se replier à Tours.

vous parler des dangers de la patrie, que vous seuls présents avez le pouvoir de sauver. Des bruits sinistres s'étaient répandus ; ils sont malheureusement confirmés. Voici l'instant de nous rallier autour du vieil étendard tricolore, celui de 89, celui de la liberté, de l'égalité et de l'ordre public ; c'est celui-là seul que nous avons à défendre contre les prétentions étrangères et contre les tentatives intérieures. Permettez, Messieurs, à un vétéran de cette cause sacrée, qui fut toujours étranger à l'esprit de faction, de vous soumettre quelques résolutions préalables dont vous apprécierez, j'espère, la nécessité. »

Sa proposition, en cinq points, viole ouvertement la Constitution mais le véritable coup d'Etat réside dans l'article 2 : « La Chambre se déclare en permanence. Toute tentative pour la dissoudre est un crime de haute trahison : quiconque se rendrait coupable de cette initiative serait traître à la patrie et jugé comme tel. » Par la grâce de La Fayette, l'Empereur se voit interdire d'user d'un de ses pouvoirs essentiels : proroger, ajourner ou dissoudre la Chambre. Autre article anticonstitutionnel : le cinquième et dernier, qui convoque les ministres de la Guerre, de la Police et des Affaires étrangères au sein de l'Assemblée[1]. L'ensemble est voté à une large majorité par les parlementaires tandis que les pairs — à la surprise de l'Empereur — relaient les députés sans états d'âme apparents : « La Chambre, résume Thibaudeau, s'emparait de tous les pouvoirs, c'était toute une révolution. L'Empereur était non seulement détrôné, mais encore, s'il résistait, déclaré d'avance traître et pour ainsi dire mis hors la loi. »

Par ce nouveau serment du jeu de paume, voilà Napoléon transformé en Louis XVI. En cet instant, il doit prendre un parti : répliquer immédiatement ou laisser passer l'offense, au risque de se condamner à plus ou moins long terme. Car négocier équivalut à capituler. Mal à l'aise depuis toujours sur le terrain parlementaire — il l'a assez montré durant la journée décisive du 19 brumaire — l'Empereur accuse le coup en

---

1. Les trois autres, plus insignifiants, demeurent dans le cadre légal.

apprenant la nouvelle. Casser la Chambre s'offre comme la solution la plus tentante pour cet homme autoritaire qui répugne au compromis et déteste les partis. Il s'écrie dans un premier temps qu'il va « envoyer à ces factieux quelques compagnies de la Garde » et commente avec dépit : « J'avais bien pensé que j'aurais dû congédier ces gens-là, avant mon départ. C'est fini, ils vont perdre la France. » Davout, revenu de ses ardeurs belliqueuses, se charge de le dégriser : « Le moment d'agir est passé, lui dit-il. La résolution des représentants est anticonstitutionnelle mais c'est un fait consommé. Il ne faut pas se flatter, dans les circonstances actuelles, de refaire un 18-Brumaire. Pour moi, je me refuserai d'en être l'instrument. »

Le ministre de la Guerre passe dès lors à l'opposition, augurant une nouvelle trahison des maréchaux. Sans illusion sur la situation militaire, le vainqueur d'Auerstaedt, mesurant l'isolement de Napoléon, juge sa cause sans espoir. L'Empereur, désarçonné, recule : « Je vois que Regnault ne m'avait pas trompé, concède-t-il. J'abdiquerai s'il le faut. » Napoléon, oscillant toujours entre révolte et soumission, semble à nouveau envahi par la lassitude, débordé par les événements, gagné par cette « paralysie de l'âme » soulignée par Stefan Zweig [1]. Il ne va plus cesser de réagir à contretemps, cédant quand il doit résister, criant en vain contre la trahison des uns et l'ingratitude des autres, courant après ces chambres auxquelles il laisse l'initiative, sans cesse à la traîne et sur la défensive.

Prenant conscience de l'erreur qu'il a commise en parlant d'abdication, Napoléon se ressaisit pourtant. Pour gagner du temps, il envoie Regnault et Carnot prononcer un discours

---

[1]. « Ma conviction, note justement Benjamin Constant, fut que, s'il abdiquait, ce qui me semblait probable malgré les vacillations fréquentes, sa démarche ne serait due ni aux conseils des amis timides, ni aux menaces des ennemis acharnés, mais à sa répugnance pour des moyens extrêmes et, plus encore, par un sentiment intérieur d'épuisement et de lassitude. »

d'union marquant sa volonté de concorde [1]. Il espère ainsi placer les parlementaires au pied du mur en adoptant une attitude empreinte d'ouverture et de respect de la légalité. En 1800, le Premier consul avait effacé le coup d'Etat par le plébiscite, devenant dès lors l'unique représentant de la nation. En 1815, le peuple souverain ayant tranché à nouveau en sa faveur, il refuse de répondre à l'illégalité par la violence, à la provocation par la dissolution. En rejetant l'escalade, Napoléon sait pouvoir se targuer, aux yeux des générations futures, d'être demeuré fidèle à la volonté populaire et à la sacralité de la Constitution. Selon la belle formule de Prosper Duvergier de Hauranne, il préfère encore tomber que descendre.

Aussi répugne-t-il à un nouveau Brumaire. Son dégoût de la violence l'en détourne comme son sens toujours aigu des rapports de force. Il ne peut non plus se résoudre à revenir en arrière pour ne rester à jamais qu'un aventurier couronné. Un coup d'Etat, pour être absous par les contemporains et la postérité, doit être racheté par une légitimité morale, autrement dit servir l'intérêt général et jouir d'une popularité immédiate. Tel était le cas en 1799 où la crise du Directoire justifiait une reprise en main vigoureuse. La situation est tout autre en 1815, Waterloo ayant changé le héros d'Arcole en paria de l'Europe. Renier le choix constitutionnel qu'il vient d'accomplir donnerait corps aux accusations de despotisme et d'hypocrisie dont ses adversaires ne cessent de l'accabler depuis son retour. César refuse de devenir Néron et d'ensevelir la France sous les ruines pour sauver son trône. La véritable grandeur n'est-elle pas dans le sacrifice, plutôt que dans une lutte déses-

---

[1]. Le témoignage de Fleury de Chaboulon est particulièrement précis sur ce point : « Parole imprudente et funeste [J'abdiquerai s'il le faut] qui, reportée sur-le-champ aux ennemis de Napoléon, enhardit leurs desseins et accrut leur audace. A peine l'Empereur l'eût-il prononcée, qu'il en sentit l'inconséquence, et revenant sur ses pas, il annonça qu'il fallait cependant, avant de prendre un parti, savoir ce que tout cela deviendrait. Il prescrivit donc à Regnault de se rendre à la Chambre pour la calmer et sonder le terrain : "Vous leur annoncerez que je suis de retour ; que je viens de convoquer le Conseil des ministres ; que l'armée, après une victoire signalée, a livré une grande bataille ; que tout allait bien ; que les Anglais étaient battus ; que nous leur avions enlevé six drapeaux ; lorsque les malveillants ont causé une terreur panique ; que l'armée se rallie ; que j'ai donné des ordres pour arrêter les fuyards ; que je suis venu pour me concerter avec mes ministres et les chambres ; et que je m'occupe en ce moment des mesures de salut public qu'exigeront les circonstances." »

pérée eu égard aux circonstances ? Une fois la Chambre à terre, pourra-t-il poursuivre la guerre ? Et pour combien de temps ?

Pour l'heure, l'Empereur attend beaucoup de l'intervention de ses ministres devant les chambres. Or l'accueil parlementaire se révèle glacial, surtout de la part des députés qui renouvellent leur ultimatum matinal en exigeant d'entendre séance tenante les principaux ministres[1]. Les hésitations de l'Empereur, qu'ils perçoivent et dont ils sont d'ailleurs régulièrement informés par Fouché, renforcent leur détermination[2]. En voulant gagner du temps, l'Empereur ne réussit qu'à s'affaiblir un peu plus. Conscient qu'il lui faudrait aller en personne haranguer les députés, il s'y refuse, tétanisé par le souvenir honteux du 19 brumaire.

Au milieu de l'après-midi, Regnault revient défait à l'Elysée et transmet l'oukase des parlementaires. Sur le coup, Napoléon touché au vif sort ses griffes : « Je vous défends dè bouger ! » intime-t-il à ses ministres qui s'apprêtent docilement à gagner la Chambre. Puis l'humiliation et la rage laissent place à l'hésitation et même à la mélancolie. A quoi bon lutter ? Pour sauver la face, il fait chaperonner les ministres convoqués par Lucien[3], derrière lequel il s'abrite à nouveau, quinze ans après le coup d'Etat fondateur. Comme il le fera souvent dans la journée, il sort quelques minutes dans le jardin pour reprendre ses esprits. Lucien, fidèle à la passion des pre-

---

1. Davout, Caulaincourt et Carnot.
2. « Les députés, ne les voyant pas arriver [il s'agit des ministres], regardèrent leur retard comme une offense à la nation, rapporte Fleury de Chaboulon. Les uns, déjà familiers avec le mépris de l'Empereur et les principes constitutionnels, voulaient qu'on ordonnât aux ministres de se rendre dans l'Assemblée, toutes affaires cessantes. Les autres, troublés par leur conscience et la crainte d'un coup d'Etat, se créaient des fantômes ; et persuadés que Napoléon faisait marcher des troupes pour mutiler et dissoudre la représentation nationale, ils demandaient à grands cris que la garde nationale fût appelée au secours de la Chambre. D'autres voulaient qu'on ôtât à l'Empereur et au général Durosnel le commandement de cette garde, pour en investir le général La Fayette. »
3. En nommant Lucien à la tête de la délégation avec le titre de commissaire extraordinaire, Napoléon tente de faire acte d'autorité, sachant que Lucien n'a pas été appelé par les parlementaires.

miers jours, l'accompagne, énergique et valeureux, tentant de réveiller l'ardeur de son aîné. Le dialogue s'engage en confiance :

« Lucien — Où est donc votre fermeté ? Quittez ces irrésolutions. Vous savez ce qu'il en coûte pour ne pas oser.

Napoléon — Je n'ai que trop osé.

Lucien — Trop et trop peu. Osez une dernière fois.

Napoléon — Un dix-huit Brumaire !

Lucien — Point du tout. Un décret très constitutionnel. La Constitution vous donne ce droit.

Napoléon — Ils ne respecteront pas cette Constitution et ils s'opposeront à ce décret.

Lucien — Les voilà rebelles et mieux dissous encore.

Napoléon — La garde nationale viendra à leur secours.

Lucien — La garde nationale n'a qu'une force de résistance. Quand il faudra agir, les boutiquiers songeront à leurs femmes et à leurs magasins.

Napoléon — Un dix-huit Brumaire manqué peut amener un treize Vendémiaire.

Lucien — Vous délibérez quand il faut agir. Ils agissent eux et ne délibèrent pas.

Napoléon — Que peuvent-ils faire ? Ce sont des parleurs.

Lucien — L'opinion est pour eux. Ils prononceront la déchéance.

Napoléon — La déchéance !... Ils n'oseront !

Lucien — Ils oseront tout si vous n'osez rien. »

Lucien désigne alors la foule qui, la rumeur aidant, commence à se masser autour de l'Elysée pour l'acclamer : « Eh bien ! s'exclame-t-il. Vous entendez ce peuple. Il est ainsi par toute la France ! L'abandonnerez-vous aux factions ?

— Suis-je plus qu'un homme, rétorque Napoléon, pour ramener une chambre égarée à l'union qui seule peut nous sauver ? Ou suis-je un misérable chef de parti pour allumer une guerre civile ? Non ! Jamais ! En brumaire nous avons pu tirer l'épée pour le bien de la France. Pour le bien de la France, nous devons aujourd'hui jeter cette épée loin de nous. Essayez de ramener les chambres. Je puis tout avec elles. Sans elles, je pourrais beaucoup pour mon intérêt, mais je ne pourrai pas sauver la patrie. Allez, et je vous défends en sortant de haranguer ce peuple qui me demande les armes. Je tenterai tout pour la France ; je ne veux rien tenter pour moi[1]. » Puis il rentre et donne ses dernières instructions aux ministres : « Allez. Parlez de l'intérêt de la France qui doit être cher à tous les représentants. A votre retour, je prendrai le parti que me dictera mon devoir. »

Une nouvelle fois, Lucien se pose en rempart de son aîné défaillant. Il a l'expérience des débats tumultueux et espère, par la force de conviction ou s'il le faut par la peur, faire plier la Chambre. Il est environ six heures du soir quand le prince de Canino arrive au Palais-Bourbon accompagné des ministres. Son discours reprend les arguments principaux déjà avancés par Regnault de Saint-Jean-d'Angély. Il y est question de la défaite, d'union nationale autour de Napoléon, de collaboration des pouvoirs et du nécessaire salut public. Aussitôt les interpellations fusent. Les Bonaparte sur la défensive ne font plus peur à personne. L'envoi du sauveur de Brumaire est perçu comme une provocation supplémentaire par La Fayette et ses amis. L'obscur Lacoste[2] devient la célébrité du jour en posant le premier, à mots couverts, la question du maintien de l'Empereur : « Vous nous parlez d'indépendance nationale, vous nous parlez de paix, ministres de Napoléon ; mais quelle nouvelle base donnerez-vous à vos négociations ? Quel nouveau moyen de communication avez-vous en votre pouvoir ? Vous le savez, comme nous, c'est à Napoléon seul que l'Europe a déclaré la guerre ! Séparez-vous désormais la nation de l'Empereur ? »

Lucien rétorque en rappelant les vaines promesses faites par

---

1. Lucien Bonaparte, *La Vérité sur les Cent-Jours*, qui ajoute : « Telles sont les paroles qui sortirent de Napoléon. Mes yeux se remplirent de larmes, et pour la première fois de ma vie, je tombai à genoux, admirant du fond du cœur ce Père de la patrie, trahi, méconnu par des représentants égarés. » Jugeant l'attitude de Napoléon d'une incompréhensible passivité, Lucien aurait eu ce mot sévère au sujet de son caractère : « Il hésite, il temporise ; c'est un homme perdu : la fumée des batteries de Mont-Saint-Jean lui a porté à la tête. »
2. Henri Verdier de Lacoste avait été précédemment élu au Corps législatif sous l'Empire et chef de division aux archives de la police... sous l'autorité de Fouché.

les alliés en 1814. Sous couvert d'abattre Napoléon tout en préservant la nation, l'Europe voulait détruire la Révolution et humilier la France en imposant la restauration des Bourbons : « Leur but, martèle-t-il, en cherchant à isoler la nation de l'Empereur, est de nous diviser pour nous vaincre et nous replonger plus facilement dans l'abaissement et l'esclavage dont son retour nous a délivrés. »

Mais Lacoste a ouvert la voie. Sa tirade a délié les langues et enhardi les faibles. Le nouveau 19 brumaire, rêvé par Lucien, se retourne contre lui pour ressembler à ce 9 thermidor où Robespierre avait vu grandir l'hostilité de la Convention jusqu'au paroxysme du décret d'accusation. A cinq cents contre un, face aux députés bonapartistes étrangement discrets, les parlementaires s'échauffent les uns les autres. Du lâche anonymat du nombre, les cris et injures jaillissent pour impressionner le frère de l'Empereur. Envoyé en renfort par son maître Fouché, Jay donne soudain de la voix. Il somme d'interpeller les ministres pour leur demander si la France peut encore résister à l'invasion et si la présence de Napoléon ne fait pas obstacle à toute négociation. Puis, apostrophant Lucien : « Et vous, qui avez montré un noble caractère dans l'une et l'autre fortune, retournez vers votre frère et dites-lui que l'assemblée des représentants du peuple attend de lui une résolution qui lui fera plus d'honneur dans l'avenir que toutes ses victoires, qu'en abdiquant le pouvoir, il peut sauver la France, que sa destinée le presse, que dans un jour, dans une heure peut-être il ne sera plus temps. Je demande la nomination d'une commission chargée d'aller inviter Napoléon à abdiquer et lui annoncer qu'en cas de refus, l'Assemblée prononcerait sa déchéance. »

Le mot est lâché. Seul dans la tourmente, Lucien fait face avec panache. Après avoir constaté le délabrement de l'armée, il en appelle à l'honneur de la France, incarnée par ses représentants : « Songez donc aussi, mes chers concitoyens, à la dignité, à la considération de la France ! Que dirait d'elle le monde civilisé, que dirait la postérité si, après avoir accueilli Napoléon avec transport le 20 mars, après l'avoir proclamé le héros libérateur, après lui avoir prêté un nouveau serment dans la solennité du Champ-de-Mai, elle venait, au bout de vingt-cinq jours, sur une bataille perdue, sur une menace de l'étranger, le déclarer la cause unique de nos maux et l'exclure du trône où elle l'a si récemment appelé ? N'exposeriez-vous pas la France à un grave reproche d'inconstance et de légèreté, si en ce moment elle abandonnait Napoléon ? »

La Fayette sent le moment propice pour porter l'estocade : « Vous nous accusez, dit-il en fixant fermement Lucien, de manquer à nos devoirs envers l'honneur et envers Napoléon. Avez-vous oublié ce que nous avons fait pour lui ? Avez-vous oublié que nous l'avons suivi dans les sables de l'Afrique, dans les déserts de Russie, et que les ossements de nos enfants, de nos frères, attestent partout notre fidélité ? Nous avons assez fait pour lui ; maintenant notre devoir est de sauver la patrie. »

Un tonnerre d'applaudissements convainc Lucien qu'il n'a plus rien à espérer. La Chambre franchit un pas supplémentaire en votant séance tenante la nomination d'une commission de dix membres — à parité de cinq pour les pairs et députés — afin de s'associer à la délibération du Conseil des ministres[1]. Il s'agit déjà d'un gouvernement provisoire qui n'ose pas dire son nom ! Les partisans de La Fayette y sont majoritaires, surtout parmi les députés. Les bonapartistes parviennent seulement à faire désigner Drouot par les pairs[2]. Fouché y délègue Thibaudeau comme observateur : « A chaque instant, note ce dernier, la Chambre étendait son usurpation et l'affermissait, et le pouvoir de l'Empereur tombait en décadence. »

---

[1]. C'est Lucien qui a proposé la formation d'une commission mais c'est la Chambre seule qui en règle les modalités en précisant avec hauteur qu'il s'agit d'une mesure provisoire dans l'attente évidemment de l'abdication.

[2]. La Chambre des représentants désigne le président et les quatre vice-présidents, soit Lanjuinais, La Fayette, Flaugergues, Dupont de l'Eure et le général Grenier. Les pairs ; Thibaudeau, Boissy d'Anglas, les généraux Drouot, Dejean et Andréossy.

A l'Elysée, Napoléon accueille sans grande surprise le récit de son frère. Lucien insiste sur l'urgence de la situation ; l'Empereur doit dissoudre sans plus attendre s'il ne veut pas être conduit à abdiquer : « La Chambre, lui dit-il, s'est prononcée trop fortement pour qu'il y ait espoir de la ramener. Dans vingt-quatre heures, l'autorité de la Chambre doit avoir cessé. Il n'y a que la dissolution ou l'abdication. » A l'inverse, Maret et Caulaincourt conseillent de céder aux nouvelles exigences parlementaires afin d'éviter la déchéance et préserver les chances du roi de Rome. Derechef placé au pied du mur par les « idéologues » et les « métaphysiciens », Napoléon ne parvient pas à se décider. Que son retour triomphal lui semble déjà loin ! L'illusion a laissé place au malaise ; le malaise au dégoût. Devant ces marchands du temple, il ne peut se résoudre à brader sa légitimité, pas plus qu'il ne veut recourir à la force. Que gagnerait-il à un nouveau coup d'Etat ? Du sang, sans doute inutilement versé tant la situation militaire est désastreuse. Dissoudre la Chambre par la violence briserait la magie de la révolution pacifique du Vol de l'Aigle. Se battre ? On l'accusera, comme on ne cesse de le faire depuis mars, de saigner la France pour sa seule gloire en l'entraînant avec lui dans le gouffre. Abdiquer alors ? Sans doute en dernier recours, mais avec dignité, à son heure et de son propre chef, en communion avec la nation qui, elle, n'a cessé de le porter depuis son retour.

Pauvre Chambre qui croit l'heure venue d'un nouveau Thermidor et ne voit pas qu'en l'écartant elle ramène Louis XVIII et se condamne elle-même. Contrairement à la Convention qui avait des centaines de milliers d'hommes à sa disposition, prêts à fondre sur l'ennemi, cette assemblée ne représente plus personne. Tant pis. Il renoncera à tout plutôt que de se renier, plutôt que de succomber à l'humiliation et au déshonneur. Seul l'amour de la France le retient encore d'accomplir cet ultime sacrifice, cette France qui — il le sent, il le sait — sera, s'il abdique, mise au pillage, souillée par l'occupation des alliés, dominée par des ultras avides de vengeance et de proscription. Il connaît certes la tentation de laisser les parlementaires porter seuls la responsabilité de cette réaction sanglante qui démasquera ces « Jacobins blancs » du Midi, dignes héritiers des sicaires de Robespierre. En refusant tout recours à la violence, l'Empereur espère s'arroger l'aura sacrificielle d'un Louis XVI fondateur par son martyre d'une nostalgie de la monarchie rendue à ses origines chevaleresques. Par la noblesse de sa chute, il veut dépouiller la royauté de sa légitimité morale. Mais aux sirènes du mythe répondent les tourments de sa conscience. En se soumettant à la vindicte des représentants, ne se rend-il pas coupable d'une véritable trahison ? La plus belle fin ne consisterait-elle pas à livrer un dernier combat jusqu'à la mort, convaincu de l'indignité de la capitulation face à l'invasion alliée ? Et n'y aurait-il pas d'ailleurs une chance, même infime, de succès ? En l'abandonnant, les élus sauvent leurs intérêts mais sacrifient la patrie et l'idéal révolutionnaire. Résister ou se résigner, il hésite encore, il hésite toujours.

Parmi les visiteurs du soir à l'Elysée, on retrouve Benjamin Constant. Napoléon apprécie cet interlocuteur capable de le comprendre à demi-mot, doué d'assez de repartie pour qu'il puisse laisser libre cours à son inspiration, espérant trouver des solutions dans la confrontation de leurs points de vue. Face à lui, il se livre à une véritable joute contre lui-même. Il se juge, se jauge, se surpasse. Jamais il n'est aussi brillant que dans ces échanges à armes égales. Il sait d'ailleurs que ses confidences devant Benjamin — comme Caulaincourt ou Molé — ne manqueront pas de sculpter sa statue pour l'éternité. Leur dernière conversation prend toute sa force si on la place en perspective avec la première. Il revient aux deux hommes de constater le naufrage de cet Empire libéral qu'ils ont porté sur les fonts baptismaux, venu trop tôt pour la France et trop tard pour l'Europe. Avec délicatesse, Constant, qui s'y refusait encore le matin, préconise désormais l'abdication. Napoléon s'emporte : « On veut que j'abdique ! A-t-on calculé les suites inévitables de cette abdication ? C'est autour de moi, autour de mon nom que se groupe l'armée ; m'enlever à elle, c'est la dissoudre. Si j'abdique aujourd'hui, vous n'aurez plus d'armée dans deux jours... Cette armée n'entend pas vos subtilités. Croit-on que des actions métaphysiques, des déclarations des droits, des discours de tribune, arrêteront une débandade ?... Me repousser à Cannes, je l'aurais conçu : m'abandonner aujourd'hui, je ne le conçois pas... Ce n'est pas quand les ennemis sont à vingt-cinq lieues qu'on renverse un gouvernement avec impunité. » La lâcheté de ses adversaires l'indigne : « Si on m'avait renversé il y a quinze jours, c'eût été du courage... Mais je fais partie maintenant de ce que l'étranger attaque, je fais donc partie de ce que la France doit défendre. En me livrant, elle se livre elle-même, elle avoue sa faiblesse, elle se reconnaît vaincue, elle encourage l'audace du vainqueur... Ce n'est pas la liberté qui me dépose, c'est Waterloo, c'est la peur, une peur dont vos ennemis profiteront. [...] Et quel est donc le titre de la Chambre pour me demander mon abdication ? Elle sort de sa sphère légale, elle n'a plus de mission. Mon droit, mon devoir, c'est de la dissoudre. »

Aux abords de l'avenue de Marigny se font encore entendre ces « Vive l'Empereur » criés à tue-tête qui n'ont cessé de résonner toute la journée : « Une foule d'hommes, pour la plupart de la classe indigente et laborieuse, se pressait dans cette avenue, saisie d'un enthousiasme en quelque sorte sauvage, et tentant d'escalader les murs de l'Elysée pour offrir à Napoléon de l'entourer et de le défendre. Ces cris, poussés jadis au milieu des fêtes, au sein des triomphes, et se mêlant tout à coup à notre entretien sur l'abdication, formaient un contraste qui me pénétra d'une émotion profonde, écrit Constant. Bonaparte promena quelque temps ses regards sur cette multitude passionnée : "Vous voyez, me dit-il, ce ne sont pas là ceux que j'ai comblés d'honneurs et de trésors. Que me doivent ceux-ci ? Je les ai trouvés, je les ai laissés pauvres. [...] Si je le veux, si je le permets, la Chambre rebelle, dans une heure, n'existera plus." » Mais il ne succombera pas à la tentation, aussi forte soit-elle : « Je ne suis pas revenu de l'île d'Elbe pour que Paris fût inondé de sang », déclare-t-il en écho à son superbe « Je ne veux pas être le roi d'une jacquerie », prononcé lors du premier entretien[1].

Un pas supplémentaire vers la déposition est franchi vers onze heures du soir. Les dix commissaires tout juste nommés par les chambres et les ministres d'État se réunissent aux Tuileries dans la salle du Conseil d'Etat. Par seize voix contre cinq, il est décidé qu'une commission, naturellement nommée par les parlementaires, se rendra auprès des alliés pour négocier la paix. Comme l'écrit Pasquier dans ses *Mémoires* : « C'était presque articuler sa déchéance. » Pour sauver les apparences, la résolution précise que l'Empereur devra donner son consentement à sa composition. Il n'en reste pas moins, avec la complicité stupéfiante d'une partie de ses ministres, dessaisi du droit de négocier le futur traité de paix dont son abdication, ce n'est un secret pour personne, est le préalable. La Fayette, qui essaye d'emporter de force la déchéance, n'obtient pas encore satisfaction grâce à la résistance de Lucien et de Cambacérès[2]. Mais ce n'est que partie remise. Quand les membres se séparent, à trois heures du matin, Fouché confie à Thibaudeau : « Il faut en finir aujourd'hui. » La journée du 22 juin doit venger le 19 brumaire[3].

---

1. Après l'évocation de l'exil — il penche pour les Etats-Unis — l'Empereur clôt l'entrevue par ces paroles empreintes de résignation : « Au reste, je verrai ; je ne veux point lutter par la force ouverte. J'arrivais pour combiner mes dernières ressources : on m'abandonne... On m'abandonne avec la même facilité avec laquelle on m'avait reçu... Eh bien ! Qu'on efface, s'il est possible, cette double tache de faiblesse et de légèreté ! Qu'on la couvre au moins de quelques luttes, de quelques gloires ! Qu'on fasse pour la patrie ce qu'on ne veut plus faire pour moi... Je n'espère point. Aujourd'hui ceux qui livrent Bonaparte disent que c'est pour sauver la France : demain, en livrant la France, ils prouveront qu'ils n'ont voulu sauver que leurs têtes. »
2. Un échange vigoureux oppose une nouvelle fois Lucien et La Fayette. Ce dernier réclamant à nouveau l'abdication, Lucien s'emporte :
« Si les amis de l'Empereur avaient cru son abdication nécessaire au salut de la France, ils auraient été les premiers à lui demander.
— C'est parler en vrai Français, répond ironiquement La Fayette. J'adopte cette idée, je demande que nous allions tous chez l'Empereur lui dire que son abdication est devenue nécessaire aux intérêts de la patrie. » Lucien réussit in extremis à convaincre les autres membres que le moment est mal choisi eu égard à l'invasion ennemie. Cambacérès, qui préside la séance, l'appuie de son mieux en refusant de mettre aux voix la motion sur l'abdication. Il gagne ainsi un court répit.
3. Comme celle du 21 vient de reproduire le 18-Brumaire, en inversant simplement les données, substituant le Parlement à Napoléon dans le rôle du vainqueur.

## Le renoncement

Après une courte nuit, les derniers fidèles — Caulaincourt, Joseph, Regnault, Rovigo, Lavalette — se pressent autour de Napoléon pour le convaincre d'abdiquer. L'Empereur écoute, grave, désabusé, comme saisi par la fatalité. Impassible, il semble se résigner au sacrifice. Devant ses ministres, il agrée la nomination des commissaires tout en faisant valoir à Regnault qu'il partira si son maintien sur le trône empêche toujours l'ouverture des négociations.

Chez les députés, réunis dès neuf heures du matin au Palais-Bourbon, la tension monte, d'autant que Fouché et Lanjuinais les pressent d'accélérer le mouvement avant que Napoléon ne revienne sur sa décision. Aussi, quand la rumeur des nouvelles concessions de l'Empereur se répand, les jugent-ils encore insuffisantes, vérifiant la règle des temps de crise selon laquelle tout recul du pouvoir s'accompagne d'un durcissement de l'opposition. La fronde devient révolte. Le député Duchesne engage le fer : « Je ne pense pas que la Chambre puisse offrir des négociations aux puissances alliées, car elles ont déclaré qu'elles ne traiteraient jamais tant que Napoléon régnerait. Il n'y a donc qu'un parti à prendre, c'est d'engager l'Empereur à abdiquer. » Le général Solignac, pourtant ancien brumairien, propose qu'une députation soit élue sans attendre pour exprimer à l'Empereur « l'urgence de sa décision ». La Fayette, excédé, prend une nouvelle fois Lucien à partie : « Dites à votre frère de nous envoyer son abdication, sinon nous lui enverrons sa déchéance.

— Et moi, rétorque le prince de Canino, je vous enverrai La Bédoyère avec un bataillon de la Garde. » On se sépare sur ces mots peu amènes.

La séance est suspendue durant une heure dans l'attente du message de l'Empereur. Courageux mais pas téméraire, Solignac tente de convaincre Napoléon, sans oser toutefois détailler le contenu de l'ultimatum. Il revient à Regnault, comme la veille, de jouer les porteurs de mauvaises nouvelles : l'Empereur dispose de soixante minutes pour abdiquer. La réaction de Napoléon est aisée à imaginer : « Puisque l'on veut me violenter, s'exclame-t-il, je n'abdiquerai point ! La Chambre n'est qu'un composé de Jacobins, de cerveaux brûlés et d'ambitieux. J'aurais dû les dénoncer à la nation et les chasser... Le temps perdu peut se réparer ! » « L'agitation de l'Empereur était extrême, ajoute Fleury de Chaboulon ; il se promenait à grands pas dans son cabinet et prononçait des mots entrecoupés qu'il était impossible de comprendre. »

Regnault sait trouver les mots pour l'apaiser : « Sire, ne cherchez pas, je vous en conjure, à lutter plus longtemps contre l'invincible force des choses. Le temps s'écoule. L'ennemi s'avance. Ne laissez point à la Chambre, à la nation, le moyen de vous accuser d'avoir empêché d'obtenir la paix. En 1814, vous vous êtes sacrifié au salut de tous : renouvelez aujourd'hui ce grand, ce généreux sacrifice. » La colère impériale tombe aussi vite qu'elle s'est levée : « Je verrai, reprend Napoléon ; mon intention n'a jamais été de refuser d'abdiquer. J'étais soldat ; je le redeviendrai ; mais je veux qu'on me laisse y songer en paix dans l'intérêt de la France et de mon fils : dites-leur d'attendre », avant de préciser à Lucien : « Ce sont des grands fous et La Fayette et ses amis des nains politiques. Ils veulent mon abdication et tremblent que je ne la leur donne pas. Je la leur donnerai en les rendant responsables des maux qui vont fondre sur la France. »

L'Empereur procède pour la forme à une dernière consultation de son entourage. A l'exception de Carnot[1] et de Lucien, Joseph et les autres ministres préconisent le renoncement. Il s'incline alors, refusant d'ajouter la guerre civile à la guerre

---

1. « Carnot s'éleva avec force contre cette détermination, précise Montholon ; il poussa jusqu'à la dernière limite du respect son insistance pour supplier l'Empereur d'écouter la voix du peuple, et de ne point livrer, en abdiquant, la France de la Révolution aux vengeances de l'émigration. Il dit avec l'accent d'une profonde conviction que, dans les temps de crise nationale, on ne peut espérer le salut qu'à l'aide d'une dictature forte, et terrible au besoin. »

étrangère : « Messieurs, conclut-il, je ne puis rien seul. [...] J'avais réuni cette assemblée pour qu'elle me donnât de la force ; au lieu de cela, ses divisions achèvent de m'ôter le peu de moyens dont je pouvais disposer [...] Elle demande que je me sacrifie, j'y consens parce que je ne suis pas venu en France pour y allumer des discordes intestines. Le temps, qui analyse tout, prouvera les intentions de ceux qui achèvent de détruire les ressources qui me restent encore. »

Lucien tente un effort désespéré en faveur du coup de force. Napoléon y coupe court : « Prince Lucien, écrivez ! » ordonne-t-il soudain à son frère. Le ton est solennel, et chacun comprend alors qu'il va céder à la meute. Son regard croise l'œil gris de Fouché. En ce début d'après-midi, le roué savoure son triomphe, rédigeant à la hâte une lettre à Manuel pour l'informer de l'issue favorable. L'Empereur n'est pas dupe : « Ecrivez, monsieur le duc d'Otrante, raille-t-il, écrivez à ces bonnes gens de se tenir tranquilles : ils vont être satisfaits ! »

Pour Lucien, c'en est trop ! Furieux, il se lève et fait mine de partir. Napoléon lui intime une nouvelle fois l'ordre de s'asseoir pour prendre en note les termes de son abdication. Le texte, bref mais solidement argumenté, dénonce le jeu des parlementaires, exhorte à l'indépendance nationale et vante le choix du sacrifice. Comme en 1814, Napoléon s'exécute pour sauver la France : « Français, en commençant la guerre pour soutenir l'indépendance nationale, je comptais sur la réunion de tous les efforts, de toutes les volontés et le concours de toutes les autorités nationales ; j'étais fondé à espérer le succès et j'avais bravé toutes les déclarations des puissances contre moi. Les circonstances me paraissent changées. Je m'offre en sacrifice à la haine des ennemis de la France. Puissent-ils être sincères dans leur déclaration et n'en avoir voulu réellement qu'à ma personne ! Unissez-vous pour le salut public et pour rester une nation indépendante. »

Lucien et Carnot se récrient de concert : l'Empereur a omis de mentionner son fils : « Mon fils, mon fils ! Quelle chimère ! Mais ce n'est pas en faveur de mon fils, mais des Bourbons que j'abdique », s'exclame Napoléon avant d'ajouter avec amertume : « Ceux-là du moins ne sont pas prisonniers à Vienne [1]. » Puis, avec une sorte de docilité résignée, il dicte un nouveau paragraphe : « Ma vie politique est terminée, et je proclame mon fils, sous le titre de Napoléon II, empereur des Français. Les princes Joseph et Lucien et les ministres actuels formeront provisoirement le conseil de gouvernement. L'intérêt que je porte à mon fils m'engage à inviter les chambres à organiser sans délai la régence par une loi. »

Maret fait alors observer que la Chambre risque de prendre comme une provocation la participation de ses frères au gouvernement provisoire, l'Empereur, sans hésiter, fait biffer leurs noms. Qu'importent ses frères ! Qu'importe même son fils ! L'heure n'est pas à la défense de la dynastie mais au combat, à cette bataille de Paris qu'on lui interdit lâchement de livrer. Il mentionne l'Aiglon pour la forme, mais en renonçant à tous les moyens que lui donnent les constitutions pour l'élever sur le pavois [2]. Il sait que l'enfant, enfermé à Vienne, ne peut tirer parti de la situation dans l'immédiat. Pour préserver l'avenir, il doit maintenant quitter la scène pour en appeler à l'histoire. Elle seule pourra le réhabiliter et par là même offrir une dernière chance, à lui-même ou à sa descendance.

Alors qu'en 1814 ses deux abdications [3] se contentaient d'accuser les puissances, Napoléon n'hésite pas cette fois à

---

[1]. Lucien se souvient d'une réplique encore plus forte : « Les Bourbons valent mieux que mon fils ; au moins ils sont français. » Fleury de Chaboulon rapporte : « Le duc de Bassano me remit la minute du prince Lucien, pour en faire deux expéditions ; lorsqu'elles furent présentées à l'Empereur, elles offraient encore les traces de mon affliction : il s'en aperçut, et me jetant un regard plein d'expression, il me dit : "Ils l'ont voulu." »

[2]. Il renvoie aux chambres le soin d'organiser la régence alors que celle-ci l'est déjà par le titre IV du sénatus-consulte organique du 28 floréal an XII (18 mai 1804) ; il écarte Lucien, mais surtout Joseph, à qui la régence revenait de droit.

[3]. Le texte de 1815 mérite d'être mis en parallèle avec celui des deux abdications précédentes : « Les puissances alliées ayant proclamé que l'Empereur Napoléon était le seul obstacle au rétablissement de la paix en Europe, l'Empereur Napoléon, fidèle à son serment, déclare qu'il est prêt à descendre du trône, à quitter la France et même la vie, pour le bien de la patrie, inséparable des droits de son fils, de ceux de la régence de l'impératrice, et des lois de l'Empire » (4 avril 1814).

« L'Empereur Napoléon, renonce pour lui, ses successeurs et descendants, à tout droit de souveraineté tant sur l'Empire français et le royaume d'Italie que sur tout autre pays » (11 avril 1814).

jeter l'opprobre sur La Fayette et ses amis. La dénonciation des « ennemis de la France » s'applique tout autant aux parlementaires qu'aux alliés. En violant l'Acte additionnel, les représentants ont prouvé le peu de cas qu'ils font de cette sacro-sainte légalité dont ils s'affirment les fidèles serviteurs depuis 1789. L'usurpation a changé de camp. L'Empereur ne se fait plus guère d'illusions sur l'avenir. Pour la première fois, il signifie la fin de sa vie publique et met en garde la nation : l'Europe a menti en jurant n'en vouloir qu'à sa seule personne. En l'abandonnant, la France s'abandonne elle-même.

La Chambre a mis Napoléon à genoux : une nouvelle page de notre histoire politique se tourne, une étape dans l'affrontement désormais traditionnel entre les pouvoirs exécutif et législatif. Deux conceptions de la représentation s'opposent : parlementaire contre unitaire. De même que s'expriment plus largement deux visions antagonistes du pouvoir : la vision fédéraliste et collégiale des libéraux et la vision unitaire et centralisatrice des Jacobins, des bonapartistes et de la plupart des royalistes. L'incapacité à bâtir le troisième pouvoir judiciaire cher à Montesquieu, l'occasion manquée de 1789 et l'autoritarisme napoléonien laissent une blessure profonde. Si la partie a été gagnée par le législatif en 1789 contre Louis XVI, en 1794 contre Robespierre et en 1814 contre Napoléon, l'exécutif s'est, quant à lui, imposé lors des coups d'Etat du Directoire et du 18-Brumaire. L'histoire s'inverse pour faire de l'Empereur la victime d'un parlementarisme qu'il avait poignardé quinze ans plus tôt. Le règne de la seconde chance n'aura duré qu'un printemps.

Dans l'immédiat, Fouché imagine l'avenir radieux. La rente s'élève à nouveau de près de 10 %, saluant la paix prochaine [1]. Tandis que Carnot, bouleversé, part annoncer l'abdication à

---

[1]. Cinquante-neuf francs vingt-cinq le 22 juin contre cinquante-cinq francs la veille.

la Chambre des pairs, il revient au ministre de la Police, sur un ordre de l'Empereur qu'on tiendra comme une ironie de l'histoire, d'organiser le passage de témoin devant les députés[1]. Face à ses complices enthousiastes, le maître Jacques du complot vient en personne signifier la réussite de l'opération et s'emparer du pouvoir. Après avoir rappelé que le règlement interdit toute démonstration publique à l'Assemblée, le président Lanjuinais donne lecture du texte de l'abdication. On imagine volontiers les sentiments des représentants à l'annonce de la nouvelle : face à la minorité bonapartiste désespérée, se dresse la majorité libéralo-jacobine secrètement triomphante, rassurée d'avoir échappé au coup d'Etat et sans doute surprise d'être venue à bout de l'Empereur avec autant de facilité. Fouché monte alors à la tribune et prend soin de rendre un hommage éclatant à Napoléon qu'il déclare vouloir placer sous la protection de l'Assemblée[2]. Sous les fleurs, les épines : le discours ne mentionne pas le nom du roi de Rome. Le député Dupin, au nom de la majorité, parachève la manœuvre : « La Chambre des représentants, proclame-t-il, accepte l'abdication de Napoléon Bonaparte, et déclare le trône vacant jusqu'à ce que la nation ait déclaré sa volonté. » Dupin conduit enfin la Chambre à adopter la création d'une commission de constitution et d'un gouvernement provisoire de cinq membres — un nouveau Directoire — dont trois seront élus par les députés, les deux derniers par les pairs.

Tandis que les parlementaires mettent l'Empire entre parenthèses, deux délégations, députés et pairs, viennent remercier

---

[1]. Le duc d'Otrante est accompagné par Caulaincourt, Regnault et Decrès ; Mollien et Gaudin escortant Carnot devant la chambre haute. Pendant ce temps, les chambres s'impatientent et envoient un émissaire (l'adjudant général de la garde nationale) annoncer à Napoléon qu'elles vont voter la déchéance. Celui-ci rétorque avec ironie : « Ces bonnes gens sont donc bien pressés ; dites-leur donc de se tranquilliser ; il y a un quart d'heure, je leur ai envoyé mon abdication. »

[2]. « Ce n'est pas, proclame Fouché, devant une Assemblée composée de Français que je croirai convenable de recommander les égards dus à l'Empereur Napoléon et de rappeler les sentiments qu'il doit inspirer dans son malheur. Les représentants de la nation n'oublieront point, dans les négociations qui devront s'ouvrir, de stipuler les intérêts de celui qui, pendant de longues années, a présidé aux destinées de la patrie. » Il demande ensuite la nomination par la Chambre d'une délégation chargée des négociations avec les Alliés.

Napoléon pour son geste. L'Empereur, écœuré par le cynisme de Fouché, se révolte devant ces pairs qui se sont peureusement ralliés aux résolutions de la chambre basse. Thibaudeau rapporte la scène : « Hypocrisie et dérision ! [...] Dans ce palais, quelle profonde solitude ! Quel morne silence ! A peine un homme pour nous introduire. Nous arrivâmes devant l'Empereur, seul debout, sans appareil. On voyait ses efforts pour dissimuler l'agitation de son âme. » Lacépède ayant omis de mentionner l'Aiglon, il répond « avec aigreur et d'un ton très animé : "Je n'ai abdiqué qu'en faveur de mon fils [...] Si les chambres ne le proclamaient pas, mon abdication serait nulle [...] D'après la marche que l'on suit, on ramènera les Bourbons [...] Vous verserez bientôt des larmes de sang [...] On se flatte d'obtenir d'Orléans, mais les Anglais ne le veulent pas. D'Orléans lui-même ne voudrait pas monter sur le trône sans que la branche régnante n'ait abdiqué. Aux yeux des rois de droit divin, ce serait un usurpateur." Là-dessus il nous congédia par un salut et nous nous retirâmes ». Une nouvelle fois, sa colère vient trop tard. L'imagine-t-on revenir sur son abdication quelques heures seulement après l'avoir signée ?

Le reste de l'après-midi pour les députés, la soirée et une partie de la nuit pour les pairs sont consacrés à l'élection du nouveau gouvernement. Sur les conseils intéressés de Fouché, La Fayette se trouve écarté par les députés, tout comme Lanjuinais, trop fier et entier pour convenir au maître du jour. Les représentants élisent en tête Carnot avec 329 voix, suivi du duc d'Otrante qui réussit, grâce à ses manœuvres, à obtenir 293 suffrages. Personne d'autre n'ayant eu la majorité absolue, un second tour s'avère nécessaire. Le général Grenier, un ancien ami de Moreau, a l'avantage de représenter l'armée sans avoir l'inconvénient d'aduler l'Empereur. Il est facilement élu. Les pairs quant à eux font le choix de Caulaincourt et de Quinette[1], consacrant le retour en force des régicides

---

1. Ephémère ministre de l'Intérieur durant la Révolution puis préfet de l'Empire.

qui forment les trois cinquièmes de la nouvelle instance [1]. Le gouvernement provisoire, contrairement à celui de 1814, ne comporte cette fois aucun royaliste déclaré. En définitive, le gouvernement paraît encore plus opposé à Louis XVIII qu'à Napoléon [2]. L'hostilité de la Chambre envers la dynastie comble Fouché qui s'impose comme le passeur obligé de la monarchie, tant auprès de la nation que des alliés.

Le soir même Lucien intervient devant la pairie dans l'espoir de faire reconnaître son neveu. Bien que sévèrement battu — il n'a obtenu que 18 voix lors de l'élection pour la commission de gouvernement —, le chef de ce qui reste du parti bonapartiste réclame la proclamation de Napoléon II et la création d'un conseil de régence dont il serait membre avec Joseph et Jérôme. Les droits de la dynastie, il ne faut pas l'oublier, sont aussi les siens. Excellent orateur, le frère de Napoléon tente d'obtenir par le verbe ce qu'il ne peut plus atteindre par la force. Puisque les parlementaires sont perdus pour la cause, il tente de convaincre ses pairs, supposés plus loyaux que les élus et, en outre, infiniment moins nombreux, ce qui les rend plus influençables [3]. Il mise sur son lyrisme pour les ramener à leur devoir : « L'Empereur est mort, Vive l'Empereur ! s'écrie-t-il. L'Empereur a abdiqué ! Il ne peut y avoir d'intervalle entre l'Empereur qui meurt, ou qui abdique, et son successeur. [...] Toute interruption est anarchie. Je demande qu'en conformité avec l'Acte constitutionnel, la Chambre des pairs, par un mouvement spontané et unanime, déclare devant le peuple français et les étrangers, qu'elle reconnaît Napoléon II comme Empereur des Français. »

A ces mots, les murmures redoublent : « J'en donne le premier exemple et je lui jure fidélité », dit encore le prince. Devant l'accueil houleux, Lucien se cabre soudain : « S'il est des traîtres autour de nous, s'il est des Français qui pensent nous livrer au mépris des autres peuples [...], si une minorité

---

1. Fouché, Carnot et Quinette ont tous trois voté la mort de Louis XVI.
2. Carnot et Caulaincourt sont encore favorables à l'Empereur.
3. Ils ne sont que soixante-dix environ en séance.

factieuse voulait attenter à la dynastie et à la Constitution, ce n'est pas, ajoute-t-il ironiquement, dans la Chambre des pairs qu'ils trouveraient un appui. »

Pontécoulant, partisan ardent de l'abdication, bondit aussitôt. Pour lui, être patriote ne saurait consister à se lamenter sur les droits d'une dynastie périmée mais à sauver la paix pendant qu'il en est encore temps. Les alliés ne veulent pas plus du roi de Rome que de Napoléon. D'ailleurs, peut-on décemment envisager de laisser régner cet enfant de quatre ans dont la mère se pavane à Parme ? Le risque serait grand de voir l'« Ogre » revenir de son exil au galop sous les acclamations de la foule. « Je le demande au prince, s'exclame-t-il, à quel titre parle-t-il dans cette chambre ? Est-il français ? Je ne le reconnais pas comme tel. [...] Il est prince romain et Rome ne fait plus partie du territoire français. » Il refuse tout autant de reconnaître l'Aiglon. « Prendre une pareille résolution, conclut-il, ce serait fermer la porte à toute négociation. » Plutôt que de s'évertuer à l'établir dans ses droits, il faut d'urgence garantir les intérêts de la Révolution par une constitution que devra jurer le futur souverain.

L'ambiance devient électrique. Le fougueux La Bédoyère, sur des charbons ardents depuis le début de la soirée, se précipite hors de lui à la tribune : « Rarement on a vu les traits d'une physionomie plus singulière et plus noble altérés, bouleversés par une passion plus véhémente que celle qui agitait, en ce moment, le général de La Bédoyère, rapporte Villemain. A peine âgé de trente ans, sa taille élégante, ses mouvements faciles avaient toute la vivacité de la première jeunesse. Son front très découvert, presque dégarni de cheveux, était haut et poli, mais chargé d'une sombre irritation ; et ses yeux bleus étincelaient de colère. On sentait une nature généreuse et douce emportée par la douleur, et troublée de la violence qu'elle se faisait à elle-même. » Porté par sa fidélité chevaleresque envers l'Empereur, il hait ces piètres civils qui avilissent par leurs palinodies le sacrifice des braves et bafouent le serment prêté pour servir leurs médiocres intérêts[1]. Le jeune général sait qu'il joue à ce moment sa tête — il sera d'ailleurs fusillé quelques semaines plus tard — mais, contrairement à tant d'autres, il a le courage d'assumer sa responsabilité. Il aspire à une fin digne de l'épopée inaugurée par son ralliement spectaculaire de Grenoble. Il ne vient pas marchander — il sait que tout est fini — mais souffleter, comme pour provoquer en duel, cette pairie honteuse. Sa voix tonne soudain : « Napoléon a abdiqué pour son fils ; son abdication est une et indivisible. Si son fils n'est pas reconnu, n'est pas couronné, je dis que Napoléon n'a pas abdiqué : sa déclaration est nulle, de toute nullité, comme la condition qu'il y a mise. Je le sais, je le vois ; les hommes qui rampaient à ses pieds, durant sa prospérité, les mêmes vont s'élever contre son fils, enfant, captif, privé d'un si grand défenseur. Mais il en est d'autres qui resteront fidèles à tous les deux. Il y a des hommes, dans les chambres françaises, impatients de voir ici les ennemis, qu'ils nommeront bientôt les alliés. » L'accusation de traîtrise réveille les pairs et provoque de violentes protestations : « L'Empereur, poursuit-il en haussant le ton, sera peut-être encore trahi ; il y a peut-être de vils généraux qui, à ce moment même, projettent de l'abandonner. Qu'importe ? L'Empereur se doit à la nation et peut tout avec elle. Il retrouvera, pour le défendre, des cœurs plus jeunes et qui ne s'engagent qu'une fois. [...] Portez des lois qui déshonorent la trahison. Si le nom du traître est maudit, sa maison rasée, sa famille proscrite, alors plus de traîtres ; plus de ces lâches manœuvres qui ont amené la catastrophe dernière, et dont peut-être les complices, ou même les auteurs siègent ici. » A ce moment, l'orateur foudroie Ney du regard[2]. Cette fois les pairs se dressent, réclamant le silence de l'insolent. « Jeune homme, vous vous oubliez », s'indigne

---

[1]. Son destin a inspiré Charles Baudelaire qui lui a consacré un projet de pièce de théâtre intitulé : *Le Marquis du 1ᵉʳ housard*.

[2]. Ney a précédemment prononcé un discours apocalyptique sur l'état de l'armée, concluant à l'impossibilité de poursuivre la lutte avec pour corollaire l'ouverture immédiate des négociations.

Masséna, qui peut à juste titre se sentir concerné. Lameth[1] renchérit : « Il se croit encore au corps de garde ! » Le président se couvre en signe de désapprobation. En partie étouffée par les protestations, la voix de La Bédoyère s'élève encore avant qu'il se voie éloigné de la tribune : « Est-il donc décrété, qu'on ne supportera jamais dans cette salle que des voix serviles et basses ? »

La violence de sa sortie alimente le jeu des amis de Fouché. Ils en profitent pour dire avec componction que les bonapartistes restent tous des dictateurs en puissance, méprisants pour la représentation parlementaire, indifférents à l'intérêt du pays, braves mais sots, inaptes à résoudre la crise qui exige pragmatisme et sang-froid. Comme l'atteste le faible nombre de voix obtenues par Lucien, l'Empire, incapable de couronner durablement la Révolution, ne survivra pas à son fondateur. Fouché s'affirme bien le triomphateur du jour. En poussant Napoléon vers la sortie et en écartant La Fayette, il a fait d'une pierre deux coups. Devant Pasquier venu aux nouvelles, il ne cache pas sa satisfaction : « Vous conviendrez, lui dit-il, que c'est assez de besogne faite en moins de deux fois vingt-quatre heures. »

## Malheur aux vaincus

Avec la fin du règne de Napoléon, un monde d'honneur et de gloire s'effondre pour laisser place au règne de l'habileté et du reniement. Après la révolution du peuple, après le coup d'Etat de l'Aigle, voici venu, en 1814 comme en 1815, le temps des révolutions de palais, d'un pouvoir confisqué par les élites en place. Cruelle humiliation pour cet Empereur que la France s'était choisi pour son épiphanie. Déjà les charo-

---

1. Alexandre-Théodore, un des trois frères Lameth qui s'étaient particulièrement illustrés aux débuts de la Révolution, dominant la gauche de la Constituante avant de s'effrayer des progrès de la Révolution après Varennes. Celui-ci avait été préfet de l'Empire après avoir partagé la captivité de La Fayette en Autriche.

gnards s'avancent, avides de mettre à profit la période de transition qui s'ouvre. Fouché, à leur tête, commence par prendre en main les rênes de la commission exécutive, alors qu'il n'a été élu qu'en deuxième position derrière Carnot. Fort de ce vote, le ministre de l'Intérieur s'institue président de droit et convoque le 22 juin au soir ses nouveaux collègues pour le lendemain. Le duc d'Otrante réplique aussitôt en adressant sa propre lettre de convocation au quarteron provisoire. Il profite de la séance inaugurale, le 23 au matin, pour mystifier le pauvre Carnot. Comptant sur l'appui de ses collègues, Fouché obtient que le président soit nommé par la commission et non par les chambres. Ce préalable accompli, il promet de donner sa voix à Carnot, qui se croit obligé d'en faire autant. Comme il fallait s'y attendre, Fouché vote pour lui-même et obtient la majorité. Désormais, il bénéficie du soutien unanime du comité, à l'exception de Carnot qui va lui mener une guerre de tous les instants. Fouché profite de cette première séance pour adoucir l'humiliation qu'il vient de faire subir à son rival en poussant le frère de ce dernier, Carnot-Feulins, à l'Intérieur[1]. La Fayette, à qui il a pourtant promis le commandement de la garde nationale, se trouve à nouveau évincé au profit de Masséna, un de ses proches, et doit se contenter d'une modeste place de plénipotentiaire, inutile car les alliés refusent d'engager toute discussion avec une assemblée disqualifiée par ses origines impériales. En une seule séance, Fouché marginalise ainsi le mentor des républicains et celui des libéraux. Fier de sa manœuvre, il peut qualifier à la cantonade ses rivaux d'« imbéciles » et de « niais »[2], tandis qu'il devient pour quinze jours le maître de la France.

---

1. Bignon reçoit les Affaires étrangères, Pelet de la Lozère la Police. Le 24 juin, Boulay sera nommé ministre de la Justice, Cambacérès restant archichancelier. Gaudin, Mollien, Davout et Decrès conservent donc leur portefeuille ; Drouot est nommé commandant de la Garde impériale. Le même soir, au cours de la seconde séance de la commission, Grouchy est nommé au commandement de l'armée du Nord.
2. « Que dites-vous de ce vieil imbécile ? demande Fouché à Molé en parlant de La Fayette. En connaissez-vous un plus niais ? » Les autres plénipotentiaires chargés de négocier avec les alliés sont Sebastiani, La Forest, d'Argenson et Pontécoulant, Benjamin Constant leur étant adjoint comme secrétaire.

Sa tâche prioritaire consiste à éloigner l'Empereur dont il craint un possible revirement. Il redoute surtout son charisme sur l'armée, d'autant que la retraite progressive des différents corps autour de la capitale lui offre un levier puissant dont il ne disposait pas à son retour. Dans huit jours, avec plus de cinquante mille hommes alors disponibles, Napoléon pourrait être tenté de reprendre le pouvoir, prétextant les violations de l'Acte additionnel — coup d'Etat parlementaire, oubli de l'Aiglon — pour légitimer son entreprise. Face à un pareil concurrent, Fouché sait qu'il ne représente rien. Que pèsent quatre voix d'un gouvernement provisoire désigné par des députés élus par une poignée d'électeurs et des pairs directement nommés par l'Empereur ?

Fouché est toutefois partagé entre l'inquiétude suscitée par la présence de Napoléon et le désir de le garder à portée de main comme monnaie d'échange dans la partie de bras de fer qu'il engage avec Louis XVIII et l'Europe. Aussi ne donne-t-il pas suite aux demandes réitérées de Napoléon réclamant deux frégates pour s'exiler aux Etats-Unis. Il gagne du temps, en demandant à Wellington des sauf-conduits pour l'Empereur. Mesure dilatoire car il sait pertinemment qu'il ne les obtiendra pas. Mesure perfide car, en sollicitant le « duc de fer », il rejette sur les alliés la responsabilité d'une éventuelle arrestation de Napoléon[1]. Tombe-t-il plus bas encore en proposant de livrer l'Empereur aux alliés ? Rien ne permet de l'affirmer, même si le doute subsiste[2].

---

[1]. Il est également plus que probable que Fouché, en demandant des passeports à Wellington, veuille prévenir les alliés du prochain départ de Napoléon pour le Nouveau Monde, ce qui leur permet de resserrer la surveillance des côtes. Toutefois, la demande officielle de sauf-conduits adressée par Fouché a été envoyée à Wellington le 26 juin au matin, portée par le général Tromelin qui ne parviendra au quartier général anglais que le 30. Or, dès le le lendemain 27 juin, lord Melville, premier lord de l'Amirauté, écrit à l'amiral lord Keith, commandant la flotte de la Manche, pour l'avertir du projet de fuite de Napoléon vers l'Amérique et lui demander de l'intercepter. Le gouvernement britannique a donc été informé par d'autres canaux.

[2]. Selon Henry Houssaye, Fouché aurait muni nos plénipotentiaires, partis de Paris le 24 juin, d'instructions secrètes en ce sens. Si l'armistice était à ce prix, Napoléon pourrait être livré à l'Angleterre ou à l'Autriche. Il cite à l'appui de sa thèse une lettre de Wellington mais, comme il le reconnaît lui-même, il n'existe ni témoignage français, ni un mot de Fouché confirmant ce témoignage indirect. Le 1$^{er}$ juillet, les commissaires alliés, lors d'une conférence avec notre délégation, exigent que

Le président provisoire s'emploie dans la foulée à écarter pour de bon Napoléon II, souverain officiel si l'on s'en tient aux termes de l'abdication de son père et aux Constitutions de l'Empire. L'Aiglon bénéficie de la mobilisation forte des derniers bonapartistes pour qui l'avenir, s'ils ne parviennent pas à l'imposer dans les plus brefs délais, s'annonce sous les couleurs sombres de la fuite ou du martyre. Le duc d'Otrante craint que les passions ne s'en trouvent avivées — à l'exemple du discours de La Bédoyère — et l'armée galvanisée. Hanté par la présence de l'Aigle à l'Elysée, il accepte, dans l'espoir de les amadouer, une concession de pure forme. Le 23 juin, à l'initiative de son fidèle Manuel, il fait voter à l'unanimité un ordre du jour qui reconnaît la souveraineté de Napoléon II, mais « oublie » d'organiser la Régence en légitimant le gouvernement provisoire élu la veille. Après avoir chassé l'Empereur, Fouché vient d'escamoter l'Empire. « Le pauvre petit roi de Rome, écrit La Bretonnière, vit sa royauté passer à la Chambre avec le même solennité qu'un amendement sur les tabacs ou la potasse. » A peine intronisé, Napoléon II n'existe déjà plus, son « règne » rejoignant celui de Louis XVII au panthéon des légitimités avortées.

L'Empereur, toujours acclamé par une foule nombreuse, demeure à l'Elysée jusqu'au 25 juin. Il a d'autant moins envie de partir que, contrairement à 1814, sa vie est en jeu car son sort n'est pas fixé par un traité. Jusqu'au bout, il guette un signe du destin, appel de l'armée ou adresse des parlementaires. Mais le sursaut attendu ne vient pas : « Ce que je suis, dit-il alors, c'est Annibal, mais Annibal sans armée et sans asile avec les Carthaginois mêmes pour implacables ennemis. » Cette confidence donne la mesure de son désarroi. Tombé en deux ans de 1812 à 1814, Napoléon a cette fois été

---

Napoléon soit remis à leur garde. On comprend, dans ces conditions, que Fouché ait tenu le plus longtemps possible à retarder l'exil de l'Empereur tout en le maintenant éloigné de Paris.

renversé en quatre jours, enchaînant désastre militaire et fiasco politique sans avoir le temps de reprendre son souffle. Du jour au lendemain, le sauveur de la France, renvoyé comme un laquais par le complot parlementaire, éprouve le vide du pouvoir et la solitude de Fontainebleau. Rendu à lui-même, il doit affronter ce passage brutal de l'extrême puissance à la vie ordinaire, dépouillée de substance et d'énergie. Certes, Napoléon n'en est pas à sa première épreuve : il a déjà subi la lassitude, l'épuisement physique et moral ; il a connu l'abandon des fidèles, éprouvé dans sa chair les complots, les trahisons — hier celles de Talleyrand et de Marmont, aujourd'hui celles de Fouché et Davout.

Mais à cette heure plusieurs raisons aggravent son malheur : une brûlante défaite militaire alors que la victoire a tenu à un cheveu, la soudaineté de sa chute qui entraîne un sentiment de vertige, enfin son cantonnement à Paris qui décuple sa frustration. À l'Elysée, l'Empereur tourne en rond, surveillé par la police du duc d'Otrante qui règne désormais à sa place aux Tuileries. Il maudit en vain ces parlementaires qui s'échinent puérilement à bâtir une nouvelle constitution[1], ce gouvernement provisoire qu'il surnomme avec dépit « les cinq Empereurs », ce Fouché qui négocie secrètement avec les alliés et manipule tout le monde dans l'unique espoir de s'accrocher au pouvoir. Sa tristesse tient aussi au sentiment d'être incompris et se double de nostalgie au spectacle pathétique de cette foule qui l'acclame dès qu'il paraît au balcon. Il y a là des ouvriers, des étudiants, quelques militaires, de plus en plus nombreux chaque jour, et surtout ces fédérés qu'il regrette peut-être de n'avoir pas utilisés lorsqu'il en avait encore le pouvoir[2].

---

1. Peu de temps après son abdication, l'Empereur demande à Regnault à quoi s'occupent les parlementaires. Apprenant qu'il s'agit d'une constitution, il commente en ces termes : « Toujours le Bas-Empire. Ils délibèrent, les malheureux ! Quand l'ennemi est aux portes. »
2. Le témoignage de Pasquier fait bien apparaître le mépris que ressentait l'élite politique à l'encontre du peuple parisien : « Napoléon, écrit-il dans ses *Mémoires*, se croyait souvent obligé de paraître et de les remercier. Je l'ai vu ce jour apparaissant sur la terrasse. Je ne l'avais pas revu depuis mon dernier entretien avec lui ; en 1814, la veille de son départ pour la campagne de France, et je ne pus me défendre de la

Malgré les subsides distribués par les agents de Fouché pour faire partir les manifestants, d'autres les relaient aussitôt. Dans ces conditions, la tentation de reprendre le pouvoir obsède Napoléon, sans qu'il en laisse rien paraître. Ne lui suffirait-il pas de donner un ordre pour que ces milliers d'hommes, bientôt rejoints par l'armée, se jettent contre les traîtres des Tuileries et du Palais-Bourbon ? Pourtant, il refuse toujours de jouer les apprentis sorciers : « Mettre en action la force brutale des masses, confie-t-il à Montholon, c'est sans doute sauver Paris et m'assurer la couronne sans avoir recours aux horreurs de la guerre civile ; mais c'est aussi risquer de verser des flots de sang français. Quelle force serait assez puissante pour dominer tant de passions, tant de haines, tant de vengeances ? » Le spectre de la Terreur l'empêche de céder à cette tentation : « Non, je ne puis oublier une chose, voyez-vous : c'est que j'ai été ramené de Cannes à Paris au milieu de ces cris de sang : A bas les prêtres ! A bas les nobles ! J'aime mieux les regrets de la France que sa couronne. » Car la violence, légitime à la guerre, reste à ses yeux immorale et barbare quand elle se déchaîne au sein même d'une nation. Quoi qu'il lui en coûte, Napoléon demeure fidèle à ce choix de la légalité qui l'a poussé au sacrifice et le force à l'exil.

---

plus profonde émotion, en le voyant réduit à venir répondre par des saluts répétés à des acclamations parties de si bas. Il y a peu de spectacles plus tristes, plus touchants, plus accablants que celui d'un homme, longtemps entouré d'une si grande gloire et d'une si prodigieuse puissance, réduit à de telles humiliations. Sa physionomie, naturellement grave, était devenue sombre ; parfois il essayait de sourire, mais l'expression de ses yeux gardait la tristesse qui remplissait son âme. » Henry Houssaye précise pour le 22 juin : « Toute cette journée, il y avait eu dans Paris beaucoup d'agitation. Dès le matin, des ouvriers portant des branches vertes, "comme emblèmes de liberté", dévalaient en longues colonnes du faubourg du Temple, du faubourg Saint-Antoine, du faubourg Saint-Marcel. Parmi les artisans de tous les corps de métiers il y avait ces charbonniers et ces forts de la Halle au blé que Napoléon appelait en riant "ses mousquetaires noirs et gris". » L'abdication avait été très mal ressentie, confirme l'historien : « On entendait dans les groupes : "Non, non ! pas d'abdication ! c'est une trahison. Comment l'Empereur s'est-il laissé renverser par les chambres au lieu de les dissoudre ? Les ministres sont des traîtres. Nous n'aurons pas le roi de Rome, et il va falloir en passer par les vengeances des Bourbons. Vive l'Empereur !" Il y eut des rixes, car tout individu qu'un mot équivoque ou même un sourire pouvait faire soupçonner de sentiments royalistes était insulté, maltraité. [...] Place Vendôme, deux à trois cents personnes s'agenouillèrent devant la colonne en jurant de mourir pour Napoléon. »

La fébrilité parisienne incite Fouché à multiplier les démarches et les rumeurs pour obliger l'Aigle à quitter Paris. Une nuit, il fait renforcer la garde, faisant savoir à Napoléon qu'il prévient seulement une tentative d'enlèvement des royalistes mais ne pourra garantir éternellement sa sécurité. Davout, gagné à ses vues, se rend à l'Elysée le 24 juin pour demander sans ambages à l'indésirable de s'éloigner[1]. Sa présence, lui explique-t-il en substance, compromet la paix civile et fait soupçonner la bonne foi du gouvernement dans les négociations en cours. L'Empereur se dit prêt à céder à condition qu'on lui garantisse qu'il pourra s'embarquer pour le Nouveau Monde : « On veut que je parte. Cela ne me coûtera pas plus que le reste », lâche-t-il avec le mépris que lui inspire l'ingratitude de son ancien ministre, avant de prononcer ces paroles prophétiques : « Fouché trompe tout le monde et sera le dernier trompé et pris dans ses propres filets. Il joue la Chambre, les Alliés le joueront et de sa main vous aurez Louis XVIII, ramené par eux. »

Plus écœuré que jamais, il se sent incapable de supporter plus longtemps les acclamations de cette foule qui, si elles le rassurent sur sa popularité, sonnent néanmoins comme un reproche et un regret. Aussi demande-t-il l'hospitalité à Hortense, installée à Malmaison depuis la mort de Joséphine. Le lieu lui plaît et présente l'avantage d'être proche de Paris. Selon la tournure des événements, il s'acheminera vers l'exil ou, qui sait, vers cet ultime retour qu'il espère sans trop y croire. D'ici à quelques jours, la capitale risque d'être assiégée tandis que les militaires, toujours plus nombreux, seront cantonnés près de lui dans la perspective de la bataille. Il ne peut imaginer que Paris capitulera sans combattre, d'autant que Fouché, pour négocier en position de force, ordonne d'intenses préparatifs militaires. L'opinion par peur, les militaires

---

1. Le même jour, le représentant Duchesne, un des affidés de Fouché, propose à la tribune que Napoléon « soit incité, au nom de la patrie, à quitter la capitale où sa présence ne peut plus être qu'un prétexte de troubles et une occasion de danger public ».

par passion penseront peut-être, une dernière fois, à tourner les yeux vers leur éternel sauveur. Le 25 juin vers midi, Napoléon reçoit Carnot dont il a apprécié le courage et la fidélité lors des derniers événements : « Adieu, Carnot, dit-il en le reconduisant, je vous ai connu trop tard[1] ! »

Il se prépare maintenant à quitter l'Elysée. Une foule plus dense, avertie par la rumeur, remplit le faubourg Saint-Honoré, bien décidée à empêcher son départ. Autant ému qu'humilié, il cache sa souffrance devant ses partisans qui crient à perdre haleine : « Vive l'Empereur ! Vive l'Empereur ! Ne nous abandonnez pas. » Pour ne point risquer de se trouver pris dans la cohue, Napoléon doit ruser. Il fait diriger son carrosse vers la sortie officielle puis emprunte la porte du jardin pour prendre place dans la voiture plus discrète du grand maréchal Bertrand. Il parvient à Malmaison vers une heure et demie de l'après-midi.

Napoléon enterre son existence publique par ce retour aux sources dans l'un des hauts lieux de sa puissance[2] ; de plus, il réaffirme son attachement à Joséphine qui a acheté cette demeure et s'y est retirée après le divorce jusqu'à sa mort. Il y retrouve Hortense, fille de la chère créole et mère du futur Napoléon III, pour ce qui apparaît avec le recul comme un passage de témoin d'un Empire à l'autre. Napoléon reste sur place du 25 au 29 juin, dans un état de violente incertitude, ressassant le passé, fustigeant le présent, craignant l'avenir. Il doute toujours du bien-fondé de son abdication et, comme à Fontainebleau, révèle un homme déchiré, fort loin des images d'Epinal du César des années de gloire.

---

1. Carnot l'a pressé fermement de partir pour les Etats-Unis en ces termes : « N'allez pas en Angleterre. Vous y avez excité trop de haine ; vous serez insulté par les boxeurs. N'hésitez pas à passer en Amérique. De là vous ferez encore trembler vos ennemis. S'il faut que la France retombe sous le joug des Bourbons, votre présence dans un pays libre soutiendra l'opinion nationale. » Le 23, Napoléon a d'ailleurs ordonné à son bibliothécaire Barbier de lui composer une bibliothèque et de l'acheminer vers l'Amérique par Le Havre.
2. « A l'aspect de ces jardins abandonnés, de ces chambres déshabitées, de ces galeries fanées par les fêtes, de ces salles où les chants et la musique avaient cessé, Napoléon pouvait repasser sur sa carrière », écrit Chateaubriand.

Son extrême lenteur à se mettre en route atteste de sa répugnance à se soumettre à l'inexorable fatalité[1]. Pour tenter d'y échapper, il s'abandonne au rêve de la reconquête. Alors il s'enflamme, comme auprès de Maret : « Je n'ai rien de mieux à faire pour vous tous, pour mon fils, pour moi, que de me jeter dans les bras de mes soldats. Mon apparition électrisera l'armée ; elle foudroiera les étrangers... Si, au contraire, vous me laissez ici ronger mon épée, ils se moqueront de vous et vous serez forcés de recevoir Louis XVIII chapeau bas. » Le duc de Bassano ayant émis des objections, Napoléon n'essaie même pas d'argumenter et retombe dans la prostration : « Allons, je le vois bien, il me faut toujours céder. » Avant d'ajouter en soupirant : « Je ne dois pas prendre sur moi la responsabilité d'un pareil événement. Je dois attendre que la voix du peuple, des soldats et des chambres me rappelle. Mais comment Paris ne me demande-t-il pas ? On ne s'aperçoit donc pas que les alliés ne tiennent aucun compte de mon abdication ? »

Le lendemain de son arrivée, il évoque avec Hortense le souvenir de l'absente : « Avec une expression touchante, il me dit : "Cette pauvre Joséphine ! Je ne puis m'accoutumer à habiter ce lieu sans elle ! Il me semble toujours la voir sortir d'une allée et cueillir ces plantes qu'elle aimait tant ! Pauvre Joséphine !" Ensuite, voyant la triste impression que j'en éprouvais, il ajouta : "Au reste, elle serait bien malheureuse à présent. Nous n'avons jamais eu qu'un sujet de querelle : c'était pour ses dettes et je l'ai assez grondée. C'était bien la personne la plus remplie de grâce que j'ai jamais vue. Elle était femme dans toute la force du terme, mobile, vive, et le cœur le meilleur. Faites-moi un autre portrait d'elle ; je voudrais qu'il fût en médaillon." » Une autre fois, il lui dit avec tristesse : « Que c'est beau la Malmaison ! N'est-ce pas

---

1. Il dira à Las Cases : « J'espérais qu'à la vue du danger, les yeux se dessilleraient, qu'on reviendrait à moi et que je pourrais sauver la patrie : c'est ce qui me fit allonger le temps, le plus que je pus, à la Malmaison. » Trois semaines s'écoulent en tout entre l'abdication et l'embarquement sur le *Bellérophon*.

Hortense, qu'il serait heureux d'y pouvoir rester ? » La reine, la gorge nouée par l'émotion, ne trouve pas la force de lui répondre. Toutefois sa présence discrète le réconforte et lui permet de reprendre des forces dans la perspective des nouvelles épreuves qui l'attendent. En dépit de ses exhortations, elle refuse de s'éloigner, sachant qu'elle se condamne elle-même à l'exil en l'accueillant dans sa demeure. Mais elle juge normal, en ces temps d'abandon, de payer sa dette à l'égard de l'homme qui a aimé sa mère et l'a toujours entourée d'affection, chérie comme sa propre fille et élevée au trône de Hollande. Ces deux âmes blessées[1] se rapprochent naturellement dans cet adieu au passé, en ce lieu qui leur rappelle l'heureux temps du Consulat. C'était il y a à peine plus de dix ans ; dix ans qui semblent déjà des siècles.

La grande affaire reste le départ, toujours projeté vers les Etats-Unis[2], alors que Fouché fait traîner sa réponse. Le 26 juin, celui-ci donne enfin des instructions pour armer les frégates à Rochefort mais subordonne leur appareillage à l'arrivée des sauf-conduits[3]. En réalité, il veut éloigner l'Empereur mais sans le laisser s'échapper, afin de le brandir tel un épouvantail ou de le livrer si nécessaire. Conscient des hésitations de son ministre, Napoléon en tire profit pour prolonger son séjour, dans l'espoir fou d'un coup de théâtre. L'entête-

---

[1]. Née en 1783, Hortense a connu une jeunesse difficile — son père mort, sa mère emprisonnée sous la Terreur — avant de voir sa vie bouleversée par le mariage de Napoléon avec Joséphine. Mal mariée avec Louis Bonaparte sous le Consulat, elle a été tourmentée par cet homme jaloux et autoritaire avant de connaître le drame de la perte de son fils aîné en 1807. Vivant séparée de son mari depuis 1810, détestée par les Bonaparte, elle a été enfin meurtrie par la disparition de sa mère l'année précédente.
[2]. Caulaincourt, reçu le 25, lui conseille de partir au plus tôt et propose des passeports antidatés pour se rendre aux Etats-Unis : « Vous êtes donc bien pressé de me voir partir », commente Napoléon. Son ancien ministre lui rétorque qu'il s'inquiète de l'avancée des alliés. « J'ai abdiqué. C'est à la France de me protéger ! » riposte l'Aigle déchu.
[3]. Les quatre premiers articles de l'arrêté de la commission de gouvernement du 26 juin décrètent l'armement de deux frégates et ordonnent l'escorte de Napoléon jusqu'à l'embarquement. Le piège est contenu dans l'article 5 : « Les frégates ne quitteront point la rade de Rochefort avant que les sauf-conduits soient arrivés. »

ment de Fouché lui permet de prendre la posture du martyr, du banni auquel on refuse toute chance de salut. Il joue lui aussi un double jeu puisque, alors qu'il espère rester près de la capitale, il multiplie les émissaires, exigeant que l'article restrictif soit levé et que les frégates reçoivent l'ordre de partir dès son arrivée. Le 27, Fouché donne une première fois son accord mais se rétracte presque aussitôt, ayant reçu dans l'intervalle une dépêche relayant la volonté des puissances d'empêcher toute tentative d'évasion de l'Aigle. Pour mieux s'assurer de l'Empereur, le duc régicide a fait nommer le général Beker au commandement de la petite garnison de Malmaison avec pour mission officielle d'escorter Napoléon jusqu'à son embarquement. Disgracié en 1810, Beker fait partie des rares généraux sur lesquels Fouché croit pouvoir compter pour mener une discrète mission de surveillance. Mais cet homme d'honneur refuse de s'abaisser au rôle de geôlier et d'espion, d'autant qu'après quelques hésitations Napoléon finit par lui accorder sa confiance.

Du 26 au 28 juin, on reste dans l'impasse. Napoléon refuse toujours de partir pour Rochefort et Fouché de lever les obstacles au départ des frégates [1]. « Je désire, martèle Napoléon, ne pas me rendre à Rochefort, à moins que je ne sois sûr d'en partir à l'instant même [2]. » Pour débloquer la situation et obtenir gain de cause, l'Empereur continue à dépêcher des

---

[1]. Beker récapitule la position de l'Empereur dans la lettre qu'il écrit à Davout le 28 juin 1815 : « Après avoir communiqué à l'Empereur l'arrêté du gouvernement relatif à son départ pour Rochefort, Sa Majesté m'a chargé d'annoncer à Votre Altesse qu'elle renonce à ce voyage, attendu que, les communications n'étant pas libres, elle ne trouve pas de garanties suffisantes pour sa personne. D'ailleurs, en arrivant à cette destination, l'Empereur se considère comme prisonnier, puisque son départ de l'île d'Aix est subordonné à l'arrivée des passeports, qui lui seront sans doute refusés, pour se rendre en Amérique. En conséquence de cette interprétation, l'Empereur est déterminé à recevoir son arrêt à la Malmaison et, en attendant qu'il soit statué sur son sort par le duc de Wellington, auquel le gouvernement peut annoncer cette détermination, Napoléon restera à la Malmaison, persuadé qu'on n'entreprendra rien contre lui qui ne soit digne de la nation et de son gouvernement. »

[2]. Henry Houssaye note justement : « C'est ce refus, pourtant très raisonné et très explicite qui a créé la légende des tergiversations de Bonaparte. Napoléon ne tergiversait pas. Il avait demandé trois fois de suite à s'embarquer pour les Etats-Unis. Au lieu de cela, on l'invitait à aller attendre à Rochefort la décision des alliés sur sa personne. Prison pour prison, il préférait la Malmaison. »

envoyés auprès du gouvernement provisoire qui témoigne en retour d'une impatience croissante. Même Carnot et Caulaincourt, inquiets de l'avance des Prussiens, poussent désormais à son départ.

Le 28, on approche de la rupture. Ce jour-là, le général Flahaut[1] se présente devant la commission au nom de l'Empereur. Il s'y heurte violemment à Davout qui est devenu, selon la belle expression de Villemain, « le bras de la politique dont Fouché était l'âme ». « Votre Bonaparte, lui dit Davout avec colère, ne veut point partir, mais il faudra bien qu'il nous débarrasse de lui ; sa présence nous gêne, nous importune ; elle nuit au succès de nos négociations. S'il espère que nous le reprendrons, il se trompe ; nous ne voulons pas de lui. Dites-lui de ma part qu'il faut qu'il s'en aille, et que s'il ne part à l'instant, je le ferai arrêter, que je l'arrêterai moi-même. »

Flahaut, cet autre La Bédoyère, s'emporte : « Je n'aurais jamais pu croire, monsieur le maréchal, qu'un homme qui, il y a huit jours, était au genou de Napoléon, pût tenir aujourd'hui un semblable langage. Je me respecte trop, je respecte trop la personne et l'infortune de l'Empereur pour reporter vos paroles ; allez-y vous-même, monsieur le maréchal ; cela vous convient mieux qu'à moi. » Le ton monte. Davout veut consigner son subordonné à Fontainebleau : « Non, monsieur, reprend vivement Flahaut, je n'irai point, je n'abandonnerai pas l'Empereur ; je lui garderai jusqu'au dernier moment la fidélité que tant d'autres lui ont jurée.

— Je vous ferai punir de votre désobéissance, s'exclame Davout.

— Vous n'en avez plus le droit. Dès ce moment je donne

---

1. Napoléon a déjà, depuis son abdication, envoyé en vain de nombreux émissaires au gouvernement provisoire pour obtenir satisfaction. Le 25, il s'est plaint vertement auprès de Beker lors de leur premier entretien : « Il me tarde de quitter la France pour échapper à cette catastrophe, dont l'odieux retomberait sur la nation. Qu'on me donne les deux frégates que j'ai demandées et je pars à l'instant même pour Rochefort. Encore faut-il que je me rende convenablement à ma destination sans tomber aux mains de mes ennemis. »

ma démission. Je ne pourrai plus servir sous vos ordres sans déshonorer mes épaulettes », conclut Flahaut.

Malmaison se vide, jour après jour, de ses occupants. Bientôt il ne reste plus qu'une poignée d'officiers valeureux, les futurs compagnons d'exil : Montholon, Gourgaud, Bertrand, le général Lallemand, les anciens ministres Savary et Maret et, bien sûr, La Bédoyère et Lavalette.

Fouché cède le premier dans cette partie d'échecs qui dégénère en guerre des nerfs. Il continue à redouter un coup d'Etat militaire orchestré par le reclus de Malmaison. Ainsi refuse-t-il d'insérer dans *Le Moniteur* la proclamation aux troupes que Napoléon a rédigée dès son arrivée sur place. Il est vrai qu'elle attaque en termes à peine voilés les parlementaires et, par ricochet, la commission, soulignant que l'abdication a été plus arrachée que librement consentie. Aussitôt les opposants à l'Empereur y décèlent davantage un appel à la force qu'un adieu aux armes. De fait, le texte, énergique, n'est pas exempt d'ambiguïtés : « Soldats ! Quand j'ai cédé à la nécessité qui me force à m'éloigner de la brave armée française, j'emporte avec moi l'heureuse certitude qu'elle justifiera par les services éminents que la patrie attend d'elle, les éloges que nos ennemis eux-mêmes ne peuvent pas lui refuser. Soldats ! je suivrai vos pas quoique absent, je connais tous les corps, et aucun d'eux ne remportera un avantage signalé que je ne rende justice au courage qu'il aura déployé. Vous et moi avons été calomniés, des hommes indignes d'apprécier nos travaux ont vu dans les marques d'attachement que vous m'avez données, un zèle dont j'étais le seul objet. Que vos services futurs leur apprennent que c'était la patrie par-dessus tout que vous serviez en m'obéissant, et que si j'ai quelque part à votre affection, je la dois à mon ardent amour pour la France notre mère commune. Soldats ! encore quelques efforts et la coalition est dissoute. Napoléon vous reconnaîtra aux coups que vous allez porter. Sauvez l'honneur, l'indépendance des Français, soyez jusqu'à la fin tels que je vous ai connus depuis vingt ans et vous serez invincibles. » Contrairement à l'habitude, il signe officiellement Napoléon Ier et non plus Napoléon, voulant par ce détail marquer l'avènement de son fils.

Dans l'espoir d'empêcher une conjuration, Fouché a déjà pris soin d'éloigner de l'Empereur ses meilleurs officiers supérieurs. Ils sont affectés à des commandements divers comme Drouot, nommé à la tête de la Garde et dont le départ affecte Napoléon[1]. Ce préalable n'empêche pas le duc d'Otrante de rester vigilant. Après la fronde des généraux, il appréhende maintenant celle de la troupe qui, depuis qu'elle a appris l'abdication, oscille entre dégoût — les désertions se multiplient — et révolte[2]. Ne faut-il pas craindre qu'un régiment ne vienne libérer l'Empereur pour un deuxième Vol de l'Aigle ? Malmaison reste beaucoup trop proche de Paris.

Fouché souhaite aussi éviter sa capture par les alliés. Or, l'hypothèse prend chaque jour un peu plus de consistance en raison de l'avancée spectaculaire des forces ennemies en région parisienne. Les Prussiens, dont les têtes de colonne sont annoncées près de Malmaison le 28 juin, rêvent de s'emparer de l'Empereur et Blücher parle toujours de le passer par les armes sur le front des troupes[3]. Dès lors, l'enlèvement de

---

1. « Drouot, dit-il à Lavalette, reste en France ; je vois que le ministre de la Guerre veut le conserver à son pays. Je ne peux pas m'en plaindre, mais c'est une grande perte pour moi ; c'est la tête la plus forte et le cœur le plus droit que j'ai rencontrés : cet homme est fait pour être Premier ministre partout. » Drouot n'accepte sa nomination (23 juin) qu'après avoir obtenu l'accord préalable de Napoléon. « L'Empereur, notera-t-il, applaudit à ma résolution... Je me suis séparé de mon bienfaiteur avec l'intention et l'espoir de le rejoindre quand la France serait sauvée. Les événements qui suivirent ont confondu mes plus chères espérances. » Peu de temps après, alors que l'armée de la Loire était licenciée sous l'autorité de Macdonald, Drouot sera le seul à aller courageusement se constituer prisonnier. Il sortira acquitté un an plus tard.
2. Henry Houssaye donne plusieurs exemples édifiants : « Les soldats de la Garde rompirent les rangs en criant : Trahison ! Des officiers qui voulaient maintenir l'ordre furent menacés de mort. D'ailleurs, beaucoup d'entre eux avaient les mêmes colères que leurs soldats. Le commandant Loubers, un des capitaines du bataillon de l'île d'Elbe, fut pris d'une sorte d'attaque de nerfs frénétique. "Il se roulait à terre, dit un témoin, et écumait comme s'il avait été atteint d'hydrophobie." Ce jour-là, plus de mille chasseurs et grenadiers quittèrent l'armée par groupes pour aller à Paris où, disaient-ils, "ils pourraient encore être utiles à l'empereur". Dans la ligne, les défections ne furent guère moins nombreuses. Les soldats criaient : "Puisqu'il n'y a plus d'empereur, il n'y a plus d'armée." »
3. Blücher souhaite exécuter Napoléon à Vincennes, sur le lieu même où a péri le duc d'Enghien, ce que Gneisenau appelle l'exercice de « l'imprescriptible justice de Dieu ». Wellington tente de l'en dissuader comme en témoigne cette lettre qu'il écrit alors : « Blücher veut tuer Napoléon, mais je lui ai déclaré que je parlerai et que j'insisterai pour qu'on dispose de lui d'un commun accord. J'ai dit aussi à Blücher que, comme un ami particulier, je lui conseillais de ne pas se mêler d'une affaire aussi infâme ; que lui et moi, nous avions joué un trop noble rôle dans ces événements pour devenir des bourreaux, et que si les souverains voulaient son supplice, j'étais résolu

Napoléon devient le cauchemar du président provisoire car il sait que cette faute lui serait attribuée. Il doit donc à tout prix dégager sa responsabilité pendant qu'il en est encore temps. En mobilisant les frégates sans restriction, il donnera l'illusion de protéger l'Empereur. Si celui-ci s'échappe, il passera pour son sauveur. S'il échoue, on ne pourra lui en tenir rigueur. D'ailleurs, Fouché n'ignore pas que la rumeur du départ de Napoléon pour les Etats-Unis s'est déjà répandue. Sans doute n'y est-il pas étranger. En l'envoyant à Rochefort où les Anglais l'attendent, il l'enferme dans un nouveau piège tout en l'éloignant des Prussiens et de ses fidèles soldats. C'est pourquoi il décide d'accéder maintenant à sa demande, l'essentiel étant qu'il parte sans plus attendre [1].

Le 29 à l'aube, entre trois et quatre heures du matin, Decrès, toujours ministre de la Marine, porte enfin la bonne nouvelle à Napoléon. Deux frégates l'attendent à Rochefort et ont reçu l'ordre de lever l'ancre dès son embarquement. Son ancien ministre insiste sur l'arrivée imminente des alliés et la menace qu'elle représente pour sa sécurité. Napoléon fait savoir qu'il partira dans la journée. Mais Fouché ayant brusquement cédé à ses exigences, sans doute plus tôt qu'il ne l'avait prévu, l'Empereur se retrouve soudain saisi de vertige à la perspective de ce départ qui lui ôte toute chance de reconquête en l'éloignant du théâtre des combats.

Tandis qu'il prend ses dispositions, les acclamations d'une colonne de soldats l'appelant à prendre leur tête lui font entrevoir l'espoir d'une dernière chance. Il saisit le premier prétexte

---

à leur nommer un exécuteur qui ne fût pas moi. » Blücher s'inclinera en demandant que Napoléon lui soit livré. Gneisenau commente en termes ironiques : « Wellington s'oppose au supplice de Bonaparte, il pense et agit en vrai Anglais. L'Angleterre ne doit à personne plus de reconnaissance qu'à ce scélérat car, par les événements qu'il a menés, la grandeur et la richesse de l'Angleterre ont été augmentées. Il en a été autrement pour nous, Prussiens. Nous avons été appauvris par Napoléon. Notre noblesse ne s'en relèvera jamais. Mais qu'il en soit ainsi. »

1. Fouché écrit à Decrès au nom de la commission la lettre suivante dans la soirée du 28 : « De longs retards ayant eu lieu depuis la demande des sauf-conduits, et les circonstances actuelles faisant craindre pour sa sûreté personnelle, nous nous sommes déterminés à regarder comme non avenu l'article 5, de notre arrêté du 26 de ce mois. »

pour tenter le tout pour le tout : « La France, dit-il aussitôt, ne doit pas être soumise pour une poignée de Prussiens. Je puis encore arrêter l'ennemi et donner au gouvernement le temps de négocier avec les puissances. Après, je partirai pour les Etats-Unis afin d'y accomplir ma destinée. » Consultant les cartes, il juge d'un seul coup d'œil la faiblesse de la position prussienne, trop étirée et dont les avant-gardes, à une portée de fusil de Paris, peuvent être détruites au prix d'une vigoureuse contre-attaque. Il se voit déjà venger Waterloo, restauré dans sa gloire et maître de son destin, s'assurant une sortie par le haut, si loin de cette fuite misérable qu'on lui propose, sans garantie d'avenir, indigne de sa personne comme de son histoire. Aussi, après avoir revêtu son uniforme, propose-t-il à un Beker abasourdi d'aller à la commission transmettre sa requête : « Dites au gouvernement provisoire qu'il ne faut pas que Paris soit pris comme une misérable bicoque. Je réunirai l'armée, je l'électriserai, je repousserai les Prussiens, j'obtiendrai de meilleures conditions et je partirai cependant. Mon abdication est faite, je la tiendrai, j'en donne ma parole d'honneur, ma parole d'honneur de soldat. »

Aux Tuileries, Beker se heurte à la stupeur puis à la colère de ses interlocuteurs. Fouché explose : « Est-ce qu'il se moque de nous ? » demande-t-il avant d'ajouter : « S'il lui arrivait, en effet, d'obtenir quelque avantage, il voudrait à l'instant remonter sur le trône. [...] Ne serait-ce pas alors un beau spectacle que de voir ce grand homme incorrigible envelopper dans sa ruine l'armée, Paris, la France et nous-mêmes, plutôt que de tomber seul, cette fois ? »

Sèchement éconduit, sermonné pour avoir accepté de servir de porte-voix à Napoléon au lieu de s'en tenir à sa mission, Beker s'incline et retourne à Malmaison[1]. Il y découvre une

---

1. D'abord démissionnaire, Beker accepte d'exécuter ses instructions après avoir subi une sévère algarade du président du gouvernement provisoire : « Croyez-vous général, que nous soyons sur un lit de roses ? lui assène Fouché. Nous ne pouvons rien changer à la teneur des arrêtés dont l'exécution vous est confiée. Partez donc et transmettez à l'Empereur l'invariable résolution prise par nous de ne rien changer aux dispositions qu'ils renferment. »

ruche bourdonnante, excitée par la perspective du retour aux armes. L'Empereur — habit militaire, culotte blanche et bottes à l'écuyère — est sur le pied de guerre. Apprenant la fin de non-recevoir de la commission, il se montre plus déçu que surpris : « Ces gens-là sont étourdis de leur souveraineté postiche », lâche-t-il avant d'ajouter : « Ils me sacrifient, moi et la patrie, à leur orgueil, à leur vanité. Ils perdront tout. » Reprenant vite le dessus, il juge inutile de lutter davantage et donne l'ordre d'achever les préparatifs du départ. Fleury de Chaboulon lui avait demandé où il comptait se rendre : « J'irai aux Etats-Unis, avait répondu l'Empereur. On me donnera des terres ou j'en achèterai, et nous les cultiverons. Je finirai par où l'homme a commencé : je vivrai du produit de mes champs et de mes troupeaux. » Fleury, clairvoyant, lui prédit que l'Angleterre ne le laissera pas partir. L'Aigle blessé croit encore pouvoir s'envoler : « J'irai à Caracas, si je ne m'y trouve pas bien, j'irai à Buenos Aires, j'irai dans la Californie ; j'irai enfin de mer en mer, jusqu'à ce que je trouve un asile contre la malfaisance et la persécution des hommes [1]. » A Monge venu le visiter plus tôt, il avait affirmé sa volonté de se consacrer aux sciences et confessé : « Le désœuvrement serait pour moi la plus cruelle des tortures [2]. »

---

Fouché, avant de le congédier, lui demande qui a conseillé l'Aigle dans cette affaire Beker désigne Maret : « Je vois d'où est parti ce conseil, répond Fouché ; mais dites à l'Empereur que ces offres ne peuvent être acceptées, qu'il est de la plus grande urgence qu'il parte immédiatement pour Rochefort, où il se trouvera plus en sûreté que dans les environs de Paris. » Le duc d'Otrante, à la demande de Beker, adresse le billet suivant, rempli d'ironie, à Maret : « Le gouvernement provisoire ne pouvant accepter les propositions que le général Beker vient de lui faire de la part de Sa Majesté, par des considérations que vous saurez apprécier vous-même, je vous prie, M. le duc, d'user de l'influence que vous avez constamment exercée sur son esprit, pour lui conseiller de partir sans délai, attendu que les Prussiens marchent sur Versailles, etc. »

1. « Au fond, conclut l'Empereur, que voudriez-vous que je fisse ? Voulez-vous que je me laisse prendre ici comme un sot, par Wellington, et que je lui donne le plaisir de me promener en triomphe comme le roi Jean dans les rues de Londres ? Je n'ai qu'un parti à prendre, puisqu'on refuse mes services, c'est de partir. Les destins feront le reste. [...] Je sais que je pourrais me dire comme Annibal, délivrons-les de la terreur que mon nom leur inspire ; mais il faut laisser le suicide aux âmes mal trempées et aux cerveaux malades. Quelle que soit ma destinée, je n'avancerai jamais ma fin dernière d'un seul moment. »

2. « Désormais sans armée et sans Empire, je ne vois que les sciences qui puissent s'imposer fortement à mon âme, confie-t-il à Monge. Mais apprendre ce que les autres ont fait ne saurait me suffire. Je veux faire une nouvelle carrière, laisser des travaux,

L'Empereur déchu est enfin prêt pour le dernier voyage. La France ne pardonne pas les défaites. Après Louis XVI, échouant à Varennes en 1791 ; après Louis XVIII quelques mois plus tôt, avant Charles X, Louis-Philippe et Napoléon III, l'Empereur s'apprête à reprendre le chemin de l'exil. En cette fin d'après-midi du 29 juin, il se recueille durant quelques minutes dans la chambre de l'absente, Joséphine, la femme aimée alors qu'il n'était encore qu'un jeune général, solitaire et enfiévré. Tous deux marqués du sceau de l'exil, aristocrates portés par la vague révolutionnaire, leurs destins mêlés dans l'ascension des plaines d'Italie jusqu'à l'apogée de Wagram. Il prend ensuite congé de sa mère et d'Hortense qui lui offre un collier de diamants d'une valeur de deux cent mille francs. Quelques braves viennent le saluer en larmes. On est loin de la magnificence des adieux de Fontainebleau. Habillé en bourgeois, un chapeau rond sur la tête, il s'engouffre vers cinq heures de l'après-midi dans une modeste berline jaune à quatre places où l'accompagnent Bertrand, Beker et Savary. Accablé, il reste muet jusqu'à l'arrivée nocturne à Rambouillet.

Le soir même, les hussards prussiens investissent Malmaison. Pendant ce temps, à Rochefort, un autre piège est en train de se refermer : « Pendant que le convoi, parti de la Malmaison, se hâtait d'une course assez inégale, note Villemain, les vaisseaux anglais, trente navires au moins, de toute grandeur, se rapprochaient partout du point d'arrivée, pour guetter le futur captif. » Une autre histoire se joue désormais sans lui, entre Fouché d'un côté, Talleyrand et Louis XVIII de l'autre [1].

---

des découvertes dignes de moi. Il me faut un compagnon qui me mette d'abord et rapidement au courant de l'état actuel des sciences. Ensuite, nos parcourrons ensemble le nouveau continent depuis le Canada jusqu'au cap Horn, et dans cet immense voyage, nous étudierons tous les grands phénomènes de la physique du globe. »

1. Comme le remarquera le lecteur, chaque protagoniste du drame est éclairé à tour de rôle. D'où le choix de traiter la chute politique de Napoléon avant de voir œuvrer Fouché à Paris puis Talleyrand et Louis XVIII sur la route du retour. Nous traiterons ensuite de l'avènement de la Restauration, conclusion politique des Cent-Jours, avant de suivre Napoléon dans son dernier voyage. Si cette présentation oblige à quelques allers et retours (d'où une chronologie sommaire à la fin de cet ouvrage), elle paraît préférable à une stricte présentation chronologique des faits qui sont d'une telle densité

Avant de revenir sur les derniers jours de l'Empereur sur le sol français, c'est leur aventure respective qu'il faut maintenant conter, le duc d'Otrante officiant à Paris tandis que le prince de Bénévent s'applique à prendre le pouvoir au sein de la petite Cour royale déjà sur le chemin du retour.

---

et mettent en scène tellement d'acteurs qu'ils finissent par opacifier le propos et interdisent de lire dans le jeu respectif des quatre grands acteurs de la dernière phase. Cette approche semble enfin plus fidèle à une époque qui ne connaît pas encore l'information en temps réel. Il faut donc manier la chronologie avec la plus grande prudence et notamment éviter des rapprochements de dates qui faussent la perspective concernant des acteurs évoluant dans leur sphère particulière : Fouché à Paris, Louis XVIII de Gand vers la capitale, bientôt rejoint par Talleyrand venu de Vienne, Napoléon de Malmaison à Rochefort. Chacun d'entre eux, s'il se préoccupe naturellement des autres, est d'abord absorbé par son horizon propre.

## CHAPITRE IX

## LE MARCHÉ DE DUPES

> « Quand les honnêtes gens ne savent pas comprendre et accomplir les desseins de la Providence, les malhonnêtes gens s'en chargent. »
>
> GUIZOT.

### Le sacre du régicide

En obtenant l'abdication puis le départ de Napoléon, le duc d'Otrante vient de remporter une victoire décisive mais n'a point, loin s'en faut, gagné la partie. Certes l'éternel second rôle passe enfin à l'avant-scène, mais il doit maintenant naviguer à vue à travers les écueils dressés par les royalistes et les alliés tout en affrontant les orages qui se déchaînent sur le pays. A cet instant, l'éclatement des forces politiques en d'innombrables factions haineuses sert ses intérêts. Ne s'impose-t-il pas plus que jamais comme le seul trait d'union possible entre les partis ? Toutefois, la mer reste démontée et le capitaine peut craindre, si le navire chavire, de se voir emporté avec lui par le fond.

La commission de gouvernement, sous l'influence de Carnot, risque de se retourner contre lui ainsi que la Chambre des représentants si elles découvrent qu'il œuvre dans l'ombre en faveur de la Restauration[1]. L'armée gronde de son côté et

---

1. « S'il nous trahit, je lui brûlerai la cervelle », affirme par exemple le général Grenier.

Davout contient difficilement son ardeur belliqueuse, excitée par la volonté de revanche. La tâche de Fouché paraît plus ardue que celle de Talleyrand en 1814. Mais le duc d'Otrante, on l'a vu, sait piloter au gré des circonstances, en particulier dans ces moments de crise où il donne la mesure de ses capacités [1]. Pour se hisser à la hauteur de l'événement, à défaut de pouvoir mobiliser comme Napoléon autour d'un idéal commun, il sait marier mensonge et vérité, à la fois séduire et circonvenir, mais aussi faire preuve d'autorité et de résolution. Il pressent que, poussés par la peur, la plupart des opposants à la dynastie sacrifieront leur conviction à leur intérêt, entraînant dans leur sillage une clientèle moutonnière. Quant au peuple et à l'armée, ils ne bougeront pas en l'absence de chefs pour les conduire. C'est pourquoi le nouveau président entend maintenant surveiller de près La Fayette et Carnot, les seuls dont la notoriété puisse encore lui faire ombrage.

La négociation d'un armistice s'avère la tâche la plus urgente. Prussiens et Anglais convergent vers la capitale [2]. Du fait de l'abdication, la question de la résistance militaire à l'envahisseur ne se pose cependant plus dans les mêmes termes : il ne s'agit plus de vaincre ou mourir mais de connaître le prix de la paix. La chute de l'Aigle suffira-t-elle à calmer les alliés ou alors, reniant leurs promesses, feront-ils de la restauration de Louis XVIII la condition sine qua non de la cessation des hostilités ? Fouché n'en doute guère, mais veut en avoir confirmation le plus tôt possible. En rapport depuis longtemps avec Metternich, il développe ses liens avec Wellington qui, depuis Waterloo, s'affirme comme l'homme fort de la coalition. Il lui dépêche à plusieurs reprises un de ses meilleurs agents, Macirone, pour sonder ses intentions.

---

1. « L'histoire, en condamnant Fouché, ne pourra lui refuser pendant cette période des Cent-Jours, une hardiesse d'attitude, une supériorité dans le maniement des partis et une grandeur dans l'intrigue qui le placeraient au premier rang des hommes d'Etat du siècle, s'il pouvait y avoir de véritables hommes d'Etat sans dignité de caractère et sans vertu », écrira Lamartine à son propos.
2. Leurs avant-gardes occupent Aubervilliers, Chatou, Marly et Saint-Germain le 30 juin.

La réponse du « duc de fer » tombe quelques jours plus tard, dépourvue de toute ambiguïté : « Dites à la commission de gouvernement que ce qu'ils ont de mieux à faire est de proclamer sur-le-champ le roi. Je ne puis traiter d'un armistice, ajoute-t-il, sous aucune autre condition. Leur roi est près d'ici ; qu'ils lui envoient leur soumission [1]. »

Wellington fait figure, aux côtés du duc d'Otrante, de principal artisan du retour de Louis XVIII. Les Bourbons, pacifiques et soucieux de l'équilibre européen, constituent à ses yeux le meilleur rempart contre la Révolution et l'esprit de conquête qui saignent l'Angleterre en l'obligeant à financer la coalition depuis plus de vingt ans. Le généralissime anglais, fort de l'aura acquise à Waterloo, s'érige en arbitre du destin national et sauveur de la monarchie, artisan d'une restauration qu'il souhaite libérale et la plus nationale possible, à rebours de l'opinion des ultras déjà avides de vengeance. Talleyrand et Fouché, comme le roi, trouvent en lui leur meilleur allié, une sorte de Monk [2] de la seconde Restauration.

Il reste à s'imposer dans la négociation délicate qui s'engage. Le duc d'Otrante compte s'appuyer sur l'intérêt conjoint des autres protagonistes — la dynastie et les alliés — qui doivent recourir à sa médiation afin d'éviter tout reproche de collusion. Imposer le roi par la force des baïonnettes étrangères reviendrait à condamner la dynastie à plus ou moins brève échéance. Mieux vaut donc ne pas insulter l'avenir et favoriser la conclusion d'un pacte entre le roi et la France nouvelle sous l'égide de Fouché. Lui seul semble capable de

---

1. Cette réponse est faite le 30 juin. Aux plénipotentiaires envoyés pour négocier un armistice, Wellington fait la même déclaration en langage plus diplomatique : « L'Europe n'a d'espoir de conserver la paix si toute autre personne que le roi est appelée au trône de France ; toute personne ainsi appelée devrait être considérée comme un usurpateur ; elle chercherait à détourner l'attention du pays de l'illégitimité de son titre par la guerre et les conquêtes à l'étranger ; les puissances de l'Europe devraient, dans ce cas, se mettre en garde contre un pareil mal... »
2. Monk fut le général anglais qui restaura les Stuarts après le protectorat de Cromwell. Wellington prend nettement parti dès le 20 juin en proclamant à son armée que les souverains européens sont les alliés du roi de France. Son rôle central est notamment souligné par Talleyrand dans une lettre écrite le 3 juillet à la duchesse de Courlande : « Wellington a fait tout seul les affaires de tout le monde. »

lever les obstacles majeurs — hostilité de l'armée et des chambres — qui se dressent pour empêcher le retour de Louis XVIII.

Les militaires rêvent d'engager la bataille de Paris. Bien que l'échec paraisse inévitable à terme, la situation militaire, dans les derniers jours de juin, laisse encore espérer un sursaut victorieux. Grâce au retour du corps de Grouchy[1], soixante-quinze mille hommes se regroupent à la fin juin autour de la capitale, tandis que les Prussiens, pourtant partis plus tôt que les Anglais, n'ont pas encore achevé leur concentration et constituent, on l'a dit, une proie aisée à surprendre.

Quant à l'antiroyalisme des parlementaires, il vient encore d'être prouvé par la désignation d'une majorité de régicides au sein de la commission de gouvernement. Ne siègent-ils pas en vertu de l'Acte additionnel qui interdit le rétablissement des Bourbons sur le trône ? Les blancs, qui s'étaient majoritairement abstenus lors des élections, ne sont qu'une poignée dans les deux chambres. Si l'on sait que la majorité, libérale et néo-jacobine, ne veut pas plus de Louis XVIII que de Napoléon, il n'est pas facile de discerner ses aspirations réelles entre la République, Napoléon II ou Louis-Philippe. L'absence de partis politiques structurés et de volonté forte favorisent le jeu de Fouché. Incapables de se choisir un souverain, les parlementaires se sont entendus pour établir une constitution dans l'espoir de poser leurs conditions aux dirigeants futurs. Le président du gouvernement provisoire les pousse dans ce sens, trop heureux de les écarter à peu de frais des négociations qu'il mène en grand secret avec Wellington et le roi. Il compte les placer devant le fait accompli et se les concilier le moment venu, en obtenant du monarque qu'il consente à accepter la majorité des articles votés par eux dans l'intervalle. Ainsi espère-t-il duper les parlementaires tout en se servant d'eux pour faire pression sur Louis XVIII. Ce

---

1. Plus de 25 000 hommes et 100 pièces de canon, selon Henry Houssaye qui donne l'état précis pour le 28 juin : « L'armée du Nord rentrée dans Paris était encore de 56 000 hommes. La garnison comprenait 5 300 hommes des dépôts de la garde, 10 000 des dépôts de la ligne, 4 000 canonniers de la marine et de la ligne »

« Janus bifrons » (Houssaye) escompte que la Chambre finira, comme il l'a fait lui-même, par accepter la Restauration par défaut.

La République n'a aucune chance. Les libéraux — qu'ils soient proches des bonapartistes comme Constant ou des républicains comme La Fayette — gardent la hantise de la Convention. Derrière le peuple pointe toujours l'ombre du barbare ; c'est la plèbe qu'incarnent les fédérés et sans-culottes dressés contre l'ordre bourgeois. La République est donc rejetée par ces parlementaires, pour beaucoup vétérans de la Révolution ralliés à l'ordre napoléonien dans l'espoir de préserver leurs intérêts. Dans ce contexte, l'hypothèse Napoléon II aurait pu sembler séduisante à certains. Son âge et son éloignement justifieraient la formation d'un conseil de régence où les principales personnalités du temps ne manqueraient pas d'être réunies. Mais Fouché et la plupart des notables ont dû y renoncer devant l'hostilité résolue des alliés[1].

En revanche, la candidature de Louis-Philippe rencontre un succès certain car elle semble réaliser l'alchimie entre la monarchie et la Révolution. Né en 1773, Louis-Philippe a donné des gages à la Révolution en combattant aux côtés de Dumouriez à Valmy et Jemmapes, titres de gloire qu'il ne manque pas d'afficher. Par son père, Philippe-Egalité, conventionnel par ambition, régicide par lâcheté, comploteur inconsistant et falot, il cousine avec ce « syndicat du crime » des anciens conventionnels régicides, ces « votants » dont Fouché est l'incarnation et qui occupent le pouvoir sans discontinuer depuis 1793. Comme le résume Mme de Rémusat dans une formule lapidaire : « Il est du sang des Bourbons et il en est couvert. »

Menacé par les Jacobins, le duc d'Orléans s'est résolu à

---

1. Même l'Autriche, qui y a longtemps été favorable, la rejette tant le spectre d'un nouveau Vol de l'Aigle hante les esprits.

émigrer en 1792 et, après une période d'isolement forcé, a choisi de faire allégeance à Louis XVIII. Il s'est soumis toutefois sans se renier puisqu'il a refusé de porter les armes contre sa patrie et courtise les libéraux avec assiduité. Son passé tricolore et sa modération plaident en sa faveur. Sa candidature tire par ailleurs argument du précédent historique anglais, la *glorious revolution* qui obsède les libéraux. N'a-t-elle pas permis en 1688 le remplacement de la branche aînée, les Stuarts, par la cadette de la maison d'Orange à l'appel du Parlement ? Dès cette époque Louis-Philippe dispose de nombreux sympathisants en France, notamment les proches du groupe de Coppet comme le duc de Broglie ou le jeune Charles de Rémusat, ses futurs ministres. Talleyrand lui est secrètement favorable, tout comme Fouché. Il incarne la Révolution raisonnable, celle de la Constituante chère aux amis de Mme de Staël, et s'est en outre fortement dissocié des ultras durant la première Restauration, confortant sa popularité naissante.

Conscient du danger, Louis XVIII, on l'a vu, a cherché à marginaliser son rival en le plaçant sous le commandement du comte d'Artois au début du Vol de l'Aigle. Humilié, Louis-Philippe a renoncé à suivre le roi à Gand et s'est plaint avec hauteur des fautes commises par les ultras. Fouché lui dépêche aussitôt des agents tandis que le tsar se déclare favorable à son avènement. Mais l'Angleterre et l'Autriche refusent de soutenir cette usurpation de bonne famille. Louis-Philippe va-t-il passer outre et tenter de prendre Louis XVIII de vitesse avec le concours du duc d'Otrante ? D'une intelligence brillante, le chef de la branche cadette juge sa situation trop faible pour prendre un pareil risque. Il manque encore de réseaux et d'expérience. En butte à l'hostilité de Wellington, des ultras, des bonapartistes et des républicains, il ne fait même pas l'unanimité dans son propre camp. La Fayette par exemple répugne à le soutenir en raison de la haine qu'il portait à Philippe-Egalité dont le souvenir poursuit Louis-Philippe et le dissuade de se prêter au jeu de la conspiration. En s'alliant avec les Jacobins pour abattre Louis XVI, son père a souillé son nom et compromis sa cause pour finir abandonné de tous sur l'échafaud. Le chef des Orléans est résolu à ne pas commettre la même faute en signant un pacte diabolique avec Fouché qui, en l'asservissant corps et âme aux anciens Jacobins, équivaudrait à un nouveau régicide, politique cette fois. Hanté par son passé et lucide sur les difficultés du présent, il préfère semer pour l'avenir. En se démarquant du roi comme des ultras, il choisit de mettre le temps de son côté, convaincu que, pour poser la couronne sur sa tête, il lui faudra la ramasser dans le ruisseau. S'il connaît l'habileté de Louis XVIII, il spécule sur l'entêtement réactionnaire de son cadet. Par pragmatisme, il fait donc le choix de la loyauté : loyauté envers ses aînés, loyauté envers son passé libéral, ce qui le pousse à attaquer les ultras tout comme à rejeter les avances des régicides.

Puisque la république a laissé un goût amer, que l'Empire est condamné par la défaite et l'orléanisme interdit par la dérobade de son chef, il ne reste donc encore et toujours que les Bourbons : ils bénéficient du soutien des alliés victorieux, de la modération appréciée du roi ainsi que de l'appui de Talleyrand qui vaut tous les viatiques. Les esprits clairvoyants connaissent, dès Waterloo, la fin de l'histoire. Napoléon notamment n'a jamais douté du retour de Louis XVIII. Les alliés à Paris exigeront, comme garantie de leur tranquillité, la restauration du monarque pacifique qui, par le baume de la Charte, anesthésie cet esprit révolutionnaire qu'ils veulent extirper. Les autres combinaisons menacent leur sécurité car elles légitiment 1789. C'est pourquoi Fouché, qui a fait ses calculs de longue date, se tourne résolument vers eux : « Que les Bourbons reviennent, rien de mieux, confie-t-il alors à Pasquier, il le faut même, mais avec de bonnes conditions, nettement exprimées, solidement garanties, et qui soient la sauvegarde de tous les droits, de tous les intérêts, de toutes les existences [1]. »

En volant au secours de la victoire, il peut encore espérer jouer un rôle, éviter la corde ou l'exil que semble lui pro-

---

[1]. « On ne retombera pas cette fois dans la faute qu'a faite, l'année dernière, M. de Talleyrand », ajoute Fouché.

mettre son passé : « Les Bourbons n'étaient pas sa préférence, mais sa prévision, résume Thiers. Les regardant comme inévitables, il était résolu à travailler à leur rétablissement, pour s'en ménager les avantages. » L'hostilité ambiante lui permet de faire monter les enchères tant vis-à-vis des alliés que de la Cour de Gand. Il dépend largement de son bon vouloir que le retour du roi prenne la figure pacifique d'Henri IV ou celle, hideuse, d'une nouvelle Saint-Barthélemy. Ce « pacificateur » servirait la royauté en offrant à Louis XVIII la fiction d'un retour librement consenti, indépendant des fourgons de l'étranger. Son ralliement permet enfin à la monarchie de séduire la clientèle traditionnelle de la Révolution et de l'Empire, en l'assurant que tout risque de contre-révolution est écarté[1].

La route du chef du gouvernement reste cependant semée d'embûches. A première vue, son objectif semble même impossible à atteindre. Il lui faut à la fois s'imposer à Louis XVIII et faire admettre la Restauration à une capitale qui déteste la famille royale tout en préservant Paris de la destruction, que ce soit par les alliés ou par un coup d'Etat militaire dont la perspective peut séduire une armée désespérée par la chute de son maître. Ainsi, Fouché risque à tout moment de devenir la victime expiatoire des événements.

Dans le chaos de la crise, les événements mènent souvent les hommes. Le génie de Fouché va consister à donner l'illusion qu'il les conduit lui-même alors qu'il subit, comme les autres, la situation militaire et les humeurs populaires. « Il était curieux, constate Vitrolles, d'observer le plaisir et la vanité de ce joueur de grandes parties ; il en trouvait une digne de lui par son importance, ses dangers, et la grandeur de l'enjeu. » Chef provisoire d'un gouvernement fantoche, sans sou-

---

1. « On a mis face à face l'Ancien Régime et les Constitutions de l'Empire, dit alors Fouché à son entourage. J'espère qu'on renverra bientôt les deux plaideurs dos à dos, et qu'il sortira de tout cela quelque chose de plus conforme aux besoins et aux lumières du siècle. »

tiens ni légitimité, ce magicien se donne des marges de manœuvre, jouant des passions pour se poser en arbitre et de la peur pour s'afficher en sauveur. Dans un pays gagné par la lassitude, il a tôt fait de souffler sur les cendres révolutionnaires pour obtenir du roi des concessions qui lui permettront de satisfaire sa clientèle. De même, il se targue de ses bonnes relations avec les royalistes et les alliés pour promettre aux Jacobins une issue favorable.

Fouché a engagé dès le 24 juin les négociations décisives avec les royalistes et retenu Vitrolles comme interlocuteur privilégié. Par son intermédiaire, il compte prendre Louis XVIII à revers en se ralliant l'aile dure du pavillon de Marsan, a priori la plus hostile à sa personne en raison de son passé régicide. Son choix se révèle habile. D'abord, cet ultra notoire et conseiller écouté tant de Louis XVIII que du futur Charles X lui doit, on s'en souvient, la vie. Arrêté à Toulouse où il dirigeait les opérations de résistance à l'Empereur, il n'a dû son salut qu'à son intervention. L'envoi de Mme de Vitrolles à Gand pour divulguer cette bonne nouvelle a permis de faire connaître ses mérites et de mettre en exergue ses bonnes dispositions. Avec Vitrolles, le duc d'Otrante trouve une âme sœur, éprise d'intrigues. L'homme aime les situations de crise et a le goût du secret. Assez puissant pour commander les royalistes parisiens, il ne l'est toutefois pas assez pour lui porter ombrage. Enfin, il a de l'expérience, ayant œuvré à l'accomplissement de la première Restauration. En résumé, c'est l'homme idoine, tant pour gagner les ultras que pour modérer leurs ardeurs. Fouché craint en effet que les royalistes, benoîtement, ne se découvrent trop tôt et ne se mettent, drapeau blanc en tête, à parcourir triomphalement les rues de la capitale pour chercher querelle aux bonapartistes. Etant donné l'extrême tension des esprits, une telle initiative risquerait d'engendrer un bain de sang.

Fouché sollicite d'emblée de son nouvel allié une confiance

aveugle : « Vous allez trouver le roi, lui dit-il, vous lui direz que nous travaillons pour son service, et lors même que nous n'irions pas tout droit, nous finirons bien par arriver à lui. Dans ce moment, il nous faut traverser Napoléon II, probablement après, le duc d'Orléans, mais enfin nous irons à lui.

— Comment, répond Vitrolles avec vivacité, vous en êtes là ! Ne trouvez-vous pas cette malheureuse couronne de France assez traînée dans la boue ? Voulez-vous la promener d'une tête à l'autre, et sur quelles têtes !

— Je ne vous dis pas, reprend Fouché, que c'est précisément ce que je voudrais ; mais c'est ce que je prévois qui arrivera. »

Les deux complices passent ensuite aux choses sérieuses. Vitrolles réclame des garanties : protection individuelle, passeports pour circuler librement, réunions régulières avec Fouché. Moyennant quoi, il s'offre à conduire les négociations au nom des royalistes parisiens tout en prenant langue avec le roi, déjà en route pour la capitale : « Ah parbleu ! dit Fouché, c'est une idée. Vous ici c'est très bien. Les pauvres petits royalistes de Paris vont être enchantés. [...] Pour répondre à vos conditions, je vous dirais que votre tête sera aux mêmes crochets que la mienne ; si je sauve l'une, je vous garantis l'autre. Mais je vous préviens que la mienne est passablement menacée. Tous les forcenés de l'armée, les Flahaut, les Exelmans, ont juré de me faire un mauvais parti. Quant aux passeports, je vais vous en faire délivrer cinquante dont vous ferez l'usage qu'il vous plaira ; et pour nous voir, ce n'est pas une fois, c'est deux et trois fois par jour, en tout temps, en toute heure, quand vous voudrez. »

Vitrolles, exalté par l'enjeu, flatté d'avoir été désigné par un politique de cette envergure, s'empresse de donner ses consignes aux autres chefs royalistes comme le baron Pasquier ou Hyde de Neuville : motus et discrétion, en attendant l'arrivée des alliés. Fouché, gagné à leur cause, se charge de déminer la situation intérieure. Toutefois, les contacts fréquents entre les deux hommes sont rapidement éventés. Carnot, indigné de la duplicité de son collègue, le prend à partie lors d'une réunion :

« Croyez-vous, dit-il exaspéré à Fouché, constituer à vous seul la commission de gouvernement ? Etes-vous si pressé de livrer la France aux Bourbons, et le leur avez-vous promis ?

— Et vous, réplique aigrement le duc d'Otrante, croyez-vous servir le pays par une velléité de résistance vaine ? Je vous déclare que vous n'y entendez rien. »

Fouché, démasqué, accepte que Vitrolles soit de nouveau décrété d'arrestation. Pour parer le coup, il le fait prévenir et continue à le rencontrer en secret. Le 29 juin, une délégation de généraux et de parlementaires, venus apporter une adresse à l'armée, pénètre dans le cabinet de Davout tandis qu'il confère avec l'agent royaliste. Le maréchal, mal à l'aise, balbutie des explications embarrassées qui ne trompent personne : « Nous ne supporterons jamais les Bourbons, vocifère le général Dejean. Nous nous ferons tuer jusqu'au dernier plutôt que de subir cette honte[1]. » Davout s'empresse de faire sortir Vitrolles puis s'efforce de ramener le calme.

Ces incidents servent Fouché car ils prouvent à quel point la Restauration suscite des réactions hostiles. Ils confirment, si besoin était, la position charnière du duc d'Otrante, seul homme capable de dénouer la crise et qui, à ce titre, doit être ménagé par les royalistes avant d'être un jour récompensé à la hauteur de ses immenses services[2]. Mais ils montrent aussi

---

1. Dix-sept généraux publient une adresse hostile à Louis XVIII dont la Chambre vote l'impression à 20 000 exemplaires. Parmi ces généraux : Vandamme, Roguet, Pajol et d'Erlon. Davout se croit obligé d'apposer sa signature. Rédigée par le général Fressinet, elle rejette la famille royale : « On voudrait nous imposer les Bourbons, et ces princes sont rejetés par l'immense majorité des Français. Ils ont traité l'armée en rebelle. Si l'on pouvait souscrire à leur rentrée, on aurait signé le testament de l'armée qui pendant vingt années a été le palladium de l'honneur français. »
2. Le tableau le plus équitable du rôle de Fouché a été donné par Guizot dans ses *Mémoires* : « Sous le coup de la nécessité et au milieu de l'impuissance générale, il se rencontre toujours des esprits corrompus, sagaces et hardis, qui démêlent ce qui doit arriver, ce qui se peut tenter, et se font les instruments d'un triomphe qui ne leur appartient pas naturellement, mais dont ils réussissent à se donner les airs pour s'en approprier les fruits. Le duc d'Otrante fut, dans les Cent-Jours, cet homme-là : révolutionnaire devenu grand seigneur et voulant se faire sacrer, sous ce double caractère, par l'ancienne royauté française, il déploya, à la poursuite de son but, tout le savoir-faire et toute l'audace d'un roué plus prévoyant et plus sensé que ses pareils. Peut-être aussi, car la justice doit avoir ses scrupules, même envers les hommes qui n'en ont point, peut-être le désir d'épargner à son pays des violences et des souffrances inutiles ne fut-il pas étranger à cette série de trahisons et de volte-face imperturbables

à quel point sa tâche reste dangereuse car si les parlementaires, discrédités pour avoir fait tomber l'Empereur, sont des adversaires négligeables, il en va tout autrement pour l'armée, dont le poids augmente chaque jour.

En mars précédent, elle a fait Napoléon et défait Louis XVIII. Tant qu'elle se maintiendra sur place, le roi ne pourra pas rentrer, à moins, selon l'expression célèbre de Bonaparte, de marcher sur cent mille cadavres. A cette première raison, qui pousse Fouché à vouloir conclure au plus vite l'armistice, s'ajoute sa conviction d'une défaite inéluctable. Il juge préférable de négocier maintenant avec plus de soixante-dix mille hommes sous les armes — en agitant devant les alliés le spectre d'une sanglante bataille de rues[1] — plutôt que d'attendre la débâcle, ce qui rendrait les conditions de paix encore plus draconiennes. Le ministre de la Guerre partage cette conviction : « Je ne doutais pas, écrira Davout, que l'on ne pût gagner une bataille sous les murs de Paris et consoler par un succès momentané les douleurs de la patrie. Si je n'avais écouté que l'intérêt de ma gloire militaire, je n'aurais pas hésité à profiter de la chance qui m'était offerte. Mais la victoire n'eût servi qu'à moi seul. »

En effet, après les Prussiens et les Anglais, les armées autrichienne et russe avancent à marche forcée vers la capitale. D'ici à quelques semaines, plus de cinq cent mille hommes encercleront Paris[2]. Non seulement Davout prône la capitulation mais encore, habilement circonvenu par le maréchal Oudinot, il soutient désormais la Restauration comme la seule

---

à l'aide desquelles, trompant et jouant tour à tour Napoléon, La Fayette et Carnot, l'Empire, la République et la Convention régicide, Fouché gagna le temps dont il avait besoin pour s'ouvrir à lui-même les portes du cabinet du roi, en ouvrant au roi celles de Paris. »

1. Fouché multiplie pour ce faire les rodomontades, envoie des commissaires rallier les armées, publie des appels à la mobilisation. Un arrêté de la commission du 25 juin ordonne ainsi : « Tous les militaires absents de leurs drapeaux se réuniront sur-le-champ au corps d'armée le plus voisin ; et si ce corps est trop éloigné, ils devront se rendre à Paris. »

2. Le feld-maréchal bavarois de Wrède passe la Sarre dès le 23 juin à la tête du IVe corps de Schwarzenberg. Le premier corps de l'armée autrichienne se heurte le 26 juin à celui du général Lecourbe à Trois-Maisons, près d'Altkirch. Le lendemain, le quatrième corps de l'armée russe, commandé par le général Rajewski, franchit le Rhin. Il est suivi par le tsar, le roi de Prusse et l'empereur d'Autriche.

issue possible. Or Davout ne saurait être suspecté de royalisme ; son hostilité aux Bourbons est de notoriété publique. Son ralliement se révèle donc essentiel pour Fouché, d'abord parce qu'il conforte ses thèses, ensuite parce qu'il lui permet, en raison de l'autorité intacte du maréchal sur la troupe, d'envisager avec une relative sérénité la suite des événements.

La Restauration pacifique manque de s'accomplir le 27 juin au matin. Davout, devant la commission réunie par Fouché à cet effet, propose d'appeler Louis XVIII sur le trône avant l'arrivée des alliés. Mais il pose des conditions préalables qui sont irrecevables pour les tenants de la légitimité : acceptation de la cocarde tricolore, garantie de la Légion d'honneur, oubli de tous les actes et opinions depuis le 20 mars, maintien des deux chambres dans leur état actuel et conservation de l'armée sans licenciements abusifs[1]. Le programme a beau reprendre les exigences édictées par le Sénat l'année précédente, il pèche par irréalisme. Car les circonstances ont changé. Le roi ne paraît plus cette fois en prétendant mais en souverain victime d'une trahison. Accepter les exigences de Davout reviendrait à placer le trône sous la tutelle des intérêts et du personnel politique issu de la Révolution et de l'Empire, ce que le monarque a toujours considéré comme incompatible avec sa légitimité. Le roi reste disposé à des concessions mais toujours pas à transiger avec les principes. Il ne peut donc être question de la large amnistie réclamée par le maréchal, ni du maintien des chambres établies par l'Acte additionnel. L'armée, demeurée la bête noire des royalistes, ne saurait davantage, une fois la paix obtenue, être conservée sur le pied de guerre. Quant à la cocarde, le roi veut moins que jamais en entendre parler.

Vitrolles, consulté par Davout, se garde pourtant bien de le

---

[1]. Davout récapitule la demande de garanties qu'il avait adressée la veille à Oudinot. S'ajoutent aux conditions ci-dessus énumérées la rentrée du roi à Paris sans troupes étrangères, « des sûretés pour Napoléon et sa famille », « la conservation de toutes les places et fonctions civiles et militaires aux titulaires actuels ».

décourager. Il lui assure, comme Oudinot l'a déjà fait, que le monarque n'a qu'un but, réconcilier les Français autour de son trône, et qu'il évitera à cet effet toute réaction inutile. Pour les royalistes comme pour Fouché, l'essentiel alors est de conclure l'armistice sans attendre, quels qu'en soient les moyens, afin d'éloigner la défunte Grande Armée de la capitale.

On semble sur le point d'opter pour la Restauration quand arrive à l'improviste un message envoyé par La Fayette et les autres plénipotentiaires [1] dont on avait perdu la trace et, pour tout dire, presque oublié l'existence. Ces parlementaires, ballottés d'avant-poste en avant-poste, ont cependant fini par rencontrer des officiers de l'état-major de Blücher. Entendant ce qu'ils voulaient bien entendre, ils ont pris pour argent comptant les vagues engagements qu'ils ont reçus sur la neutralité de la coalition. Ils s'imaginent que, Napoléon étant abattu, la France est libre de désigner le souverain de son choix [2]. Vaines promesses que Wellington, on le sait, ne va pas tarder à démentir en précisant à ses interlocuteurs que, sauf restauration de Louis XVIII, les puissances démantèleront la nation et lui feront payer cher sa rébellion du printemps. En attendant, les émissaires s'illusionnent. On peut, selon eux, toujours se passer des Bourbons. Embarrassé, Davout retire immédiatement sa proposition. Fouché en éprouve un soulagement discret car il redoutait d'être placé devant le fait accompli par son ministre de la Guerre et de perdre ainsi son rôle de sauveur de la monarchie. En outre, Napoléon est encore à ce moment présent à Malmaison et Fouché ne souhaite pas dévoiler ses

---

1. Leurs instructions, rédigées par le ministre des Affaires étrangères Bignon, prévoient d'écarter Louis XVIII au profit de Napoléon II comme de garantir la sûreté et l'inviolabilité de l'Empereur dans sa retraite. Mais Fouché, qui les rencontre le 24 juin avant leur départ, leur a spécifié qu'ils pouvaient s'en écarter. Ouvrant la réunion du 27 juin, Fouché fait nommer cinq commissaires nouveaux : Flaugergues, les généraux de Valence et Andréossy, Boissy d'Anglas et La Besnardière.
2. Les entretiens datent du 26 juin. La dépêche précise que « le prince Blücher nous a fait déclarer par ses aides de camp que la France ne serait en aucune manière gênée dans le choix de son gouvernement. Nous avons l'espérance de voir prendre un cours heureux à une négociation dont nous ne nous dissimulons cependant pas les difficultés ».

batteries avant son départ et la dispersion de l'armée. Il répugne enfin à proclamer le roi sans avoir obtenu des garanties préalables.

Cependant, la réunion ne passe pas inaperçue. Tandis que la rente monte de trois francs[1], la rumeur d'une restauration se répand, rendant le jeu de Fouché de plus en plus serré. Des officiers crient à la trahison, des députés viennent même trouver Carnot le 27 juin au soir pour lui proposer de décréter d'accusation le chef du gouvernement provisoire. Mais Carnot refuse de devenir un nouveau Robespierre : « Point de têtes, répond-il à ses interlocuteurs ; s'il en tombe une seule, il en tombera mille, et nul ne pourra l'empêcher[2]. »

En attendant, ces mécontentements croissants risquent de se fédérer contre le duc d'Otrante. Agent double placé entre la Révolution et les Bourbons, chaque jour davantage exposé, Fouché doit maintenant en finir sous peine d'être emporté. Avant cela, il lui faut connaître le nom de son correspondant officiel dans le camp royaliste, Vitrolles ne représentant que les légitimistes de Paris. La nouvelle de Waterloo — en entrebâillant la porte du retour — a déchaîné les ambitions au sein de la Cour de Gand. La lutte entre constitutionnels et ultras s'avive chaque jour, doublée de la cabale contre Blacas. Parfaitement au courant des divisions des « amis du roi », Fouché attend de voir dans quel sens va tourner le vent avant de brûler ses vaisseaux. Si Monsieur reste le chef avoué des ultras, Talleyrand incarne de son côté la ligne modérée favorable à la réforme de la Charte et au maintien du personnel politique impérial. Par le hasard du destin, une nouvelle fois le sort

---

1. La hausse continue les jours suivants puisque l'on passe selon Henry Houssaye de cinquante-neuf francs le 28 juin à soixante-quatre francs le 30.
2. Deux députés, Félix Desportes et Durbach — informés des pourparlers en faveur des Bourbons —, viennent faire une scène au duc d'Otrante le 28 juin au matin. Desportes s'écrie : « Les plus violents soupçons s'élèvent de toutes parts contre vous. On vous accuse de trahison et d'intelligence avec les ennemis de la patrie. » Fouché répond : « Ce n'est pas moi qui trahis ; c'est la bataille de Waterloo, ce sont les événements qui nous trahissent. Mais moi quoi qu'il arrive, je ne cesserai pas d'être fidèle à la cause nationale. »

du duc d'Otrante reste suspendu à celui du prince de Bénévent[1].

## Le retour de la Cour

Talleyrand s'est attardé le plus possible au congrès de Vienne, gardant ses distances avec la Cour de Gand et jurant qu'il ne ralliera le roi qu'aux conditions qui lui ont été refusées en 1814. Il veut la présidence du Conseil et souhaite s'assurer de l'indispensable solidarité ministérielle sans laquelle cette fonction n'est rien. Il entend ainsi s'affirmer comme le chef d'un gouvernement autonome vis-à-vis du monarque, appuyé sur une majorité parlementaire qu'il se fait fort de souder autour d'un programme de révision libérale de la Charte. Cette ambition se légitime à ses yeux par les succès qu'il vient de remporter au Congrès et surtout par les nombreuses fautes commises durant son absence par le gouvernement. Il continue à rejeter sur les ultras la responsabilité première du retour de l'Empereur. Autant dire qu'il se pose en rival direct de Monsieur. Son arrogance déplaît également à Louis XVIII et à Blacas, résolument hostiles au parlementarisme alors émergent en Angleterre et que résumera quelques années plus tard la célèbre formule de Thiers : « Le roi règne mais ne gouverne pas. »

Parti de Vienne le 10 juin, le prince de Bénévent rejoint le roi à Mons le 23 au soir. Convaincu que son heure a sonné, il vient demander la tête de Blacas, faire place nette tout comme

---

1. Les deux ministres entretiennent des contacts réguliers depuis le congrès de Vienne : Talleyrand avait alors fait savoir à Fouché qu'il n'accepterait pas de traiter en faveur d'un autre souverain que Louis XVIII : « Rappelez bien à M. Fouché, avait dit Talleyrand à un de ses émissaires les plus intimes, que toutes les contradictions sont possibles, dans la conduite des hommes ; mais qu'il faut du temps pour cela. Ici, nous n'en avons pas devant nous. Tout doit être remis dans l'année, si on ne veut pas que tout s'écroule. Or, notre mot d'ordre ce matin, au Congrès et partout, c'est la légitimité. Nous ne pouvons donc pas en finir, dans trois mois, par une usurpation, même honnête et de bonne maison, comme dit le duc de Wellington. » Gaillard, un fidèle du duc d'Otrante, était depuis peu parvenu à rejoindre la Cour où il représentait, notamment auprès de Talleyrand, les intérêts de son ami.

Fouché s'est imposé la veille à Paris. En nouvel homme fort, il espère pouvoir traiter d'égal à égal avec ce chef du gouvernement provisoire qu'il connaît si bien et depuis si longtemps. Il veut apparaître comme l'indispensable maillon entre la Cour et la capitale, célèbre pour ses contacts, sa parfaite maîtrise des rouages, son entendement des rapports de force et des passions du cœur et de l'âme. Son « règne », comme celui de Fouché, naît de la fracture entre Révolution et Contre-Révolution qui se décline, au sein même du camp royaliste, dans le duel entre ultras et modérés. Lui seul semble alors en position de la réduire comme de conclure une paix acceptable avec l'Europe.

La présence du duc d'Otrante dans la capitale constitue pour lui un atout majeur. Au-delà d'une antipathie trop affichée pour être honnête, les deux hommes savent, comme en 1809, que leur intérêt commande une alliance de circonstance. Chacun garantit l'autre. Fouché protège Talleyrand de la guerre civile en assurant la sécurité intérieure et en assumant la transition. En outre, parce que régicide, il « blanchit » Talleyrand de son passé révolutionnaire et de son apostasie auprès des royalistes. Talleyrand, quant à lui, préserve Fouché de la Cour et peut seul lui assurer cette entrée dans le gouvernement royal qu'il ambitionne. Il le couvre à droite de la haine des émigrés, tandis que Fouché le garde à gauche de la vengeance des Jacobins. Ce qui les rapproche alors — leur passé, leur détestation commune des ultras, leur volonté de paix et de modération, leur souhait de marginaliser le roi à leur profit — l'emporte de loin sur ce qui les divise toujours : leur milieu, leur méthode — Fouché est un bourreau de travail alors que Talleyrand compte sur son entregent —, enfin leur concurrence pour le pouvoir qui les conduira bientôt à s'affronter.

Ce pacte de 1815 est commandé par la peur d'une réaction ultra et la nécessité d'y couper court en réunissant les vétérans de la Révolution pour imposer leur politique à Louis XVIII. Il revient ainsi aux deux anciens piliers de l'Empire de porter sur les fonts baptismaux cette Restauration à laquelle tout les oppose. Décidément, les Cent-Jours sont riches en paradoxes et en reniements. Les régimes croulent, la légitimité change, mais cette fois les ministres demeurent. Forts de leur expérience, appuyés sur une clientèle à leur image, les puissants du jour peuvent contempler de haut maîtres et idoles déchus, dicter leur loi au roi après avoir servi Bonaparte. A travers eux, l'esprit de cour triomphe avec le soutien de l'étranger, seul maître des événements en raison de l'atonie du pays et de la déliquescence de l'armée. En regardant évoluer ce duo diabolique, on se convainc que la Révolution a changé sans retour l'ordre des choses. En 1788, Fouché n'était encore qu'un petit professeur alors que Talleyrand était déjà l'évêque d'Autun. Sans 1789, ils ne se seraient sans doute jamais rencontrés. Tour à tour ministres de la République et de l'Empire, ils dansent maintenant sur le cadavre politique de Napoléon, agents zélés d'une monarchie qu'ils ont si puissamment combattue par le passé.

Talleyrand retrouve la Cour dans un état d'euphorie d'autant plus prononcé que la journée du 18 juin a été vécue à Gand comme un calvaire. L'angoisse n'a cessé de monter au gré des rumeurs, confirmées par le spectacle des fuyards de Wellington qui ont d'abord fait croire à la défaite[1]. Aussitôt l'entourage a été sur le départ, prêt à un nouveau recul proche de la débandade. La délivrance, entrevue dans la nuit, se

---

1. La Maisonfort rapporte dans ses *Mémoires* : « Que l'on juge donc de notre facilité à croire le mal, quand le 18, à neuf heures du soir, nous vîmes accourir à toutes jambes des palefreniers, des jockeys, des valets de toute espèce sur des chevaux de main. A dix heures, il en arrive un qui jurait avoir vu et entendu une colonne française entrant à cinq au pas de charge, et au cri de Vive l'Empereur ! » Les troupes du duc de Berry, cantonnées à Alost, furent prises d'un mouvement de panique que rapporte Sismondi : « Quelques régiments de l'armée anglaise avaient été mis en fuite ; les fuyards traversèrent Alost en grand désordre. Alors le cri de Sauve qui peut se fit entendre à l'envi dans toute l'armée royale ; le duc de Berry, plus troublé qu'aucun autre, donna l'exemple de la fuite, et ce sont eux qui en se sauvant vers Gand y répandirent l'alarme à leur tour ; on y vit pendant toute la nuit les royalistes, tenant leurs bottes à la main, courir les rues pour chercher des chevaux, des voitures et tous les moyens de fuir. Ils ne furent tirés de leur effroi qu'à cinq heures du matin. Cependant, lorsqu'on vint dire à lord Wellington que le duc de Berry s'était enfui avec toute la maison du roi, il sortit de son calme et de sa modération accoutumée, en parla comme d'un misérable, l'appela son of a bitch et tous les noms que la colère fait inventer aux Anglais, et dès lors il a paru toujours le traiter avec mépris. »

confirme à l'aube du 19 par des dépêches triomphantes du « duc de fer » et de Pozzo di Borgo. Le climat change du tout au tout, comme le constate Mme de Chateaubriand avec humour dans ses Carnets : « Nous faisions déjà nos paquets ; le roi se préparait à gagner la Hollande. Mais bientôt nous apprîmes l'issue de la bataille de Waterloo, dont nous n'aurions pas été plus fiers quand Buonaparte aurait été vaincu par un fils de France. L'abattement avait été complet : la jactance revint avec le succès des alliés. Les préparatifs de départ commencés pour Amsterdam furent achevés pour Paris. »

La joie n'en est que plus vive, indécente même, si l'on considère la mort de milliers de soldats français et l'invasion du territoire. Les royalistes s'embrassent tandis que les cloches sonnent et que Gand s'illumine de mille feux. Louis XVIII porte un toast à la victoire : « Jamais, dit-il, je n'ai bu au succès des alliés avant la Restauration : leur cause était juste mais j'ignorais leur dessein sur la France. Aujourd'hui qu'ils sont les alliés de ma couronne, qu'ils combattent non des Français mais des buonapartistes, qu'ils se dévouent si noblement pour la délivrance de mon peuple, nous pouvons saluer leurs victoires sans cesser d'être français. » Paroles imprudentes que l'avenir n'allait pas tarder à démentir. Au même moment, souvenons-nous, Paris célèbre la victoire de Ligny.

Certains jeunes émigrés ressentent l'horreur d'une situation qui lie leur retour à la défaite de leurs compatriotes. Un malaise insoluble ronge ces âmes nobles, déchirées entre leur fidélité à la royauté et à la patrie : « Je ne pouvais me réjouir, écrit Lamartine, en effet de la destruction de l'armée française ; mais, si Bonaparte eût été vainqueur, la cause du roi était perdue. Je restais indécis entre ces deux sentiments. Mes larmes coulèrent. Etait-ce douleur d'homme ? Etait-ce joie de parti ? Je ne cherchais pas à m'en rendre compte. Tout le monde peut comprendre ce double sentiment ; nul ne peut l'exprimer. Ma larme seule dit ce que les paroles ne peuvent dire. C'est là le malheur des mauvaises actions dans lesquelles un homme entraîne son pays. Vainqueur, on ne peut applaudir à sa victoire ; vaincu, on n'ose se réjouir de sa défaite. Il faut se taire[1]. » Tout le monde n'a pas ces pudeurs. Pour beaucoup, il n'y a point d'état d'âme car point de contradiction. La patrie, comme à Coblentz, s'abrite là où réside le roi. La France l'attend, notamment la fidèle Vendée et le Midi. La Grande Armée ne réunit qu'un ramassis de rebelles parjures qu'il faut exterminer. S'y ajoute le soulagement de n'être pas contraint à un nouveau recul. Une victoire française aurait renvoyé à l'errance de la première émigration, de pays en pays, de ville en ville, année après année. Les royalistes saluent d'abord dans le crépuscule des aigles la fin de leur calvaire.

A Waterloo, la légitimité a remporté une victoire mais n'a pas encore gagné la guerre du pouvoir. Beaucoup d'obstacles et de questions restent en suspens : le sort de Napoléon, l'état de l'armée, l'opinion dans la capitale, les intrigues du duc d'Orléans et celles de Fouché, la volonté des alliés qui peuvent être tentés de jouer le pourrissement intérieur pour mieux démembrer le territoire. Aussi le roi demeure-t-il soucieux

---

[1]. Dans ses *Mémoires de jeunesse*. Le récit de Waterloo vu par Chateaubriand est célèbre. Parti de Gand lire en paix les *Commentaires* de César, il entend au loin le roulement sourd de la bataille : « Auditeur silencieux et solitaire du formidable arrêt des destinées, j'aurais été moins ému si je m'étais trouvé dans la mêlée : le péril, le feu, la cohue de la mort ne m'eussent pas laissé le temps de méditer ; mais seul sous un arbre, dans la campagne de Gand, comme le berger des troupeaux qui paissaient autour de moi, le poids des réflexions m'accablait : Quel était ce combat ? Etait-il définitif ? Napoléon était-il là en personne ? Le monde, comme la robe du Christ, était-il jeté au sort ? Succès ou revers de l'une ou l'autre armée, quelle serait la conséquence de l'événement pour les peuples, liberté ou esclavage ? Mais quel sang coulait ! Chaque bruit parvenu à mon oreille n'était-il pas le dernier soupir d'un Français ? Etait-ce un nouveau Crécy, un nouveau Poitiers, un nouvel Azincourt, dont allaient jouir les plus implacables ennemis de la France ? S'ils triomphaient, notre gloire n'était-elle pas perdue ? Si Napoléon l'emportait, que devenait notre liberté ? Bien qu'un succès de Napoléon m'ouvrît un exil éternel, la patrie l'emportait dans ce moment dans mon cœur ; mes vœux étaient pour l'oppresseur de la France, s'il devait, en sauvant notre honneur, nous arracher à la domination étrangère. Wellington triomphait-il ? La légitimité rentrerait donc dans Paris derrière ces uniformes rouges qui venaient de reteindre leur pourpre au sang des Français ! La royauté aurait donc pour carrosse de son sacre les chariots d'ambulance remplis de nos grenadiers mutilés ! Que sera-ce qu'une restauration accomplie sous de tels auspices [...] Ce n'est là qu'une bien petite partie des idées qui me tourmentaient. Chaque coup de canon me donnait une secousse et doublait le battement de mon cœur. »

même s'il pense qu'il est « du bon côté de la glissoire ». Le 22 juin au matin, il prend le chemin du retour après avoir reçu une lettre de Wellington l'invitant à rentrer au plus vite. Sûr de son droit, il semble ne plus s'intéresser à l'« Usurpateur » dont il abandonne la capture à ses amis anglais[1]. S'engage désormais la négociation décisive sur l'avenir du régime et le choix des hommes aptes à le seconder. Le roi avance, comme Napoléon en mars, à la tête d'un petit millier d'hommes, mais on se doute que le retour du lys n'a rien à voir avec le Vol de l'Aigle. Louis XVIII chemine à la suite, presque sous la protection, de l'armée anglaise, et à un rythme infiniment plus lent que celui de l'Empereur puisqu'il lui faut vingt jours, à lui aussi, mais pour gagner la capitale depuis Mons.

Entre vengeance et pardon, le choix auquel le monarque se trouve confronté se pose à peu près dans les mêmes termes qu'au printemps pour son adversaire. Au moment où il pénètre sur le territoire, sa décision n'a pas encore été annoncée. Aussi le conflit entre constitutionnels et ultras, entré dans la dernière ligne droite, redouble-t-il de violence, chaque camp visant à s'assurer du soutien royal dans la perspective d'une reconquête du pouvoir qui aiguise les ambitions. Louis XVIII, qui déteste les conflits, commence par remercier officiellement Blacas à Mons dès le 23 juin. Avec une dignité qui l'honore, le ministre de la Maison du roi accepte de s'éloigner sans sourciller, assumant la responsabilité des fautes commises, protégeant loyalement le monarque et son frère à la veille de leur retour en France. « Il faisait, note son ami Rochechouart, ce grand sacrifice sans arrière-pensée, trop heureux de prouver par là son dévouement au roi. Prêt à lui sacrifier sa vie, il lui sacrifiait également son amour-propre. » Il n'obtient même pas le droit de rentrer en France.

---

[1]. Même indifférence, teintée de mépris, chez Talleyrand qui pousse aussi à la remise de l'Aigle à l'Angleterre. Le prince de Bénévent connaît d'ailleurs mal la situation puisque le 3 juillet il écrit que « Buonaparte » est à Cherbourg avant d'ajouter : « J'espère que les Anglais le prendront. Il emporte beaucoup d'argent. On dit qu'il va en Amérique. Il finit comme son caractère le méritait. C'est dans une boue de sang que sa carrière se termine. »

Nommé ambassadeur à Naples, il doit embarquer aussitôt à Ostende, partir à la dérobée au moment où triomphent la cause et l'homme auxquels il a voué sa vie. Le favori confie son amertume à Beugnot, un des seuls à oser venir lui faire ses adieux : « M. de Talleyrand, lui dit Blacas, a fait un très mauvais calcul. Je ne lui étais nuisible en rien ; je le croyais même indispensable aux affaires du roi. Nous pouvions nous entendre et tout le monde y aurait gagné. »

Beugnot, qui a appris la courtisanerie dans les antichambres impériales, déplore la cruauté « d'avoir dans un pareil moment séparé le roi d'un ami dont la société lui était si douce et l'assistance nécessaire ». « Nécessaire jusqu'à un certain point, reprend Blacas ; le roi, j'en suis sûr, aura dans ce moment quelque peine, et je lui manquerai durant les premiers jours ; mais insensiblement il s'habituera à se passer de moi, et avec le temps il trouvera où placer son affection. » Le propos dénote une parfaite connaissance du caractère de Louis XVIII puisque, trois mois plus tard, Decazes occupera la place vacante. Le passage de témoin à Talleyrand est interprété comme une défaite personnelle pour le souverain, soumis désormais au bon plaisir de son frère et de son principal ministre.

Talleyrand commet l'erreur d'ajouter l'insolence à la peine et à l'humiliation qu'il vient d'infliger à Louis XVIII en l'obligeant à éconduire son confident. Servile sous Napoléon, il se relève jusqu'à l'insulte, selon la juste expression de Chateaubriand. Se croyant indispensable après ses brillants succès à Vienne, il se drape dans sa suffisance et engage aussitôt l'épreuve de force avec le monarque[1]. A Mons, il refuse de rendre visite au roi pour lui présenter ses hommages en signe d'allégeance et, scandale sans précédent dans les annales de la monarchie, viole ainsi l'étiquette en vigueur depuis le Roi-Soleil. Alors qu'on lui fait des remontrances, il

---

1. Sa mauvaise humeur s'explique également par le fait que le souverain n'a pas jugé bon de l'attendre pour quitter Gand. Talleyrand en a été profondément blessé, eu égard aux services rendus depuis la première Restauration.

lâche avec dédain : « Je ne suis jamais pressé, il sera temps demain. » Comme le résume toujours Chateaubriand, il avait « l'humeur d'un roi qui croit son autorité méconnue ». Non content d'avoir chassé Blacas, il présente maintenant de nouvelles exigences, la principale concernant l'itinéraire royal, qu'il souhaite modifier. Considérant non sans raison que la légitimité doit cesser de régler ses pas sur ceux de l'armée anglaise, il demande que le roi gagne Lyon, toujours inoccupé, d'où il convoquera les chambres. Ainsi sera préservée la fiction, qu'il juge essentielle, d'une restauration accomplie par le seul vœu national [1].

Louis XVIII, contenant son irritation, ordonne par l'intermédiaire de Chateaubriand que le prince de Bénévent se rende aussitôt auprès de lui. S'il persiste dans son attitude, le monarque avertit qu'il partira sans plus attendre. Talleyrand rejette la menace et tranche d'un superbe « Il n'osera ! ». « Comme il voudra », commente le roi qui préfère toujours perdre sa couronne plutôt que de la marchander.

A trois heures du matin, il est donc bien sur le départ. Talleyrand, réveillé brutalement, n'a que le temps de se porter à sa rencontre [2]. Il l'intercepte alors que le carrosse va franchir la grille. Louis XVIII, feignant l'étonnement, s'enquiert :

« Sire, c'est Monsieur de Talleyrand.

— Il dort », répond le roi.

De mauvaise grâce, le monarque accepte d'engager une conversation qui tourne vite à l'aigre [3]. Si le roi persiste dans

---

[1]. Metternich partage tout à fait son point de vue comme l'atteste cette lettre qu'il écrit à Talleyrand le 24 juin 1815 : « Restez fidèle à votre idée ; faites aller le roi en France : dans le Midi, dans le Nord, dans l'Ouest, où vous voudrez, pourvu qu'il soit seul chez lui, entouré de Français, loin des baïonnettes étrangères et du secours de l'étranger. »

[2]. « Il ne pouvait en croire ses oreilles. Deux exclamations trahirent sa fureur : "Joué ! Trahi !" », écrit son biographe Georges Lacour-Gayet.

[3]. Talleyrand en donne la version suivante, sans doute très arrangée, dans ses *Mémoires* : « Votre Majesté gâte sa cause en se présentant aux Français dans les rangs des étrangers... Je conseillerai au roi de gagner par un point des frontières où les alliés n'ont point encore pénétré quelque ville du Midi et d'y établir son gouvernement. Lyon conviendrait à tous égards. Vous y ferez appel à vos fidèles sujets, vous y convoquerez les Chambres ; on aura le temps d'y faire toutes les lois organiques avant que l'esprit de parti vienne apporter des entraves. De Lyon, vous pourrez protéger la

sa volonté de rallier Paris dans la foulée des « habits rouges », Talleyrand annonce qu'il démissionnera et ira aux eaux de Carlsbad. La réponse fuse : « « Prince de Bénévent, vous nous quittez ? Les eaux vous feront du bien : vous nous donnerez des nouvelles. » Le roi laisse le prince ébahi, se fait reconduire à sa berline, et part. « M. de Talleyrand, poursuit Chateaubriand, bavait de colère ; le sang-froid de Louis XVIII l'avait démonté : lui, M. de Talleyrand, qui se piquait de tant de sang-froid, être battu sur son propre terrain, planté là sur une place, à Mons, comme l'homme le plus insignifiant : il n'en revenait pas. » Il passe ses nerfs sur le duc de Lévis qui a le malheur de croiser son chemin : « Allez, monsieur le duc, lui dit-il, allez dire comment on me traite. J'ai remis la Couronne sur la tête du roi. Je m'en vais en Allemagne commencer une nouvelle émigration. »

Après Blacas, Talleyrand mord donc la poussière. Le comte d'Artois ne pouvait rêver meilleur scénario. Il s'estime le vainqueur de cette succession de coups de théâtre, du plus bel effet comique si l'on oublie les circonstances. A la fin de ce 23 juin, dernière journée passée en Belgique, les principaux personnages de la pièce se séparent : Blacas se dirige vers Ostende, Louis XVIII rejoint le nord de la France tandis que Talleyrand reste à Mons avec ses affidés. Comme souvent, le futur Charles X se fait des illusions. Talleyrand, contrairement à Blacas, n'est point condamné à l'exil mais momentanément disgracié, remis à sa place pour avoir voulu parler en maître à la place du roi. Sur le fond, Louis XVIII n'a pas varié. Sa politique a toujours eu pour ambition de réconcilier les deux France : cette France de l'Ancien Régime, à laquelle il est affectivement si attaché, et cette France des notables née de la Révolution et structurée par l'Empire, dont il reconnaît l'avènement définitif en garantissant tout à la fois l'égalité

---

France ; de Paris, vous ne le pourrez pas. Votre Majesté ne doit rentrer dans la capitale que quand elle pourra y régner sans partage et que Paris sera également délivré des factieux et de toute force étrangère. »

civile, les libertés fondamentales et les biens nationaux. Avec la Charte, il a cherché à concilier le meilleur des deux héritages autour d'un pouvoir monarchique, intransigeant sur sa légitimité mais réformateur dans sa recherche d'une nouvelle synthèse. Par son important discours du 16 mars, il a confirmé son credo constitutionnel. Et comme Napoléon avec l'Acte additionnel, il promet d'évoluer bientôt dans un sens plus libéral.

Pour le roi, choisir les ultras revient non seulement à renier sa parole mais aussi à avancer la date du règne de son frère, qu'il appréhende avec angoisse tant il est persuadé qu'il mettra en danger l'avenir de la dynastie. Jaloux de son cadet, Louis XVIII préfère, compromis pour compromis, passer sous les fourches caudines du « diable boiteux » plutôt que sous celles de Monsieur et de ses encombrants amis. Son choix politique est arrêté depuis longtemps : ce n'est pas celui de la réaction rêvée par les ultras mais bien, rejoignant le vœu de Talleyrand, celui d'une Restauration pacifique, avare du sang de ses sujets, empreinte de compassion, avide de réconciliation et de tranquillité. Louis XVIII l'accomplit sans hésitation, tant par sagesse que par passion de régner ; passion exclusive qui n'admet pas plus les remontrances du prince de Bénévent que les interférences de son frère. Fidèle à sa ligne, il veut garder son libre arbitre, rester maître du temps et de la décision. Les réformes, et il y en aura, ne lui seront jamais arrachées, mais il les accordera à l'heure et au moment jugés propices. Tel est le sens de l'épisode du 23 juin, nouvelle journée des dupes dont seul le roi sort vainqueur.

Tandis que Talleyrand continue à bouder, le roi et sa suite parviennent le 24 juin au Cateau-Cambrésis après avoir franchi la frontière. Comparé à celui de Napoléon, le retour du monarque a piètre allure. Certes, on assiste ici ou là à l'éternelle palinodie des autorités, maires et préfets venant s'incliner devant le souverain après avoir juré fidélité à l'Empereur. Les populations du Nord, plutôt royalistes, témoignent parfois bruyamment de leur adhésion au trône tandis que passe, à petites foulées, la caravane royale. Cependant l'indifférence domine. Le peuple, lassé de l'instabilité politique, se montre incapable de suivre le rythme des révolutions de palais — la troisième en à peine un peu plus d'un an —, comme en témoigne cette anecdote rapportée par le royaliste La Maisonfort : « En entrant à Cateau, le peuple détela les chevaux du roi ; un meunier, que je vois encore, son chapeau blanc, en l'air, les bras tendus, touchant presque la voiture, nous lâcha un "Vive l'Empereur !" A peine ce mot était lâché que se reprenant avec un gros juron, "Non, non, vive le roi" et tout le monde de rire à commencer par le roi lui-même. »

Profitant de l'absence de Talleyrand, le chancelier Dambray, un ultra, fait avaliser par le monarque une proclamation menaçante. Datée « le 25e jour du mois de juin, l'an de grâce 1815, et de notre règne le vingt unième », elle semble démentir les promesses réitérées de pardon. Ainsi les soldats, qu'il faut pourtant ménager, sont qualifiés de « satellites du tyran » tandis que les armées ennemies sont félicitées et gratifiées du terme d'alliés. S'il affirme « vouloir récompenser les bons », le roi annonce, sans autre précision, qu'il va « mettre à exécution les lois existantes contre les coupables »[1]. La joie de Monsieur, qui croit alors atteindre son but, est de courte durée. Sur les conseils appuyés de Wellington, Talleyrand rejoint finalement le roi à Cambrai. Le « duc de fer », consterné par la tournure que prennent les événements, effrayé à la perspective d'un gouvernement ultra, n'a pas de mal à convaincre Louis XVIII qu'il doit plus que jamais s'appuyer

---

1. Le texte mélange intentions paternelles et volonté de vengeance : « Dès l'époque où la plus criminelle des entreprises, secondée par la plus inconcevable défection, nous a contraint à quitter momentanément notre royaume, nous vous avons avertis des dangers qui vous menaçaient, si vous ne vous hâtiez de secouer le joug du tyran usurpateur. » Mais le roi promet de rétablir la Charte, de « réparer, par tous les moyens qui sont en notre pouvoir, les maux de la révolte et de la guerre qui en a été la suite nécessaire » ; enfin « d'appeler autour de notre trône paternel l'immense majorité des Français dont la fidélité, le courage et le dévouement ont porté de si douces consolations dans notre cœur ».

sur son représentant à Vienne [1]. Le « diable boiteux » demeure indispensable pour négocier le prochain traité de paix qui soldera les comptes entre l'Europe et la France. Louis XVIII accepte d'autant plus facilement l'intervention de Wellington qu'elle lui évite de déchoir en ayant l'air de supplier le prince de Bénévent. Ce dernier, qui commence à regretter ses foucades, saisit avec empressement la perche tendue et rejoint la Cour sans plus attendre.

Revenu le 26 juin, Talleyrand obtient trois concessions décisives qui assurent le triomphe de la ligne modérée.

D'abord, il reçoit la présidence du Conseil, enfin créée à son profit. La France, sur le modèle anglais, se dote désormais d'une nouvelle fonction, celle de chef du gouvernement dépendant conjointement du trône et du Parlement. Si le gouvernement n'est en principe politiquement responsable que devant le monarque, il doit en pratique jouir également de la confiance des chambres et donc de celle des électeurs. Cette création révolutionne la politique française en distinguant le chef de l'Etat du chef du gouvernement. Chargé de guider la nation vers l'avenir et d'arbitrer les conflits, le souverain prend de la hauteur, devenant réellement inviolable et sacré en sortant du champ partisan. Il domine le quotidien sans subir l'usure et les avanies du traitement des affaires courantes. Ce fardeau retombe sur les épaules du premier des ministres. Ce dernier, placé entre le chef de l'Etat et la majorité parlementaire, hérite d'un pouvoir dont la puissance n'a d'égale que la fragilité. Hormis quelques brèves parenthèses — la plus longue étant due au second Empire — la dualité de l'exécutif ne sera plus remise en cause.

Le principe complémentaire de la solidarité ministérielle

---

[1]. Wellington, après un entretien avec Louis XVIII, écrit le 24 juin à Talleyrand une lettre n'admettant pas la réplique : « J'ai regretté que Votre Altesse n'ait pas accompagné Sa Majesté. C'est moi qui ai engagé le roi à entrer en France à présent [...] Je me flatte que si vous eussiez connu l'état des affaires quand vous avez conseillé au roi de ne pas entrer en France, vous lui eussiez donné un avis tout différent et l'eussiez accompagné [...] Je pense que vous n'hésiterez plus à rejoindre le roi sans aucun retard. C'est un parti que je vous supplie de prendre, vous et les autres membres du conseil du roi. »

s'impose logiquement. Il porte un coup décisif aux intrigues curiales, à l'œuvre depuis trois siècles, en soudant la survie politique des ministres à celle de leur chef. Certes, la pratique restera longtemps fluctuante[1]. Mais les rivalités de personnes, qui affaiblissent le gouvernement de l'intérieur, s'en trouvent limitées et, par là même, la crédibilité du régime renforcée. On évolue d'une culture du conflit, inhérente à Versailles, au compromis rassemblant des hommes de convictions proches dans une même formation. La longue marche vers la démocratie politique, qui va aboutir à la création des partis et au respect de l'alternance par les urnes, reçoit ici une impulsion fondatrice.

Enfin, Talleyrand obtient du monarque la rédaction d'une proclamation qui annule celle du Cateau-Cambrésis et rattache les réformes à une volonté claire de réconciliation. Lever toute ambiguïté exige la condamnation des ultras et la dissociation de la cause royale de celle des alliés. Sur ce dernier point, le texte commence d'ailleurs par présenter le roi comme le protecteur de ses sujets auprès des souverains[2]. Le manifeste, empreint d'humilité, reconnaît ensuite avec courage la responsabilité du gouvernement dans l'échec précoce du régime. Il répudie par là la théorie du complot, et accuse donc implicitement Monsieur et sa coterie : « Mon gouvernement devait faire des fautes, peut-être en a-t-il fait. Il est des temps où les intentions les plus pures ne suffisent pas pour diriger, où elles égarent. L'expérience seule pouvait avertir, elle ne sera pas perdue. Je veux tout ce qui sauvera la France. »

---

[1]. Comme va le prouver l'histoire de la Restauration, notamment lors de la crise de décembre 1818 qui oppose Richelieu à Decazes pour la conquête du pouvoir. Le même Decazes aura la douloureuse surprise, lors de sa chute en février 1820, de voir tous ses ministres passer au service du même Richelieu qui reprend pour l'occasion les rênes du gouvernement. L'histoire continuera d'illustrer le phénomène, la V$^e$ République ayant cependant marqué un réel progrès en la matière.

[2]. « Français, les portes de mon royaume s'ouvrent devant moi, j'accours pour ramener mes sujets égarés, pour adoucir les maux que j'avais voulu prévenir, pour me placer une seconde fois entre les Français et les armées alliées, dans l'espérance que les égards dont je peux être l'objet tourneront au salut de mes sujets. C'est la seule manière dont j'ai voulu prendre part à la guerre. Je n'ai pas permis qu'aucun membre de ma famille parût dans les rangs des étrangers, et j'ai enchaîné le courage de ceux de mes sujets qui avaient pu se ranger autour de moi. »

Vient alors, après un éloge appuyé du principe de légitimité, l'annonce des réformes et la ferme garantie des biens nationaux. Pour contrer l'accusation récurrente de n'être que le roi des émigrés, Louis XVIII promet de choisir dorénavant ses conseillers « parmi tous les Français ». Mais il apporte une restriction d'envergure : « Je ne veux exclure de ma présence que ces hommes dont la renommée est un sujet de douleur pour la France et d'effroi pour l'Europe. » Le châtiment ne frappera qu'une minorité de coupables, ceux qui ont servi Napoléon avant que le roi ait franchi la frontière. Le texte, seule concession aux ultras, se durcit cependant sur ce point : « Chaque jour me révèle un désastre nouveau. Je dois donc, pour la dignité de mon trône, pour l'intérêt de mes peuples, pour le repos de l'Europe, excepter du pardon les instigateurs et les auteurs de cette trame horrible. Ils seront désignés à la vengeance des lois par les deux chambres que je me propose de rassembler incessamment. » Par cette manœuvre astucieuse, Talleyrand décharge le monarque du poids odieux de la répression pour en laisser la responsabilité aux seuls parlementaires[1] : « Français, conclut Louis XVIII, tels sont les sentiments que rapporte au milieu de vous celui que le temps n'a pu changer, que le malheur n'a pu fatiguer, que l'injustice n'a pu abattre, le roi, dont les pères règnent depuis huit siècles sur les vôtres, revient pour consacrer ses jours à vous défendre et à vous consoler. »

Le souverain adopte cette version à l'issue d'un Conseil tendu qui se tient à Cambrai le 28 juin. Monsieur, le duc de Berry et les ministres sont présents aux côtés du roi et du nouveau président du Conseil. Pour une fois, l'ensemble des dignitaires royalistes se trouvent réunis autour de la même table. Une première mouture, plus vive contre les ultras,

---

1. « Il ne faut pas, résume Talleyrand, que le roi frappe lui-même. Il faut qu'il laisse frapper les chambres. » Le gouvernement royal n'en manifeste pas moins sa volonté de contrôler l'épuration pour tenir en respect les ultras et éviter toute vengeance illégale. Cette position de Louis XVIII et de Talleyrand, peu suspects de sympathie pour Robespierre, est accueillie avec un certain soulagement, même si le flou de la rédaction en inquiète plus d'un.

déclenche une passe d'armes : « Monsieur, raconte Beugnot, se plaint avec vivacité des termes dans lesquels cette proclamation est rédigée. On y fait demander pardon au roi des fautes qu'il a commises ; on lui fait dire qu'il s'est laissé entraîner à ses affections, et promettre qu'il aura dans l'avenir une conduite toute différente. De pareilles expressions n'ont qu'un tort, celui d'avilir la royauté ; car du reste elles disent trop ou ne disent rien du tout.

« Monsieur pardonnera si je diffère de sentiments avec lui, rétorque Talleyrand avec vivacité. Je trouve ces expressions nécessaires, et partant bien placées ; le roi a fait des fautes ; ses affections l'ont égaré ; il n'y a rien là de trop.

— Est-ce moi, reprend Monsieur, qu'on veut indirectement désigner ?

— Oui, puisque Monsieur a placé la discussion sur ce terrain ; Monsieur a fait beaucoup de mal.

— Le prince de Talleyrand s'oublie.

— Je le crains ; mais la vérité m'emporte. »

Talleyrand accepte de remanier la forme mais ne change rien de notable au fond. Il vient de s'emparer du gouvernement contre les ultras qui sont résolus à l'abattre à la première occasion. La seconde Restauration, plus nettement que la première, consacre avec sa victoire la permanence et la prépondérance des nouvelles élites apparues avec la Révolution.

Désormais doté d'une ligne politique claire, le roi peut se rapprocher de la capitale tandis que l'Aigle s'en éloigne. Pourchassé jusqu'à Gand, c'est lui maintenant qui semble poursuivre Napoléon. Le 30 juin, au lendemain du départ de Malmaison, Louis XVIII arrive à Roye, près de Compiègne. Le 2 juillet, il s'installe au château d'Arnouville, près de Saint-Denis, à quelques kilomètres de Paris où le dernier acte va se jouer.

## La morale de la fable

Talleyrand et Fouché : l'alliance entre le « vice et le crime » s'impose, commandée par l'intérêt et les circonstances. Mais la perspective d'un ministère dirigé par les deux complices se heurte à de fortes objections des extrémistes des deux bords, royalistes comme républicains, et doit encore surmonter la répugnance naturelle du roi envers l'assassin de son frère [1]. Là encore, sa conclusion n'est guère envisageable sans l'entremise de Wellington.

Avant toute chose, il convient de régler la question militaire, éviter cette bataille de Paris qui ensanglanterait le retour de Louis XVIII, éloigner l'armée qui manifeste son hostilité avec d'autant plus d'ardeur qu'elle vient de détruire le 1er juillet deux régiments de cavalerie prussiens dans un engagement d'avant-garde à Rocquencourt. Réunissant désormais environ cent mille hommes, elle se fait fort de repousser les vainqueurs de Waterloo. Tandis que les escarmouches se multiplient, Fouché convoque ce même 1er juillet un Conseil élargi aux Tuileries — ministres et bureaux des assemblées — avant d'orchestrer un conseil de guerre qui rassemble le soir même les chefs militaires à La Villette. Conformément à ses prévisions, la plupart des participants préconisent la conclusion d'un armistice car ils jugent la résistance impossible à terme [2]. Reste à obtenir l'aval des alliés et à calmer la rage prévisible des soldats.

Mais Blücher ne veut rien entendre. Comme en 1814, ses

---

[1]. Consulté par Talleyrand à ce sujet à Roye, Louis XVIII a opposé un ferme « Jamais ». « Jamais de vingt-quatre heures », ironise Chateaubriand.
[2]. Henry Houssaye, comparant la situation de 1815 avec celle de 1814, prouve que l'armée, avec 117 000 hommes (contre 42 000) et 600 canons, était en situation de l'emporter. Beaucoup de généraux ne pensent pas autrement mais insistent sur le fait que ce triomphe n'aurait pas empêché la victoire finale des alliés. L'arrivée de la seconde vague austro-russe, déjà présente sur le territoire, ne laisse en effet guère de chances. Le 30 juin, le conseil municipal a envoyé une délégation à Fouché pour lui demander de ne pas défendre Paris.

hommes multiplient les exactions et répandent la terreur. Viols, vols, assassinats, destructions de monuments publics, ils recourent aux pratiques les plus odieuses de l'occupation. « Il n'y a aucune horreur qu'ils ne commettent, déplore Sismondi ; tout ce qu'ils ne peuvent pas emporter, ils le détruisent ; lorsqu'ils prennent 50 écus, ils font pour 10 000 écus de dommage. Ils jettent par les fenêtres tous les livres des bibliothèques, ils cassent toutes les glaces, dans les fermes, ils mettent le feu aux fourrages et aux provisions de blé qu'ils ne consomment pas, et quand on porte plainte au maréchal Blücher, il répond : "Quoi, ils n'ont fait que cela ! Allez, ils auraient dû en faire davantage encore."[1] » Tout à sa haine pour la France, le « Maréchal En avant » rêve de prendre Paris de vive force puis de la livrer au pillage afin de venger l'occupation de Berlin par la Grande Armée en 1806. Depuis qu'il sait Fouché gagné à la Restauration, Wellington a d'autres idées en tête et emploie ses talents diplomatiques pour calmer la fougue de son irascible partenaire. « Sans doute, lui écrit-il le 2 juillet, nous n'aurons pas la vaine gloire d'entrer à Paris à la tête de nos armées victorieuses. Mais nous opérerons tranquillement la Restauration de Sa Majesté sur son trône, ce que nos souverains ont toujours regardé comme le résultat le plus avantageux pour nous tous. »

La capitulation, rebaptisée « convention » par Fouché qui croit ménager par cet artifice l'amour-propre national, est finalement signée le 3 juillet[2]. Elle prévoit le départ immédiat des troupes et leur repli derrière la Loire sous l'autorité de Davout, qui démissionne du ministère de la Guerre pour en

---

1. Sismondi, lettre du 16 juillet 1815. Dans une lettre précédente, relatant d'autres méfaits des Prussiens, il constatait : « Cette manière de faire la guerre est plus particulièrement odieuse encore, quand elle est celle d'agresseurs nullement provoqués, et qui, après quatre jours seulement de combats, se trouvent maîtres du pays. »
2. L'article 12, exigé par les plénipotentiaires français, garantit les personnes et propriétés dans l'espoir de préserver les notables civils et militaires d'une future réaction royaliste : « Les habitants, et en général tous les individus qui se trouveront dans la capitale continueront à jouir de tous leurs droits et libertés sans pouvoir être inquiétés ni recherchés en rien relativement aux fonctions qu'ils occupent ou auraient occupées et à leur conduite et à leurs opinions publiques. » Sauf qu'il s'agit d'une convention militaire qui n'engage en rien le futur gouvernement de la France.

prendre le commandement. Comme à Waterloo, la nouvelle est accueillie par de nombreux cris de trahison. Le spectre de la Restauration avive l'hostilité des hommes, qu'exaspère en outre le non-paiement de leur solde. L'armée dénonce une capitulation sans condition, conclue avant même la bataille, livrant la France à la vengeance de ses ennemis. Des mutineries éclatent. Pour y couper court, Fouché obtient les fonds nécessaires et verse les sommes en retard. L'exemple de la Garde, qui se replie dans l'ordre après avoir été dûment chapitrée par Drouot, fait tache d'huile. L'évacuation s'effectue finalement sans heurts majeurs à partir du 4. Elle entraîne une occupation pacifique de la capitale qui évite à Louis XVIII de rougir son sceptre du sang des grognards. Mais l'arrivée du roi au lendemain de l'entrée des alliés choque les patriotes et nourrit plus que jamais les accusations de collusion entre la dynastie et l'étranger.

Le dénouement approche. Privée du soutien de l'armée, la résistance de Carnot et des parlementaires cesse d'être une menace [1]. Fouché peut engager directement avec Talleyrand les négociations finales, sous la tutelle bienveillante de Wellington. Pour justifier son ralliement au roi, le duc d'Otrante doit obtenir des concessions notables. Que veut-il au juste ? Avant tout, son maintien dans ce ministère de la Police qu'il a accepté des mains de Napoléon alors qu'il l'avait refusé de celles du comte d'Artois. Depuis son vote fatal lors du procès de Louis XVI, le sort de Fouché est lié à celui des anciens conventionnels. Il doit donc se rallier sans se renier en posant ses conditions. Mais cela suppose l'aval du roi qui demeure hostile et repousse les premières ouvertures faites en faveur du duc d'Otrante. Le prince de Bénévent considère au contraire que Paris vaut bien un régicide. Pour obtenir gain

---

1. C'est ce qu'a clairement dit Macirone à Wellington de la part de Fouché : « L'armée et la chambre une fois séparées toutes deux consentiront très vite à accepter les propositions de Fouché et de Caulaincourt de reconnaître Louis XVIII, pourvu que le roi garantisse la charte et promette une amnistie. » Le duc d'Otrante a dans le même temps expédié le général Tromelin auprès de Blücher.

de cause, Talleyrand bénéficie à nouveau, comme pour l'éviction de Blacas, du soutien de Monsieur et de la plupart des ultras. Ces derniers persistent dans leur ensemble à vouloir tuer le mal par le mal en appelant Fouché à la Police. Non seulement il est le meilleur, répète-t-on, mais encore il connaît tout le personnel politique, ancien et moderne, ce qui lui permettra de prévenir les complots comme il l'a si bien fait sous l'Empire. Fouché présent, l'Empereur ne serait sans doute jamais revenu. En outre, le bon Monsieur Fouché, qui n'a jamais cessé de ménager le Faubourg Saint-Germain, vient encore de sauver Vitrolles et de pacifier la Vendée tout en maintenant le contact avec Gand. Autant de titres nouveaux à la reconnaissance des ultras. La Cour presque entière conspire désormais en faveur de « l'excellent M. Fouché de Nantes », comme le constate Chateaubriand, un des seuls à résister à l'entraînement général : « Tout, écrit-il, se mêlait de la nomination de Fouché déjà obtenue, la religion comme l'impiété, la vertu comme le vice, le royaliste comme le révolutionnaire, l'étranger comme le Français ; on criait de toute part : sans Fouché, point de salut pour la France ; lui seul a déjà sauvé la patrie, lui seul peut achever son ouvrage. [...] Les peureux avaient eu tant de frayeur de Bonaparte, qu'ils avaient pris le massacreur de Lyon pour un Titus. Pendant plus de trois mois les salons du faubourg Saint-Germain me regardèrent comme un mécréant parce que je désapprouvais la nomination de leur ministre. Ces pauvres gens, ils s'étaient prosternés aux pieds des parvenus ; ils n'en faisaient pas moins des cancans de leur noblesse, de leur haine contre les révolutionnaires, de leur fidélité à toute épreuve, de l'inflexibilité de leurs principes et ils adoraient Fouché. »

Beaucoup de royalistes, notamment ceux de la première émigration, n'aspirent plus qu'à mourir en paix sur le sol natal. La Révolution a usé les hommes et les tempéraments. Le bailli de Crussol, ardent défenseur de la dynastie dont l'avis ébranla le roi, le confirme à Beugnot : « Que voulez-vous ? lui dit-il. Fouché nous a tous préservés depuis le départ du roi [...] nous sommes vieux dans le faubourg Saint-Germain ; nous avons trop souffert ; il nous faut du repos. »

Malgré le tintamarre des courtisans, Louis XVIII demeure rétif. L'opinion de Monsieur le stupéfie : « Le roi, rapporte Chateaubriand, riait de la nouvelle passion de son frère et disait : elle ne lui est pas venue de l'inspiration divine. » Une fois encore, ce sont les instances de Wellington qui vont décider le monarque. Pour le « duc de fer », l'avenir de la dynastie dépend de sa capacité à évoluer et à accepter le caractère définitif des changements survenus depuis 1789. Qu'elle passe donc outre le régicide, cette « frivolité », précise-t-il en évoquant la situation particulière du duc d'Otrante[1]. Fouché ministre, Louis XVIII fera taire les critiques et rassurera tous les intérêts. Le roi, convaincu de ne rien pouvoir refuser au vainqueur de Waterloo, cède donc sur Fouché comme hier sur Talleyrand ou sur Blacas. En l'absence d'alternative et convaincu que le temps œuvre en sa faveur, le monarque se résigne à recourir aux traîtres. Héritier d'une longue dynastie, il a conscience d'incarner seul un principe tandis que Talleyrand et Fouché ne représentent qu'eux-mêmes. Quand leur ange gardien Wellington ne sera plus là pour veiller sur eux, quand Napoléon sera au loin et les passions retombées, il pourra se débarrasser du régicide avant de congédier l'apostat. « Eh bien ! Fouché, puisqu'on le veut, dit-il ainsi à Hyde de Neuville. On se sépare plus facilement d'un homme que d'un symbole », précise-t-il en faisant référence au drapeau tricolore[2].

De nombreuses voix discordantes se font toutefois entendre pour repousser le duc d'Otrante. Une minorité d'ultras, les derniers fidèles de Napoléon et de la République, enfin la

---

[1]. En revanche, Wellington se montre aussi intransigeant que le roi sur la cocarde : « Si l'on m'avait consulté l'an dernier, dit-il le 5 juillet, j'aurais conseillé de garder la cocarde tricolore. Mais ces couleurs sont devenues celles de la rébellion. Le roi ne peut accepter un drapeau sous lequel a combattu une armée en révolte contre lui. De plus, beaucoup de provinces ont déjà pris la cocarde blanche. On s'exposerait à de grandes difficultés en contraignant les fidèles sujets du roi à abandonner cet emblème. »

[2]. A Vitrolles, Louis XVIII confie qu'il s'accommodera plus aisément d'un Fouché, ministre amovible, que d'un pair héréditaire, dévoilant ainsi son prochain renvoi.

plupart des libéraux jugent moralement indigne sa nomination, eu égard à son passé. Ils dénoncent son double jeu permanent et le caractère factice des difficultés qu'il gonfle afin de se prétendre indispensable. Les plus perspicaces voient un peu plus loin, estimant qu'à terme son maintien au gouvernement sera impossible. Le régicide et la légitimité demeurent selon eux, et pour toujours, irréconciliables. Ainsi l'ultra Frénilly, que Louis XVIII surnomme « frénésie », évoque à propos du duc d'Otrante un « Cartouche régicide qui avait lavé dans le sang de la France ses mains rouges du sang de son roi ». Cette répugnance insurmontable est partagée par des personnages comme Chateaubriand, Clarke ou le duc de Richelieu, ami du tsar et futur président du Conseil. Vitrolles, qui dénonce la nomination de Fouché comme un « acte inqualifiable », précise : « La politique des intérêts se trompe souvent sur le but qu'elle prétend atteindre, et en perdant la force morale, elle perd la vraie puissance[1]. »

Des modérés, comme Beugnot et Guizot, sont à l'unisson. Ils estiment sa nomination incompatible avec le gouvernement représentatif fondé sur la liberté et la transparence, valeurs opposées à celles qu'il incarne. Mounier, un des libéraux les plus spirituels, ridiculise l'engouement des ultras pour leur nouveau sauveur : « Ce que c'est d'être un émigré ! dit-il alors. Pour avoir quitté la France pendant trois mois, je n'y entends plus rien. »

Il ne faut pourtant pas exclure un certain machiavélisme dans les raisons qui motivent, du côté royaliste, la nomination de Fouché. Comme le confirmera l'histoire de la Chambre introuvable, les ultras comptent d'excellents stratèges politiques, formés à l'intrigue par leur éducation curiale et les nombreux complots de l'émigration. Compte tenu des tâches écrasantes qui attendent le gouvernement, confier le timon des affaires à ce couple honni, Bénévent et Otrante, ne manque pas d'habileté. En prenant eux-

---

1. L'agent du roi, en dépit de sa complicité avec Fouché, n'a jamais imaginé qu'il faudrait le récompenser par un ministère ; il se montre d'autant plus surpris que le duc d'Otrante n'a à aucun moment émis la moindre exigence en sa présence.

mêmes les leviers du pouvoir, les ultras s'useraient irrémédiablement, confrontés à la sale besogne — négociation du traité de paix et épuration politique — qui incombera dans l'urgence au futur ministère. Il est plus sage de ne pas se salir les mains en se déchargeant du fardeau pour discréditer ces ignobles qui laisseront bientôt la place aux vrais fidèles du roi.

Le marché est conclu à Neuilly le 6 juillet. La veille au soir, une première rencontre Talleyrand-Fouché-Wellington n'a pas abouti [1]. Fouché, sans surprise, a grossi les difficultés, réclamant des garanties pour les bonapartistes, la promesse d'une large amnistie et le maintien du drapeau tricolore. Talleyrand a refusé de s'engager sur ces différents points, se contentant d'insister auprès de son interlocuteur afin qu'il prenne les mesures idoines pour faciliter la rentrée du roi à Paris. Molé, redoutant que l'échange ne tourne au dialogue de sourds, prend à part le prince de Bénévent. Fouché, lui explique-t-il, veut devenir ministre. Qu'on lui donne satisfaction et les blocages disparaîtront comme par enchantement : « Eh bien, en définitive, il le sera, réplique Talleyrand, mais je veux qu'il en doute et lui tenir la dragée haute, pour qu'il reçoive nos conditions, et ne prétende pas nous imposer les siennes. » Avant de partir, Talleyrand, toujours appuyé par Wellington, a en effet obtenu l'aval de Louis XVIII : « Vous allez à Neuilly, vous y verrez le duc d'Otrante, faites tous ce que vous croirez utile à mon service ; seulement ménagez-moi et pensez que c'est mon pucelage », lui a dit le monarque.

Après plusieurs heures de dialogue infructueux, fort mécontents l'un de l'autre, Talleyrand et Fouché se séparent à l'aube, en promettant toutefois de se revoir en fin de journée.

---

1. C'est encore Wellington qui est à l'origine de la rencontre. Il invite Fouché le 4 juillet par le canal de Macirone auquel il remet un mémorandum réclamant la dissolution des chambres et celle de la commission de gouvernement « avec une déclaration dans laquelle ils diront qu'ils ont agi en tout pour le bien de la France et tout ce qu'ils voudraient faire savoir à Sa Majesté ».

En réalité, les deux compères viennent d'évaluer leurs capacités d'influence respectives à la veille de la Restauration. Chacun, dans ce bras de fer, feint de n'être guidé que par les grands principes, Talleyrand brandissant l'étendard de la légitimité tandis que Fouché se pose en défenseur de la Révolution. Pendant que Talleyrand déplore publiquement son aveuglement, Fouché profite de ses dernières heures de présidence pour exciter la tension dans la capitale. Il fait proclamer le maintien de la cocarde tricolore par la garde nationale et prépare — par le canal parlementaire — un manifeste qui affichera les principes inaliénables de la Révolution. Le prince de Bénévent comprend le message. Sans ministère garanti, Fouché rompra les amarres et maintiendra l'Assemblée et la commission avec le concours de la garde bourgeoise. Le roi sera obligé de recourir à la force, ce qu'il a toujours voulu éviter. Lui aussi, à l'image de Napoléon en mars, veut rentrer à Paris sans tirer un coup de fusil.

Le second entretien va donc droit au but. Talleyrand ne cherche plus à finasser. Pas question de négocier, ni sur la cocarde[1], ni sur l'amnistie. Comme en 1814, Louis XVIII exige qu'on lui fasse confiance. En contrepartie, le prince de Bénévent annonce au duc d'Otrante sa nomination au ministère de la Police[2]. Les deux hommes pourront se targuer d'être

---

1. Les royalistes, d'accord avec Wellington, refusent d'en entendre parler. « J'aimerais mieux prendre de la boue et la mettre à mon chapeau », dit à ce sujet le futur Charles X. Louis XVIII, la veille de sa rentrée, sermonne fortement Masséna qui l'engage à adopter les trois couleurs. « Ces couleurs-là sont bien vieillies », dit le roi en désignant la cocarde du prince d'Essling. Masséna ayant insisté, le roi finit par frapper du pied et lui assène : « Non ! non ! monsieur le maréchal. Je ne prendrai jamais les couleurs d'une nation rebelle. »
2. Le roi éprouve une vive répulsion lorsqu'il doit signer le décret de nomination de son nouveau ministre. Louis XVIII, rapporte Beugnot venu présenter l'ordonnance, laisse la plume s'échapper de ses mains : « Le sang lui monta au visage ; ses yeux devinrent sombres et il retomba tout entier sur lui-même comme accablé par une pensée de mort. Un morne silence avait soudainement interrompu une conversation tout à l'heure facile et douce. Ce silence dura quelques minutes, après quoi le roi me dit, en poussant un soupir profond : — Il le faut donc ! Allons !... Il ramasse sa plume, s'arrête encore avant que de tracer des caractères et prononce ces mots : — Ah ! Mon malheureux frère ! Si vous me voyez, vous m'avez pardonné ! Il signe enfin, mais en même temps qu'il le fait péniblement et en tremblant, de grosses larmes lui tombent des yeux et mouillent le papier. »

les seuls à avoir successivement servi la République, l'Empire et la Restauration. Sans nulle gêne apparente, Fouché consent à tout ce qu'il combattait la veille. Au moins a-t-il le mérite de ne pas ajouter l'hypocrisie à la forfaiture. En adoptant la cocarde blanche, il reconnaît la conception traditionnelle de la légitimité soumettant la nation à la famille royale à travers la couleur du panache d'Henri IV. Le drapeau blanc signifie que le roi possède la France et en reste le maître, élu par Dieu et consacré par l'histoire. Les trois couleurs, symboles de la Révolution et de l'Empire, demeurent l'étendard d'un autre ordre social qui prévaudra à nouveau en 1830, celui d'un souverain-citoyen d'abord roi des Français avant d'être roi de France. Toutefois, en cédant sur la cocarde, Fouché se renie spectaculairement, perdant dès lors tout crédit auprès de ses amis. Le maître de l'intrigue se fait complice de la réaction pour le plaisir de rester « une heure de plus, la main à la pâte » (Stefan Zweig). Sans s'en rendre compte, car sa vanité éclipse désormais son jugement, il vient de se laisser duper par les royalistes et de signer sa propre condamnation.

L'épilogue célèbre se joue enfin lorsque Talleyrand vient présenter Fouché au roi, alors établi à Saint-Denis, à quelques pas des tombeaux de ses ancêtres. Le hasard a voulu que Chateaubriand soit présent : « Tout à coup une porte s'ouvre : entre silencieusement le vice appuyé sur le bras du crime, M. de Talleyrand marchant soutenu par M. Fouché ; la vision infernale passe lentement devant moi, pénètre dans le cabinet du roi et disparaît. Fouché venait jurer foi et hommage à son seigneur ; le féal régicide, à genoux, mit les mains qui firent tomber la tête de Louis XVI entre les mains du frère du roi martyr ; l'évêque apostat fut caution du serment[1]. » Au sortir

---

[1]. Le célèbre tableau des *Mémoires d'outre-tombe* est à compléter par le témoignage de Beugnot : « Lorsque ces messieurs arrivèrent, j'étais dans une grande salle qui précédait le cabinet du roi, et en compagnie de M. de Chateaubriand. Il n'y avait de commun entre cet homme illustre et moi-même que notre dévouement à Sa Majesté et le regret de voir ce qui se passait sous nos yeux. Ce dernier sentiment ne put se contenir lorsque nous vîmes paraître M. le duc d'Otrante donnant le bras à M. de Talleyrand, et tous deux s'avançant vers le cabinet du roi avec cet air assuré et tranquille qui blesse au vif ceux dont on vient de triompher.

de l'audience, Talleyrand aurait demandé, moqueur et cynique à la fois : « Duc d'Otrante, vous étiez ému, je crois ? »

Avant de quitter Saint-Denis le roi reçoit Chateaubriand :
« Eh bien ! lui dit Louis XVIII, ouvrant le dialogue par cette exclamation.

— Eh bien, sire, vous prenez le duc d'Otrante ?

— Il l'a bien fallu ; depuis mon frère jusqu'au bailli de Crussol (et celui-là n'est pas suspect), tous disaient que nous ne pouvions pas faire autrement : qu'en pensez-vous ?

— Sire, la chose est faite : je demande à Votre Majesté la permission de me taire.

— Non, non, dites : Vous savez comme j'ai résisté depuis Gand.

— Sire, je ne fais qu'obéir à vos ordres ; pardonnez à ma fidélité : je crois la monarchie finie.

« Le roi garde le silence ; je commençais à trembler de ma hardiesse, quand Sa Majesté reprit :

— Eh bien, monsieur de Chateaubriand, je suis de votre avis. »

L'histoire se termine comme elle a commencé · par la restauration de Louis XVIII et le départ de Napoléon, avec pour toile de fond l'invasion des alliés. C'est au tour du roi de se voir accorder une seconde chance, mais pour en arriver là il aura fallu combien de drames, combien de haines, la défaite, l'invasion et même un début de guerre civile. La France n'a pas été aussi faible ni aussi divisée depuis des siècles. Seuls les poltrons sont rassurés, les courtisans confortés, les notables tranquillisés : la permanence de l'ordre est assurée depuis le Directoire par le système censitaire qui, avec quelques modifications, survit aux régimes et aux hommes. L'esprit bourgeois triomphe sur le cadavre de l'esprit de conquête, consacrant la

---

— Ce que nous voyons, dis-je à M. de Chateaubriand, est digne du pinceau de Tacite et heureusement vous êtes là. » Pozzo di Borgo commente tout aussi ironiquement : « J'aimerais bien entendre ce que se disent ces agneaux. »

fin des passions au profit du mercantilisme[1]. Ce libéralisme économique naissant néglige l'humanisme fondateur de son ancêtre politique, empreint de compassion et de tolérance, pour promouvoir l'intérêt. N'est-ce pas cela la véritable occasion manquée, l'une des clés méconnues qui permettraient de comprendre pourquoi la France peine tant à trouver un consensus durable ?

Les deux dernières journées de la parenthèse ouverte par le débarquement de Golfe-Juan donnent libre cours jusqu'à la caricature au désenchantement et au cynisme qui président, à l'instar de Talleyrand et Fouché, aux destinées du pays. Par ailleurs, la seconde occupation de la capitale par les Anglais et les Prussiens brise le cœur des patriotes, écœurés par le spectacle qui se déroule sous leurs yeux comme dans la coulisse. « Je n'ai plus la force de supporter la vie, confesse alors le savant Ampère. Il faut que je fuie ceux qui me disent : vous ne souffrirez pas personnellement. Comme s'il pouvait être question de soi au milieu de pareilles catastrophes. »

Il faut s'arrêter un instant sur cette journée du 7 juillet 1815, qui marque la transition entre le gouvernement provisoire et la Restauration. Fouché se trouve à ce moment en position d'arbitre puisqu'il préside encore la commission de gouvernement alors qu'il vient d'accepter de devenir ministre de Louis XVIII. Le roi de France se morfond aux portes de la capitale, attendant de son nouvel allié qu'il les lui ouvre. Pour ce faire, Fouché doit dissoudre la commission de gouvernement et la Chambre des représentants, éliminer ces rivaux qui, quinze jours plus tôt, lui ont confié les clés de la France. D'un régime à l'autre, le duc d'Otrante incarne la permanence de l'intrigue au cœur du pouvoir. Il met à profit ce dernier jour pour peser d'emblée sur la Restauration et tenter d'affirmer son ascendant sur le roi. Le ministre arbore à nouveau son

---

[1]. Particulièrement jusqu'aux premières lois sociales dans les années 1840.

masque révolutionnaire et brandit les grands principes de 1789 dont il se présente comme le meilleur garant, alors qu'il vient d'en être le fossoyeur. Il se découvre durant cette matinée du 7 à l'occasion de l'ultime réunion de la commission. Sans pudeur aucune, il annonce à ses collègues qu'il devient ministre du roi et conseille de ne pas faire de résistance inutile, autrement dit suggère l'autodissolution du gouvernement provisoire qu'il préside encore. Carnot, impuissant, le couvre d'anathèmes, les trois autres membres restant muets, lorsque l'intrusion pleine d'à-propos d'un bataillon prussien aux Tuileries provoque la débandade de ce directoire de pacotille.

Encore maître à bord pour quelques heures, Fouché s'emploie alors à persuader que son maintien constitue bien une victoire de la Révolution sur les ultras. Il veut faire peser une épée de Damoclès sur Louis XVIII afin de prouver aux royalistes que personne d'autre que lui ne peut garantir leur survie. A cet effet, il rédige ou inspire plusieurs textes — un message, une lettre, un manifeste — qui mettent en garde la nouvelle légitimité contre toute réaction en prouvant la force intacte de l'esprit révolutionnaire. Ils associent attaques contre les ultras, dénonciation de la collusion entre la dynastie et l'étranger, enfin menaces à peine voilées contre le monarque. Le message, destiné aux chambres au nom de la commission dissoute, indigne les royalistes car il accuse les alliés d'avoir imposé la Restauration[1]. Fouché, qui l'a rédigé sans consulter ses collègues, s'abrite derrière eux pour ternir le trône. Le subterfuge ne trompe personne, à commencer par les quatre autres membres de la commission qui s'insurgent en vain contre la dernière fourberie de leur président. Ils exigent un

---

1. En voici le texte : « Jusqu'ici nous avions pu croire que les intentions des souverains alliés n'étaient point unanimes sur le choix du prince qui doit régner sur la France. Nos plénipotentiaires nous ont donné la même assurance à leur retour. Cependant, les ministres et généraux des puissances alliées ont déclaré hier, dans les conférences qu'ils ont eues avec le président de la Commission que tous les souverains s'étaient engagés à replacer Louis XVIII sur le trône, et qu'il doit faire ce soir son entrée dans la capitale. Dans cet état de choses, nous ne pouvons plus que faire des vœux pour la patrie, et nos délibérations n'étant plus libres, nous croyons devoir nous séparer. »

démenti... que Fouché leur promet tout en obtenant de Vitrolles qu'il ne soit pas inséré dans le *Moniteur*.

La lettre, seul texte qu'il assume pleinement, est adressée au roi, de puissance à puissance. Fouché commet la même erreur que Talleyrand quelques jours plus tôt et parle en maître plus qu'en ministre. Il somme le monarque de faire des concessions pour éviter les errements du passé, égratignant au passage la première Restauration : « Moins on laisse de droits au peuple, insiste-t-il, plus sa juste défiance le porte à conserver ceux qu'on ne peut lui disputer ; et que c'est toujours ainsi que l'amour s'affaiblit et que les révolutions se préparent. [...] Aujourd'hui, les concessions rapprochent les esprits, pacifient et donnent de la force à l'autorité royale ; plus tard les concessions prouveraient sa faiblesse ; c'est le désordre qui les arracherait ; les esprits resteraient aigris. » Fouché reprend la thématique de la « révolution royale » utilisée par Mirabeau et les monarchiens en 1789 puis récupérée par Guizot et les doctrinaires quelques années plus tard. Il s'agit de placer le monarque à la tête de la Révolution, tant pour rester en osmose avec la société que pour doubler les républicains en réalisant les réformes souhaitées par la plupart des Français. En résumé, le trône doit diriger la Révolution pour mieux la modérer.

Reste à définir clairement les concessions à faire. Dans cet esprit, Fouché accélère la rédaction du manifeste parlementaire préparé en sous-main depuis plusieurs jours. Cette « Déclaration de la Chambre des représentants » équivaut à une sorte de testament politique des députés[1]. Véritable motion de défiance contre la Restauration, elle se décompose en deux parties : une déclaration de principe, suivie d'un catalogue exhaustif des droits et intérêts à garantir. Le gouvernement idéal doit répondre aux vœux de la nation « légalement émis ». Il n'entrera en fonction qu'après avoir juré « d'obser-

---

1. A défaut d'une constitution dont les parlementaires, comme s'ils faisaient abstraction du contexte, ont préparé l'édification jusqu'à la dernière séance.

ver une constitution délibérée par la représentation nationale et acceptée par le peuple ». Représentation et souveraineté du peuple, ignorées par Louis XVIII, constituent toujours les deux fondements de la légitimité. En conséquence, « tout gouvernement qui n'aurait pas d'autres titres que des acclamations et les volontés d'un parti, ou qui serait imposé par la force » et ne garantirait pas le drapeau tricolore demeurerait illégitime. Le refus des Bourbons ne peut être plus explicite.

Vient ensuite la présentation du programme à proprement parler, vaste récapitulation inspirée par la Constitution de 1791. Egalité civile, libertés fondamentales — presse, propriété, culte, jury —, inviolabilité des biens nationaux, de la Légion d'honneur et des récompenses versées aux militaires, inamovibilité de la magistrature, oubli des opinions et des votes émis dans le passé constituent ce tableau méticuleux qui suinte la méfiance et vise à se prémunir contre toute tentative de réaction[1].

Le clivage politique séculaire entre réforme et conservation évolue profondément. La Révolution victorieuse devient conservatrice tandis que les royalistes se prononcent pour le changement, avides de renverser ce nouvel ordre social qui consacre à leur détriment la prépondérance des « bourgeoisies conquérantes ».

Avec plus d'arrogance que Talleyrand, Fouché tente de tenir la dragée haute au roi et pose son ultimatum d'autant plus fermement qu'il ne dispose toujours d'aucune garantie, hormis sa nomination. En attendant, il lui reste à commettre un ultime forfait : disperser la Chambre qui l'a consacré par un 18-Brumaire royaliste. Il doit accomplir en faveur de Louis XVIII ce qu'il a interdit à Napoléon quinze jours auparavant. Fouché délègue cette mission gênante au nouveau préfet de police, Elie Decazes, obscur magistrat que Talleyrand

---

1. Molé, s'adressant à Talleyrand, résume parfaitement la philosophie du texte : « La nation ne tient tant aux institutions libérales que pour pratiquer et défendre les intérêts, que la Révolution a créés ; elle s'en passait sous Buonaparte parce qu'elle ne craignait rien pour ses intérêts ; elle l'exige sous un Bourbon parce qu'elle croit ses intérêts incessamment menacés. »

a fait nommer en comptant qu'il serait sa créature. Fouché ne doute pas de manœuvrer à sa guise ce novice qui en réalité ne sera pas long à se frayer un chemin en devenant le favori de Louis XVIII avant de le supplanter moins de cent jours plus tard au ministère de la Police ! Une poignée de gardes nationaux suffit, le matin du 8 juillet, pour disperser les parlementaires. Interdits d'entrée dans la salle des séances, les fossoyeurs de l'Empire sombrent dans l'indifférence et le ridicule. Involontairement, Louis XVIII vient de venger Napoléon. En guise de riposte, certains rédigent une protestation qui passe inaperçue. Les Parisiens ont la tête ailleurs. Ils observent alors l'occupation des points stratégiques par les alliés, triste spectacle qui prélude à l'arrivée du roi.

Dans le dédale d'intrigues et de trahisons qui ponctue la quinzaine passée, son retour apparaît presque comme une délivrance. Aussi, en dépit des efforts de Fouché pour modérer l'ardeur des Parisiens, l'arrivée du roi est-elle plutôt favorablement accueillie [1]. Après un petit discours prononcé devant ses fidèles, le souverain se mêle à la foule qui peuple le jardin des Tuileries. Par ce dernier avatar de la guerre des légitimités, il affecte la proximité avec ses sujets, à l'inverse de Napoléon qui répugne au contact direct avec la population. Pour cette même raison, Louis XVIII choisit d'entrer solennellement et en plein jour, à la tête de sa Maison militaire, soucieux de montrer qu'il pardonne, confiant dans cette multitude qui l'acclame après l'avoir laissé partir.

Selon l'usage, Chabrol, le préfet de la Seine, vient complimenter le souverain à la tête du corps municipal :

« Cent jours [2], dit-il en baptisant la période, se sont écoulés depuis le moment fatal où Votre Majesté a quitté sa capitale

---

[1]. La gamme des réactions publiques oscille entre la résignation et l'acclamation. Les témoignages, sur ce point, divergent profondément en fonction de l'appartenance politique des mémorialistes. Il semble cependant que l'accueil fût globalement plus froid que celui de l'année précédente. « Louis XVIII rentra dans Paris. Les danses en rond du 8 juillet effacèrent les enthousiasmes du 20 mars », écrit Victor Hugo.

[2]. Cela fait en réalité cent dix jours, Louis XVIII ayant quitté Paris le 19 mars alors qu'on est le 8 juillet.

au milieu des sanglots, et s'est vue forcée par une cruelle nécessité d'abandonner ses enfants bien aimés.

— C'est en effet avec la plus vive douleur que j'ai quitté Paris, répond Louis XVIII. Je suis sensible aux témoignages de ma bonne ville dans laquelle je rentre avec attendrissement. Je viens pour réparer le mal qu'elle a déjà éprouvé et en prévenir de nouveaux. »

L'alternance engendre ainsi l'espoir, cet état de grâce éphémère durant lequel le pays, si déchiré et éprouvé soit-il, croit à nouveau en son destin collectif. L'illustration en est donnée lorsque, à la surprise générale, Monsieur vient chaleureusement remercier Fouché. La poignée de main entre le champion de la Contre-Révolution et le symbole de la Convention entretient, en cet instant, l'illusion que la Révolution se termine enfin.

## *Le pari anglais*

Cent jours après le retour, l'épopée s'achève donc dans la solitude, à l'Elysée comme à Malmaison. Le 15 juillet, un autre tableau s'impose : Napoléon debout sur le canot qui le porte à bord du *Bellérophon*[1]. Entre ces deux images, un triste voyage, loin des passions anciennes. La vie semble s'éteindre autour de lui. Les cris de haine du départ vers Fréjus, les cris d'enthousiasme des voyages de 1799 et du Vol de l'Aigle laissent place à de trop rares acclamations. La chute, le départ, l'exil : le triptyque de la déchéance se referme. Désormais, l'Empereur n'est plus qu'un simple fugitif sans couronne, déclaré l'ennemi public d'une Europe qui cherche à le capturer par tous les moyens et déploie ses filets avant qu'il ne soit trop tard[2]. Avec le retour de la royauté, le piège se referme

---

1. Clin d'œil de l'histoire, Bellérophon est un héros de la mythologie grecque, fils de Poséidon et petit-fils de Sisyphe, qui, après avoir dompté le cheval Pégase, parvint à tuer la Chimère et à vaincre les Amazones.
2. Le 1er juillet, les commissaires alliés déclarent aux plénipotentiaires français que « les puissances, regardant comme une condition essentielle de la paix et d'une véritable tranquillité que Napoléon Bonaparte fût mis hors d'état dans l'avenir de troubler le repos de la France et de l'Europe, elles exigeaient que sa personne fût livrée à leur garde »

et le condamne à s'embarquer d'urgence. Déjà, les navires anglais renforcent leur blocus sur les côtes et limitent encore sa liberté de manœuvre. L'histoire du dernier voyage est d'abord celle d'une lente asphyxie.

Au terme de sa chevauchée, on le sent las, rongé de doutes et remords. En ne s'opposant pas au coup d'État parlementaire, il s'est condamné à l'abdication. En acceptant de s'éloigner, il paraît renoncer à asseoir son fils comme à diriger les opérations militaires. Acculé au choix entre l'évasion en Amérique ou la reddition à l'Angleterre, il conserve pourtant l'espoir d'un retour à la tête de l'armée pour retrouver son rôle de défenseur de la France contre l'Europe. Au bout du compte, il ne fuit pas, mais s'efface pour la France au terme d'un triple choix : la légalité qui l'a conduit à l'abdication par refus de déclencher la guerre civile ; la résistance qui le pousse à offrir son bras armé au gouvernement pour sauver l'honneur et les intérêts du pays ; enfin le départ pour tenter, même s'il n'y croit guère, de préserver la France des Bourbons et adoucir les clauses du futur traité de paix. Tous ces choix conduisent au sacrifice.

Rambouillet, Chartres, Châteaudun, Vendôme, Tours, Poitiers, Saint-Maixent. A vive allure, presque sans arrêts, la berline de l'Empereur avale les étapes et parvient à Niort dans la nuit du 1er au 2 juillet. Il découvre par une dépêche du préfet maritime de Rochefort, le baron de Bonnefoux, qu'il est pris au piège : « La rade, écrit ce dernier, est étroitement bloquée par une escadre anglaise. Il me paraîtrait extrêmement dangereux pour la sûreté de nos frégates et celle de nos chargements de chercher à forcer le passage. Il faudrait attendre une circonstance favorable qui ne se présentera pas de longtemps dans cette saison. Les forces qui nous bloquent ne laissent aucun espoir de réussir dans le projet de faire sortir nos bâtiments. » L'Empereur, soucieux, décide alors de gagner Rochefort où il parvient à huit heures du matin, le 3 juillet[1], jour de la capitulation de Paris. Il semble réconforté par l'accueil chaleureux qu'il reçoit, comme si la foule avait compris d'instinct le prix de son renoncement. Cette fois, il partira, comme il est venu, sous les vivats : « La population, constate Beker, guidée par ce mot magique, l'Empereur ! envahit le jardin de la préfecture, et inonda le port qu'il domine. Elle le demandait à grands cris et avec tant d'instance que, vers le soir, il crut devoir céder aux acclamations de la foule. Il parut un instant sur la terrasse [...] salua avec bienveillance, et, au silence religieux qui avait accueilli son apparition, succéda un élan d'enthousiasme frénétique plusieurs fois répété. Napoléon paraissait encore sensible à ces témoignages d'affection populaire ; une sérénité sublime éclairait son visage. »

Une première conférence à la préfecture maritime confirme les difficultés annoncées. Le *Bellérophon*, fort de soixante-quatorze canons, bloque la rade, rendant impossible toute sortie si ce n'est par la force. Or les instructions du gouvernement interdisent formellement d'engager le combat avec la flotte anglaise[2]. Du 3 au 8 juillet, diverses hypothèses sont envisagées tandis que le filet se resserre. Des projets souvent hardis sont débattus et explorés : embarquement à Royan sur le vaisseau la *Bayadère*, que son commandant, le fils du conventionnel Baudin, met courageusement

---

1. « Le 3 juillet, à huit heures du matin, écrit Beker, Napoléon franchissait les portes de Rochefort, et atteignait la plage d'où la patrie devait lui adresser ses derniers adieux. Il laissait derrière lui cette France qu'il avait illuminée des reflets de sa gloire, et qui maintenant s'affaissait sous le poids des revers. Sans doute, ces amères vicissitudes devaient oppresser sa poitrine ; sans doute, de lourdes pensées devaient peser sur son auguste front ; mais jamais, durant le trajet, son visage ne trahit une émotion, jamais son attitude ne cessa d'être calme et majestueuse. [...] On s'apercevait que sa pensée planait encore sur l'avenir, que son imagination, bercée d'illusions, se flattait de pouvoir maîtriser les événements. » Sur la route, satisfait des acclamations qu'il recevait, il avait dit au général : « Vous voyez que les populations me savent gré du bien-être que j'ai créé dans leur pays : que partout où je passe, je reçois encore des bénédictions d'un peuple reconnaissant. »
2. Les frégates étaient cependant autorisées à se défendre si les Anglais attaquaient les premiers.

à la disposition de l'Empereur[1] ; fuite à bord de l'un des deux bâtiments américains mouillés au Verdon, le *Pike* ou le *Ludlow*, pendant que la *Bayadère*, soutenue par l'*Infatigable*, se porterait au-devant de la croisière anglaise et engagerait le combat ; recours à la goélette danoise la *Magdalena*, sous les ordres d'un jeune lieutenant de vaisseau français nommé Victor Besson qui propose de cacher le grand homme dans un tonneau matelassé en cas d'alerte[2]. Napoléon passe en revue les plans d'évasion[3] sans parvenir à se décider, arguant tantôt de sa gêne à s'enfuir sur un navire étranger, tantôt de l'impossibilité de laisser à terre plusieurs de ses fidèles, qui seraient alors livrés à la vindicte des Bourbons.

A Rochefort, Napoléon laisse ainsi passer des jours précieux alors que la croisière anglaise commence à se renforcer. L'Empereur semble toujours s'accrocher à son étoile de Lodi. Répugnant déjà à l'exil américain, il veut encore croire au miracle du retour[4]. Puisqu'on l'empêche de partir,

---

1. Cette attitude était digne d'un officier qui avait reçu six blessures et perdu un bras en 1808, au combat de la *Sémillante*. Le 5 juillet, il écrit à Bonnefoux cette belle lettre qui fait honneur à sa mémoire, sachant qu'il n'était pas un inconditionnel de l'Aigle : « L'Empereur peut se fier à moi. J'ai été opposé de principe et d'action à sa tentative de remonter sur le trône, parce que je la considérais comme funeste à la France et, certes, les événements n'ont que trop justifié mes prévisions. Aujourd'hui, il n'est rien que je ne sois disposé à entreprendre pour épargner à notre patrie l'humiliation de voir son souverain tomber entre les mains de notre plus implacable ennemi. Mon père est mort de joie en apprenant le retour d'Egypte du général Bonaparte. Je mourrais de douleur de voir l'Empereur quitter la France, si je pensais qu'en y restant, il pût encore quelque chose pour elle. Mais il faut qu'il ne la quitte que pour aller vivre honoré dans un pays libre, et non pour mourir prisonnier de ses ennemis. »
2. Napoléon décline cette offre : « Se cacher dans la cale d'un vaisseau, s'il venait à être pris, était un procédé que l'Empereur trouvait indigne de lui », résume Marchand.
3. Passer en Amérique est alors loin de paraître impossible : arrivé à Rochefort le 5 juillet, deux jours après Napoléon, son frère Joseph n'a aucune peine, en faisant agir ses relations maçonniques, en l'occurrence un négociant de Rochefort nommé Guérin, à trouver un navire qui le conduira sans encombre à New York. D'autre part, il semble possible de forcer le blocus anglais, encore peu redoutable. Le *Bellérophon* qui bloque seul la rade de Rochefort, est un vaisseau ancien et en mauvais état, qui ne peut tenir longtemps contre les deux frégates françaises, récentes, plus rapides, parfaitement équipées et servies par des équipages de première force.
4. « Il ne restait plus que deux partis, dictera Napoléon à Las Cases, celui de rentrer dans l'intérieur, pour y tenter le sort des armes, ou celui d'aller prendre un asile en Angleterre. » « Diverses confidences de l'Empereur, confirme Montholon, m'ont prouvé depuis que, de prime abord, il avait pris son parti : se remettre à la tête de

pourquoi ne pas prendre à témoin l'opinion et rebrousser chemin ? « Rien ne paraissait plus facile, se souviendra Montholon, que de décréter d'accusation de trahison le gouvernement provisoire et de marcher sur Paris à la tête de vingt mille à vingt-cinq mille soldats, et sous l'escorte populaire de cent mille paysans fanatisés. » Pour cette aventure, il sait pouvoir compter sur les fidèles armées de Gironde et de Vendée, respectivement commandées par Clauzel et Lamarque, en attendant l'arrivée des troupes qui évacuent Paris depuis la signature de l'armistice pour se regrouper au sud de la Loire.

L'accueil enthousiaste reçu depuis Niort a ranimé ses ardeurs. Les officiers du 2ᵉ hussards, comme le bouillant général Lallemand qui vient de le rejoindre, l'exhortent à reprendre le combat. Il décline d'abord l'invite, commentant laconiquement : « Je ne suis plus rien et ne peux plus rien. » Fidèle à lui-même, il refuse de tirer l'épée pour jouer les aventuriers et ajouter le drame de la guerre civile à celui de l'invasion. Mais l'annonce des combats autour de Paris l'incite une dernière fois à tenter le pari de l'honneur : « Le gouvernement connaît mal l'esprit de la France, déplore l'Empereur ; il s'est trop pressé de m'éloigner de Paris et, s'il avait accepté ma dernière proposition, les affaires auraient changé de face. Je pouvais encore exercer, au nom de la nation, une grande influence dans les affaires politiques, en appuyant les négociations du gouvernement par une armée à laquelle mon nom aurait servi de point de ralliement[1]. » Alors, Napoléon offre à nouveau son épée au gouvernement par le truchement de Beker[2] : « Il espérait

---

l'armée, chasser l'ennemi du sol de la patrie, ou se livrer à la foi britannique ; que toute autre manière de sortir sérieusement de sa position n'était pas dans sa pensée, et que s'il céda à des conseils de fuite sur des péniches ou autrement, ce fut par lassitude et dégoût de tout ce qu'il voyait d'ingratitude et de démence dans les hommes auxquels le pouvoir se trouvait momentanément dévolu. »

1. Rapport de Beker à la commission de gouvernement, 2 juillet 1815.
2. « Sa Majesté, fait-il écrire par Beker, a été informée par le préfet maritime de Rochefort que, depuis le 29 juin, l'escadre anglaise, en doublant sa croisière et sa vigilance, rendait la sortie des bâtiments impossible. Dans cet état de choses, l'Empereur désire que le ministre de la Marine autorise le capitaine de la frégate qu'il montera à communiquer avec le commandant de l'escadre anglaise, si des circonstances extra-

qu'à la vue du danger les yeux se dessilleraient, résume Las Cases, qu'on reviendrait à lui, et qu'il pourrait sauver la patrie : c'est ce qui lui fit allonger le temps le plus qu'il put à la Malmaison ; c'est ce qui le fit retarder beaucoup encore à Rochefort. »

Mais le temps conspire contre lui. La réponse du gouvernement provisoire tombe le 7 juillet, sans ambiguïté : « Napoléon doit s'embarquer sans délai. [...] Vous [Beker] devez employer tous les moyens de force qui seraient nécessaires, en conservant le respect qu'on lui doit. Quant aux services qu'il offre, nos devoirs envers la France, et nos engagements avec les puissances étrangères, ne nous permettent pas de les accepter, et vous ne devez plus nous en entretenir. » Enfin la commission lui interdit de communiquer avec l'escadre anglaise[1]. Napoléon comprend que Fouché le garde en otage pendant les négociations : « On veut me tenir sur une frégate comme sur une prison », gronde-t-il. Mais, comme le lui explique notamment Beker, il doit prendre un parti s'il veut se sauver. La dissolution imminente du gouvernement provisoire laissera le champ libre aux royalistes qui viendront l'arrêter ou le livreront aux Anglais.

Alors, puisqu'il ne peut plus se poser en recours, Napoléon décide de quitter Rochefort pour se rendre sur l'île

---

ordinaires rendent cette démarche indispensable, tant pour la sûreté personnelle de Sa Majesté que pour épargner à la France la douleur et la honte de voir Sa Majesté enlevée de son dernier asile pour être livrée à la discrétion de ses ennemis. [...] Si [...] la croisière anglaise empêche les frégates de sortir, vous pouvez disposer de l'Empereur comme général, uniquement occupé d'être utile à la patrie. »

1. La dépêche a été rédigée le 4 juillet à l'instigation de Fouché. Comme le note Henry Houssaye : « Ainsi, les membres du gouvernement provisoire savaient que Napoléon ne pourrait pas sortir de la rade de Rochefort, et, d'autre part, ils lui interdisaient de demander asile à l'escadre anglaise. Ils voulaient le tenir sur une frégate comme une prison et l'y garder captif pour faire de lui, s'il était nécessaire, l'objet de négociations avec les alliés. En le laissant se livrer de sa propre volonté à la croisière ennemie, on eût perdu l'avantage de pouvoir le livrer soi-même, et l'on eût donné prématurément et sans profit un gage à la coalition. »

d'Aix. Il y sera plus près des deux frégates, la *Saale* et la *Méduse* dont le naufrage sera immortalisé l'année suivante par Géricault. L'anse de la Coue, où Napoléon et sa suite embarquent le 8 juillet, est remplie d'une foule éplorée. Au moment où s'ébranle la baleinière sur laquelle il a pris place, un immense cri de « Vive l'Empereur ! » s'élève encore une fois. Au même moment, rappelons-le, Louis XVIII est accueilli à Paris.

Ralenti par un vent violent, Napoléon décide finalement de se faire porter sur la *Saale* où le capitaine Philibert, quoique royaliste, lui fait rendre les honneurs souverains [1]. « Les ombres de la nuit, écrit Beker cédant au romantisme, s'abaissèrent bientôt sur la frégate et redoublèrent, après le premier moment d'agitation, l'angoisse et l'anxiété que faisait naître dans tous les cœurs l'imminence du dénouement encore inconnu qui allait décider du sort d'une si grande destinée. » Au petit jour, Napoléon inspecte brièvement l'île d'Aix avant de retourner sur la *Saale*, où il retrouve le préfet maritime porteur d'une nouvelle lettre de Decrès. En date du 6 juillet, elle confirme les instructions précédentes, mais lui accorde enfin l'autorisation d'entrer en relation avec la croisière anglaise, à la condition expresse qu'il en fasse la demande écrite [2]. Comme toujours le gouvernement provisoire, à la veille d'être dissous, place sa responsabilité

---

1. Philibert n'a pas fait effacer les fleurs de lys sur les vitrages de la dunette et contrecarrera les projets de départ vers l'Amérique. « L'Empereur, se souviendra le fidèle Ali, était très mal à bord de la frégate. L'opinion des officiers ne paraissait pas favorable à sa cause ; le capitaine, entre autres, qui commandait était d'une humeur si apathique et d'un caractère si indifférent que l'on pouvait supposer qu'il n'y avait rien à espérer de lui. [...] Il était loin d'être satisfait de voir à son bord la grande infortune qui était venue s'y réfugier. »
2. « Il est de la plus haute importance que l'Empereur quitte le plus tôt possible le sol de la France. L'intérêt de l'État et la sûreté de sa personne l'exigent impérieusement. Si les circonstances ne permettent pas qu'il parte sur les frégates, il sera peut-être possible à un aviso de tromper les croisières anglaises et, dans le cas où ce moyen lui conviendrait, il ne faut pas hésiter à en mettre un à sa disposition. Si ce moyen ne lui convient pas, et qu'il préfère se rendre à bord des bâtiments de la croisière anglaise ou directement en Angleterre, il est invité à vous en adresser la demande formelle et positive par écrit et, dans ce cas, vous mettrez sur-le-champ un parlementaire à sa disposition, pour suivre celle des deux destinations qu'il aura demandée. » Si ce n'est qu'il était impossible de préparer un aviso dans l'urgence.

à couvert en offrant à Napoléon le moyen de se rendre tout en l'empêchant de s'enfuir[1].

Le lundi 10 juillet, l'Empereur fait une première ouverture. Il envoie Savary et Las Cases, ce dernier parlant anglais, en reconnaissance sur le *Bellérophon* sous prétexte de demander si les sauf-conduits sont arrivés. Le commandant du navire, Frédéric Maitland, a reçu des instructions précises de l'Amirauté signalant la présence possible de l'« Ogre » et donnant l'ordre de l'intercepter[2]. Aussi use-t-il de dissimulation avec ses visiteurs pour gagner du temps afin de pouvoir renforcer le blocus. Il leur déclare tout ignorer des sauf-conduits, annonce que son gouvernement s'opposera sans doute au départ de Napoléon pour l'Amérique, avant de dévoiler ses batteries en proposant de le conduire en Angleterre. Il attend, déclare-t-il à ses interlocuteurs, des ordres plus précis de sa hiérarchie, ce qui lui interdit dans l'intervalle de laisser le passage aux frégates[3].

---

1. En outre, il est formellement interdit aux commandants transportant Napoléon de le débarquer sur un point quelconque du territoire français (article 4 de l'arrêté du gouvernement provisoire du 6 juillet). C'est la preuve que le gouvernement provisoire redoute toujours par-dessus tout son retour, qu'il tente de rejoindre l'armée de la Loire ou de revenir directement à Paris.

2. Lettre de lord Melville, premier lord de l'Amirauté, à lord Keith, commandant en chef de la flotte de la Manche, en date du 27 juin : « De différentes sources sont parvenues au gouvernement de Sa Majesté des informations selon lesquelles l'intention de Bonaparte serait, en cas de défaite, de s'enfuir en Amérique. Si elles sont fondées, la tentative sera probablement effectuée sous peu, à moins qu'il soit retenu par la force à Paris. S'il embarque sur un petit navire, dans un des nombreux ports de la côte de France, il sera presque impossible d'empêcher sa fuite ; mais s'il attend qu'une frégate ou un sloop soient prêts, vous pourrez avoir vent de ses mouvements, être en mesure de surveiller et d'intercepter le bâtiment. En tout cas, il est souhaitable que vous adoptiez toutes les mesures en votre pouvoir en vue de sa capture et de sa détention, s'il tente de quitter la France par la mer. » D'autres instructions en date du 8 parviennent à Maitland au moment où il reçoit les émissaires de l'Empereur. Elles préconisent, si Napoléon est intercepté, de le tenir sous bonne garde et de le débarquer dans le port anglais le plus proche.

3. Las Cases, qui a feint l'ignorance, découvre que les passeports pour l'Amérique sont refusés. Il ignore en revanche les dernières instructions que le contre-amiral Hotham vient d'adresser au commandant du *Bellérophon* : « Je compte que vous recourrez aux meilleurs moyens pour arrêter le fugitif ; de sa captivité dépend, semble-t-il, le repos de l'Europe. Si vous le prenez, il conviendra de me l'amener : j'ai des ordres pour disposer de lui. » L'officier est invité à utiliser « tous les moyens », négociation, force ou ruse, pour le faire monter à bord. Tenu au secret, Maitland ne peut naturellement dévoiler ses batteries. Aussi les accusations de duplicité portées à son encontre sont-elles injustes. Du point de vue anglais, il a agi en patriote.

Le capitaine anglais, à peine ses visiteurs partis, rapproche le *Bellérophon* de la *Saale*. Rejoint opportunément par la corvette *Slaney* et le brick *Myrmidon*, Maitland referme le piège. Le capitaine Ponée, indigné par la manœuvre anglaise, offre d'attaquer le *Bellérophon* avec sa *Méduse* tandis que Napoléon profitera de l'abordage pour s'échapper à bord de la *Saale*. Séduit, l'Aigle convoque Savary pour faire appareiller sans retard. Mais Philibert, le supérieur de Ponée, refuse d'engager le combat, soucieux de ne pas s'exposer aux foudres du gouvernement royal. Napoléon sait désormais à quoi s'en tenir. La nouvelle de la capitulation de Paris qu'il apprend par les journaux lui ôte ses dernières illusions. Refusant d'attendre plus longtemps sur la *Saale*, convaincu qu'on ne tardera pas à venir l'y arrêter, il décide de retourner le lendemain sur l'île d'Aix : « Pauvre Napoléon, s'exclame Ponée en le voyant s'éloigner, tu es perdu. Un affreux pressentiment me le dit. » A son arrivée dans l'île, le *Bellérophon* tire une salve pour célébrer l'entrée des alliés dans la capitale.

L'Empereur est poussé vers le grand large. Son passage en terre française, faut-il s'en étonner, s'achève sur un îlot. Avant Sainte-Hélène, après la Corse et l'île d'Elbe, Aix marque sa dernière étape — moins de trois jours — sur le sol national. Pris dans un étau, entre les Bourbons et les Anglais, il ne lui reste plus désormais que la reddition à l'Angleterre, la tête haute mais non sans risque, ou la fuite vers les Etats-Unis. La perspective d'un exil outre-Atlantique le tente encore parfois. Il y trouverait le calme, la douceur de vivre, l'immensité d'un espace vierge avec un peuple neuf, peut-être un dernier rôle à sa mesure. Placé sur la terre démocratique par excellence, il demeurerait en situation de recours face à la Restauration, statue de la Révolution dressée devant ce vieux continent qui l'a banni. Mais il doit y renoncer. D'abord l'idée même de s'évader, comme un lâche et un voleur, lui paraît insupportable. En outre le pari américain ne lui apparaît pas conforme à son destin, condamné à osciller entre les extrêmes, la gloire et la tragédie. Or, telle l'île d'Elbe, la patrie de Washington lui offre une retraite heureuse mais peu flatteuse pour sa mémoire. Ne vaudrait-il pas mieux pour lui mourir en martyr plutôt que de vivre en disciple de Montaigne chez Jefferson ? Aussi refuse-t-il la courageuse offre de Joseph qui, fort de leur étonnante ressemblance, lui propose de se substituer à lui tandis qu'il gagnera le large[1]. De même, il écarte la proposition de six braves officiers de marine qui ont affrété un petit vaisseau, un chasse-marée, pour l'exfiltrer discrètement[2].

Puisque la fuite est écartée, il n'y a plus qu'à se rendre aux Anglais ou s'abandonner aux Bourbons. Il refuse d'accréditer la sinistre prophétie de Ney : l'Empereur prisonnier ramené dans une cage de fer, avant sans doute de se voir déférer, au terme d'un jugement sommaire, devant un peloton d'exécution. Jour après jour, la solution anglaise gagne donc du terrain dans son esprit. Il y pense d'ailleurs depuis sa première abdication. A Caulaincourt, qui préconisait l'exil en Russie, n'avait-il pas répondu : « Pour l'Autriche, jamais ; ils m'ont touché au cœur en gardant ma femme et mon fils. Pour la Russie, c'est se donner à un homme. Pour l'Angleterre, au moins, ce serait se donner à une nation. »

Au général Gourgaud, avec lequel il s'entretient longuement le 13 juillet, il avoue qu'il « avait eu l'idée de se rendre à la croisière anglaise et de s'écrier en y parvenant : "Comme Thémistocle, ne voulant pas prendre part au déchirement de ma patrie, je viens vous demander asile", mais

---

1. Finalement Joseph voyagera incognito, se faisant passer pour un négociant du nom de « M. Bouchard ».
2. « Ces jeunes hommes étaient le lieutenant de vaisseau Conty, les enseignes Doret, Salis et Peltier, les aspirants de marine Châteauneuf et Montcousu », précise l'historien Georges Bordonove. Tous appartiennent au 14e régiment de marine, justement stationné à l'île d'Aix. Le 12 juillet, le plan final prévoit de combiner l'action du chasse-marée la *Zélie* avec celui de la goélette danoise de Besson. Un autre chasse-marée, les *Deux-Amis*, aurait également été mis à contribution.

qu'il n'avait pu s'y résoudre[1] ». Il veut se hisser à la hauteur de l'antique, « comme Thémistocle », proscrit d'Athènes allant demander refuge à Artaxerxès, le fils du roi de Perse qu'il avait vaincu à Salamine. La comparaison ne manque pas de résonances : Thémistocle, symbole de la démocratie athénienne, prenant l'ascendant sur l'oligarchie par ses capacités militaires hors du commun, avant d'être banni par elle. L'image le poursuit depuis plusieurs semaines : le 15 juin, sur la Sambre, rapporte le général Corbineau, il s'était approché d'un feu de bivouac où cuisaient quelques pommes de terre ; il en avait pris une et l'avait mâchée pensivement, avant de murmurer tristement : « Après tout, c'est bon, c'est supportable... Avec cela on pourrait vivre en tous lieux et partout... L'instant n'est peut-être pas éloigné... Thémistocle !... »

En partie subie, la reddition à l'Angleterre procède ainsi d'une longue méditation personnelle. Il fait le choix de la grandeur en s'abandonnant à son vainqueur. Dans son esprit, il y a une certaine noblesse à s'en remettre à cet ennemi héréditaire, à ce modèle d'une monarchie aristocratique que ce passionné d'histoire, pétri de traditions, admire sans doute davantage que cette jeune démocratie américaine qu'il redoute un peu, comme tout ce qui lui est étranger. C'est toujours le choix de l'histoire, toujours celui du sacrifice et de l'honneur, le hissant vivant dans la légende. Mais plus que l'année précédente, il tombe pour la France sans arrière-pensées. Loin des intrigues misérables, rejetant la fuite ou le compromis, il s'offre la tête haute, écœuré par l'ingratitude des hommes, déçu par l'attentisme des Français. Il se prend à rêver d'un empire sur les âmes. La dernière bataille

---

1. Durant l'entretien, un oiseau entré par la fenêtre ouverte de la chambre se heurte aux murs.
« C'est signe de bonheur ! s'écrie Gourgaud qui prend l'oiseau dans ses mains.
— Il y a assez de malheureux, rendez-lui la liberté », ordonne l'Empereur. Gourgaud relâche l'oiseau.
« Voyons les augures », continue Napoléon.
Gourgaud se penche à la fenêtre. L'oiseau vire vers la droite : « Sire, il se dirige vers la croisière anglaise ! »

à livrer aura donc la mémoire pour enjeu. Et pour l'emporter, il n'est plus besoin d'armées, plus besoin de courtisans ni de sabres, mais d'une plume pour enflammer les esprits. Aussi se résigne-t-il à saisir la main ennemie, à choisir la captivité plutôt qu'à la subir ou s'enfuir vers l'Amérique où Joseph ira se faire oublier.

Il connaît trop les passions et les ressorts de la politique pour imaginer que l'Angleterre laissera en liberté l'« ennemi et perturbateur de la paix du monde ». Comment peut-il songer à invoquer l'Habeas Corpus pour demander à y vivre en paix ? Comment peut-il se persuader que l'opinion anglaise, à supposer qu'elle lui soit favorable, a suffisamment d'influence sur ses ministres pour les contraindre à prendre un autre parti ? Les marins qui l'entourent et connaissent bien les Anglais s'efforcent de le dissuader : « En Angleterre, Sire ! En Angleterre ! lui lance ainsi le courageux Besson. Alors vous êtes perdu ! La Tour de Londres sera votre demeure, et vous devrez vous estimer heureux s'il ne vous arrive rien de pire. Comment, Votre Majesté veut, pieds et poings liés, se livrer à ce cabinet de traîtres qui se réjouira de l'anéantir ? Vous, le seul qu'il ait à craindre, vous voulez vous rendre à lui, volontairement, sans nécessité ? »

En réalité, Napoléon ne doute guère de sa captivité, même s'il pense rester sous surveillance en Angleterre, et non être déporté sur une île lointaine. Un homme comme lui peut-il sérieusement envisager de terminer sa vie en cultivant son jardin ? Pour rester à jamais vivant, ne lui faut-il pas affronter le martyre après avoir connu la gloire ? A défaut d'être libre, il pourra se faire entendre.

C'est le 13 juillet au soir que Napoléon franchit le pas décisif vers la reddition. Il renonce alors à s'embarquer pour la fortune, décommandant les ultimes préparatifs en ce sens[1].

---

[1]. Napoléon confie alors à Bertrand : « Il y a toujours danger à se confier à ses ennemis mais mieux vaut risquer à se confier à leur honneur que d'être en leurs mains prisonnier de droit. »

Las Cases, cette fois accompagné du général Lallemand, rend, le 14 au matin, une nouvelle visite à Maitland. Ce dernier renouvelle ses offres d'hospitalité, précisant toutefois qu'il ne peut donner aucune garantie sur le sort futur de l'Empereur. Mais il laisse envisager un accueil digne de la grandeur anglaise, aux antipodes du martyre hélénien [1].

En prenant congé, Las Cases dévoile l'arrivée probable de l'Empereur sur le navire. La décision, sans doute déjà prise, est entérinée à l'issue d'un conseil que Napoléon tient au retour des parlementaires. A l'exception de Lallemand et peut-être de Montholon, chacun approuve le choix anglais. L'entourage, effrayé à la perspective d'une capture par les royalistes, veut en finir au plus vite et se paie d'illusions sur la magnanimité britannique. Ce même 14 juillet, Bonnefoux et Philibert reçoivent les premiers ordres officiels du gouvernement royal au sujet du « fuyard » le plus recherché d'Europe. Ils doivent retenir Napoléon prisonnier sur la *Saale* et le livrer aux Anglais. Louis XVIII, qui se sent trop faible pour prendre le risque de le faire juger en France, préfère s'en débarrasser au plus vite, certain qu'il sera placé en quarantaine par ses fidèles alliés [2].

Las Cases revient le soir même sur le *Bellérophon* pour

---

[1]. Selon Las Cases : « Il ajouta encore que, d'après son opinion privée, et plusieurs autres capitaines présents se joignirent à lui, il n'y avait nul doute que Napoléon ne trouvât en Angleterre tous les égards et les traitements auxquels il pouvait prétendre. » Maitland, dans son rapport du 8 août 1815, ne nie pas cette version : « Las Cases me demanda si je pensais que Bonaparte serait bien accueilli en Angleterre. A cela je répondis de la seule façon qu'il m'était permis de faire : je ne savais rien des intentions du gouvernement britannique, mais je n'avais pas de raison de supposer qu'il ne serait pas bien accueilli. »

[2]. Les gouvernements anglais et français se sont mis d'accord sur la procédure à suivre comme le révèle cet échange de lettres entre Castlereagh et Liverpool, respectivement ministre des Affaires étrangères et Premier ministre. Le premier écrit au second le 12 juillet : « Des échanges que nous avons eus à ce sujet, je crois pouvoir déduire que le gouvernement du roi de France ne voudra pas, et n'a sans doute pas l'autorité satisfaisante, pour se charger du jugement et de l'exécution de Buonaparte pour trahison. » Liverpool répond le 15 juillet : « Si vous réussissez à vous emparer de sa personne, et que le roi de France ne se sent pas assez fort pour le traduire en justice comme rebelle, nous sommes prêts à prendre sur nous la garde de sa personne, par délégation des puissances alliées ; nous croyons assurément qu'il est préférable qu'elle nous soit confiée plutôt qu'à n'importe quel membre de la Confédération. [...] Nous inclinons à présent nettement à penser que le meilleur lieu de détention devrait être éloigné de l'Europe et que le cap de Bonne-Espérance ou Sainte-Hélène seraient les endroits les plus appropriés à cet égard. »

aviser Maitland que l'Empereur se rendra à son bord le lendemain à l'aube. L'envoyé présente la copie de la magnifique missive de l'Aigle déchu au prince régent. La lettre, signée du 13, a été probablement antidatée pour préserver l'illusion que l'Empereur agit de son plein gré[1] : « Altesse Royale, En butte aux factions qui divisent mon pays et à l'inimitié des plus grandes puissances de l'Europe, j'ai terminé ma carrière politique, et je viens comme Thémistocle m'asseoir au foyer du peuple britannique. Je me mets sous la protection de ses lois, que je réclame de Votre Altesse Royale, comme du plus puissant, du plus constant et du plus généreux de mes ennemis. » Gourgaud, qui doit remettre cette lettre au souverain britannique, gagne le *Slaney* le soir même[2], tandis que Las Cases visite le *Bellérophon* afin de préparer l'installation de l'Empereur.

Le 15 juillet 1815 scelle la fin de l'épopée. A l'île d'Aix, Napoléon, levé à une heure du matin, revêt son légendaire uniforme vert de colonel des chasseurs de la Garde. Une heure plus tard, il quitte la terre de France pour prendre pied sur la chaloupe qui le conduit à bord du brick l'*Epervier*. Parvenu au terme de sa mission, Beker propose à l'Empereur de l'ac-

---

1. Sans doute l'Empereur a-t-il voulu également éviter de signer sa reddition du jour anniversaire de la prise de la Bastille et de la fête de la Fédération. Il y a divergence sur la date entre les historiens, certains pensant que la lettre a bien été écrite le 13, donc avant la seconde visite de Las Cases à Maitland, d'autres qu'elle a été écrite le 14.
2. Napoléon remet à Gourgaud une autre lettre, contenant ses instructions particulières : « Mon aide de camp Gourgaud se rendra à bord de l'escadre anglaise avec le comte de Las Cases. Il partira sur l'aviso que le commandant de cette escadre expédiera soit à l'amiral, soit à Londres. Il tâchera d'obtenir cette audience du Prince Régent et lui remettra ma lettre. Si l'on ne voit pas d'inconvénient pour délivrer des passeports pour les Etats-Unis, c'est ce que je désire ; mais je n'en veux pas pour aller dans aucune colonie. A défaut de l'Amérique, je préfère l'Angleterre à tout autre pays. Je prendrai le titre de colonel Muiron. Si je dois aller en Angleterre, je désire être logé dans une maison de campagne, à dix ou douze lieues de Londres où je souhaiterais arriver dans le plus strict incognito. Il faudrait une habitation assez grande pour loger tout mon monde. Je désire, et cela doit entrer dans les vues du gouvernement anglais, éviter Londres. Si le ministère avait envie de mettre des commissaires anglais auprès de moi, il veillera à ce que ceux-là n'aient aucun air de servitude. » Le colonel Muiron était, on s'en souvient, l'ami et l'aide de camp de Bonaparte au début de sa carrière. D'une fidélité à toute épreuve, il était mort à la bataille d'Arcole. Napoléon fit souvent référence à l'ami disparu ; la frégate sur laquelle il était revenu d'Egypte en 1799 s'appelait justement la *Muiron*.

compagner : « N'en faites rien, général, répond Napoléon, on ne manquerait pas de dire que vous m'avez livré aux Anglais. C'est de mon propre mouvement que je me rends à bord de leur escadre, je ne veux pas laisser peser sur la France le soupçon d'un tel affront. » Beker, qui vient de partager trois semaines d'intimité avec l'Empereur, fond en larmes « Adieu Sire, lui dit-il enfin, soyez plus heureux que nous. »

Il admire en cet instant, comme tous les assistants, la force de caractère de cet homme qui « subissait sa destinée sans manifester ni émotion, ni abattement, sans proférer une plainte contre ceux qui l'avaient abandonné dans ses malheurs », écrit-il dans ses *Mémoires*. Napoléon continue à afficher cette impassibilité de circonstance qui masque la souffrance qui le dévore. Des palais — l'Elysée et Malmaison —, un bateau, bientôt encore une île : son histoire semble défiler à l'envers, comme s'il avait déjà orchestré chaque étape de sa chute. Comme si l'adieu à son pays préludait à la reconnaissance de la postérité.

L'*Epervier* rencontre un vent contraire qui l'oblige à interrompre son approche. Maitland, de peur qu'on ne lui ravisse son illustre prisonnier[1], envoie précipitamment son canot-major, sur lequel Napoléon s'embarque à l'aube[2]. Les derniers « Vive l'Empereur ! » l'accompagnent alors qu'il pose le pied, à cet instant précis, sur le sol de l'ennemi. La gorge nouée par l'émotion, il se penche soudain vers la mer. A trois reprises, il recueille un peu d'eau dans sa main et, sans dire un mot, la lance sur la coque du navire français.

A l'aube du 23 juillet, Napoléon voit disparaître à l'horizon les côtes de France, comme dans cette estampe où Job le dépeint les traits déformés par le chagrin, saluant avec son petit chapeau la terre qui s'efface dans le lointain. L'aspirant Home est de garde quand il voit surgir l'Empereur devant lui : « Le pont était si mouillé qu'il risquait, à chaque pas, de tom-

---

[1]. Maitland vient d'apercevoir au loin le vaisseau amiral le *Superb*.
[2]. Selon la comtesse de Montholon, « l'équipage était consterné ; il semblait que nous fussions devenus muets ».

ber ; je me dirigeai vers lui chapeau bas, et je lui offris mon bras. Il le saisit avec un sourire puis, montrant l'avant dit en mauvais anglais : "La poupe, la poupe." Il gravit l'échelle, s'appuyant toujours sur mon bras, et parvenu sur le pont, me lâcha pour grimper sur un affût. Il me remercia de mon intention d'un signe et d'un sourire et montrant la terre, demanda : "Ouessant, le cap Ouessant ? — Oui Sire." Je me retirai. Il sortit une lorgnette et examina la terre avec curiosité. Il demeura dans cette position de cinq heures du matin à midi, sans se soucier de ce qui se passait autour de lui, et sans adresser la parole aux personnes de sa suite qui se tenaient debout, derrière lui. »

Alors que le drapeau blanc flotte de nouveau pour quinze ans sur la France, il prend congé de cette terre qui s'est offerte à lui en 1779 après son départ de Corse. C'était dix ans avant la Révolution, vingt ans avant Brumaire, près d'un tiers de siècle avant les Cent-Jours. Entre-temps, Napoléon peut se targuer d'avoir changé la face du monde.

## La curée

Le retour de Louis le Désiré augure d'une paix blanche et l'avènement du ministère Talleyrand laisse présager une politique d'union et d'oubli restaurant la liberté selon la Charte. Or la France subit la flétrissure de l'occupation et une réaction politique sévère.

Comme en 1814, l'armée apparaît la première victime de ce marché de dupes. Ecœurées par l'abandon des trois couleurs, les troupes désertent en masse et celles qui restent sont facilement licenciées, tandis que tombent les premières listes de proscription[1]. En même temps, plus d'un million de coa-

---

1. Seuls quelques braves, ulcérés par les événements, soutiennent l'honneur français en défendant crânement quelques places fortes avec très peu d'hommes. C'est le cas de Rapp à Strasbourg, Ducos à Longwy, Barbanègre à Huningue ou de Daumesnil (célèbre pour sa jambe de bois) à Vincennes.

lisés occupent sans résistance plus des deux tiers du territoire, prenant littéralement la France en otage[1]. L'occupant, avide de prendre des gages, multiplie les réquisitions afin de punir l'insatiable conquérante et de venger les défaites passées : « La France, affirme l'Anglais Canning, est notre conquête et nous voulons l'épuiser tellement qu'elle ne bouge plus de dix ans. » Désarmée, exsangue, la France est soumise au bon vouloir de l'ennemi. Les plénipotentiaires alliés entretiennent l'incertitude jusqu'au 20 septembre. Tandis que Russes et Anglais veulent nous ménager, Autrichiens et surtout Prussiens rejettent la vision, chère à Louis XVIII, d'une guerre circonscrite à l'élimination de l'« Usurpateur ». C'est la France entière qu'ils ont combattue, cette France qui s'est rendue complice du Vol de l'Aigle et doit donc maintenant payer le prix fort, tant en termes pécuniaires que de cessions de territoires[2].

Le traité, signé le 20 novembre après d'âpres pourparlers, est draconien pour notre pays qui se trouve globalement ramené à ses frontières de 1790[3]. Il enterre le rêve de conquête d'une Europe française régénérée par le grand souffle de la Révolution. Une page se tourne : à l'exception de Nice et de la Savoie, acquis par Napoléon III en 1860, ses frontières sont quasiment fixées. En outre, le pays devra subir, pour trois à cinq ans, une occupation partielle par cent cinquante mille alliés et acquitter une indemnité de guerre fixée à sept cents millions. La France se voit enfin contrainte

---

[1]. Les Prussiens commencent même à miner le pont d'Iéna. Il faut que Louis XVIII menace de s'y porter en personne pour que le roi de Prusse, soutenu par le tsar, parvienne à calmer l'irascible Blücher. Encore faut-il débaptiser tous nos édifices publics qui reprennent leurs noms d'avant 1789. Partout on doit effacer les noms de nos victoires. Quant au Louvre, il est dépouillé par les Prussiens des œuvres d'art conquises depuis vingt-cinq ans.

[2]. Le représentant des Pays-Bas, un nommé Gagern, se déchaîne : « Prétendre qu'on ne fait la guerre qu'à Bonaparte est une des assertions les plus absurdes que jamais gens raisonnables se soient permise, s'exclame-t-il. Nous ne la croirons que quand on aura prouvé que lui seul mitraillait, tirait et sabrait à Waterloo !... L'honneur français serait blessé, dit-on, de cessions territoriales. Je croyais à cet honneur français ; n'en parlons plus aujourd'hui. Le retour de Napoléon, soutenu par l'armée et l'élite de la jeunesse, est une des plus vilaines taches faites à cet honneur depuis que l'espèce humaine est civilisée. » « La générosité envers la France serait impardonnable », renchérit le ministre prussien Hardenberg, qui réclame déjà l'Alsace et la Lorraine ainsi que la Flandre.

[3]. Il perd à l'Est la Savoie, Landau, Sarrelouis, Philippeville et Marienbourg.

d'accepter une mise sous tutelle de la quadruple alliance : autant dire qu'elle est menacée d'agression à la moindre velléité de révolte. Au moment d'apposer sa signature, Richelieu, le successeur de Talleyrand à la présidence du Conseil, pleure de rage et de désespoir : « Eh bien, c'est fini, s'écrie-t-il, le roi me l'a ordonné. On mérite de porter sa tête sur l'échafaud quand on est français et qu'on a mis son nom au bas d'un pareil traité. » Même adouci par le retour de la paix, le traumatisme est profond.

La France continue pourtant à faire peur et le paie d'un isolement durable sur la scène internationale. En dépit du printemps des peuples et de rapprochements éphémères, il faudra attendre trois quarts de siècle et la conclusion d'une alliance avec l'autocratie russe pour rompre ce blocus diplomatique. Ruse de l'histoire, la république reprend ainsi à son compte la politique napoléonienne engagée à Tilsit. A cette Europe dressée contre la France, répond une France hostile à l'Europe. Son patriotisme ardent, comme les réticences persistantes envers toute idée européenne, trouvent pour une large part leurs racines à Vienne.

Bien lourd bilan en somme, et qui pose la grande question du déclin à l'issue de cette « année terrible ». Louis XVIII n'aura donc pu cette fois épargner à son peuple la vengeance de l'Europe. La situation du frère de Louis XVI semble d'autant plus compromise que la seconde Restauration viole l'esprit de concorde qui avait présidé à la Charte ; elle ajoute au désastre militaire les cauchemars de l'épuration et de la guerre civile. La Terreur blanche ensanglante l'Hexagone ; assoiffé de vengeance, le peuple royaliste se déchaîne : dans le Sud, des bandes paramilitaires, miquelets et verdets[1], font régner un climat de terreur et d'inquisition. L'horreur commence à Marseille où, les 25 et 26 juin, tout ce que la ville compte de bonapartistes réels ou supposés est frappé, à l'exemple de la petite communauté égyptienne, souvent apparentée aux

---

1. Les verdets sont ainsi nommés car ils portent une cocarde verte, couleur de la livrée du comte d'Artois.

mamelouks et qui subit pour cette raison une effroyable persécution. Le feu gagne ensuite les contrées avoisinantes, d'autant plus facilement que le vide du pouvoir — les administrateurs impériaux sont partis, ceux du roi ne sont pas encore arrivés — permet aux « Jacobins blancs » de se répandre librement durant plusieurs semaines. La réaction touche toutes les catégories sociales, de l'ouvrier fédéré aux grands notables de l'Empire. Des femmes sont marquées à coups de battoirs royaux[1]. Le maréchal Brune est abattu à bout portant en Avignon, son cadavre traîné par les pieds et jeté dans le Rhône. Le 15 août à Toulouse, le général Ramel, pourtant royaliste, est égorgé pour avoir voulu désarmer les milices. Une ferme proclamation de Louis XVIII, qualifiant les faits d'« attentat contre nous et contre la France », favorise à partir de septembre le retour au calme. Si ces massacres sont restés gravés dans les mémoires, la réaction a sévi partout, y compris à Paris où les gardes du corps se livrent à de nombreuses voies de fait.

De son côté, le roi finit par céder aux pressions de son entourage qui l'exhorte à la sévérité contre les bonapartistes. Fouché, requis pour la circonstance, publie deux ordonnances de proscription le 24 juillet. La première désigne dix-neuf militaires appelés à comparaître devant un conseil de guerre. La seconde frappe trente-huit civils qui seront maintenus en résidence surveillée jusqu'à ce que les chambres aient statué sur leur sort. Il s'agit, selon l'expression du duc d'Otrante, d'« ôter tout prétexte aux fureurs réactionnaires de se faire justice elles-mêmes » en désignant quelques boucs émissaires. Pour discréditer la mesure, le ministre de la Police a mêlé responsables et innocents, personnalités et inconnus[2]. Certains ont été oubliés comme Molé, Cambacérès ou... Joseph

---

1. On les appelle « battoirs royaux » car ils reproduisent des fleurs de lys.
2. « Il y a là tous les camarades de Fouché au gouvernement provisoire, les derniers de ses camarades de la Convention et de la Révolution. Il n'y manque qu'un seul nom, celui de Joseph Fouché, duc d'Otrante », écrit Stefan Zweig. Parmi les proscrits : Maret, Boulay, Regnault, Lavalette, Savary, Réal, Barère et même son vieil ami Thibaudeau.

Fouché. D'autres ont été rayés comme Benjamin Constant, sauvé par Decazes. A Carnot, compris sur la liste et qui lui demande : « Où veux-tu que j'aille, traître ? », Fouché répond incontinent : « Où tu voudras, imbécile. »

Fin août 1815, les élections législatives donnent un nouvel élan à cette politique de réaction. Les royalistes figurent cette fois en force tandis que les bonapartistes et les libéraux désertent le scrutin ou se voient contraints de rester chez eux par la force La peur a de nouveau changé de camp. Galvanisés par le résultat, les ultras croient enfin pouvoir triompher. La répression des bonapartistes continue de les obséder comme le prouve le ton de leur première adresse au roi[1]. « On va faire la chasse aux maréchaux, se réjouit le duc de Berry, il faut en tuer au moins huit. »

Les ultras remportent une première victoire avec la démission du ministère Talleyrand-Fouché, qui tombe en septembre, moins de cent jours après son avènement, victime de cette réaction qu'il n'aura pas su prévenir et encore moins limiter. Le duc d'Otrante part le premier, dupe des ultras et de sa fatuité. Le rempart de la Révolution est devenu l'otage des royalistes. En chassant Napoléon puis en bannissant ses « complices », il a lui-même détruit le parti sur lequel il pouvait s'appuyer pour faire prévaloir ses vues. Comble de l'ironie, Louis XVIII s'en débarrasse après lui avoir fait nettoyer les écuries d'Augias. Pressenti comme ambassadeur aux Etats-Unis, le duc régicide est finalement nommé ministre de France à Dresde le 15 septembre.

Talleyrand envoie immédiatement ses fidèles à la Chambre pour s'attribuer les mérites de son éviction. Roux-Laborie, une de ses créatures, engage ce dialogue :

« Eh bien, vous savez, Fouché est renvoyé du ministère et c'est à M. de Talleyrand qu'on le doit !

---

[1]. Votée le 13 octobre, elle affirme notamment : « Votre clémence a été presque sans bornes ; nous ne venons pas cependant vous demander de la rétracter. Les promesses des rois, nous le savons, doivent êtres sacrées ; nous vous supplions, au nom du peuple même, victime des malheurs dont le poids l'accable, de faire que la justice marche où la clémence s'est arrêtée. »

— Ah ! Tant mieux, le roi a bien fait de renvoyer Fouché, mais quand renverra-t-il l'autre ?
— L'autre ? Quel autre ?
— Eh bien, M. de Talleyrand, lui-même. »

Déjà en butte à la pression des alliés, le « diable boiteux » vient quémander le soutien du monarque au cours d'une audience particulière. Louis XVIII, avec délectation, argue du modèle anglais cher à son vis-à-vis pour lui donner son congé, le président du Conseil n'ayant pas la majorité indispensable pour gouverner. Comme il le reconnaîtra avec une humilité qui ne lui est pas coutumière, Talleyrand a été mystifié par le roi[1].

Les fidèles du comte d'Artois dominent le nouveau gouvernement présidé par le duc de Richelieu. L'automne est ultra avec le vote de plusieurs lois liberticides, instituant la « terreur blanche légale[2] » par un puissant arsenal répressif qui réduit à néant les libertés individuelles et permet au gouvernement de tenir au secret les suspects. Dans ce climat délétère, les premières têtes tombent à l'issue de procès expéditifs qui rappellent encore la période de la Terreur : La Bédoyère, fusillé dès le 19 août[3] ; les jumeaux Faucher — César et Constantin —, condamnés pour des prétextes futiles[4] ; le maréchal

---

1. Mais cette mystification s'avère de grande portée puisqu'elle consacre dans la pratique le principe de la responsabilité politique du ministère devant le Parlement, affaiblissant par contrecoup le pouvoir royal, désormais obligé de composer avec les partis majoritaires. Royer-Collard, l'un des plus grands orateurs du temps, l'expliquera sans ambages l'année suivante à la tribune : « Le jour où il sera établi de fait que la Chambre peut repousser les ministres du roi, ce jour-là nous sommes en République. »
2. Selon l'expression de Charles Pouthas et Guillaume de Bertier de Sauvigny. Ces lois touchent à la liberté d'expression (rétablissement de la censure, interdiction des cris et écrits séditieux) et aux autres libertés individuelles (nouvelle loi des suspects, rétablissement des cours prévôtales).
3. Arrêté le 12 août, La Bédoyère est condamné à mort par le conseil de guerre. Le général de vingt-neuf ans meurt comme il a vécu. Après un bref entretien avec un prêtre, il commande lui-même le feu au peloton d'exécution « Mes amis, tirez et ne manquez pas... En joue... Feu ! »
4. Constantin Faucher commandait les arrondissements de La Réole et Bazas ; César était député de la Gironde durant les Cent-Jours. Le 22 juillet, les deux frères ne s'opposent pas à des démonstrations hostiles aux royalistes, accomplies par un bataillon d'infanterie à La Réole. Démis la veille, ils n'avaient plus autorité pour le faire. Menacés par la réaction royaliste, ils se retranchent ensuite dans leur maison avec quelques amis, ce qui est également traduit en chef d'accusation comme « un

Ney enfin, condamné à mort par la Chambre des pairs et fusillé le 7 décembre. Il rejoint Murat, abattu par un peloton napolitain quelques semaines auparavant, à la suite de son débarquement manqué sur les côtes de son ancien royaume. En janvier 1816, la Chambre que Louis XVIII a qualifiée d'« introuvable » vote une loi d'« amnistie » qui proscrit les régicides relapses, ces votants qui se sont ralliés à Napoléon durant les Cent-Jours. Tous ces récidivistes sont bannis du territoire à l'image de Cambacérès, Sieyès, mais aussi de Fouché ! L'ambassadeur devient du jour au lendemain un proscrit. « L'histoire — cet avocat de l'éternité, note Stefan Zweig, — s'est vengée de la manière la plus cruelle de cet homme qui n'a toujours pensé qu'au momentané : elle l'a enterré tout vivant. » Il terminera comme Napoléon ses jours en exil, le précédant de quelques mois dans la tombe[1].

---

attentat dont le but était d'exciter la guerre civile en réunissant dans leur maison des gens armés » (Henry Houssaye, *1815*). En réalité, ils payent pour leur passé, ces deux républicains sincères ayant conquis leur grade de généraux contre les blancs de Vendée. Transférés dans le quartier des droits communs comme de vulgaires criminels, privés d'avocat lors de leur premier procès, représentés en appel par deux commis d'office qui se présentent à la barre comme « les avocats de la loi plutôt que les défenseurs des accusés », ils sont fusillés le 27 septembre en se tenant la main.

1. Le 27 juillet 1816, l'exécution du général Mouton-Duvernet marque la fin officielle de l'épuration. Selon Henry Houssaye, « neuf mille condamnations politiques furent prononcées par les cours d'assises, les conseils de guerre, les tribunaux correctionnels et les cours prévôtales ». L'historien donne un tableau exhaustif de l'épuration administrative dans son *1815* : « On procéda en conscience à la "juste épuration" réclamée par la Chambre : destitutions de préfets, de sous-préfets, de centaines de maires, de 1 000 juges de paix ; révocations ou suspensions de 265 recteurs, régents et professeurs ; exclusion de l'Institut de Monge, de Lakanal, de David et de dix-huit autres académiciens ; élimination des cours et tribunaux de 55 présidents, de 41 procureurs généraux et avocats généraux, de 202 conseillers et de 1 400 juges. » Seul Lavalette parvient à s'échapper le 20 décembre 1815. Pour s'évader, il revêt les habits de sa femme, demeurée dans sa cellule tandis que, un mouchoir sur le visage, il franchit sans encombre les postes de garde.

# CONCLUSION

# LE JUGEMENT DERNIER

> « Une défaite est l'expiation d'une gloire passée et souvent le garant d'une victoire pour l'avenir. »
>
> Ernest Renan,
> *La Réforme intellectuelle et morale.*

## Le choix de la France

Les Cent-Jours permettent de découvrir un autre visage de Napoléon illustrant le courage et l'abnégation de l'homme d'État désireux de préserver pour son peuple les voies de l'avenir. Au soir de la défaite, Napoléon tente de reprendre l'initiative politique dans l'espoir de reconstituer ses forces. Mais quand le combat, faute de combattants, devient impossible, il s'efface au mépris de l'intérêt personnel. Sans hésiter, il fait le seul choix qui vaille, celui de la France.

Son exigence et sa vision ne sont pas d'emblée comprises. Il ne faut donc pas s'étonner de l'ingratitude du premier verdict. Les passions se déchaînent à la mesure de la crainte qu'inspirait sa puissance avant que le despote, usé, capitule devant Fouché et une poignée de parlementaires, laissant derrière lui une France déchirée, envahie, écartée du concert des nations et plus petite qu'il ne l'avait trouvée. Comme il est facile de dénoncer, à l'instar de Chateaubriand, le bilan accablant : « Il y eut dans cette conception fantastique un égoïsme féroce, un manque effroyable de reconnaissance et de générosité envers la France. »

A l'interprétation simpliste de la fin, qui fut souvent celle des royalistes, répond un autre regard. Un regard tout à la fois empreint de compassion et d'admiration pour l'exilé de Sainte-Hélène, de mépris envers Talleyrand et Fouché, de dégoût aussi pour une Restauration qui a vendu son âme en s'appuyant sur l'invasion étrangère et de si tristes compagnons. Parce que Napoléon a su accorder son destin avec l'âme de la nation, l'histoire s'est incarnée en lui. Et plus le temps se resserre, plus l'ombre menaçante de la défaite s'étend, plus l'Empereur dédaigne les combinaisons de l'heure : sa prunelle, fixée sur l'horizon, « au flanc des monts où luit l'œil sanglant du Soleil [1] », s'illumine déjà à la lumière de l'histoire.

Aussi cette chute ne saurait se mesurer seulement au clavier de l'instant. Car le temps des peuples, pétri de mémoire, n'est pas celui du pouvoir dévoré par le quotidien. Si dramatique la fin, dans le fracas de ces vingt-cinq mille grognards morts au champ d'honneur, si grand le rêve, si fou le sacrifice que le sillon tracé perpétue le songe. Tout se conjugue donc, l'originalité de la mise en scène, la force du geste, le souffle de l'esprit, pour que la chute ajoute encore à la gloire de ce nouveau Prométhée d'un rêve français que la démarche gaullienne magnifiera à nouveau. Rêve d'une France plus grande que les Français, pionnière d'une histoire transfigurée par la magie de son ambition, porte-étendard de grands idéaux collectifs : droits de l'homme, Etat-nation, esprit de conquête, émancipation des peuples et des patries. « Soldat de l'idéal », selon la formule de Georges Clemenceau, notre pays n'avance que par la crise et dans la tragédie. L'épreuve des Cent-Jours lui permet d'éprouver dans l'échec même l'exemplarité d'une autre noblesse.

Fouetté par les vents hostiles, Napoléon fait face à son des-

---

1. José-Maria de Heredia, *Les Trophées*, « Après Cannes ».

tin, soucieux de lutter jusqu'au bout sur le champ de bataille comme dans l'arène politique. La chute féconde le mythe.

Waterloo est ainsi un combat aux deux visages. L'Empereur s'y révèle physiquement diminué, incapable de se faire comprendre et obéir. Erreurs et retards se multiplient, dévoilant une Grande Armée déboussolée. Les maréchaux, soûlés de gloire, n'aspirent plus qu'à vieillir en paix. Soult, Grouchy et Ney s'avèrent indignes de leur réputation. Enfin, Waterloo entérine la victoire de l'Angleterre sur la France dans le duel séculaire qui oppose les deux nations pour la domination du monde : « Waterloo, c'est le gong du dix-neuvième siècle », assène Victor Hugo.

Et pourtant cette défaite brille d'une aura digne d'une victoire. Dernier opus de la symphonie inachevée du plus grand compositeur militaire de tous les temps, il s'en est fallu de peu pour qu'elle tourne à l'avantage des Français. Dans cette « bataille des batailles » qui s'est s'achevée en tragédie, le sublime sacrifice de la Garde et sa bravoure rachètent la débâcle pour la postérité. Si l'on ajoute à tout cela la surprise due à la brutalité de l'effondrement et la difficulté de désigner clairement les responsables, on se trouve face à une énigm, un mystère presque, qui hantera Napoléon à Sainte-Hélène avant d'occuper des générations de Français.

Le théâtre politique présente la même dualité. Définitivement battu, Napoléon semble égaré dans un jeu désormais inspiré par d'autres. Mais cette vision de l'Empereur absent, coupé des hommes, en marge de l'histoire, fait ressortir la force de son refus des compromis et des jeux personnels. Elle souligne le contraste entre deux conceptions de la politique : d'un côté, la volonté et l'esprit de conquête, de l'autre, l'intérêt et le règne des courtisans[1]. Ce sont pour l'heure deux France qui se tournent le dos.

Dès lors que Napoléon ne contrôle plus la scène, on s'écarte de lui, on chuchote, l'air complice. Certains se prennent même

---

1. Pour Alain, « l'infidélité prompte et sûre » caractérise la période 1814-1815

à se redresser et à parler avec un courage qu'on ne leur avait jamais connu. Le peuple clame son nom mais élus et notables le rejettent. N'ont-ils pas déjà monnayé son départ, c'est-à-dire la paix et le pardon en échange de sa tête ? Un bref instant, il est saisi de la tentation de se défendre, si le salut de la France est à ce prix. Mais il entrevoit aussi la grandeur du renoncement, les hautes voix du silence et de l'exil, l'exemple sur le chemin tracé. Aussi l'échec politique ne résonne-t-il pas du même écho dans les mémoires que le revers militaire et l'exil du proscrit : Waterloo et Sainte-Hélène appartiennent au mythe, comme si les voies secrètes de la Providence pouvaient seules décider de la chute d'un tel homme[1].

## *Le spectre du désenchantement*

L'histoire s'achève comme elle a commencé mais le galop des événements ne doit pas masquer un profond changement d'époque, une douloureuse prise de conscience... En un an, la France a perdu deux guerres, changé trois fois de régime, mis en chantier trois constitutions. Alors que Napoléon s'éloigne, laissant derrière lui un champ de ruines, un étrange linceul recouvre ce royaume gouverné d'ombres, de gloires anciennes, de pensers sombres et de passions fanées. Pressentant la fin d'un monde, la France de 1815 se recroqueville sous l'empire du deuil[2]. Depuis trente ans, elle semble avoir tout essayé : l'Ancien Régime, la Révolution, l'Empire ; la monarchie absolue, la monarchie constitutionnelle, la république parlementaire ou dictatoriale, l'exécutif collégial à cinq ou trois têtes, le césarisme. A-t-elle encore un avenir non seulement comme puissance, mais simplement comme nation ? L'inventaire de ses échecs débouche sur une remise en cause

---

1. « Il était temps que cet homme vaste tombât, déplore Victor Hugo. L'excessive pesanteur de cet homme dans la destinée humaine troublait l'équilibre. »
2. « L'empire, avouons-le, fut pleuré, et pleuré par des yeux héroïques. Il avait répandu sur la terre toute la lumière que la tyrannie peut donner ; lumière sombre. Disons plus . lumière obscure. Comparée au jour vrai, c'est de la nuit. Cette disparition de la nuit fit l'effet d'une éclipse » (Victor Hugo, *Les Misérables*).

de sa capacité à exister autrement que par le conflit ou la guerre civile.

Se dresse d'abord l'ombre de la monarchie moribonde de 1789, décapitée en 1793, et qui revient fantomatique en 1814. Combien paraît désuète cette pauvre légitimité que soutiennent ces deux piliers de la religion et de la tradition que la Révolution vient de faire voler en éclats ! Hors d'âge, elle ne semble plus pouvoir épouser que la réaction nobiliaire avec laquelle l'Ancien Régime a fini par s'identifier. D'où le rejet que suscite la Restauration et dont témoigne le retour triomphal de Napoléon dans un nouveau vent de contestation anticléricale et antinobiliaire.

Surgissent encore les ombres tourmentées de la Révolution, dont le souffle meurtrier sous la Terreur a dégénéré en intrigues misérables avec le Directoire. La République, sa fille sanglante, n'est plus en cour : jugée impossible dans un grand État par des libéraux comme Benjamin Constant, elle est également repoussée par d'anciens thermidoriens à l'image de Fouché. Comme semble déjà loin ce temps de l'utopie conquérante, pétrie de vertus antiques et émancipatrice du genre humain !

Ombres enfin de l'Empire, qui se détachent dans la lumière du soir sous le roulement lointain des tambours. Sonne cette fois le glas d'une épopée collective, de jours sans sommeil longtemps enflammés par la fièvre du héros, la bravoure de la Grande Armée et la foi dans la Grande Nation.

Dans ce cimetière des illusions perdues et des légitimités défuntes, partout pointe la désespérance d'un peuple troué de haines et de défaites. Partout rôde le spectre du désenchantement, tandis que les âmes rongées « portent le soleil noir de la mélancolie [1] ». Cette marée basse du cœur et de la raison fait le lit d'un universel scepticisme, d'un étrange attentisme, à rebours des passions violentes qui ont ponctué notre histoire.

---

1. Gérard de Nerval, « El Desdichado ».

Cette lèpre défigure le visage de la monarchie qui prêche la réconciliation mais qui n'a jamais su imposer le pardon à son entourage. S'y ajoute l'écœurement de la Révolution à la vue de ces « perpétuels » qui ont abandonné le manteau de l'idéologie républicaine pour la passion avide du pouvoir.

A l'égard de Napoléon, ce sentiment se teinte de lassitude. Appelé pour terminer la Révolution, il s'est fait roi, s'éloignant chaque jour un peu plus de l'intégrité consulaire pour retomber dans les travers de l'Ancien Régime, la légitimité en moins. Longtemps confondus, les chemins de Bonaparte et de la France peu à peu se sont séparés, comme jadis divergèrent ceux de l'ordre et de la liberté que Brumaire portait en son aurore. Le drame des Cent-Jours réside dans le fait que personne ne veut croire en la sincérité de la métamorphose de l'Empereur. Et pourtant, libéral par nécessité et pacifique par raison, Napoléon n'est-il pas venu renouer avec le seul culte de l'intérêt général pour bâtir un Empire libéral ? Il revient réconcilier les hommes et les héritages dans une audacieuse alchimie qui, au précédent de 1800, ajoute la liberté jusqu'alors refusée. Il dit avoir compris ses fautes et pressenti depuis l'île d'Elbe cette nostalgie surgie des décombres de la grandeur française. Pour enrayer le déclin, il veut forger un nouvel avenir par la paix, fonder une France forte, gagner l'Europe par les armes de l'esprit et non plus par la force brute de la conquête. Mais avec sa chute s'effondre ce temps augural d'un siècle français ouvert par les Lumières pour échouer dans la morne plaine. Cette France qui faisait rêver est mise à l'index par une Europe liguée en « Sainte Alliance ».

Humiliée, la France ressent la défaite et guette le châtiment. Sans repère, son avenir obscurci d'un paysage de ruines et de champs de mort, elle découvre le mal d'être et de vivre. « Toute la maladie du siècle présent vient des deux causes, confesse Musset ; le peuple qui a passé par 93 et par 1814 porte au cœur deux blessures. Tout ce qui était n'est plus ; tout ce qui sera n'est pas encore. Ne cherchez pas ailleurs le secret de nos maux [1]. »

---

1. *La Confession d'un enfant du siècle*

Entre deux rives, entre deux âges, comme l'exprimera avec superbe Chateaubriand, la France semble en proie au vertige. Un monde sombre à Waterloo. Le souffle généreux des Lumières cède le pas à l'égoïsme bourgeois, ce catéchisme de classe qui ignore la révolution sociale balbutiante. Les envolées de Rousseau ou de Condorcet donnent naissance à Monsieur Homais, en frac et chapeau, bourgeois terrifié pris entre une noblesse qui l'accable de son mépris, des intellectuels qui le vomissent et le peuple qui gronde.

Vient alors l'heure du romantisme, celle d'une parole rendue au poète par la décrépitude des idéologies, d'un mouvement tourné vers l'intérieur mais qui réclame une nouvelle transcendance, la résurrection d'un destin collectif. Privée de l'or de la conquête, la jeune France avait d'abord adopté le vieux sang des Bourbons mais se détournera de leur Cour flétrie pour guetter comme Hugo, Lamartine ou Lamennais les rivages d'une nouvelle république.

Orpheline d'un grand dessein, la France vit ensuite l'épreuve sanglante de trois autres révolutions, en 1830, 1848 et 1871. L'esprit de conquête s'essouffle, faute d'un idéal émancipateur qui l'ennoblisse. Enfin la victoire de 1918 marque la fin d'une certaine France républicaine, agonisant de son triomphe. En mal d'ambitions, sans programme, elle sombre dans la crise avant de connaître la meurtrissure de la défaite et la honte de la collaboration. A l'appui des voix et consciences des porteurs de feu français — Michelet, Hugo, Péguy, Bernanos — se dressent les figures de proue, ces Clemenceau ou de Gaulle qui appellent au sursaut pour renouer avec le peuple à la faveur de l'épreuve.

Etrange affliction française venue du fond des âges, d'une nation faible et divisée quand elle cède à ses peurs ancestrales ou se laisse tenter par ses démons, tapis dans l'ombre derrière les idéaux brandis. Drame d'une nation étrangement double, gauloise et romaine, ancienne et moderne, révolutionnaire et conservatrice, toujours en quête de l'idéal inachevé de 1789.

Mais aussi grandeur de l'union face à l'adversité, d'une nation forte et exemplaire dans la magie des retrouvailles. Et sous la houlette de visionnaires, de passeurs éclairés, il suffit d'une poignée de rêveurs comme en 1789, de quelques audacieux le 18 brumaire, d'une avant-garde généreuse à Seamore Grove en juin 1940, pour changer le cours de notre histoire.

Les Cent-Jours constituent un exceptionnel révélateur de ce mystère français, l'un de ces instants dramatiques où, face à l'Europe massée à nos frontières, le cœur de la France balance entre deux mondes, entre deux légitimités : le peuple ou le sang, l'épée ou la couronne, le Code ou la Charte, l'Empereur ou le roi.

## *Le laboratoire moderne*

Trois mois ont suffi pour enterrer l'âge de la conquête en Europe et esquisser le visage de la France d'aujourd'hui. Une page glorieuse se tourne. Après avoir subi le fer des Romains, l'invasion maure ou anglaise, la France avait choisi l'offensive à l'aube de la Renaissance. Reprenant le flambeau des Croisades, Marignan marque l'envol de trois siècles de chevauchées. Napoléon y ajoute le messianisme révolutionnaire. Mais l'esprit des libertés et l'idée de nation se sont retournés contre la France ; les peuples et les rois ont conjugué leurs forces pour se libérer du joug de l'« Ogre ». La coalition ayant obtenu gain de cause, la France renonce à l'offensive, à ce rêve épandu en arc-en-ciel sur le monde, des rives du Tibre aux confins du Niémen, et que l'aventure coloniale elle-même ne parviendra pas à recréer.

Mais la chute de Napoléon dessine des chemins. De l'âge héroïque il reste l'empreinte du songe qui continue de hanter l'esprit de la nation. Dans la lignée des Jeanne d'Arc, Napoléon ou de Gaulle, la France n'a cessé d'appeler de ses vœux le sauveur. Sans l'onction du champ de bataille, les nouveaux maîtres, amputés d'une partie de la flamme, ont perdu de leur magie ancienne [1], mais ils apparaissent encore seuls capables de fonder une communauté, d'apaiser les doutes, de mobiliser les énergies pour renouer avec la mission augurale.

Concentrée depuis Louis XI au profit du chef de l'Etat, la puissance politique se partage désormais en trois entités : le monarque, la pairie, la députation. Mais le pouvoir perd en transparence et en efficacité ce qu'il gagne en modération et en équilibre apparents. Assisté de ministres et hauts fonctionnaires, il doit désormais composer avec eux, marchander sa survie auprès des chambres, séduire ce nouveau pouvoir de l'opinion. Apparaît également en filigrane l'influence montante de la presse et de ces brochures qui associent information et déclamation, louange et insulte.

De la conquête il reste aussi la lourde machinerie anonyme du pouvoir. La monarchie a ouvert la voie en marginalisant les provinces et la noblesse. L'Etat-nation, avide, se forge là, emporté par une spirale infernale : toujours plus d'hommes, plus de canons, plus d'impôts, plus d'administration, plus de monarque sur le tapis rouge de l'absolutisme qui s'accommode sans gêne de l'escarpin royal, de chaussures à boucle ou de bottes de campagne. C'est toujours la même pente, creusée par la Révolution et la guerre, avant que Napoléon fonde l'Etat français moderne. Poursuivant l'œuvre de Richelieu consolidée par Louis XIV, il met en place un pouvoir puissant et centralisé — par les préfets, la Banque de France, la Légion d'honneur ou le Code civil — fondateur de la France nouvelle et qui lui survit. Les hommes et les régimes passent, l'Etat demeure, profitant de l'instabilité récurrente pour élargir sa sphère et s'imposer dans le gouvernement de tous les jours.

---

1. Le conflit engendrait la peur, peur qui favorisait le maître de guerre, chef et sauveur de la nation, ce que l'histoire ultérieure confirmera en plébiscitant Gambetta en 1870, puis Thiers l'année suivante, Clemenceau en 1917, Charles de Gaulle en 1958. Le pouvoir incline désormais vers le législatif qui bénéficie de la légitimité représentative conférée par l'élection. Il faudra attendre 1958 pour que le chef de l'Etat obtienne à nouveau un poids essentiel dans la conduite des affaires publiques.

Singulièrement, les Cent-Jours entérinent aussi le temps retrouvé de la Cour. A mesure que s'efface l'esprit de conquête, l'esprit de cour s'affirme dans le chassé-croisé qui domine l'histoire de la période. Napoléon périt par là où il a péché. Le choix d'une couronne héréditaire imposait au jeune monarque de conforter le trône en intéressant davantage les élites à sa conservation. Comme Louis XIV, il juge que le meilleur moyen d'y parvenir reste de se les attacher pour mieux les contrôler et les circonvenir. D'ailleurs, en décapitant l'aristocratie et les contre-pouvoirs, la Terreur ne lui a-t-elle pas déjà grandement facilité la tâche ? Débarrassé des grands seigneurs, volontiers frondeurs, Napoléon espérait réunir autour de lui ses seuls obligés. Et pourtant ces députés, sénateurs, juges, conseillers d'Etat, maires, préfets, ministres ou maréchaux, soumis jusqu'à la servilité, n'hésitent guère à l'abandonner quand le destin devient contraire. Comme Napoléon l'avait prédit, il cessait d'être fort car il cessait d'être craint. Les Cent-Jours, ponctués par le triomphe de Talleyrand et Fouché, marquent ainsi, par un jeu de bascule, la victoire décisive des mentalités curiales sur l'esprit de service. Une certaine conception de la politique semble devoir s'imposer : celle de l'intérêt. Des oligarchies associent déjà courtisans, journalistes et élus dans les principaux salons de la capitale, car qui tient Paris tient la France. C'est pourquoi Talleyrand y est resté presque seul en 1814, comme Fouché en 1815.

La France fait l'apprentissage du jeu politique moderne, avec sa galerie de portraits énergiques et volontaires, veules ou médiocres, ses premiers rôles et ses seconds couteaux. Toutefois, et c'était déjà le paradoxe de la Révolution, cet affaiblissement au sommet profite peu à la nation. Le peuple demeure le grand absent, même si le Vol de l'Aigle marque son réveil après plus de vingt ans d'endormissement trompeur. Non seulement il ne vote pas mais encore il n'influe guère. Il ne fait pas non plus l'opinion. La table rase de 1789 a débouché sur le vide démocratique. D'où la formule saisissante du doctrinaire Pierre-Paul Royer-Collard à la tribune : « La Révolution n'a laissé debout que des individus. » Individus isolés, comme le confirmera Tocqueville, et auxquels on refuse ces pouvoirs intermédiaires qui leur permettraient de s'exprimer et de collaborer à la *res publica*. Il n'y a plus de libertés — de réunion, de coalition, d'association —, pas d'école, faute de gratuité alliée à l'obligation, aucun salaire légal, aucune indemnité en cas de perte de travail. En découlent un illettrisme majoritaire et une ignorance absolue des procédures, qui font de l'égalité civile un vain mot. Dans ce contexte, le peuple — qui n'a pas davantage lu Rousseau que Montesquieu — oscille entre résignation et révolte, poussé par la misère et la faim.

Mais en politique les absents n'ont pas toujours tort. Le choc des légitimités existantes fait le jeu de celles restées en dehors de la bataille. C'est le cas de l'orléanisme, royalisme libéral qui ne parviendra au pouvoir qu'en 1830. C'est aussi celui de la république, d'abord condamnée pour avoir oscillé entre terreur et coup d'Etat permanent durant la Révolution[1]. A son tour, l'idée républicaine connaît son purgatoire en attendant de revenir sur la scène, forte d'une virginité retrouvée et d'une conception de la souveraineté du peuple réconciliée avec le respect des libertés individuelles.

Si les Cent-Jours révèlent le pire, ils offrent aussi le meilleur de l'esprit français. D'abord ils témoignent d'une ferveur politique, passion française volatile, certes, mais toujours vivante. Le cortège populaire qui ovationne Napoléon à partir de Grenoble, la bravoure de l'armée, l'éruption spontanée des fédérations, attestent de la force du patriotisme. Si elle est saluée par les ultras, l'invasion étrangère engendre surtout

---

[1]. La Fayette écrit à son ami Jefferson en août 1814 : « Bonaparte ou les Bourbons, telle a été et telle est encore la seule alternative possible dans un pays où l'idée d'un pouvoir exécutif républicain est regardée comme le synonyme des excès commis sous ce nom. »

humiliation et tristesse, même au sein du camp royaliste, déchiré entre l'amour de la patrie et la fidélité ancestrale au roi. L'idée de nation, galvanisée par les deux invasions de 1814 et 1815, s'affermit. En dépit des reniements et des trahisons[1], la France montre aussi d'autres visages dignes d'admiration. Celui d'un Lucien Bonaparte sacrifiant ses rancœurs à l'intérêt supérieur de la patrie, celui de Cambronne à la tête des derniers carrés de la Garde. Le royalisme aussi a ses héros, comme la duchesse d'Angoulême qui rachète par son panache les lâchetés et les palinodies des courtisans. La Rochejaquelein meurt pour son roi comme La Bédoyère pour son empereur. Blacas, le favori de Louis XVIII, accepte la disgrâce pour ne pas compromettre la seconde Restauration. Enfin, malgré les violences du Midi, les Cent-Jours témoignent d'un respect accru de l'adversaire. Molestés par le peuple, les représentants successifs de l'autorité, royale ou impériale, sont épargnés, protégés par leurs alter ego de l'autre camp. A défaut de réconciliation, au moins assiste-t-on à la mise en place d'un code de bonne conduite réciproque. L'alternance entre, bon gré mal gré, dans nos mœurs politiques.

Napoléon s'impose bientôt comme le pionnier de la monarchie républicaine, synthèse réussie des héritages français. Passeur d'une France à l'autre, il l'est aussi de la vieille Europe des rois et des cours à l'Europe moderne, forgée par ses conquêtes et sa législation : « L'Europe attend, sollicite ce bienfait ; le vieux système est à bout et le nouveau n'est point assis ; et ne le sera pas sans de longues et furieuses convulsions encore », confie-t-il le 6 novembre 1816.

Son système — remplacer l'hérédité par le mérite en fondant une aristocratie ouverte et en modernisant le continent — a momentanément échoué. Là se trouve pourtant l'avenir du monde : « Une de mes plus grandes pensées avait été l'agglomération, la concentration des mêmes peuples géographiques qu'ont dissous, morcelés les révolutions et la

---

1. Recensés dès 1815 dans un *Dictionnaire des girouettes* qui connut un immense succès.

politique. Ainsi, l'on compte en Europe, bien qu'épars, plus de trente millions de Français, quinze millions d'Espagnols, quinze millions d'Italiens, trente millions d'Allemands. J'eusse voulu faire de chacun de ces peuples un seul et même corps de nation. C'est avec un tel cortège qu'il eût été beau de s'avancer dans la postérité et la bénédiction des siècles. Je me sentais digne de cette gloire[1] ! »

L'histoire a donné raison à cette vision d'une future « grande famille européenne ». Elle enflammera l'imagination des générations suivantes qui reconnaîtront le génie de ce prophète d'un continent enfin rassemblé. A Caulaincourt, son compagnon de traîneau lors du retour de Russie, il avait déjà annoncé l'émancipation des colonies et la future puissance américaine[2]. La chute, en le renvoyant à la méditation du songe, va décupler son don de visionnaire.

Bilan pour bilan, il oppose d'autant plus victorieusement le sien qu'il peut se targuer d'avoir pansé les plaies de cette Révolution, qui saignent à nouveau depuis son départ, et

---

1. *Mémorial*, 11 novembre 1816. « Quoi qu'il en soit, cette agglomération arrivera tôt ou tard par la force des choses ; l'impulsion est donnée, et je ne pense pas qu'après ma chute et la disparition de mon système, il y ait en Europe d'autre équilibre possible que l'agglomération et la confédération des grands peuples. » Il prône notamment un institut européen, une université européenne, l'union monétaire, des poids, des mesures, de la législation par le Code Napoléon.

2. « L'Empereur voyait dans la séparation de ces colonies [d'Amérique du Sud] de leur métropole un grand événement qui changerait la politique du monde, qui renforcerait celle de l'Amérique et menacerait avant dix ans la puissance anglaise, ce qui était un dédommagement. Il ne mettait pas en doute que le Mexique et toutes les grandes possessions espagnoles outre-mer, ne proclamassent leur indépendance et ne formassent un ou deux Etats avec une forme de gouvernement qui les porterait, comme leur intérêt, à être les auxiliaires des Etats-Unis.

— C'est une nouvelle ère, disait-il. Elle amènera l'indépendance de toutes les autres colonies. Les changements que produirait le développement de ces événements étaient considérés par lui comme les plus importants du siècle, en ce qu'ils déplaceraient tous les intérêts commerciaux et changeraient, par conséquent, la politique des cabinets.

— Toutes les colonies imiteront, disait-il, les Etats-Unis. On se fatigue d'attendre les ordres de deux mille lieues, d'obéir à un gouvernement qui paraît étranger parce qu'il est loin et parce qu'il vous soumet nécessairement à des intérêts locaux qu'il ne peut vous sacrifier. Dès que les colonies se sentent assez fortes pour résister, elles veulent secouer le joug de ceux qui les ont créées. La patrie est au lieu que l'on habite ; on oublie bientôt que soi ou son père est né sous un autre ciel. L'ambition achève ce que l'intérêt a commencé ; on veut être quelque chose chez soi et le joug est bientôt secoué. »

refusé la répression : « N'allais-je pas par là me tromper, noyer ma mémoire de mes propres mains dans ce cloaque de sang [...] ? Ce jour-là, je semblais justifier tout ce qu'il leur a plu d'inventer. Je demeurais pour la postérité et l'histoire le Néron, le Tibère de nos temps. »

La conversation du 1er mai 1816 avec Las Cases grave dans le marbre le testament de l'Aigle enchaîné : « J'ai refermé le gouffre anarchique et débrouillé le chaos. J'ai dessouillé la Révolution, ennobli les peuples et raffermi les rois. J'ai excité toutes les émulations, récompensé tous les mérites et reculé les limites de la gloire ! Tout cela est bien quelque chose ! Et puis sur quoi pourrait-on m'attaquer qu'un historien ne puisse me défendre ? Serait-ce mes intentions ? Mais il est en fond pour m'absoudre. Mon despotisme ? Mais il démontrera que la dictature était de toute nécessité. Dira-t-on que j'ai gêné la liberté ? Mais il prouvera que la licence, l'anarchie, les grands désordres étaient encore au seuil de la porte. M'accusera-t-on d'avoir trop aimé la guerre ? Mais il montrera que j'ai toujours été attaqué ; d'avoir voulu la monarchie universelle ? Mais il fera voir qu'elle ne fut que l'œuvre fortuite des circonstances, que ce furent nos ennemis eux-mêmes qui m'y conduisirent pas à pas ; enfin, sera-ce mon ambition ? Ah ! sans doute, il m'en trouvera, et beaucoup ; mais de la plus grande et de la plus haute qui fût peut-être jamais ! celle d'établir, de consacrer enfin l'empire de la raison et le plein exercice, l'entière jouissance de toutes les facultés humaines ! Et ici l'historien peut-être se trouvera réduit à devoir regretter qu'une telle ambition n'ait pas été accomplie, satisfaite ! »

Après quelques secondes de silence et de réflexion, comme soulagé par son vibrant plaidoyer, l'Empereur ajoutera : « Mon cher, en bien peu de mots, voilà pourtant toute mon histoire. »

A l'entendre, les Bourbons ne sont pas les seuls condamnés. L'Europe ancienne aussi est gangrenée. La légitimité et les empires multinationaux vont être attaqués par la coalition du nationalisme et du libéralisme dont les Cent-Jours ont donné l'exemple. Cette parenthèse constitue le « drame historique le plus extraordinaire dans les annales du monde, celui qui étendra le plus loin ses conséquences dans l'avenir », prévient Sismondi dès juillet 1815. Abattu par l'Europe de Vienne, Napoléon lui a inoculé en retour les germes mortels qui, après l'avoir bouleversée en 1848, l'emporteront en 1918 [1].

## Le requiem

La chute spectaculaire de Napoléon l'installe dans la légende, au carrefour d'aspirations parfois contradictoires : il est à la fois l'esprit du monde entrevu par Hegel, la préfiguration du surhomme pour Nietzsche et l'ami des humbles, des petits et des sans-grade [2] chanté par Béranger dans les *Souvenirs du peuple* :

> Le peuple encore le révère,
> Oui le révère.
> Parlez-nous de lui grand-mère,
> Parlez-nous de lui.

Héros aux innombrables avatars, il prend successivement les visages du jeune général Vendémiaire, du petit caporal à la célèbre redingote grise, du Premier consul énergique, de l'Empereur en majesté du tableau d'Ingres et enfin du proscrit de Sainte-Hélène dont la « bouche d'ombre » dicte l'évangile du *Mémorial*. Et le sépulcre de porphyre des Invalides réunit ces figures dans un profond mystère. Napoléon s'est démulti-

---

1. « Rien ne saurait désormais détruire ou effacer les grands principes de notre Révolution, prophétise toujours le *Mémorial*. Ses grandes et belles vérités doivent demeurer à jamais, tant nous les avons entrelacées de lustre, de monuments, de prodiges ; nous en avons noyé les premières souillures dans des flots de gloire ; elles sont désormais immortelles... Voilà le trépied d'où jaillira la lumière du monde ! ! ! Elles le régiront ; elles seront la foi, la religion, la morale de tous les peuples, et cette ère mémorable se rattachera, quoi qu'on ait voulu dire, à ma personne, parce qu'après tout j'ai fait briller le flambeau, consacré les principes, et qu'aujourd'hui la persécution achève de m'en rendre le messie ! »
2. Selon les mots du grognard Flambeau dans *L'Aiglon* d'Edmond Rostand « C'est nous, les petits, les sans-grade... »

plié comme les dieux de l'Olympe dans les *Métamorphoses* chantées par Ovide. Debout sur sa botte de foin, le brave Goguelat ne s'y est pas trompé : « Un homme aurait-il pu faire cela ? Non, Dieu l'aidait, c'est sûr. Il se subdivisionnait comme les cinq pains de l'Evangile [1]. »

Pour la postérité, Napoléon illustre également le mythe du sauveur [2] : il est Alexandre, le fougueux conquérant qui enchaîne les victoires, inscrivant au fil de l'épée une destinée qu'il ne doit qu'à lui-même et à l'élan des masses subjuguées derrière lui. Il est Solon, le législateur inspiré qui donne à la France des lois sages, accordées à l'esprit des temps nouveaux et dont l'architecture essentielle a duré jusqu'à nos jours. Il est encore Cincinnatus, lorsqu'il revient de son exil à l'appel de son peuple. Il est enfin Moïse, prophète des temps nouveaux qui, par les dictées de Longwood, ouvre les chemins de l'avenir et éclaire le chaos. Grâce au pouvoir du verbe il réalise sa dernière alchimie, élevant un pont entre le présent et l'avenir, l'histoire et la mémoire : « L'adversité manquait à ma carrière... ! Si je fusse mort sur le trône, dans la magie de ma toute-puissance, je serais demeuré un problème pour bien des gens ; aujourd'hui, grâce au malheur, on pourra me juger à nouveau. »

A la suite de la vulgate du *Mémorial*, les témoins de l'aventure enluminent l'épopée : les militaires, du troupier au maréchal, les femmes, de la duchesse d'Abrantès à la reine Hortense, les ministres et parlementaires se relaient, à chaque génération, pour enrichir la mémoire nationale [3]. Chateaubriand et Benjamin Constant, pour citer les plus talentueux, donnent des Cent-Jours une vision sublimée par le souffle de la passion. En une génération, les pamphlétaires de 1814 sont devenus les propagandistes de la légende dorée. Après eux,

---

1. Honoré de Balzac, *Le Médecin de campagne*.
2. Selon la typologie dressée par Raoul Girardet dans *Mythes et Mythologies politiques*.
3. Pour plus de détails, se reporter à la précieuse bibliographie critique, forte de plus d'un millier de titres, établie par Jean Tulard.

aucun écrivain ne pourra demeurer insensible à la magie du Vol de l'Aigle. Les « évangélistes » de Sainte-Hélène — Bertrand, Gourgaud, Las Cases, Montholon — répandront la vision impériale au-delà des mers.

Dès les années 1820, la légende noire perd du terrain. Gérard de Nerval[1] et Victor Hugo en tête, les romantiques abandonnent le camp de la triste légitimité en place pour devenir les vicaires de la gloire déchue. Il y a tant de points communs entre le romantisme et le reclus de Longwood : le refus du rationnel et du médiocre, le dépassement empreint de fatalisme, la passion affichée et la soif d'idéal, le pessimisme et parfois le mépris face à la légèreté d'un esprit français, volatil et conservateur à la fois. Lamartine célèbre d'abord Bonald tandis que les odes sur la Vendée de Hugo chantent les riches heures de la chevauchée royaliste. Mais le charme s'évanouit progressivement : les ultras, une fois parvenus au pouvoir, écartent Chateaubriand et musellent la liberté ; le sacre suranné de Charles X ne représente plus un modèle pour une génération qui rêve d'un destin à la Byron. Comment ce morne présent pourrait-il soutenir la comparaison avec l'épopée ?

Lorsque Napoléon expire en 1821 sur cette île perdue où il est tenu prisonnier, nombreux sont les Français qui ne veulent pas croire à sa mort, scrutant avec avidité chaque mois de mars, priant toujours pour qu'« il » revienne. Le Vol de l'Aigle a accrédité l'espoir d'une résurrection[2]. Napoléon s'est érigé, aux yeux du peuple, en Christ laïc. A cette vision

---

1. Dans « Napoléon et la France guerrière », *Elégies nationales*.
2. En témoigne par exemple ee « Notre Père » bonapartiste :
        Notre Empereur qui êtes à Sainte-Hélène
        Que votre nom soit respecté
        Que votre règne revienne
        Que votre volonté soit faite
        Contre tous les ultras
        Qui nous ôtent nos pensions
        Débarrassez-nous des maudits Bourbons
        Ainsi soit-il.

défendue par Henri Heine, Léon Bloy ou Elie Faure, ses détracteurs répondent en le présentant comme un Antéchrist, telle Anna Pavlovna Scherer aux premières lignes de *La Guerre et la Paix* de Tolstoï. Commence alors vraiment le temps du culte, avec ses fidèles, ses ministres et son catéchisme : « Sainte-Hélène, prédit Henri Heine, sera le Saint-Sépulcre où les peuples de l'Orient et de l'Occident viendront en pèlerinage sur des vaisseaux pavoisés et leur cœur se fortifiera par le grand souvenir du christ temporel qui a souffert sous Hudson Lowe. »

La France prospère des années 1830 s'assoupit sous le règne de Louis-Philippe et connaît bientôt l'ennui, pour reprendre la si juste expression de Lamartine. La nation entière éprouve déjà la nostalgie de Napoléon[1]. Née avec le Consulat pour atteindre la maturité sous la monarchie de Juillet, la génération romantique, déçue par le nouveau régime, sombre dans l'« affreuse mer de l'action sans but[2] ». La conquête littéraire nourrit le spleen : « Alors, résume Musset, s'ouvrit sur un monde en ruine une jeunesse soucieuse. Tous ces enfants étaient des gouttes d'un sang brûlant qui avaient inondé la terre ; ils étaient nés au sein de la guerre, pour la guerre. Ils avaient rêvé pendant quinze ans des neiges de Moscou et du soleil des Pyramides. [...] Ils n'étaient pas sortis de leurs villes, mais on leur avait dit que par chaque barrière de ces villes on allait à une capitale d'Europe. Ils avaient dans la tête tout un monde ; ils regardaient la terre, le ciel, les rues et les chemins, tout cela était vide et les cloches de leur paroisse résonnaient seules dans le lointain. »

Cette France des Julien Sorel et Lucien Leuwen dévore le *Mémorial*, enrage au souvenir de la gloire disparue. A l'image

---

1. « La canonisation de l'Empereur mort est proclamée par tous les nobles cœurs de l'Europe, notre chère patrie, méprisant les petits bourreaux... et si les hommes viennent un jour à se taire, les pieux parleront et le rocher du martyr de Sainte-Hélène se dressera horrible du milieu des mers et racontera aux siècles sa légende impériale », écrit toujours Heine dans *Reisebilder* (*Impressions de voyage*), publié en 1826.
2. Alfred de Musset, *La Confession d'un enfant du siècle*.

de Chateaubriand, elle vomit le présent et tourne ses rêves vers l'homme prodigieux. En Napoléon, elle trouve un mentor qui a réussi à changer la société par l'épée et le verbe, alors qu'ils n'ont que la plume pour œuvrer à la réconciliation de l'ordre et de la démocratie. Tous les grands hommes de lettres de l'époque suivent Stendhal, le premier converti avec Constant. Balzac concilie ainsi dans son œuvre vénération envers l'Empereur et fidélité légitimiste : « Mon admiration pour Napoléon devint presque du fanatisme en le voyant chargé d'imprécations au moment de sa chute. » Seul Lamartine résiste, reportant finalement son admiration vers la Gironde [1].

Du côté des historiens, le débat se révèle plus équilibré. Si Norvins et Thiers applaudissent, Guizot et Tocqueville demeurent hostiles. Ils ne pardonnent ni la violation des libertés, ni la conquête, insistent sur la pauvreté du bilan démocratique et territorial, dénoncent la centralisation. L'Empire n'aura légué, selon eux, que la puissance de l'Etat, responsable de l'atrophie du lien social et de la négation de l'initiative individuelle, comme le révèle l'auteur de *De la démocratie en Amérique* dès 1840 [2].

Vingt-cinq ans après son départ en exil, la dépouille mortelle de Napoléon est solennellement ramenée à Paris le 15 décembre 1840. Chroniqueur de l'événement, Victor Hugo livre dans *Choses vues* un récit détaillé de cette funèbre parade. Après le retour d'Egypte en 1799, le Vol de l'Aigle en 1815, le troisième et dernier voyage met en scène l'éternel revenant. Chantre de l'épopée depuis son *Ode à la colonne Vendôme*, le poète assiste dans un froid glacial, au milieu du Paris populaire, au retour des

---

1. « Je ne me prosterne pas devant cette mémoire, dit ainsi Lamartine le 26 mai 1840 à la tribune parlementaire ; je ne suis pas de cette religion napoléonienne, de ce culte de la force que l'on veut depuis quelque temps substituer dans l'esprit de la nation à la religion sérieuse de la liberté. »
2. Dans les deux derniers volumes de son œuvre, consacrés plus particulièrement à la réflexion sur la démocratie dans la société moderne ; les deux premiers (parus en 1835) traitent essentiellement des Etats-Unis d'Amérique d'un point de vue politique et social.

Cendres : « Tout à coup, un coup de canon éclate à la fois à trois points différents de l'horizon. Ce triple bruit simultané enferme l'oreille dans une sorte de triangle formidable et superbe. Des tambours éloignés battent aux champs. Le char de l'Empereur apparaît. Le soleil, voilé jusqu'à ce moment, reparaît en même temps. L'effet est prodigieux. »

Cent mille spectateurs, amassés sur des gradins, regardent le spectre passer. Comme en 1815, le maintien compassé des notables contraste avec l'enthousiasme et l'émotion des plus humbles : « En ce moment, un spectateur qui arrive des Champs-Elysées raconte que le peuple, le vrai peuple, a été tout autre. Les bourgeois des estrades ne sont déjà plus le peuple. Il a crié : "Vive l'Empereur." Ils voulaient dételer les chevaux et traîner le char. Une compagnie de la banlieue s'est mise à genoux ; hommes et femmes baisaient les crêpes du sarcophage. » Napoléon pénètre alors dans sa dernière demeure des Invalides. Bertrand et Gourgaud, les survivants de Sainte-Hélène, disposent sur le cercueil enfin visible le chapeau et l'épée légendaires. Plusieurs centaines de milliers de personnes viennent encore le contempler les jours suivants.

Hugo conclut son récit d'un trait terrible et lucide : « Rentré chez moi, je songe à cette journée. Il y a dix ans, après juillet 1830 : on a élevé au milieu de cette même esplanade des Invalides un buste à Lafayette, un buste en plâtre posé sur une borne-fontaine. Il m'est arrivé souvent alors, à moi qui hante les lieux déserts, de me promener mélancoliquement autour de ce buste qui se défigurait, d'hiver en hiver, sous la pluie. Aujourd'hui, quand le cortège impérial a traversé précisément le même emplacement, le buste et la borne-fontaine avaient disparu comme si quelqu'un eût soufflé dessus. Personne n'y a songé. Personne ne s'est écrié que Napoléon passait sur le ventre de Lafayette. Cela tient à ce que Lafayette est oublié tandis que Napoléon est toujours vivant. Lafayette n'était qu'une date. Napoléon est un génie. »

## L'empreinte et l'écho

D'une génération à l'autre la figure de Napoléon continue d'inspirer les hommes et de façonner un modèle de gouvernement. Même l'échec de « Napoléon le Petit » contribue encore à la grandeur du mythe. *Les Châtiments* font du second Empire l'expiation du premier. Sedan enterre le bonapartisme dynastique mais ressuscite Napoléon, professeur d'énergie nationale selon Barrès, dont la gloire nourrit l'esprit de revanche et la nostalgie du chef militaire. Les poilus de la Marne, un siècle après la campagne de France, sont eux aussi imprégnés du souvenir de la Grande Armée. L'Empereur réconcilie les partis et échappe à la récupération politique : « Héros parfait » pour Anatole France[1], il séduit à gauche comme à droite, Elie Faure comme Jacques Bainville.

Il faut d'abord chercher les clés du mystère dans la force des images. Aucun personnage historique n'a connu une iconographie si riche, variée et populaire. Plus encore que les célèbres tableaux de David, d'Ingres ou de Gros, les plus modestes illustrations exaltent le mythe : chromos des manuels des écoliers d'autrefois ou simple vaisselle de faïence historiée déroulent la séquence de gloire, grandeur et chute. Il y a ensuite ce style Empire, de bronze et d'acajou, qui orne bureaux et cabinets des hauts fonctionnaires et des hommes de loi. Pour des générations de Français, il symbolise, associé à l'étude du notaire, la puissance tutélaire de l'Etat à travers le Code civil, la propriété et l'épargne. Il suffit de comparer ce riche mobilier à la bimbeloterie Napoléon III pour mesurer le fossé qui sépare les deux Empires.

---

1. « Un héros doit être humain. Napoléon fut humain. [...] Il pensait de la vie et du monde à peu près ce qu'en pensait un de ses grenadiers ; il garda toujours cette gravité enfantine qui se plaît au jeu des sabres et des tambours, et cette sorte d'innocence qui fait les bons militaires. Il estimait sincèrement la force. Il fut l'homme des hommes, la chair de la chair humaine. Il n'eut pas une pensée qui ne fût une action, et toutes ses actions furent grandes et communes. C'est cette vulgaire grandeur qui fait les héros. Et Napoléon est le héros parfait » (Anatole France, *Le Lys rouge*).

Deux filiations se dessinent. L'une, historique, dans la lignée de Thiers, s'appuie sur le dépouillement des études, mémoires et archives pour percer le secret de l'homme, privilégiant le Napoléon de la correspondance sur celui, visionnaire et prophétique, du *Mémorial*. L'autre, littéraire, du mystère dérive vers le songe, interprétant les faits à l'aune du mythe. Ce Napoléon des écrivains et des poètes ne diffère guère de celui des dessins de Raffet ou de Job, des peintures de Sant ou de Géricault, des images d'Epinal et de la caméra flamboyante d'Abel Gance [1]. Ce Napoléon-là guide et transcende. Il porte depuis sa chute une certaine idée de la France, une haute vision de la politique. Sa geste inspire l'esprit de résistance : Gambetta en 1870, Clemenceau et Joffre en 1914-1918, Charles de Gaulle en 1940.

Les Cent-Jours appellent à l'humilité : la vraie victoire, souvent gagnée dans la douleur et l'humiliation, fait sa fortune du hasard et se moque de la nécessité, des convenances, modes et conservatismes qui pèsent depuis toujours. La défaite politique d'un jour peut être porteuse d'espérance et d'idéal si le chef sait montrer le chemin. Louis XVI, par sa bravoure devant l'échafaud, entrebâille la porte de la Restauration. Charles X, qui abandonne en catimini son trône pour l'exil, la referme brutalement. Les barricades de décembre 1851 et le verbe incantatoire d'un Victor Hugo banni de France grandissent l'idée républicaine et préparent sa victoire en 1877. Charles de Gaulle, en renonçant avec panache au pouvoir le lendemain de sa défaite de 1969, en sort grandi. Si elle semble mal comprise des contemporains, la dimension sacrificielle d'un acte peut, le moment venu, fonder la reconquête. En choisissant l'abnégation plutôt que le calcul, Napoléon demeure la figure tutélaire de notre histoire, l'un des rares noms — avec Hannibal, Alexandre et César — à entrer au Panthéon de la mémoire universelle.

---

1. Parmi les étrangers, Tolstoï (*La Guerre et la Paix*, 1864), Emerson (*Representative Men*, 1850), Nietzsche (*Le Gai Savoir*, 1867), Conan Doyle (*La Grande Ombre*, 1892), Kipling (« A St Helena Lullaby ») ont traité dans leur œuvre de l'Empereur. Le mythe est donc international.

Conjonction d'un homme et d'une nation, Napoléon demeure indissolublement lié à notre destin collectif. Son règne écrase les autres régimes du souvenir d'une France à l'apogée, rayonnant sur le monde. L'Empire conquérant incarne jusqu'à Tilsit la France dans sa grandeur portée par l'universalisme des valeurs de 1789. A travers le destin de Napoléon, chacun peut sentir le souffle de l'exception, garder l'espoir d'un avenir meilleur, entretenir une part de ce rêve français qui se confond avec l'idée que nous nous faisons de nous-mêmes. La France reste orpheline de l'Empereur, comme le constate André Suarès dans ses *Vues sur Napoléon* : « Rien ne met Napoléon plus haut que d'avoir été l'idole de la France. La passion que tant de Français lui ont vouée, parmi ceux-là surtout qui l'ont payée le plus chèrement, est un des plus nobles poèmes qui soient sortis du cœur vaillant de l'homme. En 1815, tout le monde le hait, le repousse, l'a en horreur. La France, qu'il a mutilée et mise à l'agonie, ne le renie pas et même l'adore. Quoi de plus beau que cette religion ? Voilà ce qui justifie Napoléon et qui l'honore suprêmement. La France s'est admirée et honorée en lui. Il a été le bras de cette guerrière. Les Français ont fait de lui le héros de toutes leurs volontés et même de leurs illusions. Il le savait bien. Napoléon est admirable dans ce que j'appelle sa conscience de météore [1]. »

Cent ans après le retour des Cendres, une voix en écho résonne dans la nuit de la défaite et de l'humiliation. Nourri

---

[1]. L'ouvrage d'André Suarès constitue un des essais les plus puissants sur la vie et l'œuvre de Napoléon. On y relève également ceci : « Surgi du roc et de la petite île sanglante, qui dresse sa flèche de montagnes sur la mer antique, tournant malgré tout le dos à l'Occident et à l'autre îlot que le ciel lui destine, il s'élève, et demeure sur l'horizon, ombre plus grande et plus haute que ne fut la forme vivante. Comme la plupart des Dieux, Napoléon est la création de l'homme et de l'humaine poésie. L'homme ne vit que pour concevoir et faire naître des grandeurs qui le dépassent ; et ces êtres divins naissent de son sang comme lui-même dans les douleurs et le sang de la femme. Napoléon est le type éternel de l'ambition, le maître inaccessible de la conquête : tous les jeunes gens qui aspirent au règne, et qui sont prêts à tout pour conquérir un monde, sortent de lui. Et même celui qui, à vingt ans, se jurait d'être à la fois Beethoven et Shakespeare, ou de n'être rien. »

de la mémoire impériale[1], un homme relève de Londres le gant de l'honneur français. Il en appelle à la France contre le renoncement et la peur qui, à l'instar de 1814-1815, annoncent la collaboration. L'aventure gaullienne reprend l'élan consulaire par la restauration d'un exécutif fort et de l'autorité de l'Etat, un même mépris des partis et du compromis, un goût commun pour l'action, une obsession de l'intérêt général et de la grandeur de la France. On trouve encore le même refus de la fatalité et la dignité dans la chute. Le temps du pouvoir laisse enfin place à l'écriture. Leur mort provoque un même sentiment d'abandon et de nostalgie, source d'un nouvel enracinement et d'une soif d'engagement qu'aucune médiocrité ne peut épuiser.

---

1. Charles de Gaulle livre dans *La France et son armée* une vision de la chute de Napoléon qui se distingue par sa hauteur de vue et son équité : « Sa chute fut gigantesque, en proportion de sa gloire, écrit-il. Celle-ci et celle-là confondent la pensée. En présence d'une aussi prodigieuse carrière, le jugement demeure partagé entre le blâme et l'admiration. Napoléon a laissé la France écrasée, envahie, vidée de sang et de courage, plus petite qu'il ne l'avait prise, condamnée à de mauvaises frontières, dont le vice n'est point redressé, exposée à la méfiance de l'Europe dont, après plus d'un siècle, elle porte encore le poids ; mais faut-il compter pour rien l'incroyable prestige dont il entoura nos armes, la conscience donnée, une fois pour toutes, à la nation de ses incroyables aptitudes guerrières, le renom de puissance qu'en recueillit la patrie et dont l'écho se répercute encore ? Nul n'a plus profondément agité les passions humaines, provoqué des haines plus ardentes, soulevé de plus furieuses malédictions ; quel nom, cependant, traîne après lui plus de dévouement et d'enthousiasme, au point qu'on ne le prononce pas sans remuer dans les âmes, comme une sourde ardeur ? Napoléon a épuisé la bonne volonté des Français, fait abus de leurs sacrifices, couvert l'Europe de tombes, de cendres et de larmes ; pourtant ceux-là mêmes qu'il fit le plus souffrir, les soldats, lui furent les plus fidèles, et de nos jours encore, malgré le temps écoulé, les sentiments différents, les deuils nouveaux, des foules, venues de tous les bouts du monde, rendent hommage à son souvenir et s'abandonnent près de son tombeau au frisson de la grandeur ; tragique revanche de la mesure, juste courroux de la raison ; mais prestige surhumain du génie et de la merveilleuse vertu des armes. »

# CHRONOLOGIE SÉLECTIVE

## 1814

*31 mars*
Entrée des alliés dans Paris.

*2 avril*
Le Sénat vote la déchéance de Napoléon.

*3 avril*
Le Corps législatif fait de même.

*4 avril*
Abdication conditionnelle de Napoléon, obtenue par les maréchaux à Fontainebleau.

*5 avril*
Passage du corps de Marmont à l'ennemi.

*6 avril*
Le Sénat appelle Louis XVIII au trône.
Abdication sans conditions de Napoléon.

*11 avril*
Signature du traité de Fontainebleau qui confère à Napoléon la souveraineté de l'île d'Elbe et règle le sort de sa famille.

*12 avril*
Entrée du comte d'Artois, futur Charles X, à Paris, comme lieutenant général du royaume.

*Nuit du 12 au 13 avril*
Napoléon tente de se suicider. Le 13, il ratifie le traité de Fontainebleau.

*20 avril*
Adieux de Fontainebleau.

*24 avril*
Louis XVIII débarque à Calais.

*25 avril*
Napoléon menacé de mort à Orgon.

*28 avril*
Napoléon embarque pour l'île d'Elbe.

*2 mai*
Déclaration de Saint-Ouen.

*3 mai*
Louis XVIII rentre à Paris.

*4 mai*
Napoléon débarque à l'île d'Elbe.

*12 mai*
Ordonnance royale licenciant la moitié de l'armée.

*26 mai*
Arrivée à l'île d'Elbe du détachement de la Garde commandé par Cambronne.

*29 mai*
Mort de Joséphine.

*30 mai*
Traité de Paris.

*4 juin*
Octroi de la Charte par Louis XVIII.

*7 et 10 juin*
Ordonnances de Beugnot sur la fermeture des cafés le dimanche et les processions.

*2 août*
Madame Mère débarque à l'île d'Elbe.

*1er septembre*
Arrivée de Marie Walewska à l'île d'Elbe.

*13 septembre*
Dépôt d'un projet de loi restituant les biens nationaux non vendus à leurs anciens propriétaires.

*1er novembre*
Ouverture du congrès de Vienne.
Arrivée de Pauline Bonaparte à l'île d'Elbe.

# 1815

*3 janvier*
Signature d'une alliance défensive unissant l'Angleterre, l'Autriche et la France contre la Russie et la Prusse.

*17 janvier*
Enterrement de Mlle Raucourt.

*21 janvier*
Cérémonie en l'honneur de Louis XVI et Marie-Antoinette

*12 ou 13 février*
Fleury de Chaboulon débarque à l'île d'Elbe.

*16 février*
Campbell quitte l'île d'Elbe pour aller passer huit jours à Florence.

*25 février*
Napoléon rédige les trois proclamations au peuple, à l'armée et à la Garde.

*26 février*
Départ de Napoléon pour les côtes françaises.

*1er mars*
Napoléon débarque à Golfe-Juan.

*4 mars*
L'Empereur reçoit ses premières acclamations à Digne.

*5 mars*
Louis XVIII apprend le retour de Napoléon.
Entrée de l'Empereur à Gap.

*7 mars*
Napoléon s'expose victorieusement à Laffrey devant le bataillon du 5e de ligne qui lui tombe dans les bras
Ralliement de La Bédoyère, puis marche victorieuse sur Grenoble, où Napoléon pénètre vers neuf heures du soir.
Le maréchal Ney, reçu par le roi, promet de ramener l'Aigle dans une cage de fer.

*10 mars*
Napoléon entre à Lyon, évacué dans la panique par Louis-Philippe et le comte d'Artois.

*11 mars*
Soult est remplacé par Clarke au ministère de la Guerre.

*13 mars*
Déclaration des puissances à Vienne mettant Napoléon hors la loi.
Décrets de Lyon annulant la plupart des mesures prises par la Restauration et annonçant le Champ-de-Mai.

*14 mars*
Ralliement de Ney à Napoléon.
Bourrienne nommé préfet de police.

*15 mars*
A Autun Napoléon menace de lanterner les prêtres et les nobles.
Le soir, rencontre secrète entre Fouché et le comte d'Artois.

*16 mars*
Réunion des chambres devant Louis XVIII qui s'engage formellement en faveur de la Charte.

*19 mars*
Article incendiaire de Benjamin Constant contre Napoléon dans le *Journal des débats*.
Départ de Louis XVIII de Paris.

*20 mars*
Napoléon rentre dans la capitale.

*24 mars*
Suppression de la censure.

*25 mars*
Traité d'alliance renouvelant le traité de Chaumont qui unit l'Angleterre, l'Autriche, la Prusse et la Russie contre la France.
Déclaration du Conseil d'Etat justifiant le retour de Napoléon et proclamant la souveraineté du peuple.

*29 mars*
Napoléon décrète l'abolition de la traite des Noirs.
Proclamation de Murat en faveur de l'unité italienne.

*31 mars*
Arrivée de Louis XVIII à Gand.

*3 avril*
Départ de Pauillac de la duchesse d'Angoulême.

## CHRONOLOGIE SÉLECTIVE

*4 avril*
Lettre de Napoléon aux coalisés affirmant sa volonté de paix.
Arrestation de Vitrolles à Toulouse.

*8 avril*
Capitulation du duc d'Angoulême à La Palud.

*13 avril*
Publication du rapport de Caulaincourt annonçant la guerre.

*14 avril*
Premier entretien entre Napoléon et Benjamin Constant.

*17 avril*
Napoléon quitte les Tuileries pour l'Elysée.

*22 avril*
Promulgation de l'Acte additionnel aux Constitutions de l'Empire, fondant l'Empire libéral.

*25 avril*
Mémorandum anglais spécifiant que la guerre contre Napoléon ne vise pas à interférer dans les affaires intérieures de la France en imposant la restauration de Louis XVIII.

*30 avril*
Décret impérial instituant l'élection des maires par les citoyens actifs composant les assemblées primaires (pour les communes de moins de 5 000 habitants).
Convocation des collèges électoraux pour élire la Chambre des représentants.

*3 mai*
Murat, écrasé à Tolentino, doit quitter son royaume quelques jours plus tard.

*9 mai*
Arrivée de Lucien Bonaparte à Paris.

*12 mai*
Déclaration menaçante des alliés dénonçant le traité de Paris.

*14 mai*
Revue des fédérés des faubourgs de Paris par l'Empereur.
Elections législatives.

*15 mai*
Début de l'insurrection vendéenne.

Méneval, arrivé de Vienne, détruit les dernières illusions de Napoléon sur la paix et le retour de Marie-Louise.

*21 mai*
Formation de l'armée de la Loire dont le commandement est confié au général Lamarque. Elle a pour tâche de briser le soulèvement vendéen.

*1er juin*
Champ-de-Mai, au cours duquel sont proclamés les résultats décevants du plébiscite.
Napoléon procède ensuite à la remise des aigles à la garde nationale et à l'armée.
Mort du maréchal Berthier.

*2 juin*
Nomination des pairs.

*3 juin*
Première réunion de la Chambre des représentants.

*4 juin*
Fin de la distribution des aigles de l'armée au Louvre.
Mort de Louis de La Rochejaquelein.
Lanjuinais, adversaire de Napoléon, est élu président de la Chambre des représentants.

*7 juin*
Discours du Trône.

*9 juin*
Acte final du congrès de Vienne.

*11 juin*
Napoléon reçoit les députations venues lui présenter l'adresse.

*12 juin*
Napoléon part pour le front.

*15 juin*
Début des opérations militaires.
Défection de Bourmont.

*16 juin*
Victoire à Ligny contre Blücher.

*18 juin*
Waterloo.

*20 juin*
Victoire de Lamarque sur les Vendéens à Rocheservière.

*21 juin*
Napoléon arrive à l'aube à Paris.
Dix heures : Conseil des ministres.
Midi et quart : Début de la séance de la Chambre des représentants.
Motion de défiance de La Fayette.

*22 juin*
Seconde abdication de Napoléon.
Louis XVIII quitte Gand.
Formation d'une commission de gouvernement élue par les chambres.

*23 juin*
Fouché est élu président de la commission de gouvernement.
Proclamation ambiguë de Napoléon II.
Louis XVIII arrive à Mons où il se sépare de Blacas et se brouille momentanément avec Talleyrand.

*24 juin*
Louis XVIII rentre en France et rejoint Wellington au Cateau-Cambrésis.
Entretien de Fouché avec Vitrolles.

*25 juin*
Proclamation vengeresse de Louis XVIII au Cateau-Cambrésis.
Napoléon quitte l'Elysée pour Malmaison.

*26 juin*
Pacification de Cholet qui met fin à l'insurrection vendéenne
Louis XVIII entre à Cambrai.

*27 juin*
Réunion d'un Conseil élargi au cours duquel Davout propose de restaurer le roi mais un message disant que les alliés laissent la France libre de choisir son gouvernement suspend la décision.

*28 juin*
Proclamation modérée de Louis XVIII à Cambrai inspirée par Talleyrand.
Paris est mis en état de siège sur ordre de la commission de gouvernement.

*29 juin*
Napoléon offre au gouvernement provisoire de combattre comme

général ; Fouché refuse. En conséquence, Napoléon quitte Malmaison vers cinq heures et demie de l'après-midi.

*30 juin*
Napoléon quitte Rambouillet pour Tours, où il arrive à minuit.
La Cour quitte Cambrai pour Roye (au nord de Compiègne).
L'armée de Wellington arrive au nord de Paris ; les Prussiens passent à l'attaque au point du jour.

*1er juillet*
Napoléon, après une courte pause à Tours, reprend la route, en direction de Poitiers qu'il rallie d'une traite. Il y déjeune puis repart entre deux et quatre heures de l'après-midi. A la nuit tombante, il arrive à Saint-Maixent, puis à Niort.
Lettre de Croker, secrétaire de l'Amirauté, à l'amiral lord Keith, commandant de la flotte de la Manche, pour lui faire savoir que les passeports demandés par l'Empereur pour se rendre en Amérique ont été refusés ; toutes les dispositions doivent donc être prises pour empêcher Napoléon de s'enfuir en Angleterre ou en Amérique.

*2 juillet*
Louis XVIII quitte Roye pour se rendre à Arnouville, à dix kilomètres de Paris.

*3 juillet*
Napoléon quitte Niort à l'aube et arrive à Rochefort à huit heures du matin.
Lors de la réunion demandée au préfet maritime Bonnefoux, ce dernier réussit à convaincre tout le monde que les deux frégates (la *Saale* et la *Méduse*) ne peuvent s'échapper.
Capitulation de Paris signée au château de Saint-Cloud.

*4 juillet*
Début de l'évacuation de la capitale par l'armée française.

*5 juillet*
Dans la soirée, Fouché rencontre Wellington et Talleyrand à Neuilly.

*6 juillet*
Louis XVIII quitte Arnouville pour aller s'établir à Saint-Denis (il loge à la Maison de la Légion d'honneur).
Dans la soirée, Talleyrand annonce à Fouché sa nomination au ministère de la Police puis le conduit auprès de Louis XVIII à Saint-Denis.

# CHRONOLOGIE SÉLECTIVE

*7 juillet*
Entrée des alliés à Paris à huit heures du matin.
Dissolution du gouvernement provisoire.
Déclaration de la Chambre des représentants.

*8 juillet*
Le Palais-Bourbon est occupé et des gardes nationaux en interdisent l'accès aux représentants.
Entrée de Louis XVIII à Paris.
Napoléon quitte la préfecture maritime de Rochefort à quatre heures de l'après-midi puis se fait conduire sur la frégate la *Saale*.

*9 juillet*
Au petit jour, Napoléon se rend à l'île d'Aix, puis retourne à bord de la *Saale*.

*10 juillet*
Première visite d'envoyés de Napoléon sur le *Bellérophon*.
Arrivée des souverains alliés à Paris.

*12 juillet*
Napoléon débarque à nouveau à l'île d'Aix pour ne pas subir une arrestation à bord de la *Saale*.

*13 juillet*
Napoléon renonce à toute tentative d'évasion.

*14 juillet*
Seconde visite d'émissaires de l'Empereur à bord du *Bellérophon*.
« Comme Thémistocle », Napoléon décide de se livrer aux Anglais.

*15 juillet*
L'Empereur embarque sur le *Bellérophon*.

*24 juillet*
Signature par Fouché des ordonnances de proscription.

*19 août*
Exécution de La Bédoyère

*15 septembre*
Fouché, renvoyé du ministère, devient ambassadeur à Dresde.

*24 septembre*
Fin du ministère Talleyrand.

*15 octobre*
Napoléon, à bord du *Northumberland*, parvient à Sainte-Hélène.

*20 novembre*
Second traité de Paris.

*7 décembre*
Exécution du maréchal Ney.

**CARTES**

LE DÉPART POUR L'ILE D'ELBE

LE VOL DE L'AIGLE

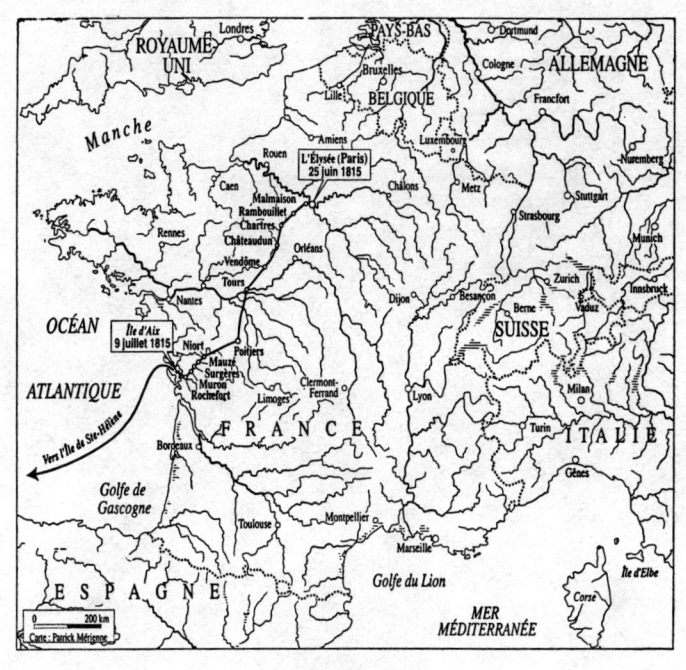

LE DERNIER EXIL

# BIBLIOGRAPHIE SOMMAIRE

## « Choses vues »
### (mémoires et écrits contemporains)

ALI L.-E. Saint-Denis, dit. *Souvenirs sur l'empereur Napoléon.* Paris, Payot, 1926.

BARANTE Baron de. *Souvenirs. 1782-1866.* Paris, Calmann-Lévy, 1890-1901, 8 vol. (tome II).

BEKER. *Relation de la mission du lieutenant-général comte Beker auprès de l'empereur Napoléon depuis la seconde abdication jusqu'au passage à bord du Bellérophon.* Clermont-Ferrand, Perol, 1841.

BERTRAND Général. *Cahiers de Sainte-Hélène.* Paris, Sulliver-Albin Michel, 1949-1959, 3 vol.

BEUGNOT Comte. *Mémoires.* Paris, Dentu, 1866, 2 vol. (tome II).

BOIGNE Comtesse de. *Récits d'une tante. Mémoires.* Paris, Emile-Paul, 1921-1925, 5 vol. (tomes I et II).

BOURRIENNE. *Mémoires.* Paris, Ladvocat, 1829, 10 vol. (tome X).

BROGLIE Duc de. *Souvenirs.* Paris, Calmann-Lévy, 1886, 4 vol. (tome I).

CAMPBELL Sir Neil. *Napoléon à l'île d'Elbe. Chronique des événements de 1814 et 1815.* Paris, Dentu, 1873.

CARNOT L. *Mémoire adressé au roi en juillet 1814.* Paris, Arnaud, 1815.

CARNOT H. *Mémoires sur Lazare Carnot par son fils.* Paris, Hachette, 1907, 2 vol. (tome II).

CASTELLANE Maréchal de. *Journal. 1804-1862.* Paris, Plon, 1895-1897, 5 vol. (tome I).

CAULAINCOURT Général duc de. *Mémoires.* Paris, Plon, 1933, 3 vol.

CAVALIÉ MERCER A. *Journal de la campagne de Waterloo.* Paris, Plon, 1933.

CHASTENAY Mme de. *Mémoires. 1771-1815.* Paris, Plon, 1896-1897, 2 vol. (tome II).

CHATEAUBRIAND. *Réflexions politiques sur quelques écrits du jour et sur les intérêts de tous les Français.* Paris, Lenormant, 1814.

CHATEAUBRIAND *Rapport sur l'état de la France fait au roi dans son Conseil.* Gand, Imprimerie royale, mai 1815.

CHATEAUBRIAND. *Mémoires d'outre-tombe.* Paris, Gallimard-Pléiade, 1951, 2 vol. (tome I).

COCHELET Louise. *Mémoires sur la reine Hortense.* Paris, Ladvocat, 1836, 4 vol. (tomes II et III)

COIGNET Capitaine. *Les Cahiers. 1799-1815.* Paris, Hachette, 1899.

CONSTANT Benjamin. *Principes de politique, applicables à tous les gouvernements représentatifs et particulièrement à la Constitution actuelle de la France.* Paris, Eymery, mai 1815.

CONSTANT B. *Mémoires sur les Cent-Jours, en forme de lettres.* Dernière édition critique formant le tome XIV des œuvres complètes de Benjamin Constant. Tübingen, Niemeyer, 1993.

CONSTANT B. *Fragments d'un ouvrage abandonné sur la possibilité d'une constitution républicaine dans un grand pays.* Paris, Aubier, 1991.

CONSTANT B. *Œuvres* Paris, Gallimard-Pléiade, 1957. (*Journal intime.*)

CONSTANT B *Ecrits politiques.* Textes choisis, présentés et annotés par Marcel Gauchet. Paris, Gallimard, 1997.

COTTON Sergent-major *Une voix de Waterloo.* Bruxelles, Combes, 1874

DELÉCLUZE *Louis David Son école et son temps.* Paris, Didier, 1855.

DESPATYS Baron. *Un ami de Fouché, d'après les mémoires de Gaillard.* Paris, Plon, 1911.

DESVERNOIS Général baron. *Mémoires. 1789-1815.* Paris, Plon, 1898.

EYNARD J.-G. *Au congrès de Vienne. Journal.* Paris, Plon 1914-1924, 2 vol.

FERRAND Comte. *Mémoires.* Paris, Picard, 1897.

FLEURY DE CHABOULON. *Mémoires pour servir à l'histoire de la vie privée, du retour et du règne de Napoléon en 1815. Avec annotations manuscrites de Napoléon I$^{er}$.* Paris, Rouveyre, 1901, 3 vol.

FONTAINE. *Journal. 1799-1853*. Paris, Ecole nationale des beaux-arts, 1987, 2 vol. (tome I).
FOUCHÉ Joseph. *Mémoires*. Paris, Lerouge, 1824, 2 vol. (tome II).
FRANÇOIS Capitaine. *Journal. 1792-1830*. Paris, Carrington, 1904, 2 vol. (tome II).
FRÉNILLY Baron de. *Souvenirs d'un ultraroyaliste*. Paris, Perrin, 1987.
GOBINEAU Comte de. *Mémoires*. Bruxelles, Erasme, 1955.
GOURGAUD Général baron. *Sainte-Hélène. Journal inédit de 1815 à 1818*. Paris, Flammarion, 1899, 2 vol.
GROUCHY Maréchal. *Mémoires*. Paris, Dentu, 1873-1874, 5 vol. (tomes III à V).
GUIZOT F. *Mémoires pour servir à l'histoire de mon temps*. Paris, Michel Lévy, 1858-1867, 8 vol. (tome I).
HOBHOUSE J. *Lettres écrites de Paris pendant le dernier règne de l'empereur Napoléon*. Gand, Bruxelles, Houdin, Weissembruch, 1817, 2 vol.
HORTENSE DE BEAUHARNAIS. *Mémoires de la reine Hortense*. Paris, Plon, 1927, 3 vol. (tomes II et III).
IUNG. *Lucien Bonaparte et ses mémoires. 1775-1840* Paris, Charpentier, 1882-1883, 3 vol. (tome III).
JAL A. *Souvenirs d'un homme de lettres*. Paris, Téchener, 1877.
JAUCOURT Comte de. *Correspondance avec le prince de Talleyrand pendant le congrès de Vienne*. Paris, Plon, 1905.
[JOURNAUX]. Ont été consultés *Le Censeur, Le Moniteur, Le Journal universel, Le Nain jaune*, le *Journal des débats, L'Indépendant*.
LA BORDE Comte de. *Quarante-huit heures de garde au château des Tuileries pendant les journées des 19 et 20 mars 1815, par un grenadier de la garde nationale*. Paris, Le Normand, 1816.
LABRETONNIÈRE Emile. *Macédoine. Souvenirs du quartier latin dédiés à la jeunesse des écoles. Paris à la chute de l'Empire et pendant les Cent-Jours*. La Rochelle, Marpon, 1863.
LA FAYETTE Général marquis de. *Mémoires, correspondance et manuscrits*. Paris, Fournier, 1837-1838, 6 vol. (tome V).
LA GARDE-CHAMBONAS Comte de. *Souvenirs du congrès de Vienne. 1814-1815*. Paris, Emile-Paul, 1904.
LA MAISONFORT Marquis de. *Mémoires d'un agent royaliste sous la Révolution, l'Empire et la Restauration. 1763-1827* Paris, Mercure de France, 1998.
LAMARTINE A. de. *Mémoires de jeunesse. 1790-1815*. Paris, Tallandier, 1990.

LAS CASES. *Mémorial de Sainte-Hélène*. Paris, l'auteur, 1823, 8 vol.

LAVALETTE. *Mémoires et souvenirs*. Paris, Fournier, 1831, 2 vol. (tome II).

LOUIS-PHILIPPE D'ORLÉANS. *Mon journal. Evénements de 1815*. Paris, Michel Lévy, 1849, 2 vol.

LUCIEN BONAPARTE. *La Vérité sur les Cent-Jours*. Paris, Ladvocat, 1835.

MACDONALD Maréchal. *Souvenirs*. Paris, Plon, 1892

MARCHAND Louis. *Mémoires*. Paris, Plon, 1952-1955, 2 vol.

MARMONT. *Mémoires du duc de Raguse de 1792 à 1832*. Paris, Perrotin, 1857, 9 vol. (tomes VI et VII).

MAUDUIT H. de. *Histoire des derniers jours de la Grande Armée ou Souvenirs, documents et correspondance inédite de Napoléon en 1814 et 1815*. Paris, l'auteur, 1847-1848, 2 vol.

MÉNEVAL Baron de. *Mémoires pour servir à l'histoire de Napoléon I$^{er}$ depuis 1802 jusqu'à 1815*. Paris, Dentu, 1893-1894, 3 vol. (tome III).

METTERNICH. *Mémoires*. Paris, Plon, 1880-1884, 8 vol. (tomes I et II).

MIOT DE MELITO Comte. *Mémoires*. Paris, Michel Lévy, 1858, 3 vol. (tome III).

MOLLIEN. *Mémoires d'un ministre du Trésor public. 1780-1815*. Paris, Fournier, 1845, 4 vol. (tome IV).

[MONNIER]. *Une année de la vie de l'Empereur Napoléon ou Précis historique de tout ce qui s'est passé depuis le 1$^{er}$ avril 1814 jusqu'au 21 mars 1815*. Paris, Eymery, 1815.

MONTHOLON Général. *Récits de la captivité de l'empereur Napoléon à Sainte-Hélène*. Paris, Paulin, 1847, 2 vol.

NAPOLÉON I$^{er}$. *Correspondance*. Paris, Plon, 1858-1870, 32 vol. (tomes XXVII et XXVIII).

NAPOLÉON I$^{er}$. *Commentaires*. Paris, Imprimerie impériale, 1867, 6 vol. (tome V).

NAPOLÉON I$^{er}$. *Le Registre de l'île d'Elbe. Lettres et ordres inédits de Napoléon I$^{er}$ (28 mai 1814-22 février 1815)*. Publiés par L. G. Pélissier, Paris, Fontemoing, 1897.

NOAILLES. *Le Comte Molé. Sa vie, ses mémoires*. Paris, Champion, 1922-1930, 6 vol. (tome I).

PASQUIER Chancelier. *Histoire de mon temps. Mémoires*. Paris, Plon, 1893-1894, 6 vol. (tomes II et III).

PEYRUSSE Baron. *1809-1815. Mémorial et archives*. Carcassonne, P. Labau, 1869.

PONS (DE L'HÉRAULT). *Souvenirs et anecdotes de l'île d'Elbe*. Paris, Plon, 1897.

PONS (DE L'HÉRAULT). *Mémoire aux puissances alliées*. Paris, Picard, 1899.

PONTÉCOULANT Comte de. *Souvenirs historiques et parlementaires*. Paris, Michel Lévy, 1861-1865, 4 vol. (tome III).

PONTÉCOULANT P.-G. de. *Souvenirs militaires. Napoléon à Waterloo ou Précis rectifié de la campagne de 1815..* Paris, Dumaine, 1866.

*Procès-verbaux des séances de la Chambre des représentants. Du 3 juin au 8 juillet 1815*. Paris, Henry, 1844.

REISET Vicomte de. *Souvenirs. 1775-1836*. Paris, Calmann-Lévy, 1899, 3 vol. (tome III).

RÉMUSAT Charles de. *Mémoires de ma vie*. Paris, Plon, 1958-1967, 5 vol. (tome I).

SALVANDY A. de. *Observations critiques sur le Champ-de-Mai*. Paris, Delaunay, 1815.

SALVANDY A. de. *Mémoire à l'Empereur... Opinion d'un Français sur l'Acte additionnel aux Constitutions de l'Empire...* Paris, Delaunay, mai 1815.

SAVARY, duc de Rovigo. *Mémoires*. Paris, Bossage, 1828, 8 vol. (tomes VII et VIII).

SISMONDI. *Examen de la Constitution françoise*. Paris, Treuttel et Würtz, 1815.

SISMONDI. « Une conversation de Napoléon Ier et de Sismondi » Paris, *Revue historique*, 1876.

SISMONDI. « Lettres écrites pendant les Cent-Jours ». Paris, *Revue historique*, 1877-1878.

SISMONDI. « Note sur l'Empire et les Cent-Jours ». Paris, *Revue historique*, 1879.

STAËL Mme de. *Considérations sur les principaux événemens de la Révolution françoise*. Paris, Delaunay, Bossange et Masson, 1818, 3 vol.

TALLEYRAND. *Mémoires*. Paris, Calmann-Lévy, 1891-1892, 5 vol. (tomes II et III).

TALLEYRAND. *Correspondance avec Louis XVIII pendant le congrès de Vienne*. Paris, Plon, 1905.

THIBAUDEAU A.-C. *Mémoires. 1799-1815*. Paris, Plon, 1913.

THIÉBAULT Général baron. *Mémoires*. Paris, Plon, 1894-1895, 5 vol. (tome V).

VIGNY A. de. *Servitude et grandeur militaires*. Paris, Gallimard-Folio, 1998

VILLEMAIN. *Souvenirs contemporains d'histoire et de littérature*. Paris, Didier, 1855-1856. Tome II : *Les Cent-Jours*.

VITROLLES. *Mémoires et relations politiques*. Paris, Charpentier, 1884, 3 vol. (tomes II et III).

WALDBURG-TRUCHSESS. *Voyage de Napoléon Buonaparte de Fontainebleau à Fréjus du 17 au 29 avril 1814*. Neuchâtel, Wolfrath, 1815.

## Le temps de l'histoire
### (ouvrages généraux, études et biographies)

ANTONETTI G. *Louis-Philippe*. Paris, Fayard, 1994.

ARAGON L. *La Semaine sainte*. Paris, NRF, 1958.

BAINVILLE J. *Napoléon*. Paris, Balland, 1995.

BARBIER P. et VERNILLAT F. *Histoire de France par les chansons. Napoléon et sa légende*. Paris, Gallimard, 1958.

BASTID P. *Benjamin Constant et sa doctrine*. Paris, Armand Colin, 1966, 2 vol.

BÉNICHOU P. *Le Sacre de l'écrivain. 1750-1830*. Paris, José Corti, 1985.

BERTIER DE SAUVIGNY G. de. *La Restauration*. Paris, Flammarion, 1990.

BERTIER DE SAUVIGNY G. de. *Metternich*. Paris, Fayard, 1986.

BLOND G. *Les Cent-Jours. Napoléon seul contre tous*. Paris, Julliard, 1983.

BLUCHE F. *Le Plébiscite des Cent-Jours*. Genève, Droz, 1974.

BLUCHE F. *Le Bonapartisme. Aux origines de la droite autoritaire*. Paris, NEL, 1980.

BORDONOVE G. *La Vie quotidienne de Napoléon en route vers Sainte-Hélène*. Paris, Hachette, 1977.

BRETT-JAMES A. *Waterloo raconté par les combattants*. La Palatine, 1969.

CABANIS J. *Charles X, roi ultra*. Paris, Gallimard, 1973.

CASTEL P.-J. de. *L'Epopée de la route Napoléon. De Golfe-Juan à Grenoble*. Spéracèdes, TAC Motifs, 1993.

CHARDIGNY L. *L'Homme Napoléon*. Paris, Perrin, 1987.

CHARDIGNY L. *Les Maréchaux de Napoléon*. Paris, Flammarion, 1946.

CHARRAS. *Histoire de la campagne de 1815. Waterloo*. Paris, Le Chevalier, 1869, 2 vol.

CLAUSEWITZ K. von. *Campagne de 1815 en France*. Paris, Ivrea, 1993.
CLÉMENT J.-P. *Chateaubriand politique*. Paris, Hachette, « Pluriel », 1987.
DAMAMME J.-C. *La Bataille de Waterloo*. Paris, Perrin, 1999.
DE VOS L. *Les 4 Jours de Waterloo*. Braine-l'Alleud, Collet, 1996.
DIESBACH G. de. *Madame de Staël*. Paris, Perrin, 1983.
DIESBACH G. de. *Chateaubriand*. Paris, Perrin, 1995.
DUVERGIER DE HAURANNE P. *Histoire du gouvernement parlementaire en France. 1814-1848*. Paris, Michel Lévy, 1870-1871, 10 vol. (tomes II et III).
FAURE E. *Napoléon*. Paris, Denoël, 1983.
FUMAROLI M. *Le Poète et l'Empereur*. Introduction à la *Vie de Napoléon* par Chateaubriand. Paris, De Fallois, 1999.
FURET F. *La Révolution*. Paris, Hachette, 1991.
GANIÈRE P. *Napoléon à Sainte-Hélène*. Paris, Perrin, 1998.
GAULLE Ch. de. *La France et son armée*. Paris, Plon, 1999.
GIRARD L. *Les Libéraux français. 1814-1875*. Paris, Aubier, 1985.
GODECHOT J. *Les Constitutions de la France depuis 1789*. Paris, Garnier-Flammarion, 1970.
GODECHOT J. *La Contre-Révolution. Doctrine et action. 1789-1804*. Paris, PUF, 1961.
GODLEWSKI G. *Trois cents jours d'exil. Napoléon à l'île d'Elbe*. Paris, Hachette, 1961.
GRAND R. *La Chouannerie de 1815*. Paris, Perrin, 1913.
GROUSSET R. *Figures de proue*. Paris, collection 10-18, 1996.
GRUYER P. *Napoléon roi de l'île d'Elbe*. Paris, Hachette, 1906.
HAMON L. (dir.). *Les Cent-Jours dans l'Yonne*. Paris, MSH, 1988.
HOFMANN E. *Les « Principes de politique » de Benjamin Constant*. Genève, Droz, 1980, 2 vol.
HOUSSAYE H. *1814-1815*. Paris, Perrin, 1898-1905, 4 vol.
HUBERT E. *Les Cent-Jours*. Paris, Julliard, 1966. (Anthologie des mémoires.)
HUGO V. *Choses vues*. Paris, Robert Laffont-Bouquins, 1987.
HUGO V. *Les Misérables*. Paris, Le Livre de poche, 1985.
JARDIN A. *Histoire du libéralisme politique, de la crise de l'absolutisme à la Constitution de 1875*. Paris, Hachette, 1985.
JAUME L. *L'Individu effacé ou le paradoxe du libéralisme français*. Paris, Fayard, 1997.

JOFFRIN L. *Les Batailles de Napoléon*. Paris, Seuil, 2000.
JOURQUIN J. *Dictionnaire des maréchaux du premier Empire*. Paris, Christian/JAS, 1999.
KAUFFMANN J.-P. *La Chambre noire de Longwood*. Paris, La Table ronde, 1997.
KIRCHEISEN F.-M. *Napoléon*. Paris, Plon, 1934, 2 vol.
KISSINGER H. *Le Chemin de la paix*. Paris, Denoël, 1972.
LACHOUQUE Commandant. *Waterloo. 1815*. Paris, Stock, 1972.
LACOUR-GAYET G. *Talleyrand*. Paris, Payot, 1991.
LACOUR-GAYET G. *Joachim et Caroline Murat*. Paris, Perrin, 1996.
LEFEBVRE G. *Napoléon*. Paris, PUF, 1969.
LE GALLO E. *Les Cent-Jours. Essai sur l'histoire intérieure de la France depuis le retour de l'île d'Elbe jusqu'à la nouvelle de Waterloo*. Paris, Alcan, 1924.
LENTZ T. *Dictionnaire des ministres de Napoléon*. Paris, Christian/JAS, 1999.
LEUILLIOT P. *La Première Restauration et les Cent-Jours en Alsace*. Paris, SEVPEN, 1958.
LEVER E. *Louis XVIII*. Paris, Fayard, 1988.
LOGIE J. *Napoléon. La dernière bataille*. Bruxelles, Racine, 1998.
MADELIN L. *Histoire du Consulat et de l'Empire*. Paris, Hachette, 1937-1954, 16 vol. (tomes XV et XVI).
MADELIN L. *Fouché*. Paris, Plon, 1947, 2 vol.
MADELIN L. *Talleyrand*. Paris, Tallandier, 1979.
MANSEL P. *Louis XVIII*. Paris, Pygmalion, 1982.
MARGERIT R. *Waterloo*. Paris, Gallimard, collection « Trente journées qui ont fait la France », 1964.
MARTINEAU. *Napoléon se rend aux Anglais*. Paris, Hachette, 1969.
MISTLER J. (dir.). *Napoléon*. Paris, Hachette, 1968, 2 vol.
*Napoléon Bonaparte. Comment il a enivré la littérature*. Textes rassemblés par Paul Noirot. Préface de Laurent Joffrin. Paris, In Forma, 1999.
NETTEMENT A. *Histoire de la Restauration*. Paris, Lecoffre, 1860-1872, 8 vol. (tomes I à III).
OECHSLIN J.-J. *Le Mouvement ultra-royaliste sous la Restauration. Son idéologie et son action politique (1814-1830)*. Paris, Pichon, 1960.
PALLUEL A. *Dictionnaire de l'Empereur*. Paris, Plon, 1969.
PETITEAU N. *Napoléon de la mythologie à l'histoire*. Paris, Seuil, 1999.

# BIBLIOGRAPHIE SOMMAIRE

PONTEIL F. *La Chute de Napoléon I$^{er}$ et la crise française de 1814-1815*. Paris, Aubier, 1943.
QUENNEVAT J.-C. *Atlas de la Grande Armée*. Paris, Bruxelles, Sequoia, 1966.
RADIGUET L. *L'Acte additionnel aux Constitutions de l'Empire du 22 avril 1815*. Caen, Paris, Jouan, Marchal et Godde, 1911.
REYMOND R. *La Route Napoléon de l'île d'Elbe aux Tuileries*. Lyon, La Manufacture, 1985.
RIALS S. *Révolution et contre-révolution au XIX$^e$ siècle*. Paris, DUC-Albatros, 1987.
ROMBERG E. et MALLET A. *Louis XVIII et les Cent-Jours à Gand. Recueil de documents inédits*. Paris, Picard, 1898-1902, 2 vol.
ROSANVALLON P. *Le Moment Guizot*. Paris, Gallimard, 1985.
ROSANVALLON P. *La Monarchie impossible. Les Chartes de 1814 et de 1830*. Paris, Fayard, 1994.
SOREL A. *L'Europe et la Révolution française*. Paris, Plon, 1908, 8 vol. (tome VIII).
STENDHAL. *Napoléon*. Paris, Stock, 1998.
SUARÈS A. *Vues sur Napoléon*. Paris, Allia, 1988.
TAILLEMITE E. *La Fayette*. Paris, Fayard, 1989.
TAINE H. *Les Origines de la France contemporaine*. Paris, Robert Laffont-Bouquins, 1986, 2 vol. (tome II).
THIERS A. *Histoire du Consulat et de l'Empire*. Paris, Lheureux, 1845-1862, 20 vol. (tomes XIX et XX).
THIRY J. *Le Vol de l'Aigle*. Paris, Berger-Levrault, 1942.
THIRY J. *Les Cent-Jours*. Paris, Berger-Levrault, 1943.
THIRY J. *La Seconde Abdication de Napoléon I$^{er}$*. Paris, Berger-Levrault, 1945.
TULARD J. *L'Anti-Napoléon*. Paris, Julliard, 1964.
TULARD J. *Le Mythe de Napoléon*. Paris, Armand Colin, 1971.
TULARD J. *Napoléon ou le Mythe du sauveur*. Paris, Fayard, 1977.
TULARD J. (dir.). *Histoire de Napoléon par la peinture*. Paris, Belfond, 1991.
TULARD J. *Murat*. Paris, Fayard, 1999.
TULARD J. *Dictionnaire Napoléon*. Paris, Fayard, 1999, 2 vol.
TULARD J. et GARROS L. *Itinéraire de Napoléon au jour le jour*. Paris, Tallandier, 1992.
WARESQUIEL E. de et YVERT B. *Histoire de la Restauration*. Paris, Perrin, 1996.
ZIESENISS C.-O. *Le Congrès de Vienne et l'Europe des princes*. Paris, Belfond, 1984.
ZWEIG S. *Fouché*. Paris, Grasset, 1969.

# INDEX

Abrantès, duc d': voir Junot
Abrantès, duchesse d' (Laure Junot): 45, 216, 586
Aiglon, l': voir Napoléon II
Alayrac: 64
Albuféra, duc d': voir Suchet
Alexandre le Grand : 13, 21, 66, 91, 113, 586, 593
Alexandre I$^{er}$: 15, 31, 101, 102, 199, 215, 230, 281, 325, 328, 329, 331, 337, 342, 350, 365
Ali, Saint-Denis, dit le mameluck: 34, 36, 37, 43, 46, 48, 122, 125, 555
Allix, général: 437
Ampère: 544
Andigné: 169, 234
André d' (ou Dandré), baron : 145, 170, 186
Andreossy: 470, 517
Angoulême, duc d' (Louis de Bourbon): 29, 148, 149, 192, 233, 237, 238, 240 à 242, 355, 361, 404, 423
Angoulême duchesse d' (Madame Royale): 81, 187, 191, 237 à 239, 582
Aragon: 127
Argenson, d': 486
Arnault: 321
Arndt: 342
Arrighi: 36
Artois, comte d', (Monsieur, futur Charles X): 24, 70, 75, 78, 82, 86 à 89, 145, 148, 149, 151, 154, 156, 157, 176, 178, 189, 238, 240, 302, 352, 412, 502, 512, 527, 536, 541, 566, 569, 587, 592
Attila: 95, 178, 280, 282
Auerstaedt, duc d': voir Davout
Augereau, maréchal, duc de Castiglione: 177
Auguié Mlle: voir maréchale Ney
Autichamp: 234 à 236

Babeuf: 320
Bachmann: 397, 399
Bainville: 65, 456, 591
Balbi, Mme de: 70
Balzac: 60, 114, 182, 204, 586, 589
Barante: 61, 146, 155, 232, 243, 268, 320, 365
Barbanègre: 564
Barbier, Antoine-Alexandre: 491
Barbier, Auguste : 322
Barère de Vieuzac: 185, 320, 374, 566
Barral, Georges: 410, 424, 428, 429, 446, 447
Barral, Mgr de: 371
Barras: 100, 181, 182, 201, 272, 281, 306, 333, 334, 337
Barrot: 177
Bassano, duc de: voir Maret
Baudelaire: 63, 423
Baudin: 551
Baudus: 449
Bausset: 39
Bayard: 42, 140, 367

Beauharnais : voir les prénoms
Beauvau : 126
Beker : 321, 494, 495, 500, 502, 550 à 560, 562
Bellot de Kergorre : 258
Bellune, duc de : voir Victor
Bénévent, prince de : voir Talleyrand
Béranger : 585
Bérenger : 142
Berlier : 460
Bernadotte : 40, 281, 357, 403
Bernanos : 577
Bernis : 335
Berriat Saint-Prix : 133, 134
Berry, duc de : 148, 169, 174, 194, 350, 356, 519, 532
Berthier, maréchal, prince de Neuchâtel, prince de Wagram : 23, 87, 88, 215, 216, 404, 410, 436
Bertier de Sauvigny, Guillaume de : 569
Bertier, Ferdinand de : 149
Bertrand, général comte : 20, 26, 36, 42 à 44, 50, 52, 102, 111, 127, 137, 262, 384, 453, 492, 497, 502, 560, 587, 590
Bertrand, Mme : 111
Besson : 552, 558, 560
Beugnot : 69, 77, 92, 95, 100, 145, 233, 352, 355, 356, 525, 533, 537, 539, 541
Beurnonville : 249
Bianchi : 397
Bignon : 226, 486, 517
Billon : 402
Blacas : 14, 70, 100, 151, 186, 191, 192, 193, 352, 354, 357, 518, 519, 524 à 527, 537, 538
Blin : 257
Blond : 104
Bloy, Léon : 113, 588
Bluche, Frédéric : 307, 311, 312, 315, 316
Blücher, prince de Wahlstadt : 12, 15, 307, 399, 407, 408, 412, 414, 418, 421 à 423, 425 à 427, 435, 436, 442, 443, 448, 449, 498, 517, 534 à 536, 564

Boigne, comtesse de : 124, 139, 144
Boinod : 103
Boissy d'Anglas : 223, 377, 470, 517
Bonald : 57, 61 à 63, 587
Bonaparte : voir les prénoms
Bonnefoux : 550, 551, 561
Bordonove, Georges : 558
Borghèse, Camille : 34
Borghèse, princesse : voir Pauline Bonaparte
Boulay de La Meurthe : 286, 310, 375, 460, 486, 567
Bourbon, duc de : 191, 233 à 235, 355
Bourmont : 162, 165, 411, 412
Bourrienne : 112, 139, 170, 178, 188, 191, 199, 249, 255, 366, 386
Bovet : 380
Brack : 440
Brayer : 156
Brissot : 336
Broglie : 173, 298, 302, 306, 307, 371, 373, 509
Brune, maréchal : 361, 377, 399, 462, 567
Bruslart : 102, 103
Brutus : 94
Bry : 248
Bülow : 407, 434, 435
Burke : 57, 280
Byron : 122, 587

Cadoudal : 103, 182
Caffarelli : 223
Caillot : 128
Calonne : 354
Cambacérès, archichancelier, duc de Parme : 74, 211, 213 à 215, 222, 269, 286, 302, 308, 351, 370, 372, 374, 377, 460, 474, 486, 567, 570
Cambon : 320, 321
Cambronne : 14, 20, 42, 43, 103, 122, 377, 445, 447, 582
Campbell : 22, 24, 28, 30, 35, 38, 105, 109, 338
Canino, prince de : voir Lucien Bonaparte
Canning : 564

# INDEX

Canova : 46
Capelle : 164
Capet, Hugues : 59, 71
Carnot : 14, 60, 93, 94, 217, 221, 223 à 226, 248, 255, 257, 266, 286, 296, 300 à 302, 314, 316 à 319, 321, 334, 361, 377, 380, 383, 386, 389, 452, 453, 460, 461, 464, 466, 476 à 486, 492, 495, 504, 505, 513, 515, 518, 545, 567
Carnot-Feulins : 486
Caroline Murat, née Bonaparte, reine de Naples : 346 à 349
Carrière, Jean-Claude : 446
Carrion-Nisas : 371
Castaños : 87
Castel, J.-P. de : 126
Castellane : 305
Castiglione, duc de : voir Augereau
Castlereagh : 15, 80, 330, 332, 561
Catherine II : 329
Caulaincourt, marquis de, duc de Vicence : 23, 24, 28, 29, 31, 39, 44, 96, 109, 147, 162, 170, 198, 213 à 215, 226, 263, 264, 286, 341, 362, 365, 377, 384, 395, 453, 458 à 460, 466, 471, 472, 475, 480 à 482, 494, 495, 536, 558, 583
Cavaignac : 248
Cavalié Mercer : 424, 438
César : 12, 21, 39, 53, 66, 94, 113, 120, 128, 244, 386, 465, 523, 593
Chambord, comte de : 105
Chaptal : 270, 328, 372, 377, 445
Charlemagne : 53, 367
Charles Quint : 32
Charles VII : 67
Charles X : voir Artois, comte d'
Charras : 418, 440
Chastellux 137
Chastenay, Mme de . 238, 254
Chateaubriand : 14, 15, 19, 52, 57, 66, 70, 82, 89, 90, 123, 149, 153, 155, 167, 175, 190 à 192, 194, 205, 207, 209, 211, 231, 232, 259, 264, 272, 273, 296, 300, 326, 338, 348, 352, 356 à 360, 391, 446, 454, 492, 523, 525 à 527, 537 à 539, 542, 543, 571, 577, 586, 587, 589
Chateaubriand, Mme de : 522
Chaumette : 182
Chautard : 120
Chénier, Marie-Joseph : 59
Choiseul : 334
Chouart : 89
Chuquet, Arthur : 141
Cipriani : 98
Clancarty, lord : 350
Clarke, duc de Feltre : 170, 178, 216, 356, 539
Clausewitz : 393, 406, 437
Clauzel : 239, 240, 377, 399, 462, 553
Clemenceau : 301, 572, 577, 579, 592
Clermont-Tonnerre : 276
Clovis : 82, 192
Cochelet, Louise : 137 à 141
Cochin, A. : 62
Coignet : 418, 445, 447
Collot d'Herbois : 155, 181
Comte, Charles : 91, 176, 220
Condé, prince de : 56, 70, 72
Condorcet : 259, 422, 577
Conegliano, duc de : voir Moncey
Constant, Benjamin : 13 à 15, 53, 74, 85, 91, 118, 173, 177, 178, 191, 242, 268 à 283, 286, 289 à 298, 305 à 308, 312, 317, 346, 357, 358, 456, 464, 472, 473, 486, 508, 576, 575, 586, 589
Constant (Louis Constant Wairy, dit) ex-premier valet de chambre de l'Empereur : 23, 37
Constant-Rebecque, général de : 414
Conty : 558
Corbineau : 559
Cornudet : 377
Corvisart : 39
Cotton : 408, 409, 429
Courlande, duchesse de : 204, 328 506
Cristiani : 446
Cromwell : 66, 506

Dalberg : 204, 249
Dalmatie, duc de : voir Soult
Damamme, Jean-Claude : 398, 448
Damas : 58
Dambray : 186, 529
Damon : 425
Danton : 66, 95, 180, 201, 301, 336
Dantzig, duc de : voir Lefebvre
Danzelot : 437
Daumesnil : 564
Daunou : 269
David : 21, 311, 326, 368, 570, 591
Davout, duc d'Auerstaedt, prince d'Eckmühl : 14, 215, 377, 404, 411, 432, 460, 462, 464, 466, 486, 489, 491, 535
Decaen : 399
Decazes : 79, 232, 339, 525, 531, 547, 567
Decoster : 433
Decrès : 210, 225, 226, 377, 387, 460, 461, 480, 486, 499, 555
Defermon : 460
Dejean : 470, 514
Dennuelle, Éléonore : 387
Desaix : 23, 396, 442
Désaugiers : 315
Desmarets : 182
Desportes : 518
Doret : 558
Douglas : 44
Drouet d'Erlon : 169, 320, 377, 400, 410, 419, 429, 433, 439, 514
Drouot : 20, 35 à 37, 42, 43, 102, 110, 121, 126, 137, 377, 400, 427, 428, 470, 486, 498, 536
Duboys d'Angers : 371
Ducos, Roger : 377, 564
Dumoulin : 133
Dumouriez : 508
Dunoyer : 220
Dupin : 321, 377, 480
Dupont, général : 87, 89, 97, 102
Dupont de l'Eure : 375, 470
Duras : 137, 193
Durgy, Mme : 34
Duroc, duc de Frioul : 23
Durosnel : 466

Durutte : 437
Duthilt : 445
Duvergier de Hauranne : 79, 91, 351, 465

Ebrington : 44, 98
Eckmühl, prince d' : voir Davout
Elchingen, duc d' : voir Ney
Elisa Bonaparte, princesse de Piombino, grande-duchesse de Toscane : 34
Emerson : 592
Emery : 133
Enghien, Louis de Bourbon, duc d' : 29, 102, 104, 195, 214, 213, 234, 249, 357
Erckmann-Chatrian : 401
Essling, prince d' : voir Masséna
Eugène de Beauharnais, vice-roi d'Italie : 46, 377
Exelmans, général : 89, 228, 435, 513
Eynard : 102

Fabry : 320
Fagel : 231, 350
Fain : 23
Falconnet : 84
Faucher, César : 569
Faucher, Constantin : 569
Faure, Elie : 588, 591
Fazakerley : 44
Feltre, duc de : voir Clarke
Ferdinand IV : 349
Ferrand : 85, 96, 97
Fesch : 377
Fiévée : 81, 116
Flahaut : 88, 137, 189, 342, 377, 451, 496, 496, 513
Flaugergues : 321, 375, 470, 517
Flavigny : 236
Fleury de Chaboulon : 28, 97, 102, 105, 106, 109, 139, 159, 200, 209, 214, 282, 335, 379, 381 à 383, 451, 465, 466, 476, 478, 501
Fontaine : 189, 266, 368
Fouché, duc d'Otrante : 11, 14, 31, 74, 92, 98, 104, 106, 112, 134,

# INDEX

145, 155, 174, 178 à 189, 217 à 226, 231 à 233, 236, 237, 248, 251, 255, 257, 260, 261, 264, 266, 267, 282, 302, 316, 319 à 321, 334, 337, 341, 342, 346, 350, 372, 374, 375, 377, 379 à 384, 389, 451 à 457, 460 à 462, 464, 469, 470, 474, 475, 477, 479 à 482, 486 à 491, 495 à 523, 534 à 546, 549, 554, 567 à 569, 571, 572, 575, 580
Foudras : 218
Foy : 402, 448
France, Anatole : 591
François, Capitaine : 419
François Iᵉʳ : 190, 336, 440
François II, empereur germanique, puis François Iᵉʳ d'Autriche : 39, 55, 102, 216, 229, 338, 342
Frédéric II : 406
Frémont : 397
Frénilly : 196, 539
Fressinet : 513
Frotté : 103
Fualdès : 257
Furet, François : 86

Gagern : 565
Gaillard : 218
Galbois : 39
Gambetta : 579, 592
Garat : 321
Garros, Louis : 43
Gaudin, duc de Gaëte : 210, 225, 377, 380, 460, 486
Gaulle, Charles de : 20, 113, 288, 301, 577 à 579, 592, 594
Gauthier : 133
Genlis, Mme de : 81, 116
Gennevay : 339
Gentz : 343
Gérard : 51, 69, 400, 411, 412, 416, 417, 435
Géricault : 228, 555, 592
Gilly : 241
Girard : 377
Girardet, Raoul : 586
Girardin : 269, 321
Girey-Dupré : 64

Girodet : 357
Gneisenau : 407, 408, 426, 448, 498
Gobineau, comte de : 169
Godlewski, Guy : 97, 102, 133
Golberes : 257
Goltz : 350
Gourgaud : 139, 215, 384, 440, 497, 538, 558, 562, 569, 590
Gouvion Saint-Cyr, maréchal : 148, 404
Grégoire, abbé : 60
Grenier : 375, 481
Gros : 21, 51, 193, 591
Grouchy, maréchal : 241, 244, 377, 396, 404, 413, 416, 422, 423, 425, 428, 434 à 436, 442 à 446, 448, 450, 453, 472, 486, 507, 573
Gruyer : 36
Guérin : 552
Guizot : 80, 105, 180, 205, 221, 224, 248, 260, 261, 262, 278, 349, 352, 353, 354, 361, 504, 514, 539, 546, 589
Guyot : 440

Hannibal : 21, 126, 488, 592
Hanriot : 150
Hardenberg : 332, 565
Hautpoul : 395
Havré : 193
Hegel : 10, 585
Heine : 588
Henri III : 369
Henri IV : 76, 80, 84, 192, 193, 511, 542
Heredia : 572
Heymès : 414
Hobhouse : 122, 265, 368 à 371, 384
Hoche : 423
Holbach : 62
Holcroft : 128
Holland, lady : 102
Holland, lord : 44
Home : 563
Hortense, ex-reine de Hollande, duchesse de Saint-Leu, née Beauharnais : 9, 46, 92, 137, 139, 165

189, 198, 372, 387, 491 à 494, 502, 586
Hotham : 556
Houdetot, Mme d' : 245
Houssaye, Henry : 92, 96, 104, 115, 121, 125, 133, 134, 135, 153, 154, 158, 161, 167, 176, 222, 309, 321, 363, 366, 380, 383, 387, 399, 413, 418, 437, 438, 446, 450, 460, 490, 495, 498, 508, 554, 569, 570
Hugo, général : 247
Hugo, Victor : 64, 391, 426 à 429, 439, 441 à 444, 446, 448, 548, 573, 574, 577, 587, 589, 590, 592
Hyde de Neuville : 100, 171, 361, 513, 538

Ingres : 21, 591
Isabey : 51

Jal : 369, 370
Jarry : 120
Jaucourt : 147, 152, 232, 249, 341
Jay : 320, 454, 469
Jean sans Terre : 75
Jeanne d'Arc : 20, 191, 578
Jefferson : 303, 557, 581
Jérôme Bonaparte, ex-roi de Westphalie : 45, 250, 344, 346, 370, 377, 408, 428, 432, 482
Joachim Ier : voir Murat
Joffre, maréchal : 592
Jomini, général : 210, 403, 437
Joseph Bonaparte, ex-roi de Naples, puis roi d'Espagne : 250, 263, 282, 305, 363, 370, 377, 388, 452, 453, 460, 475, 476, 478, 482, 557
Joseph, François Joseph Leclerc du Tremblay, dit le Père : 182
Joséphine, impératrice, née Beauharnais : 20, 23, 24, 45, 48, 123, 138, 182, 189, 328, 387, 491, 493, 494, 502
Jourdan, maréchal : 377
Junot, général, duc d'Abrantès : 45
Junot, Laure : voir duchesse d'Abrantès

Kauffmann, Jean-Paul : 50
Keith, lord : 487, 555
Kellermann, maréchal, duc de Valmy : 377, 414
Kempt : 441
Kipling : 592
Kircheisen : 44
Koerte : 222
Koller : 22, 25, 27, 30

La Bédoyère : 14, 88, 112, 134, 137 à 141, 249, 262, 352, 377, 428, 443, 451, 475, 483, 485, 488, 497, 569, 582
La Béraudière : 236
La Besnadière : 517
La Bretonnière : 258, 366, 166, 488
La Fayette : 15, 87, 91, 150, 173, 174, 201, 220, 255, 266, 272, 292, 295, 302 à 304, 320, 321, 352, 374 à 377, 455 à 459, 461, 463, 466, 468, 470, 474, 476, 481, 484 à 486, 505, 508, 515, 517, 581, 590
La Forest : 486
La Garde : 339
La Maisonfort : 521, 529
La Mettrie : 62
La Révellière-Lépeaux : 306
La Reynie : 182
La Rochefoucauld, Sosthène de : 249
La Rochefoucauld-Liancourt : 321
La Rochejaquelein, Louis de : 234 à 237, 249, 582
Laborde : 193, 195, 196, 237
Lacépède : 377, 481
Lacour-Gayet, Georges : 526
Laffitte : 321
Lainé : 269
Lakanal : 570
Lallemand : 169, 377, 497, 553, 561
Lamarque : 236, 237, 553
Lamartelière : 360
Lamartine : 14, 69, 147, 228, 251, 505, 522, 577, 587 à 589
Lamennais : 57, 577
Lameth : 377, 485
Lancaster : 224
Lancival : 385

# INDEX

Lanjuinais : 74, 321, 375 à 377, 454, 470, 475, 480, 481

Lannes, maréchal, duc de Montebello : 23, 140, 161

Larréguy de Civrieux : 433

Larrey : 425

Las Cases : 105, 252, 346, 493, 552, 553, 555, 556, 560 à 562, 584, 587

Lasalle : 395

Lavalette : 40, 147, 197, 377, 459, 475, 495, 497, 567, 570

Lawrence : 439

Le Gallo, Emile : 108, 139, 203, 236, 243, 288, 312, 319, 370

Lebrun, duc de Plaisance : 377

Lecourbe : 165, 377, 399, 515, 563

Lefebvre, maréchal, duc de Dantzig : 377

Lefol : 418, 419

Lemoine : 44

Lemonnier de La Fosse : 448

Lenoir : 182

Lentz, Thierry : 210

Léonidas : 327

Lepelletier : 377

Lessard : 134

Letizia Bonaparte (Madame Mère) : 20, 21, 40, 42, 45, 46, 99, 111, 120, 250

Letort : 87, 44

Levavasseur : 447

Lever, Evelyne : 70

Levot : 446

Loubers : 498

Louis, baron : 232, 352

Louis Bonaparte, ex-roi de Hollande : 212, 377, 494

Louis-Napoléon Bonaparte (Napoléon III) : 48, 133, 482, 487, 488, 502, 507, 508, 513, 517, 565, 591

Louis-Philippe (duc d'Orléans) : 92, 101, 105, 106, 148, 152, 157, 158, 169, 175, 176, 186, 187, 193, 212, 227, 230, 232, 260, 308, 338, 350, 374, 380, 481, 501, 507 à 509, 513, 523, 588

Louis XI : 579

Louis XIII : 80, 369

Louis XIV : 80, 154, 182, 331, 335, 336, 579, 580

Louis XV : 62, 80, 170, 179, 334, 387

Louis XVI : 10, 26, 29, 42, 54 à 63, 66, 71 à 73, 76 à 80, 83, 93, 103, 149, 174, 190, 192, 201, 214, 218, 228, 230, 235, 237, 238, 240, 244, 252, 255, 263, 276, 302, 306, 320, 324, 333, 352, 353, 367, 379, 403, 456, 463, 472, 479, 481, 502, 509, 542, 566, 592

Louis XVII : 59, 71, 76, 77

Louis XVIII : 10 à 14, 23, 29, 35, 53, 56, 58 à 65, 68 à 80, 84, 86, 89, 91 à 93, 96, 97, 99, 101, 103, 104, 130, 142 à 148, 150, 151, 155, 156, 159 à 163, 166 à 169, 172, 174 à 179, 188 à 195, 198, 201, 203, 209, 212, 216, 220, 226, 227, 229, 231 à 234, 237, 238, 241, 245, 250, 260 à 264, 268, 281, 282, 285, 289, 290, 291, 294, 302, 305, 306, 314, 325, 330 à 334, 337, 345, 349 à 354, 359, 361, 365, 366, 371, 380, 399, 404, 408, 412, 413, 457, 458, 471, 482, 487, 488, 491, 493, 501, 502, 505 à 520 à 529, 530, 532 à 534, 536, 538, 539 à 545, 547, 548, 554, 561, 564, 566, 568, 569

Louvel : 174

Lowe, Hudson : 50, 98

Lucien Bonaparte, prince de Canino : 247, 250, 310, 370, 372, 375, 377, 388, 460, 461, 466 à 470, 474 à 478, 482, 485, 582

Lynch : 249

Mably : 273

Macdonald, maréchal, duc de Tarente : 84, 148, 157 à 158, 227, 229, 404, 497

Machiavel : 180

Macirone : 505, 536, 540

Madame Mère : voir Letizia Bonaparte

Madelin, Louis : 141, 157, 180, 397, 400, 413

Maistre, Joseph de : 57, 61 à 63, 73
Maitland : 555, 556, 560, 561, 563
Malet : 104, 202
Malouet : 74
Malraux : 395
Manuel : 320, 454, 488
Marat Jean-Paul : 52
Marbot : 439
Marchand, général : 116, 120, 134, 140, 141
Marchand, premier valet de chambre de Napoléon : 36, 37, 51, 53, 97, 98, 105, 166
Marcognet : 437
Maret, duc de Bassano : 92, 93, 105, 106, 108, 112, 139, 203, 210, 211, 226, 241, 249, 262, 286, 377, 384, 460, 471, 478, 492, 493, 497, 500, 567
Margerit, Robert : 398, 399, 425
Marie-Antoinette, reine de France : 70, 81, 83
Marie-Louise d'Autriche, impératrice des Français : 23, 29, 39 à 41, 48, 49, 66, 73, 93, 102, 142, 160, 187, 213, 230, 241, 330, 342, 367, 373, 385 à 387
Mariotti : 101, 102
Marmont, maréchal, duc de Raguse : 10, 23, 28, 53, 87 à 89, 98, 107, 117, 160, 191, 249, 404, 405, 412, 489
Marmontel · 64
Martin, lieutenant : 429
Masséna, maréchal, duc de Rivoli, prince d'Essling : 127, 145, 377, 404, 406, 484, 485, 541
Mauduit : 404, 414, 418
Melville, lord : 487, 555
Méneval : 39, 40, 102, 171, 342, 386
Merlin de Douai : 286, 375, 460
Metternich : 15, 41, 42, 46, 55, 102, 105, 134, 325, 329, 332, 338 342 346, 349, 380, 381, 505, 526
Michelet : 51, 577
Mirabeau · 335, 336, 371, 546
Molé · 13, 30, 181, 182, 211 à 213, 215, 226, 248, 254, 262, 333, 338, 351, 577, 472, 486, 540, 547, 567

Mollien : 116, 200, 210, 226, 266, 377, 386, 460, 480, 486
Monaco, prince de : 123
Moncey, maréchal, duc de Conegliano : 377
Monge : 501, 570
Monk : 505
Montalivet : 210, 377
Montcousu : 558
Montebello, duchesse de : 39
Montesquieu : 74, 91, 269, 275, 286, 289, 479, 581
Montesquiou, François, abbé de : 22, 171 à 173, 177, 191, 248, 249, 353
Montesquiou, comtesse de : 39, 386
Montholon, comte de : 123, 252, 476, 490, 497, 552, 561, 587
Montholon, comtesse de : 563
Montlosier : 81, 116, 286
Montrond : 342, 383
Moreau, général : 104, 403, 481
Moreau, Jacob-Nicolas : 71
Morny : 189
Mortier, maréchal, duc de Trévise 377, 400, 404
Moskova, prince de la : voir Ney
Mounier, Charles, baron : 538
Mounier, Jean-Joseph : 74
Mouton : 400
Mouton-Duvernet : 570
Müffling : 426
Muiron : 23, 197, 562
Murat, maréchal, Joachim I$^{er}$ roi de Naples, ex-grand-duc de Berg : 40, 44, 47, 89, 98, 104, 110, 149, 162, 186, 215, 330, 331, 338, 345 à 349 387, 394, 404, 407, 412. 422 439, 569
Musset · 84, 576, 588

Napoléon II, roi de Rome, duc de Reichstadt, dit « l'Aiglon » 39, 41, 49, 92, 342, 345, 367, 372, 385 à 387, 471, 477, 478, 481, 483, 487, 488, 492, 497
Necker, Jacques . 62, 74, 268, 272, 302, 306, 353
Neipperg 40, 386

# INDEX

Nelson : 405
Néron : 95, 168, 465, 584
Nerval : 575, 587
Nesselrode : 332
Nettement . 343, 350, 370
Ney, maréchal, duc d'Elchingen, prince de la Moskova : 14, 23, 105, 148, 161 à 167, 190, 215, 346, 352, 358, 377, 395, 403 à 405, 407, 411 à 414, 416 à 419, 421 à 424, 428, 430, 437 à 441, 445, 448, 458, 484, 558, 569, 573
Ney, maréchale, née Auguié : 81, 558
Nietzsche : 396, 585, 592
Noailles : 249
Norvins : 589

Oldenbourg, grand-duc d' : 340
Orieux, Jean : 333
Orléans, duc d' : voir Louis-Philippe ou Philippe-Égalité
Otrante, duc d' : voir Fouché
Ottenfels : 381
Oudinot, maréchal, duc de Reggio : 172, 515 à 517

Pajol : 377, 514
Paoli : 21, 25, 45, 325
Parme, duc de : voir Cambacérès
Pasquier : 101, 145, 263, 320, 474, 485, 489, 508, 513
Paul I$^{er}$ : 59
Pauline Bonaparte, princesse Borghèse : 20, 39, 42, 45 à 47, 111, 120
Péguy : 577
Pelet de la Lozère : 486
Pélissier : 103
Peltier : 558
Perrin du Lac : 313
Peuchet : 128
Peyrusse : 34, 46, 111
Philibert : 554 à 556, 561
Philippe Auguste : 451
Philippe-Égalité, duc d'Orléans : 148, 507
Pichegru : 103, 182

Picton : 437
Pie VII : 82, 349, 367, 368
Piombino, prince de : 32
Pirch : 407
Plaisance, duc de : voir Lebrun
Poix, prince de : 147
Piombino, princesse de : voir Elisa Bonaparte
Pompadour, Mme de : 387
Poniatowski, maréchal, prince : 47
Pons, dit de l'Hérault : 33 à 37, 41, 42, 44, 49, 110, 121, 123
Ponsonby : 437
Pontécoulant, Louis-Gustave, comte, pair de France : 223, 265, 377, 486
Pontécoulant, Philippe de : 406, 424
Potocka, comtesse : 47
Pouthas, C.-H. : 569
Pozzo di Borgo : 15, 52, 113, 203, 325, 350
Pradt : 88, 110, 394
Prissette : 300
Provence, comte de : voir Louis XVIII

Quinette : 481

Raffet : 592
Raguse, duc de : voir Marmont
Rajevski : 515
Ramel : 248, 567
Raucourt, Mlle : 83, 96
Raoul, capitaine : 135
Rapp : 321, 377, 399, 564
Réal : 125, 182, 217, 218, 226, 381, 567
Récamier, Juliette : 177
Reggio, duc de : voir Oudinot
Regnault de Saint-Jean-d'Angély : 286, 375, 456, 457, 460, 461, 464, 466, 468, 475, 480, 489, 567
Reichstadt, duc de : voir Napoléon II
Reille : 400, 428
Reiset : 86, 228
Rémusat, Charles de : 186, 240, 273, 303, 598
Rémusat, Mme de : 253, 328, 508
Renan : 571

Rey : 263, 377
Reymond, R. : 125
Ricardo : 297
Richelieu, cardinal de : 334, 579
Richelieu, duc de : 58, 350, 531, 539, 566
Richmond, duchesse de : 417
Rivoli, duc de : voir Masséna
Robespierre : 57, 66, 72, 90, 103, 131, 180, 201, 218, 225, 244, 248, 249, 258, 301, 302, 336, 383, 454, 469, 472, 479, 518, 532
Rochambeau : 303
Rochechouart : 58, 524
Roederer : 109, 223, 377
Roguet : 418, 446
Rohan, chevalier de : 65
Roi de Rome : voir Napoléon II
Rostand : 585
Rousseau : 265, 273, 577, 581
Roustan (mameluck) : 23, 36
Rovigo, duc de : voir Savary
Royer-Collard : 260, 568, 581
Russel, lord : 44

Saint-Cricq : 462
Saint-Just : 207, 225, 259
Saint-Lambert : 265
Saint-Léon : 341, 383
Saint-Leu, duchesse de : voir Hortense
Saint-Simon, duc de : 354
Saint-Simon, Henri de : 177
Salicetti, Antoine : 98
Salis : 558
Salvandy : 307
Sanson : 255
Sant : 592
Sapinaud : 235, 236
Sartines : 182
Savary, duc de Rovigo : 120, 166, 182, 196, 210, 217, 218, 247, 263, 377, 475, 497, 502, 555 à 557
Say, Jean-Baptiste : 269, 297
Schouvaloff : 22, 26
Schwarzenberg : 397, 399
Sebastiani : 282, 321, 486
Ségur : 368

Ségur, général de : 402
Shakespeare : 43, 593
Sieyès : 131, 201, 269, 281, 377, 455, 569, 570
Sismondi : 126, 163, 163, 228, 265, 268, 297 à 299, 305, 307, 452, 535, 585
Smith, Adam : 297
Soboul, Albert : 128
Solignac : 475
Sorel, Albert : 104, 219
Souham : 404
Soult, maréchal, duc de Dalmatie : 88, 89, 146, 147, 152, 156, 169, 377, 404, 405, 410, 413, 417, 423, 434, 436, 449, 573
Staël, Albertine de : 306
Staël, Mme de : 74, 91, 103, 137, 146, 175, 177, 249, 261, 268, 272, 274, 281, 290, 297, 298, 302, 306, 323, 327, 338, 509
Stassart : 342
Stendhal : 69, 86, 136, 144, 185, 437, 589
Stuart, Charles : 374
Suarès, André : 325, 393, 593
Suchet, maréchal, duc d'Albuféra : 363, 377, 399, 462
Sutherland, D.-G. : 127
Suzanet : 236

Talleyrand, prince de Bénévent : 11, 14, 28, 44, 61, 63, 74, 76, 78, 80, 86, 88, 91, 92, 101, 102, 104, 105, 107, 147, 152, 160, 174, 178 à 181, 184, 185, 203, 211, 215, 229 à 232, 249, 261, 281, 302, 325, 328, 331 à 350, 353, 357, 371, 384, 489, 503, 505, 509, 510, 518 à 521, 524 à 531, 534, 536, 537, 538, 539 à 544, 546, 547, 548, 549, 564, 565, 568, 572, 580
Tartanson, Mme : 126
Thémistocle : 558, 559
Thibaudeau : 82, 92, 95, 180, 185, 188, 189, 214, 217, 223, 224, 246, 248, 250, 258, 265, 377, 378, 453, 456, 457, 462, 469, 470, 474, 481, 567

# INDEX

Thiébault : 197, 282, 308, 371, 387, 462
Thielmann : 407, 448
Thiers : 197, 200, 202, 280, 373, 511, 516, 579, 589, 592
Tocqueville : 131, 254, 589
Tolstoï : 68, 588, 592
Toscane, grande-duchesse de : voir Elisa Bonaparte
Travot : 235, 377
Trefcon : 402, 439
Trévise, duc de : voir Mortier
Tromelin : 487, 536
Tulard, Jean : 128, 585, 586
Turgot : 62

Uxbridge : 405, 424, 448

Valence, général de : 516
Valmy, duc de : voir Kellerman
Vandamme : 400, 401, 411, 419, 435, 514
Vaudémont, princesse de : 187
Vaulabelle : 365
Vercingétorix : 20
Verdier de Lacoste : 468, 469
Vernon : 44
Vicence, duc de : voir Caulaincourt
Victor, maréchal, duc de Bellune : 404
Vidocq : 182
Vigny : 228

Villèle : 81
Villemain : 189, 203, 251, 263, 372, 373, 379, 380, 388, 458, 462, 483, 496, 502
Vincent, baron de : 350
Vitrolles : 14, 146, 172, 186, 191, 193, 237, 249, 350, 355, 511 à 514, 518, 537 à 539, 545
Vitrolles, Mme de : 512
Vivian : 44
Volney : 67
Voltaire : 62, 65, 265

Wahlstadt, prince de : voir Blücher
Waldburg-Truchsess : 22, 25, 27
Walewska, Marie : 20, 47 à 49
Walewski : 48
Washington : 53, 66, 244, 303, 304
Wellesley, Arthur : voir Wellington
Wellington (Arthur Wellesley), lord : 12, 15, 80, 316, 339, 374, 388, 397, 399, 405 à 408, 414, 417, 421 à 429, 435 à 438, 441, 442, 448, 449, 487, 495, 499, 501, 505 à 507, 509, 517, 520, 529, 530, 534 à 536, 538, 541, 557
Wrède : 515

Yvan, chirurgien : 23

Ziethen : 407, 444
Zweig, Stefan : 180, 181, 188, 382, 464, 542, 567, 569, 570

# TABLE

*Introduction*. La dernière chevauchée .................................. 9

## Acte I. L'envol

*Chapitre I*. Le pénitent ........................................................ 19
   Le revenant ...................................................................... 19
   Le chemin de croix ........................................................ 22
   El desdichado ................................................................ 32
   Le réconfort .................................................................... 42
   La métamorphose ........................................................... 49

*Chapitre II*. L'aventurier ..................................................... 56
   La guerre des légitimités ................................................ 56
   L'ambiguïté restaurée ..................................................... 69
   La nostalgie du sauveur ................................................. 78
   La révélation ................................................................... 96
   L'envol ............................................................................ 109
   L'invasion par un seul homme ..................................... 123
   Le jour le plus long ....................................................... 132

*Chapitre III*. Le prince ........................................................ 144
   Le lys contre l'aigle ........................................................ 144
   Le trône vacille .............................................................. 155
   Chronique d'une mort annoncée ................................... 167
   Le retour de Fouché ...................................................... 178
   Le ballet du pouvoir ...................................................... 189

## Acte II. Le piège

*Chapitre IV*. La dictature des circonstances ...................... 209
   La dérobade ................................................................... 209
   La pacification ............................................................... 227
   La tentation dictatoriale ................................................ 244
   Le tournant libéral ......................................................... 261

*Chapitre V*. Le malentendu ................................................ 271
   Benjamin « l'Inconstant » .............................................. 271
   Le glaive et la plume ..................................................... 282

|  |  |
|---|---|
| L'Acte manqué | 296 |
| La sanction | 308 |
| *Chapitre VI.* La fuite en avant | 326 |
| L'Europe contre Napoléon | 326 |
| Les foudres de Vienne | 338 |
| Le réveil de Gand | 349 |
| La bataille de l'opinion | 361 |
| La solitude du pouvoir | 374 |

## Acte III. Le sacrifice

|  |  |
|---|---|
| *Chapitre VII.* La symphonie inachevée | 393 |
| La dernière bataille | 393 |
| Une victoire à la Pyrrhus | 408 |
| Waterloo ou la crucifixion | 424 |
| *Chapitre VIII.* La descente aux enfers | 450 |
| Le complot | 450 |
| Le coup d'Etat parlementaire | 457 |
| Le renoncement | 475 |
| Malheur aux vaincus | 485 |
| *Chapitre IX.* Le marché de dupes | 504 |
| Le sacre du régicide | 504 |
| Le retour de la Cour | 519 |
| La morale de la fable | 534 |
| Le pari anglais | 549 |
| La curée | 564 |
| *Conclusion.* Le jugement dernier | 571 |
| Le choix de la France | 571 |
| Le spectre du désenchantement | 574 |
| Le laboratoire moderne | 578 |
| Le requiem | 585 |
| L'empreinte et l'écho | 591 |
| *Chronologie sélective* | 595 |
| *Cartes* | 605 |
| Le départ pour l'île d'Elbe | 607 |
| Le Vol de l'Aigle | 608 |
| Le dernier exil | 609 |
| *Bibliographie sommaire* | 611 |
| *Index* | 621 |

# collection tempus
## Perrin

### DÉJÀ PARU

1. *Histoire des femmes en Occident* (dir. Michelle Perrot, Georges Duby), *L'Antiquité* (dir. Pauline Schmitt Pantel).
2. *Histoire des femmes en Occident* (dir. Michelle Perrot, Georges Duby), *Le Moyen Âge* (dir. Christiane Klapisch-Zuber).
3. *Histoire des femmes en Occident* (dir. Michelle Perrot, Georges Duby), *XVI<sup>e</sup>-XVIII<sup>e</sup> siècle* (dir. Natalie Zemon Davis, Arlette Farge).
4. *Histoire des femmes en Occident* (dir. Michelle Perrot, Georges Duby), *Le XIX<sup>e</sup> siècle* (dir. Michelle Perrot, Geneviève Fraisse).
5. *Histoire des femmes en Occident* (dir. Michelle Perrot, Georges Duby), *Le XX<sup>e</sup> siècle* (dir. Françoise Thébaud).
6. *L'épopée des croisades* – René Grousset.
7. *La bataille d'Alger* – Pierre Pellissier.
8. *Louis XIV* – Jean-Christian Petitfils.
9. *Les soldats de la Grande Armée* – Jean-Claude Damamme.
10. *Histoire de la Milice* – Pierre Giolitto.
11. *La régression démocratique* – Alain-Gérard Slama.
12. *La première croisade* – Jacques Heers.
13. *Histoire de l'armée française* – Philippe Masson.
14. *Histoire de Byzance* – John Julius Norwich.
15. *Les chevaliers teutoniques* – Henry Bogdan.
16. *Mémoires, Les champs de braises* – Hélie de Saint Marc.
17. *Histoire des cathares* – Michel Roquebert.
18. *Franco* – Bartolomé Bennassar.
19. *Trois tentations dans l'Église* – Alain Besançon.
20. *Le monde d'Homère* – Pierre Vidal-Naquet.
21. *La guerre à l'Est* – August von Kageneck.
22. *Histoire du gaullisme* – Serge Berstein.
23. *Les Cent-Jours* – Dominique de Villepin.

### A PARAÎTRE

*Nouvelle histoire de la France* (2 tomes sous coffret) – Jacques Marseille.
*Histoire de la Restauration* – Emmanuel de Waresquiel et Benoît Yvert.
*La Grande guerre des Français* – Jean-Baptiste Duroselle.
*Histoire de l'Italie* – Catherine Brice.
*Histoire du Consulat et de l'Empire* – Jacques Olivier Boudon.
*Les Templiers ces inconnus* – Laurent Daillez.
*Madame de Pompadour* – Evelyne Lever.

*Imprimé en France sur Presse Offset par*

**BRODARD & TAUPIN**
GROUPE CPI
La Flèche (Sarthe), le 16-10-2002

N° d'édition : 1743 – N° d'impression : 15503
Dépôt légal : octobre 2002
*Imprimé en France*